## ④ 研究発表の方法

### レポート
❶調査・研究結果を文章にまとめる。
❷引用文は「」でくくる。
▶引用文はそれが引用であることを明示し、出典を明記する。
▶引用は一字一句正確に行う。

### プレゼンテーション
調査・研究結果を人前で発表する。
❶統計資料の提示
❷スライドの作成・使用
❸模型の製作
❹パソコンやタブレットの利用
（プロジェクターなどでスクリーンに投射）

## ⑤ 討論の方法

### ディベート
自分の意見とは無関係に両者の立場に分かれて自己の立場を正当化する対話ゲームを行う。

### ロールプレイング
国際会議など様々な会議を想定して実演してみる。
▼
特定の参加者であると仮定して、ディスカッション（討論）を行う。

㋐メンバーを先進国首脳、発展途上国首脳、市民代表などに分けて、各々の立場から議論を行う。

### パネル＝ディスカッション
特定テーマについて複数の専門家や関係者がパネリストとして登壇し、聴衆の前で討論を行う（シンポジウム）。

## ▼思考法〜科学的考え方と哲学的

大学受験　一問一答シリーズ

# 倫理，政治・経済 一問一答【完全版】

3rd Edition

東進ハイスクール・東進衛星予備校　講師

清水雅博（しみず まさひろ）

東進ブックス

| | | |
|---|---|---|
| 1/7 | 特集 | 0 |
| 1/7 | 倫理 | I |
| 1/4 | 倫理 | II |
| 1/5 | 倫理 | III |
| 1/4 | 倫理 | IV |
| 1/5 | 倫理 | V |
| 1/2 | 倫理 | VI |
| 1/5 | 倫理 | VII |
| 1/4 | 倫理 | VIII |
| 1/8 | 政治 | IX |
| 1/14 | 政治 | X |
| 1/8 | 政治 | XI |
| 1/9 | 政治 | XII |
| 1/2 | 経済 | XIII |
| 1/12 | 経済 | XIV |
| 1/20 | 経済 | XV |
| 1/6 | 経済 | XVI |

# はしがき

　共通テスト「倫理，政治・経済」で高得点を狙うには、単なる事項羅列型「一問一答集」では不十分！　**哲学・思想のキーポイント、制度・仕組みの存在理由、問題点とその対策までを含めた入試本番実戦型の「一問一答集」**でなければ、飛躍的な得点力アップは望めません。

　このようなコンセプトにおいて、予備校の現場で数多くの合格者を輩出してきた著者の信念から編集・改訂された**全2,770問**の「一問一答集」、それが本書です。

　過去のセンター試験（「倫理」「政治・経済」を含む）や模擬試験、予想問題の出題内容を改めて分析し、出題されているポイントを抽出、厳選し直しました。特に注力したのは、「受験生の弱点になりやすいもの」という観点です。そのようにしてテーマ別に問題を分類してあります。このような"合格メソッド"が集約されているがゆえに本書は【完全版】なのです。

「確かに共通テストでは、ここが問われる！」
「この時事テーマや重要テーマは出題されそうだ！」
「こうすれば覚えられる！　理解できる！」

といった学習の成果を本書では実感できることでしょう。受験生の皆さん、「実戦力と得点力は、こうやってアップするんだ！」という実感を味わってみませんか？

　入試本番での実戦力と得点力が効率的にアップする本書の大きな特長は、以下の通りです。

## ①基本事項と時事問題の融合

　基本事項を過去問などからピックアップし、まずは、頻出度 ★★★ と ★★ を中心に、重要なポイントを押さえていくとよいでしょう。また、過去問などをもとに、共通テストで求められる力を想定した完全予想問題として改題または新作しています。「新たな出題傾向や時事問題には対応できないのでは……」という不安は無用です。試験に問われるであろう「基礎」から「最新時事」まで一気に学習することができます。

## ②統計・資料データ問題にも対応

　特に、「政治・経済」分野では、統計・資料データ問題が大きな得点源になります。本書では入試で狙われるそれらの問題も掲載しています。また、複雑で覚えにくい

内容や論点については、図表やフローチャートとして自然に覚えられるように問題を工夫しました。受験生の弱点を見抜いた作問を心がけています。

**③共通テストでの「得点差」となる理由・問題点・対策など背景や流れを重視**

　従来型の「一問一答集」では完全に対応し切れない最大の理由は、背景と流れがわからずに、単なる事項の暗記に陥ってしまうことです。制度・仕組みがなぜ作られ、対策がなぜ行われているのかといった背景や流れにこだわって問題選びをしています。この点に、共通テスト攻略のカギとなるという筆者の考えが込められているのです。

三訂版によせて<br>
清水 雅博

# 本書の使い方

　本書は、一問一答形式の共通テスト対応「倫理，政治・経済」問題集です。赤シートやしおりで正解を隠す基本的な学習だけでなく、問題文の赤文字を隠す（正解は隠さずに見る）という使い方も可能。右ページにある「スパイラル方式」の学習法もオススメです。自分に合ったやり方で効率的に用語の知識を固めていきましょう。

## ■1 正解を隠して学習する

## ■2 問題文の赤文字を隠して学習する

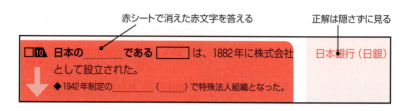

― 〈 凡 例 〉 ―

❶＝**チェックボックス**。間違った問題に✔を入れ、反復演習に活用してください。

❷＝**問題文**。大学入試問題などをテーマごとに一問一答式に再編し収録しています。◆印では、上記の問題に関する「補足事項」や「より深く理解するための知識」などを記しています。

❸＝**空欄（＋頻出度）**。重要な用語や知識が空欄になっています。空欄内の★印は、大学入試における頻出度を3段階で示したものです。

※同じ用語で★の数が異なるものは、その用語の問われ方の頻度の違いによるものです。

※チェックボックスの下にも★印で頻出度を表示しています。問題文中の空欄と同じ★の数になっているので、「まず、どの問題から解くか、覚えるか」を選ぶ際に参照してください。

❹＝**正解**。原則、空欄と「同じ行の位置」に正解が掲載されるようにしています。別称や別解はカッコ書き（　）で示しています。

# 「頻出順」とスパイラル方式学習

　本書の問題は、その重要度や頻出度を徹底的に分析した重要頻度を3段階に分けました。

### ▶ 最頻出レベル

　星3個の問題は、これらの知識が頭の中に入っていないと、入試で痛い目にあう(絶対に必須の)最頻出のものです。まずは星3個の問題だけでもやってみてください。なお、時事問題をはじめとして、今後の出題の可能性が極めて高いものも含まれます。星3個のものすべてが"基本中の基本"の知識となります。

### ▶ 頻出レベル

　星2個の問題は、確実に合格点を取るために頭の中に入れておかなければならない知識です。星3個が完璧になったら、次はこの星2個の問題にチャレンジしてみましょう。時間があれば、星3個の問題を解きながら解いてください。時間がなければ、星2個の問題だけピックアップして解いても構いません。

### ▶ 標準レベル

　星1個の問題は、限りなく満点に近い点数を取るために不可欠となる知識です。時間があれば、星3または2個の問題を解きながら取り組んでみてください。

　さらに、本書の特長として、空欄以外の問題文にも、**キーワードとなる語句**は赤文字になっています。付属の赤シートをかざすと消えて見えます。新たな「空欄」問題として取り組んでみましょう。
　一方、**理解のカギとなる語句やフレーズ**などは**太文字**にしています。赤文字、**太文字**いずれも空欄になっている重要語句とともに頭の中に入れてください。
　また、本書では、最近の入試で繰り返し問われている出題傾向(トレンド)も1つの「時事」として捉え、「時事問題」のポイントをさらに凝縮しています。一気に解き進めましょう。

　このように、下のレベルの問題を解く際に上のレベルの問題も解いていく、という学習をすることによって、**重要頻度の高い用語から順にバランス良く強化・復習(星3個の問題は最大3回復習)**することができます。
　これが、本書を含めた東進ブックス「一問一答」シリーズの最大の特長であるスパイラル（らせん）方式の学習法です。ぜひ実践して、その効果を味わってみてください（「一問一答」シリーズについては**右のQRコードからアクセス！**）。

# 目 次

## 0 巻頭特集
◆ 重要&時事テーマ
1 人類が直面する現代的課題 …… 10
2 人口問題 …… 17
3 資源エネルギー問題 …… 21
4 地球環境問題 …… 26
5 現代社会の特質と課題 …… 33
6 青年期の特徴 …… 43
7 適応と個性の形成 …… 47

## I 倫理分野
◆ ギリシア・ローマの思想
1 ギリシア神話の世界 …… 52
2 自然哲学 …… 53
3 ソフィスト …… 54
4 ソクラテス …… 55
5 プラトン …… 56
6 アリストテレス …… 58
7 ヘレニズム期の思想 …… 60

## II 倫理分野
◆ キリスト教とイスラーム教
1 旧約聖書~ユダヤ教の成立 …… 62
2 イエス (イエス=キリスト) の教え
~キリスト教の成立 …… 64
3 キリスト教の発展 …… 66
4 イスラーム教 …… 69

## III 倫理分野
◆ 西洋近代思想①
1 ルネサンス~人間性の復興 …… 73

2 宗教改革とその人間観 …… 75
3 合理的精神の確立 …… 77
4 近代科学の誕生とその考え方 …… 81
5 モラリスト …… 82

## IV 倫理分野
◆ 西洋近代思想②
1 社会契約説 …… 84
2 啓蒙思想 …… 87
3 ドイツ観念論~カント、ヘーゲル …… 88
4 功利主義、実証主義、進化論 …… 92

## V 倫理分野
◆ 西洋近代思想③
1 社会主義とその展開 …… 97
2 実存主義 …… 100
3 プラグマティズム …… 105
4 現代のヒューマニズム …… 108
5 現代思想の潮流 …… 110

## VI 倫理分野
◆ 東洋の源流思想
1 古代インドの思想と仏教 …… 116
2 中国の思想 …… 121

## VII 倫理分野
◆ 日本の思想①
1 古代日本の思想 …… 128
2 仏教の伝来とその展開 …… 130
3 日本における儒教思想 …… 140
4 国学 …… 144
5 町民・農民の思想と洋学の流入 …… 147

# VIII 倫理分野

◆ 日本の思想②
1 啓蒙思想の受容と自由民権思想 152
2 キリスト教思想と社会主義 156
3 近代的自我の確立 158
4 近代化における思想的展開 161

# IX 政治分野

◆ 民主主義の原理と発展
1 国家の理論と機能 166
2 社会契約説 168
3 民主政治とその形態 169
4 法の支配と法治主義 172
5 基本的人権の種類と歴史 173
6 近代の法体系 175
7 人権の国際化 176
8 主要国の政治機構 180

# X 政治分野

◆ 日本国憲法
1 明治憲法から日本国憲法へ 189
2 日本国憲法の三大原則~国民主権 191
3 日本国憲法の三大原則~平和主義 193
4 日本国憲法の三大原則
　　~基本的人権の尊重 198
5 日本国憲法と人権 (1)~自由権 199
6 日本国憲法と人権 (2)~平等権 206
7 日本国憲法と人権 (3)~社会権 209
8 日本国憲法と人権 (4)
　　~参政権・請求権 211
9 新しい人権と法 213
10 日本の統治機構 (1)~三権分立 218
11 日本の統治機構 (2)~国会 (立法) 220
12 日本の統治機構 (3)~内閣 (行政) 226

13 日本の統治機構 (4)~裁判所 (司法) 229
14 地方自治と地方分権 235

# XI 政治分野

◆ 現代政治の諸問題
1 日本の選挙制度 243
2 政党と圧力団体 252
3 日本の政党政治 (1)~55年体制 254
4 日本の政党政治 (2)
　　~55年体制の崩壊 255
5 日本の政党政治 (3)
　　~2001年以後 256
6 日本の政党政治 (4)
　　~「政権交代」以後 258
7 日本の政党政治 (5)
　　~第二次安倍内閣以後 258
8 現代政治の諸問題と行政改革 261

# XII 政治分野

◆ 国際政治
1 国際社会の形成と国際連盟 268
2 国際連合 (1)~成立過程と組織・機能 270
3 国際連合 (2)~平和・安全保障 275
4 戦後国際関係史 (1)
　　~冷戦 (東西対立) の展開 279
5 戦後国際関係史 (2)
　　~冷戦終焉からポスト冷戦へ 282
6 戦後国際関係史 (3)
　　~9・11後の世界 284
7 大量破壊兵器の禁止・制限 285
8 現代の地域・民族紛争
　　~その背景と原因 288
9 戦後日本外交の展開 293

## XIII 経済分野

◆ 経済理論①経済体制と経済思想

1 資本主義経済と社会主義経済 …… 295
2 資本主義の歴史と経済理論 …… 298

## XIV 経済分野

◆ 経済理論②市場・経済変動・金融・財政

1 市場機構~需要・供給曲線のシフト …… 305
2 市場の失敗~独占・寡占 …… 312
3 経済の三主体と企業形態 …… 316
4 広義の国民所得、狭義の国民所得 …… 321
5 国富~「豊かさ」と「格差」 …… 325
6 経済成長率と景気変動 …… 328
7 インフレーション、デフレーション …… 329
8 通貨制度と日本銀行の役割
　　~日銀の金融政策 …… 331
9 金融と金融機関の役割 …… 337
10 財政~機能・政策・構造 …… 342
11 租税制度 …… 346
12 公債~国債と地方債 …… 351

## XV 経済分野

◆ 現代経済の諸問題

1 第二次世界大戦前の日本経済 …… 354
2 日本経済の動向 (1)
　　~復興から高度経済成長へ …… 355
3 日本経済の動向 (2)~2度の石油危機 …… 360
4 日本経済の動向 (3)
　　~「バブル」と「失われた10年」 …… 361
5 日本経済の動向 (4)~2010年以降 …… 366
6 産業構造の変化 …… 369
7 中小企業 …… 372
8 農業問題と農政 …… 374
9 食の安全をめぐって …… 378

10 消費者問題 …… 379
11 公害問題と環境保護 …… 381
12 国際分業と貿易 …… 384
13 国際収支 …… 385
14 外国為替市場 …… 391
15 戦後の自由貿易体制 (1)
　　~ IMF による国際通貨管理 …… 394
16 戦後の自由貿易体制 (2)
　　~ GATT から WTO へ …… 398
17 グローバル化と通貨・金融危機 …… 403
18 地域経済統合 …… 408
19 南北問題 …… 413
20 日本の貿易~現状と国際比較 …… 417

## XVI 経済分野

◆ 労働・社会保障

1 労働運動の歴史 …… 420
2 労働三法 …… 423
3 現代日本の労働問題 …… 429
4 社会保障の歴史 …… 438
5 日本の社会保障 (1)~特徴と課題 …… 441
6 日本の社会保障 (2)
　　~少子高齢化対策 …… 447

● 索引 …… 454

● 2023年度「大学入学共通テスト」出題科目・試験時間など
　2023年1月14日(土)、15日(日)

| 教科 | 出題科目 | 試験時間(配点) | 科目選択の方法 |
|---|---|---|---|
| 「地理歴史、公民」 | 世界史A<br>世界史B<br>日本史A<br>日本史B<br>地理A<br>地理B<br>現代社会<br>倫理<br>政治・経済<br>倫理、政治・経済 | 【1科目選択】<br>60分(100点)<br>【2科目選択】<br>130分(200点)※1 | 最大2科目<br>受験可※2 |
| 国語 | 国語 | 80分(200点) | |
| 外国語 | 英語　※3<br>ドイツ語　★<br>フランス語　★<br>中国語　★<br>韓国語　★ | 【リーディング】(英語)<br>80分(100点)<br>【リスニング】<br>(英語のみ)<br>60分(100点)※4 | 1科目選択<br>★の科目の問題冊子の配付を希望する場合は、出願時に申し出る。 |
| 理科① | 物理基礎<br>化学基礎<br>生物基礎<br>地学基礎 | 【2科目選択】※5<br>60分(100点) | A　①から2科目<br>B　②から1科目<br>C　①から2科目および<br>　　②から1科目<br>D　②から2科目 |
| 数学① | 数学Ⅰ<br>数学Ⅰ・数学A | 70分(100点) | 1科目選択 |
| 数学② | 数学Ⅱ<br>数学Ⅱ・数学B<br>簿記・会計　★<br>情報関係基礎　★ | 60分(100点) | 1科目選択<br>★の科目の問題冊子の配付を希望する場合は、出願時に申し出る。 |
| 理科② | 物理<br>化学<br>生物<br>地学 | 【1科目選択】<br>60分(100点)<br>【2科目選択】<br>130分(200点)※1 | A　①から2科目<br>B　②から1科目<br>C　①から2科目および<br>　　②から1科目<br>D　②から2科目 |

※1　「地理歴史、公民」および理科②において2科目を選択する場合は、各科目60分ずつ試験時間を設けるが、第1解答科目・第2解答科目の間に答案回収等を行うために必要な時間10分を加え、試験時間は130分とする。
※2　地理歴史、公民は、同一名称のA・B出題科目、公民は、同一名称を含む出題科目どうしの選択はできない。(例：×世界史Aと世界史B、×倫理と倫理、政治・経済)
※3　外国語において「英語」を選択する受験者は、原則として、「リーディング」と「リスニング」の双方を回答する。(それ以外の外国語を選択する場合：【筆記】80分(200点))
※4　リスニングの実質解答時間は30分だが、解答開始前に受験者に配付したICプレイヤーの作動確認・音量調節を受験者本人が行うために必要な時間を加え、試験時間を60分とする。
※5　理科①については、1科目のみの受験は認められない。(2科目必須)

「公民」は、時事にかかわる事項に日々接することで学習が進みます。知らないことが出たら教科書や資料集にあたり、基本知識や理論(制度・仕組み)と結び付けるようにしましょう。国際分野は、地図帳やインターネットの地図サイトを参照し、地理的な情報を頭に入れた上で、どのようなことが原因や理由になっているのかを考えながら学習するとよいでしょう。東進「共通テスト本番レベル模試」は、入試本番の出題を想定した形式と内容となっているので、学習の進み具合を測る「ものさし」として、試験当日の予行演習として、ぜひ受験してみましょう(詳細はQRコードからアクセス！)

# 0

## 巻頭特集
### SPECIAL SECTION
#### 重要＆時事テーマ

## 1 人類が直面する現代的課題

ANSWERS □□□

□ **1** 近代の ★★★ 権思想が主張した「**人間は生まれなが**
★★★ **らにして** ★★★ **かつ** ★★★ **である**」という価値は、
今日でも ★★★ な社会の基礎となる原理である。

自然,
自由，平等,
公正

□ **2** 1994年に国連開発計画 (UNDP) が『人間開発報告書』
★★ において飢餓、人権侵害、貧困などから**人間の生活を**
**守る** ★★ という概念を提起した。

人間の安全保障

　◆人間の安全保障とは、世界的に人口が急増する中で飢餓や貧困、
　人権侵害、差別などの**人間的な問題が紛争を招く大きな原因**と
　なっていることから、これらの諸問題を解決することで、人間
　開発を通じた平和と安全を実現するという考え方である。

□ **3** インドの経済学者で1998年に**アジア初のノーベル経済**
★★ **学賞を受賞した** ★★ は、貧困解消のためには、人
間の潜在能力を等しく保障し、またこれを向上させる
必要があると指摘し、人間の ★★ という考え方を
示した。

セン (アマーティ
ア＝セン)
安全保障

□ **4** ★★★ (HDI) は、教育や所得などの人間的な暮らし
★★★ に関する「質」を示す指数で、出生時の平均 ★★★ や
成人 ★★★ 率、初等・中等・高等教育の総就学率、1
人あたりの GDP などで算出される。

人間開発指数,
余命,
識字

　◆人間開発指数 (Human Development Index) とは、各国の
　人々の生活の質や度合いを示す指標で、パキスタンの経済学者
　マブーブ＝ハックによって作成された。センの潜在能力アプ
　ローチを発展させたものであり、国連開発計画 (UNDP) の『人
　間開発報告書』で発表される。0～1で示され、指数の最も高い
　国が1、最も低い国が0となる。0.55以下の国は、中央アフリ
　カ地域に多く分布する。

□ **5** センによると、様々な問題はあるが、経済発展のため
★★★ には市場を利用することが不可欠である。ただし、
★★★ な発展を推進するためには、民主主義の確立
や ★★★ の拡充などが必要であるという。

公正,
教育

10

**□6** センは、著書『不平等の再検討』において、「すべての
★★ 人の ★★ に配慮しようとすれば、不利な立場の人
を優遇する、『★★ な扱い』が必要な場合がある」
と述べている。

平等,
不平等

**□7** フランスの経済学者 ★ は、資産収入の拡大が所
★ 得格差を生み出すとして、格差の是正を唱え、著書
『21世紀の資本』は世界的なベストセラーとなった。

トマ＝ピケティ

**□8** アメリカの政治哲学者 ★★★ は『正義論』の中で、社
★★★ 会を規律する正義とは、自らの利益を追求する合理的
な人々が共存する相互の合意によってもたらされると
して、★★★ 説の考え方を活かしつつ基本的な財の
配分をめぐる平等の原理として ★★★ を捉え直した。

ロールズ

社会契約,
正義

◆ロールズは、正義とは単に幸福を追求する功利主義の思想に立
つものではなく、多くの人々が納得できる普遍的原理を意味し、
社会契約説の考え方に基づき、最も不遇な人を救う差別のよう
に、誰もが納得のできる合理的差別は正当化できると主張した。

**□9** ロールズは、全員に等しい機会が与えられた ★★
★★ な競争であっても、社会的 ★★ が生じることはあ
るとした上で、もしそうした競争により社会の中で最
も恵まれない人々の暮らし向きが改善しないならば、
社会的 ★★ は是正されなければならないと説いた。

公正,
格差

格差

◆ロールズは、性別や人種などのあらゆる属性を排除した「無知の
ヴェール」を想定し、そこから正義を改めて考えた。多くの人々
が納得できる弱者保護のための格差（差別）を正義として承認す
る前提として、第1原理には、各人は制度・枠組みに対して平
等な権利を与えられていること、第2原理には、①その不平等
が社会で最も恵まれない境遇の者の最大の便益をもたらすと無
理なく予期されるものであること、②全員に開かれている地位
や職務に付帯する制限であることを挙げている。

**□10** アメリカの政治哲学者 ★ は、リバタリアニズム
★ （自由至上主義）などを批判し、共同体の中での共通善
である正義を追求する点でコミュニタリアニズム（共
同体主義）の代表者の1人である。

サンデル

◆サンデルの主著に『これからの「正義」の話をしよう』などがあ
る。

**0** 特集

**1** 人類が直面する現代的課題

**0 巻頭特集　1 人類が直面する現代的課題**

□**11** 1970年代後半に<u>国際労働機関（ILO）</u>が提唱した ☆☆
☆☆　という概念は、衣食住だけでなく、安全な飲み水や公
　衆衛生の整備、医療、教育、雇用などの生活条件を含
　む、**人が生きていく上で最低限必要なもの**を指す。

　◆2000年の国連ミレニアム・サミットで、15年までに世界の**絶
　対的貧困（Absolute Poverty）を半減させる**ことを目標に<u>ミレ
　ニアム開発目標（MDGs）</u>を採択した。**絶対的貧困**とは<u>ベーシッ
　ク=ヒューマン=ニーズ（BHN）</u>が達成されていない状態で、1日
　1.90ドル（約200円）以下の生活を余儀なくされている人々の
　生活状態を指す（2018年時点）。

ベーシック=
ヒューマン=ニー
ズ（BHN）

□**12** <u>格差社会</u>を示す指標に関する次の表中および文中の空
☆　欄 A ～ D に適する国名または語句を入れよ。国名は
　アメリカ、スウェーデン、日本のいずれかが入る。

| 国名 | 2000年頃 | 2015年 |
|---|---|---|
| A ☆ | 17.1% | 17.8% |
| B ☆ | 15.3% | 15.7% |
| C ☆ | 5.3% | 9.1% |

A　アメリカ
B　日本
C　スウェーデン

　全世帯の中で**所得中央値の世帯の半分未満の所得しか
　ない世帯の割合**を D ☆ といい、階層間の<u>格差</u>を
　示す指標として注目されている。

D　相対的貧困率

　◆ただし、日本の<u>相対的貧困率</u>は、2000年15.3%、09年16.0%、
　12年16.1%、15年15.7%、18年15.4%と高い傾向にあり、
　<u>格差</u>が続いていると推測される。

□**13** 歴代の主な<u>ノーベル平和賞</u>の受賞者に関する次の表中
☆☆　の空欄 A ～ N にあてはまる適語を答えよ。

| 年 | 受賞者 | 受賞理由など |
|---|---|---|
| 1977 | A ☆☆ | 国際人権保護団体 |
| 88 | B 国連 ☆☆ | 停戦監視 |
| 91 | C ☆☆ | ミャンマーの民主化活動 |
| 95 | D ☆☆ | 科学者たちの反核運動 |
| 97 | 地雷禁止国際キャンペーン（ICBL） | 対人地雷の製造と使用の廃止運動 |
| 99 | E ☆☆ （MSF） | 世界各地での先駆的な人道的活動 |

A　アムネスティ
　=インターナ
　ショナル
B　平和維持活動
　（PKO）
C　アウン=サン
　=スー=チー
D　パグウォッ
　シュ会議
E　国境なき医師団

12

| 2000 | F ★★ | 韓国大統領。南北朝鮮の融和を推進 | F | 金大中 (キム デ ジュン) |
| --- | --- | --- | --- | --- |
| 01 | 国際連合 (国連) | 国際平和秩序の形成 | | |
| | コフィ=アナン | 第7代国連事務総長 | | |
| 05 | モハメド=エルバラダイ | 第4代 IAEA 事務局長 | | |
| | 国際原子力機関 (IAEA) | 核・原子力の平和利用 | | |
| 06 | ムハマド=ユヌス | G ★★ 銀行創設 | G | グラミン |
| | G ★★ 銀行 | 貧困者への融資活動 | | |
| 07 | H ★★ | 『不都合な真実』で地球温暖化問題を啓発 | H | アル=ゴア |
| | 「気候変動」に関する政府間パネル」 (IPCC) | 気候変動への国際的な取り組み | | |
| 09 | I ★★ | 現職アメリカ大統領として「核なき世界」を提言 | I | オバマ |
| 12 | J ★★ | ヨーロッパの平和と和解に貢献 | J | 欧州連合(EU) |
| 13 | K ★★ | 化学兵器廃絶活動 | K | 化学兵器禁止機関 (OPCW) |
| 14 | L ★★ | 女性教育と平和を求める活動 | L | マララ=ユスフザイ |
| 15 | M ★★ 国民対話カルテット | 「ジャスミン革命」後の民主化運動 | M | チュニジア |
| 17 | N ★★ (ICAN) | 核兵器禁止条約の批准推進活動 | N | 核兵器廃絶国際キャンペーン |
| 19 | アビィ=アハメド | 隣国エリトリアとの和平実現 | | |
| 20 | 国連世界食糧計画 (WFP) | 世界各地における食糧支援活動 | | |

□**14**
★★
生命科学や医療技術の発展に伴って ★★ (バイオエシックス) の領域が注目される中で、**脳死・臓器移植、安楽死や尊厳死、遺伝子診断 (着床前診断)** などに関して ★★ **権**が尊重されるべきだという議論がある。

生命倫理

自己決定

□**15**
★★★
自己決定権をめぐる議論の背景には、J.S. ミルの**自由論**があり、個人の**幸福の総計が社会全体の幸福になる**とする ★★★ **主義**の立場から**自らの運命を決定することも尊重**されるべきではないかとする考え方がある。

功利

**0 巻頭特集　1 人類が直面する現代的課題**

□**16** 日本の<u>臓器移植法</u>では、<u>脳死</u>とは、大脳と小脳のみな
★　　らず ★ を含む全脳の機能が ★ 的に停止し
　　　た**状態**であると定義されている。

脳幹，不可逆

□**17** <u>1997</u>年の<u>臓器移植法</u>**制定**以来、<u>臓器移植</u>を行う場合、
★★★　 ★★★ の書面による**意思表示**、 ★★★ の**同意**、経験
　　　のある医師2人以上の ★★★ **認定**が必要であった。

ドナー（提供者），
家族，
脳死

□**18** <u>2009</u>年の<u>臓器移植法</u>**改正**で、<u>ドナー</u>本人の意思が不明
★★　 の場合、 ★★ の**同意**のみで臓器の提供が可能と
　　　なった。臓器提供の意思表示ができないとされる
　　　 ★★ **歳未満**の臓器提供にも道を開き、子どもの
　　　 ★★ （臓器を受け取る人）の命を救う可能性を持つ。

家族

15，
レシピエント

　　◆<u>2009</u>年の**法改正**では、<u>親族</u>に優先的に臓器を提供できる意思表
　　　示も可能になった。

□**19** 生前に、**自分の臓器を提供する意思を示しておくこと**
★★　 **ができるカード**は「 ★★ **カード**」と呼ばれ、<u>2009</u>年
　　　の<u>臓器移植法</u>**改正**により、臓器を「**提供しない**」という
　　　意思を表示することが大きな意味を持つようになった。

臓器提供意思表示
（ドナー）

□**20** 薬を投与してもらうなどして、本人の意思に基づいて
★★★　 死を選択することを ★★★ （<u>積極的安楽死</u>）、延命装
　　　置を取りはずして人間としての尊厳を守りつつ自然死
　　　を迎えることを ★★★ （<u>消極的安楽死</u>）という。

安楽死

尊厳死

　　◆近年、<u>リヴィング=ウィル</u>により意識がある内に延命措置は不要
　　　とする**意思表示**をし、<u>尊厳死</u>を迎えようという人が増えている。
　　　なお、日本では<u>末期</u>（<u>終末期</u>）の患者が**耐えがたい苦痛**から逃れ
　　　るために、医師による致死薬の投与など直接死に至らしめる処
　　　置を受ける権利を定めた法律はない。2000年頃に、**オランダや**
　　　**ベルギー**などで安楽死法が制定されている。

□**21** <u>緩和ケア</u>は、 ★★★ 治療に限定されるものではなく、
★★★　 治療の過程で生じる様々な苦痛を和らげようとするア
　　　プローチであり、<u>緩和ケア</u>が改善しようとしている
　　　 ★★★ （<u>QOL</u>）には、患者本人だけでなく、患者を取
　　　り巻く家族の<u>生活の質</u>も含まれる。

末期（終末期）

クオリティ=オブ=
ライフ（生命の質）

　　◆<u>QOL</u>に対して、命を救うことを優先する医療のあり方は<u>SOL</u>
　　　（<u>Sanctity of Life</u>、<u>生命の尊厳</u>）と呼ばれる。

14

□22 **★★★** とは、患者が医師から症状や治療法について
**★★★** **十分な** **★★★** を受け、それを**理解**し、**★★★** した上
で**治療方針を自ら選ぶ**ことである。

◆インフォームド=コンセントは、必要な情報を知り、その情報に
基づいて自己決定を行う患者の権利を尊重することであり、医
師と患者の関係を平等なものへと転換することが原則となる。

インフォームド=
コンセント，
説明，同意

□23 生殖技術の進歩により、従来は不可能とされた **★**
**★** 受精や **★** 出産で子どもが誕生するケースが増え
ている一方で、胎児の異常について遺伝的なものも妊
娠初期に判定できる **★** の結果を受けて **★**
を選択する人も少なくない。

◆様々な事情で妊娠することができない場合、別の女性に**代理母**
として妊娠、出産してもらうことを代理出産 (代理懐胎) という。
また、出生前診断には、妊婦のお腹に針を刺して羊水を採取す
る**羊水検査**、母体の血清中のたんぱく質から診断する**血清マー
カー検査**、超音波画像機器による**超音波検査**などがある。この
ように生殖技術が進歩する一方で、このことが「**命の選別**」につ
ながるのではないかという指摘もある。

体外，
代理

出生前診断，
人工妊娠中絶

□24 ヒトゲノムの DNA の塩基配列すべてを読み取ること
**★★** を目標にした **★★** が、国際的な共同プロジェクト
として行われた。1997年には国連教育科学文化機関
(UNESCO) で「ヒトゲノムと人権に関する世界宣言」
が採択され、人間のクローンの作成が禁止された。

◆ヒトゲノムとは人間 (ヒト) の持つすべての遺伝子情報のこと。

ヒトゲノム計画

□25 1990年代後半、クローン羊の **★★** が誕生し、ほ乳
**★★** 類の体細胞クローンの作成が可能であると知られるよ
うになった。この技術を応用すれば、**★★** のない移
植 **★★** の作成が可能になるという主張もある。

ドリー

拒絶反応，
臓器

□26 医療技術が誕生と死をも操作するようになり、生命倫
**★★★** 理 ( **★★★** ) という分野が成立し、治療や研究に倫理
的指針を与えるだけでなく、患者の **★★★** 権をイン
フォームド=コンセントという形で提唱した。

バイオエシックス，
自己決定

□27 再生医療のもととなる細胞を **★★** というが、その
**★★** 中の **★★** は、不妊治療で使われなくなった受精卵
を壊して利用するという倫理的問題や、他人の細胞で
あるため移植の際に拒絶反応が起こるリスクがある。

万能細胞，
ES 細胞 (胚性幹
細胞、ヒト ES 細
胞)

**0 特集**

**1 人類が直面する現代的課題**

15

**0 巻頭特集　1 人類が直面する現代的課題**

□28 ES 細胞と同程度の万能性を持つ ★★ は、人間の
★★　細胞を用いて、傷ついた臓器や失われた皮膚を作り出
　　す ★★ 医療を飛躍的に進歩させる可能性がある。

アイピーエス
iPS 細胞

再生

　◆iPS（アイピーエス：induced Pluripotent Stem cells、人
　　工多能性幹細胞）を命名し、その研究を行う京都大学の山中伸弥
　　教授は、2012年10月にノーベル生理学・医学賞を受賞した。万
　　能細胞の1つであるiPS（アイピーエス）細胞は、受精卵ではな
　　く、その人自身の体細胞を用いるため、倫理上の問題や移植時
　　の拒絶反応を軽減できるといわれている。

□29 ES 細胞や iPS 細胞などの研究が進むにつれて、**様々**
★★　**な細胞に分化する可能性を持つ細胞**を人工的に作り出
　　せるようになり、従来は作ることが難しく移植に頼っ
　　ていた ★★ などの再生や、★★ 細胞の創出と
　　その受精にかかわる倫理的な問題も生じている。

臓器 , 生殖

□30 日本では、トウモロコシなどいくつかの作物に関し
★★★　て、★★★ 作物の輸入が許可されている。

遺伝子組み換え

　◆遺伝子組み換え食品については、品目ごとに許されるものと許
　　されないものが法律で定められている。食物の安全性は長年摂
　　取しなければ確認できないため、人体にどのような影響を及ぼ
　　すのか注視しなければならない。生態系に及ぼす影響など**バイ
　　オハザード**（有害な生物による危険性）のおそれも指摘されてい

□31 ローマ・クラブの報告書『★★★』(1972年) では、地
★★★　球上の資源の枯渇や環境汚染が進むことが指摘された。

成長の限界

□32 大規模な核戦争は「★★」と呼ばれる**大幅な気温低**
★★　**下**をもたらし、食糧危機を発生させるおそれがある。

核の冬

□33 ★★★ 成長のために環境を犠牲にして開発が進めら
★★★　れてしまったことに対する反省から、環境を保全する
　　という条件下で、**将来の世代のニーズを満たす能力を
　　損なうことなく、現在の世代のニーズを満たすように**
　　今後の開発を行うことを「★★★」という。

経済

持続可能な開発

　◆**1992年**に国連環境開発会議（地球サミット）で「持続可能な開
　　発」という概念が掲げられた。**2015年9月の国連サミット**では、
　　SDGs（持続可能な開発目標）が採択された。

□34 アメリカの環境学者レオポルドは、人間と自然は「支
★　配」と「被支配」の関係でなく生態学的に平等な関係で
　　あり、**人間は生態系の一構成員**として生態系という共
　　同体を尊重し他の構成員に配慮して行動すべきだとす
　　る ★ の思想を唱えた。

土地倫理

16

□**35** ★★★ [ ★★★ ] とは、[ ★★★ ] 破壊や資源問題などは長期間に
わたって影響を及ぼすので、子や孫ばかりでなく、**は
るか後の世代の人間に対する生存可能性に現在世代は
義務や [ ★★★ ] を負っている**という考え方である。

◆世代間倫理は、ドイツ出身の哲学者ハンス=ヨナスが「**未来倫理**」
という言葉で思想的に基礎づけた。地球環境問題においては、現
在の討議や民主的決定手続に参加できない未来（将来）世代が、
**現在の世代から深刻な環境危機を押しつけられる**おそれがある。

世代間倫理, 環境

責任

□**36** 資源の循環利用を目指し、資源の浪費を抑制すること
で、[ ★★★ ] への負荷をできる限り低減しようとする
社会を一般に [ ★★★ ] という。

環境,
循環型社会（資源
循環型社会）

# 2 人口問題

ANSWERS □□□

□**1** 人口は幾何級数（等比級数）的に増加するが、食糧は
[ ★★★ ] 級数的にしか増加しないため食糧不足が発生す
るとして、[ ★★★ ] は人口抑制を主張した。

算術（等差）,
マルサス

□**2** 一般的に人口ピラミッドの形は、**発展途上国**に見られ
る「[ ★★★ ] 型」から、**先進国**に見られる「**つり鐘**型」
へと移行していく。

富士山（ピラミッ
ド）

□**3** 人口停滞型である「つり鐘型」の人口ピラミッドは、少
子高齢化が加速すると徐々に**人口減少型**の「[ ★★ ]
型」に近い形状になっていく。

◆日本の人口ピラミッドは「つり鐘型」から「つぼ型」に移行中で
ある。

つぼ

□**4** 第二次世界大戦後、**世界の人口は急増**し、1998年に60
億人を突破し、2011年に [ ★★★ ] 億人に達した。この
ように**急激に人口が増加すること**を [ ★★★ ] という。

◆人口爆発はアフリカやアジアなどの発展途上地域で発生してい
る。国連によると、世界人口は2019年現在の77億人から、50
年には97億人になり、2100年頃に110億人でピークを迎える
と見られる（『世界人口推計2019年版』）。

70,
人口爆発

□**5** **発展途上地域**における人口爆発の発生原因には、**子ど
もは多く生まれるが、その多くが死んでいく**という
[ ★★ ] 型から、**医学の発達や食糧援助**などにより
[ ★★ ] 型へ移行したことが挙げられる。

多産多死,
多産少死

17

**0** 巻頭特集　**2** 人口問題

□**6** 先進地域においては、生活様式（ライフスタイル）の変
★★　化や女性の高学歴化と社会進出に伴って出生率が低下
する一方、医学の発展により死亡率が低下したことに
よって、　★★　型への移行が進んでいる。

少産少死

□**7** 少子高齢化が進むと少産少死型から　★★　型に移行
★★　し、人口は減少し始める。

◆2004年12月、日本の人口は減少に転じた後、わずかに増加した
08年以降は人口減少が続いている。

少産多死

□**8** 先進地域においては、都市化の進行などによって家族
★★　形態として　★★　化が進んだため、高齢者の介護の
他、社会保障や雇用問題も深刻化している。

◆核家族は、アメリカの文化人類学者マードックが唱えた概念で、
一組の夫婦と未婚の子、または一組の夫婦からなる家族（夫婦家
族）を指す。近年の日本では、都市部を中心に単身世帯も増えて
いる。特に、高齢者単身世帯の増加が目立ち、社会的・地域的
ケアの必要性が高まっている。

核家族

□**9** 平均寿命が延び、少子化が進行することで65歳以上
★★★　の人口比率を示す　★★★　比率が高まりつつある社会
を　★★★　社会、高まった社会を　★★★　社会と呼ぶ。

◆合計特殊出生率が低下して少子化が進むと、同時に老年人口比
率が高まり高齢化が進行する。両方の現象を合わせて少子高齢
化というが、両者は表裏一体の関係にある。

老年人口,
高齢化, 高齢

□**10** 高齢化が進んでいる原因としては、　★★★　の発達、食
★★★　生活の改善など生活水準が著しく向上したことによる
　★★★　の大幅な伸びなどがある。

医療

平均寿命

□**11** 出生率は、統計上、1人の女性が15～49歳の間に産む
★★★　子どもの平均人数を示す　★★★　によって表示される。

◆合計特殊出生率が2.07を下回ると人口は減少するといわれる。

合計特殊出生率

□**12** 世界人口会議の第1回ブカレスト会議では、人口問題
★★　の解決には　★★　よりも　★★　が優先されるべき
ことなどが確認された。

◆発展途上国は、経済的に貧しいことから、労働力として子ども
を多く産まざるを得ないと主張した。

人口抑制, 開発
（経済開発）

□**13** 1994年にエジプトの　★★★　で行われた国際人口開発
★★★　会議では、女性の妊娠および出産への国家政策から女
性を解放する　★★★　（性と生殖に関する健康と権利）
が宣言された。

カイロ

リプロダクティブ
=ヘルス／ライツ

18

□**14** 中国は、「　★★★　」という**子どもを1人に限ること**を　　ひとりっ子政策
★★★
奨励する政策を実施してきたが、2015年に廃止した。

◆2019年現在、人口の世界**第1位**は中国（約14億人）、**第2位**はインド（約13億人）であるが、人口抑制策が進んでいないインドが近い将来、人口世界第1位になると予想されている。

□**15** アメリカの経済学者ボールディングは、地球のことを
★★★
「　★★★　」と呼び、地球の環境維持、資源の効率的利　　宇宙船地球号
用の必要性などを訴えた。

◆地球環境は誰もが影響を与え合っており、**生態系の閉鎖性**ゆえに、環境悪化は当然ながら人間にも害を及ぼす。アメリカの細菌学者ルネ＝デュボスは「Think Globally, Act Locally（**地球規模に考え、足元（地元）から行動せよ**）」という考え方を示し、国際的な視点で環境問題を考え、身近なところから環境対策をやっていくべきだと説いた。

□**16** 科学者も参加した　★★★　は、報告書『　★★★　』で、　　ローマ=クラブ,
★★★
経済成長に伴う人口問題や資源・環境問題を指摘した。　　　成長の限界

□**17** 本格的な人口減少社会に突入した**日本の総人口**は、　　　1億2,600万,
★★
2020年の約　★★　人から、65年には約　★★　人　　　8,800万
に減少すると予測されている。

□**18** 少子高齢化が加速する中で、15～64歳の　★★　人　　　生産年齢
★★
口が減少し、経済の担い手が減少するおそれから、**外**
**国人労働者**を活用するため、　★★　を技能・専門職に　　就労ビザ
限定している出入国管理及び難民認定法を2018年に改
正し、単純労働などにも交付することにした。

◆2019年4月にこの改正法は施行され、法務省の外局として出入国在留管理庁も設置された。改正法では、人手不足の14業種（建設業、自動車整備業、介護、宿泊、農業など）については「相当程度の知識又は経験を必要とする技能を要する業務」に従事する外国人を**特定技能1号**として最長5年間の在留を、また「熟練した技能を要する業務」に従事する外国人を**特定技能2号**として更新すれば事実上の永住を認めることとした。

□**19** 少子高齢化が加速する中で、介護など**福祉に関する人**
★★★
**材**を海外から補うために、日本は一部の国々との間で
労働者を受け入れる　★★★　（EPA）を結んでいる。　　　経済連携協定

□**20** 今後、人口が急激に減少することが予測される日本に
★
おいて、すでに地方の農山村では、**地域の**コミュニティ
**機能**が果たせなくなった　★　集落が多数出現し、　　　限界,
遠からず　★　集落となる可能性が高い。　　　　　　　　消滅

**0 巻頭特集　2 人口問題**

□**21** 人口減少により、消滅の危機に直面する地方では、**生**
★　**活基盤や居住地を一部に集約する「　★　」と呼ばれ**
るものを構築することが提起されている。

コンパクトシティ

□**22** 第二次安倍内閣では、**都市と地方との**格差を縮小するた
★★　めに**地方の活力**を高め、新たな産業を創り出す　★★
に力を注いでおり、その担当大臣を新設した。

地方創生

□**23** 地域経済の振興の試みとして、**地元で生産されたもの**
★★　**を地元で消費する**ことで消費者と生産者との信頼関係
の構築を目指す　★★　の動きや、各地域が自らの力
や発想で特産品を作り出し、**地域おこし（村おこし）を**
目指す「　★★　運動」などが行われている。

地産地消

一村一品

□**24**　★　とは、地域の伝統的な食文化を見直し、良質
★　な食材を提供する生産者を支えて、食生活や食習慣を
見直して**持続可能な食文化をはぐくむ取り組み**である。

スローフード

□**25** **地方創生**の方法の１つとして、「　★　立国」をス
★　ローガンに　★　が進めるビジット・ジャパン事業
を通じた**訪日外国人の誘致活動**が行われている。

観光 ,

観光庁

□**26** 人類にとって顕著で普遍的な価値を持つものとして**保**
★★　**護が目指される文化財や自然景観**を　★★　という。

世界遺産

◆世界遺産は、自然遺産、文化遺産、複合遺産の３つに大別され
る。1972年、国連教育科学文化機関（UNESCO）総会で採択さ
れた世界遺産条約に基づいて、文化遺産については国際記念物
遺跡会議（ICOMOS）が、自然遺産については国際自然保護連合
（IUCN）が現地調査を行い勧告し、世界遺産委員会で最終決定さ
れる。日本では**自然遺産**として白神山地（青森県、秋田県）、屋
久島（鹿児島県）、知床（北海道）、小笠原諸島（東京都）が、**文**
**化遺産**として姫路城（兵庫県）、原爆ドーム（広島県）、石見銀山
（島根県）、富士山（山梨県、静岡県）などが登録され、2015年に
「明治日本の産業革命遺産」（山口県など計８県）、18年に「長崎
と天草地方の潜伏キリシタン関連遺産」（長崎県、熊本県）、19
年に「百舌鳥・古市古墳群」（大阪府）、21年に「奄美大島、徳之
島、沖縄島北部及び西表島」（鹿児島県、沖縄県）、「北海道・北
東北の縄文遺跡群」（北海道など計４県）が加わり、登録件数は
自然遺産５件、文化遺産20件の合計25件となる（2021年７月
時点）。

20

□ **27** 次の表は、日本を訪れた外国人の国・地域別の人数を
★★ 表している（2019年データ：日本政府観光局（JNTO）
調べ）。表中の空欄**A**～**D**にあてはまる国・地域名を次
の語群から答えよ。

| A ★★ | 9,594,394 |
|---|---|
| 韓国 | 5,584,597 |
| B ★★ | 4,890,602 |
| 香港 | 2,290,792 |
| C ★★ | 1,723,861 |
| タイ | 1,318,977 |
| D ★★ | 621,771 |
| フィリピン | 613,114 |
| マレーシア | 501,592 |
| ベトナム | 495,051 |

**【語群】** アメリカ　インド　インドネシア
オーストラリア　台湾　中国　シンガポール

◆2019年の訪日外国人は**3,188万人を超え**、7年連続で過去最多
を記録、その旅行消費額は約4.8兆円と同じく7年連続で過去最
高を更新した。18年にはカジノ、ホテル、国際会議施設などか
らなる統合型リゾート（IR）実施に関連する法律が成立し、25
年の大阪での国際博覧会（万博）開催が決定するなど、訪日外国
人の誘客に取り組み、20年に8兆円に到達することを目標とし
ていたが、新型コロナウイルス感染症（COVID-19）の流行によ
り東京オリンピック・パラリンピックが翌21年に延期されるな
ど、この目標は事実上、取り下げられた。

□ **28** 観光分野の政策に充当するため、2019年1月より、日
★ 本からの出国時に2歳以上の日本人と外国人から1人
あたり1,000円の ┌ ★ ┐税 の徴収が始められた。

A 中国

B 台湾

C アメリカ

D オーストラリア

国際観光旅客

# **3** 資源エネルギー問題

ANSWERS □□□

□ **1** エネルギーの中心は、19世紀初め頃までは薪や木炭
★★ であったが、19世紀初めからは石炭へ、1960年代に
は ┌ ★★ ┐ や液化天然ガス（LNG）などの液体燃料へ
と変化した。これを ┌ ★★ ┐ という。

石油，
エネルギー革命
（流体革命）

21

**0 巻頭特集 3 資源エネルギー問題**

□**2** 石油や天然ガスなど古い地質時代の動植物が炭化して
★★★ 形成された ★★★ は燃焼により**二酸化炭素（CO₂）**
や ★★★ 、**窒素酸化物（NOx）**などの大気汚染物質
を排出する。

化石燃料，
硫黄酸化物（SOx）

□**3** ある天然資源の**確認埋蔵量**を**現在の年間生産量**で割る
★ ことで**将来、採掘可能な** ★ 年数が計算できる。
◆採掘技術が向上して確認埋蔵量が増加したり、その資源の年間
生産量が減少したりすれば、可採年数を増やすことができる。

可採

□**4** 1972年にローマ=クラブは『 ★★★ 』という報告書の
★★★ 中で、世界人口、工業化、汚染、食糧生産、資源の使
用が現在の伸び率のまま続けば、100年以内に地球上
の ★★★ は限界に達すると警鐘を鳴らした。

成長の限界

成長

□**5** 基線から ★★ カイリ以内の水域では、**沿岸国に天**
★★ **然資源を管轄、開発する権利**が認められている。

200

□**6** 1974年、**第一次石油危機対策として** ★★★ が開かれ、
★★★ 原油などの価格安定と**先進国と発展途上国間の対等な**
**貿易**などを目指す新国際経済秩序樹立宣言（ ★★★ ）
が採択された。そこで確認された**天然資源に対する**
★★★ の考え方は ★★★ のあらわれといえる。
◆1962年の国連総会で天然資源に対する恒久主権が決議された。
天然資源の開発・利用権は保有国にあるとする考え方である。

国連資源特別総会

NIEO 宣言

恒久主権，資源ナ
ショナリズム

□**7** **2度の石油危機の原因**となった原油公示価格の引き上
★★ げと原油供給削減は、石油輸出国機構（ ★★ ）とア
ラブ石油輸出国機構（ ★★ ）などの**石油カルテルが**
**行った**石油戦略である。

OPEC，
OAPEC

□**8** ★★★ は、石油などの ★★★ と比べて、①エネル
★★★ ギーの大量生産ができること、②エネルギー効率が良
く**安定した発電**ができること、③燃料の投入量が少な
く可採年数が長いこと、④燃料コストが安価で市場価
格に左右されにくいことなどの利点がある。
◆日本では、1966年に初の商業用原子力発電所として**東海原子力**
**発電所**が運転を開始したが、本格的に原子力発電所の設置が広
がり始めるのは、70年代の2度の石油危機（オイル=ショック）
が大きなきっかけとなる。

原子力，化石燃料

**□9** 原子力発電には、①深刻な ★★★ 汚染が生じる危険
★★★ 性、②事故による後世代への影響、③ ★★★ の処理・
廃棄方法の問題、④核兵器や核兵器開発技術の ★★★
の問題などが指摘されている。

放射能,
放射性廃棄物,
拡散

◆原子力発電における核分裂は人為的な抑止が困難で、事故が起
こると生命にかかわる重大な放射能汚染を招き、その汚染は数
十年から数百年以上続いていく。また、事故発生のリスクと廃
棄処理施設の開発・維持コスト、原発建設が核兵器転用・製造
の原料となるプルトニウムの拡散を進める危険性も指摘されて
いる。

**□10** 原子力発電所で核分裂を起こすために利用される物質
★ として主要なものは ★ であるが、通常は核分裂
反応を起こしやすい濃縮 ★ を利用する。

ウラン,
ウラン

**□11** 原子力発電所から排出される ★ は、その処理が
★ 難しく、軍事転用のおそれもある。

放射性廃棄物

**□12** 平和利用に限定した原子力の研究、開発、利用などを
★★ 定めた1955年制定の ★★ 法では、原子力平和利用
の三原則として「 ★★ ・ ★★ ・ ★★ 」を基本
方針として掲げている。

原子力基本,
民主, 自主, 公開

**□13** 日本では、石油危機を契機に、**新エネルギーの技術研**
★★ **究開発**を進める ★★ 計画 (1974年)、省エネルギー
技術の研究開発を進める ★★ 計画(1978年)が相次
いで始まり、これらは ★★ 計画に統合された。

サンシャイン,
ムーンライト,
ニューサンシャイン

**□14** 1979年にアメリカ合衆国で発生したスリーマイル島原
★★★ 子力発電所事故や、86年に旧ソ連の**ウクライナ**で発
生した ★★★ 原子力発電所事故では、事故により原
子炉から多量の放射性物質が大気中に拡散した。

チェルノブイリ

**□15** 1995年に福井県敦賀市にある高速 ★★ 炉「 ★★ 」
★★ でナトリウムの火炎事故が発生した。

増殖, もんじゅ

◆高速増殖炉は、MOX (プルトニウム・ウラン混合酸化物) 燃料
を使用し、消費量以上の燃料を生み出せる原子炉で、**核燃料サイ
クル計画の一環**であったが、世界的にも事故が多く、ほとんど
稼働実績がないという問題を抱えていた。1995年の事故後、本
格的な再稼働を目指していたが、2010年に再び事故が発生した
ことなどを受け、16年12月に廃炉が正式に決定した。

**0**
**特集**

**3** 資源エネルギー問題

23

**0 巻頭特集 3 資源エネルギー問題**

□**16** 1999年に茨城県 ★★ の核燃料加工会社で起こった
★★ 事故は、日本で初めて事故被ばくによる死者を出し
た ★★ 事故である。この ★★ とは、**核分裂の**
**連鎖反応が一定の割合で持続している状態**をいう。

東海村

臨界，臨界

◆東海村での臨界事故を受け、ドイツのシュレーダー首相（当時）
は原子力発電所の順次撤廃を決定した。

□**17** 2011年3月11日に発生した東日本大震災によって、東
★★★ 京電力の ★★★ 原子力発電所が**電源・冷却機能を喪**
**失**し、これによって生じた**炉心溶融**（ ★★★ ）と**水素**
**爆発で多量の放射性物質が外部に放出**された。

福島第一，

メルトダウン

◆国際原子力事象評価尺度（INES）によると、チェルノブイリ原
発事故と同じ最悪のレベル7（深刻な事故）に分類されている。

□**18** 福島第一原子力発電所事故は、原子力発電の ★★
★★ 性に対する国民の信頼を失うとともに、原子力発電所
の停止などにより全国規模の ★★ 不足が発生した。

安全

電力

◆日本では、エネルギー多様化の観点などから火力から原子力発
電にウエイトを移してきたが、**エネルギー政策はゼロベースで**
**見直された**。一方、福島第一原発事故後、ドイツのメルケル首相
は原子力発電所の建設計画を見直す方針を示した。スイスやイ
タリアでは**国民投票を実施して**脱原発の方向性が確認された。

□**19** 2012年9月、**新たな原子力規制体制として**、 ★★ を
★★ ★★ の外局に設置した。

原子力規制委員会，

環境省

◆原発推進派とされる経済産業省から原発を規制する機関を切り
離したことで、規制体制の独立性と強化を図った。

□**20** 2013年6月、 ★★ は原発に関する新たな ★★
★★ を設けたが、**第二次安倍内閣**はこれらの基準を満たし
た原発は ★★ を認める方針を示した。

原子力規制委員会，

規制基準

再稼働

◆活断層上の設置禁止に関する調整年代を40万年前に拡大、緊急
用制御室の設置、防潮堤の充実、複数の電源確保、ポンプ車分
散配備などがある。2021年3月時点で9基が稼働している。

□**21** ★★ 計画とは、原子力発電所の**使用済み核燃料を**
★★ **再処理**して回収したプルトニウムとウランを混合した
**MOX燃料**を、既存の軽水炉で**リサイクル**し燃料の有
効利用を行う計画である。

プルサーマル

◆民主党の鳩山内閣（2009〜10年）は地球温暖化対策の一環とし
て、二酸化炭素をほとんど発生させない原子力発電を重視し、天
然資源に恵まれない日本が推進する核燃料サイクル政策の根幹
としてプルサーマル発電の推進を打ち出していたが、事故の危
険性から住民の反対運動が起こった。

**□22** 環境保護における経済的手法の1つとして、オランダ
★★★ やスウェーデンなどでは、いわゆる ___★★★___ が導入さ
れ、二酸化炭素排出量に応じた課税が行われている。

環境税

◆ヨーロッパで導入されている環境税は炭素税とも呼ばれ、汚染
者負担の原則（PPP）を具体化したものといえる。日本でも2012
年より環境税（地球温暖化対策税）が導入されている。

**□23** 動植物（特に微生物）などの**生物体を原料**とするエネル
★★ ギー資源を総称して ___★★___ という。

バイオマス
（生物資源）

◆トウモロコシを原料とした**エタノール**や間伐材を加工した小型
固形燃料なども**バイオマス**に含まれる。**生物資源を利用しての
発電**を**バイオマス発電**という。2008年に起こった穀物価格の高
騰は、地球温暖化対策としての**バイオエタノールの生産量の増
加**が一因とされる。

**□24** 石油や原子力に代わるエネルギー源を一般に ___★★___
★★ と呼ぶが、これには**太陽光、風力、潮力**などの自然エ
ネルギーや**廃熱利用エネルギー**などを含む。

新エネルギー

◆代替エネルギー（再生可能エネルギー）の開発によって、**持続可
能性（サステナビリティ）**の高い低炭素社会の実現が期待されて
いる。

**□25** 日本では、政府が**クリーンエネルギー**を ___★★___ エネ
★★ ルギーという表現で統一し、___★★___ エネルギー特別
措置法を制定し、この分野の規制緩和を一部進めている。

再生可能,
再生可能

◆再生可能エネルギー特別措置法では、太陽光や風力などの再生
可能エネルギーにより発電された電力は、家庭によるものだけ
でなく、民間法人によるものについても国が定める期間、指定
された価格で買い取ることが電気事業者に義務づけられた（固
定価格買取制度）が、2019年から見直しが行われた。

**□26** 再生可能エネルギーとして、___★★___ や**風力、バイオマ
★★ ス、火山帯**での ___★★___ 、**積雪の氷解エネルギー**など
の利用も試験的に行われている。

太陽光,
地熱

◆発電における原子力の依存度を低下させるためには、当面は天
然ガスなど火力発電のウエイトを高め、徐々に再生可能エネル
ギーなどへと移行していく必要がある。なお、近年日本近海で**メ
タンハイドレート**（メタンガスと水分子が結合してできた氷状
の固体物質）が埋蔵されていることが判明し、注目されている。

**□27** ___★___ とは、情報通信技術（ICT）を駆使して電力の
★ 流れを供給側と需要側の双方から制御する**無駄のない
最適化された送電網**である。

スマートグリッド
（次世代送電網）

**0**
**特集**

**3**
資源エネルギー問題

25

## 巻頭特集　4 地球環境問題

□28 次のグラフは、日本の**一次エネルギー**（非加工エネルギー）の供給割合の変化を示したものである。空欄A～Dにあてはまる資源エネルギーを答えよ。

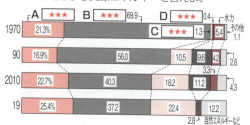

A 石炭
B 石油
C 天然ガス
D 原子力

◆1970年代の2度の石油危機(オイル=ショック)をきっかけに**脱石油**が進み、一次エネルギーに占める石油の割合は低下している。一方、石油の代替エネルギーとして期待された原子力は、2010年までに11.2％と上昇したが、11年3月の福島第一原子力発電所事故後、すべての原子力発電所が安全性確認のため一時停止したので、15年はほぼゼロになった。その後、新たな安全性基準をクリアした原子力発電所の再稼働が始まったが、発電量は高まっていない。なお、**一次エネルギー**は非加工エネルギーであるが、電力は加工して発電されているため**二次エネルギー**となる。

## 4 地球環境問題

ANSWERS

□1 **代表的な地球環境問題**としては、**異常気象**を引き起こす ★★★ 、**皮膚ガン**の増加を招く ★★★ の破壊、**森林破壊**の原因となる酸性雨がある。

地球温暖化, オゾン層

□2 アメリカの生物学者 ★★ は『沈黙の春』で、**DDT**などの ★★ の使用が、**生体濃縮により** ★★ **を破壊する危険性**を指摘した。

レイチェル=カーソン,
農薬, 生態系（エコシステム）

□3 1972年は、OECD環境委員会で ★★ が国際ルール化され、**ローマ=クラブ**が報告書『 ★★ 』という人類の危機レポートを発表した。

汚染者負担の原則(PPP),
成長の限界

□4 ★★★ （UNEP）は、**地球環境保全**のための国際協力を推進する機関で、**1972年**の ★★★ での ★★★ 会議で採択された「 ★★★ 宣言」および「環境国際行動計画」に則り設立された。

国連環境計画,
ストックホルム,
国連人間環境,
人間環境

◆国連人間環境会議（1972年）では「かけがえのない地球」というスローガンが掲げられた。

**□5**
★★★
1992年に**ブラジル**の**リオデジャネイロ**で開催された「環境と開発に関する国連会議」（通称 ★★★ ）では、「 ★★★ 」という理念が共有された。

地球サミット, 持続可能な開発

◆「**持続可能な開発**」とは、次世代のために**再生可能な範囲内で自然資源を利用する**という開発理念で、1987年の「環境と開発する世界委員会（ブルントラント委員会）」で提起された。地球サミットでは、その基本理念を掲げた「リオ宣言」と、行動計画を定めた「アジェンダ21」が採択され、10年後の2002年には**南アフリカ**の**ヨハネスブルク**で「**持続可能な開発に関する世界首脳会議**（環境・開発サミット）」が開かれた。

**□6**
★★★
★★★ 破壊の原因物質は、スプレーの噴射剤、冷蔵庫やクーラーの冷媒、半導体の洗浄剤などに含まれていた ★★★ である。

オゾン層

フロンガス(CFC)

**□7**
★★
1985年、オゾン層保護のための ★★ 条約が採択され、87年にはこの条約により規制される物質を特定する ★★ 議定書が採択され、89年に発効した。

ウィーン

モントリオール

**□8**
★★
1989年、**特定**フロンの20世紀中の全廃と**代替**フロンの2020年以降の原則使用禁止が ★★ で定められた。

ヘルシンキ宣言

**□9**
★★★
地球温暖化をはじめとした気候変動の原因物質は、排気ガスや工場の煤煙中に含まれる**二酸化炭素（$CO_2$）**や**メタンガス**、**代替フロンガス**などの ★★★ である。

温室効果ガス

**□10**
★★★
1992年の地球サミットで、 ★★★ と ★★★ の2つの条約が採択された。

気候変動枠組み条約, 生物多様性条約
※順不同

**□11**
★★
1992年の地球サミットで採択された ★★ は、**生物資源の保全と利用**および ★★ **資源**から得られる**利益の公正な配分の実現**を目指した条約である。

生物多様性条約, 遺伝

**□12**
★
2010年、生物多様性条約**第10回締約国会議**（COP10）が日本の名古屋で開催され、遺伝資源の利益配分ルールを定めた ★ 議定書と、20年までに多様性の損失を食い止め、50年までに多様性の回復と自然との共生社会を実現する ★ ターゲットを採択した。

名古屋

愛知

◆条約に関する定期的な締約国会議の略称を COP という。

**□13**
★★★
1997年開催の気候変動枠組み**条約第3回締約国会議**（COP3、京都会議）では、**温室効果ガス**排出量の先進国の削減数値目標を定めた ★★★ が採択された。

京都議定書

**0 特集**

**4** 地球環境問題

27

# 0 巻頭特集 4 地球環境問題

☐14 発展途上国が排出量規制に消極的な理由は、自国の
★★★ [★★★] に悪影響を与える懸念などからである。

経済成長

☐15 京都会議では、[★★★] について温室効果ガス削減の
★★★ 数値目標の設定が見送られた。

発展途上国（開発
途上国）

◆二酸化炭素（CO₂）排出量が2007年にアメリカを抜き世界第1位
になった中国は、「発展途上国」として削減義務が課されていな
い。だが、近年経済成長の著しい中国やインドなどの新興諸国
で二酸化炭素（CO₂）の排出量が急速に増大している。

☐16 1997年の気候変動枠組み条約第3回締約国会議（京都
★★★ 会議）では、温室効果ガスの排出削減数値目標の設定に
成功して京都議定書が採択されるも、当時の世界第1位
の二酸化炭素（CO₂）排出国の [★★★] が批准を拒否し
て発効できない状態が続いたが、2004年に [★★★] が
批准し、05年に発効した。

アメリカ,
ロシア

◆京都議定書の発効条件は、55ヶ国以上の締結、かつ締結国の
CO₂排出総量が先進国全体の総排出量の55％以上になること
とされた。ロシアの批准で、この2つの条件が充足された。

☐17 京都議定書では、義務づけられた [★★★] 削減量を超
★★★ える削減を達成した国から、未達成国が排出権を買い
取り自国の削減分に算入できる（国際）[★★★] という
仕組みなどが京都メカニズムとして採用された。

温室効果ガス

排出権取引（排出
量取引）

☐18 2005年にEUが導入した域内 [★★★] 制度は、「[★★★]
★★★ 方式」を採用し、各事業所に温暖化ガス排出量の上限
を課し、過不足分を取引している。

排出権取引（排出
量取引）, キャップ
=アンド=トレード

☐19 温室効果ガスの新しい削減方法を先進国どうしで共同
★★ 開発をした場合、両国間で削減分を譲渡し合うことを
認める仕組みを [★★]、発展途上国の温室効果ガス
削減に技術協力をした場合、協力国の削減分に算入で
きる仕組みを [★★]（CDM）といい、いずれも京都
メカニズムとして採用された。

共同実施

クリーン開発メカ
ニズム

☐20 [★]（炭素予算）とは、気候変動による地球の気温
★ 上昇を一定のレベルに抑える場合に想定される、温室
効果ガスの累積排出量の上限値である。

カーボン=バジェッ
ト

◆この考え方に基づき、過去の排出量と気温上昇から、今後、あ
とどれくらい排出することができるかをある程度推計できる。

## 21 ★★★
2011年には、気候変動枠組み条約**第17回締約国会議（COP17）**が ★★★ のダーバンで開催され、ポスト ★★★ の方向性を示す**ダーバン合意**が採択された。

南アフリカ, 京都議定書

◆2015年までに内容を決め、20年から新たな枠組みを発効させることを前提に京都議定書を延長。日本は中国やインドなど経済発展の著しい新興国の削減義務のないままの京都議定書の延長に反対し、13年から20年までの延長分は不参加となった。**15年12月に採択された**パリ協定により、先進国に課せられていた削減数値目標は廃止し、先進国および発展途上国を含むすべての締約国が20年以降の新たな削減数値目標を自ら掲げることになった。

## 22 ★★★
2015年、フランスで開催された気候変動枠組み条約**第21回締約国会議（COP21）**で、世界の平均気温上昇を**産業革命**以前から ★★★ 度未満に抑える目標設定などを内容とした ★★★ **協定が採択され**、翌16年11月に発効した。

2, パリ

◆世界の平均気温上昇を2度未満、できれば1.5度未満にすることを定めたが、$CO_2$排出量の削減数値目標の設定は行わず、発展途上国を含めた全加盟国が**自主削減目標**を策定し、報告し合うことが決められた。パリ協定は2020年より実施とされ、主な二酸化炭素（$CO_2$）排出国である中国やアメリカ、発展途上国を含む196ヶ国・地域が参加したが、17年6月にアメリカのトランプ政権はパリ協定からの離脱を表明した。しかし、2021年1月に発足したバイデン政権は、パリ協定へ復帰することを決め、環境対策を後退させる前政権の政策を見直すこととした。バイデン大統領は大統領選挙で50年までに二酸化炭素（$CO_2$）排出量を**実質ゼロ**にする目標を公約に掲げた。

## 23 ★★★
世界各国の**二酸化炭素（$CO_2$）排出量**の割合を示した次のグラフの空欄A～Dにあてはまる国名を答えよ。

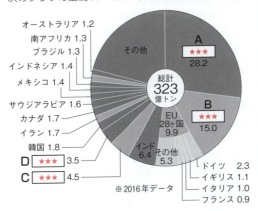

A 中国

B アメリカ

C ロシア

D 日本

特集 4 地球環境問題

**0 巻頭特集　4 地球環境問題**

□24 国連環境計画(UNEP)と世界気象機関(WMO)によっ
★　 て発足した国際会議である ★ は、気候変動に関
する科学的知見や社会、経済への影響について意見を
集め、対応策を検討している。

◆ IPCC は、2007年のノーベル平和賞をアメリカのゴア元副大統領と
　ともに受賞した。アメリカに気候変動枠組み条約批准拒否の環
　境政策を見直すことを迫る政治的意図を持った授賞であった。

気候変動に関する
政府間パネル
(IPCC)

□25 ★★ は、廃棄物の焼却過程などで発生する化学物
★★ 質で、体内に取り込まれると生殖機能の異常や発ガン
といった健康被害を引き起こすことが懸念されている。

ダイオキシン類

□26 ダイオキシン類は、生体の内分泌系をかく乱させるホ
★★ ルモン作用を持つ化学物質であることから、一般に
★★ の１つであるとされる。

◆ 1996年、アメリカのシーア=コルボーンらが『奪われし未来』を
　出版し、環境ホルモンの危険性を指摘した。

環境ホルモン(内
分泌かく乱物質)

□27 ★★ は中皮腫や肺ガンの原因となる繊維状鉱物で
★★ あり、建築用資材やブレーキパッドなどに用いられて
きた。

◆ アスベスト(石綿)は、建築現場や工場などで労働者が吸引して
　しまうことから、労働者災害補償(労災補償)の対象となってい
　るが、最近では近隣住民の発病例も増加しつつある。2006年に
　は健康被害を受けた患者やその遺族を救済する石綿健康被害救
　済法(アスベスト新法)が施行され、また14年には最高裁がア
　スベスト被害について国の行政責任を認め、被害者の国家賠償
　請求を認容する判決を言い渡した。

アスベスト(石綿)

□28 酸性雨とは工場の煤煙や自動車の排出ガスに含まれる
★★ ★★ と ★★ が主な原因物質である、pH5.6以下
の雨で、その降雨によって湖沼に生息する動植物や森
林・農作物などへ悪影響を及ぼす。

硫黄酸化物(SOx),
窒素酸化物(NOx)
※順不同

□29 1971年にイランで開かれた国際会議において採択され
★　 た ★ では、水鳥の生息地として国際的に重要な
湿地に生息する動植物の保護を謳っている。

◆ 正式名称は「特に水鳥の生息地として国際的に重要な湿地に関
　する条約」。日本は1980年に批准した。

ラムサール条約

□30 大気汚染の越境移動の問題について、1979年には欧州
★★ 諸国を中心として ★★ が結ばれ、欧州全体での酸
性雨原因物質の排出規制が規定された。

長距離越境大気汚
染条約

30

□ **31** 1994年には地球砂漠化への対策として ★ が採択
され、96年に発効した。

◆日本は1998年に批准した。

砂漠化対処条約

□ **32** 1972年には放射性物質など特定の**廃棄物の海洋投棄を
規制する** ★ が国際海事機関（IMO）で採択され、
75年に発効した。

◆日本は1980年に批准した。1996年には規制を強化する議定書が
採択され、産業廃棄物の海洋投棄が原則禁止となった。

ロンドン条約(ロンドン海洋投棄条約)

□ **33** 1989年には**有害廃棄物の越境移動**および処分の規制に
関する ★★ が採択され、92年に発効した。

◆1993年に批准した日本はバーゼル法を制定し、特定有害廃棄物
の輸出入に際しては経済産業省へ承認申請を行い、環境省は輸
出時には相手国の同意を確認し、輸入時には相手国へ同意を回
答することになっている。

バーゼル条約

□ **34** 2019年、バーゼル条約第14回締約国会議（COP14）
では、有害廃棄物に「汚れた ★ ごみ」が追加され、
輸出禁止ではないものの輸出には相手国の同意が必要
とされ輸出入手続きの規制が強化されるなど、21年
1月発効となる同条約の附属書が改正された。

◆2019年6月開催のG20大阪サミットでは、環境問題として海洋
プラスチックごみの削減が主要テーマの1つとして扱われ、使
い捨てストローの削減などが提唱された。

プラスチック

□ **35** 1973年には**絶滅のおそれのある動植物の種の国際取引
を規制する** ★★ が採択され、75年に発効した。

◆日本は1980年に批准し、加入した。

ワシントン条約

□ **36** 1989年のアラスカでのバルディーズ号のタンカー事故
による海洋汚染以降、企業倫理に関する ★ が提
唱された。

バルディーズの原則

□ **37** 1895年にイギリスで設立された民間組織の ★★
は、美しい自然景観や歴史的遺産の保全運動を行って
いて、同様の動きが世界的に広がりを見せている。

ナショナル=トラスト

□ **38** 動植物の生態や歴史文化を学びながら、**自然環境や文
化の保護意識を高める観光のあり方**を ★ という。

◆2004年に環境省はエコツーリズム憲章を制定し、屋久島の原生
林ツアーや小笠原のホエール・ウォッチング、里山の暮らしを
体験するツアーなどのエコツアーを推進している。

エコツーリズム

**0 特集**

**4 地球環境問題**

31

**0 巻頭特集　4 地球環境問題**

□39 2005年、フランスで憲法の一部となった ★ は、良
★　好な環境の中で生きる国民の権利を認めるとともに、
国民に対して環境保全の義務を、国には環境への損害
を予防する義務などを課している。

環境憲章

□40 近年、 ★★ 中心主義を見直し、自然にもそれ自体の
★★　価値を認めようとする考え方から、自然の ★★ 権
が主張されるようになった。
　◆環境破壊によって動植物が被害を受けることを問題視し、動植
　物を原告とする自然の権利訴訟も起こされている。

人間,
生存

□41 近年、農山村は、ゆっくりと滞在しながら農林業体験
★　などを通して地域の生活を知る ★ の機会を提供
する場として、環境保護の観点から注目されている。

グリーン=ツーリズ
ム

□42 2000年制定の ★★★ 法が採用する ★★★ 責任と
★★★　は、製品の生産者がその廃棄や ★★★ まで責任を負
うとする考え方である。

循環型社会形成推
進基本, 拡大生産
者, リサイクル

□43 3つのRとは、 ★★ ＝ごみ削減、 ★★ ＝再利用、
★★　 ★★ ＝再資源化を指す。
　◆環境に悪い商品を拒むリフューズ (Refuse) を加えて、「4つの
　R」ということもある。

リデュース (Reduce),
リユース (Reuse),
リサイクル(Recycle)

□44 容器包装リサイクル法が1995年に制定され、ビンと
★★　ペットボトルについてメーカーのリサイクルが義務づ
けられ、2000年には ★★ 容器のリサイクルも義務
づけられた。

紙製・プラスチッ
ク製

□45 家電リサイクル法が1998年に制定、2001年に完全施行
★★　され、エアコン、 ★★ 、 ★★ 、洗濯機（後に冷
凍庫や衣類乾燥機を追加）は販売業者が引き取り、製
造業者にはリサイクルを義務づけ、消費者は排出時に
収集・リサイクルの料金を負担することになった。

テレビ, 冷蔵庫
※順不同

□46 2013年4月に ★★ 法が施行され、デジタルカメラ
★★　や携帯電話、ゲーム機器などの再資源化が目指され、
流通量・使用量が少ない ★★ やレアアースと呼ば
れる希少金属を再利用することとなった。
　◆レアアース (希土類元素) は中国などに偏在し、中国が貿易交渉
　のカードとして戦略的に用いる傾向にあることから、日本は供
　給確保のために市場に存在するレアメタルなどのリサイクルを
　進めている。

小型家電リサイク
ル
レアメタル

□47 ★★ ★★ 法が2002年に制定され、3品目（破砕くず、エアバッグ、エアコンのフロンガス）の回収と適正処理が製造者に義務づけられ、リサイクル費用は購入時に原則として ★★ の負担となった。

自動車リサイクル

消費者（購入者）

□48 ★★ 食品メーカーや加工・販売業者に食品の残渣を有効に再利用することを義務づけた ★★ 法が2000年に制定、01年に完全施行された。

食品リサイクル

◆食品の残渣（濾過した後などに残ったかす）は、**肥料**や**家畜用飼料**、**バイオマスの発電**などに利用される。なお、世界中で生産された食料の約3分の1が消失、もしくは廃棄されており、その量は年間約13億トンと推計されている。先進国を中心に、原材料の生産段階から個人や世帯などによる消費の過程全体で食料の甚大な無駄が生じている問題を「フードロス」という。

□49 ★★★ 2000年にリサイクル商品や環境に配慮した商品を優先的に購入・利用することを**国などの公的機関に義務づける** ★★★ 法が制定された。

グリーン購入

□50 ★★★ ★★★ とは、**地球環境に及ぼす影響の少ない行動や製品を使用**することが大切だとして、そのような生き方は「地球にやさしい」という言葉で表されるが、このような商品を優先的に購入しようという運動である。

グリーン＝コンシューマリズム（緑の消費者運動）

## 5 現代社会の特質と課題

ANSWERS □□□

□1 ★★★ 匿名で未組織の多数の人々からなる現代社会を ★★★ 社会という。

大衆

◆娯楽映画やポピュラー音楽など、大衆を対象に生産され、広く享受され、消費されていく文化を大衆文化という。

□2 ★★★ 大衆社会の特徴として、普通選挙制度の確立による**大衆** ★★★ **主義**、**大量** ★★★ ・**大量販売**・**大量消費**、義務教育による教育内容の画一化、大量の情報伝達の媒介体である ★★★ の発達などがある。

民主，生産

マス＝メディア

◆大衆民主主義はマス＝デモクラシーとも呼ばれる。また、現代はマス＝メディアが提供するニュースや映画、さらにはSNS（ソーシャル＝ネットワーキング＝サービス）による情報の拡散などによって、人々が同様に熱狂する社会でもある。スペインの哲学者**オルテガ**は『**大衆の反逆**』の中で、メディアの発達による識字率の上昇や消費スタイルの同質化を特徴とする大衆社会の到来を、20世紀前半に予見している。

**0** 巻頭特集　**5** 現代社会の特質と課題

□**3**
★★
　**★★** はナチス支配下の大衆の社会的性格を分析し、自由を獲得した**大衆が孤独感から**自由**を重荷に感じて権威に束縛を求める**ことを著書『　**★★**　』で指摘した。

フロム

自由からの逃走

◆フロムは、人間の自由を束縛から逃れる「〜からの自由」と、ある目標を目指す「〜への自由」に分け、自由が心理的な重荷になる場合に、人々はファシズムのような全体主義に自らを委ねる可能性があると指摘した。

□**4**
★★
　**★★** は現代人が善悪の判断を自ら行わず、**権威に従うことで自己責任を回避する傾向**を持つことを著書『　**★★**　**的パーソナリティ**』の中で指摘した。

アドルノ

権威主義

□**5**
★
官僚制は、**ピラミッド型**の位階制を基本とする権限系統である　**★**　の固定化、自分のなわばりや既得　**★**　を守ろうとする　**★**　による**組織の硬直化**や**権威主義**など問題点も多い。

ヒエラルキー, 権益, セクショナリズム (セクト主義, なわばり主義)

◆近代国家において、官僚制は合理的な組織運営原理であるが、負の側面として官僚主義に陥りやすいという欠点がある。

□**6**
★★
ドイツの社会学者　**★★**　は、　**★★**　性を徹底的に追求した**近代**官僚制を特徴とする社会を作り上げた現代人は、いわば「**鉄の檻**」と化したこの社会の中から逃れがたく　**★★**　され、豊かな精神と人間性を欠く存在に堕する危険があると指摘した。

マックス=ウェーバー, 合理

管理

□**7**
★
専門的な科学技術者で、社会の意思決定や政治決定で重要な影響力を持つ**高級技術官僚**を　**★**　と呼ぶ。

テクノクラート

□**8**
★★
現代の大衆社会は、サラリーマンなどの、生産手段を持たず生活水準が平均的である　**★★**　と呼ばれる人々が社会の中核をなす。彼らの中流意識と大量　**★★**　文化は大衆社会の特徴をよく表している。

新中間層

消費

□**9**
★
近代社会において、大資本家と無産者の間にあって、新たに資本を蓄積していた独立自営農民(ヨーマン)などの　**★**　が社会の中核を形成していた。

旧中間層

□**10**
★★★
大衆社会においては、**伝統的価値観や社会規範が崩壊**し、精神的な**不安感・疎外感**である　**★★★**　や、あらゆる事柄に無関心な状態である　**★★★**　が生じる。

アノミー (心理的アノミー), アパシー

34

**11** アメリカの社会学者リースマンは、著書『孤独な群衆』の中で人間の社会的性格を3つに分類した。これについて説明した次の図の空欄 A ～ E にあてはまる適語を答えよ。

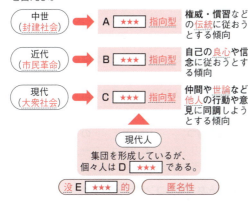

| 中世（封建社会） | → | A ★★★ 指向型 | 権威・慣習などの伝統に従おうとする傾向 | A 伝統 |
| --- | --- | --- | --- | --- |
| 近代（市民革命） | → | B ★★★ 指向型 | 自己の良心や信念に従おうとする傾向 | B 内部 |
| 現代（大衆社会） | → | C ★★★ 指向型 | 仲間や世論など他人の行動や意見に同調しようとする傾向 | C 外部（他人） |

現代人
集団を形成しているが、個々人は D ★★★ である。

D 孤独

没 E ★★★ 的　　匿名性

E 個性

**12** 現代社会は、人々の生活様式（ ★★ ）や思考方法が画一化、規格化し、労働者もいわば機械の歯車と化すようになることで、人間性を喪失し ★★ 化した。

ライフスタイル

没個性

**13** 普通教育の普及と ★★★ による情報の大量伝達により、一定の教育水準と情報を有するようになった大衆が、**上流ではないが下流でもないという自意識を持つような傾向**を一般に ★★★ 意識と呼ぶ。

マス=メディア

中流

◆高度経済成長によって、1970年代には一億総中流という言葉が一般化したが、近年の格差社会の進行により一億総中流は過去の話ともいわれている。

**14** 情報化社会では、その影響力の大きさから「**第四の権力**」と呼ばれるマス=メディアが人々に情報を大量伝達し、世論形成に必要な判断資料を提供する反面、**情報操作**や**世論操作**の危険性、営利本位の ★ や扇動主義と呼ばれる ★ に陥る可能性がある。

コマーシャリズム，センセーショナリズム

◆コマーシャリズムは商業主義ともいう。これに基づいて、マス=メディアの報道にスポンサー（広告主）の意向が反映される場合がある。テレビでは、視聴率を上げるために内容を誇張してセンセーショナルに表現する傾向がある。一面的な報道で事実と異なる情報が印象化されるおそれもある。

**特集 5 現代社会の特質と課題**

# 0 巻頭特集 5 現代社会の特質と課題

☐**15** ★★ ［ **★★** ］とは、**固定的なパターン**により、**事実を認識**
したり**理解したりする捉え方**および捉えられたイメー
ジのことである。

**ステレオタイプ**

 ◆大衆は与えられた情報や報道の評価に同調するステレオタイプ
 な思考を持つために世論操作をされやすく、外部指向型（他人指
 向型）となりやすい。

☐**16** ★★★ **マスコミ（マス=コミュニケーション）**の発達で、**大量
の情報が効率的に伝達**されるようになり、社会の中
の［ **★★★** ］**形成**に大きな影響を与えるようになった。
これに対し、会話や電話など個人間で行われる意思伝
達を［ **★★★** ］**=コミュニケーション**と呼ぶ。

**世論**

**パーソナル**

☐**17** ★★ 近年、［ **★★** ］**的な性質を持つ**ソーシャル=メディア**の
発達と普及**で、不特定多数の人々によるコミュニケー
ションが活発に行われるようになった。

**双方向**

☐**18** ★★★ **いつでも、どこでも、どんな者でもコンピュータ=ネッ
トワークに接続**し、**情報を利用できる社会**を［ **★★★** ］
という。一方で、**個人情報がコンピュータに蓄積**され、
**公権力による**管理が進み、個人や集団が様々な場面で
管理される社会は一般に［ **★★★** ］と呼ばれる。

**ユビキタス社会**

**管理社会**

 ◆ユビキタスとは、ラテン語で「神はあまねく存在する」という意
 味である。2000 年には**高度情報通信ネットワーク社会形成基本
 法（IT 基本法）**が制定された。最高水準の情報通信ネットワーク
 を実現し、国民すべてがその恩恵を受けられるようにすること
 などを基本理念に掲げている。

☐**19** ★★★ イギリスの小説家**ジョージ=オーウェル**は『**1984年**』の
中で、技術の進歩がもたらす双方向的な通信技術に
よって、［ **★★★** ］が守られた生活は終わりを告げ、個人
の行動が［ **★★★** ］され、思想が統制される管理社会**の
危険性**を予見した。

**プライバシー,**

**監視**

☐**20** ★★ インターネットには［ **★★** ］**性**という従来のマス=メ
ディアとは異なる特性があるため、**嘘のニュース**
（［ **★★** ］）を気軽に発信したり、他人を安易に誹謗中
傷したりする問題が起きやすい。

**匿名**

**フェイクニュース**

 ◆**ソーシャル=メディア**を中心に、偽りの報道（フェイクニュース）
 が流れ、一瞬にして世界に拡散するリスクがある中で、現代は
 情報の真実性や客観性よりも、虚偽であっても個人の感情に訴
 えるものの方が世論において強い影響力を持つという「**ポスト・
 トゥルース**」の状況にある

36

□21 **★★** **★★** とは、情報システムの脆弱性を衝いた**コンピュータ=ネットワークへの攻撃**のことである。

◆官公庁や大企業のコンピュータやデータベースなどに侵入し、破壊工作を行うサイバー=テロも発生している。

サイバー=テロ

□22 **★★★** 情報化社会の進展に伴い、小説や音楽など知的創造物の権利を守る **★★★** 保護や悪質なハッカーなどによるコンピュータ犯罪、情報公開と個人の **★★★** 保護の問題など日常生活に関する問題点も浮上している。

知的財産権，
プライバシー

□23 **★** 近年、コンピュータ使用に伴う精神的苦痛である **★** の発生や仮想現実である **★** が精神に及ぼす危険性が指摘されている。

◆実際の自然環境や人間関係よりも、メディアが提供する世界に現実感を見出すようになり、現実と空想（仮想現実）の境界が不明確になるという指摘がある。

テクノストレス，
バーチャル=リア
リティ

□24 **★★★** **★★★** とは、**メディアが提供する情報が真実か否かを判断する能力**を受け手である国民自身が身に付ける必要があるが、この情報判断能力のことである。

◆特に、現在はインターネットなどを介して大量の誤った情報が瞬時に拡散し、社会や人々が混乱に陥るような状態（インフォデミック）も起こりやすい。ゆえに、メディア=リテラシーがさらに重要な意味を持っている。近年、世界各国ではソーシャル=メディアでの公私の区別、フェイクニュースに惑わされないためのリテラシーなどといった「**デジタル=シチズンシップ**」の教育の取り組みが行われている。

メディア=リテラ
シー（情報リテラ
シー）

□25 **★★★** 情報メディアを使いこなせる人とそうでない人の間に生じる格差のことを **★★★** と呼ぶ。

◆デジタル=デバイドによる経済格差の拡大を防ぐため、誰でも簡単に使える情報機器の開発や環境整備が必要となる。

デジタル=デバイド

□26 **★★** AI（ **★★** ）の開発と普及によって、これまで人間が行ってきた多くの仕事がコンピュータによって代替され、**人間の雇用を奪うおそれ**があると指摘されている。

◆2005年、アメリカのカーツワイルは、45年にAI（Artificial Intelligence、人工知能）が**人類の知能を超える**と予言し、その転換点は**シンギュラリティ（技術的特異点）**と呼ばれる。14年には、イギリス・オックスフォード大学のマイケル .A. オズボーンらによる共同論文で、AIを用いたコンピュータ技術によって、10〜20年後程度でアメリカの全雇用者の約47%の仕事が自動化される可能性が高いという分析結果が発表された（『雇用の未来』）。

人工知能

**0 特集**

**5 現代社会の特質と課題**

# 0 巻頭特集 5 現代社会の特質と課題

□27 ★★ **★★** （情報通信技術）の発達による、インターネット上の膨大な情報の蓄積を一般に **★★** という。これをコンピュータや人工知能（AI）で処理することで、消費者のニーズに合った新商品の開発や販売、マーケティング、社会的な各種サービスの向上が期待される。

ICT,
ビッグデータ

◆1970年代末に登場した車載型などの移動電話を第1世代（**1G**）、90年代のアナログからデジタルへ移行した多機能な携帯電話を第2世代（**2G**）、2000年代に入り、全世界共通でモバイルが使用可能となった第3世代（**3G**）、10年代以降に続き、20年以降には**超高速・大容量**化が急速に発達・普及した第4世代（**4G**）に続き、20年以降には**超高速・大容量**のモバイル通信が可能となる第5世代（**5G**）が、ICT（情報通信技術）の基盤になるとされる。

□28 ★★ 日本が提唱する未来社会のあり方として、サイバー空間（**仮想空間**）とフィジカル空間（**現実空間**）を高度に融合させたシステムにより、人工知能やロボットが経済発展と社会的課題の解決を両立させるような社会を **★★** という。

ソサエティ
Society5.0

◆「**1.0**（狩猟社会）→**2.0**（農耕社会）→**3.0**（工業社会）→**4.0**（情報社会）」の次にあるものが Society5.0 である。現在、**人工知能**（AI）、情報通信技術（**ICT**）、モノのインターネット（IoT）、**ビッグデータ**などを活かした未来社会へ移行する**技術革新**（イノベーション）が進んでいる。2020年には、その具現化としての先端都市「**スーパーシティ**」の構想実現を目指す改正国家戦略特区法が可決、成立した。

□29 ★★ 生活上の基礎的な単位となる家族や村落・都市など、血縁や地縁をもとに成立した集団を **★★** 集団と呼び、特定の目的や機能を果たすため人為的に作られた、学校や企業などの集団を **★★** 集団と呼ぶ。

基礎（基礎的）

機能（機能的）

◆現代社会では、多数存在する機能集団への所属によって人間性の喪失が起こっているため、人間性を回復するためにも家族などの基礎集団の復権が望まれている。

□30 ★ アメリカの社会学者マッキーバーによると、社会は基礎集団である **★** （地域社会、地域共同体）と、機能集団である **★** （結社体）の2つに分類される。

コミュニティ,
アソシエーション

□31 ★★ 家族や友人などの **★★** 集団をプライマリー=グループ、企業や学校などの **★★** 集団をセカンダリー=グループという。

一次,
二次

□32 ★★ **★★** とは、社会集団が一定の秩序を維持するために設ける**規範や行動基準**のことであり、法や道徳、伝統や慣習などのことをいう。

社会規範

38

☐33 ★★ ★★ とは、良心や理性の命令に従って行動するための規範で、それに違反した場合には良心の呵責や社会的制裁が伴うのに対して、 ★★ とは、国家などによって定められているルールであり、違反した場合には刑罰などの外的制裁が伴う社会規範である。

道徳

法律

◆「法律は道徳の最小限である」といわれるように、法律は反道徳的な行為の中でも刑罰をもって強制すべき行為などを規制する。

☐34 ★ 社会規範のうち、仇討ちや武士の切腹のように、ある程度の強制力を持った道徳的慣習を ★ と呼ぶ。

モーレス

☐35 ★★ 社会集団において、生活全般に浸透している日常生活の行動基準を ★★ と呼ぶが、これに法的確信が得られて法的拘束力が付与されたものを ★★ という。

慣習，

慣習法

◆冠婚葬祭のしきたりや礼儀作法などが慣習にあたる。

☐36 ★ ★ とは、もともとは未開社会や古代社会で見られ、一定の行動を禁止あるいは規制する際の規範である。 ★ 上の理由から、ある一定の日時や方角、食べ物などを避ける行為も、これにあたる。

タブー（禁忌）

信仰（宗教）

☐37 ★★★ ★★★ とは、様々な文化にそれぞれ違いはあるが優劣はないとし、文化的な多様性を尊重することである。

文化相対主義

☐38 ★★★ 自国の文化や価値観を絶対視する ★★★ を克服するには、他国の文化や価値観を尊重し、少数民族や先住民などの ★★★ （少数者）の文化を理解することで、それぞれの言語や価値観などを尊重し合い、異文化理解と積極的な共生を図る ★★★ が重要となる。

自民族中心主義（エスノセントリズム）

マイノリティ

多文化主義（マルチカルチュラリズム）

☐39 ★★★ 人種差別問題に関して、国際的な人権保障の一環として、1965年の国連総会で ★★★ 条約が採択された。

人種差別撤廃

◆1969年発効の同条約の締約国は、あらゆる形態の人種差別撤廃に向けた施策の実現の義務を負う。日本は95年に批准した。

☐40 ★★★ 2度の世界大戦を経験した国際社会では、女子（女性）に対する差別の撤廃を目指す ★★★ 条約、児童の権利を守る ★★★ 条約や人種、宗教、性などによる差別からあらゆる人を守る ★★★ 宣言など、すべての人々が平等に尊重されるための取り組みが行われている。

女子差別撤廃（女性差別撤廃），

子どもの権利，

世界人権

0 特集

5 現代社会の特質と課題

# 0 巻頭特集 5 現代社会の特質と課題

**□41** 性別役割分担を**社会的・文化的**性差（ ★★★ ）に依拠
★★★ するものとして問い直すことは、その不平等によって
不利益を被る人たちを救うだけでなく、 ★★★ 社会
を促進し、社会全体の活性化を促すことにつながる。

◆フェミニズムは、「男性らしさ」や「女性らしさ」のイメージを人
為的な構築物とみなし、文化や慣習、社会通念などが暗に前提と
している性差別的な構造と指摘している。

ジェンダー

男女共同参画

**□42** **高齢者**や**障がい者**を施設や制度で隔離し保護する形を
★★★ 改め、他の人々と**共生して日常生活を送ることができ
るよう生活の諸条件を整える**考え方を ★★★ と呼ぶ。

◆ボランティア活動を通じて高齢者や障がい者と触れ合うことも、
高齢者や障がい者から見れば、**ともに生きること**（共生）を意味
する点でノーマライゼーションの具体的方法といえる。このよう
に社会から隔離したり排除したりするのではなく、社会の中でと
もに支え、助け合いながら生きていこうとする考え方をソーシャ
ルインクルージョン（**社会的包容力**、**社会的包摂**）という。

ノーマライゼー
ション

**□43** ★★ とは、婚姻と血縁による信頼や愛情関係に
★★ よって結ばれた**生活共同体**であり、社会集団としては
★★ 集団に位置づけられる。

家族

基礎

**□44** 家族には、子孫を生み育てる ★★ 機能、高齢者や
★★ 幼児を守る保護・扶養機能、しつけや人格を形成する
★★ 機能、家計と財産を共有する ★★ 機能や
心身の休養の場としての憩いの機能などがある。

種族保存

教育, 経済

**□45** 現代社会は、家族や地域社会などの ★★ 集団の役
★★ 割が低下し、学校や企業などの ★★ 集団の役割が
高まっている。

◆このことによって人間性の喪失が進んでいるとされる。人間性
の回復のためにはコミュニティの復権が求められる。

基礎,

機能

**□46** 現代社会では、従来家族が持っていた様々な機能が企
★★★ 業や学校など**外部の機関に吸収される傾向**にあるが、
これを ★★★ と呼ぶ。

家族機能の外部化

**□47** 子どもたちが結婚後も親と同居を続ける家族の形態を
★★ ★★ と呼び、このうち核となる親子が1組である
家族を ★★ と呼ぶ。また、1組の夫婦のみ、また
は夫婦と未婚の子のみからなる家族を ★★ と呼ぶ。

◆複合家族（拡大家族）は、祖父母やおじ、おばまでをも含む大家
族である。

複合家族（拡大家
族),

直系家族（世代家
族),

核家族

40

□**48**
★★★
かつての日本社会に見られた<u>家（イエ）制度</u>とは、家長の統率の下に家族と財産を守り代々受け継いでゆく制度であるが、**第二次世界大戦後の** ★★★ **の改正により廃止された。**この結果、 ★★★ が増加していった。

民法,
核家族

◆加えて、<u>高度経済成長期</u>**の産業化に伴う地域間移動の増加**で、都市部への人口流入が起こり、1組の夫婦のみ、または夫婦と未婚の子のみからなる<u>核家族</u>化が進んだ。

□**49**
★★★
かつては一般に子だくさんであったが、現代では、経済水準の向上とともに ★★★ 化が進む中で、特に日本では親の関心が子どもに過度に集中して、子どもの ★★★ が妨げられる事態が起きている。

少子

自立

□**50**
★★
★★ 化の進行により、子育ての知恵が若い母親にうまく継承されず、**育児ストレスによる** ★★ が社会問題化している。

核家族,
児童虐待

□**51**
★
<u>児童虐待</u>には、体罰などの暴力的な虐待や性的虐待の他、 ★ と呼ばれる**育児放棄**も含まれる。

ネグレクト

□**52**
★★★
かつて、「男は仕事、女は家庭」という ★★★ 分担が一般的であったが、近年は**男女共生の理念に基づく新たな社会制度の構築**も始まり、育児や介護など**家族責任**を果たすために一定期間の休業が労働者の ★★★ として法的に男女平等で認められている。

性別役割

権利

□**53**
★★
旧来の家族形態が崩れて ★★ 化が進み、家庭内での高齢者介護の負担が増加している。特に、<u>高齢者が高齢者を介護する</u>「 ★★ 」の問題が深刻化している。

核家族

老老介護

◆近年は、<u>核家族</u>の占める割合が頭打ちになる一方で、**単身世帯**が増加し、特に**高齢者の単身世帯**が急速に増えている。独り暮らしの高齢者が看取られることなく、また気づかれることなく**孤独死**しているケースも多く、地域行政と地域社会との連携が課題となっている。

□**54**
★★
★★ とは、**生涯を通じて学習を続けていくこと**であるが、高齢者にとっては ★★ することを防ぎ、 ★★ につながることが期待されている。

生涯学習,
孤立,
生きがい

◆平均寿命の延びに伴い、一生を通じて学習を継続することができるよう、<u>生涯学習</u>のための様々な施策が行われている。

**0**　特集

**5**　現代社会の特質と課題

41

**0 巻頭特集 5 現代社会の特質と課題**

□55 人々が共同体意識を持って生活している近隣社会を ★★★ と呼ぶが、これは単なる空間的な広がりだけではなく、そこに住む人々の生活様式（ ★★★ ）や意識によって結び付いた共同体である。

◆地域社会の機能は、アメリカの社会学者マッキーバーらによって分類された。

地域社会 ,
ライフスタイル

□56 古来より「人と人とのつながり」は、 ★★★ による家族のような結び付きと、それを超えた ★★★ による地域共同体の連携の中で考えられてきた。

血縁 ,
地縁

□57 現代の日本では、都市部を中心に、近隣の人々の間での ★ の意識が減少し、 ★ 性が高まり、お互いの顔や名前を知らなくても生活が成り立つようになった。

相互扶助 , 匿名

□58 機能集団が都市部に集中することで、人口の都市部への集中現象が発生した。人口が流入した都市部では ★★★ 、人口が流出した地方部では ★★★ の問題が深刻化し、地域の行事を営むに足る人口を欠く農村部などでは、地域社会の様々な機能が失われつつある。

過密 (過密化) , 過疎 (過疎化)

□59 かつては家族と ★★★ とが密接にかかわり合いながら生産や教育に携わっていたが、現代の日本では ★★★ の外部化が進んだことで家族は主に安らぎの場となり、 ★★★ 住民どうしの連携が弱まった。

◆地域社会の崩壊が叫ばれる現代においては、地域共同体の機能を見直す必要性が高まっている。天災の発生や高齢社会の加速化に対して、地域の防災協力や地域ボランティアが重要となる。

地域社会 (コミュニティ)
家族機能 ,
地域

□60 都市が発展し市街地が拡大する際に、虫食い状に開発が進む現象を ★★ 現象という。

スプロール (スプロール化)

□61 都市の拡大とともに、都心部の地価が ★★ するため、都市中心部に居住する人が ★★ し、通勤が可能な近郊に人口が移転することで都市中心部が空洞化する現象を ★★ 化現象という。

高騰 ,
減少

ドーナツ

□62 全国的な基盤に立ち、国際的機能を果たしている都市を ★ （巨大都市）といい、それが機能的に接続した ★ （巨帯都市）も形成されている。

メトロポリス ,
メガロポリス

□63 近年、事故や災害の被害者や社会的・経済的 ★★★ を
★★★ 救済する ★★★ のあり方が議論され、それは保険制
度だけでなく、**地域**ネットワーク**や地域**コミュニティ
などを活用して**社会で**援助する仕組み**も含まれる。

弱者,
セーフティネット

□64 ★ は、地域防災の観点から、土砂災害や津波な
★ ど災害別に被災のおそれのある場所や避難経路を示し
た、市区町村が作った地図である。

ハザードマップ

# 6 青年期の特徴

ANSWERS □□□

□1 ★★★ とは、子どもから大人**への過渡期**である。こ
★★★ の時期には、★★★ が自覚・確立され人格が徐々に形
成されていくが、**身体と** ★★★ **の成熟の度合いには**
ズレ**があり、心の揺らぎのある**不安定な時期**でもある。

青年期,
自我,
精神

□2 青年期には、感情の動揺が激しく、★ 感（自己陶
★ 酔）と ★ 感（自己嫌悪）が交互に訪れる。
◆劣等感は自己向上の力となり、優越感は自我確立の達成感、す
なわち自信やプライドとして現れる。

優越,
劣等

□3 青年期の心理には権威や秩序、大人への反抗も見られ、
★★ 「 ★★ 反抗」となることもある。

理由なき

□4 古代ギリシアの哲学者アリストテレスは ★★★ （友
★★★ 愛）、すなわち人と人との間の**愛情**を重視した。

フィリア

□5 一般社会とは異なる言葉や服装、行動などに見られる
★★ **青少年層に支持されている文化的形態や活動**を若者文
化（ ★★ ）という。

ユースカルチャー

□6 次のイメージ図のように、青年期は大人**にも**子どもに
★★★ **も属しない中間的な立場にあり、**大人と子どもの二面
性を併せ持つ ★★★ であると指摘したのは、アメリ
カの心理学者 ★★★ である。

境界人（周辺人、
マージナル=マン）,
レヴィン

◆青年期は、子どもから大人**に成長し**アイデンティティ（自我同一
性）を確立する一方、肉体は大人に変化するが精神的には子ども
であるという二面性を併せ持った不安定な時期である。

# 0 巻頭特集　6 青年期の特徴

**□7** アメリカの心理学者ホリングワースは、子どもが両親
★★★ から精神的に分離、独立することを ★★★ と呼んだ。

心理的離乳

**□8** 親への依存度が高い子ども時代には意識されない
★★★ ★★★ が、青年期になると他者の認識とともに意識
されるようになる。こうして親との距離が離れていき
心理的離乳が進むが、フランスの思想家ルソーは、こ
れを「 ★★★ 」と呼んだ。

◆ルソーは青年期を、存在するために生まれた1回目の誕生に対
して、生きるために生まれる「第二の誕生」と捉えた。

自我

第二の誕生

**□9** 20世紀フランスの歴史学者 ★ は、著書『〈子供〉
★ の誕生』で、近代以前のヨーロッパでは「子ども」とい
う概念が確立されておらず、中世では7歳以降の人間
は「小さな ★ 」とみなされていたと指摘した。

アリエス

大人

**□10** 「自分が自分である」という意識を ★★★ と呼ぶが、
★★★ アメリカの心理学者 ★★★ は、自分自身の存在意義
を確立することが、青年期の重要な課題であるとした。

◆主著に『幼児期と社会』『アイデンティティとライフサイクル』が
ある。

アイデンティティ
（自我同一性），
エリクソン

**□11** エリクソンが提示した ★★ において、青年期以前
★★ の段階では、自発性や勤勉性を獲得することが目指さ
れ、青年期には「 ★★ らしさ」を模索する中で、一
貫した自己を確立することが課題となっている。

ライフサイクル

自分

**□12** エリクソンによれば、乳児期に育つ基本的 ★ が、
★ 自分自身や将来に対する ★ 的な感覚を持つ基礎
となり、一生を通じて安定した人格の下地となる。

◆青年期の不安や混乱も基本的信頼が土台になることで、自らの
力で乗り越えていけるようになる。

信頼，

肯定

**□13** ★★★ の拡散とは、自分は自分であるという主観的
★★★ 感覚およびその連続性が持てない状態であり、 ★★★
に陥り何事も意欲がわかないこともある。

アイデンティティ
（自我同一性），
アパシー（または
アノミー）

**□14** エリクソンは、人間が自己を形成し確立していく過程
★★★ には ★★★ つの段階があり、各段階には達成すべき
心理的・ ★★★ 的課題が設定されていると考えた。

8，

社会

**□15** ★　**エリクソン**は、社会で自立**するための準備期間である**青年期の自己探求において、それまでに経験したことのない様々な役割を実際に行ってみることを「　★　」と呼び、自分の可能性を模索する意義について説いた。

役割実験

**0 特集**

**6 青年期の特徴**

**□16** ★★★　親からの心理的離乳が進む青年前期は、依存心と　★★★　の間で揺れ動く葛藤に悩む時期であり、この時期は特に親に対して**反抗的な態度**が見られることから、　★★★　とも呼ばれる。

独立心

第二反抗期

**□17** ★★★　青年期には、大人の男性または女性としての身体的変化が現れる。これを　★★★　といい、それが現れる青年期の時期は　★★★　とも呼ばれる。

第二次性徴，
思春期

**□18** ★★　青年中期は主に10代後半の時期だが、自意識過剰になったり、他人との比較の中で　★★　を抱いたりと、感情的に大きく揺れ動く。この時期を、アメリカの心理学者ホールは「　★★　の時代」と呼んだ。

劣等感

疾風怒濤（シュ
トゥルム＝ウント＝
ドランク）

　◆成長するにつれて、**現実と自己の調和**が図られ、**価値観が確立**されていくと同時に、**社会の中の自分**という意識も確立されていく。この時期が青年後期にあたる。

**□19** ★★★　主に先進国では教育期間が比較的長く、青年期も長くなる傾向にある中で、職業や結婚など将来にわたる永続的な選択を先延ばしする傾向も見られる。このように青年が社会的役割を引き受けるようになるまでの猶予期間を　★★★　という。

モラトリアム（心
理・社会的モラト
リアム）

　◆モラトリアムとは、もとは支払いの猶予（支払期日を延期すること）を示す経済用語である。青年期の存在は、地域や時代によって異なる。例えば未開社会やヨーロッパ中世の子どもたちは青年期を迎える前に生活に必要な知識や技術を身に付け、大人の仲間入りをする。青年期のような猶予期間はあまり見られない。

**□20** ★★★　自己選択ができない現代青年を指す　★★★　人間、心がいつまでも夢見る子どものままである　★★★　＝シンドロームや　★★★　＝コンプレックスなどは、すべてアイデンティティの　★★★　の例にあたる。

モラトリアム，
ピーターパン，
シンデレラ，
拡散（危機）

**□21** ★　目的もなく社会に出ることを避けている青年期の心的状態を　★　的モラトリアムという。

消極

　◆学校にも通わず、仕事も行わず、職業訓練も受けていない若者のことをニートと呼ぶが、これも消極的モラトリアムの例である。日本では厚生労働省がニートを15～34歳の職にも就かず、求職活動もせず、家事・通学もしていない若者と定義している。

45

**0 巻頭特集 6 青年期の特徴**

□**22** **★★★** により明確に大人と子どもが分離されていた
★★★ 前近代社会と異なり、現代の社会は大人になるまで身
に付けるべき知識や技術が増えたため、「見習い期間」
としての **★★★** 期が**長期化**している。

◆現代は、社会が複雑化し、社会の中での責務を果たすための高
　度な知識や技術が多く求められるようになり、一人の人間とし
　て自立するために長い準備期間が必要になったため、青年期は
　**長くなっている**。

イニシエーション
（通過儀礼）

青年

□**23** アメリカの心理学者 **★★** は、成熟した社会人とし
★★ ての人間像について、感情をコントロールするための
**★★** の安定や、自己を **★★** 視すること、統
一した人生観や他者との温かい人間関係、ユーモアの感
覚などをその基準として挙げている。

◆オルポートは、パーソナリティを単に「刺激－反応」の要素の集
　合体ではなく、「自己」を中心に変化しうるものと捉えた。

オルポート

情緒，客観

□**24** アメリカの教育学者 **★★** は、青年期における10
★★ の発達課題を掲げ、同年齢の洗練された交際を学ぶこ
と、両親や大人からの情緒的独立、社会的責任のある
行動、行動指針としての **★★** や倫理体系の獲得、職
業選択の準備などを挙げた。

ハヴィガースト

価値観

□**25** **★★** はナチスのアウシュヴィッツ強制収容所での
★★ 体験を記録した『夜と霧』の中で、 **★★** とは、**自分
が生きる意味への意志**（生への意志）を持つことだと指
摘した。

フランクル，
生きがい

□**26** **★★** はハンセン病患者の療養所での勤務体験をも
★★ とに著した『生きがいについて』の中で、生きがいと
は **★★** 感を持つことから生じる精神的満足である
と述べた。

神谷美恵子

使命

□**27** 青年期の課題である**生きがいや職業選択**について、フ
★★★ ランスの実存主義者サルトルは「社会参加」を意味する
**★★★** を重視し、**まず活動することで自己の存在意
義**（「 **★★★** ある実存」）が見つかるとした。

アンガージュマン，
責任

□**28** 自分の行いを正当化する価値を自明のものとして見出
★★ すことのできない状況について、サルトルは「**人間は
★★ の刑に処せられている**」と述べている。

自由

46

□**29** **管理社会**の中で既成のレールに乗って成長した青年の
★★ 中には、自己の主体性を欠いたまま大人になっていく
ため、勉学をはじめ学生生活全般に意欲がわかず無力
感の状態、つまり ★★ や「 ★★ 主義」(無気力、
無責任、無関心、無感動)に陥る者がいる。

**0 特集**

**7 適応と個性の形成**

ステューデント＝
アパシー，四無

# 7 適応と個性の形成

ANSWERS □□□

□**1** 人間は思考力を持つ点で他の動物と区別される。人間
★ の属性は、ホモ＝サピエンス(**知恵ある人**)、 ★ (**工
作する人**)、 ★ (**遊ぶ人**)などと表現される。

◆「知恵のある人」という意味の現生人類の学名を命名したのは、
18世紀スウェーデンの博物学者リンネである。他の動物と比較
して理性的な思考をするところに、人間の人間たる特質がある
とする人間観を提唱した。

ホモ＝ファーベル，
ホモ＝ルーデンス

□**2** 20世紀フランスの哲学者 ★ は、人間を自然に
★ 働きかけて物を作り、環境を変えていく存在として
★ (**工作する人**)と呼んだ。

ベルクソン

ホモ＝ファーベル

□**3** 20世紀オランダの歴史学者 ★ は、 ★ を人
★ 間存在そのものにかかわるものとして捉え、そのよう
な人間が文化を創造する点を指して、人間をホモ＝ルー
デンス(**遊ぶ人**)と呼んだ。

ホイジンガ，遊び

□**4** 20世紀ドイツの哲学者 ★ は、人間を ★
★ (**象徴**)を介して世界を理解し、芸術や宗教を作り出す
存在と捉えた。

◆人間は目の前にある現実の事物だけでなく、複数の事物や、存
在しない事物が持つイメージを象徴として扱うことで、幅や深
みを持った高度な思考を手に入れた。カッシーラーは、このよ
うな側面に着目した人間観を**ホモ＝シンボリクス**(アニマル＝
シンボリクム)と呼んだ。

カッシーラー，シ
ンボル

□**5** 人間には様々な欲求があるが、主に**食欲や睡眠欲、性
★ 欲**などを満たそうとする ★ 欲求と、愛情や集団
への**帰属**、**自己実現**などを求める ★ 欲求とに分
けられる。これらが満たされない時に ★ に陥る。

一次的(生理的)，
二次的(社会的)，
欲求不満(フラス
トレーション)

47

## 0 巻頭特集　7 適応と個性の形成

- **6** ★★★ アメリカの心理学者 ★★★ は、人間の欲求には睡眠や飲食などの単に ★★★ 的なものだけでなく、その上位に位置づけられる、愛情や集団への帰属意識などの ★★★ 的**欲求**もあるとして**欲求の段階説**を唱えた。

  マズロー, 生理

  精神

  ◆マズローは、欲求は「生理的**欲求**→安全の**欲求**→社会的**欲求**(所属と愛の**欲求**)→自我(承認・自尊)の**欲求**→自己実現の**欲求**」と高まっていくものと捉えた。なお、マズローの著書『人間性の心理学』には、このようなピラミッド型の図は描かれていない。

- **7** ★★★ 人間の心の中には多くの**両立しない欲求が対立する**ことがあるが、このような状態を ★★★ と呼ぶ。

  葛藤(コンフリクト)

- **8** ★★★ 同一の対象について、愛情と憎しみや従順と反抗などの**正反対の感情を同時に持つこと**を ★★★ という。

  アンビヴァレンス

- **9** ★★★ 人間は欲求不満に陥ると精神的に不安定になるが、オーストリアの精神医学者 ★★★ はそのような状態の人間は ★★★ のうちに欲求不満を解消し、**自我の崩壊を防ごうとする心的メカニズム**があることを指摘した。このような心的メカニズムを ★★★ という。

  フロイト, 無意識

  防衛機制(適応機制)

  ◆欲求不満に耐えられる自我の強さを欲求不満耐性と呼ぶ。

- **10** ★★ **防衛機制**には、衝動の抑圧、現実からの ★★ 、発達以前の段階に逆戻りする退行、理屈で失敗を理由づける合理化、他人の功績を自分に重ねる同一視、自分の認めがたい感情を他人のせいにする ★★ 、欲求を代わりのもので満たそうとする代償、欲求を社会的に価値のあるものに求める ★★ などがある。

  逃避

  投影(投射)

  昇華

  ◆昇華の典型例は、失恋した人が突然絵画を描いたり、音楽に取り組んで気を紛らしたりするような、**文化的価値の高いものに代替を求めるケース**である。また、目標達成に向け筋道を立てて行動することを合理的解決という。

## 特集 0 — 7 適応と個性の形成

□11 欲求不満の解消方法のうち、**欲求を無意識のうちに抑え込み思い出さない**ようにすることを ★★★ 、口実をつけて**失敗を正当化**することを ★★★ 、正反対の**行動**をとって欲望の表出を防ぐことを ★★★ という。
→ 抑圧, 合理化, 反動形成

◆イソップ童話にある「**すっぱいブドウ**」の理論は、合理化の典型例の1つ。キツネが高い所に実っているブドウの実が食べれなかったのを、「どうせあのブドウの実は酸っぱいに違いない」と思って自らを納得させたという寓話である。

□12 欲求不満の解消方法のうち、問題から逃げることを逃避といい、空想の世界で欲望を満たす ★★ 、発達の前の段階に戻って欲求を満たそうとする ★★ 、ある物語の主人公になったつもりで自己欲求を満たす ★★ などがある。
→ 白日夢(白昼夢), 退行, 同一視

□13 欲求不満の解消方法のうち、得られなかった本来の欲求よりも低次なもので満足することを ★★ という。
→ 代償

□14 防衛機制の1つに ★★ があるが、これは自身で認めがたい自らの感情が、相手が持っていると思い込むことを指す。
→ 投影(投射)

□15 芸術家や発明家が、寝食を忘れて創作活動や開発に没頭し、創造力を発揮しようとするのは、低次の欲求が強制的に ★★ された場合や、低次の欲求を自ら放棄した場合でも ★★ の欲求が現れる事例である。
→ 抑圧, 高次

□16 フロイトは、人間の心は ★★ 、自我、エス(イド)の三層構造によって構成されると捉えた。
→ 超自我(スーパーエゴ)

□17 フロイトによると、人間のエネルギー源は ★★★ という性衝動であるが、この**エネルギーが蓄えられる無意識**部分を ★★★ という。これは、衝動を満足させて快楽を得ようとするが、これを ★★★ が調整する。
→ リビドー, エス(イド), 自我(エゴ)

◆フロイトの「心の構造」理論

49

**0 巻頭特集　7 適応と個性の形成**

□**18** ★★　　★★　とは、相手に接近したい気持ちと、お互いが傷つくことへのおそれとが　★★　を起こし、適度な距離を見出しにくい状況を表す。これは、**ショーペンハウアーの寓話**に由来するものである。

やまあらしのジレンマ，
葛藤

□**19** ★★★　人間の心のエネルギーが向かう方向によって性格を分類したのはスイスの心理学者　★★★　である。彼は、社交的でリーダーシップをとる一方で飽きっぽい人間を　★★★　型、社交性はないがじっくりと考え慎重な行動をとる人間を　★★★　型とした。

ユング

外向，
内向

◆ユングは、これに「思考」「感情」「感覚」「直観」の4つのタイプを重ね合わせた8つのパターンの性格類型を提唱した。

□**20** ★★★　ユングによると、**人間の心には無意識の領域がある**が、　★★★　的無意識は個人的無意識よりも深い層にあり、そこには　★★★　という神話的性格を帯びた**普遍的イメージが生まれながらに備わっている**とされる。

集合，
元型 (アーキタイプス)

◆ユングによると、人間の心には「個人的無意識＋集合的無意識」の2つがある。集合的無意識は、人類が太古の昔に経験した蓄積が、いわば遺伝子的に組み込まれたものであり、共通して個人的無意識の前に持つ普遍的な無意識とされる。

□**21** ★★　オーストリア出身の精神科医・心理学者の　★★　は、人間は誰でも身体的または能力的に**他人より劣った部分**があり、それに対する　★★　感**を克服**するために**理想の自分**を思い描き、より良くなろうと努力する　★★　の働きを主張した。

アドラー

劣等

補償

□**22** ★★　個人が持っているその人らしい考え方や行動の仕方を個性と呼ぶが、これは知能や技能のような　★★　、生まれつきの感情の傾向である気質、経験の中で培っていく　★★　の3つの要素からなる。これらを踏まえた人間の全体的な特徴を　★★　(人格) という。

能力

性格，
パーソナリティ

□**23** ★★　パーソナリティ(人格)は、遺伝的な要因を基礎にしつつ、後天的な経験を積み重ねて形成されていく。その過程には、**自分らしさを獲得していく**　★★　化と、**社会の文化や規範を身に付けていく**　★★　化がある。

個性，
社会

◆人の個人的特徴の形成は、遺伝と環境の両方に影響される。例えば、学力は生来の資質か学習環境かだけでは決まらない。

□24 アメリカの文化人類学者 ★★ は、**サモア島**などで ★★ の調査から、歴史的・地域的な状況が ★★ の形成に大きく影響すると考えた。

マーガレット=ミード,
個性

□25 アメリカの社会心理学者ミードによれば、子どもは「ごっこ遊び」の中で ★★ というものを理解し始めるが、さらに成長し、組織化されたゲームに参加すると、チームのような社会集団も目的や態度を共有する「**一般化された** ★★ 」とみなせるようになる。

他者

他者

□26 スイスの児童心理学者 ★ は、子どもが**自己中心的なものの見方から脱却**し、他者の視点を獲得する過程を「 ★ 」と呼び、思いやりの発生基盤とした。

ピアジェ

脱中心化

□27 ドイツの社会学者ホネットは、他者から ★★ される喜びの感情に着目し、理性的な**相互** ★★ にかかわる身体的な契機に目を向ける必要性を説いている。

承認,
理解

□28 ドイツの精神医学者 ★★ は、人間の体型と性格が相関するという観点から、 ★★ 型には循環（躁うつ）気質が、筋骨（闘士）型には粘着（てんかん）気質が、やせ（細長）型には ★★ 気質が見られるとした。

クレッチマー,
肥満

分裂

□29 ドイツの心理学者 ★★ は、人々の人生を方向づける様々な価値観を整理して、 ★★ 型、経済型、審美型、宗教型、 ★★ 型、社会（社交）型に類型化した。

シュプランガー,
理論,
権力（政治）
※順不同

◆理論型（理屈っぽい）、経済型（利益追求）、審美型（芸術に関心）、宗教型（神霊に興味）、権力（政治）型（支配者になりたがる）、社会（社交）型（福祉や奉仕に意義を見出す）。

**0** 特集

**7** 適応と個性の形成

51

# 倫理分野
ETHICS

### ギリシア・ローマの思想

## 1 ギリシア神話の世界

ANSWERS □□□

□**1** 古代ギリシアでは、 **★★** という都市国家が各地に
★★ 分立し、ソクラテス、プラトン、アリストテレスなど
の哲学者が **★★** 市民としての生き方を探究した。

ポリス

ポリス

◆ポリス（都市国家）では市民による討論・対話が行われた。その
会場となった広場はアゴラと呼ばれる。

□**2** 古代ギリシアは、正規の構成員たる「 **★★** 」によ
★★ って自立的に運営される共同体（ポリス）からなってい
た。そのポリスにおいて人類史上初めて「 **★★** 」と
いう政治形態がとられた。

市民

民主制（民主政治）

◆古代ギリシアのポリスでは、現代の典型である間接民主制では
なく直接民主制が行われていたが、奴隷も存在した。

□**3** 市民が **★** （閑暇）を持ったことが、古代ギリシア
★ において哲学が発達した土台であると考えられている。

スコレー

◆奴隷に労働を行わせることによって、自由人たる市民はスコ
レー（閑暇）を持つことができた。このスコレー（閑暇）が哲学を
生み出す環境を作り出したとされる。

□**4** 利害関係にとらわれず理性によって客観的に物事を考
★★ え、真実を探究しようとするギリシア人の精神的特徴
と態度を **★★** （観想）という。

テオリア

◆観想的生活の中で哲学という営みが行われた。

□**5** 現実世界における現象や天地創造を神々の力によって
★ 説明する物語を **★** （神話）という。

ミュトス（ミュートス）

□**6** 最高神ゼウスをはじめとするオリンポス12神が世界
★★ を支配するという世界観を示したのは、 **★★** 神話
である。

ギリシア

□**7** 古代ギリシアの **★★** は、『イリアス』や『オデュッ
★★ セイア』などの英雄叙事詩の作品で有名である。

ホメロス

◆これら一連の作品は、トロイア（トロヤ）戦争の様子を神々の意
思や英雄の行動の視点から描いた一大叙事詩である。

52

□8 古代ギリシアの ★ は、神々が天地創造を行った
★ 流れを体系的に明らかにした『 ★ 』や、農民たち
の教訓詩である『労働（仕事）と日々』を著した。

ヘシオドス,
神統記（しんとうき）

□9 **ギリシア三大悲劇作家**のうち、『縛られたプロメテウ
★ ス』は ★ 、『オイディプス王』は ★ 、『メ
ディア』は ★ が著した。

アイスキュロス,
ソフォクレス,
エウリピデス

# 2 自然哲学

**ANSWERS** □□□

□1 **紀元前6世紀**、小アジア（**イオニア**地方）の**ギリシア植**
★★★ **民都市**で生まれた自然哲学は、万物の根源、すなわ
ち ★★★ を探究する哲学である。

アルケー

◆自然哲学の学派として、**イオニア**系の**ミレトス学派**と、イタリア
（ラテン）系の**ピタゴラス学派**、**エレア学派**などが挙げられる。

□2 自然を探究の対象とし、万物のアルケー（根源）の解明
★★ に努めた自然哲学者たちは、 ★★ もまた自然の一
部であると考え、その根源的なあり方についての探究
も深めた。

人間

◆万物のアルケー（根源）を探究する自然哲学は、人間の生き方を
探究する人間哲学によって批判が継承されていく。

□3 世界の秩序がミュトス（神話）で説明された時代を経
★★★ て、紀元前6世紀のギリシアに生まれた ★★★ 哲学
は、 ★★★ によって自然や物事の本質や法則を探究
するものである。

自然,
ロゴス（理性）

◆ロゴスとは、「**言葉**」「**論理**」「**理法**」を意味するギリシア語であ
る。自然哲学は、自然現象を**神話**ではなく法則や理法によって
説明した点で、哲学の始まりといえる。

□4 **哲学の祖**といわれるタレスは、万物のアルケー（根源）
★★★ は ★★★ であると考えた。

水

□5 ★★★ は、万物のアルケー（根源）は火であると考え、
★★★ すべてのものは絶えず動き変化しているとし、「万物
は ★★★ する」と説いた。

ヘラクレイトス

流転（るてん）

◆ヘラクレイトスは永遠の実体を**火**と捉え、**世界は生成と消滅を**
**繰り返し変化する**ことによって安定していると唱えた。

I
倫
理

2
自
然
哲
学

53

**I 倫理分野　3 ソフィスト**

□**6**　　★★　は、「万物の根源は　★★　である」と考え、数
★★　学の有名な定理でも知られている。

ピタゴラス，数

◆ピタゴラスは、この世界には調和的な秩序が実現されていて、そ
こには調和を支える数的な関係があると考えた。また、輪廻転
生を説いたが、霊魂は不滅（不変）であるとした。

□**7**　万物の根源を　★★　、水、　★★　、空気（風）であ
★★　ると捉え、この4つの要素によって世界が形成される
と考えたのは　★★　である。

土，火 ※順不同

エンペドクレス

□**8**　デモクリトスは、それ以上分割できない　★★　（原
★★　子）と、　★★　（空虚）によって世界が構成されている
と考えた。

アトム，
ケノン

◆あらゆる現象はアトム（原子）がケノン（空虚）の中を運動する
ことによって生じると考えた。

□**9**　「有るものはあり、有らぬものはあらぬ」と説いた哲学
★　者　★　は、球体（スパイロス）を完全な存在とした。

パルメニデス

◆あるものが突然消えたり、ないものが突然生じたりすることは
あり得ないので、本当に実在するものには、生成消滅などの変
化が起きることはないと考えた。

# 3 ソフィスト

ANSWERS □□□

□**1**　紀元前5世紀になると、ギリシアには　★★　と呼ば
★★　れる知識人が現れた。

ソフィスト

◆ソフィストとは教養を備えた者で、その知識などを教授する役
割を果たしていた。

□**2**　「人間は万物の尺度である」と述べたソフィストの
★★★　　★★★　は、あらゆる人に共通の普遍的・絶対的判断
基準は存在しないという相対主義を唱えた。

プロタゴラス

◆古代ギリシアのソフィストたちは、自らに知識があると思って
いたため、いわば自らがすべての尺度であると思い込んでいた。

□**3**　プロタゴラスと並ぶソフィストの代表的思想家に、シ
★★　チリア島出身の　★★　がいる。

ゴルギアス

□**4**　ソフィストたちは、　★★★　と　★★★　を対立的に捉
★★★　え、人間的な事柄に関しては人々の取り決めだけで決
着するとした。そのため、人々を説得し自説を認めさ
せる　★★★　こそが、人間の身に付けるべき大切なも
のだと考えたのである。

ピュシス（自然），
ノモス（人為，法）
※順不同
弁論術

54

# 4 ソクラテス

ANSWERS □□□

**I 倫理**

**4 ソクラテス**

**■1** 「倫理学の創始者」と呼ばれる ★★★ は、ソフィストたちが個人主義的な考え方を主張したのに対し、**人間の生き方の普遍的な原理を探究**した。

◆**ソフィストを批判**したソクラテスは、自分を尺度とする**相対主義**に立つソフィストの生き方に対し、普遍の原理を探究した点で絶対主義に立つ。

ソクラテス

**■2** 人は、自らが生きる上で最も重要な事柄について無知であることを自覚すること（ ★★★ ）によって、初めて謙虚に真の知恵を探究する ★★★ の態度を手に入れることができるとソクラテスは説いた。

無知の知,
愛知（フィロソフィア）

**■3** 「ソクラテスにまさる賢者はいない」という神託を解明することで、ソクラテスは ★★★ を発見するに至った。この神託を ★★★ という。

◆ソクラテスは自分が無知であることを知る点で、それを自覚しないソフィストよりも優れていると理解した。その神託に基づきソフィストに無知を知らしめる**対話活動**を始めることになる。

無知の知,
デルフォイの神託

**■4** ソクラテスは、「 ★★★ を知れ」という古代ギリシアの格言を、自らが無知であることの自覚を促す言葉として受け取り、この自覚を出発点として自分を知ろうとし、善く**生きる**ための ★★★ の探究へと向かった。

汝自身

徳

**■5** 対話相手に自らの ★★★ を自覚させるためにソクラテスが用いた方法は、相手との ★★★ を通して、**相手の考えの矛盾**を明らかにするというものである。

無知,
問答

**■6** ソクラテスは ★★★ 法により、人々に無知の自覚（無知の知）を促したが、これは ★★★ 術とも呼ばれる。

◆ソクラテスはソフィストたちと対話して問答を行うことにより、彼ら（自称ソフィストたち）が、いかに無知であるかを知らしめる活動を行った。しかし、この活動が害悪を流布した罪に問われ、後に**毒杯を仰ぐという死刑判決**を受けることになる。

問答（対話）,
助産（産婆）

**■7** ソクラテスのいう「無知」とは、「善」や「美」のように**人間の ★★ にとって大切なもの**について何も知らないことであり、単に知識が乏しいことではない。

プシュケー（魂）

**■8** ソクラテスは、自己の魂ができるだけ善くなるように ★★★ を欠かすべきでないと説き、 ★★★ が何であるかを探究した。

配慮, アレテー（徳）

55

# I 倫理分野 5 プラトン

□**9** ソクラテスは「善」や「美」に配慮して魂の卓越性を目
★★★ 指して生きることを「　★★★　」と表現し、この生き方
を最も重視した。

**善く生きる**

□**10** ソクラテスは、人間にとっての　★★★　は「善く生き
★★★ る」ことであるとし、「うまく世渡りする」こと、つま
り　★★★　を批判した。

**アレテー（徳）**

**処世術**

□**11** 真の幸福はアレテー（徳）のある生活によって可能とな
★★ るとするソクラテスの考え方は　★★　と呼ばれる。

**福徳一致**

□**12** 魂の備えるべき徳が何であるかを知れば、正しく生き
★★★ ることができる　★★★　主義の考えに立つソクラテス
の考え方は　★★★　と呼ばれる。

**主知,
知徳合一**

□**13** 晩年、裁判にかけられたソクラテスが陪審員に対し自
★★★ らの信念を述べた「対話篇」は、『　★★★　』という著
作としてソクラテスの弟子である　★★★　によってま
とめられた。

**ソクラテスの弁明,
プラトン**

◆ソクラテスの死は、対話を行っただけで彼を告訴した当時のア
テネ（アテナイ）の権力者や死刑判決を下した民衆がいかに愚
かであるかを示すものとされ、ソクラテスは逃走せずにあえて毒
杯を仰いで自ら死を選んだと伝えられている。ソクラテスの最
期からは、「善く生きる」ことに従って「悪法も法なり」と述べて、
刑死に臨んだという彼の信念が窺える。また、彼の刑死の日に弟
子たちと獄中で対話したことをまとめたプラトンの『パイドン』
では、魂が永遠不死であることの論証が試みられている。

# 5 プラトン

**ANSWERS** □□□

□**1** ソクラテスの弟子であった　★★★　はその思想を受け
★★★ 継いで、　★★★　が主張する相対主義に反対する一方
で、この感覚的世界における相対性と可変性を深く自
覚し、永遠不変の　★★★　の存在を説いた。

**プラトン,
ソフィスト**

**イデア**

□**2** プラトンは、事物の理想形である　★★★　を追究し、理
★★★ 想的な自己になりたいと思慕する魂の働きを　★★★
と捉えた。

**イデア,
エロース（エロス）**

□**3**
★★★
神の愛である ★★★ が上から下への愛であるのに対し、**プラトン**が想定した愛である ★★★ は、美しさ（美）や正しさ（善）の**イデア**を求める「**あこがれの愛**」である。

◆**エロース（エロス）**とは、理想の自分を追究する気持ちであり、自分を理想に近づけたいと思いこがれる気持ちのことである。

アガペー,
エロース（エロス）

□**4**
★★★
**プラトン**は、世界を**現実の世界**である ★★★ と、**理性**によって捉えられる**完全かつ真の存在の世界**である ★★★ によって説明した。このような考え方は ★★★ 論と呼ばれる。

◆**イデア論**は、世界を２つに分けて捉える点で**二元論的世界観**ともいわれる。**プラトン**は、感覚によって捉えられ変化・消滅する**現象界**と、理性が捉える理想的な**イデア界（英知界）**の２つの世界を想定し、**イデア界**こそが**不変の真実在**であるとした。

現象界

イデア界（英知界）,
イデア

□**5**
★★★
**プラトン**は、人々が**感覚されたものを実在だと思い込んでいる**ことは、洞窟の壁に向かって獄につながれている囚人が壁に映った背後の**事物の影を実物だと思い込んでしまう**姿と似ているという「 ★★★ の比喩」を用いて、**感覚的世界から** ★★★ **へと魂を向け変える**必要があると説いた。

◆**プラトン**は**現象界**を暗い**洞窟**に、イデア界を太陽が輝く外の世界にたとえ、**イデア**への思慮である**エロース**を説いた。

洞窟,

イデア

□**6**
★★
**プラトン**は、「 ★★ **のイデア**」を最高のイデアとし、これを知ることで、**個人や国家の秩序と** ★★ **が保たれる**と考えた。

◆プラトンは、すべての**イデア**を秩序づけ、統一するものとして「**善のイデア**」を捉えた。

善,
正義

□**7**
★★★
**プラトン**は、**人間の魂**を ★★★ 、**気概（意志）**、 ★★★ の３つに分けた。これを「**魂の** ★★★ 」と呼ぶ。

理性, 欲望, ※順不同
三分説

□**8**
★★★
「**魂の三分説**」によると、理性に ★★★ の徳が、**気概（意志）**に ★★★ の徳が備わり、これらが欲望を正しく導く時、 ★★★ という徳が生まれる。

◆**理性**が命令し、**意志**がそれを助け、**欲望**がそれに従うと、人間の**魂**は全体として秩序づけられ、**徳**を実現できる。

知恵,
勇気,
節制

□**9**
★★★
「**魂の三分説**」によると、不正な行為が生まれてしまうのは、魂の ★★★ **的部分**が**理性的部分**と ★★★ **的部分を支配**してしまうことに原因がある。

欲望, 気概

I
倫理

**5**
プラトン

**Ⅰ 倫理分野　6 アリストテレス**

□**10**　「魂の三分説」は国家にもあてはまる。プラトンは、統
★★★　治（支配者）階級が ★★★ の徳、戦士（防衛者）階級
が ★★★ の徳、労働に従事する生産（生産者）階級が
★★★ の徳によって、それぞれの役目を果たす時、国
家の正義が実現されると考えた。

◆プラトンは国家のイデア（理想）を正義の実現であると捉え、各
階級が各々の徳を果たすことによって、理想国家は作り上げら
れると考えた。

知恵,
勇気,
節制

□**11**　知恵、勇気、節制の３つの徳が調和する時、 ★★★ の
★★★　徳が生まれるが、これら４つの徳は ★★★ と呼ばれ、
ギリシア人が守るべき基本的な徳とされた。

正義,
四元徳

□**12**　プラトンは著書『国家』において、優れた知恵を備えた
★★★　哲学者が ★★★ のイデアを認識して国を治めるとい
う ★★★ を理想国家のあり方であると説いた。

◆善のイデアを求める気持ちエロース（エロス）の思想を記したプ
ラトンの著書は『饗宴』である。

善,
哲人政治

# 6 アリストテレス

ANSWERS □□□

□**1**　理想主義の哲学を説いたプラトンに対し、 ★★★ は
★★★　実証的な ★★★ 主義の哲学を説き、「万学の祖」とい
われる。

アリストテレス,
現実

□**2**　プラトンが哲人を養成するために設立し、アリストテ
★★★　レスが入学したアテネ郊外の ★★★ では、深い思索
と盛んな議論が行われていたという。

アカデメイア（学
院）

□**3**　プラトンに学んだアリストテレスは、プラトンの主張
★★★　した二元論的世界観であるイデア論を批判する形で、
★★★ と ★★★ が合体して現象が発生するという
一元論的世界観を展開した。

◆個々の事物を離れて存在するイデアを真の知の対象としたプラ
トンを批判したアリストテレスは、個々の具体的な事物こそ探
究の対象とすべきだと主張した。

ヒュレー（質料）,
エイドス（形相）
※順不同

58

**□4**
★★★
ヒュレー（質料）とエイドス（形相）を具体的な事物に
あてはめると、家屋について、その構造そのものは
　★★★　、家屋の素材となる木材などは　★★★　となる。

◆アリストテレスは、**形や性質の本質**を示す設計図であるエイド
ス（形相）と、**現実の素材**であるヒュレー（質料）との結合によっ
て個物（実体）が具現化すると考えた。

エイドス（形相），
ヒュレー（質料）

**□5**
★
アリストテレスのいう　★　とは、ヒュレー（質料）
の中にエイドス（形相）が**可能性として含まれている**状
態である。したがって、**現実**とは、エイドス（形相）に
よってヒュレー（質料）が　★　から　★　へと移
行し、自らを実現していく過程である。

可能態

可能態，現実態

**□6**
★★
アリストテレスは、人間にとっての究極の目的である
　★★　は、他の目的のために追求されるものではな
く、それ自体で自足する最高善であるとした。

幸福（エウダイモ
ニア）

**□7**
★★★
アリストテレスは、　★★★　を理性に従わせるために
は、理性がそう命じるだけでは不十分で、実際に
　★★★　を制御できる性格の形成が必要であるとした。

欲望

欲望

**□8**
★★
アリストテレスは、徳を　★★　的徳（習性的徳）と
　★★　的徳（理論的徳）の2つに分け、前者は**行為に
よる習慣づけ**によって身に付くものであるとし、行為
の際には思慮（フロネーシス）を働かせて、感情や欲望
の過大と過小という両極端を避ける、　★★　を保つ
訓練を通して修得されるとした。

◆アリストテレスは、**極端を避ける**中庸（メソテース）の精神を重
視した。この哲学観が**調和や公共性**を重視する考え方に結び付
いている。

倫理，
知性

中庸（メソテース）

**□9**
★★
アリストテレスによると、人間の幸福とは**真理を求め
る**アレテー（徳）に従った魂の活動であり、**最高善**の幸
福とは「　★★　生活」によって求められるという。

◆アリストテレスは、真理を求める観想的生活（テオリア的生活）
こそが幸福（エウダイモニア）であるとし、倫理的徳（習性的徳）
は中庸（メソテース）を習慣化することによって形成されるとし
た。

観想的（テオリア的）

**□10**
★★
アリストテレスの著書のうち、倫理的徳（習性的徳）と
知性的徳（理論的徳）の分類と徳を備えた生き方につい
て説いたものは『　★★　』、ポリスの政治制度につい
て考察したものは『　★★　』である。

ニコマコス倫理学，
政治学

**I 倫理分野　7 ヘレニズム期の思想**

□**11**
★★★
アリストテレスは、著書『政治学』において、人間を「 ★★★ 」であるとし、その中で重視されるべきものは ★★★ と ★★★ であると説いた。

◆人間はポリスという共同体の中に生きることで、自らの本性を完成させていくとした。なお、「ポリス的動物」を「社会的動物」「政治的動物」と呼ぶ場合もある。

ポリス的動物,
正義, 友愛（フィリア）※順不同

□**12**
★★
アリストテレスは、愛すなわち友愛（フィリア）を通じて人と人が和合する時、個人も善く生きることができると考えた。したがって、 ★★ において、より善く生きるためには ★★ だけでは十分でなく、友愛（フィリア）の心が必要だと主張した。

◆ポリス市民の優越性は、相手のために善を願い、為すという友愛（フィリア）の精神による社会性と公共性にあるとした。

共同体,
正義

□**13**
★★★
富と権力が公平に分配された社会を正義が実現した社会であると考えたアリストテレスは、部分的正義には各々の成果や能力に応じた報酬を配分する ★★★ 的正義と、対人関係における利害関係を公平に裁く ★★★ 的正義の2つがあると説いた。

◆配分的正義とは、働いた者にそれに応じた報いが与えられること。調整的正義とは、悪い行いをした者にはそれに応じた制裁が与えられること。

配分

調整

□**14**
★★
アリストテレスは、政治制度を君主政治、貴族政治、共和政治の3つに分類し、 ★★ を最も望ましい政治の形としたが、これは徳のある人々によって行われなければ ★★ に陥るおそれがあると警告した。

◆衆愚政治とは、大衆迎合的な腐敗した政治のことを意味する。

共和政治

衆愚政治

# 7 ヘレニズム期の思想

ANSWERS □□□

□**1**
★★★
ヘレニズム期の思想は、 ★★★ 主義を主張したストア派と、快楽主義を主張した ★★★ に代表される。

◆両者は個人の魂の自由と幸福を追究する点で共通する。

禁欲,
エピクロス派

□**2**
★★★
ギリシア人の ★★★ 重視の傾向は、 ★★★ が自然にあまねく行き渡っているという考えを生み、そこから自然に従って生きる ★★★ の主張が形成された。

◆ストア派のゼノンは、自然法思想を最初に述べた思想家である。自然法思想は、後に中世においてカトリックにより「神の法」、近代自然法思想によって「理性の法」として正当化される。

理性, 理性

ストア派

□3 ストア派の説く ★★★ とは、自然に従って生きることで、魂が完全に理性的で ★★★ したものとなり、情念（パトス）によって動かされない状態のことをいう。

アパテイア（不動心）,
調和

□4 ストア派は、 ★★★ とは万物の根源が自らの理法に従い自己展開したものであるから、その一部である人間も ★★★ に従い理法と一致した生き方をすべきであると捉える中から、 ★★★ （世界市民主義）を唱えた。

宇宙

理性,
コスモポリタニズム

◆ストア派は、部分社会であったポリス（都市国家）が崩壊したヘレニズム期において、ポリスとしての優秀性ではなく世界市民（コスモポリタン）としての優秀性、生き方を追求し、世界市民法（世界万民法）を理想の法とした。

□5 ローマ時代のストア派の人物には、『友情について』などを著した ★ 、『幸福論』『倫理論集』などの著作がある ★ 、奴隷出身の哲学者で『語録』などを残した ★ 、「哲人皇帝」の異名を持つ『自省録』で有名なローマ皇帝マルクス＝アウレリウス＝アントニヌスがいる。

キケロ,
セネカ,
エピクテトス

□6 エピクロスは、精神的 ★★ が人間にとって幸福であるとみなしたが、それは自然で必要な欲望を節度ある仕方で満たし、身体の ★★ や魂の動揺から解放された状態のことであると考えた。

快楽

苦痛

◆精神的快楽を求めた点で、ストア派のゼノンと異なる。エピクロス派における最高善は快楽であり、そのためには自然かつ必要な欲求（食事、衣服など）のみ追求すればよいとした。

□7 エピクロスが理想の境地として追求した快楽の状態とは、情緒的な平穏の境地である ★★ であり、これは自然かつ必要な欲望を満たすことで得られる。

アタラクシア

□8 エピクロスは、肉体的快楽の追求や世間との必要以上の接触が ★★ の平静な状態を乱すと考え、質素な自足生活を最高善とし「 ★★ 」と述べた。

心,
隠れて生きよ

◆エピクロスは快楽主義に立つが、その快楽とは肉体的・享楽的なものではなく、心静かな平穏の境地であるアタラクシアの中に思い出される精神的安定のことである。

□9 新プラトン主義に立つプロティノスは、あらゆるものは超越的な一者（ ★ ）である神から流出し、神へと帰する流出説に基づく一元論的世界観を唱えた。

ト＝ヘン

**I 倫理**

**7 ヘレニズム期の思想**

# Ⅱ

# 倫理分野

ETHICS

## キリスト教とイスラーム教

## 1 旧約聖書～ユダヤ教の成立

ANSWERS □□□

**□ 1** ユダヤ人（イスラエル人）の民族宗教である ★★★ は
『 ★★★ 』を聖典とするが、後に『 ★★★ 』を聖典
とするキリスト教が民族を越えた ★★★ 宗教として
発展した。

ユダヤ教,
旧約聖書, 新約聖書,
世界

**□ 2** ユダヤ教における天地創造主であり唯一絶対の人格神
は ★★★ である。

ヤハウェ（ヤーウェ）

◆『旧約聖書』の「創世記」には、神が最初に創造した人間として
アダムが登場する。アダムは神の似姿として土から作られた男
性で、その肋骨から女性のイヴが作られた。

**□ 3** ユダヤ教の聖典『旧約聖書』は、**世界の創造者である
神** ★★★ の啓示の書とされ、後に**ユダヤ人**と呼ばれ
る**イスラエル人**に対して課された**宗教、倫理、儀式に
わたる戒律である** ★★★ を守ることで、苦難からの
救いと民族の繁栄が約束されるという ★★★ の思想
が表されている。

ヤハウェ（ヤーウェ）
律法（トーラー）,
契約

**□ 4** 『旧約聖書』は主に ★★★ 語で書かれている。「旧約」
とは本来、「旧い契約」を意味し、唯一神 ★★★ と
★★★ との預言者 ★★★ を通じた契約を意味して
いる。

ヘブライ,
ヤハウェ（ヤーウェ）,
イスラエル人,
モーセ

◆ヤハウェ（ヤーウェ）は、律法（トーラー）を守る者を助ける「**救
いの神**」であったはずだが、律法**主義**が形式化するにつれ、律法
に対する「**裁きの神**」とイメージされていく。なお、『旧約聖書』
の「旧」とは、あくまでキリスト教徒の視点から「旧い」と表現
され、ユダヤ教徒は聖典を『**タナハ**』と呼んでいる。

**□ 5** **メソポタミアの遊牧民**であった ★★★ 人は、やがて
西へと移動し、地中海沿岸の ★★★ （パレスチナ）の
地に定住した。

イスラエル,
カナン

□6 エジプトへ渡った一部のイスラエル人が、迫害から逃れ
★★ 予言者モーセとともに約束の地である ★★ （パレ
スチナ）を目指した苦難の旅を ★★ といい、この
途中にモーセはシナイ山で神から ★★ を授かった。

カナン，
出エジプト，
十戒

◆予言者とは神の声や言葉を預かった、いわば神の声の代弁者である。神ではないし、予言者（未来を予測する者）でもない。十戒は、モーセが神の言葉を預かってイスラエル人と約束した契約である（『旧約聖書』「出エジプト記」）。

□7 モーセの十戒に関する次の文章の空欄 A ～ E にあて
★★★ はまる適語を答えよ。

【モーセの十戒】（一部、要約）

① 「汝、われの他何ものをも A ★★★ とするべから
ず」

A 神

② 「汝、己のために、何の偶像をも刻むべからず」
→これは B ★★★ を禁止したものである。

B 偶像崇拝

③ 「汝、汝の神ヤハウェの名をみだりに口にあぐべか
らず」

④ 「C ★★★ を覚えて、これを聖とせよ」

C 安息日

⑤ 「汝の父母を敬え」

⑥ 「汝、D ★★★ なかれ」

D 殺す

⑦ 「汝、姦淫するなかれ」

⑧ 「汝、E ★★★ なかれ」

E 盗む

⑨ 「汝、その隣人に対して偽りの証を立つるなかれ」

⑩ 「汝、その隣人の家をむさぼるなかれ」

◆ユダヤ教では、モーセの十戒を中心に数多くの律法（トーラー）が定められている。第1（①）から第4（④）の戒律は宗教律を、第5（⑤）から第10（⑩）の戒律は道徳律を示している。

□8 『旧約聖書』のうちの最初の五書を「 ★ 」といい、
★ 「 ★ 」、「出エジプト記」、「レビ記」、「民数記」、
「 ★ 」の順に構成されている。

モーセ五書，
創世記，
申命記

□9 ユダヤ教は、イスラエル人が神から選ばれた民である
★★★ とする ★★★ 思想をその特徴とすることから、世界
宗教とはなり得ず、 ★★★ 宗教にとどまった。

選民，
民族

◆神から選ばれた民族であるゆえに、イスラエル人は自身の優位性、優秀性を意識するようになる。

Ⅱ
倫理

1 旧約聖書〜ユダヤ教の成立

**II 倫理分野 2 イエス（イエス=キリスト）の教え～キリスト教の成立**

□**10** カナンの地に建てられたイスラエル王国は、ダヴィデ
★ 王と □★ 王の時代に繁栄したが、やがて王国は分
裂し、多くのイスラエル人が □★ への移住を強い
られた（前586～前538年）。この出来事を
「□★」といい、こうした民族的苦難の中で『旧約
聖書』とユダヤ教が成立していった。

ソロモン,
新バビロニア

バビロン捕囚

□**11** ユダヤ教ではイスラエル民族を苦難から救う指導者待
★★ 望論を □★★ 思想といい、選民思想、□★★ と並ぶ
ユダヤ教の大きな思想的特徴である。

◆終末思想に立つユダヤ教においては、この世の終わり（終末）に
最後の審判が下され、メシア（救世主）によってイスラエルの民
族が救済される。後のキリスト教も同じ思想に立つが、すべて
の人類はメシアであるイエスによって救われるとする。

メシア（救世主）,
終末観（終末思想）

## 2 イエス（イエス=キリスト）の教え～キリスト教の成立

ANSWERS □□□

□**1** イエスが生まれた当時のパレスチナは □★★ によっ
★★ て支配されており、人々はメシア（救世主）を待ち望ん
でいたが、ユダヤ人の中では □★★ を厳格に守ろう
とする □★★ 派やサドカイ派の勢力が強かった。

◆ユダヤ教には、律法（トーラー）を厳格かつ形式的に守ろうとす
るパリサイ派と、儀式を重んじる司祭階級中心のサドカイ派な
どがある。

ローマ帝国

律法（トーラー）,
パリサイ

□**2** 預言者である □★★ は、終末が近づいていて、メシ
★★ ア（救世主）の到来は間近であるとして、人々に悔い改
めを求め、罪を告白した者にヨルダン川での □★★
を施した。

ヨハネ

洗礼（バプテスマ）

□**3** イエスは30歳の頃、洗礼者（バプテスマ）の □★★★ か
★★★ ら洗礼を受け、後に □★★★ 主義と呼ばれたパリサイ
派の思想を批判し、形式的に律法（トーラー）を守るこ
とよりも神を信じる内面的な信仰心が大切であると説
いた。

ヨハネ,
律法

◆イエスは、律法（トーラー）をただ守るだけの形式主義を批判し
たが、律法を否定したわけではなく、それは心からの信仰に基
づいて行わなければならないとし、律法の内面化を図り、完成
させていった。

**4** ★★ 洗礼の後、イエスは ★★ としての自覚を持ち人々に神の教えを説いたが、その中でもイエス自身が最初に行った説法は山上の ★★ と呼ばれる。

メシア（救世主）

垂訓（説教）

◆山上の垂訓は預言ではなく、『新約聖書』の「マタイによる福音書」の第5章3から第7章27に記されたイエス自身の説教である。「心の貧しい人たちは幸いである。天国は彼らのものである」という群衆への祝福の言葉が示されている。

**5** ★★ キリスト教が説く道徳の最高の教えは ★★ と呼ばれ、「マタイの福音書」の山上の垂訓の一節にある「己の施するところを人に施せ」という言葉に示されている。

黄金律

**6** ★★★ イエスが人々に説いた教えは、良き訪れのしるしである ★★★ と捉えられ、これは後に『 ★★★ 』に編纂され世界へと広がっていった。

福音，新約聖書

◆イエスに従った人々にとって、彼は単に神と隣人の愛を説く「師」以上の存在であった。彼らは、師との出会いのうちに神の愛そのものを見た。こうして彼らが師を慕い、想起すべくその事跡を語り継いでいくうちに、福音書が成立していった。なお、『新約聖書』には4つの福音書（「マタイによる福音書」「マルコによる福音書」「ルカによる福音書」「ヨハネによる福音書」）が収められている。

**7** ★★★ イエスは、人はみな生まれながらに ★★★ であるとし、キリスト教はこれを ★★★ と呼び、すべての人は自らの罪を悔い改めなければならないと説いている。

罪人，

原罪

◆ヨハネは「悔い改めよ。天国は近づいた」と宣教し、イエスもまた「悔い改めて、福音を信ぜよ」と説いた。

**8** ★★★ ユダヤ教の神は裁く神であるが、イエスの説く神はすべての人を平等に愛する神である。この ★★★ という愛の思想が、 ★★★ 思想を持ったユダヤ教が民族宗教にとどまったのに対し、キリスト教が ★★★ 宗教へと発展した要因といえる。

アガペー，

選民，

世界

**9** ★★★ アガペーとは神の愛を指し、神への愛と ★★★ もアガペーと呼ばれ、そのうち ★★★ は創造主である神が被創造物である人を愛するように、隣人に対して無差別・平等に ★★★ の愛を降り注ぐことである。

隣人愛，

隣人愛

無償

**II 倫理分野 3 キリスト教の発展**

□**10** キリスト教では、様々な状況において出会い、神の愛
★★★ の下でともに生きる人間のことを ★★★ としている。

　◆神への愛は「心をつくし、精神をつくし、思いをつくして、主な
　るあなたの神を愛せよ」、隣人愛は「自分を愛するように、あな
　たの隣人を愛せよ」という言葉に示されている。また、「悪人に
　手向かうな。誰かがあなたの右の頬を打つなら、左の頬をも向
　けよ。」として、「目には目を、歯には歯を」という同害復讐 (タ
　リオ) 的な制裁を禁じたのも、隣人愛のあらわれである。

隣人

□**11** イエスの説く「神の国」とは、自らの ★★★ を悔い改
★★★ めて、互いに ★★★ 合う人々の間に精神的な出来事
として実現するものである。

罪，
愛し

□**12** ★★★ 主義を批判された伝統的な ★★★ 教の指導
★★★ 者から怒りを買ったイエスは、神を冒瀆したとして
★★★ への反逆者として捕らえられ、ゴルゴタの丘
で ★★★ の刑に処された。

律法，ユダヤ

ローマ帝国，
十字架

□**13** イエスは、神から与えられた ★★★ に形式的に従う
★★★ のではなく、その精神に立ち返る必要を説いた。また、
「 ★★★ を愛し、迫害する者のために祈れ」といい、
隣人を愛することの意味を説いた。

　◆「あなたがたも聞いている通り、『隣人を愛し、敵を憎め』と命
　じられている。しかし、私はいっておく。敵を愛し、自分を迫
　害する者のために祈りなさい。」(『マタイによる福音書』)

律法 (トーラー)

敵

□**14** キリスト教では神は人間に言葉で語るという ★★★
★★★ 教の考え方が継承された。例えば、「出エジプト記」で神
が ★★★ であるモーセに与えたとされる ★★★ は
言葉で表され、イエスも群衆に向かって神の教えを説いて
いる。

ユダヤ

預言者，十戒

# 3 キリスト教の発展

ANSWERS □□□

□**1** 十字架上で処刑されたイエスは、3日後に ★★★ し
★★★ たといわれるが、このことによってイエスこそが ★★★
であるという信仰が生まれ、 ★★★ 教が始まった。

　◆ヨハネから洗礼 (バプテスマ) を受けて預言者となったイエスこ
　そが、神の子、すなわちキリストであり、メシア (救世主) であ
　るとし、「イエス=キリスト」を信仰するキリスト教が布教されて
　いった。つまり、「イエスはキリストである」という意味であり、
　キリストは名前ではない。

復活，
メシア (救世主)，
キリスト

**□2** イエスによって批判された [★★★] 派のユダヤ教徒であった [★★★] は、ある時不思議な光に打たれてイエスの声を聞き、**キリスト教に回心**した。

パリサイ, パウロ

**□3** 深刻な罪の意識に苦しんだパウロは、神の命令に背いた [★] の罪が、生まれながらの罪としてすべての人間に引き継がれていると考えた。

アダム

**□4** パウロは、人々が自分を中心に考え [★★] のままに生きてしまう [★★] だからこそ、キリストに従って生きるべきだと説いた。

欲望, 罪人

**□5** イエスの十字架の刑による死は、**人類が背負っている原罪を償う** [★★★] の死であると考えられている。

贖罪

◆『ヨハネによる福音書』にある「一粒の麦は、地に落ちて死ななければ、一粒のままである。だが、死ねば、多くの実を結ぶ。」という言葉は、イエスの十字架の死が全人類のための贖罪という大きな実を結んだことを暗示している。イエスが処刑後3日目に復活して昇天したことは、イエスが神の子、すなわちキリストである証だと考えたパウロは、イエスの十字架の処刑は、すべての人間の原罪を背負って身代わりになってくれた贖罪の死であるとして、キリスト教を広く伝道・布教していった。

**□6** パウロはイエスこそを [★★★] として信じることで人間は救われると説いた。この当時のキリスト教を [★★★] という。

神の子

原始キリスト教

**□7** イエスの教えを伝道したパウロは、[★★★] を行いたいのに [★★★] を行ってしまう人間のあり方を罪と呼び、律法が人間にその罪を自覚させるきっかけになると考え、そこから人間は [★★★] へ導かれると説いた。

善, 悪

福音

**□8** パウロは、「もはや、ユダヤ人もギリシア人もなく、奴隷も自由な身分の者もなく、男も女もありません。あなたがたはみな、イエスにおいてひとつだからです。」と述べて、[★]（エスノセントリズム）を乗り越えようとした。

自民族中心主義

◆もとはユダヤ教徒であったパウロは、**キリスト教に回心**したことで、ユダヤ民族が優秀であるとする自民族中心の考え方を否定した。

**□9** イエスの死後、キリスト教は [★★] などの [★★] と呼ばれるイエスの直弟子たちによって各地に伝えられた。また、パウロも [★★] とされる。

ペテロ, 使徒

使徒

**II 倫理**

**3** キリスト教の発展

67

**Ⅱ 倫理分野　3 キリスト教の発展**

□**10**　キリスト教は<u>ローマ帝国</u>では当初、過酷な弾圧にさら
★★　されていたが、313年に<u>コンスタンティヌス帝</u>らによ
る　★★　の発布で**公認**され、4世紀末には<u>ローマ帝
国</u>の　★★　として認められた。

ミラノ勅令，
国教

□**11**　<u>キリスト教</u>の正統な教義の確立に努めた教会の指導者
★★★　を　★★★　と呼ぶが、その代表的人物で<u>プラトン</u>の哲
学を神学に導入したのは　★★★　である。

教父，
アウグスティヌス

　　◆<u>アウグスティヌス</u>は、<u>マニ教</u>を信仰していたが、後に**キリスト
教に回心**し「**最大の**<u>教父</u>」と呼ばれるに至った。教父とは、キリ
スト教を異教からの批判から守るために哲学を用いて教義を確
立する人物であり、このような考え方を<u>教父哲学</u>という。

□**12**　<u>アウグスティヌス</u>は、プラトンが重視した<u>四元徳</u>に対
★★　し、キリスト教の<u>三元徳</u>として　★★　、　★★　、
　★★　を挙げている。

信仰，希望，
愛 ※順不同

□**13**　<u>アウグスティヌス</u>は、著書『　★★★　』の中で、自らの
★★★　母の死そのものよりも、むしろ　★★★　によって母が
犯した<u>罪</u>が贖い得ないものであることを深く悲しむ一
方で、そのような<u>罪</u>でさえも<u>神</u>からの<u>憐みという</u>
　★★★　によって裁きを免れ得ると信じている。

告白，
原罪

恩寵（恩恵）

　　◆<u>アウグスティヌス</u>は、<u>救い</u>とは人の自由意志に基づくとするペ
ラギウス派を批判した。人は神の永遠の善と美の世界を求めな
がらも、自由意志により**高慢な欲望**で紛争や悪事を繰り返して
しまう。この矛盾を救ってくれるのは、**無償の愛**を降り注ぐ神
の<u>恩寵（恩恵）</u>だけであり、救いは神によって永遠に予定されて
いるとした（<u>恩寵予定説</u>）。

□**14**　異教徒であった<u>アウグスティヌス</u>が<u>キリスト教</u>に**回心**
★★★　**する**までの人生を描いた著書は『　★★★　』、<u>キリスト
教</u>の**神の摂理**に基づいて人類の歴史を考察した著書は
『　★★★　』である。

告白

神の国（神国論）

　　◆<u>アウグスティヌス</u>は、原罪を持つ人間は自らの意思によってで
はなく、ただ神の<u>恩寵（恩恵）</u>によってのみ救われると考えた。
そのように<u>神の国</u>と地上の国とを仲立ちするのが<u>カトリック教
会</u>であるとした。

□**15**　<u>アウグスティヌス</u>が到達した<u>キリスト教</u>の教義である
★★★　　★★★　説は、**父なる**　★★★　、**神の子たる**　★★★　、
<u>イエス</u>の霊である聖霊は**3つの面**を持ちながらも神性
において唯一神であるという考え方からなり、<u>イエス</u>
は神か人間かという問題を調整するための理論である。

三位一体，神，イ
エス

68

□**16** 13世紀に中世の<u>キリスト教</u>哲学である ★★★ を大
★★★ 成させた ★★★ は、その著書『 ★★★ 』で<u>カトリック</u>神学の体系を確立した。

◆<u>スコラ</u>とはラテン語で「**学校**」の意。中世の教会や修道院で説かれた哲学を<u>スコラ哲学</u>という。キリスト教の教義をギリシアのアリストテレス哲学を用いて正当化した。

スコラ哲学,
トマス=アクィナス,神学大全

□**17** <u>トマス=アクィナス</u>は、<u>信仰</u>と<u>理性</u>の区別を体系的に論
★★★ じて、 ★★★ の優位の下で両者の統合を試み、**自然的徳は**<u>神</u>の ★★★ によって**完成**されるとした。

◆<u>トマス=アクィナス</u>は、神が世界を支配する法は自然界をあまねく貫き、一方で理性を持つ人間は、神の被造物でありながら、その法を自然法として捉えることができると考えた。

信仰,
恩寵 (恩恵)

□**18** ★★★ の哲学を導入した<u>トマス=アクィナス</u>は、キリ
★★★ スト教の教義を哲学によって体系化したが、自然の光に基づく理性による真理よりも恩寵の光に基づく ★★ の優位を説いて、両者の調和を導いた。

◆<u>トマス=アクィナス</u>は、人間が至福の状態へと向かうためには**知性的徳**や**倫理的徳**だけでは**不十分**で、**恩寵 (恩恵) として神から授けられる徳**が必要であると説いた。また、<u>アリストテレス</u>哲学を用いて、自然の事物は<u>質料</u>と<u>形相</u>の結合によって形成されるが、神の内に存在する<u>形相</u>としての「設計図」によって、<u>質料</u>が姿を変えて被造物となっていると捉えた。

アリストテレス


信仰

□**19** <u>トマス=アクィナス</u>は、理性に基づく哲学的真理である
★★ 自然の光(<u>理性</u>)と神の啓示によって与えられる神の光
(<u>信仰</u>)の2つを区別し、「 ★★ は ★★ の侍女である」として、<u>哲学</u>に対する<u>信仰</u>の優位を認めた。

哲学, 神学

# 4 イスラーム教

**ANSWERS** □□□

□**1** 7世紀前半に<u>アラビア半島</u>で ★★★ によって開かれ
★★★ た<u>イスラーム教</u>は、『 ★★★ 』を聖典とする。

◆<u>イスラーム</u>はアラビア語で「**絶対的帰依、服従**」を意味する。

ムハンマド,
クルアーン (コーラン)

□**2** ★★★ 教徒や ★★★ 教徒は、<u>イスラーム教徒</u>と同
★★★ じく唯一神を信仰し、その神の<u>啓示</u>による<u>聖典</u>を持つ民として、イスラーム世界では「 ★★★ 」と呼ばれる。

◆<u>仏教</u>、<u>キリスト教</u>、<u>イスラーム教</u>は**世界三大宗教**と呼ばれる。なお、イスラーム教は神の啓示として『旧約聖書』と『新約聖書』を認めているが、『クルアーン』が完全なる啓示となる書である。

ユダヤ, キリスト
※順不同
啓典の民

**II**
**倫理**

**4**
**イスラーム教**

69

# II 倫理分野 4 イスラーム教

**☐3** ムハンマドは、**天使ガブリエル**を通じて**唯一神** ★★★ の啓示を受け、 ★★★ としての自覚を持った。

アッラー, 預言者

**☐4** 人間は神の前では ★★★ であるという点で、アッラーもヤハウェ（ヤーウェ）も共通している。

平等

◆アッラーは、**唯一絶対神**であり**創造の神**。人間の言葉で人間に語りかけてくれる人格神でもあり慈悲深いが、終末には**最後の審判**を下し、人間を天国と地獄に振り分ける。

**☐5** 『 ★★★ 』は、唯一神が**預言者**ムハンマドを通じて人間に与えた言葉であり、ムハンマドの役割とは神の ★★★ をそのまま人々に伝えることであった。

クルアーン（コーラン）
啓示

**☐6** イスラーム教によると、神は様々な民族や人々に神の言葉を伝える ★★★ を遣わしたが、アブラハム、モーセ、イエスなど一連の預言者の最後に ★★★ を送った。

預言者,
ムハンマド

◆ムハンマドは**最大**にして**最後の預言者**であり、以後に**預言者は出現しない**としている。イスラーム教はユダヤ教やキリスト教の預言者を否定しているわけではないが、ムハンマドを**最大の預言者**だとしている。

**☐7** ムハンマドが ★★ で布教を始めた当時、アラブ世界では部族中心の**多神教**が広く信仰されていたため、**一神教**であるイスラーム教は迫害を受け、ムハンマドは ★★ へ移住した。これを ★★ という。

メッカ

メディナ, ヒジュラ（聖遷）

◆ヒジュラ（聖遷）が行われた**622年**がイスラーム暦の元年となる。

**☐8** ヒジュラ（聖遷）の後、ムハンマドは大軍を率いてメッカを奪回した際、 ★★★ を厳しく禁じて ★★★ の偶像を破壊し、後に聖域となった。

偶像崇拝, カーバ神殿

◆イスラーム教ではすべての現象や存在がアッラーそのものであるから銅像も十字架のようなものもなく、偶像化できない。

**☐9** イスラーム教徒は ★★ とも呼ばれるが、全生活は『クルアーン（コーラン）』に基づいて営まれ、部族や民族の枠を越えて開かれた**宗教と政治とが一体**となった**信仰共同体**である ★★ を形成している。

ムスリム

ウンマ

◆「**すべてのムスリムはみな兄弟である**」（『クルアーン』）とするイスラーム教の連帯感は強固である。歴史上、**政治と宗教が一体化する**政教一致も見られる。

70

□10 『クルアーン（コーラン）』が定める ★★★ とは、①唯　六信,
★★★ 一神 ★★★ 、②天使、③『クルアーン（コーラン）』、　アッラー,
モーセ五書、イエスの福音書などの ★★★ 、④預言　啓典
者、⑤来世、⑥天命の６つを信仰することをいう。

□11 六信と並び『クルアーン（コーラン）』が定める宗教的
★★★ 務めとして ★★★ があり、アッラーへの信仰告白、1　五行,
日５回の ★★★ 、貧者への喜捨、ラマダーン月の　礼拝,
★★★ 、一生に１度の聖地メッカへの巡礼からなる。　断食

□12 イスラーム教では、巡礼月に行われる ★ と呼ば　ハッジ
★ れる聖地メッカへの巡礼が重要であり、一生に１度は
それを行うことが五行の１つとされる。

□13 イスラーム教において、 ★★★ はしばしば「聖戦」と　ジハード
★★★ 訳されるが、もともとは「（神の道において）奮闘努力
する」ことを意味し、六信・五行を全うする際に生じ
る葛藤との心における戦いのことである。

　◆近年のイスラーム教原理主義的なテロ集団は、異教徒との戦い
　をジハードとしてテロ行為を正当化する例もあるが、本来はそ
　のような意味ではない。

□14 イスラーム教では、ザカートと呼ばれる ★★ が義　喜捨
★★ 務とされるが、これは宗教税とも呼ばれ、信者の相互
扶助や ★★ などに用いられる。　貧民救済

　◆喜捨（ザカート）とは、自らの財産を貧しい兄弟姉妹（イスラー
　ム教徒＝ムスリム）に対して提供することをいう。彼らの苦しみ
　を知るためにラマダーンの月の断食があると捉えることもでき
　る。

□15 ★ 法とは、『クルアーン（コーラン）』などに基づ　イスラーム
★ き、宗教的儀礼から日常生活までイスラーム教徒の守
るべき掟を体系化したもので、 ★ ともいう。　シャリーア

　◆日常生活では、豚肉を食べることや酒を飲むことを禁じるなど
　食生活に様々な制限を設けている。そのような戒律を守った料
　理をハラールという。また、シャリーアでは利子を付けることが
　禁じられており、これらのようなムハンマドの伝えたイスラー
　ムの社会規範のことをスンナ、それを信奉する者をスンナ派（ス
　ンニ派、スンニー）という。他にも、イスラームでは礼拝堂をモ
　スク、都市の街区をハーラ、市場をスーク（バザール）という。

**II 倫理**

**4 イスラーム教**

## II 倫理分野 4 イスラーム教

□**16**
★★★
ムハンマドが説いた唯一神の教えは、アラブの部族制に基づいた多神教を否定し、★★★ の前ではすべての人間が ★★★ であることを主張することで部族の枠を越えた共同体 (ウンマ) の形成を促した。

◆六信・五行においてイスラーム教徒はアッラーの前ではみな平等であり、聖職者と一般信徒の区別も、戒律の差異も存在しない。

アッラー,
平等

□**17**
★★★
イスラーム教においては、アッラー以外に神性を認めず ★★★ を禁じている。したがって、預言者ムハンマドは ★★★ であり、神格化の対象とされてはならず、イスラーム教徒は ★★★ 信と ★★★ 行を実践することで、天国か地獄かというアッラーの最後の審判に備えている。

◆この点で、キリスト教における三位一体の教義は否定される。

偶像崇拝,
人間,
六, 五

□**18**
★★★
イスラーム教では、★★★ により最後の審判が下され、正しい信仰を守り、★★★ を遵守したと判断された者は楽園に赴き、至福を享受することができるとされる。

アッラー,
戒律

□**19**
★★
イスラーム教は瞬く間に広大な帝国として広がりを見せ、9世紀には ★★ の指揮の下で、ギリシアの文献が ★★ に翻訳された。

◆こうしてウンマは民族や国家の枠を越えて拡大し、イスラーム教は世界宗教へと発展した。

カリフ,
アラビア語

□**20**
★
イスラーム教は、ムハンマドの後継者 ★ たちによって広められ、★ 以後はヨーロッパまでイスラーム哲学が伝播し、新しい学問の発達に貢献した。

カリフ,
十字軍

# III 倫理分野
ETHICS

西洋近代思想①

## 1 ルネサンス~人間性の復興

ANSWERS ☐☐☐

□**1** 14世紀のイタリアのルネサンスは、古代 ★★ ・
★★ ローマの ★★ 文化の再生運動として始まった。

ギリシア，
古典

□**2** 「 ★★ 」と訳されるルネサンスは、中世の教会や封
★★ 建制度の束縛から人間性（フマニタス）を回復・解放し
ようとした ★★ を追求する動きである。

文芸復興

ヒューマニズム

◆当時のヒューマニズムを指して人文主義ともいう。中世までの
封建的身分制度やキリスト教の教会制度による束縛から解放さ
れ、人間中心の芸術や哲学、信仰が求められるようになった。

□**3** カトリック教会の下では、人間は ★★★ との関係に
★★★ おいて秩序づけられていたが、これに対しルネサンス
期は ★★★ を中心とする時代であった。

神

人間

□**4** 近代思想において、★★★ 精神が近代科学の法則性
★★★ の確立や近代哲学の発展に大きな役割を果たした。

合理（合理的）

□**5** ギリシアやローマの学問が発達していたイスラーム世
★★ 界から、★★ の遠征を通じて最先端の学問がヨー
ロッパへ流入し、特にフィレンツェの富裕商人メディ
チ家は東方からの学者に ★★ の著作を紹介させる
などしたため、学問の"逆輸入"が起こった。

十字軍

プラトン

□**6** ルネサンス期の人文主義者たちの中で、エラスムスは
★★★ ★★★ の腐敗を批判し、ルターとの論争の中で人間
の ★★★ を唱えた。

カトリック教会，
自由意志

◆エラスムスはオランダの思想家で『愚神礼讃（痴愚神礼讃）』『自
由意志論』を著し、ルターと対立した。

□**7** ルネサンス期に用いられた ★★★ 語訳聖書の誤りを
★★★ 正すため、新たに『新約聖書』の ★★★ 語原典を校
訂・翻訳するとともに、痴愚の女神に託して当時の
★★★ の堕落や神学者の聖書解釈の愚劣さを痛烈に
風刺したのは ★★★ である。

ラテン，
ギリシア

教会，
エラスムス

73

**III 倫理分野 1 ルネサンス～人間性の復興**

□**8** 人文主義者の ★★ は『人間の尊厳について』の中で、人間は他の動物とは違って ★★ を持っているため、何ものにも束縛されず**無限に自分を発展させる可能性**を持つと説き、人間の ★★ を強調した。

◆ピコ=デラ=ミランドラは著書『人間の尊厳について』の中で、「汝は**最下級の被造物である禽獣に堕落する**こともあり得るが、しかし汝の魂の決断によって、神的な高級なものに再生することもできるのである」と述べて、自由意志である魂の決断が人間の尊厳を高めることを指摘した。

ピコ=デラ=ミランドラ，
自由意志
尊厳

□**9** ルネサンス期には、キリスト教の権威の下で抑圧されていた**人間の** ★★ を ★★ の意識から解放し、生の喜びを肯定する芸術作品が数多く生み出された。

欲求，罪

□**10** ★ は、プラトン哲学を熱烈に支持すると同時に、古代ローマを讃えるための**叙情詩**を著し、人々の生活をのびやかに描き出した。

◆叙情詩集『カンツォニエーレ』をはじめ、その詩の作風はペトラルキスムと呼ばれ、ルネサンス期に流行した。

ペトラルカ

□**11** 「モナ=リザ」や「最後の晩餐」で知られる ★★★ は、ルネサンス期に活躍した多才な人物であるが、このように能力を積極的に発揮し才能を開花させたこの時代の理想的な人間像を ★★ と呼ぶ。

◆同じくイタリアのアルベルティも建築をはじめとして多彩な分野で活躍した。

レオナルド=ダ=ヴィンチ

万能人（普遍人）

□**12** ルネサンス期には、イタリアの一方言である**トスカナ語**による長編叙事詩『神曲』を著した ★★ 、**口語体**による小説『デカメロン』の作者 ★★ 、システィナ礼拝堂の大壁画「最後の審判」や彫刻「ダヴィデ像」、建築の分野でも活躍した ★★ などの人物が現れた。

◆他にも、ラファエロの「アテネの学堂」「聖母子」、ボッティチェリの「春」「ヴィーナスの誕生」などが有名である。

ダンテ，
ボッカチオ

ミケランジェロ

□**13** フィレンツェの政治家マキャヴェリは著書『 ★★★ 』の中で、国家の君主について ★★★ とライオンを引き合いに出し、**必要であれば宗教も道徳も政治の手段として利用する**という ★★★ を主張した。

◆マキャヴェリは、君主の理想とはキツネの知恵とライオンの力を兼ね備えることであり、目的のためならば手段を選ばずに結果を出せる者であるべきことを指摘した。

君主論，
キツネ

権謀術数主義（マキャヴェリズム）

74

☐ **14**
★★★
『ユートピア』を著した**イギリス**の ★★★ は、初期資本主義期の囲い込み運動（エンクロージャー）で失われていく人間性を「**羊が** ★★★ **を食い殺す**」と表現した。

トマス=モア

人間

## **2** 宗教改革とその人間観

**ANSWERS** ☐☐☐

☐ **1**
★★★
中世ヨーロッパでは、**カトリック教会**が ★★★ 化し、これに対する批判が ★★★ という形で現れ、信仰は教会の外面的な制度や儀式ではなく、神を信じる内面的なものであるという ★★★ の動きが生まれた。

◆**プロテスタント** (protestant) は、もともと「**抗議する**」「**反対する**」という意味の "protest" **に由来し**、**カトリック教会**を批判して、**ルター**や**カルヴァン**らは**宗教改革**を起こした。

世俗，
宗教改革

プロテスタント

☐ **2**
★
**イギリス**の神学者 ★ は、★ **主義**を唱え、ローマ教皇や**カトリック教会**の特別の権威や財産を批判した。ボヘミアの**宗教改革**の先駆者 ★ も、カトリック教会の支配体制を厳しく批判したが、**異端として捕らえられ火刑**となった。

ウィクリフ，聖書中心

フス

☐ **3**
★★★
**ドイツ**の ★★★ は、「**救いは神への信仰心のみにより得られる**」として、**信仰こそが義**であるとする ★★★ **説**と、**信仰は聖書を対象とすべき**とする ★★★ **主義**を根本思想とした。

ルター，
信仰義認，
聖書中心

☐ **4**
★★★
**原始キリスト教へ回帰したルター**は、**カトリック教会**が資金調達のために発行した ★★★ に抗議し、**1517年に「** ★★★ **」を発表した**。これをきっかけに、本格的な**宗教改革**が各地に広まっていった。

贖宥状（免罪符），
95カ条の論題
（95カ条の意見書）

☐ **5**
★★★
**ルター**は、神によって正しい人間と認められるためには**内面的な信仰**だけが重要だと主張し、一般の人々が**聖書**を読めるように ★★★ に翻訳した。

◆**主体的な聖書信仰**で、神の恩寵による**救い**が与えられるとした。

ドイツ語

☐ **6**
★★★
**ルター**は、**信仰**に関して**すべての人は平等**であり、聖職者の身分を必要としないという ★★★ **主義**の立場をとり、**カトリック**の ★★★ **主義**を**批判**した。

◆**ルター**は、信仰のために教会制度による**媒介**は不要であると説いた。教会の権威から個人の信仰心を解放することは、近代における自由な個人の確立へとつながった。

万人祭司（万人司祭），

司祭媒介

75

## III 倫理分野　２ 宗教改革とその人間観

**□7** カトリックとプロテスタントの対立に関する次の図の空欄 A～E にあてはまる適語を答えよ。

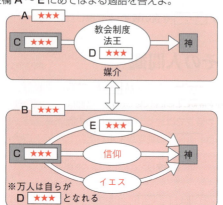

A　カトリック
B　プロテスタント
C　人間
D　司祭

E　聖書

**□8** エラスムスは、人間の救いに有効な善行の根拠として、神の恩寵に応答する ★★★ を認めた。それに対しルターは、神の ★★★ によらなければ原罪を負った人間は善を欲することもできないとした。

自由意志，
恩寵

**□9** ルターの代表的な著作は『 ★★ 』であるが、ルターの考えを受け継いだカルヴァンは『 ★★ 』を著し、**人間の救いはあらかじめ神の意志によって定められている**とする ★★ を説いた。

キリスト者の自由，
キリスト教綱要
予定説

**□10** ルターは、この世のすべての職業は神から与えられた ★★★ であると捉え、**世俗的職業を正当化**したが、この思想は ★★★ によって継承され、発展した。

召命（天職），
カルヴァン

**□11** カルヴァンによると、個々人の救済は神によって ★★★ されており、人が自分の救済を確信するためには**神から与えられた自らの ★★★ に禁欲的に励む他はない**と主張して、厳格な規律の下にキリスト教都市を実現しようとした。

予定，
職業

◆カルヴァンは、神の絶対性を認め、人間は神の栄光を実現するための神の道具であると主張した。ゆえに、**利潤は神の恵み**であり、**労働に禁欲的に励む者こそが、死後に天国に導かれる**ようあらかじめ定められている者であると説いた。このようなカルヴァンの職業召命観は、**資本主義における労働を宗教的見地から正当化**し、資本主義を支える思想的な役割を果たした。

**12** カルヴァン主義（カルヴィニズム）は、後に**イギリス**の
★★ 　★★ 　による禁欲・勤勉・正直などの 　★★ 　を生
み出した。**ドイツ**の社会学者 　★★ 　は、著書『**プロ
テスタンティズムの倫理と資本主義の精神**』の中で、**利
潤の追求**が正当性を得たことで資本主義の精神が確立
されたと分析した。

　◆カルヴァン主義（カルヴィニズム）は、営利目的の労働を賤しい
　ものとしていた中世までの考え方に対し、**職業は神が与えたも
　の**であり、**働いて**利益**を得ることは正当**であると主張した。

ピューリタン（清
教徒），職業倫理，
マックス=ウェー
バー

**13** ルネサンスや宗教改革をもたらした 　★★★ 　性の目覚
★★★ めとそれへの信頼は、 　★★★ 　をよりどころに新しい
　★★★ 　観や社会規範を生み出した。

人間，
理性，
自然

# **3** 合理的精神の確立

ANSWERS ☐☐☐

**1** 17世紀**イギリス**の哲学者 　★★★ 　は、先入観や偏見
★★★ を取り除いて**自然をありのままに**観察・ 　★★★ 　する
ことによって得られた事実や経験を知識の源として思
索を行うべきであるとする、科学的な思考法としての
　★★★ 　論を唱えた。

　◆デカルトらの大陸合理論に対し、ベーコンをはじめ、ロック、
　ホッブズらのイギリス経験論は、知識の源を実験と経験に求め
　る考え方に立つ。

ベーコン，
実験

経験（イギリス経
験）

**2** 経験論は合理論を批判しているが、それは 　★★★ 　に
★★★ よる直観を重視する合理論の主張は、自分の独断的意
見を正当化する口実となり得るからである。

理性

**3** ベーコンは、人間が持つ先入観や偏見を 　★★★ 　と呼
★★★ び、これには4つの種類が存在することを指摘した。そ
れは、錯覚など人間であるがゆえに陥る「**種族のイド
ラ**」、他人の言葉やうわさによって陥る「 　★★★ 　」、個
人的立場や偏狭な視野によって陥る「 　★★★ 　」、伝統
的権威を盲信することによって陥る「 　★★★ 　」である。

イドラ（幻影）

市場のイドラ，
洞窟のイドラ，
劇場のイドラ

**III** **倫理**

**3** 合理的精神の確立

77

# III 倫理分野 ③ 合理的精神の確立

**□4** ★★★ ベーコンは、先入観や偏見を取り除いた観察などを通して得られた**具体的事実**の中から普遍的な法則を見つけ出すという ★★★ 法を正しい思索の方法であるとし、著書『 ★★★ 』の中で「 ★★★ 」と述べている。

帰納(きのう),
ノヴム=オルガヌム(新機関),知は力なり

◆イギリス経験論のベーコンは、人は科学的知識を集積することによって、自然をある程度支配できると考えていた。こうした主張の下に、「知は力なり」という言葉を残した。ゆえに、この「知」とは、道徳的・理性的な「知」ではなく、科学的な「知」(知識)を意味する。

**□5** ★★★ ベーコンは、「人間の知識と ★★★ は合一する」と述べて、人間の ★★★ が自然を支配する ★★★ であるとする立場に立った。

力,
知識,力

**□6** ★★ ベーコンは、従来の自然学では ★★ によって正しい認識が妨げられてきたとし、**人間が自然を技術的に支配**するためには、偏見を排し、実験や ★★ などの個々の経験的事実から一般的法則を発見することが必要であると主張した。

偏見

観察

◆このようなベーコンの思考法を帰納法という。科学的考察は帰納法的であるといえる。

**□7** ★★ ベーコンは、著書『ノヴム=オルガメム(新機関)』で、「自然は服従することによってでなければ、 ★★ されない」と述べ、自然の考察において原因を究明することで、規則を見出せることを指摘している。

征服

**□8** ★★ イギリス経験論の哲学者 ★★ は、人間の心について生まれつき何も書かれていない状態という意味である「 ★★ 」という言葉で表現した。

ロック

タブラ=ラサ(白紙)

◆一方、大陸合理論の立場に立つフランスの哲学者デカルトは、人間には生まれながらに備わった観念が存在するという生得観念を唱えた。ロックは、この生得観念を批判している。

**□9** ★★ ロックは、人間の心を「 ★★ 」、すなわち何も書かれていない書板になぞらえ、知識の唯一の源泉を感覚的な ★★ に求めた。

タブラ=ラサ(白紙)
経験

**□10** ★ アイルランドの哲学者 ★ は、ロックのイギリス経験論を継承し、物体は感覚的観念の複合体であることから、「**存在するとは** ★ **されること**」であり、知覚されない物体はあり得ないという ★ 論を唱えた。

バークリー

知覚,
唯心

☐**11**
★★
イギリス経験論の哲学者 ★★ は、帰納法から導かれる ★★ 律とは同じ経験の習慣的な繰り返しを主観的に認識した法則に過ぎず、その客観的な存在と必然性を疑い、これを否定する ★★ 論に立った。

ヒューム，
因果

懐疑

◆**因果律（因果関係）**の必要性を否定した点で、**懐疑論**であり、<u>不可知論</u>であるといえる。主著は『**人間本性論（人性論）**』である。

☐**12**
★★
<u>ヒューム</u>は、**経験**の**主体**となる<u>自我</u>や**精神**を単一の実体とみなす考え方を否定し、人間の心を絶えず移り変わる「 ★★ の束」であると捉えた。

感覚（知覚）

☐**13**
★★★
<u>ベーコン</u>が**イギリス** ★★★ 論を確立したのに対し、**「近代哲学の父」**と呼ばれた**フランス**の ★★★ は初期の**大陸** ★★★ 論の哲学者とされている。

経験，
デカルト，
合理

☐**14**
★★★
<u>ベーコン</u>が**事実**に基づいた**経験**を知識の源としたのに対し、<u>デカルト</u>は、 ★★★ を知識の源とした。

理性

☐**15**
★★★
<u>デカルト</u>は、<u>ベーコン</u>の ★★★ 法とは逆に、最も確実な<u>真理</u>から出発し<u>理性</u>的な<u>推論</u>によって<u>真理</u>を導く思考法である ★★★ 法を唱えた。

帰納

演繹

☐**16**
★★★
どんなに確実だと思われる事柄であっても、**疑う余地があれば疑ってみること**を ★★★ と呼ぶが、疑いの果てに<u>デカルト</u>は、「**疑っている** ★★★ 」という、**疑い得ない確実な真理**が存在することにたどり着いた。

方法的懐疑，
自分

☐**17**
★★
<u>デカルト</u>は、人間には ★★ という**理性を正しく導く能力**が公平に備わっていると考えた。

ボン=サンス（良識）

☐**18**
★★★
<u>デカルト</u>の、「 ★★★ 」という言葉は、**疑っている**<u>自分</u>**の存在は疑い得ない**という真実を表現している。

われ思う、ゆえにわれあり

◆「われ思う、ゆえにわれあり」（ラテン語で "cogito ergo sum"（**コギト・エルゴ・スム**））は、**哲学の第一原理**と呼ばれる。

☐**19**
★★★
<u>デカルト</u>は、この世界が考える実体である ★★★ と、**空間的な拡がり**を持つ**体**や**自然**のような ★★★ から構成されていると考えたが、これを ★★★ という。

精神，
物体，
物心二元論

☐**20**
★★★
<u>デカルト</u>の<u>物心二元論</u>によると、実体とは<u>物心</u>の両要素から構成されて、 ★★★ は本性的に「**考えること**」、すなわち「<u>思惟</u>」という属性を持ち、 ★★★ は本性的に**空間的な拡がり**である「<u>延長</u>」という属性を持つ。

精神，
物体

**Ⅲ 倫理**

**3 合理的精神の確立**

79

**Ⅲ 倫理分野　3 合理的精神の確立**

**□21** デカルトは、理性に基づく認識には、4つの規則があ
★★　　ることを述べているが、第一は　★★　な知識、第二
　　　は分析、第三は　★★　、第四は枚挙であり、この4
　　　つの規則を思考の規則とすることによって結論を導き
　　　出すべきであるとした。

明晰判明，
総合

**□22** デカルトが述べた　★★　とは、事物が疑いようもな
★★　　くはっきりと認識されることであり、　★★　とは、事
　　　物が他のものから紛れもなく区別されることである。

明晰，
判明

**□23** デカルトは著書『　★★★　』の冒頭で、「ボン=サンス
★★★　（良識＝理性）はこの世で最も　★★★　に配分されてい
　　　る」と述べている。

方法序説，
平等

　　　◆人間はボン=サンス（良識）を公平に保有しているので、誰しも
　　　　正しく理性を導き、真理に到達できると考えた。

**□24** 理性を重視するデカルトの見解は、実践の領域では理
★★　　性的意志によって情念や感情を統御していくことに意
　　　義を見出す考え方に結び付く。この情念に左右されな
　　　い理性的な心を「　★★　」と呼んだ。

高邁の精神

　　　◆デカルトは、人間の理性を重んじ、感情や欲情などの情念に流
　　　　されず、自らの良識に従って生きる「高邁の精神」を説いた。そ
　　　　れは、肉体的な情念（欲望、愛、憎しみなど）を制禦する気高い
　　　　理性であり、デカルトが重視した人間の徳を意味する。

**□25** デカルトは、思弁的なスコラ哲学に代わる「実際的な
★　　　哲学」によって人間を「自然の　★　にして所有者」
　　　たらしめるべく、確実な知識は理性によって獲得され
　　　るとし、物質的世界は　★　的に把握できるとした。

主人

数学

**□26** オランダの哲学者　★★★　は、デカルトが　★★★　を
★★★　展開したのに対し、精神と物体は神において統一され
　　　ているとし、　★★★　的な一元論を展開した。

スピノザ，物心二
元論
汎神論

　　　◆スピノザの主著『エチカ』は、「倫理学」と訳される哲学書である。

**□27** スピノザは、万物は神のあらわれとする　★★★　を唱
★★★　え、人間は自然の諸事物の中に万物を貫く必然的法則
　　　を見出す理性的認識により自由な主体となり得ること
　　　を「　★★★　を永遠の相の下に観想する」と表現した。

汎神論

事物

　　　◆スピノザは自然の事物を貫く必然法則を理性的に認識しようと
　　　　した点で、合理論に分類される。「永遠の相の下」とは、万物は
　　　　永遠なる神の自己表現であることを示している。

80

☐ **28**
★★★
スピノザによれば、人間は他の被造物と同じように自己を突き動かす原因を知らないのに、 ★★★ だと思い込んでいる。これに対して、真の ★★★ とは、他から決定されるのではなく、自己の本性の必然性によって行動することである。

自由，
自由

☐ **29**
★★
★★ 論を展開したドイツの哲学者 ★★ は、世界は神の ★★ によって最善の秩序を保っているとする楽観的世界観を展開した。

モナド（単子），ラ
イプニッツ，
予定調和

◆ライプニッツのいうモナド（単子）とは、物質的な原子ではなく、精神的な不可分一体の事物を構成する究極的な実体を指す。

☐ **30**
★★★
演繹法を思考の方法とし、デカルト、スピノザ、ライプニッツらによって確立された ★★★ は、 ★★★ 法を思考の方法とするイギリス経験論とは相対する。

大陸合理論，帰納

◆大陸合理論は、有限な経験から推論する経験論の帰納法では、演繹法が目指す普遍的で確実な知識は得られないと考えた。

☐ **31**
★★★
「ソクラテスは死んだ。プラトンも死んだ。アリストテレスも死んだ」。ゆえに、「人間は死ぬ」と推論する思考法は ★★★ 法である。

帰納

☐ **32**
★★★
「人間は死ぬ」という公理を立て、「ソクラテスは人間である」。ゆえに、「ソクラテスは死ぬ」とする思考法は、俗に ★★★ と呼ばれる数学的証明法である。この論法は、アリストテレスによる ★★★ 法的な思考法に基づく。

三段論法，
演繹

◆三段論法は、論理学的な意味での演繹法である。デカルトの演繹法は、哲学の第一原理に基づいて定立された絶対的で確実な公理に基づく知識体系を構築することを意味し、論理学的な形式的演繹法（自然演繹、自然演繹法）に対しては批判的な立場をとる。

---

# **4** 近代科学の誕生とその考え方

ANSWERS ☐☐☐

☐ **1**
★★★
ルネサンス期には、 ★★★ 説を唱えたコペルニクスや、落体の法則を発見した ★★★ 、万有引力の法則を発見し古典力学を確立した ★★★ 、惑星が太陽を一焦点とする楕円軌道を描くとする法則を発見した ★★★ などの、自然科学者が数多く現れた。

地動，
ガリレイ，
ニュートン

ケプラー

**III 倫理**

**4 近代科学の誕生とその考え方**

81

**III 倫理分野　5 モラリスト**

□ **2**
★★
ガリレイ、ニュートン、ケプラーなど近代自然科学の
成立に寄与した人々のほとんどは、敬虔な ★★
教徒でもあった。彼らは、神が創造した**自然的世界の
法則を探究**することで神の ★★ を知ることができ
るという確信から、研究を進めた。

キリスト

意志

□ **3**
★★★
地動説を提唱し、『天体の回転について』を著した
★★★ の考えの根底には、世界を支配しているのは
★★★ であるという信念がある。

コペルニクス，

神

◆コペルニクスは、アリストテレス以来の**地球中心の有限宇宙論**
を批判し、太陽を中心とする**有限宇宙論である**地動説を唱えた。

□ **4**
★★★
デカルトは、「自然は形と大きさを持つ ★★★ および
物体間の ★★★ からなる」という ★★★ 的自然観
に立っていた。

物体，

因果法則，機械論

◆デカルトは、物心二元論と機械論的自然観を確立したが、これ
らは、自然は自然法則の秩序に従って**自動機械**のように運動し
ていると捉える近代自然科学の特徴的な考え方である。

□ **5**
★★★
ホッブズは、 ★★★ 的唯物論を説いたが、物体の機械
的かつ必然的な運動により自然や人間を説明する考え
方は ★★★ 論であるとされ、宗教界から弾圧された。

機械論

無神

□ **6**
★★★
イタリアの科学者 ★★★ は、自ら望遠鏡を作り天体
を観測し、 ★★★ の地動説が正しいと結論づけたが、
宗教裁判にかけられ地動説の撤回を余儀なくされた。

ガリレイ，

コペルニクス

◆ガリレイの著書『天文対話』が禁書目録からはずされたのは、彼
の死後100年以上経過してからであり、1980年代以降、正式に
判決が見直され、後に教皇庁は当時の裁判の誤りを認めた。

# 5 モラリスト

ANSWERS □□□

□ **1**
★★★
ベーコンやデカルトらによって**科学的な思考法が確立**
された同時代のフランスには、体系的な論理によって
ではなく、自由な表現によって**ありのままの人間の生
き方を探究**した ★★★ と呼ばれる思想家が現れた。

モラリスト

◆モラリストとは、道徳を理性によって追求する立場ではない。人
間の独断や偏見、自分の主張を絶対化する姿勢が対立を招いた
と考え、**ありのままの人間の生き方を内省的に直観**した。それ
は人間性に着目した思想といえる。

□**2**
★★★
フランスの<u>モラリスト</u>である ★★★ は、著書『<u>エセー</u>（<u>随想録</u>）』の中で、<u>独断</u>や<u>偏見</u>、不寛容を批判し、「 ★★★ 」という言葉を残した。

モンテーニュ

ク=セ=ジュ

◆「<u>ク=セ=ジュ</u>」（"Que sais-je ?"）とは、「**私は何を知っているのか？**」という意味で、人間は実は何も知らないのではないかという<u>懐疑主義</u>に立っている。これは、<u>デカルト</u>の「<u>方法的懐疑</u>」の考え方にも通ずる。疑うことは、客観的真理を正しく認識する第一歩となる。

□**3**
★★★
数学者で<u>モラリスト</u>であるフランスの ★★★ は、人間が自身の弱さを自覚するところに人間の尊厳があるとし、これを「<u>人間</u>**は考える** ★★★ **である**」という言葉で表現した。また彼は、人間は<u>偉大さ</u>と<u>悲惨さ</u>の ★★★ であると述べた。

パスカル

葦（あし）

中間者

◆主著は『<u>パンセ</u>（瞑想録）』。<u>パスカル</u>は、人間の<u>偉大さ</u>と<u>悲惨さ</u>の矛盾に悩むことへの救いをキリスト教の<u>愛</u>に求めた。

□**4**
★★
<u>パスカル</u>は、身体的存在としての ★★ は圧倒的に優勢な<u>宇宙</u>**に比べて無力で卑小**であるが、 ★★ は<u>理性</u>的存在であり、自分が死ぬことを知っており、考え、知ることができる点で ★★ だと述べている。

人間，
人間

偉大

□**5**
★
<u>パスカル</u>は、「**この宇宙の沈黙は私を震撼（しんかん）させる**」と述べて、大宇宙における人間は ★ に左右される頼りない存在であると捉えた。

偶然

□**6**
★★★
<u>パスカル</u>は、真理の認識においては、論理的、合理的に思考する「 ★★★ 的精神」と並んで、目の前に存在する多様な原理を一瞬のうちに直観する「 ★★★ の精神」に独自の役割を認めた。

幾何学，
繊細

◆<u>パスカル</u>は「<u>幾何学的精神</u>」の優位を主張したわけではなく、全体を見渡して直観的判断を下す「<u>繊細の精神</u>」の重要性も認めている。

□**7**
★★
後世に様々な**警句**を残した<u>パスカル</u>は主著『 ★★ 』で、「**川ひとつで仕切られる滑稽な正義よ。ピレネー山脈のこちら側での真理が、あちら側では誤謬（ごびゅう）である**」と記し、 ★★ についての警告を発している。

パンセ（瞑想録）

習慣

**III**
**倫理**

**5**
モラリスト

# IV

# 倫理分野
ETHICS
## 西洋近代思想②

## 1 社会契約説

ANSWERS ☐☐☐

**□① ★★**
中世の**封建社会の衰退**とともに、国王による<u>専制</u>政治
である ★★ の時代が到来し、イギリスの<u>ジェーム
ズ1世</u>や<u>フィルマー</u>らによって ★★ 説が唱えられ
るなど、国王の権力が正当化された。

絶対王政,
王権神授

**□② ★★★**
<u>絶対王政</u>による支配に対して、 ★★★ が起こった。こ
の<u>市民</u>の動きの原動力となり後に<u>民主主義</u>が確立する
中で大きな役割を果たしたのが ★★★ 説である。

市民革命

社会契約

**□③ ★★★**
<u>政府</u>のような統治機構のない ★★★ で、<u>人間</u>が生ま
れながらに持つ ★★★ のあり方を考察し、それを保
障するために<u>政府</u>にどのような<u>権力</u>を与える ★★★
を結ぶかを考えるのが<u>社会契約説</u>のテーマであるが、
思想家によってその内容は様々に異なる。

自然状態,
自然権,
契約

**□④ ★★★**
★★★ の唱えた<u>社会契約説</u>では、すべての人間は**本
性**に根ざした<u>自己保存</u>の権利としての ★★★ を持っ
ているが、そのままの状態、つまり<u>自然状態</u>では<u>欲望</u>
に動かされて<u>自己中心的</u>になり、やがて利害衝突が起
きるとし、その状態を「 ★★★ 」と表現した。

ホッブズ,
自然権

万人の万人に対す
る闘争

◆<u>ホッブズ</u>は、<u>自己保存</u>のためにあらゆることを行う<u>自由</u>を人間
が**生来的な権利**（<u>自然権</u>）とし、この権利が無制限に行
使されると**万人の間で**<u>闘争</u>**状態が生じる**と考えた。これを避け
るために、人間は<u>理性</u>に従って対処する必要性を主張した。

**□⑤ ★★★**
★★★ は、自由で平等な<u>自然状態</u>では、人は他人に
優越しようとする虚栄の**自尊心**や**自己保存の欲求**にと
らわれて、まるで狼のように争い合い、常に ★★★
**の恐怖と不安**にさらされる。そこで<u>情念</u>と<u>理性</u>は、そ
の**惨めな状態から脱する**ように促し、各人は ★★★
を主権者に**譲渡**して社会状態に移行すべきだと説いた。

ホッブズ

死

自然権

◆この考え方は結果的に<u>絶対王政</u>の擁護につながったが、国家が
個人相互の<u>契約</u>で成り立つとした点で<u>王権神授説</u>とは異なる。

□**6** ★★★ **★★★** は、自由で平等な自然状態では、個人の生命・
自由・財産の **★★★** などの自然権は自然法により確
保されている。だが、人間どうしの争いが生じた場合、
誰がどのように裁くかは恣意的なものになる危険性が
ある。そこでより確実に自然権を保障するために、人々
は社会状態へと移行すべきだと説いた。

　◆自然状態を平和な状態であると考えたロックは、人間は他人の
　権利を侵害すべきではないという理性の命令に従い、互いの自
　然権を尊重しながら生活していると捉えた。

ロック，
所有

□**7** ★★★ ロックによると、人々は自然権をより良い状態で維持
する目的で社会契約を結び、自然権**を侵す者を罰する**
**権利を国家に** **★★★** する。もし国家が自然権を侵す
ような場合には、国民は **★★★** を行使して権力を取
り戻し、新たな国家を作ることができる。

信託（委託），
抵抗権

□**8** ★★★ 『旧約聖書』に登場する海獣の名に由来するホッブズの
主著は『 **★★★** 』、ロックの主著は『**統治二論**』『**統治**
**論**』とも訳される『 **★★★** 』である。

リヴァイアサン，
市民政府二論

□**9** ★★★ **★★★** は、理性と自然法が自然状態を支配している
限り、自然**状態は基本的には平和状態である**として
**★★★** を批判した。

ロック

ホッブズ

□**10** ★★ ロックは、『統治論（市民政府二論）』の中で、「たとえ、
大地と、すべての下級の被造物とが万人の共有物であ
るとしても、すべての人は、自分自身の **★★** につ
いては **★★** 権を持っている」と記した。

身体，
所有

□**11** ★★ ロックは『統治論（市民政府二論）』で、人々は各自の
**★★** 権**を安定**させるために、**★★** を交わして政
府を作るものであると述べた。

所有，契約

□**12** ★ ロックは、単なる生物的存在ではない人間のことを
「 **★** 」（人格）と呼んだ。それは、自己意識を持
ち、違う時間と場所でも同じであり続けると考える存
在であるという考えを、著書『 **★** 』で展開した。

パーソン

人間悟性論（人間
知性論）

**IV 倫理**

**1 社会契約説**

85

**Ⅳ 倫理分野　1 社会契約説**

□**13** ロックは、**権力の濫用を防ぐため政治権力の分立を唱**
★★★　え、モンテスキューの先駆けとなる三権分立を示した。
この三権とは、立法権、★★★、★★★ であり、そ
の中では立法権が優越すると考えた。

執行権（行政権），
同盟権（連合権、外
交権）※順不同

□**14** ルソーは、自由で平等な社会を作るためには、人々が
★★★　私利私欲を追求する ★★★ や、その総和である全体
意志ではなく、社会全体の利益と幸福を追い求める
★★★ に従うべきであると考えた。

特殊意志

一般意志

□**15** ルソーは、**所有権も貧富の差もない** ★★★ を理想と
★★★　し、人々が金銭や名声を追い求める ★★★ **社会のあ**
**り方を批判**する点から、羨望や嫉妬に満ちた現実社会
を ★★★ からの堕落であると論じた。

自然状態，
文明

自然状態

□**16** ルソーは、未開人の社会と違って、★★★ 社会は富の
★★★　不平等、支配と服従、悪徳などで満ちているが、その
主たる原因は財産の ★★★ にあると考え、人間は
「★★★ に帰れ」と主張した。

文明

私有，
自然

□**17** ★★★ は、『**人間不平等起源論**』において、人間の不
★★★　平等は財産の私有によって生じたものであるとし、人
間どうしの**自由で平等な関係**は、人々の私利私欲を排
除した ★★★ に各人が自発的に従うことで実現され
ると説いた。

ルソー

一般意志

□**18** ルソーは、公共の利益を求める普遍的な意志は人民自
★★★　体のものであるから、人民の ★★★ は ★★★ も分
割もできないと主張した。

主権，譲渡

□**19** ロックが ★★ 主権、間接民主制（代議制）の考え方
★★　の基礎を築いたのに対し、ルソーはイギリスの代議制
を批判して ★★ 主権、★★ 民主制を主張した。

国民

人民，直接

# 2 啓蒙思想

ANSWERS □□□

□**1** 17世紀後半から18世紀にかけてヨーロッパで広まっ
★★★　た ★★★ 思想は、それまで伝統的に形成されてきた
迷信や偏見などの不合理を人間の ★★★ によって打
破して合理化しようとする考え方である。

啓蒙，
理性

◆啓蒙思想は、17世紀後半にイギリスのロック、ヒュームらに
よって主張され、18世紀にフランスへ波及し、モンテスキュー、
ヴォルテール、ルソー、ディドロらの啓蒙思想家が現れた。

□**2** フランスのモンテスキューは ★★★ の政治制度を模
★★★　範に自由主義的な政治思想を展開し、権力が絶対君主
に集中する旧来の制度の不合理を指摘して ★★★ 制
と ★★★ を主張した。その主著は『 ★★★ 』である。

イギリス

立憲君主，
三権分立，法の精
神

◆ロックが立法権、執行権 (行政権)、同盟権 (連合権、外交権) の
三権分立を唱え、立法権の優位を主張したのに対して、その思
想的影響を受けたモンテスキューは立法権、行政権、司法権の
厳格な三権分立を唱えた。ロックの思想はイギリスの議院内閣
制に、モンテスキューの思想はフランス革命からフランス人権
宣言、アメリカ合衆国の大統領制に影響を与えた。

□**3** フランスの啓蒙思想を代表する文筆家 ★★ は、王
★★　政の堕落を厳しく批判したために投獄されたが、『哲学
書簡』『寛容論』などの著書を通じて寛容の心の大切さ
を唱え、啓蒙運動を推進した。

ヴォルテール

□**4** フランスのヴォルテールは、イギリスで ★★ やロッ
★★　クらの思想を学び、迷信や偏見を批判した。特にロッ
クからは、 ★★ の精神の重要性を継承した。

ホッブズ

寛容

□**5** ★★ が、ダランベールやヴォルテール、ルソーらの
★★　協力を得て編集した、フランス啓蒙期の様々な学問や
技術の集大成となった百科事典は『 ★★ 』である。

ディドロ

百科全書

□**6** ★★ 派の啓蒙思想家たちは、文明社会は進歩した
★★　理想の社会であり、文明人は ★★ によって未開社
会に特有の迷信、偏見、無知から解放されていると主
張した。

百科全書，
理性

□**7** 百科全書派の中心人物の1人で数学者の ★★ は、
★★　実証主義的立場をとり、一般に啓蒙思想がそうである
ように、 ★★ 学については批判的であった。

ダランベール

形而上

**IV 倫理**

**2 啓蒙思想**

87

# Ⅳ 倫理分野 3 ドイツ観念論〜カント、ヘーゲル

## 3 ドイツ観念論〜カント、ヘーゲル

ANSWERS □□□

**□1** 18世紀後半ドイツの哲学者 ★★★ は、帰納法を主
★★★ 張するイギリス経験論と、演繹法を主張する大陸合理
論を批判・統合し ★★★ 論を展開した。

カント

ドイツ観念

**□2** カントによれば、イギリス経験論も大陸合理論も、人
★★★ 間の ★★★ の成立条件を解明しておらず、そのため
に前者は不可知論につきあたり、後者は独断論に陥る
とした。

認識

**□3** カントの哲学は ★★★ 哲学と呼ばれるが、それは彼
★★★ が認識や実践における ★★★ の役割を強調しただけ
ではなく、 ★★★ 能力そのものをも吟味し、理性ので
きることとできないことを明確に区別しようとしたか
らである。

批判,

理性,

認識

◆カントの著書『純粋理性批判』『実践理性批判』『判断力批判』は
「三大批判書」と呼ばれている。

**□4** カントの著書『実践理性批判』は、「わが上なる星の輝
★★ く空と、わが内なる ★★ 」という言葉で結ばれて
いる。また、『 ★★ 』では、自然美や芸術を考察の
対象に、それらにかかわる想像力（構想力）の自由な働
きを分析している。

道徳法則,

判断力批判

**□5** ドイツ観念論においては、自由とは何かが大きなテー
★★★ マであるが、カントは理性によって立てられる普遍の
法則である ★★★ に自ら自発的に従うこと、つま
り ★★★ により真の自由を獲得できると考えた。

道徳法則,

自律

**□6** カントは、科学的思考法によって確実な知識が得られ
★★★ るのは ★★★ の認識に限られ、それがおよばぬ範囲
もあると指摘し、道徳的領域における人間の自律性を
確保しつつ、認識能力としての ★★★ の範囲を限定
した。

自然

理性

**□7** カントのいう「 ★★ 的転回」とは、「 ★★ が対
★★ 象に従うのではなく、対象が ★★ に従う」という
カントの考え方であり、それまでの伝統的な考え方を
180度逆転させる発想方法を意味する。

コペルニクス,認
識,

認識

**□8** カントは、認識とは ★ に備わる認識能力によっ
て対象を構成することであり、認識が対象に従うので
はなく ★ が認識に従うとした。

主観

対象

**□9** カントは、人間の認識は諸能力の ★ によって成
り立っていると考え、特に我々が美を捉えようとする
際には、諸能力が優劣なく互いに調和していることに
着目し、その様子を「自由な ★ 」と表現した。

協働

遊び

**□10** カントは、人間に生まれつき備わっている ★★★ な
能力である理性を、科学的認識能力である ★★★ 理
性と、道徳的認識能力である ★★★ 理性とに分けら
れるとした。

先天的 (アプリオ
リ),

理論,

実践

**□11** カントは、衝動や欲望に流されず、★★★ 理性の法則
に従うことができる点に人間の ★★★ があるとして、
意志の ★★★ を強調した。

◆カントは、人間が理性的存在としては自らが道徳法則に従う自
由を有しており、このことを意志の自律と呼んでいる。真の自
律的な自由とは道徳に従う自由といえる。

実践,

尊厳,

自律

**□12** カントは、★★ 理性による人格主義の立場から、結
果よりも ★★ 、すなわち良心による ★★ の正
しさを重視した。

実践,

善意志, 動機

**□13** カントは、人間の行動を規制するものを、実用的かつ
一定の条件に基づく ★★★ と、道徳法則による無条
件かつ普遍的な ★★★ の2つに区別した上で、後者
に従うことを ★★★ と呼び、道徳の最高原則とした。

◆仮言命法が「もし……ならば～すべし」という命令の形式である
のに対し、定言命法とは「汝～すべし」とする命令の形式である。

仮言命法,

定言命法,

義務

**□14** カントは、各人が自らの行為の原則（ ★★★ ）が誰に
とっても通用する原則であるかどうかを絶えず吟味し
ながら、行使しなければならないと考えた。

◆カントの道徳法則の根本原理は「汝の意志の格率が、常に同時に
普遍的な法則として妥当し得るように行為せよ」という言葉に
表されている。

格率

**□15** カントは、人間が身体を持つ存在として感性的な欲求
に大きく影響されることを認めつつも、★★★ 法則
の尊重を命じる ★★★ 的な要求に従うあり方に、人
間の真の ★★★ を見出した。

道徳,

理性,

自由

**IV 倫理**

**3 ドイツ観念論～カント、ヘーゲル**

89

# Ⅳ 倫理分野 3 ドイツ観念論～カント、ヘーゲル

**□16** カントは、理性の命じる**普遍的な** ★★★ に自発的に
★★★ 　従う ★★★ という規定をロックの人格規定に加え、
　　　道徳的責任の主体となり得るものを ★★★ と呼んだ。

道徳法則，
自律，
人格

**□17** カントは、**自律的自由の主体**としての人間が、他者を
★★★ 　単に手段としてだけでなく、同時に自分の ★★★ そ
　　　のものとすることで**自他の人格を尊重し合う**ような共
　　　同体を理想と考え、これを「 ★★★ 」と呼んだ。

目的

目的の王国

**□18** カントは、著書『 ★★★ 』で永久平和 (永遠平和) を
★★★ 　実現するためには、国家の進むべき方向を国民自身が
　　　決定できる体制を持った**諸国家による平和連盟の必要**
　　　性を説き、後年の ★★★ の理念に継承された。

永久平和のために
(永遠平和のため
に)
国際連盟

**□19** ドイツ観念論はカントに始まったが、その後 ★ 、
★ 　　 ★ らに受け継がれた後、**世界の歴史を弁証法に**
　　　**よって説明した**ヘーゲルにおいて完成に至る。

フィヒテ，
シェリング
※順不同

**□20** ドイツ観念論を完成させた ★★★ は、個人の実践理
★★★ 　性に基づく自由を主張した ★★★ を主観的であると
　　　批判し、自由とは歴史や社会の中で実現されるべきも
　　　のであると考えた。

ヘーゲル，
カント

**□21** ヘーゲルは、道徳は法律や制度という形で ★★★ の
★★★ 　中に具体的なよりどころを持つべきであると主張し、
　　　 ★★★ のいう道徳が個人の内面のみに委ねられてい
　　　ることを批判した。

社会

カント

**□22** ヘーゲルによると、歴史とは ★★★ の自己実現過程
★★★ 　であるから、自由というものは歴史の中で実現されて
　　　いくものである。彼の有名な「**世界史は** ★★★ **の進**
　　　**歩である**」という言葉は、こうした認識に立っている。

絶対精神

自由の意識

　　◆ヘーゲルは、人間は勝手に行動しているように見えるが、絶対精
　　神という神のような存在によって操られていると捉えている。
　　神は自由の実現という自己目的を達成するために人を操り、自
　　由を実現する歴史を作り上げた。

**□23** ヘーゲルは、**世界精神**にはずるがしこい悪知恵がある
★★ 　ことを「**理性の** ★★ 」と呼んだ。

狡知 (詭計)

　　◆絶対精神は直接、歴史を作り出す過程には姿を現さないが、個々
　　人の行動を操ることで、その自己目的である自由を実現させて
　　いく。

90

## IV 倫理 ③ ドイツ観念論〜カント、ヘーゲル

- □24 ヘーゲルは、人間の求める ★★★ は、個人の良心的行為のみで実現されず、★★★ と ★★★ との統一において実現すると考えた。
  — 自由, 法, 道徳 ※順不同

- □25 ヘーゲルの人倫は、自然な情愛によって結び付く ★★★ 、自己の欲望を満たすために利益を追求する ★★★ 、これら2つを統合して真の自由が実現される共同体であり人倫の完成の場である ★★★ の3つによって説明される。
  — 家族, 市民社会, 国家

- □26 ヘーゲルの考えでは、歴史や社会から人間の精神に至るまで、あらゆる事柄が ★★★ 的な考察に基づく3つの段階からなる論理によって貫かれている。
  — 弁証法

- □27 弁証法の第一段階は、自らの立場のみの視点しか持たず他との対立を知らない ★★ と呼ばれる段階であり、続く第二段階では自らの立場に加え他の立場が現れることで2つの立場が対立する現象が起こるが、この段階を ★★ と呼ぶ。
  — 正（テーゼ）, 反（アンチテーゼ）

- □28 弁証法では、第二段階の反（アンチテーゼ）から第三段階である ★★ に至る過程で、2つの対立する立場を総合・統一する ★★ を経ることで、より高次元となる新たな秩序へと統合され、高められる。
  — 合（ジンテーゼ）, 止揚（アウフヘーベン）

- □29 ヘーゲルは、個人的道徳を超える ★★★ の概念を唱えた。これは、客観的な法と、個人の主体的な自由（道徳）とが統一された共同体であり、★★★ 、市民社会、★★★ の三段階において成り立つ。
  — 人倫 , 家族, 国家

- □30 ヘーゲルは、★★★ と市民社会を総合し、★★★ の体系である市民社会を克服するのが ★★★ であり、そこにおいて共同体の普遍性と個人の個別性が保持されるという国家論を説いた。
  — 家族, 欲望, 国家

- □31 ★★★ においては権利の対立を解決できないと考えたヘーゲルは、その対立を ★★★ する可能性を国家に求めた。
  — 市民社会, 止揚（アウフヘーベン）

## IV 倫理分野　4 功利主義、実証主義、進化論

□32 ヘーゲルの良心に関する見解として、良心にかかわる内的で主観的な ★★ と、所有や契約を扱う外的で客観的な ★★ は、具体的な ★★ において統合される。

道徳,
法, 人倫

◆カントが内面における理性の命令である自由を説いたのに対して、ヘーゲルは外面的な社会や国家との関係の中で、内面的に判断する道徳と外面的に人間関係を規制する法との対立を止揚（アウフヘーベン）した人倫の中に真の自由が実現すると説いた。

□33 ヘーゲルの唱える人倫の三体系について説明した次の図の空欄A～Dにあてはまる適語を答えよ。

A　国家
B　家族
C　市民社会
D　自由

◆家族は愛情の体系であり、ここで人倫が始まる。市民社会は欲望の体系であり、競争し合っているため、人倫を喪失する。そこで国家は人倫の最高段階であり、欲望を調整し自由を実現する。

□34 ヘーゲルは、社会契約説が国家を権利を保障するための道具とみなしている点を批判し、 ★★★ の最高形態である国家において、公共性と個人の ★★★ との対立が ★★★ されるべきものと考えた。

人倫,
自由,
止揚（アウフヘーベン）

◆だが、実際には、国家の個人に対する優位性が強調され、当時の立憲君主制を擁護するものとなっている。

# 4 功利主義、実証主義、進化論

ANSWERS □□□

□1 アダム=スミスやリカードに代表される ★★ では、 ★★ 主義という資本主義の原則を重視する。

古典派経済学,
自由放任

□2 功利主義の思想は、古典派経済学者の ★★ の自由放任主義にも現れている。

アダム=スミス

□3 アダム=スミスは、『 ★★ 』を著し、自由放任主義に立てば、「 ★★ 」に導かれて予定調和に至ることを主張した。

諸国民の富（国富論）,
神の見えざる手

□**4** 道徳感情論の提唱者であり、主著『 ★★★ 』の中で**自由競争**は「神の見えざる手」**により導かれると**説いたアダム=スミスは、 ★★★ という道徳的な感情が、利己心に基づく各人の行動を内面から規制して、私益と公益の調和が図られるとした。
★★★

諸国民の富（国富論）

共感

□**5** アダム=スミスは、 ★★ 心を尊重し、それが資本主義の自由競争原理を生み出すと捉えたが、それは自分勝手な利益追求の心情ではなく、公平な観察者（第三者）の ★★ や同情を得られる範囲内で是認されるものと考えていた。
★★

利己

共感

◆アダム=スミスは、利己心は道徳感情によって社会正義と調和可能なものと考え、行為の善悪を決する道徳の評価基準として、人々の間に共有できる感情である共感を重視した。

□**6** 功利主義は、 ★★ の幸福追求に重きを置き、個々人からなる**社会全体の幸福**を ★★ する仕組みを考えた。
★★

個人，

最大化

◆19世紀イギリスの功利主義は、普通選挙などの参政権の拡大や多数決原理などの具体的な制度改革に結び付いた。

□**7** ある行為の善悪を見極める時に、その行為が幸福や快楽をもたらすか否かに判断基準を求める考え方を ★★★ といい、その代表的人物である ★★★ は主著『道徳および立法の諸原理序説』などで、自然から与えられる苦痛と快楽に人間の行動が左右されると捉えた。
★★★

功利主義，ベンサム

□**8** ベンサムによると、人間は ★★★ と ★★★ によって支配されており、その上で社会の一人ひとりが平等に扱われる必要があるとし、「 ★★★ 」を実現する社会の確立を目指すべきだと考えた。
★★★

快楽，苦痛

※順不同

最大多数の最大幸福

□**9** ベンサムは、 ★★★ によって快楽は ★★★ として**計算できる**と主張して**快楽の最大化**を目指したが、**強さ、持続性、確実性**など7つの基準を設けた。
★★★

快楽計算，量

◆ベンサムは、快楽を計算し、その総量を最大化すべきとする量的功利主義を重視した。また、個々人の感じる快楽の量を合算して社会全体の幸福の総量を求める場合に、各人は誰もが等しく、1人として数えられなくてはならないと主張した。

**Ⅳ 倫理**

**4**
功利主義、実証主義、進化論

**IV 倫理分野　4 功利主義、実証主義、進化論**

□**10** ★★　ベンサムは、人間の行為規範である外面的な強制力として、4つの制裁（　★★　）を掲げた。第一に自然に与えられる**苦痛**などといった　★★　的制裁、第二に**刑罰**などといった　★★　的制裁、第三に他者からの**非難**などといった　★★　的制裁、第四に**神**に対する畏怖などといった　★★　的制裁である。

サンクション，
物理（自然），
法律（政治），
道徳（社会），
宗教

□**11** ★★★　ベンサムが重視した「　★★★　」を実現するためには、**議会制度の改革**を行い、議会における議決方法として　★★★　原理を導入すべきだといえる。

◆ベンサムは、「最大多数の最大幸福」の原理により特権階級への批判や民主主義的な制度改革を主張した。

最大多数の最大幸福
多数決

□**12** ★★★　　★★★　の**快楽計算**によって**幸福**を**量的**に**計算**しようとした考え方に対し、**幸福**は　★★★　的な側面から捉えられるべきだと主張したのは、同じくイギリスの哲学者であり経済学者の　★★★　である。

ベンサム，
質

J.S. ミル

□**13** ★★　J.S. ミルはその著書『　★★　』の中で「満足した豚よりも、不満足な人間の方が良く、満足した愚者よりも、不満足なソクラテスの方が良い」と述べ、感覚的な幸福よりも　★★　な幸福を追求した。

功利主義

精神的

□**14** ★★★　J.S. ミルのいう**幸福**とは、**他人のために行動し社会全体の理想のために努力した結果の副産物**であり、イエスの説いた　★★★　の中にこそ理想的な　★★★　主義の考えが宿るとした。

◆イエスが尊重した隣人愛とは「あなたが自分を愛するように、あなたの隣人を愛せよ」という言葉に示されている。J.S. ミルは、幸福の本質をイエスの戒めである黄金律であると捉えた。この戒めの内容は、いわゆる隣人愛である。

隣人愛，功利

□**15** ★★　ベンサムが行動の規律として重視した制裁は**外面的な規制**であったのに対して、J.S. ミルが重視した内的制裁は、　★★　などの**内面的な規制**である。

◆量的**功利主義**に立つベンサムは人の幸福追求の行動は法や道徳、宗教などの**外面的な制裁**による規制を受けるべきだとしたのに対して、質的**功利主義**に立つJ.S. ミルは「己の欲するところを人に施せ」というキリスト教の隣人愛的な同情心である**内面的な規制**を受けるべきだと説いた。

良心

94

**16** J.S. ミルは、快楽に ★★★ 的な差異を認め、人間の
良心や ★★★ 的心情を重視するとともに、行為の正・
不正の基準を、その行為が自分を含めた社会全体に**最
大の** ★★★ をもたらすか否かという点に求めた。

質,
利他

幸福

◆ J.S. ミルは、快楽には高貴な快楽と低劣な快楽が存在するとし
て快楽の質を追求した。

**17** J.S. ミルは著書『 ★★ 』で、人間には個性ある精
神作用があり、各々に精神的自由が与えられている点
で幸福であると捉えた。個性ある精神的な考え方を認
め、その政治的な表明の機会を保障するためには、
★★ の確立が必要であるとした。

自由論

普通選挙

**18** J.S. ミルは、著書『 ★ 』の中で、画一的な世論が
反対意見を封殺する「**多数者の専制**」について論じてい
る。また、J.S. ミルに影響を与えた『**アメリカのデモ
クラシー**』の著者である政治思想家の ★ も同様
の見解を示している。

自由論

トクヴィル

**19** ベンサムが ★★★ **的功利主義**を唱えたのに対して、
J.S. ミルは ★★★ **的功利主義**の立場をとった。

量,
質

**20** J.S. ミルは、精神的自由として、内面の考え方である
★★ **の自由**と、その外部表明である ★★ **の自由
を他者に被害を及ぼさない限りにおいて尊重**すべきと
する ★★ の原則を唱えた。

思想, 言論（表現）

他者被害（他者危
害）

◆ J.S. ミルは、精神的自由が人々の個性を発展させ、それが社会
全体の進展と幸福の実現につながると考えた。

**21** 19世紀になり飛躍的に発達した近代自然科学を取り
入れた考え方は ★★ 主義と呼ばれ、フランスの
★★ により確立された。

実証,
コント

◆実証主義は、経験的な事実の背後に超科学的な実在を認めず、**科
学的に観察できる**事実や実在**のみを認める**。現実に科学的に証
明される事実で有用性を持つ実在についてのみ価値を認める哲
学といえる。コントの著作には『実証哲学講義』などがある。

**22** コントの主張した実証主義において、本当の知識とは、
観察された ★★ を基礎とするものに限られるので、
★★ を越えたものに関する知識は退けねばならな
いとされる。

事実,
経験

**IV 倫理**

**4**
功
利
主
義
、
実
証
主
義
、
進
化
論

**IV 倫理分野　4 功利主義、実証主義、進化論**

□**23** コントは、人間の知識は3つの発達段階に分かれると
★　主張した。このことについて説明した次の図の空欄 A
　～ E にあてはまる適語を答えよ。

人類の D ［ ★ ］ の最高段階！

【第三段階】C ［ ★ ］的段階
（ある現象の原因を E ［ ★ ］的な事実
や法則によって説明しようとする段階）

【第二段階】B ［ ★ ］的段階
（ある現象の背景に抽象的・哲学的な実在
を思索する段階）

【第一段階】A ［ ★ ］的段階
（ある現象の原因を神などの超自然的な存
在で説明する段階）

A　神学

B　形而上学
C　実証
D　進歩
E　科学

□**24** 人間を含めた生物は、突然変異と自然選択に基づいて
★★★　環境に適応することにより、系統的に分化して多様な
　ものとなっていくという考え方は ［★★★］ による
　［★★★］論と呼ばれ、人間や社会の捉え方に影響を与
　えた。

ダーウィン，
進化

□**25** ダーウィンは主著『［★★］』の中で、生物の進化は自
★★　然による選択作用である ［★★］ と、より有利な遺伝
　子を持つものが生存する ［★★］ によって説明される。

種の起源，
自然淘汰，
適者生存

□**26** イギリスの哲学者 ［ ★ ］ は、生物のみならず社会も
★　また生物のような有機体として進化する ［ ★ ］説を
　主張し、［ ★ ］ の唱えた進化論とともに社会に大き
　な影響を与えた。彼の主著は『総合哲学体系』である。

スペンサー，
社会有機体，
ダーウィン

□**27** スペンサーによると、人間は ［ ★ ］ によって知識の
★　総合を目指すべきであり、生物学における ［ ★ ］ の
　考え方を応用することで、人間社会についても科学的
　知識を得ることができるという。

科学，
進化

□**28** スペンサーは、［★★★］ を社会に適用し、自由競争と適
★★★　者生存のメカニズムが国家などの干渉を受けない
　時、［★★★］ が進み社会が発展すると論じた。

進化論

分業

96

# V

# 倫理分野
ETHICS
西洋近代思想③

## 1 社会主義とその展開

ANSWERS □□□

**□1**
★★★
18世紀後半のイギリスで始まった ★★★ により、産業界は工場制手工業（ ★★★ ）から工場制機械工業（機械制大工業）へと変化した。これに伴い、資本家と労働者という階級が形成される中で、**資本主義経済の欠陥や矛盾を批判・是正する** ★★★ **思想が台頭した。**

産業革命 ,
マニュファクチュア

社会主義

**□2**
★★★
★★★ 社会主義は、ドイツの ★★★ とエンゲルスによって確立されたが、彼らが ★★★ 社会主義と呼んだのは、イギリスのオーウェンやフランスのサン゠シモン、フーリエらが主張した思想を指している。

科学的 , マルクス ,
空想的

**□3**
★★
ルネサンス期に活躍したイギリスの ★★ は、その主著『 ★★ 』の中で土地所有者が農地の ★★ をしている社会を批判し、**私有財産制のない理想的な社会**を描いた。

トマス゠モア ,
ユートピア , 囲い
込み（エンクロー
ジャー）

**□4**
★
空想的社会主義者と呼ばれた、『産業者の教理問答』の著者であるフランスの ★ は、貴族ではなく産業に従事する人々こそが社会を支配すべきだと説いた。

サン゠シモン

**□5**
★
空想的社会主義者と呼ばれたフランスの ★ は、**産業社会は統一性を欠いた無政府的な**ものであり、不正や欺瞞に満ちていると考え、資本主義における貧富の差、労働者や女性の隷属の主な原因は商業資本家の強欲さにあるとして、農業を基本とした**理想的な共同社会**（ ★ ）を構想した。

フーリエ

ファランジュ

**□6**
★
空想的社会主義者と呼ばれたイギリスの ★ は、人間の性格に対して、家庭や教育、労働などの環境が与える影響の重大性を説き、**協同組合の設立や理想の共同体の建設**を目指してアメリカへわたり、 ★ を開いた。

オーウェン

ニューハーモニー村

97

**V 倫理分野 1 社会主義とその展開**

□**7** 19世紀ドイツの経済学者・哲学者 ★★★ は、**人間の本質と生産の源泉を** ★★★ **に見出し、** ★★★ **と**『共産党宣言』を著した。

マルクス, 労働, エンゲルス

◆エンゲルスは、マルクスと終生変わらぬ関係を結び、ともに**富の不平等**を告発する社会主義思想を「空想から科学へ」と進展させることに取り組んだ。著書に『**空想から科学へ**』『**イギリスにおける労働者階級の状態**』などがある。なお、イギリスのオーウェンやフランスのサン=シモン、フーリエたちが唱えた社会主義思想のことを、マルクスとエンゲルスは「空想的社会主義」と呼んだ。

□**8** 資本主義経済では、労働者の労働力の価値を超えて生み出される生産物( ★★★ )が ★★★ を持つ資本家の利益になる。こうして生産物は、それらを作り出した労働者から遠ざけられ、彼らの生きがいや自己実現、人間的な連帯を見失わせるという**人間性の喪失**につながる状況を、マルクスは**労働の** ★★★ と呼んだ。

剰余価値, 生産手段

疎外

□**9** マルクスが資本主義経済の仕組みを分析した19世紀には、作業場で労働者に過酷な労働条件が強制され、 ★★ による労働者からの ★★ が問題視された。

資本家, 搾取

□**10** マルクスは、**労働力以上の生産物**( ★★★ )が資本家の支配下にあるという資本主義の問題を克服するために、 ★★★ による社会主義社会への移行は歴史必然的に発生するであろうと主張した。

剰余価値

革命

□**11** マルクスは、生産手段は少数者の ★★ ではなく**社会的な所有としなければならない**とした上で、人々が能力や必要に応じて働き、 ★★ の配分を平等に受ける社会を目指すべきであると説いた。

私有

富

□**12** マルクスは、ヘーゲルの ★★★ の考えを継承して資本主義における生産構造を分析したが、歴史の原動力を絶対精神ではなく ★★★ に見出した。

弁証法

物質

□**13** マルクスとエンゲルスによって確立された ★★★ とは、歴史の発展を社会の物質的な生産力と生産関係の ★★★ 的な発展と捉える歴史観のことである。

唯物史観(史的唯物論)

弁証法

□**14** マルクスとエンゲルスの唯物史観(史的唯物論)によると、社会の土台である ★★★ 構造、つまりその社会の生産様式が、政治制度や法律・文化などの ★★★ 構造を規定する。

下部,

上部

□15 マルクスによる社会主義思想（マルクス主義）が広まる
★★★ 中で、ヨーロッパでは ★★★ によってではなく議会
制民主主義の枠内で個人の自由の原則を保障しつつ社
会の不平等を是正しようという動きが起こった。この
思想を ★★★ という。

　◆社会民主主義とは、議会制民主主義を維持しながら、緩やかに
　社会主義の平等の理想を実現しようとする立場である。

革命

社会民主主義

□16 ★★★ において社会民主主義を唱えた代表的人物
★★★ は ★★★ 夫妻やバーナード＝ショウなどである。彼
らは、穏健的社会主義者団体である ★★★ の指導者
として、漸進的な社会改革を主張し、福祉政策の充実
や生産手段の公有化などを通じて、現代社会が抱える
悲惨な状況の改善を訴えた。

　◆この主張は、その団体名からフェビアニズムとも呼ばれる。

イギリス，
ウェッブ，
フェビアン協会

□17 フェビアニズムの主張する社会保障制度完備の考え方
★★★ は、この制度を通じて ★★★ の幸福を追求しようと
する、現代における ★★★ 論に結び付いていく。

社会全体，
福祉国家

□18 イギリスの ★★★ 夫妻は、資本主義の弊害を除去す
★★★ るためには、利潤の公平な再分配や主要産業の国有化
が必要であると説き、 ★★★ 活動を通じた社会改革
を目指した。

　◆ウェッブ夫妻らは、J.S.ミルによる質的功利主義の影響を受
　けつつ、利潤の公平な再分配や福祉政策の充実などを主張した
　が、これは資本主義の欠陥を是正しようとする運動につながっ
　た。この考え方は、やがて1906年のイギリス労働党の結成につ
　ながっていく。

ウェッブ

議会

□19 ドイツでは ★ らが、マルクス主義に修正を加え
★ た ★ を唱えた。これは、労働者階級が ★
において多数を獲得し、着実に社会主義へと移行して
いくことを主張する思想である。

ベルンシュタイン，
修正マルクス主義，
議会

□20 国家や既存の権力、政治体制を否定して、真の自由社
★ 会の確立を目指す立場を ★ という。

　◆19世紀フランスの社会主義者プルードンや、ロシアの思想家バ
　クーニンが唱えた。

無政府主義（ア
ナーキズム）

Ⅴ
倫理

**1** 社会主義とその展開

99

**Ⅴ 倫理分野　2 実存主義**

□21 レーニンは、著書『 ★★ 』の中で、資本主義国家に
★★ よる植民地再分割競争と ★★ 戦争は不可避で階級
対立のない ★★ 社会が最も理想的であるとした。

◆レーニンは革命論者であり、マルクス主義を実践して、1917年の
ロシア革命を指揮した。著書は他に『国家と革命』などがある。

帝国主義論 ,
帝国主義 ,
共産主義

□22 レーニンによると、 ★★★ 主義とは資本主義から
★★★ ★★★ 主義への過渡期にあたるが、この段階では階
級による争いが避けられないことから、労働者による
★★★ 独裁が必要であると指摘した。

社会 ,
共産

プロレタリア
(プロレタリアート)

□23 レーニンの死後、社会主義国家建設は ★★ に継承
★★ されたが、生産手段の社会的所有や ★★ 経済など
の理想は、極度の中央集権体制の中で変質した。やが
て共産党による一党独裁への批判が噴出し、1991年の
★★ 解体によって社会主義体制は事実上、崩壊した。

スターリン ,
計画

ソ連

□24 毛沢東が唱えた ★ 革命は、発達した資本主義国
★ 家とは異なる半封建・半植民地の農業国である中国で
は社会主義革命はなし得ず、まず列強の ★ 主義
と植民地化、旧来の封建制を打倒した上で、社会主義
革命を目指すという二段階の革命理論である。

新民主主義

帝国

□25 1970年代、イタリアをはじめフランスやスペインの共
★ 産党などが、ソ連の指導を離れて自主路線をとる
★ という動きが強まり、 ★ 制民主主義の
下で共産主義を掲げるなどの政策から「白い共産主義」
とも呼ばれた。

ユーロ=コミュニ
ズム , 議会

# 2 実存主義

ANSWERS □□□

□1 ★★★ 主義とは、現代文明の中で起こる人間性の危
★★★ 機（人間 ★★★ ）を、人間の内面の問題として捉
え、 ★★★ を回復しようとする思想である。

◆資本主義経済の発展の中で、人々は組織の歯車となり、本来持
つべき人間性を失いつつあった。人間疎外の状況から人間性を
回復することを人間の内面改革によって実現しようとするのが
実存主義である。一方、外面的な制度改革で実現しようとした
のが社会主義思想である。

実存 ,
疎外 ,
主体性

100

□2 19世紀デンマークの思想家 ★★★ は、従来のドイツ哲学が物事を客観的・論理的に捉えようとしてきたのに対し、自分自身が一度限りの人生をいかに**主体的に生きる**かを問う ★★★ を追究した。

キルケゴール

主体的真理

◆実存主義においては自分が存在するという事実、すなわち実存を確認することが不可欠となる。実存 (existence) とは、基本的な意味においては「(何かが) 存在するという事実 (the fact of being)」を指すが、実存主義 (existentialism) とは特に「自分自身が存在するという事実」を主題的に探究することを試みる哲学の潮流であるとされる。

□3 キルケゴールの考えた実存には、感覚的な享楽を求める ★★ 実存、倫理的な義務を果たそうとする ★★ 実存、単独者として神への信仰に生きるという ★★ 実存の3つの段階がある。

美的,
倫理的,
宗教的

◆キルケゴールの「実存の三段階」

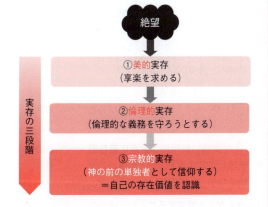

□4 キルケゴールは、当時の世俗的な風潮や世俗化してしまった ★★★ と戦いながら、★★★ の前に ★★★ として立つことを求めた。

宗教, 神, 単独者

□5 キルケゴールは、自己の本来的なあり方について ★★★ 真理を求めて、絶望を繰り返しながら、自らの ★★★ に対する慄きのうちに、★★★ として神の前に立って生きるべきだと述べた。

主体的,
罪深さ, 単独者

◆キルケゴールは、絶望状況から神の前の単独者として主体的信仰を行うことで人間は飛躍できるとした (絶望からの飛躍)。

# Ⅴ 倫理分野　2 実存主義

**□6** キルケゴールの主著は、二者択一の中で人生を選び取
★★ り決断していく実存について述べた『 ★★ 』や『死
に至る病』、『不安の概念』などがある。

あれか、これか

**□7** キルケゴールは、現代を熟慮が情熱に優先し、誰もが
★ どうすべきかを知っていながら、誰一人行動しようと
はしない ★ 化された分別の時代であると捉えた。

平均

**□8** キルケゴールは、本来の自己を見失い ★★★ する人
★★★ 間は、 ★★★ によっては根拠づけられない ★★★
への決断によって本来の自己を回復できるとした。

絶望，
理性，信仰

**□9** キルケゴールが宗教的実存により人間性の回復を目指
★★★ したのに対し、ドイツの哲学者 ★★★ はヨーロッパ
の頽廃の原因を ★★★ に求めて「 ★★★ は死んだ」
と宣言した。

ニーチェ，
キリスト教，神

◆ニーチェは、キリスト教的な思考法や世界観が人間の価値観を
転倒させたと主張した。弱者である人間が、救いを求めてキリス
ト教的な信仰に走るのであり、そのために、ありもしない彼岸
を志向して現世における生を蔑ろにするのである。したがって、
人間性を回復し、自らの存在を自覚するには、あらゆる価値の
存在を否定して自らの強い意志を持つことの重要性を説いた。

**□10** ニーチェの主著には、キリスト教を否定し、超人の生
★ き方を説く『 ★ 』や、『力への意志』などがある。

ツァラトゥストラ
はこう語った

**□11** ニーチェは、 ★★ を克服し無価値が永遠に繰り返
★★ される永劫回帰な世界を肯定するという人間精神の最
終的な到達点を、無垢な子どもの遊びになぞらえた。

ニヒリズム（虚無
主義）

**□12** ★★★ は、「神は死んだ」と宣言することで伝統的な
★★★ 宗教に集う人々のあり方を批判する能動的 ★★★ を
主張し、 ★★★ となって新たな価値を自ら創造しつ
つ生きることを求めた。

ニーチェ，
ニヒリズム（虚無
主義），
超人

◆ニーチェは、キリスト教信仰にすがることが弱者の考え方であ
ることから、キリスト教的価値観を積極的に捨て去る能動的ニ
ヒリズム（虚無主義）を主張し、情熱的な生き方で人間性を回復
すべきことを説いた。

**□13** 宗教的な世界に逃避してしまう生き方に対し、ニー
★★★ チェは ★★★ の生き方を説いた。これは現実世界の
中で常に自己を鍛錬し成長しようとする ★★★ に
従って生きる道のことである。

超人，
力への意志（権力
への意志）

102

□14 ★★★ [ ★★★ ] とは、世界は意味も目的もなく同じことを永遠に繰り返すというニーチェの思想だが、超人はその中にあってそれを認め、なお[ ★★★ ]によって現実の人生を愛し、受け入れなくてはならないとした。

永劫回帰（永遠回帰）
運命愛

□15 ★★★ ニーチェは利己心や自己中心性について、利他心の涵養（かん）を命じるキリスト教道徳とは、その実、強者に対する弱者の「[ ★★★ ]」（怨恨）から生じた「奴隷道徳」であると述べた。

ルサンチマン

□16 ★★★ ドイツの哲学者[ ★★★ ]は、死、苦悩、争い、負い目（罪責）などの[ ★★★ ]の中で挫折し自己の限界を自覚する時、人間は自分を超えた[ ★★★ ]の存在を知り、本来の実存に目覚めると説いた。

ヤスパース，
限界状況，
超越者（包括者）

◆ヤスパースは、これらの限界状況は科学の力をもってしても解決不能であると捉えた。

□17 ★★★ ヤスパースによると、限界状況にあって初めて他者との真実の出会いとなる「[ ★★★ ]」が生まれるとし、それは他者とのなれ合いを脱して真実の自己を勝ち取るという意味で「[ ★★★ ]」と呼んだ。

実存的交わり

愛しながらの戦い

◆ヤスパースは「彼が彼自身でなければ、私は私自身にはなり得ない」として、交わりを魂と魂の深淵な交わりと捉え、そのことが自分の生活に充実をもたらすと考えた。主著には『哲学』と、理性的な実存のあり方について述べた『理性と実存』がある。

□18 ★★★ ヤスパースによると、人間は死や苦しみなど、自分の力ではどうすることもできない状況に直面した時に、その不安と絶望を越えて[ ★★★ ]に出会い、しかも他の実存との「[ ★★★ ]」によって連帯することで真の実存に目覚める。

超越者，
愛しながらの戦い

□19 ★★★ ドイツの実存哲学者[ ★★★ ]によると、「[ ★★★ ]」は気晴らしを求めて日常のうちに埋没してしまう。人間は、[ ★★★ ]に臨む存在（死への存在）であることを自覚することによって、本来の自己のあり方に立ち返ることができる。

ハイデッガー，ひと（世人（せじん）、ダス＝マン）
死

◆ハイデッガーは、日常生活において享楽に埋没している「ひと」（世人、ダス＝マン）も、どうやっても避けることができない自分の死を自覚することで自己の固有の存在を最も鋭く捉えることができることを指摘した。主著には『存在と時間』などがある。

**V 倫理**

**2 実存主義**

103

**V 倫理分野　2 実存主義**

**□20** ハイデッガーによると、人間は **★★★** という自己の
**★★★** 存在に対して自覚的な存在であり、**★★★** として世
界の中に投げ出されており（被投性）、様々な事物や他
者とかかわりながら具体的な現実の中に存在している。

現存在（ダーザイン）,

世界―内―存在

**□21** ハイデッガーは、「**★★★**」としての人間のあり方を
**★★★** 探究し、それに基づいて、主観と客観との対立という
構図の中で **★★★** を捉えようとする **★★★** 以来の
発想を批判した。

世界―内―存在

認識, デカルト

**□22** ハイデッガーは、良心とは日常生活に埋没した画一的
**★★★** な自己を本来的な自己へと呼び覚ます **★★★** の呼び
声であると捉えた。

現存在（ダーザイン）

**□23** ハイデッガーは、人間は自己の極限の可能性である
**★★★** **★★★** へと先駆することで、自らのかかわる身のま
わりの世界に没入した状態から、自らに最も固有な自
己に覚醒すると説いた。

死

**□24** 自己の **★★★** の可能性と向き合うことで自己の本来
**★★★** 的な存在へ至ることができると考えたハイデッガーは、
後に科学技術のあり方を考察し、人間があらゆるもの
を支配・制御することに心を奪われていると批判した。
彼はこの状態を「**★★★** の喪失」と呼んだ。

死

故郷

**□25** ハイデッガーは、西洋文明が存在するものを科学的に
**★** 対象化したり技術的に支配したりすることに没頭し、
あらゆる存在するものの根源にある存在を忘れ去って
しまうという **★** に陥っていると説いた。

存在忘却

**□26** フランスの哲学者である **★★★** は、人間は **★★★**
**★★★** に自らの行動を選び取り自分自身を作り上げていくと
説いた。このように、実存の上に本質を作り上げてい
くことを彼は「**★★★**」と言い表した。

サルトル, 自由

実存は本質に先立つ

◆サルトルのいう「実存は本質に先立つ」とは、自分の存在は先に
あり、自分の本質は自分が自由に作り築き上げていくものであ
ることを示している。したがって、自分の本質は、自分が自由
な選択によって作り築き上げたものである以上、自分が責任を
負わなければならないと指摘した。

□27 人間はまったくの自由である。ゆえに、その選択や行
★★★ 動には ★★★ を負うべきであり、それは**全人類ない
し社会全体に対して負う重大な** ★★★ である。サル
トルはより良い社会を作るために、まずは**社会に参加
する** ★★★ の重要性を説き、その中で自分に課され
る社会的 ★★★ を自覚するべきとした。

責任，
責任

アンガージュマン，
責任

◆アンガージュマンは「**政治参加**」「**社会参加**」などを意味する。サ
ルトルは、自らの本質は**自己責任**において**自由に作る**ものであ
り、そのためにも**社会参加**を積極的に行い、社会的貢献を自覚
する必要性を説き、人々にアンガージュマンを呼びかけた。

□28 サルトルは、自由を自分勝手に行動する自由ではなく、
★★★ 全人類に対する ★★★ を伴う自由であると捉え、自
由と ★★★ の関係を明確にし、自らの ★★★ を自
覚することで自分の存在の意味を認識することができ、
**人間性**を回復できるとした。

責任，
責任，責任

◆サルトルの思想によれば、人間の決断は私的ではあり得ず、常
に全人類への責任を伴う。けれども、この責任を回避せずに進
んで引き受け、社会的に連帯することが必要である。

□29 サルトルの主著には『 ★ 』『弁証法的理性批判』、
★ 小説である『嘔吐』などがある。

存在と無

◆第二次世界大戦後のフランスで、彼の著作は実存主義のブーム
を巻き起こした。また、彼と事実婚の関係にあったボーヴォワー
ルは、男性優位の文化や習慣が女性に対してある決められた生
き方を強いているものと唱え、20世紀のフェミニズム運動に大
きな影響を与えた。彼女の語った「**人は女に生まれるのではな
い、女になるのだ**」という言葉は、その思想を象徴している。

□30 ★★ は小説『**ペスト**』の中で、ペストに象徴される
★★ 悪に対し、人間は ★★ な運命と闘いながら互いに
連帯し、人間として最後まで誠実に生きることの尊さ
を表現している。

カミュ，
不条理

◆カミュは作品の中で人間の生が不条理であることを示し、その
中で生き続けるという人間の運命を描いた。他の代表作に『シー
シュポスの神話』などがある。

## 3 プラグマティズム

ANSWERS □□□

□1 19世紀アメリカに始まった ★★★ という思想は、科
★★★ 学技術への信頼や ★★★ 精神など、当時のアメリカ
の独特の時代背景を土壌に生まれた。

プラグマティズム，
フロンティア（開
拓者）

# V 倫理分野 ③ プラグマティズム

**□2** ★★★ **★★★** は、思想・観念・知識について、**自らの生きる**手段という観点から価値判断を下す **★★★** 主義の哲学であり、**フロンティア**（開拓者）精神に通じる思想といえる。

プラグマティズム，
実用

◆プラグマティズムは、学問や知識を人間が行動する際に役立つ道具と捉える立場である。

**□3** ★★ プラグマティズムとは、経験論の伝統を受け継ぎ、知識や観念をそれが引き起こす **★★** **によって絶えず検証**しようとする思想である。

結果

**□4** ★★ **★★** は、観念とは実際に生み出される結果を考慮して**決定**されるべきであるとして、すべての観念の源泉は **★★** にあるとするプラグマティズムを提唱した。

パース

行動

◆パースは、ある行動の結果引き起こされる実際の効果を考察することの重要性を説いた。

**□5** ★ 「 **★** 」を組織したパースは、観念的な哲学に否定的な立場をとった。

形而上学クラブ

**□6** ★★ パースに続きプラグマティズムを唱えた **★★** は、パースの主張を発展させ、真理とは実生活における **★★** だと主張した。

ジェームズ

有用性

◆ジェームズは、言葉より**行動を重視**し、人間生活にとっての有用性を真理の基準とした。主著は『プラグマティズム』である。

**□7** ★★ ジェームズは、 **★★** の真偽とは、それが実際上 **★★** であるか否かによって決まるとし、現実の行動にとって有用でないような思想を批判した。

観念，
有用

**□8** ★★ ジェームズは、仮説による行動の結果は、検証を行って必要があれば変更することも大切であるとして、善や真理の**個別的な** **★★** **性**を指摘した。

相対

**□9** ★★ ジェームズは、絶対的真理より実践に照らして真理を定義し、 **★★** の存在の真偽より、信仰によって幸福を得られるかどうかを重視した。このように、プラグマティズムは **★★** 主義の立場に立っている。

神

相対

**□10** ★★★ 第一次世界大戦後、繁栄を迎えたアメリカでプラグマティズムを大きく発展させた **★★★** は、知性を人間が環境に適応し生きていくための手段であると位置づけた。彼の思想は **★★★** 主義と呼ばれる。

デューイ

道具

106

□11 デューイの ★★★ からすると、**理論は生活体験の中で絶えず修正されて** ★★★ **に役立たなければならない。**

道具主義, 実践

□12 ★★ による実証という科学的認識の特徴は、科学的理論全般に仮説という性格を与える。デューイは、著書『哲学の改造』などで、この仮説性をさらに知識一般の性格と認め、知識とは実験的な ★★ のための手段であると論じた。

経験

問題解決

□13 デューイは、知性を創造的なものとみなす視点から、知性により社会が改善され、個人と社会が調和し、多様な価値観が認められる ★★★ 主義社会が実現することを理想とし、 ★★★ が既成の価値観の単なる伝達となることを批判した。

民主, 教育

◆デューイは、著書『民主主義と教育』で、民主主義における**教育の役割を強調**し、**人間の改良（人間変革）を追究**するという**教育改革思想**において、**問題解決型教育の重要性を主張**した。

□14 デューイは、人間は一定の ★★ の下で安定した暮らしを営んでいるが、その安定が揺らぎ出すと、新しい習慣を形成し定着させようとする ★★ 知性が働き始めると述べている。

習慣

創造的

◆デューイは、創造的知性を生きる道具とし、それによって**人間性を改造**し、**社会を改良していくこと**を唱えた。また、人間性が成長を遂げることが善であり、その内容は絶対的ではなく、人により、また、同じ人の中でも時と場合に応じて異なるとした。

□15 デューイの創造的知性によると、人間は ★ の能力を駆使して現実の状況における問題を ★ することで、状況に対応した ★ を実現していくことができるという。

知性, 解決, 自由

◆デューイは、概念や知識の真偽は、それらの探究において実際の問題解決に役立つか否かによって決まると考えた。

□16 道徳に関して、デューイの思想によれば、知性を行動の ★★ とみなす立場から、道徳の場合も**行動の** ★★ **から評価されるべき**であり、この点で、カントの思想は ★★ の正しさだけを重視しているものとして批判している。

道具, 結果, 動機

V 倫理

3 プラグマティズム

# Ⅴ 倫理分野　4 現代のヒューマニズム

## 4 現代のヒューマニズム

ANSWERS □□□

**□1** 民衆から「マハトマ」(偉大な魂)と尊敬された**インド**
★★　**独立運動の最高指導者** **★★** は、イギリスの植民地
支配に対し **★★** の手段により立ち向かい、インド
を独立へと導いた。

ガンディー，
非暴力

**□2** ガンディーが主張した非暴力主義は、自ら進んで苦し
★★　みを負い精神の清らかな人間を目指す **★★** を通じ
て相手の良心に働きかけ、ともに真理を追究しようと
する **★★** という考えに基づいている。

自己浄化

真理の把持(サティヤーグラハ)

**□3** ガンディーは、国内で対立する **★★** 教徒(ムスリ
★★　ム)とヒンドゥー教徒に和解の道を探り、 **★★** 制度
の最底辺で虐げられてきた人々に救いの手を差し伸べ
た。このような彼の生き方には**命あるものすべてを慈
しむ** **★★** の精神が貫かれている。

イスラーム，
カースト

不殺生(アヒンサー)

**□4** ガンディーは、 **★★** を用いず、決して**相手に屈服す
★★　ることなく不服従を貫き通すこと**で、相手の **★★**
に訴え相手を変えていかなければならないと考えた。

暴力，
良心

**□5** 中国の民族解放運動の指導者孫文が唱えた三民主義と
★　は、**帝国**主義からの民族の解放を目指す **★** 主義、
**人民に主権を与えるべきとする** **★** 主義、**土地所
有の均等化と資本への民主的統制を及ぼすべきとす
る** **★** 主義の3つを指す。

民族，
民権

民生

◆孫文は、中国の辛亥革命(1911〜12)を指導し、共和政中国の
「建国の父」と呼ばれる。インドのガンディーと並ぶアジアの代
表的なヒューマニストでもある。

**□6** フランスの神学者で音楽家の **★★** は、人々に奉仕
★★　するため医学を学び、**アフリカ**に赴き現地での医療活
動に生涯を捧げた。彼は、**生命あるものすべてを価値あ
るものとして尊重する**「 **★★** 」を根本理念とした。

シュヴァイツァー

生命への畏敬

◆シュヴァイツァーは、その生涯にわたる活動から「密林の聖者」
とも呼ばれ、身をもって奉仕の精神の大切さを示した。

108

□**7** **★★** は、フランスの作家・平和主義者でありヒュー
★★ マニズムの代表的人物で、その **★★** 主義はヒュー
マニズムに立脚した**反戦思想**である。

ロマン=ロラン，
絶対平和

□**8** ロマン=ロランは、 **★★** の立場から、世界平和の確
★★ 立のため、平和の敵と断固戦うことを説き、反ファシ
ズム運動に身を投じた。

戦闘的ヒューマニ
ズム

◆ロマン=ロランは、絶対平和主義の立場から第一次世界大戦に
際して祖国フランスと敵国ドイツの双方に戦争の中止を呼びか
け、後にはイタリアで発足したファシズム政権を批判し、ナチ
ス=ドイツの拡大に抗議した。

□**9** ロシアの **★★** は、『戦争と平和』などで知られる文
★★ 豪で、キリスト教的隣人愛や **★★** 主義を唱え、後
のヒューマニズム運動にも大きな影響を与えた。

トルストイ，
非暴力

□**10** スペインの画家 **★★** は、「ゲルニカ」という作品を
★★ 通して**ナチス**の無差別爆撃を糾弾した。

ピカソ

□**11** 『人類に未来はあるか』の著者で、イギリスの平和主義
★★ 者 **★★** は、アインシュタインらとともに **★★**
兵器による人類破滅の危険性を警告する宣言を発表し、
**★★** 会議を開催するなど **★★** と平和運動に精
力的に取り組んだ。

ラッセル，核

パグウォッシュ，
核兵器廃絶運動

◆ラッセルは、**自由主義**と**平和主義**を主張し、自由の根源としての
平和の意義を訴え、1955年にはラッセル=アインシュタイン宣言
を発表した。パグウォッシュ会議は、**科学者らを中心**に核兵器
**反対**を軸とした平和の実現を目指す国際会議である。また、日
本の物理学者であり、日本初のノーベル賞受賞者である湯川秀
樹も参加して核兵器廃絶運動に取り組んだ。

□**12** **★★** は、1960年代のアメリカでガンディーによる
★★ **★★** 主義の影響を受けて**黒人**公民権運動を指導し、
**★★** を受賞した。

キング牧師，
非暴力，
ノーベル平和賞

□**13** キング牧師は、「私には夢がある。…… **★★** の色に
★★ よってではなく、 **★★** そのものによって評価され
る国に生きられるようになることだ」と演説した。

皮膚，
人格

◆1963年8月28日のワシントン大行進におけるキング牧師の
"I Have a Dream."（「私には夢がある」）の演説は、アメリカの
みならず世界の多くの人々の共感と感動を呼んだ。

**V**
**倫理**

**4**
現代のヒューマニズム

109

**Ⅴ　倫理分野　5 現代思想の潮流**

□**14** 1964年に制定されたアメリカの公民権法の中では、「す
★　　べての人は……**公共の場**で供される商品、サービス、施
設、特権、利益、設備を、 ★ 、 ★ の色、宗
教あるいは出身国を理由とする ★ 、分離をなさ
れることなく、**完全かつ** ★ **に享受する権利**を持
たなければならない」と明記された。

人種, 皮膚,
差別,
平等

□**15** **インドのスラム街などで奉仕活動に取り組んだ**カト
★★　リックの**修道女** ★★ は、無差別・無償の愛であ
る ★★ の実践者で、1979年に ★★ を受賞した。

マザー=テレサ,
隣人愛 (アガペー),
ノーベル平和賞

□**16** マザー=テレサは、インドで貧民のための奉仕活動を行
★　　い、ハンセン病患者の救済活動や「 ★ 」と呼ばれ
る施設を開設した。

死を待つ人の家

　　◆マザー=テレサは、貧しい人の不幸は物質的な貧困よりも、**他人**
　　**から見捨てられるという**絶望感にあると考え、心の支援やケア
　　の大切さを述べた。

□**17** マザー=テレサは、**誰からも見捨てられ本当に困窮して**
★　　**いる**他者に対して、愛と憐れみを持たずに ★ ぐ
いることが最大の ★ であると考えた。

無関心,
罪

## 5 現代思想の潮流

ANSWERS □□□

□**1** 20世紀になると、 ★★★ 中心主義に対する批判の高
★★★　まりとも呼応して、真理の基準はますます多様化し、そ
の ★★★ 妥当性は揺らいでいった。

理性

普遍

□**2** ドイツの哲学者 ★ は、人間の純粋意識における
★　　本質的構造を分析する現象学の立場から、**自然的態度**
**を変更し判断中止**（ ★ ）**を行うことが必要である**
と説いた。

フッサール

エポケー

　　◆主著に『**厳密な学としての哲学**』『イデーン』『ヨーロッパ諸学の
　　危機と超越論的現象学』などがある。

110

## V 倫理

### 5 現代思想の潮流

□**3** フランスの哲学者 ★★ は、他者と自己の関係について、自己の理解や予測を絶対的に超える者として他者を規定し、自己とは**絶対的な差異**を持つ「顔」として現れるとした。また、自己がその他者に無限の ★★ を負うことが人間の倫理的なあり方であるとし、 ★★ とは他者の否認であるとした。

**レヴィナス**

**責任，**
**暴力**

◆主著に『**全体性と無限**』『存在の彼方へ』『実存から実存者へ』などがある。

□**4** ドイツの ★★ 学派は、急速に発達した近代文明の矛盾を批判し、 ★★ や管理社会がなぜ出現したのかを、大衆心理学や社会学の面から考察した。

**フランクフルト，**
**ファシズム**

◆例えば、思想家で社会学者の**ベンヤミン**は『複製技術時代の芸術』『パサージュ論』『暴力批判論』などの著作で知られる。

□**5** フランクフルト学派の ★★ やアドルノは、近代的な理性について、自然を客体化し、技術的に支配することを可能にする能力であるとして、手段的・ ★★ 的なものであると考えた。

**ホルクハイマー**

**道具**

□**6** ホルクハイマーによれば、近代の啓蒙的 ★★ は、人間が自然を支配するための ★★ となったが、この「 ★★ 」が作り出した科学技術や社会体制は、かえって**人間を支配**するようになった。

**理性，**
**道具，**
**道具的理性**

□**7** ホルクハイマーは、 ★★ との共著『啓蒙の弁証法』の中で、人類の歴史が啓蒙の歩みと野蛮への後退を繰り返す ★★ 的な過程であると述べた上で、結果的に近代化の中の ★★ がファシズムのように抑圧的な支配体制を正当化してしまったと分析している。

**アドルノ**

**弁証法，**
**啓蒙**

◆社会的な理性や無批判がファシズムの温床となったと指摘した。

□**8** フランクフルト学派の ★★ は、現代人の社会的性格を「 ★★ 」と呼び、自己判断を避けることで**責任**を回避し、**権威**に**盲従**しがちであると指摘した。

**アドルノ，**
**権威主義的パーソ**
**ナリティ**

◆アドルノは、権威主義的パーソナリティが、民衆によるファシズムへの支持の根底に存在すると指摘した。

□**9** 社会心理学者 ★★★ は、著書『自由からの逃走』で、束縛から解放され人々は自由を得たが、自由がもたらす孤独や不安に耐え切れず自由を放棄したとし、これが ★★★ への妄信を生み出す原因となったと唱えた。

**フロム**

**ファシズム**

111

# Ⅴ 倫理分野 ⑤ 現代思想の潮流

□**10** フロムは、近代以降の社会について、**外的な権威から**
★★★ 解放されて ★★★ を得たと思っているが、自我を失
わずに行動することで他人の期待にはずれるのを恐れ
ているため、 ★★★ や常識の影響にさらされ、無自覚
に**匿名の権威に操られている**と論じている。

自由

世論

□**11** 『人間の条件』の著者で政治学者の ★★ は、人間の
★★ 活動を「 ★★ 」「 ★★ 」「活動」の3つに分け、前
者の2つは物と人との間で成立するのに対し、「活動」
は**人と人とが直接かかわり合う行為**であると捉えた。

ハンナ=アーレン
ト,
労働,仕事
※順不同

　◆ハンナ＝アーレントは、人間の営みには「労働」「仕事」「活動」
　があるとし、「労働」とは生物としての人間が生きていくために
　不可欠な営みであり、「仕事」とは世界の中に作品を作り上げる
　ことであり、「活動」とは他の**人々と語り合う公的領域に参加**す
　ることと捉えた。

□**12** ハンナ＝アーレントは、**帰属意識を失い不安を抱えた**
★★ **大衆**が、個人よりも全体を優先する思想に惹かれてい
く過程に ★★ 主義の起源を見出した。

全体

□**13** ドイツの社会学者 ★★ は、人は互いに合意に至る
★★ ことを可能にするような理性を持っているとした上で、
そのような理性を対等な立場が保障された上で使用す
るならば、**社会の全員が合意できる社会のルールを発**
**見できる**と考えた。

ハーバーマス

□**14** 理性によって理性の限界を克服するために、ハーバー
★ マスは自らの理論の中で ★ 行為を強調した。

コミュニケーショ
ン

□**15** ハーバーマスの「 ★★ 」という考え方によると、社
★★ 会規範は多数決ではなく社会の構成員による十分
な ★★ を経た合意の上に築かれるべきである。

対話的理性（コミュ
ニケーション的合
理性）
討議

□**16** ★ は、現代の消費社会において人々が商品を購
★ 入するのはそれが必要だからというよりも、**他人との**
★ **を示す**ためであると指摘した。

ボードリヤール

差異

□**17** フランスの思想家 ★ は、固定的な物質にかかわ
★ る科学的知に対して、創造的に流動、進化する生命と
**一体となって生の躍動（ ★ ）を直観する**ことの重
要性を説いた。

ベルクソン

エラン＝ヴィタール

112

**□18** オーストリアの哲学者 ★ は、『**論理哲学論考**』で言語の限界を超える「語り得ぬものについては、★ せねばならない」と述べた。『**哲学探究**』においては、自然科学における言語の使用もまた、日常生活に根ざした ★ の１つであるとした。

ウィトゲンシュタイン，
沈黙

言語ゲーム

**□19** クワインによれば、科学的な知識に関する様々な命題や言説は、互いに結び付いた１つの ★ として捉えることにより、★ が可能となることを「**ノイラートの船**」という比喩で説明した。

集まり，
検証

**□20** クワインは、科学について、理論に何か問題が生じても、どこかを少しずつ修正しながら知識の ★ それ自体を維持していくしかないと考えた。このような科学についての捉え方を、知の ★ と呼ぶ。

体系

ホーリズム

**□21** ポパーは、**科学的命題は検証可能**なことに特徴があるのではなく、★ **可能**な点に特徴があると主張し、科学的に見える言説であっても、★ を受けつけない場合には、科学の名に値しないと論じた。

反証，
反証

**□22** スイスの言語学者 ★★ は、言語とはある社会の中で築かれてきた慣習であり、その中に組み込まれている**人間はその言語体系の中でしかものを考えることができない**と述べた。その考えは後に ★★ の構造主義に影響を与えた。

ソシュール

レヴィ=ストロース

　◆言語は、記号としての文化を形成してしまうことから、言語の意味を社会の構造の中で捉えるべきであると主張した。

**□23** 『**知覚の現象学**』などで知られるフランスの哲学者 ★ は、知覚が生成する場としての身体に着目し、デカルト的 ★ 論の克服を図った。彼の考察によれば、身体を離れて、私が存在することも私にとっての世界が存在することもなく、身体は主体であるとともに ★ でもある。

メルロ=ポンティ，
二元

客体

**□24** 1960年代のフランスで広まった ★★ とは、物事の意味や行動様式を**人間の近代的理性**ではなく社会や時代の ★★ から理解しようとする思想である。

構造主義

構造

**Ⅴ 倫理**

**5 現代思想の潮流**

113

**V 倫理分野　5 現代思想の潮流**

☐**25**
★

レヴィ=ストロースは、停滞する ★ 社会と進歩する ★ 社会とに世界を二分し、後者が前者を支配し克服すべきだという考えは西洋中心主義に基づく誤りであり、 ★ 社会の ★ の思考と ★ 社会の科学的思考の間に価値の差はないとした。

未開，
文明

未開，野生，文明

◆レヴィ=ストロースは著書『野生の思考』の中で、未開社会の神話的思考には、実は世界を秩序づけるに十分な論理性を備えた個人の主観的意志を超えたシステムが存在していると述べ、未開から文明へ向かって進歩するという現代の考え方を批判した。

☐**26**
★★★

『狂気の歴史』の著者であるフランスの ★★★ は、理性と ★★★ は歴史の中で支配権力の独断によって区別されてきたと述べ、**知識が権力と結び付き、人間は無意識のうちに思考を支配されている**と考えた。

フーコー，
狂気

◆フーコーは、理性と狂気とが区別されるようになってきた西洋の歴史を分析し、確固とした理性という考えは歴史の過程の産物であることを明らかにした。

☐**27**
★★★

フーコーは、近代社会を非理性的な ★★★ を排除することで成長したものと捉えたが、近代の知とは社会構造・言語構造などによって無意識に作られた妄想であり、それを断ち切ることが必要であるとして、**近代の人間中心の ★★★ 主義や理性主義を批判**した。

狂気

合理

☐**28**
★

フーコーは、人間を ★ 化する制度や ★ の発達に近代の特徴を見出し、**服従を拒み、社会を変えていく力**が人々の間に潜んでいることに着目した。

規律，装置

☐**29**
★

フランスに広まった構造主義を徹底し、近代文明や合理主義に批判的立場をとる思想を ★ 主義という。

ポスト構造

☐**30**
★

フランスの哲学者 ★ は、ポスト構造主義の立場から、真理を論理、つまり ★ で表現しようとすることや神を究極とする世界観など、従来の西洋哲学の基礎をいったん崩し、新しい哲学を模索した。

デリダ，
ロゴス

☐**31**
★

ポスト構造主義の思想家デリダは、西洋哲学を成り立たせてきた主体などの概念が覆い隠してきた問題を、歴史の中で新たに問うために脱 ★ を主張し、**従来の西洋哲学が扱ってきたあらゆる概念の妥当性を問い直そう**とした。

構築

114

□**32** 20世紀アメリカの科学史家 ★★ は、**事実**は特定
★★ の時代における人々の考え方や見方を規定する**支配的**
**な思考の枠組み**である ★★ から独立したものでは
ないと捉えた。

クーン

パラダイム

□**33** ★ は、西洋人による「東洋」に対する**異国趣味**は、
★ **無知**や**誤解**に根ざした非西洋社会に対する一面的な理
解のあらわれであり、そこに見られるような**西洋中心**
の ★ 的な思考様式を**批判**し、このような思考様
式を ★ と呼んだ。

サイード

帝国主義,
オリエンタリズム

□**34** ★★ は、個人の身体や思想などの**人格的**自由とと
★★ もに経済的自由を最大限に尊重し、これによって経済
活動への法的規制を最小限にすべきであるとする考え
方で、アメリカの ★★ らが提唱した。

リバタリアニズム
（自由至上主義）

ノージック

◆ノージックは、国家が個人の自由を制約しない「**最小国家**」を理
想とし、国家が経済に介入する「**拡張国家**」を否定した。ノー
ジックはロールズの**弱者保障**などの国家介入も批判している。

□**35** ★★ とは、自由主義が前提とする人間像や社会観
★★ を**批判**し、個人があって社会があるのではなく、**個人**
**の**自由はその人が所属する**共同体**に**根拠を持つ**とする
考え方で、アメリカの政治哲学者サンデルらが主張し
ている。

コミュニタリアニ
ズム（共同体主義）

◆コミュニタリアニズムは、諸個人が共同体の下で生きていると
いう事実を重視し、そのような共同体から離れて抽象的に正義
について論じることはできないとする考え方で、個人の自由と
社会全体の公正や正義のバランスをとる社会思想である。アメ
リカのマッキンタイアやサンデルなどが提唱者として知られ
る。

**V**
**倫**
**理**

**5** 現代思想の潮流

115

# VI

# 倫理分野
ETHICS
### 東洋の源流思想

## 1 古代インドの思想と仏教

ANSWERS □□□

□ **1**
★★★
古代インドの**アーリヤ人**によって広く信仰されていた ★★★ は ★★★ 制度により秩序づけられていた。仏教の開祖である ★★★ は、この制度を批判した。

バラモン教 , カースト ,
ブッダ (仏陀)

◆カースト制度とは、バラモン (僧侶)、クシャトリヤ (武人)、ヴァイシャ (平民)、シュードラ (奴隷) という身分階層 (ヴァルナ) に出身や血縁、職業などの区分 (ジャーティ) が加わってできた身分制度である。バラモン教は、最高位に位置するバラモンの司祭階級によって正当化されていた。

□ **2**
★★★
古代インドの**バラモン教**の聖典は『 ★★★ 』であり、その根底にある哲学は ★★★ 哲学と呼ばれる。

ヴェーダ ,
ウパニシャッド

□ **3**
★★★
古代インドの ★★★ では、輪廻を脱した境地について、**自己の根源を示す我**である ★★★ と、**宇宙的原理を示す梵**である ★★★ が同一であることを悟り、それによって永遠性を獲得した境地として説明している。

ウパニシャッド (「奥義書」) ,
アートマン ,
ブラフマン

◆アートマンとは我 (自我) を意味する。ウパニシャッド哲学では人間存在を規定する根本原理であり、真にあるものと捉える。

□ **4**
★★★
古代インドの**ウパニシャッド哲学**では、**宇宙の根本原理と自己の本質とは同一**であるという ★★★ を自覚することを重視した。

梵我一如

◆梵と我が同一であることは、出家、苦行などの厳しい修行と禁欲によって自覚され、その自覚によって輪廻の苦しみから解脱できると説いた。

□ **5**
★★★
**ブッダ**はその本名を ★★★ といい、後に出家して苦行に励むが、35歳の頃に ★★★ の菩提樹の下で悟りを開いた。

ガウタマ=シッダルタ (ゴータマ=シッダッタ) ,
ブッダガヤ

◆ブッダは釈迦、釈迦牟尼、釈尊などとも呼ばれる。

□**6**
★★★
ブッダは、バラモン教が主張していた ★★★ 一如を否定し、永遠不変の我は存在しないと考えた。

梵我

◆ブッダと同時代に、バラモン教の伝統である祭祀中心主義にとらわれない合理的な思想を唱えた6人の代表的な自由思想家たちを指して六師外道と呼ぶ。仏教から見て外道、すなわち異端の主張である。バラモン教の祭祀主義を批判し、道徳的戒めを守り、出家・苦行によって輪廻から解脱すべきことを説いてジャイナ教を開祖したヴァルダマーナ（マハーヴィーラ）、懐疑論者のサンジャヤ、唯物論を説いたアジタ、運命論者のゴーサーラ、道徳を否定するプーラナ、七要素説を唱えたパクダがいる。

□**7**
★★★
仏教は、苦しみの原因は無常・無我の真理を知らずにこの世の事物に執着する ★★★ を持つことにあるとし、生きとし生けるものすべてに慈しみと憐れみの心を注ぐ ★★★ が愛の本質であると捉えた。

煩悩

慈悲

◆煩悩とは執着心のことであり、人が本質的に持つ貪・瞋・癡の三毒などや我執を実体とする。

□**8**
★★★
仏教には、あらゆるものは絶えず変化・消滅し、**永久不変の存在などはあり得ない**という ★★★ の考えがある。

諸行無常

□**9**
★★★
仏教は、一切の存在は相互に依存し合っているとする ★★★ 説に立つとともに、**常に変化し永遠の実体は存在しない**という ★★★ ・無我を本質とした。

縁起，

無常

◆仏教では、すべての存在は色・受・想・行・識の五蘊が集まって構成されるとするが、どれも定まったものとして捉えられず、我もまたそうであり、我を認めない（無我）。このような無常・無我の本質のことをダルマ（法）と呼んでいる。

□**10**
★★★
人は苦に満ちた ★★★ の中にいると考えられていた**古代インド**にあってブッダは、老いを病気や死とともに何人も免れ得ない ★★★ として捉えている。

輪廻

苦

◆具体的には、生・老・病・死・**愛別離苦・怨憎会苦・求不得苦・**五蘊盛苦の四苦八苦が存在している。五蘊盛苦とは、「色」という物質的な要素と「受」「想」「行」「識」という精神的な要素は、そのものが苦であると捉えることを指す。

□**11**
★★★
ブッダは、人々が**生の一切が** ★★★ であるということを知らず、**自己に**執着し ★★★ にとらわれるがゆえに、他人に嘘をついたりしてしまうと考えた。そのため、世界を貫く真理を知り、自己の姿を正しく認識することが重要だと説いた。

苦，

煩悩

**VI**
**倫理**

**1** 古代インドの思想と仏教

117

# VI 倫理分野 1 古代インドの思想と仏教

□12 仏教の考え方は、生命が永遠無限に繰り返すという **★★★** の思想に立脚する。

輪廻転生

□13 ブッダによると、人は苦の原因を認識し、執着から離れることで **★★★** できるという。

解脱

□14 ブッダの教えは、**★★** と呼ばれる4つの真理によって表される。そのうちの **★★** では、人生には生・老・病・死の四苦に加え、**愛する者との離別の苦しみや憎い者と出会う苦しみ**などに満ちているという真理を説いている。

四諦(したい),
苦諦(くたい)

◆四諦とは、4つの真理のこと。①苦諦(現実の苦しみ)、②集諦(苦しみの原因)、③滅諦(苦しみを滅すること)、④道諦(苦しみを止める方法=八正道)。

□15 人間の苦しみは燃え盛る欲望の炎によるものであるという真理は **★★** である。仏教では、欲望は人間を煩わせ悩ませるものであることから **★★** ともいう。

集諦,
煩悩

□16 欲望(煩悩)を消滅させることで人間は苦しみから解放され安らぎの境地があるという真理を **★★** と呼ぶ。欲望の炎を消し去り、心に平安が訪れることを **★★** というが、この一切の苦しみから解放された状態を **★★** と呼ぶ。

滅諦,
解脱

涅槃(ねはん)(ニルヴァーナ)

□17 ブッダの教えをまとめた四諦のうち、**★★** とは快楽にふけることや苦行に専念するという両極端に近づくことなく、**正しい修行の道を実践**することが肝要であるということを意味する。

道諦

□18 八正道の中で、ブッダは極端な快楽や苦行を避ける **★★★** を説いた。

中道(ちゅうどう)

□19 仏教において、解脱とは **★★★** や無我の真理を悟ることであり、その修行法は **★★★** の精神と **★★★** の実践にある。

無常,
中道,八正道

□20 八正道は、正しい認識である **★★** 、正しい思考である正思惟(正思)、正しい言葉である **★★** 、正しい行為である正業、正しい生活である **★★** 、正しい努力である正精進、正しい心くばりである正念、正しい精神統一である正定の8つからなる。

正見(しょうけん),
正語(しょうご),
正命(しょうみょう)

□21 ★ ★ は、**不殺生戒・不偸盗戒・不邪淫戒・不妄語戒・不飲酒戒**の5つからなる。 　　五戒

◆これに、ブッダ（仏）、仏教の教え（法）、僧侶の集団（僧）の三宝に帰依するという意味の三帰と合わせて三帰五戒という。

□22 ★★ ★★ の1つであり、ブッダが苦について示した ★★ という教えは**この世のすべてが苦しみであるという真理**をいう。　　四法印，一切皆苦

◆仏教におけるダルマ（法）=四法印は以下の通り。

□23 ★★ ブッダとほぼ同時代にヴァルダマーナ（マハーヴィーラ）が開いた ★★ 教は、**バラモン教を批判し、ヴェーダやバラモンの祭祀や権威を否認した**。輪廻からの解脱を目指して ★★ ・不盗・不淫・不妄語・無所有の徹底した苦行主義に立った。　　ジャイナ

不殺生

◆ジャイナ教はバラモンの祭祀を批判し、霊魂を輪廻から解放して苦しみを断ち切るためには、これら5つの道徳的戒律を守り出家して苦行を積み、業（カルマ）を断ち切る必要があると説いている。初期仏教とジャイナ教では、不殺生をはじめとする**戒律を守ることによって、欲望にとらわれない境地**を目指した。

□24 ★★ ジャイナ教開祖の ★★ は、死に対して人は業（カルマ）によって輪廻を繰り返すが、不殺生などの戒めを守って ★★ を重ね、**悪業をなさないようにすることで輪廻から解放される**と洞察した。　　ヴァルダマーナ（マハーヴィーラ）

苦行

□25 ★★★ 古代インド思想の共通点は輪廻転生であり、そこからの解脱法が思想によって異なっている。ウパニシャッド哲学は ★★★ 、ジャイナ教は禁欲と苦行、仏教は ★★★ ・無我を悟ることである。　　梵我一如，

無常

□26 ★ 仏教では、世界の創造主というような ★ の存在を認めない。ブッダは神ではなく ★ だが、真理を悟って ★ の原因である無知を滅ぼしたところに偉大さがあるとされる。　　超越神，

人間，

苦しみ

Ⅵ 倫理　1 古代インドの思想と仏教

# VI 倫理分野 1 古代インドの思想と仏教

**□27** ブッダの死後、仏教は2つの異なる教派に分かれて各
★★ 地に広まっていった。**スリランカ(セイロン島)や東南
アジアへと広まったのは** ★★ **仏教、中国や朝鮮半
島を経て日本へと伝わったのは** ★★ **仏教である。**

上座部(南伝),
大乗(北伝)

◆大乗仏教は、いわば大きな乗り物(船)に乗って皆が極楽浄土に
往生できるという考え方であるのに対し、上座部仏教は厳しい
修行に耐えた者だけが小さな乗り物(船)に乗って極楽浄土に往
生できると考えることから、大乗仏教側から見て小乗仏教とも
いわれる。スリランカ、ミャンマー(ビルマ)、タイ、カンボジ
ア、ラオス、インドネシアのジャワ島などに伝わったことから
南伝仏教とも呼ばれる。

**□28** ★★ 仏教はやがてチベットへと広まり、チベット
★★ 仏教は ★★ 教と呼ばれるようになった。

大乗,
ラマ

**□29** チベットでは、 ★ と呼ばれる指導者が宗教や政
★ 治など文化全般を統率する。

ダライ=ラマ

**□30** ★★ 仏教においては、**出家僧侶と在家信者を厳格
★★ に切り離し**、修行を積んで ★★ と呼ばれる理想的
な修行者となることが目指された。

上座部,
阿羅漢

**□31** ブッダの教えを信奉する仏教集団において、在家信者
★ たちの中には、ブッダの遺骨を納める仏塔( ★ )
に集まり、供養を行う者たちがいた。

ストゥーパ

**□32** ★★ 仏教では、在家信者を含めた**すべての人に解
★★ 脱への道が開かれている**とし、出家や在家の区別なく
慈悲を実践し利他行に励む求道者を ★★ と呼んだ。

大乗

菩薩

**□33** 大乗仏教の求道者が実践すべき6つの徳目とされる
★ ★ は、物や教えを与える ★ 、戒律を守る**持
戒**、迫害に耐える**忍辱**、努力を継続する ★ 、精
神を統一する**禅定**、真の知恵を得る**智慧**からなる。

六波羅蜜,布施,
精進

**□34** 大乗仏教における ★★★ とは、生きとし生けるものは
★★★ すべて悟りを開く可能性を持っているという意味である。

一切衆生悉有仏性

◆すべての人には仏性が備わっており、仏の慈悲によって救われ
るとする考え方で、如来蔵思想と呼ばれる。日本では他力本願
の易行を基本とする仏教の宗派に影響を与えた。

120

□35 2～3世紀頃の大乗仏教の思想家 ★★★ は、この世
★★★ に存在するすべてのものは不変の実体を持たない（無
自性）とする ★★★ の理論を確立した。

◆空を示す言葉として、色即是空・五蘊皆空がある。この竜樹の
思想を継いだのが中観派である。

竜樹（ナーガール
ジュナ）

空

□36 竜樹（ナーガールジュナ）は、あらゆる存在は相互に
★ ★ する関係にあることを説く ★ の思想に基
づき、過去・現在・未来もまたそのような関係にあると
主張し、大乗仏教の時間論に1つの方向性を与えた。

依存，縁起

□37 無著（無着，アサンガ）と世親（ヴァスバンドゥ）の兄弟
★ は、もののあらわれは唯一の実在である心による無意
識の精神作用であるとする ★ 思想を生み出した。

唯識

□38 唯識思想では、一切の世界は心が作り出した ★★
★★ に過ぎないことを知ることで、外的な事物に対する
★★ を離れることができると説かれた。

表象

執着

□39 大乗仏教の代表的な経典の1つである『般若経』は、あ
★ らゆる事象には固定不変の ★ がないと説く。

実体

□40 インドの大乗仏教で説かれた ★★ 教思想は、中国
★★ を経て、平安時代後期以降の日本で主流をなしたが、こ
の思想で説かれる誓願（本願）とは『無量寿経』に説かれ
た48の誓願（本願）からなり、 ★★ を信じてひたむ
きに称名念仏を称える者は、一人残らず浄土へ ★★ さ
せるという内容を中心とする。

浄土

阿弥陀仏，

往生

# 2 中国の思想

ANSWERS □□□

□1 春秋・戦国時代の中国には、 ★★★ と呼ばれる多くの
★★★ 思想家たちが登場した。

◆前770～前221年までの約550年間の戦乱の時代である春秋
戦国時代に登場した諸子百家には、儒家や道家、陰陽家、法家、
名家、墨家、縦横家、雑家、農家、兵家などがある。

諸子百家

□2 諸子百家の、最も代表的な人物は儒教（儒家）の祖の
★★ ★★ である。儒教の経典となる四書の1つに数え
られる『 ★★ 』は、彼の死後、弟子たちによって編
纂された。

孔子，

論語

VI
倫理

2
中国の思想

121

# VI 倫理分野　2 中国の思想

□**3** 孔子の教えの根幹には、家族の間に**自然に生まれる親愛の心**をすべての人への愛にまで高めることを意味する ★★★ という概念がある。これを実践するためには、親に対する ★★★ や年長者に対する**恭順の心**である ★★★ が必要であるという。

仁,
孝,
悌

□**4** 儒教の愛は、身近な肉親に対して現れる**自然的愛情**である ★★★ を基本とし、これを同心円的に様々な人間関係に押し広げていく ★★★ を愛の本質とした。

孝悌,
仁

□**5** 孔子の教えによると、**偽りのない純粋な真の心**である ★★ と、**他人への思いやり**である ★★ を併せ持つことで初めて仁が完成するという。

忠,恕

□**6** 孔子は、混乱の中にあった春秋・戦国時代の中国において、**道徳的な人格を完成させた** ★★★ が政治の指導者となるべきであると考えたが、このような理想的な人物が国を治めるべきという考え方を ★★★ 主義という。

君子

徳治

◆孔子は、「己を修めて以て百姓を安んず」と述べ、**理想的な人格者**である君子が為政者となって民衆を教化する徳治主義を唱えた。その教えのポイントをまとめると以下の通り。

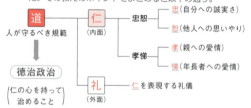

□**7** 孔子の目指した理想的な社会とは、各人が ★★★ と ★★★ によって自らを高めることで、**命令や刑罰などを必要としない平穏な社会**であった。

仁,
礼 ※順不同

◆『論語』によると、仁の実践は、他人の力ではなく自己の力によるものであるから、**自己に打ち克ち、礼に立ち返る者が仁を身に付けることができる**という。この克己復礼とは、わがままや私利私欲を捨て去り、客観的・外面的徳性である礼に自覚的に従うことである。

□**8** 孔子による「 ★★★ 」とは、国を治める者は民衆が正しい行いを実践するための手本として、自ら**修養を積み、人格を磨くべき**であるとする考えである。

修己治人

□**9**
★★★
孔子は、高い**徳**を積んだ人格者が ★★★ にあたれば、その**徳**はおのずから国民を感化して**人倫**の ★★★ が保たれ、国家は安寧に統治されると考えた。

政治, 秩序

□**10**
★★
孔子は、**仁**と**礼**を備えた人間関係の規範を ★★ と述べたが、その探究のために学問を重視した。それを示した言葉が『論語』にある「朝に ★★ を聞かば、夕に死すとも可なり」である。

道

道

□**11**
★★
孔子は、「**怪力乱神**」を語らず、神秘的な存在について積極的に言及することを避ける一方で、「五十にして ★★ を知る」と述べ、天から与えられた使命を果たそうとした。

天命

□**12**
★★
孔子は、「いまだ生を知らず、いずくんぞ ★★ を知らんや」と説き、現実の世界を重視し、**仁**に基づく ★★ の**実践による社会秩序の構築**を目指した。

死

礼

□**13**
★★★
「故きを温めて新しきを知る」、「巧言令色、鮮なし ★★★ 」、「孝悌なる者は、それ ★★★ の本たるか」は、すべて『 ★★★ 』にある言葉である。

仁, 仁, 論語

□**14**
★★★
孔子の教えを受け継いだ ★★★ は、人間の生まれつきの本性が善であるとする ★★★ 説を唱えたが、これは側隠の心、羞悪の心、辞譲の心、是非の心の4つからなる ★★★ という**徳**の芽生えの心に立脚する。

孟子, 性善

四端

◆孟子は、人間は生得的に善悪を知的に判断する良知と、悪を退けて善を実行する実践的な良能を持つため、生まれながらに良心を持つという人間観を唱えた。

□**15**
★★★
孟子によると、人は**四端の心**をはぐくむことで**仁・義・礼・智**の ★★★ を実現できるというが、この中でも**孟子**は ★★★ と**義**を重視し、★★★ の道を説いた。

四徳, 仁, 仁義

□**16**
★★
他人を思いやることを孔子は ★★ と呼び、生涯、これを実践していかなければならないと説き、また**孟子**は他者の苦しみや悲しみを見過ごすことのできない ★★ の心を養い育てることで**仁徳は完成**されると説いた。

恕

側隠

◆側隠の心は仁、羞悪の心は義、辞譲の心は礼、是非の心は智への実現につながるとする。

**VI 倫理**

**2 中国の思想**

123

# Ⅵ 倫理分野　2 中国の思想

**□17** 孟子は、王が ★★ に反する政治を行うなら、民衆
★★ の支持を失い、 ★★ を失い、追放され、それが別の
者に移るという易姓革命を唱えた。

徳,
天命

**□18** 孟子のいう ★★★ とは、理想的な為政者が仁義の徳
★★★ をもって人々の幸福を実現する政治の方法を意味する
が、彼は武力を用いて国を治める方法を ★★★ と呼
び、横暴な君主を討つことを ★★★ の考え方で正当
化した。

王道

覇道,
易姓革命

◆孟子は王道政治を主張し、覇道政治を批判した。

**□19** 孟子が唱えた ★★★ 政治とは、 ★★★ による支配
★★★ ではなく、人民の幸福を真に考え、まず生活の安定を
図り、その上で**道徳的教化を目指す政治**のことをいう。

王道,武力

**□20** 儒教の説く ★★ とは、父子の親、君臣の ★★ 、
★★ 夫婦の別、兄弟の序、朋友の ★★ のことである。

五倫,義,
信

**□21** 董仲舒は、孟子の説いた仁・義・礼・智の四徳に
★★ ★★ を加えて ★★ の道とした。

信, 五常

◆その後、儒教では五倫五常が道徳の基本とされた。

**□22** 孟子の性善説に対し、 ★★★ は ★★★ 説に立ち、礼
★★★ によって民を治めようとする ★★★ 主義を説いた。

荀子,性悪,
礼治

◆荀子は孟子とは異なる性悪説に立ったため、礼による**外面から
の規制**が必要であると考えた。そのため、礼治主義に立脚した
考え方は後の法家の思想に影響を与えた。

**□23** ★★★ は、人は先王によって定められた ★★★ を身
★★★ に付ければ争いを未然に防ぐことができ、各自が**社会
規範**を守れば社会秩序は維持されると考えた。

荀子,礼

**□24** 法家の思想の大成者である ★★ は、人間の善意に
★★ 基礎を置く**儒教**の仁愛の教えを批判し、厳正な法や刑
罰に基づく ★★ によって**利己的な本性を抑止**すれ
ば、国民は罰をおそれて悪事をなさず、安定した国家
統治や社会秩序が実現できるとした。

韓非子

信賞必罰

◆韓非子は、徳治主義ではなく法治主義を唱えた。

124

□ 25 ★★★ 性悪説に立つ韓非子は、人間は ★★★ 的で打算的な存在であるため、社会秩序を志向するようにはできていないとし、道徳によって人間を善へ教化するのは幻想に過ぎず、 ★★★ を旨とする法と ★★★ によって秩序を維持すべきであると考えた。

利己

信賞必罰 , 刑罰

□ 26 ★★★ 墨家の祖である墨子は、 ★★★ の心を持てば争いや戦いは起きないとする反戦論である ★★★ を唱えた。
◆墨子の非攻の考え方は侵略戦争を否定しているが、自衛戦争を否定しているわけではない。

兼愛 ,
非攻

□ 27 ★★★ ★★★ は、特定の人間のみを愛するとその人間だけの利益を図るようになり、その結果、争いが生じるとし、正義を望む ★★★ の意思にかなうよう、人間は国や身分の違いを超えて分け隔てなく愛し合うべきである ★★★ を説き、その実現には互いに利益を与え合う ★★★ の重要性を唱えた。
◆墨子は、自他を区別しない平等な愛（無差別な愛）を本質とする兼愛を唱えた。一方、孔子の愛を別愛（差別的な愛）に過ぎないと批判した。

墨子

天

兼愛 ,
交利

□ 28 ★ ★ を代表とする名家は、名としての言葉とそれが指し示す実体との関係を分析し、その成果を活かした弁論や説得の方法を説いた。

公孫竜

□ 29 ★★★ ★★★ は、仏教や儒教などを人為的な理屈であると批判し、自然と調和する ★★★ を保ち、 ★★★ に生きることを人間の理想とした。

道家（道教）,
無為自然 , 柔弱謙下

□ 30 ★★★ 道家（道教）の祖である老子によると、無為自然とは「上善は ★★★ の若し」という言葉に示され、他の人よりへりくだりつつ、あらゆる形や物事にとらわれず作為のない自然な生き方を目指すことである。このような生き方を ★★★ という。

水

柔弱謙下

□ 31 ★★ 老子は、無為自然の生き方を実践するための理想的な社会を ★★ とした。これは、大国ではなく小さな共同体の中で、人々が素朴で質素に暮らすものである。

小国寡民

VI
倫理

2 中国の思想

125

# Ⅵ 倫理分野　2 中国の思想

□**32**
★★
孔子は天下に秩序をもたらす ★★ 的な道を説いたが、老子はそれを**作為的なものであると批判し、万物を生み育てる自然の根源としての** ★★ を説いた。

道徳

道（タオ）

◆老子にとって道とは、見ることも語ることも不可能な**無に等しい自然の道理（原理）**を意味する。

□**33**
★★★
「大道廃れて ★★★ あり、知恵出でて大偽あり、六親和せずして孝慈あり、国家昏乱して忠臣あり」とは ★★★ による、道徳を説く**儒教に対する批判**である。

仁義

老子

◆老子は、多くの人が道を忘れたから、仁義をいわれなければならなくなるので、自然に生きれば、そのようなこざかしい仁や礼をいう必要もなくなると主張している。

□**34**
★★★
老子の思想を受け継いだ ★★★ は、本来自然は善悪や美醜という**作為的な価値を超えたありのままの世界**であるという ★★★ を唱え、そのような**世界と一体となって生きる者の理想像を** ★★★ と呼んだ。

荘子

万物斉同，
真人

◆荘子は、ありのままの世界には対立も差別も存在しないはずであると捉えた。自分が蝶になった夢を見たのか、蝶が自分になった夢を見たのかわからなくなったという彼の残した寓話「胡蝶の夢」は万物斉同の思想をよく表している。万物斉同を目指し、**心を空虚にして己を忘れ去る修養法を心斎坐忘**という。

□**35**
★
荘子はすべての物事は同じであるということを万物斉同と呼び、**ありのままの自然の道と一体となって遊ぶ**ように生きる ★ を理想とした。

逍遙遊

◆荘子は秩序づけられた自然ではなく、**混沌としたカオスである未分化な自然を受け入れる**ことを生きる上で大切にした。

□**36**
★
荘子は、人の生は仮の宿のようなものであり、無から生まれ無へと帰るため、生の長短などの ★ 価値にとらわれてはいけないと説いた。

相対的

◆是非善悪は人が決定する人為的な倫理観であり、相対的なものに過ぎないとし、自然に従い、生も死もありのままに受け入れる生き方が理想であると説いた。また、荘子は一見無用とみなされているようなものが、実際には大切な役割を果たしていることを「**無用の用**」と呼んだ。

□**37**
★
諸子百家には、許行らの農耕中心の平等主義を説く ★ 、蘇秦や張儀らの諸国を対抗させたり連合させたりする外交的なかけ引きを行った ★ 、鄒衍らの陰陽五行説を唱えた ★ などがある。

農家，
縦横家，
陰陽家

126

□38 **兵家**の代表的な人物である ［ ★ ］ は、軍略家として　　　孫子
★
兵学を説き、それは人の生き方や合理的な思考法につ
ながる思想ともなった。

◆**孫子**の戦術論をまとめた『孫子』には、「戦わずして人の兵を屈
するは、善の善なる者なり」「敵を知り己を知れば、百戦して殆
うからず」「兵とは詭道なり」などの言葉が書かれている。日本
の戦国時代の武将である武田信玄が軍旗に記した「風林火山」も
その一節に由来する。

□39 **朱子**（朱熹）は、現実の人間は本性として備わっている
★★★
［ ★★★ ］が ［ ★★★ ］によって妨げられているため、私欲　　　理，気
が生じる状態にあるとし、私欲が勝つと天理を滅ぼす
ことになるので、**本性の涵養と事物の ［ ★★★ ］ の探究**　　　理，
によって、**本来の ［ ★★★ ］ を発現**すべきであるとした。　　　理

◆**気**とは、事物の物質的な意味での根源となる構成要素を指す。理
とは、**事物の存在の根源となる理法**であり、**宇宙の根本原理で
ある**。気は感情や欲望を生み出すが、理は本然の性である善の
心を司る。これを性即理と呼ぶ。人間の本性は理であり、悪い
性質を持ちやすい気の作用を抑えて本然の性である理に従うこ
とを説いた。

□40 ［ ★★★ ］は、**朱子**（朱熹）の説が世界を貫く規範である　　　王陽明（王守仁），
★★★
［ ★★★ ］を事物に求める傾向にあると批判し、それは　　　理
自らの**心**にあると唱えた。

◆**王陽明**は、すべての人々の内面にある先天的な良知によって理
が生まれるという心即理を説いた。

□41 **王陽明**は、**孟子**の言葉を、［ ★★ ］こそが最も重要であ　　　心，
★★
ると説くものと捉え、自分の ［ ★★ ］ には、親子や主　　　心
従などの社会関係から、天地万物の成立に至るまで、あ
らゆる事象が含まれていると考えた。

**VI
倫
理**

**2**
中
国
の
思
想

127

# VII

# 倫理分野
POLITICS

## 日本の思想①

## 1 古代日本の思想

ANSWERS □□□

**□1** **天武天皇**の命により**稗田阿礼**の誦習した神話や歴史を、
★★　元明天皇の命により**太安万侶**が筆録した**日本最古の史**
書は『　★★　』、また同じ時代に完成した**官撰歴史書**
は『　★★　』である。この時代には各地方の伝承や神
話などが収められた『　★★　』もまとめられた。

◆古代国家が形成される過程での『古事記』や『日本書紀』の編纂
によって、神々の系譜を天皇につなげる神話が統合された。

**古事記**，
**日本書紀**，
**風土記**

**□2** 『古事記』によると、世界は唯一絶対の　★★　を根拠
★★　とするのではなく、おのずからなった世界であり、そ
こに多数の　★★　が存在している。

**神**

**神々**

**□3** 『古事記』には、**伊邪那岐命・伊邪那美命**によって日本
★　列島となる　★　が生み出されるいきさつの他にも、
死後に霊魂がたどり着く場所である　★　が登場す
る。続いて、禊を行う**伊邪那岐命**から　★　と
**素戔嗚尊**が生まれたという神話が描かれている。

◆黄泉国とは死者の霊魂が行く穢れの世界である。死者は生者の
世界と往来できると考えられる。

**葦原中国**，
**黄泉国**，
**天照大神**

**□4** 『古事記』によれば、**伊邪那岐命・伊邪那美命**という男
★　女二神が、その結び付きにより　★　と　★　を
生み出したとされる。ここには、男女のかかわりが、こ
の世界において根源的な力を持つという考え方を見る
ことができる。

**国土**，**諸神**

※順不同

**□5** 古代の日本人にとっての　★★★　とは、自然物の他、大
★★★　雨や干ばつのような**自然現象**や**疫病**などの**災厄**として
も現れる存在であったため、その形態は様々で、それ
らを総称して　★★★　と呼んだ。

◆八百万の神とは一神教とは異なる、相対的な存在としての神で
ある。

**神**

**八百万の神**

128

□**6** 八百万の神の中で最も高貴な 　★　 は太陽の神であ
　★　 り、 　★　 の支配者である。

　　◆『古事記』には、古代の日本人の宗教観や倫理観が表現されてい
　　る。例えば、高天原に来たスサノヲという男の神が、田んぼや
　　機屋を破壊し、神殿を汚したりするなどして荒々しく振る舞っ
　　たため追放されたように、祭祀を妨害したり、**共同体の秩序を**
　　**脅かす行為は罪とされ、忌み嫌われた。**

天照大神 ,
高天原（たかまがはら）

□**7** 農耕を生業（なりわい）としていた古代の日本人にとって、太陽は
　★　 特別な存在であった。そこで、大和朝廷は多くの神々
　　を系統的に整理する中で太陽の神を 　★　 と呼んで
　　尊び、 　★　 をその子孫と位置づけた。

天照大神 ,
天皇（大王（おおきみ））

□**8** 　★★★　 とは、あらゆる自然物に精霊が宿っていると
　★★★ いう信仰で、原始宗教などに見られる精霊**信仰**である。

　　◆簡単な道具で採集をして生活する採集狩猟民の文化において、
　　万物に精霊を認めるアニミズムが発生した。

アニミズム

□**9** 古代の日本人は、八百万の神に見られるアニミズムの
　★　 世界の中に息づいていた。この神々とは、不可思議
　　で 　★　 すべきなにものか、という存在であった。

　　◆古代の日本人にとって、自然は神々と不可分の結び付きを持って
　　いた。彼らは自然の中に霊的な力が宿るというアニミズム的
　　な考えを抱いていた。

畏怖（いふ）

□**10** 清らかさが重んじられた古代の日本では、水に浸かっ
　★★ て洗い清める 　★★　 や、儀式や祝詞（のりと）などの 　★★　
　　という行為により罪や穢れを取り払った。

禊（みそぎ） , 祓い（はらい）（祓え）

□**11** 古代の日本人は、八百万の神とともにこの世を生き、偽
　★★★ り欺（あざむ）くことや隠しごとがなく純粋であることを良しと
　　したが、そのような心のあり方として、**邪心のない清**
　　**らかな心である**赤心（せきしん）（赤き心（あか））や 　★★★　 を尊んだ。

　　◆清き明き心（清明心（せいめい））の概念によって心の清らかさを求めた古代
　　の日本人は、自然の中にも清明さを重んじた。『万葉集』には、
　　「清」という文字が「きよし」「さやけし」などとして、多くの歌
　　に詠まれた。

清き明き心（清明（せいめい）
心（しん）（しん））

□**12** 古代の日本人は、災厄をもたらす 　★★★　 に対しては、
　★★★ 呪術（じゅじゅつ）などをもってその怒りを鎮（しず）めようとした。やがて
　　禊や祓いを伴った神々に対する祭りへと発展していく
　　が、ここに 　★★★　 へとつながる自然に**対する**畏敬（けいぼ）の
　　**念**を見ることができる。

祟（たた）り神

清き明き心（清明
心（しん））

**VII**
**倫**
**理**

**1**
古代日本の思想

129

**VII** 倫理分野　**2** 仏教の伝来とその展開

□**13** 西洋では、自然は人間と対立すると考えられたことか
★★　ら、自然は ★★ の対象であるのに対し、日本では
自然との一体感が重んじられ、万物は自然から生まれ
★★ に帰ると考えられた。

征服

自然

□**14** 日本の風土は、倫理学者の和辻哲郎による類型では
★★★　 ★★★ 型にあたる。大雨、洪水や干ばつなどの自然
の猛威の中にも豊かな恵みを受ける風土では、人は自
然に対し ★★★ 的・忍従的になり、あらゆる自然物
に ★★★ が宿るという信仰が生まれやすいとする。

◆モンスーンとは季節風のこと。和辻哲郎は著書『風土』で、風土
と人間性の関係を分析し、風土によって文化が異なると考えて、
暑熱と湿気とが結合したモンスーン型、乾燥した砂漠(沙漠)型、
夏は乾燥するものの、冬には雨が降り恵みを与える人間に対し
て従順な気候である牧場型の3つに文化を分類した。日本は高
温多湿で、時として自然の暴威に見舞われるモンスーン型に属
する。

モンスーン

受容，

神

□**15** 祭祀とは、古代の日本で他界から神を招き、幸を授か
★　 ろうとする営みだが、国文学者の折口信夫は、そのよ
うに幸や豊饒をもたらす神や鬼を「 ★ 」と呼んだ。

◆神は、海の彼方やムラ(共同体)の外側など、様々な世界から越
境してくる存在であるとし、彼らが地神に与える言葉が祝詞と
なり、日本の文学を生んだと捉えた。

まれびと

□**16** 折口信夫によると「まれびと」は海のかなたの豊かで不
★　 老不死の ★ から現世にやって来て豊作をもたら
し、帰って行く神である。

常世国

□**17** 「まれびと」に代表される折口信夫の神の概念と異な
★★　 り、民俗学者の柳田国男は神を ★★ の霊と捉えた。

先祖

# **2** 仏教の伝来とその展開

ANSWERS □□□

□**1** 6世紀頃までに日本に ★★★ や儒教が伝来していた
★★★　 が、すでに根づいていた自然の ★★★ の神々への信
仰と合わさって日本独特の重層的な文化が形成された。

◆日本に仏教が伝わった(仏教公伝)当初、仏陀を外国の神すなわ
ち「蕃神(あたしくにのかみ)」とし、日本の国神と異なる神と
捉えていた。現世利益や死後の平安を求める神として伝わって
いった。

仏教，

八百万

130

□**2** 推古天皇の摂政となった ★★★ は、飛鳥時代に仏教
★★★ や儒教を積極的に受容し、 ★★★ の制度や ★★★
の制定など仏教や儒教の精神を国づくりに取り込もう
とした。

◆聖徳太子は大陸文化を積極的に摂取すべく、中国に遣隋使を
送った。

聖徳太子，
冠位十二階，十七
条憲法

□**3** 聖徳太子の定めた冠位十二階では、 ★★★ の徳目で
★★★ ある徳・仁・礼・信・義・智を基準に冠位を定めた。

儒教

□**4** ★★★ には、為政者は仏・法・僧の ★★★ を敬う
★★★ ことや、人間どうしの謙虚でなごやかな調和である
★★★ の精神の大切さが記されている。

◆十七条憲法では「三宝とは仏・法・僧なり」として、「篤く三宝
を敬え」と説いている。

十七条憲法，三宝

和

□**5** 「 ★★★ をもって貴しとし」で始まる ★★★ の第一
★★★ 条は、利害にこだわって他者と衝突するのではなく、親
和的関係を結んだ上で話し合いを続けることの大切さ
を強調している。

和，十七条憲法

□**6** 十七条憲法では、役人に ★★★ を尊重することで、彼
★★★ らの心を正そうとし、また「 ★★★ 」であることを自
覚させることで心を正そうとした条文が記されている。

◆仏の眼から見れば、人とは迷い、すべて欲望にとらわれた無知
な存在にすぎない（「ともにこれ凡夫なるのみ」）。ゆえに、他者
と意見が対立した際には、自らを戒める気持ちを失ってはなら
ず、独断で決めてはならないという凡夫の自覚を説いた。

仏教，
凡夫

□**7** 天寿国繍帳という刺繍の銘文の、 ★★★ を儚いもの
★★★ とする「世間虚仮 唯仏是真」という言葉を残したとさ
れるのは ★★★ である。

◆聖徳太子は、世間は虚しい仮のものであり、仏だけが真実であ
るからこそ、仏・法・僧を敬い、これをよりどころとして生き
ていくべきであると考えた。しかし、儒教を否定したわけでは
ない。

現世

聖徳太子

□**8** 法華経、勝鬘経、維摩経の3つの仏教経典に注釈を加
★★ えた書物は『 ★★ 』だが、これは聖徳太子によるも
のと伝えられており、その役割を国家から託されてい
た。

三経義疏

**VII**
**倫**
**理**

**2**
仏教の伝来とその展開

131

# VII 倫理分野 2 仏教の伝来とその展開

**□9** 奈良時代の仏教は、世の災厄を鎮め**国家の安寧を図る**
★★★ **★★★** の思想が特徴的である。

◆当初、この思想はおもに**支配層に受容**されていった。奈良時代には、**鎮護国家**の理念に基づいて建てられた寺院で、多くの官僧が慈悲の実践に努めた。

鎮護国家

**□10** 仏教により国家の安泰を図る鎮護国家に加え、現実の
★★★ 人生において神仏からの恵みを受ける **★★★** の思想が奈良時代の仏教のおもな特徴である。

現世利益

**□11** 8世紀前半、聖武天皇は鎮護国家のために全国各地に
★ **★** や国分尼寺を、奈良の都には **★** を建立した。

国分寺, 東大寺大仏 (盧舎那仏)

**□12** 中国唐代の高僧 **★★★** は、度重なる困難の後に来日
★★★ し、中国文化や医薬の知識などを日本へ紹介するとともに、律宗 (戒律) を伝え、後に **★★★** を建立した。

鑑真

唐招提寺

**□13** 奈良時代には中国から多くの経典がもたらされたため、
★★★ **経典の研究**も盛んになる中で、仏教の教義を研究する **★★★** と呼ばれる**6つの学派**が生まれた。

◆南都六宗とは、三論宗、成実宗、法相宗、倶舎宗、華厳宗、律宗の6つの宗派を指す。

南都六宗

**□14** 奈良時代に民衆の間で布教を行ったことで有名なのは
★★ **★★** である。彼は道や橋、灌漑設備などを作る**土木事業や慈善事業**を通じて、民間に慈悲の精神を広めた。

◆行基は人々から尊敬され、行基菩薩と呼ばれた。行基に従ったのは自ら出家して僧と名乗った私度僧たちであった。聖武天皇は当初、彼らを弾圧したが、後にこれを認め、行基を東大寺大仏の建立に参加させた。

行基

**□15** 唐に留学して **★★★** を学んだ平安時代の僧 **★★★**
★★★ は、**すべての人は悟りを開き仏になる可能性を持っている**と考えた。このように**人々が平等に救われる**という考え方を **★★★** と呼んだ。

◆天台宗は、比叡山にある延暦寺を総本山とし、その経典は『法華経』である。一乗思想は、『法華経』の平等思想を強調したもので、「一切衆生悉有仏性」という言葉で示される。

天台宗, 最澄

一乗思想

**□16** 『法華経』における **★★** は、永遠の生命を持ち、は
★★ るかな過去にすでに悟りを開いていたが、仮に有限な**人の姿をとってこの世に現れ**、釈迦仏として人々のために説法したとされる。

仏

132

**□17** 鎮護国家が仏教の目的とされ、朝廷の**政治に介入し権**
★★★ 　力を振るう僧侶が現れたことに対して、　★★★　は**権**
　　　**力から離れて純粋に仏教を追究**しようとした。こうし
　　　て　★★★　仏教がおこった。

　　　◆平安時代に最澄は天台宗を、空海は真言宗を開き、いずれも国
　　　　家保護の下で世俗化し**堕落していた既存の**仏教を**批判**し、政治
　　　　から一定の距離を置く山岳寺院での仏道修行で現世利益を求め
　　　　た。

最澄

山岳

**□18** 　★★★　は、経典の講義や修行に専念する一方、朝廷
★★★ 　から賦与された布施を**農業の振興や土木工事**に捧げた。

空海

**□19** 正式な僧侶の資格である戒を与える　★★　と呼ばれ
★★ 　る場所は、鑑真によって東大寺に設けられたが、それ
　　　は**上座部仏教**の具足戒であったことから、最澄は延暦
　　　寺にもそれを設け、在家信者も大乗　★★　をもって
　　　僧侶となれる制度の導入を朝廷に求めた。

　　　◆東大寺は小乗戒壇、延暦寺は大乗戒壇である。最澄は仏に成れ
　　　　る者、成れない者を区別するという考え方を否定し、すべての
　　　　者が仏に成れると説く『法華経』に基づき、日本全土を大乗仏教
　　　　の国にしたいと願い、その一乗の精神に基づく人材を養成すべ
　　　　く大乗戒壇の設置を朝廷に求めた（**山家学生式**）。朝廷は拒否
　　　　し続けたが、最澄の死後に認めることとなった。

戒壇

菩薩戒

**□20** 最澄は、菩薩戒を授けることで官僧を育成する制度を
★★ 　定め、また『　★★　』の教えとともに、**密教や禅など**
　　　**の実践**も説き示した。

法華経

**□21** 最澄は『　★　』の中で、次のように述べている。「国
★ 　宝とは何か。宝とは仏道を求める　★　である。道
　　　を求める　★　を持つ人を国宝という。……世の中
　　　の一隅を照らす人が国宝である」。

山家学生式 ，
心 ，
心

**□22** 最澄とともに唐にわたった　★★★　は、　★★★　を学び
★★★ 　　★★★　を開いた。

　　　◆言葉で示す仏教を顕教というのに対し、言葉では伝え切れない
　　　　神秘的な行いで実践する仏教を密教という。「真言」とは**真実の**
　　　　**言葉**、すなわち**仏（ブッダ）の言葉**という意味。空海の著作には
　　　　『十住心論』や『三教指帰』がある。

空海 ，密教 ，
真言宗

133

# VII 倫理分野　2 仏教の伝来とその展開

□23 空海は、仏教をさらに深く学ぶために唐に渡ったが、帰
★★ 国の後それらを ★★ として体系化し、宇宙の万物
のあらわれである ★★ と一体化することで即身成
仏（ぶつ）できると説いた。

真言密教，
大日如来

◆即身成仏は死後、成仏ではなくこの世の幸福を求める現世利益
的な平安仏教の特徴である。

□24 空海は、高野山（こうやさん）に ★★ を建立し、密教の教えの下、
★★ 宇宙の根源を ★★ とし、その姿と宇宙の秩序を
★★ に表現した。

金剛峯寺，
大日如来，
曼荼羅

◆曼荼羅とは、仏の世界を図像化したもの。諸仏を認めるが、そ
れらは大日如来の分身であることを示した絵柄である。資料集
などで確認しておこう。

□25 密教では、行者がその身（行為）と ★★ （言葉）と
★★ ★★ （真意）において大日如来と一体化する時、そ
の救済力を他に及ぼし得るとして、除災や招福の祈禱（きとう）
を行った。

口，
心

◆空海は密教に基づいて宗教的行為を体験し、曼荼羅による準体
験で悟りを開いている。

□26 真言宗においては、現世で仏の境地に至ることを目指
★★ す。手に ★★ を結び、真言を唱え、心に仏の姿を
思い浮かべるという ★★ により、生きたまま宇宙
の生命と一体になり仏になることができるという。こ
れを ★★ と呼ぶ。

印，
三密（さんみつ）

即身成仏

◆三密とは身密（しんみつ）、口密（くみつ）、意密（いみつ）の３つの行のことで、手に印契（いんげい）（仏を
表す一種の指サイン）を結び、仏の真言を口から唱えることで、
意が仏をありのままに見ることである。

□27 空海は民衆のための学校である ★★ を創設するな
★★ どの社会活動も広く行ったことから、死後には空海自
身が信仰の対象となり、 ★★ とも呼ばれた。

綜芸種智院（しゅげいしゅちいん）

弘法大師（こうぼうだいし）

□28 平安仏教の特徴は鎮護国家を継承しながらも、中国の
★★★ 唐から伝わった ★★★ 仏教を政治利用されないよう
に山岳仏教など民間信仰によって拡大した点にある。
その代表的人物が『法華経』を中心とする天台宗を開い
た ★★★ と、密教を重視し真言宗を開いた ★★★
である。

大乗

最澄，空海

134

☐29 平安時代末期は厄災が相次ぎ、人々の間には仏教が廃
★★★ れて世が乱れるという ★★★ が広まるとともに、極
楽への往生を願う ★★★ が急速に浸透した。

末法思想，
浄土信仰

☐30 平安時代中期の天台宗の僧 ★★★ は、極楽と地獄の
★★★ 精密な描写によって衆生の極楽浄土への願いをかりた
て、 ★★★ 思想とあいまって浄土信仰に結び付いて
いった。

源信

末法

☐31 ★★★ は『往生要集』で、仏の姿や ★★★ の様子に
★★★ 心を集中させ、それをありありと思い浮かべるという
修行法である観想念仏を重視している。

◆源信は心で阿弥陀仏を念じて浄土を願う観想念仏により、西方
にある極楽への浄土（西方極楽浄土）を求める。

源信，浄土

☐32 「厭離穢土 欣求浄土」とは、源信が『 ★★★ 』で主張
★★★ した思想であり、この世を穢れた世として厭い極楽浄
土に往生することを願うことを重視したものである。

◆源信の思想に基づき、人が臨終の時に阿弥陀仏が極楽浄土に迎
えにやって来るという「聖衆来迎図」が描かれた。

往生要集

☐33 民間布教者は ★★★ と呼ばれたが、その代表的人物
★★★ に平安時代中期の僧 ★★★ がいる。彼は、阿弥陀仏
の名を唱えながら、道路や井戸の整備に携わり、無縁
の死骸を火葬するなどして、市中で人々を教化し
て ★★★ と呼ばれた。

◆空也は源信と同時代の僧だが、庶民に尽くすことで浄土信仰を
広めた人物である。

聖，
空也

市聖

☐34 踊念仏は、平安時代中期に空也が念仏を唱えながら
★★ 踊ったことに始まるが、鎌倉時代には ★★ の開い
た時宗がこれを取り入れ、庶民に拡大していく。さら
に、 ★★ などの民俗芸能につながった。

◆さらに演劇の要素も加わることで歌舞伎踊りなどへと発達し
た。

一遍

盆踊り

☐35 浄土の教えに帰依し、時宗を開いた ★★★ は、念仏
★★★ を唱えながら踊る ★★★ により時宗を広めた。

一遍，
踊念仏

☐36 一遍は、念仏を唱えれば信不信にかかわらず極楽浄土
★ へ往生できることを人々に伝えるべく、日本各地を漂
泊したことから「 ★ 上人」と呼ばれた。

遊行

VII
倫理

2
仏教の伝来とその展開

135

# VII 倫理分野 2 仏教の伝来とその展開

□ 37 比叡山で学んだ ★★★ は、南無阿弥陀仏の念仏をひ
★★★ たすらに唱えることで、誰もが極楽浄土に生まれ変わ
ることができるとする ★★★ の教えを説き、★★★
を開いた。

法然

専修念仏, 浄土宗

◆社会的混乱が続く平安時代末期において、人々は救いを得るた
めに「南無阿弥陀仏」とひたすらに唱える専修念仏の教えにす
がった。法然はその教えを『選択本願念仏集』に記した。

□ 38 法然は、★★★ の世に生まれて素質の劣る者は、他の
★★★ すべての教えや修行を差し置いて、ただ ★★★ 易行
門を選び取るべきであると考えた。

末法,

他力

◆末法とは、修行者も悟る人もなく、仏の教えが形式的に残って
いる時代であり、これが1万年続くという、いわば世紀末思想
である。これによって仏教は人々に広がっていく。

□ 39 法然は、天台宗などの旧仏教勢力から迫害を受けたが、
★★★ それは ★★★ に往生する手立てとして、他の様々な
修行法によらずに、もっぱら ★★★ を唱えることを
説いたためである。

浄土,

念仏

◆念仏には、口で唱える称名念仏と、心で仏をイメージしながら
唱える観想念仏がある。浄土宗などは称名念仏である。

□ 40 法然は、「知恵第一」と称されるほど学問や修行に励ん
★★ でいたが、目指す悟りに到達できず苦しんだ。その末
に ★★ が説く浄土の教えを通じて、すべての衆生
を救うという ★★ に出会った。

善導,

阿弥陀仏

□ 41 法然の教えを受け継いだ ★★★ は、自らを深く煩悩
★★★ に悩む ★★★ と自覚した上で、自らの努力では救済
されることはないと悟り、★★★ の思想を説いた。

親鸞,

凡夫,

絶対他力

□ 42 いかに煩悩にさいなまれていても、自身の無力を自覚
★★★ し仏の ★★★ にすがる気持ちの強い凡夫は救済され
るという親鸞の思想を ★★★ という。これは、親鸞
の弟子の唯円が著した『 ★★★ 』に記されている。

慈悲,

悪人正機,

歎異抄

□ 43 『歎異抄』によると、★★★ とは自力で善を行うこと
★★★ ができると思っている人のことであり、★★★ とは
根深い煩悩を自覚し、どんなに善をなそうと努めても、
それが不可能であると思っている人のことである。

善人,

悪人

136

□**44** 「**善人**なをもて**往生**をとぐ、いはんや**悪人**をや」という
★★★ 言葉は、**善人**ですら**往生**できるのだとすれば、真剣に
**仏の慈悲**にすがり ★★★ を唱える**悪人**も当然に**往生**
できるという意味で、 ★★★ の真髄を示している。

念仏,
悪人正機

□**45** すべてを仏（阿弥陀仏）のはからいに任せるという親鸞
★★ の**絶対他力**は、 ★★ の考えに立ち、後に ★★ の
開祖として仰がれるようになった。

◆自然法爾とは、すべては**阿弥陀仏のなせるまま**であるという法
則のこと。親鸞は主著『教行信証』で仏の真の教えは**大無量寿経**
であると述べている。

自然法爾,浄土真
宗

□**46** 親鸞は、**念仏**は自分の意志で唱えているのではなく、**仏
★ の慈悲**が唱えさせているのであり、**念仏は阿弥陀仏へ
の感謝**であると説いた。これを ★ という。

◆親鸞は、救いとは人間の力によるものではなく、仏のはからい
によるものであると捉え、念仏もまた仏の心により唱えさせて
もらっているものであると説いた。

報恩感謝の念仏

□**47** 親鸞は、自らが**浄土**に往生することを ★★ 、**浄土**
★★ から現世の**穢土**に戻ることを ★★ とするが、いず
れの場合も阿弥陀仏の「**廻向**」によることとした。

往相,
還相

□**48** ★★★ は、**瞑想**による修行を重ねる ★★★ を学び
★★★ 日本に伝えた。彼は ★★★ の開祖となった。

◆栄西は、『興禅護国論』で**禅の修行**が**鎮護国家**に役立つと述べた。
また、『喫茶養生記』を著し、茶の効能や栽培法、製法など茶に
親しむ習慣を日本に伝えた。

栄西,坐禅,
臨済宗

□**49** **臨済宗**を開いた**栄西**は、 ★★★ の時代であっても戒
★★★ 律を守り、 ★★★ の修行に励み、国家に有為な人物を
育成することが重要であると考えた。

◆臨済宗は**公案**を**座禅**の中で解決することを課題とし、すぐれた
人材を養成することを目指した。

末法,
坐禅

□**50** 当初、旧仏教による弾圧にあった**臨済宗**は、後に**鎌倉・
★★ 室町幕府**によって**保護**され、多くの公家や ★★ が
帰依した。また、建築や絵画など文化にも影響を与え、
金閣・銀閣や ★★ による水墨画などを生み出した。

武士

雪舟

**VII 倫理**

**2 仏教の伝来とその展開**

137

# VII 倫理分野　2 仏教の伝来とその展開

**□51** 栄西とともに日本に禅宗を伝えた ★★★ は、その著書『 ★★★ 』で知られる。坐禅により修行に打ち込むことが悟りであるという ★★★ の考え方に立つ。

　◆道元は『正法眼蔵』で、仏道を習うこととは自己を習うことであり、自己を習うとは自己を忘れることであると説いている。

道元，

正法眼蔵，

修証一等（修証一如）

**□52** 道元によると、ひたすら坐禅に打ち込む ★★★ という行為を通じ、**心身が一切の執着を捨て悟りの境地に至る** ★★★ の状態になり、誰にでも仏性が現れる。

只管打坐

身心脱落

**□53** 道元の開いた ★★ は、主に地方の ★★ 層に浸透していった。

曹洞宗，武士

**□54** 聖徳太子や最澄らによって古くから重んじられてきた仏教の経典は『 ★★★ 』であるが、鎌倉時代の僧 ★★★ はこれを経典の中でも最も重要なものであると位置づけ、 ★★★ を開いた。

法華経，

日蓮，

日蓮宗

**□55** 日蓮は、南無妙法蓮華経の ★★ を唱題することで ★★ を得られると考えた。

題目，

現世利益

**□56** 『法華経』では、永遠の真理としての仏を ★★ の仏と呼ぶ。

久遠実成

**□57** 日蓮は、「念仏無間・禅天魔・真言亡国・律国賊」と述べたが、これを ★ という。

　◆「念仏無間」とは、浄土宗は無間地獄に落ちること。「禅天魔」とは、禅宗は天魔の教えにすぎないこと。「真言亡国」とは、真言宗は亡国の教えにすぎないこと。「律国賊」とは、律宗は国賊であることを示し、他宗を激しく批判した。

四箇格言

**□58** 日蓮は、個人の救済だけでなく、正しい ★★ に基づく政治の実現に向け、為政者に対する布教を行うことで**現実社会を仏国土とすること**を目指した。

仏法

**□59** 日蓮は、『法華経』によって国を立て直すべきだと考え、『 ★★★ 』を著した。

立正安国論

**□60** 明恵は鎌倉時代前期の ★ の僧で、法然の説く専修念仏の主張を菩提心を軽んじるものであるとして批判した。

　◆明恵は華厳宗の寺として高山寺を創建した。法然を批判した『摧邪輪』、自らの夢の記録である『明恵上人夢記』などで知られる。

華厳宗

□**61** 律宗の僧 ［ ★ ］ は、戒律を重んじて、それを厳格に
★ 守るとともに、病院や貧民を救済し、橋を修築するな
ど広く社会事業を行った。

叡尊

□**62** 平安時代には、**日本古来の神**と**仏教信仰とが融合**し
★★★ た ［ ★★★ ］ の考え方が広まり、**仏が人々を救うために
神の姿となって現れる** ［ ★★★ ］ も受け入れられた。

神仏習合，
本地垂迹説

　◆仏が真理の根源である本地、神は仏が神の形となって現れた姿、
　すなわち権現であると捉えられ、**仏教中心の**神仏習合が生まれ
　た。

□**63** 仏教が伝来すると、神に対する信仰は仏に対する信仰
★★ と融合し、神の前で ［ ★★ ］ が行われるようになり、平
安時代になると、神は ［ ★★ ］ の仮の姿であるとする
［ ★★ ］ 思想が生まれている。

読経，

仏，

権現

□**64** ［ ★ ］ とは、**神前で読経する**など、神に対して仏教
★ のやり方での儀式を行うために神社の境内に建てられ
た寺である。

神宮寺

□**65** 現世を生きる自己が抱える様々な**苦悩や幸福**は、前世
★★★ からの自らの ［ ★★★ ］ が招いた結果であるという考え
方を ［ ★★★ ］ と呼ぶ。

業（宿業），
因果応報

　◆人は死後、**この世での行為に応じて生まれ変わる**という輪廻思
　想は、**行為の内容に応じた結果が生じる**という因果応報の考え
　方につながる。

□**66** 吉田兼好は『 ［ ★ ］ 』を著し、**世の中は無常である**が
★ ゆえに、「 ［ ★ ］ 」があると唱えた。

徒然草，

あはれ

□**67** ［ ★ ］ が大成した能楽は、「 ［ ★ ］ 」を理念として
★ いた。

世阿弥，幽玄

　◆余情や余韻の美意識として表される幽玄は、世阿弥が父・観阿
　弥の教えに基づいて書き残した『風姿花伝（花伝書）』で能道の真
　髄として位置づけられている。

□**68** ［ ★ ］ とは、**物事は常に移ろい儚く虚しいもの**であ
★ るという心情で、仏教の世界観の影響を受けている。
［ ★ ］ の『山家集』や ［ ★ ］ の『奥の細道』などの
文学作品にはこうした心情がよく表れている。

無常観

西行，松尾芭蕉

　◆「願わくは花の下にて春死なむ　その如月の望月の頃」とは、西
　行が詠んだ和歌である。

**VII 倫理**

**2 仏教の伝来とその展開**

139

**VII 倫理分野 3 日本における儒教思想**

☐ **69** 安土桃山時代の茶人 ★ は、 ★ の儀礼を取
★ り入れ、**簡素で趣があること**を指す ★ という言
葉を生んだ。これは**茶の湯**の理想的な境地とされる。

千利休 , 禅宗 ,
わび

☐ **70** ★ は、**松尾芭蕉**が俳句を詠む中で追求した、閑
★ 寂や枯淡の中に情趣を見出し安らぐ美意識を指す。

さび

# 3 日本における儒教思想

ANSWERS ☐☐☐

☐ **1** 平安時代にかけて儒教は ★★ を志す**為政者のため**
★★ **の儀礼的規範**として受容されてきたが、江戸時代に
は ★★ **制度を根拠づける思想**として、また町人の
間では**商業倫理**として人々の生活に深くかかわり、**幕末
の社会的変動**とも結び付いた。

仁政

封建

☐ **2** 世の中は、**生命力である気**と**秩序や法則である理**に
★★★ よって成り立つとする ★★★ を説き、新しい儒教で
ある ★★★ を開いたのは中国宋代の**朱子(朱熹)**であ
る。日本では**朱子学**派の儒者たちによって支持された
儒教の考え方は、**幕藩体制**や ★★★ **制度を正当化**す
る江戸幕府の思想的な柱となった。

理気二元論 ,
朱子学

封建

◆江戸時代に儒教の教えは学問としての儒学として普及した。林
羅山の朱子学は、江戸幕府の官学(御用学問)となり、士農工商
という身分関係を儒教の敬と礼によって正当化した。

☐ **3** ★★★ は、**道徳**や**礼儀**による**社会秩序**を説く儒学の
★★★ 教えに強く惹かれ、儒学を五山僧の教養から独立させ
たことで、近世日本に儒学を定着させる端緒をなした。

藤原惺窩

☐ **4** 藤原惺窩の弟子である ★★★ は、私利私欲を抑え、道
★★★ にかなうことを求める**敬**の心を保持し、**身分秩序に従
い、上下**を分かつ道に身を委ねる ★★★ を重視した。

林羅山

存心持敬

◆敬とは、私利私欲を抑えて慎むことをいう。林羅山は、初代の
徳川家康から4代の家綱まで将軍の侍講として江戸幕府に仕え
た。主著は『春鑑抄』『三徳抄』など。

☐ **5** 林羅山は、君臣の上下関係はあらかじめ定められてい
★★ るとする ★★ を唱え、江戸幕府の**封建的身分秩序**
を**朱子学**によって正当化した。

上下定分の理

◆「**君は尊く、臣は卑しき**」という上下定分の理は、**大義名分論**と
言い換えることができる。

140

□ **6** 林羅山は、近世の封建的身分秩序の中で善を実現する
★★　には　★★　の工夫が必要であると説いた。これは、欲
望を抑えて心身を慎み、天地や**人倫の秩序を根拠づける**
　★★　を明らかにすることである。

居敬窮理

上下定分の理

□ **7** 江戸時代の儒学者　★★　は、儒学の説く　★★　と
★★　は、父子の親、君臣の義、夫婦の別、長幼の　★★　、
朋友の信のことで、このような人間関係を保つことが
大切であると説いた。

山崎闇斎,五倫,
序

□ **8** 　★★　とは、伊勢神道などの流れをくみつつ、儒学
★★　と神道を合一し、天道は人道であり、天皇崇拝と封建
的道徳観を儒学である朱子学によって正当化した神道
で、　★★　が創始した。

垂加神道

山崎闇斎

◆日本古来の民族宗教として祭祀を重視する神道は、外来の儒教
や仏教の影響を受けつつ発展した。奈良・平安時代には神仏習
合の思想が明確にされるものの、鎌倉時代末期になると従来の
本地垂迹説を否定し、神主仏従を唱える伊勢神道が現れた。そ
の流れの中で、山崎闇斎は居敬窮理の厳格な実践を説き、後に
儒教の理と日本の神とを結合させ、神人合一の神道説を唱えた。

□ **9** 　★★★　は、**形式や身分秩序を重んじた**　★★★　を批
★★★　判し、人は　★★★　の精神をもって分け隔てなくすべ
ての人を敬うべきであるという愛敬の心を教え、日本
における陽明学の祖と呼ばれる。

中江藤樹,朱子学,
孝

◆中江藤樹は、王陽明の思想に出会い、これに共感し、朱子学の説
く敬は外面的な慎みにすぎないと批判し、内面的な家族中心の
愛敬を本質とする孝を重視し、それを実践することが人の道で
あると説いた。ゆえに、**身分は平等**であると主張し、身分制を
正当化した朱子学を批判した。後に「近江聖人」とも呼ばれた。

□ **10** 中江藤樹は、良知で知ったことを直ちに実行すること
★★★　の大切さを唱えた。この**知識と行為は一体**であるとい
う考えを　★★★　という。

知行合一

孝

□ **11** 中江藤樹は、「　★★★　」を心に抱き、時・処・位にか
★★★　なうように行動すべきであることを説いた。

◆「孝」とは人間関係を示す徳目にとどまらずに、天地万物の根源
的「道」を示すものであると主張した。

**VII**
**倫理**

**3**
**日本における儒教思想**

141

**VII** 倫理分野 **3** 日本における儒教思想

☑**12**
★★
中江藤樹の代表的著作は『 ★★ 』である。彼に学び陽明学を発展させた儒学者に ★★ がいる。

◆熊沢蕃山は、儒家の説く道徳は変わることはないが、礼法はそれぞれの場所や状況、すなわち「**時・処・位**」に応じて実践されるべきであると説いた。また、彼は岡山藩に仕え、治山治水に**尽力**したことでも知られる。

翁問答，
熊沢蕃山

☑**13**
★★
陽明学には、朱子学に対する批判精神が濃いが、天保の飢饉に際して挙兵した ★★ や、幕末の長州藩士 ★★ らも陽明学に学びその精神を実践した。

大塩平八郎，
吉田松陰

☑**14**
★★★
17世紀後半、朱子学や陽明学に対して、古学という学問を唱えたのは ★★★ 、古義学を唱えたのは ★★★ 、古文辞学を唱えたのは ★★★ である。

◆当時、朱子学などによる注釈が加わったことで原典の真意がわかりにくく抽象的になっているとして、『論語』や『孟子』に立ち返り、**直接原典に学び、真意を明らかにしようとする学問**（古学）が興った。古学派に属する伊藤仁斎の古義学は、『論語』や『孟子』を読んで古義（もともとの意味）を解明しようとする立場である。一方、荻生徂徠の古文辞学は、中国の古典とともに聖人の文辞（文章や言葉）に触れることにより、礼楽刑政（古代中国において社会の秩序を保つために不可欠とされる礼節、音楽、刑法、行政のこと）を求める立場である。

山鹿素行，
伊藤仁斎，荻生徂徠

☑**15**
★★
★★ は、**命**よりも**名**を重んじる武士としての生き方である ★★ を儒学によって理論化し、武士は徳**の高い為政者であるべき**とする ★★ を主張した。

◆山鹿素行は武士のあり方を批判し、儒教倫理に基づく士道を唱えた。武士は、**民衆を道徳的に導く者**として自覚と責任を持ち、手本となるべきであるとした。主著に『**聖教要録**』などがある。

山鹿素行，
武士道，
士道

☑**16**
★★
鍋島藩の武士であった ★★ は、『葉隠』において、主君に対する絶対的忠誠とそれに根ざした ★★ の覚悟を説き、民に対する為政者としての自覚を求める士道とは異質の ★★ 道を示した。

◆「**武士道と云は、死ぬことと見つけたり**」という言葉で始まる『葉隠』は、口述筆記による武士の修養書である。

山本常朝，
死，
武士

☑**17**
★★
伊藤仁斎は、『 ★★ 』を「**最上至極宇宙第一**」の書物としてその原典に深く学び、孔子の教えの根本を仁と ★★ であるとし、それらを実践するためには、真実無偽の心である ★★ が必要であると説いた。

論語，
愛，
誠

**□18** 『童子問』などを著した伊藤仁斎は、人と人との理想的
★★  な和合である ★★ を実現するためには、**他者に対
する ★★ が必要である**と説いた。

> ◆伊藤仁斎は、人が大切にすべきことは、自然に表れる思いやり
> であり、私心のない純粋で素直な心である誠であるとし、自ら
> を偽らず他者を欺かないという**他者への忠信**を尽くすべきであ
> ると説いた。

仁,

忠信

**□19** 主著『弁道』で有名な ★★★ は、人間の性質が多様で、
★★★  分裂や対立を避けることができないがゆえに、天下を
安んずるために立てられた ★★★ **の道に従ってお互
いに助け合いながら生活**しなければならないと説いた。

> ◆荻生徂徠は現実的な政治、経済、社会における**生き方や為政者
> 倫理を問題**にした点が伊藤仁斎と異なる。

荻生徂徠

先王

**□20** 荻生徂徠は、中国の古典を、その当時の言語に基づき、
★★★  書かれた時代に従って研究することが大切であるとす
る ★★★ 学を唱え、**孔子以前の ★★★ の道に帰る
べきである**と唱えた。

> ◆四書よりも主に**六経**すなわち『易経』『書経』『詩経』『礼記』『楽経』
> 『春秋』を研究すべきであるとした。

古文辞,先王

**□21** 朱子学のいう秩序を批判した荻生徂徠は、古代中国の
★★  先王の定めた礼楽刑政を整え、世を治めて民を救うこ
とである ★★ に尽くすということこそが、本来あ
るべき秩序であり、そうすることで初めて理想の道で
ある ★★ が実現されるとした。

> ◆荻生徂徠は、為政者の務めとは、一人ひとりの民が天から与え
> られた資質や能力を十分に発揮し、互いに親しみ助け合う社会
> を作ることと考えた。**社会の安定と人民の生活向上を図る点**に
> 儒学の目的を見出し、江戸幕府に対して積極的な提言を行った。

経世済民

安天下

**□22** ★★ 学派の代表的な儒学者である太宰春台は、神
★★  道も含めて「道」は ★★ の「作為」によるものと考
えた。

古文辞,
聖人

**□23** 近世の私塾では、漢籍の素読だけでなく、師匠による
★  講釈、現在の読書会にあたる会読などが行われた。山
崎闇斎は**朱子学の真髄を伝える**べく ★ を重視し
たが、荻生徂徠は朱子(朱熹)の教えの解釈に頼らずに
**儒学の原典に直接向き合う**べく ★ を重視した。

講釈

会読

**VII 倫理**

**3 日本における儒教思想**

143

## VII 倫理分野　4 国学

# 4 国学

ANSWERS □□□

**□1** 日本の古典である『万葉集』などを ★★★ 的方法によって深く掘り下げ、**日本固有の思想を研究しようとする江戸時代中期に成立した学問は** ★★★ である。

文献学

国学

◆国学が生まれた背景には、仏教や儒教などの中国思想の導入への反発という側面がある。ゆえに、日本人古来の心を知るために、日本の古典に戻ろうとする思想へとつながった。

**□2** ★★★ を経て本居宣長によって大成された国学は、外来思想としての ★★★ に対する自己革新の産物であった。

賀茂真淵,

儒教

**□3** 国学では、儒学などの教えを ★★★ と呼んで批判し、古代の日本人の生き方とありのままの自然を慈しむ精神である ★★★ を探究した。

漢意（漢心）

古道

◆幕末から明治初期にかけて国学は**国粋主義的傾向を強めた。**朱子学が強調する理を批判した国学は、理屈や議論を土台に人間の生き方を考える**仏教や儒教の教えを否定し、**理屈や議論ではない**人間の自然な心情**に世の中のあり方を求めようとした。

**□4** もとは真言宗の僧侶であった国学者の ★★★ は、日本人の心を伝える文献である『万葉集』の注釈書『 ★★★ 』を著し、古代の日本人の精神を学ぶべきであると主張した。

契沖

万葉代匠記

**□5** 京都伏見稲荷の神職であり、伊藤仁斎に ★ 学を学んだ ★ は、**国粋主義的な古代理想論**を説いた。

古義,

荷田春満

◆荷田春満は、幕府に対して国学の学校創設を請願したが、受け入れられなかった。

**□6** 賀茂真淵は、『 ★★★ 』に日本人の理想的な精神を見出したが、それは**素朴で力強く男性的でおおらかでありのままを重んじる**精神を「 ★★★ 」と呼んだ。

万葉集

ますらおぶり（益荒男振）

◆この精神は「高く直き心」と呼ばれることもある。

**□7** 賀茂真淵は、古代の日本人の精神である「ますらおぶり」は、平安時代以降に見られる**女性的な**「 ★★★ 」や、外来思想である**儒教や仏教の影響を受けた理屈っぽい**「 ★★★ 」によって失われつつあると嘆いた。

たおやめぶり

からくにぶり

◆「たおやめぶり」とは、女性的で繊細な心情のことで、『古今和歌集』や『新古今和歌集』などに見られる。

144

□ **8**
★★
賀茂真淵は、儒学の説く「 ★★ 」は治世のために作
られたものであるとし、広大な「天地の心」に従って生
きることが人の本来の生き方であると考えた。つまり
古の ★★ を通じて古代の人々の心と同化し、あり
のままの心に従って生きるということを意味する。

道

歌

◆この自然に従った生き方は、無為自然を説いた中国の老荘思想
にも近似している。

□ **9**
★★★
賀茂真淵は、仏教や儒教が伝来する以前の日本人に
よって伝えられる精神に立ち返って ★★★ を探究し
ようとし、『 ★★★ 』の自然のままの精神を重要視し
た。彼の主著に『国意考』や『 ★★★ 』がある。

古道，

万葉集，

万葉考

□ **10**
★★★
★★★ は、日常生活において物事に触れた際に生じ
る、楽しい、悲しい、恋しい、憎いなどの感嘆、つま
り ★★★ こそ**本来的な心の働き**であると考え、人間
は感嘆によって物事の本質を知ると主張した。

本居宣長

もののあわれ

◆本居宣長は、儒教の教える道徳は、人間の感情を不自然に操作
し**人為的な秩序の中に人の感情を押し込めるものであると批判**
し、もののあわれの感情の中に生き方の根本を探究した。

□ **11**
★★★
仏教や儒教の説く理屈や議論を ★★★ として否定し
た本居宣長は、人は**素直でおおらかな感情である**
★★★ によって生き、物事に触れて湧き出てくる、し
みじみとした感情である ★★★ を知ることで、理想
的な生き方にたどり着くことができると考えた。

漢意（漢心）

真心，

もののあわれ

◆漢意（漢心）に対して、日本人固有の心情を大和心という。「も
ののあわれ」を知る心とは、世の様々なことに出会い、それらの
趣を感受して「あわれ」と思う心のことをいう。

□ **12**
★★★
本居宣長は、 ★★★ の教えが何事も道理を先立てて、
**生まれつきの真心を抑圧**し、偽りをもたらしていると
批判し、真心の回復のために ★★★ を排して日本
の ★★★ を読むという学問の必要性を説いた。

儒教

漢意（漢心），

古典

◆国学の流れには、文献学的・実証的な研究を目指した契沖を祖
とする流れと、古道に傾倒し**国粋主義的な思想**を持つ荷田春満
を祖とする2つの流れがある。賀茂真淵がこれらの流れを統合
し、本居宣長によって国学は大成された。

**VII**
**倫**
**理**

**4**
**国**
**学**

145

## VII 倫理分野　4 国学

□**13** 本居宣長は、『古事記』の注釈書である主著『 ★★ 』
★★ で、神々によって作られた**日本固有の道である** ★★
**の回復**を主張した。

古事記伝，
惟神の道

◆惟神の道とは、神々が示してきた日本固有の道のことであり、神の御心の本質である真心を尽くすことである。

□**14** 本居宣長らによって確立された古道の教えを受け継い
★★★ だ ★★★ は、 ★★★ と古道とを結び付け ★★★
と呼ばれる新たな思想を開いた。

平田篤胤，神道，
復古神道

◆平田篤胤は、本居宣長の国学を**復古主義の立場から展開**させた。古来の神道の姿を求めて、復古神道を提唱し、現実の生の背後にある死後の霊魂の行方を論じ、その教えは**民間にも広まった。**

□**15** 平田篤胤は、善き生を営んだ者の魂は、死後もこの世
★ にとどまり、人々に幸せを与える神になれるというこ
となど、**死後の** ★ **論**を主張した。

安心

□**16** 平田篤胤が唱えた復古神道とは、 ★★★ や ★★★ の
★★★ 教えを取り除いた、日本固有の古代の神の道を説く思
想である。

儒教，仏教
※順不同

◆復古神道において邪欲のない清らかな心を正直と呼ぶ。平田篤胤は垂加神道を批判し、儒教や仏教を用いない**純粋な神道の復活**を求めて復古神道を主張した。主著に『霊能真柱』などがある。

□**17** 平田篤胤によって国学は宗教化されたが、やがて復古
★★ 神道は民間信仰と結び付き、幕末の ★★ 運動に大
きな影響を与えた。

尊王攘夷

◆平田篤胤は、大和魂を尊王思想と結び付けて日本人に固有な精神と解釈した。なお、尊王とは**天皇崇拝**を、攘夷とは**外国人排斥**を主張する考え方である。しかし、西洋の外国勢力を排斥することが困難なことがわかると、尊王攘夷運動は幕府を倒す運動に結び付いていった。

# 5 町民・農民の思想と洋学の流入

ANSWERS □□□

**■1** ★★★ ★★★ は、神道や仏教、儒教と老荘思想などを取り入れて、商人の利潤追求を天理として認め、正直・ ★★★ ・勤勉を旨とする日常道徳を説き、**独自の実践的哲学**である ★★★ を打ち立てた。

石田梅岩

倹約，
心学

◆江戸中期になると、当時の士農工商の身分社会で低い地位とされた商人の中にも、新たな思想を生み出す者が現れた。石田梅岩が開いた心学は「石門心学」とも呼ばれ、もともと陽明学における心即理による日常生活の実践の学びを意味する。

**■2** 石田梅岩は『都鄙問答』で ★★★ の得る利益は武士の俸禄と同様であるとし、**商行為の正当性**を説いた。

商人

◆石田梅岩の心学は、貨幣を稼ぐことは賤しいという賤貨思想を否定し、勤勉の対価である貨幣と商業を正当化した。

**■3** 石田梅岩の説く ★★★ とは**所有関係や契約関係の尊重**のことであり、 ★★★ とは人や物を無駄遣いせず有効に活かすことをいう。

正直，
倹約

◆彼はこれらを人間、特に商人の普遍的な生き方であるべきと説いた。

**■4** 石田梅岩が説く「正直」は、自らの心のあり方に力点が置かれていたが、同じく彼が重視した「 ★★★ 」も、物と人を活かす「道」として位置づけられている。

倹約

**■5** 石田梅岩は、 ★★ という**社会秩序は人間としての差別ではなく社会の役割分担**であり、その上で、各人がその職業や身分に満足し、**身分に応じた社会貢献**をするべきであるとする ★★ を説いた。

士農工商

知足安分

◆知足安分は、正直と倹約を旨として、商人が分を越えて営利を追い求める私欲を抑えるべきとする主張が込められている。

**■6** 石田梅岩は、欲望に染まった ★ の身でありながら「人の人たる道」を説こうとする自らの熱意を「病」と呼び、欲望を満たさぬ ★ の生活を自らに課し、**徳の修業と教育活動に専念**していった。

不徳

清貧

**■7** ★ は、師である石田梅岩のように徳を持たない自分自身が師となるには値せずと考え、その教えを学び合う「 ★ 」を得ることを自らの役割とした。

手島堵庵

朋友

◆手島堵庵は、古代の人々が持っていたという大らかで生き生きとした感情を押し殺したとして、外来思想である儒教も仏教も批判の対象とした。

**VII 倫理**

**5 町民・農民の思想と洋学の流入**

147

# VII 倫理分野　5 町民・農民の思想と洋学の流入

**□8** 大坂町人の出身で、学問所である　★　に学んだ山片蟠桃は、地動説に基づく**独自の宇宙論**を唱え、合理主義的観点から霊魂の存在を認めない　★　を展開した。

懐徳堂

無鬼論

**□9** 江戸時代中期の医師で思想家の　★★★　は、身分差別を批判し、**すべての人が農耕を営む**　★★★　を説き、平等に農業に従事する　★★★　を理想社会とした。

◆安藤昌益の主著は『自然真営道』。万人直耕の自然世を理想と考え、当時の武家社会である封建社会を厳しく批判した。

安藤昌益，

万人直耕，

自然世

**□10** 安藤昌益は、**すべての人々が田畑を耕して衣食住を自給する平等社会**を理想的な「自然世」とし、自ら耕さずに農民に寄生している武士や商人を　★★　の徒、当時の身分社会を「　★★　」と呼んで、「自然世」への復帰を説いた。

◆安藤昌益は、万人直耕の平等社会を理想とする農業本位の社会を確立すべきであるとする考え方の**農本主義**に立脚した。

不耕貪食，

法世

**□11** 江戸時代後期の農政家　★★★　は、農業は自然の営みである　★★★　と人間の働きさである　★★★　の両輪により成り立つと考え、貧しい村や藩の救済に尽力した。

◆人道（人間の営み）とは、天道に従うものであるが、人間が作った人為的な作為の道にすぎず、ゆえに、常に分度に応じた努力をしなければならないと唱えた。

二宮尊徳，

天道，人道

**□12** 二宮尊徳は、農業とは天道と人道があいまって成立する営みであるとの考え方から、**勤労や**　★★　**といったあるべき生活態度**を説いた。

倹約

**□13** 二宮尊徳は、人は**自然や祖先の恩に徳をもって報いる**べきであり、自らの経済状況に見合った生活をするという　★★★　と、余剰が生じたらそれを周囲と分かち合うという　★★★　の考えにより人道を全うできると説いた。これを　★★★　思想と呼ぶ。

◆二宮尊徳は、「**農は万業の大本**」と述べて、農業の重要性と農民の誇りを説いた。一方で、**分度**とは自分の経済力に応じた合理的な生活設計を立てて、これを遂行することであると主張した。

分度，

推譲，

報徳

**□14** 江戸時代中期になると、**書籍の輸入が解禁された**ことから　★★　が興隆した。

蘭学

148

□**15** **★★** [　**★★**　] は、**前野良沢**らとともに**オランダ語の解剖書を翻訳**し『　**★★**　』を著した他、『**蘭学事始**』などの著作で知られる。

　◆**前野良沢**は、江戸中期を代表する蘭方医で、**杉田玄白**らとともに『**解体新書**』の翻訳を手がけた。彼らの業績により、日本の近代西洋医学の礎が築かれた。

**杉田玄白**，
**解体新書**

□**16** **★★** 江戸時代中期の儒学者 [　**★★**　] は、**動植物への関心**から中国から伝わった薬物学である [　**★★**　] 学をはじめとして、**博物学的な知のあり方を追究**する一方で、日用の [　**★★**　] をわかりやすく説くなど**朱子学を日常に活かす試み**を行った。

　◆**貝原益軒**は、身分秩序に力点を置く朱子学の中で、理を重んずることに着目し、合理的で批判的な精神から実証主義的な思想をはぐくみ、後に流入する西洋科学を受け入れる思想的な土壌を残したとされる。著書に生物学書・農学書である『**大和本草**』や、日常の健康について書かれた『**養生訓**』などがある。

**貝原益軒**，
**本草**

**道徳**

□**17** **★★** イタリア人宣教師**シドッチ**との対話に基づいて、**世界の地理や風俗を**『**西洋紀聞**』にまとめ、また [　**★★**　] の立場からキリスト教の教説に対する批判を述べたのは [　**★★**　] である。

　◆江戸時代中期の朱子学者である**新井白石**は、朱子学に基づき政治の場面で活躍するとともに（文治政治）、歴史、地理、言語など多岐にわたる領域で合理的解釈を行った。西洋は天文学や地理学などにおいて優れているが、東洋の儒教は内面的道徳として優れていると主張し、後の「**東洋道徳、西洋芸術**」や「**和魂洋才**」の先駆けとなった。

**朱子学**

**新井白石**

□**18** **★** 江戸時代前期に活躍した [　**★**　] は、**ありのままの町人の姿**を赤裸々に描きつつ、「　**★**　」「**いき**（粋）」といった世事や人情の機微を深く理解する町人の美意識や、彼らの**道徳意識を表現**するなど、その**享楽的現世**を浮世草子で描写した。

　◆他の代表作には『**好色一代男**』『**日本永代蔵**』などがある。

**井原西鶴**，
**つう（通）**

□**19** **★** 江戸時代中期に活躍した [　**★**　] は、当時の世相を題材とした**世話物**などの作品を描き、[　**★**　] や人情の**相克**に苦しむ人間の姿や人間の心の美しさを表現した。

　◆代表作には『**国姓爺合戦**』『**曾根崎心中**』などがある。

**近松門左衛門**，
**義理**

□**20** **★** **懐徳堂**から出た [　**★**　] は、儒教や仏教などがいかに歴史的に展開するかに関して、**加上説**という独自の考え方を唱えた。

**富永仲基**

**VII**
**倫理**

**5**
**町民・農民の思想と洋学の流入**

149

**VII 倫理分野　5 町民・農民の思想と洋学の流入**

□**21** 徳川方の武士として軍功を立て、後に禅僧となった
★ 　　★　　は、従来の仏教の**隠遁的な傾向を批判**し、あ
らゆる職業において**自らの生業を通じて仏となれる**と
説いた。

鈴木正三

□**22** 江戸時代中期の思想家　★　は、**懐疑的態度**から世
★ 界のあり方を問い、**気**や**理**など朱子学の用語を用いて
自然の法則を探究し、　★　**学**を構築した。

三浦梅園

条理

　◆**自然**にはその法則ともいうべき**条理**が備わっていると考えた。
　三浦梅園の思想には、**デカルト**の**方法的懐疑**や**ヘーゲル**の**弁証
　法**に通じる考え方がある。物事には相反する２つの側面があり、
　その両方について考察して初めて真理に達するという**反観合一**
　を説いた。

□**23** 幕末の思想家　★★★　は、**東洋の精神を保ちつつ西洋
★★★ の科学的な技術を吸収**することで国の発展に結び付け
るという　★★★　を主張した。

佐久間象山

和魂洋才

□**24** 佐久間象山は、　★★★　で**清**が**イギリス**に敗北したこ
★★★ とに衝撃を受け、**西洋諸国に対抗するためには科学技
術の移入が必要**であると考え、「　★★★　道徳」ととも
に「　★★★　芸術」を詳しく学ぶべきであると唱えた。

アヘン戦争

東洋，

西洋

　◆この「**芸術**」とは科学的な技術のことを指す。佐久間象山のいう
　「**東洋道徳、西洋芸術**」とは、東洋では**道徳**が、西洋では**技術**が
　優れているので、**両者を兼ね合わせる必要**があるという意味で
　ある。また、欧米列強が強大な軍事力を持った要因を**詳証術**、つ
　まり**数学**に見出し、これを学ぶべきであるとも説いた。

□**25** 幕末の洋学者で画家の　★　は、幕府の鎖国政策を
★ 批判し西洋思想に学ぶべきであると説いたが、**蛮社の
獄**で捕らえられ自刃した。主著は『　★　』である。

渡辺崋山

慎機論

□**26** オランダの商館医であった**シーボルト**の下で医学と洋
★ 学（蘭学）を学んだ　★　は、その著書『　★　』
の中で幕府の鎖国政策を批判したが、**渡辺崋山**ととも
に**蛮社の獄**で命を落とした。

高野長英，戊戌夢
物語

　◆**渡辺崋山**や**高野長英**らは、西洋の状況を研究する**尚歯会（蛮社）**
　を結成したが、幕政批判のかどで幕府に弾圧された。

150

□ **27** 肥後（熊本）藩士の ★ は、「堯舜孔子の道を明ら
★
かにし、西洋 ★ の術を尽くす」と述べ、西洋の
民主主義やキリスト教を儒教的に読み替えて、「大義」
を世界に実践し、「民富」を図る**実学を提唱**した。

◆佐久間象山と同様な発想から和魂洋才を説いた横井小楠は、開
国貿易・公武合体を唱え幕末の政局に大きな役割を果たした。

横井小楠，

器械

□ **28** 佐久間象山に師事した ★★ は、長州藩において**高**
★★
**杉晋作や伊藤博文らを輩出**した ★★ を主宰した。

吉田松陰，

松下村塾

□ **29** 吉田松陰は、天道にかなうとは功名や利欲を離れた純
★★
粋な心情に徹し、己の ★★ を尽くすことであり、藩
を超えて主君たる天皇に**忠**を尽くす ★★ の精神は、
この ★★ において天道に通ずると考えた。

◆吉田松陰は、幕藩体制の枠組みや身分・家柄の別を越えて万民
の主君である天皇の下で、清廉潔白で誠の心をもって忠を尽く
す一君万民の思想を掲げた。彼の処刑後、松下村塾の門生た
ちが遺志を継ぎ、**明治維新を成し遂げる**ことになる。

誠，

勤王，

誠

**VII**
**倫理**

**5**

町
民
・
農
民
の
思
想
と
洋
学
の
流
入

151

# VIII

# 倫理分野
ETHICS
## 日本の思想②

## 1 啓蒙思想の受容と自由民権思想

ANSWERS □□□

□ **1** ★★★ は、**すべての人は生まれながらにして**自由・平等であり、幸福を追求する権利があるという ★★★ 論を説いて、「「天は人の ★★★ に人を造らず、人の ★★★ に人を造らず」と云えり」という有名な言葉を残した。

◆福沢諭吉は、イギリスの功利主義的思想を日本に導入した。

福沢諭吉,
天賦人権,
上,
下

□ **2** 封建制度に見られる身分社会を「門閥制度は親の敵」と批判した福沢諭吉はまた、「一身独立して ★★★ 独立す」という言葉で、これまでの身分制度に頼ることなく**一個人として独立して生きるべきである**とする ★★★ の精神を唱え、その実践には数理学など西洋の学問である ★★★ を学ぶべきであるとした。

◆個人の独立が実現してこそ、国家の独立が実現できると唱えた。

一国

独立自尊

実学

□ **3** 文明開化期にあった日本を野蛮と文明の中間に位置する「 ★★ 」の状態にあるとした福沢諭吉は、それを農業が発達し、衣食住の物質面では不自由はないが、 ★★ の精神に基づく探究と創造には欠け、人間の交際面でも旧習にしばられがちな状態であると表現した。

◆福沢諭吉は、数理学などの西洋の学問を実学と呼んだのに対し、漢学を中心とする東洋の学問を虚学と呼んだ。『学問のすゝめ』では独立心の涵養と数理学の導入による文明化こそが日本の歩むべき道であると説いた。

半開

実学

□ **4** 福沢諭吉は、著書『文明論之概略』の中で、遅れている文明は進んでいる文明に ★★ されるため、人々はまず日本の ★★ に心を向け、**西洋文明を摂取しなければならない**と主張した。

支配,
独立

152

☐ **5**
★★★

[ ★★★ ] は、日本には隣国の開明を待ってともにアジアを繁栄させる時間的余裕はないと述べ、むしろその隊列を脱して西洋の文明国と進退をともにすべきであるという [ ★★★ ] 論を主張した。

◆アジアとの連帯を抜け出し、近代的な西欧の仲間入りを主張する脱亜入欧を唱えた。

福沢諭吉

脱亜

☐ **6**
★★

明治6年(1873年)に [ ★★ ] の呼びかけで啓蒙思想団体 [ ★★ ] が設立された。

◆機関誌『明六雑誌』を発行して広く人々の啓蒙に努めた。

森有礼,
明六社

☐ **7**
★★

明六社の創設者である [ ★★ ] は、『妻妾論』を著し、男女同権の [ ★★ ] 制を主張した。

◆森有礼は、夫婦の相互的な権利と義務に基づく婚姻形態を提唱し、自らも実践した。初代文部大臣としても知られる。

森有礼,
一夫一婦

☐ **8**
★★

オランダに留学経験のある明六社の一員の [ ★★ ] は、コントの実証主義やカントの [ ★★ ] 論など西洋の思想を日本に紹介した。

◆西周は、西洋から流入した思想の体系である「フィロソフィ」を「哲学」と呼んで、その紹介に尽力した人物で、「主観」「客観」「理性」「悟性」など数多くの哲学用語も考案した。カントの観念論、功利主義、実証主義などの影響を受けた彼によって、西洋哲学の日本への移入の基盤が作られた。また、社会科学にも関心を向け、日本初の憲法草案も作成した。著書に『百一新論』がある。

西周,
永久平和

☐ **9**
★★

明六社に参加していた [ ★★ ] は、当初 [ ★★ ] 説を唱えた啓蒙思想家だったが、後に社会進化論に基づく生存競争の理論をもって国家の利益を優先する [ ★★ ] 論を唱え、自由民権運動に反対した。

◆加藤弘之は、現在の東京大学の初代総長を務めた。晩年には権力者の支配を弱肉強食で正当化し、社会有機体論に基づく国家主義を唱えた。

加藤弘之,天賦人権

国権

☐ **10**
★

明六社の一員であった [ ★ ] は、イギリスのJ.S.ミルやスマイルズらの著作の翻訳で知られ、J.S.ミルの唱えた功利主義を日本に紹介した。

◆中村正直は、J.S.ミルの『自由論』の翻訳書『自由之理』や、スマイルズの "Self-Help"（『自助論』）の翻訳書である『西国立志編』を著し、儒教的考え方を加えつつ西洋の自立の精神を主張した（「天は自ら助くる者を助く」）。

中村正直

**VIII 倫理**

**1 啓蒙思想の受容と自由民権思想**

153

# VIII 倫理分野　1 啓蒙思想の受容と自由民権思想

□**11** 明治期の啓蒙思想家 **★★★** は、ルソーの『**社会契約論**』を『 **★★★** 』と題して漢文訳し、日本に主権在民や抵抗権の思想を紹介したことから「東洋のルソー」と呼ばれ、自由・平等・博愛の精神に基づく**民主共和制**を唱えた。

中江兆民,
民約訳解

□**12** 中江兆民が『 **★★★** 』を翻訳する際、「市民」をかつての「君子」や「士」のような道徳的人間であるとして「士」と訳した背景には、彼がフランスで学んだ、「市民の徳」を重視する **★★★** 主義の思想の影響があった。

社会契約論

共和

□**13** 中江兆民は、 **★★★** 運動の急進的指導者として**人民**による抵抗権を主張し、権力者によって**上から与えられる** **★★★** 的民権から、人民が自ら勝ち取る**下からの** **★★★** 的民権へと移行させていくべきであると説いた。

自由民権

恩賜,
恢復(回復)

□**14** 中江兆民は著書『 **★★** 』の中で、為政者が人民に与えた **★★** であっても、人民はそれを育てていき、実質的なものに変えていかなければならないと述べた。

三酔人経綸問答,
権利

□**15** 自由民権思想家の **★★** が起草した憲法案「**東洋大日本国国憲按**」には **★★** 権が認められており、主権在民や天賦人権も主張された革新的な内容であった。

　◆大日本帝国憲法の制定以前に、民間で様々な憲法案が作成されていた。これらは私擬憲法と呼ばれる。

植木枝盛,
抵抗

□**16** 「教育に関する勅語」とは、 **★★★** の正式名称であり、 **★★★** のあり方について述べたものである。

　◆文明開化を境に西洋の文物が急激に流入してきたことで伝統的な思想や生活が変質した。こうした欧化主義に対する危機感から生まれたのが、忠孝(**忠義と孝行**)を根本とする国民道徳の基本理念を示した教育勅語である。

教育勅語,
臣民

□**17** **★** は、教育勅語に対する拝礼を信仰上の理由から拒否した「**不敬事件**」に触発され、 **★** に対して教育勅語の趣旨を否定する反国家主義的な宗教であると排撃し、教育と宗教をめぐる論争を引き起こした。

井上哲次郎,
キリスト教

154

□**18** 儒教道徳と西洋哲学を折衷した ★ を主張した
★ ★ は、明六社にも参加していたが、最終的には
儒教道徳を重視し、仁義・忠孝の精神を重んじ、道徳
普及団体を組織して学校教育にも影響を持つに至った。

◆主著『日本道徳論』は、教育勅語の制定を促す契機となった。

**国民道徳**,
**西村茂樹**（にしむらしげき）

□**19** ★ は「国民主義」を掲げ、新聞『日本』を創刊した。
★

**陸羯南**（くがかつなん）

□**20** ★ は、日本の伝統や国情に即した改革を主張
★ し、 ★ 主義の立場から欧化主義を批判したが、一
方で広く世界人類の幸福実現に対する日本人の使命の
自覚も強調した。

◆国粋主義を主張し、天皇中心の国家主義の立場をとった三宅雪嶺は、志賀重昂らとともに政教社を結成し、雑誌『日本人』を創刊した。

**三宅雪嶺**（みやけせつれい）,
**国粋（国粋保存）**

□**21** ★ は、西洋化（欧化主義）が権力者によるもので
★ あると批判し、民衆主体による ★ 欧化主義を目
指すべきであると説いた。

◆徳富蘇峰は、日清戦争を境に欧米諸国が帝国主義的傾向を強めたことから、天皇中心の国家主義者に変わっていった。

**徳富蘇峰**（とくとみそほう）,
**平民的**

□**22** フェノロサとともに東洋芸術を研究し、日本美術の振
★ 興に寄与した美術指導者の ★ は、英文の著書
『 ★ 』をアメリカで出版し日本文化を紹介した。

**岡倉天心**（おかくらてんしん）,
**茶の本**

□**23** 岡倉天心は、 ★ こそが「生の技術」としての日本
★ の伝統であり、武士道には自己犠牲を強いる「 ★
の技術」であるとする批判的な見方を示した。

**茶道**,
**死**

□**24** 岡倉天心は、 ★ の文化には過去の多様なアジア
★ の文化を保存する「 ★ 」としての意義があると考
えたが、西洋文化に匹敵する高度な文化がアジアにも
存在し、「アジアは一つ」であると説いて、『東洋の理
想』の中でその文化的共通性を強調した。

◆昭和期に入ると「アジアは一つ」というスローガンが軍部に利用され大東亜共栄圏の形成の根拠にされてしまう。

**日本**,
**博物館**

□**25** ★ は、日本人としての「霊性的自覚」について考
★ 察し、「無心」という観念をもとに仏教を解説、禅など
の思想を英訳によって広く世界に紹介した。

**鈴木大拙**（すずきだいせつ）

**VIII 倫理**

**1** 啓蒙思想の受容と自由民権思想

155

**Ⅷ 倫理分野 ❷ キリスト教思想と社会主義**

# ❷ キリスト教思想と社会主義

ANSWERS □□□

□❶ 札幌農学校で<u>キリスト教</u>に入信した ★★★ は、<u>イエ</u>
★★★ <u>ス（Jesus）</u>と<u>日本（Japan）</u>の「 ★★★ 」に生涯を
捧げる決心をした。

<u>うちむらかんぞう</u>
<u>内村鑑三</u>,
二つの J

◆江戸時代に禁止されていた<u>キリスト教</u>は、明治時代に<u>啓蒙思想</u>
の一種として受容された。<u>内村鑑三</u>は、<u>イエス（Jesus）</u>と<u>日本</u>
<u>（Japan）</u>は矛盾するものでなく、近代化の中で混迷する日本人
の精神的再生のために<u>イエス</u>への純粋な内面的信仰の大切さを
説き、<u>キリスト教</u>的倫理を追究することで精神の近代化を唱え
た。著書に『**余は如何にして基督信徒となりし乎**』がある。なお、
彼の学んだ**札幌農学校**は現在の北海道大学にあたる。

□❷ <u>内村鑑三</u>は、「 ★★ （の上）に**接木されたる**<u>キリス</u>
★★ <u>ト教</u>」と述べ、キリスト教精神を実現するための土台
になるものとして、**清廉潔白で忠誠を尽くす日本の**
★★ の精神を挙げた。

武士道

武士道

◆日本人の<u>武士道</u>精神は、<u>キリスト教</u>信仰に忠誠を尽くすことに
適しているとして、<u>武士道</u>と<u>キリスト教</u>を結び付けた。それゆ
えに、日本には**真のキリスト教国になる使命**があると考え、神
の教えに忠実たらんとして**罪深き**<u>自己</u>が救済された体験を語り
続けた。

□❸ <u>内村鑑三</u>は、真の信仰とは制度や儀式によって得られ
★★★ るものではなく、 ★★★ の**言葉**を読むことで得られ
るものであるとし、制度としての<u>教会</u>を否定した。この
★★★ **主義**は、**パウロやルター**の ★★★ **主義**につ
ながる思想といえる。

聖書

無教会, <u>ふくいん</u>
福音

◆<u>内村鑑三</u>の<u>無教会</u>主義は、「<u>信仰</u>こそが**義**である」という<u>信仰義</u>
<u>認説</u>に立つ<u>プロテスタント</u>の信仰心を主張したものである。

□❹ ★★★ **戦争**に際し、<u>内村鑑三</u>はいかなる理由があっ
★★★ ても剣を持って争ってはならないという<u>絶対平和主義</u>
を主張し、 ★★★ **論**を唱えた。

日露

非戦

□❺ <u>内村鑑三</u>は、日本の<u>公害</u>の原点といわれる ★★ **事**
★★ 件で<u>財閥</u>を批判し企業倫理を求めた。

足尾銅山鉱毒

156

□ **6** 内村鑑三らとともに札幌農学校に学びキリスト教に入
★★ 信した ★★ は、「太平洋の（懸け）橋とならん」こ
とを志して渡米し、プロテスタントの一派の ★★
の信仰に出会った。その後、彼は**日本人の精神**を世界
に広く知らしめるべく、『 ★★ 』を英文で著し国際
親善に尽力した。

◆新渡戸稲造は、キリスト教を受け入れる精神的な素地としての
武士道に着目した。『武士道』の英文タイトルは "BUSHIDO：The
Soul of Japan" である。彼は国際連盟の事務次長も務めた。内
村鑑三と同じく、日本の武士道の道徳性が誠実なキリスト教信
仰に接続されるべきことを主張した。

新渡戸稲造，
クェーカー

武士道

□ **7** 明治期には、内村鑑三や新渡戸稲造以外にも、京都に
★ 同志社を創設した ★ や、東京神学社を創立した
★ などのキリスト者が教育運動を起こした。

◆植村正久は、東京神学社を創設して日本の神学界において指導
的な役割を果たした。また、新島襄が創立した同志社で学んだ
**山室軍平**は、キリスト教の博愛主義に基づき、**救貧活動**を行う
日本救世軍を創設した。

新島襄，
植村正久

□ **8** ★ は、 ★ 制に基づく社会主義の実現を目
★ 指し、普通選挙制度の導入に尽力した。

◆片山潜は、ロシアにおいてコミンテルン（共産主義政党による国
際組織）に参加し、日本共産党の結成を指導、国際的な共産主義
者として活躍、モスクワで没した。

片山潜，議会

□ **9** ★ は、 ★ 戦争に際してキリスト教的人道
★ 主義の立場から一貫して非戦論を説き、木下尚江や片
山潜らとともに社会民主党を結成した。

◆安部磯雄は、日本フェビアン協会の設立者にも名を連ねた。フェ
ビアン（社会）主義（フェビアニズム）とは、穏健的・漸進的に労
働者保護などの社会改革を進めることを目指す考え方である。

安部磯雄，日露

□ **10** ★ は、**キリスト教的人道主義**に基づく社会主義
★ 者であり、日本最初の社会主義政党の結成に参加した。

木下尚江

□ **11** 中江兆民から ★★ 的な思想を学んだ ★★ は、
★★ 当時の帝国主義を、愛国心を「経」とし、軍国主義を
「緯」とする**20世紀の怪物**と呼び批判した。

◆幸徳秋水は、恢復的民権（回復的民権）を説いた中江兆民の思想
を受け継ぎ、自由民権運動から社会主義へとその思想を展開さ
せた。

唯物論，幸徳秋水

**VIII**
**倫理**

**2** キリスト教思想と社会主義

**VIII 倫理分野 3 近代的自我の確立**

□**12** ★★★ は、日本の軍国主義・帝国主義を批判し、日
★★★
露戦争に反対する立場から『 ★★ 』を発行、非戦論
を唱えた。後に ★★ 事件で刑死した。

幸徳秋水,

平民新聞,

大逆

◆無政府主義者であった幸徳秋水の思想は急進的なものになって
いき、かつてともに社会民主党結成に尽力した片山潜らの議会
主義を否定、直接行動論に転換していった。

# 3 近代的自我の確立

ANSWERS □□□

□**1** 明治期の詩人・評論家であった ★★★ は、日本にお
★★★
ける<u>ロマン主義</u>の代表的人物で、<u>自由民権運動</u>での挫
折後に文学を志した。現実世界の幸福や自由を追究す
る ★★★ 主義から離れて、**内面的な精神世界**である
「 ★★★ 」における幸福と自由を求めた。

北村透谷

功利,

想世界

◆ゲーテやシラーなどによる芸術運動に影響を受けた<u>ロマン主義</u>
<u>運動</u>は、**自由な感情と自我や個性の尊重・解放を目指す文学・芸
術運動**である。

□**2** <u>北村透谷</u>は、人間の<u>内面</u>の「想世界」に直観される
★★★
「 ★★★ 」の発露として**恋愛**を捉え、**現実**の世界に対
抗する拠点とした。このような考え方は後に<u>与謝野晶子</u>
たちの ★★★ 主義運動へとつながった。

内部生命

ロマン

◆<u>北村透谷</u>は、現実の世界における<u>功利主義</u>を批判し、**内面的世
界における自由の実現**を目指して、1893年に雑誌『**文学界**』を創
刊した。主著に『**内部生命論**』がある。

□**3** 明治初期に見られた ★★ 思想に代わり、明治中期
★★
以降には政治から離れて個人の<u>内面的世界</u>を探究する
傾向が起こった。その中で、 ★★ 主義とは、旧来の
制度や価値観の束縛から脱して<u>内面</u>**の豊かな感情や情
熱を肯定**することにより、 ★★ や個性を尊重し、こ
れを解放すべきであると唱えた。

啓蒙

ロマン

自我

□**4** <u>与謝野鉄幹</u>主宰の機関誌『 ★★ 』の歌人で、彼の妻
★★
でもあった ★★ は、歌集『 ★★ 』で情熱的かつ
官能的な作品を残す一方、**戦争を厳しく批判**した。

明星,

与謝野晶子, みだ
れ髪

◆「**君死にたまふこと勿れ**」で有名な詩は、日露戦争に従軍した実
弟への肉親の思いを歌ったものである。

158

□**5**
★★★

★★★ 文学は、日常における**事実をありのままに観**
**察**し、 ★★★ な<u>生</u>を表現しようとする文学である。

◆<u>ロマン主義</u>が自由な感情や個人を尊重する文芸であるのに対
し、<u>自然主義</u>は**ありのままの現実や苦悩**などを描写する文芸で
ある。そうした<u>自然主義</u>が苦悩の原因である社会批判に傾斜す
る中で、<u>夏目漱石</u>や森鷗外など**内面的自我の確立**を題材とする
<u>反自然主義</u>が登場する。

自然主義，
自然

□**6**
★

小説『<u>破戒</u>』や『<u>夜明け前</u>』で知られる ★ は、 ★
文学の先駆けとされ、また、<u>ロマン主義</u>の代表作の詩集
『 ★ 』で<u>自我</u>に目覚める葛藤と苦しみを通して
人間の<u>内面</u>に存在する真実を追究した。

◆<u>島崎藤村</u>は『<u>破戒</u>』で部落差別における**個人と社会の対立や苦悩**
を、『<u>夜明け前</u>』で明治維新に向けた**近代的自我**の確立過程を描
いている。

<ruby>島崎藤村<rt>しまざきとうそん</rt></ruby>，自然主
義
若菜集

□**7**
★

<u>自然主義文学</u>の人物として、『<ruby>蒲団<rt>ふとん</rt></ruby>』を著した ★
や、短編集『<ruby>武蔵野<rt>むさしの</rt></ruby>』や日記『**<ruby>欺<rt>あざむ</rt></ruby>かざるの記**』を残し
た ★ も有名である。

<ruby>田山花袋<rt>たやまかたい</rt></ruby>

<ruby>国木田独歩<rt>くにきだどっぽ</rt></ruby>

□**8**
★

明治後期の歌人 ★ は、『<u><ruby>一握<rt>いちあく</rt></ruby>の砂</u>』や『<u>悲しき玩</u>
<u>具</u>』など日常の生活感あふれる作品を残した。

◆<u>石川啄木</u>は、**大逆事件**（1910年）など国家権力の支配が強くなり
閉塞感が漂う時勢の中で<u>社会主義思想</u>に傾倒し、『**時代閉塞の現**
**状**』を著すなど、強権的な国家権力を非難している。

<ruby>石川啄木<rt>いしかわたくぼく</rt></ruby>

□**9**
★★★

★★★ は、日本の<u>文明開化</u>の特殊性について著した
『**現代日本の開化**』の中で、多くの**日本人**は「**神経衰弱**」
に**陥らざるを得ない**と述べ、<u>西洋</u>の<u>開化</u>は ★★★ で
あって、日本の<u>開化</u>は ★★★ であることに起因する
と考えた。

◆<u>夏目漱石</u>は、**西洋**の<u>開化</u>は自己の**内面**から**自発的に生まれた自**
**然**の<u>開化</u>であるのに対して、**日本**の<u>開化</u>は外国の圧力を受けて
行われたもので、自らの決定による**自発的・自然的**<u>開化</u>ではな
いとして批判的に捉えていた。日本人は内面的な精神が貧困で
あるため、自信がなく、不安感を持っているとする。

夏目漱石

内発的，
外発的

□**10**
★★★

<u>夏目漱石</u>は、<u>他者</u>への依存を捨てて<u>自我</u>の<u>内面的欲求</u>
に従うと同時に、他者を尊重する ★★★ という生き
方が重要であると唱え、そのような ★★★ 主義が
★★★ 開化の実現につながると考えた。

◆<u>夏目漱石</u>は、『**私の個人主義**』などにおいて、自己を見失い他者
に迎合するあり方を批判し、自己の本領を発揮しながらも他者
の個性や存在を認めて尊重し合う倫理的価値観を説いた。

自己本位，
個人，
内発的

**VIII**
**倫**
**理**

**3**
近代的自我の確立

159

# VIII 倫理分野 3 近代的自我の確立

**□11** 夏目漱石の考えた個人主義は、他者を犠牲にしてでも
★★★ 自分を優先するという単なる ★★★ ではなく、**自己**
**の義務を自覚し** ★★★ **の**個性を認めた上で自分の個
性を発揮するという自己本位を意味する。

エゴイズム ,
他人 (他者)

◆夏目漱石は、個人主義に立脚する自我の主張にはその副産物で
あるエゴイズムが伴い、それゆえ**個人どうしの間に衝突が生じ
るという矛盾**に突きあたった。こうした葛藤は代表作『こゝろ』
などに描かれている。

**□12** 夏目漱石が晩年になって求めたとされる ★★★ とは、
★★★ 小さな自我に対するこだわりを捨て自我を超えたより
**大いなるものに従って生きる**という ★★★ の伝統的
な思想に見られる考え方に通じる。

則天去私

東洋

◆則天去私とは、エゴイズムへの執着を捨て、無我の境地を求め
るという東洋的であり、また宗教的な諦観の態度である。これ
は西欧流の倫理的な考え方と東洋流の禅による解脱の双方を止
揚した結果、たどり着いた夏目漱石晩年の境地である。

**□13** 軍医で文学者の ★★★ は、社会の中の自己と私的で内
★★★ 面的な自己の間に起こる葛藤を、小説『 ★★★ 』の中
でドイツ留学時代の実経験をふまえて描写した。

森鷗外 ,
舞姫

**□14** 森鷗外が述べた「 ★★ 」とは、自己と ★★ との
★★ 間の矛盾に遭遇した際に、あくまで自己を貫くのでは
なく、自らの社会的な立場を冷静に引き受けながらも、
**なおそこに自己を埋没させまいとする立場**である。

諦念 (レジグナチ
オン) , 社会

◆これは葛藤の中で自己を貫く姿勢を捨てて運命を受け入れるあ
きらめの哲学である。

**□15** 作家 ★★ は、志賀直哉らと雑誌『 ★★ 』を創刊
★★ した。

武者小路実篤 , 白
樺

◆武者小路実篤らは、その雑誌名より白樺派と呼ばれる。

**□16** 武者小路実篤は、学生時代にロシアの文豪 ★ の
★ 思想に出会い、その人道主義に共感して人生を肯定的
に捉える作品を描くとともに、九州・宮崎の地に**理想
社会を目指して「** ★ **」を建設**した。

トルストイ

新しき村

◆「新しき村」は原始共同体を目指す**コミューン運動**の1つで、自
己の個性の成長が人類の発展に寄与するという**理想主義**に立つ。

□17 **白樺派**には、『**或る女**』を著した ☐★ なども参加し、★ **理想主義**の文学を目指して個性や善意を活かすことこそが人類の理想につながるという**人道主義**を唱えた。

**有島武郎**

□18 『**三太郎の日記**』を著した ☐★ は、教養を人類に普★ 遍的な価値とし、内面的な発展を目指す ☐★ 主義を唱えた。

**阿部次郎**,
**人格**

□19 ☐★★ は『**農民芸術概論綱要**』の中で、「世界がぜん★★ たい幸福にならないうちは ☐★★ の幸福はあり得ない」と述べ、人間を含む**あらゆる生命**が ☐★★ と一体化する境地を追求した。

**宮沢賢治**,
**個人**,
**宇宙**

◆**宮沢賢治**は**日蓮宗**を信仰し、『**法華経**』に基づき、生きとし生けるものに献身する姿勢を貫いた。自らの死の2年前に詠んだ詩「雨ニモマケズ」などに、その影響が表れている。他の代表作に、詩集『**春と修羅**』、童話集『**注文の多い料理店**』や、『**銀河鉄道の夜**』『**風の又三郎**』など、死後に高く評価された童話がある。

# 4 近代化における思想的展開

**ANSWERS** ☐☐☐

□1 **大正デモクラシー**を指導した政治学者 ☐★★★ は、政★★★ 治の目的は国民の利益と幸福であり、**民衆本位の政治を行うべきである**として、☐★★★ 主義を唱えた。

**吉野作造**

**民本**

◆**吉野作造**の唱えた**民本主義**は、現在の民主主義のように主権が国民にあるという主旨ではないが、**立憲君主制**を導入した当時の日本において、その**実情に即した**デモクラシーの形とはいえ、**大正デモクラシー**を正当化するために、**天皇制**を前提にしつつも、主権が運用される際には民衆の意向が尊重されるべきだとして**民衆本位の政治**を求めた。

□2 **大正期には労働問題や女性解放運動が激しさを増した**★★★ が、**1917年**に起こった ☐★★★ 革命を機に、日本でも☐★★★ 主義が発展した。

**ロシア**,
**マルクス**

◆**日清戦争**後に**資本主義**が発達すると様々な社会問題が引き起こされ、その是正を目指し**人道主義**や**社会主義**が台頭し始めた。

□3 ☐★ は、**ヒューマニスト**であり経済学者であると★ ともに、明治期から昭和初期の代表的な**マルクス主義**者で、著書『 ☐★ 』の中で**人道主義**を訴えた。

**河上肇**

**貧乏物語**

◆その後、**人道主義**だけでは社会問題は解決されないと考え、**マルクス主義**に傾倒した。

**VIII 倫理**

**4 近代化における思想的展開**

161

# VIII 倫理分野　4 近代化における思想的展開

**□4** 明治後期になると、西洋の思想を吸収し新たに独自の
★★★ 思想を展開する独創的な思想家たちが現れた。著書『善
の研究』で有名な ★★★ もその一人である。

西田幾多郎

**□5** 西田幾多郎は、主観と客観、精神と物質の対立とは分
★★★ 析的・反省的意識によってもたらされたものであり、**真
の実在は** ★★★ **の** ★★★ **そのもの**であるとした。

主客未分, 純粋経験

◆西田幾多郎は、思考の働きがまだおよんでない**直接の経験は主
観と客観が未区分**であり、知情意の分離が行われていない状態
である。このような経験をもとに**主観と客観を合一する**力を得
ることで人格を実現し、自己を完成できると説いた。内面の苦
悩を禅（坐禅）や思索によって解決しようと試み、純粋経験とい
う概念に到達した哲学は西田哲学と呼ばれる。

**□6** 西田幾多郎が求めた「 ★ の論理」とは、**有と無の
★ 対立を超え**事物事象そのものを可能にするところの
「 ★ 」に基づくものであった。

場所

絶対無

**□7** ★ は、江戸時代から受け継がれてきた「いき」と
★ いう美意識を哲学的に分析した『 ★ の構造』で、
「いき」とは「あきらめ」や「意気地」をもって、偶然的
に儚いこの世を軽やかに生きる生き方であると捉えた。

九鬼周造,
いき

**□8** 西田幾多郎に学んだ歴史哲学者の ★ は、マルク
★ ス**主義哲学**について学問的に深く探究し、思想界に大
きな影響を与えた。彼は反 ★ 運動に参加したが、
検挙され獄死した。

三木清

ファシズム

**□9** 西田哲学に学んだ ★ は、唯物論哲学の道を探究
★ しつつ、マルクス主義の立場から**世界的なファシズム
傾向を批判**したが、後に検挙され獄死した。

戸坂潤

**□10** 昭和初期になると、不況の中で権力を握った軍部によ
★ り社会主義や民主主義の思想、言論の自由などが弾圧
され、軍国主義の時代を迎えて、国家がすべてに優越
する ★ 主義が台頭した。

国家

**□11** 国家主義運動の指導者 ★ は、著書『 ★ 』の
★ 中で超国家主義を主張し、政権担当者をクーデタで排
除し新たな政府の樹立を目指すも、後の ★ 事件
を起こした青年将校たちに思想的影響を与えたことか
ら、事件の首謀者として刑死した。

北一輝, 日本改造
法案大綱
二・二六

□**12** 思想家でありイスラーム研究でも知られる ■ ★ ■ は、
★　大東亜共栄圏の理念につながる大アジア主義を展開した。

大川周明

□**13** 本来「国がら」を指す言葉である ■ ★ ■ とは、**日本に**
★　**神代から続く不変の政治秩序**のことだが、明治後期に
なって万世一系の ■ ★ ■ が統治する政治体制を意味
するようになった。

国体

天皇

□**14** 第二次世界大戦後の日本に民主社会を確立する道を模
★★　索した政治学者の ■ ★★ ■ は、**他者を**他者として理解
し、また自分の中に巣くう偏見に常に反省の目を向け
ることのできる、■ ★★ ■ **の精神を持つ個を確立しな**
**ければならない**ことを日本人の課題と捉えた。

丸山真男

自主独立

◆丸山真男は、日本の敗戦後に戦争指導者たちが「責任」を取ろう
としなかったのを見て、これを「無責任体制」という言葉で批判
した。また日本思想史研究者の立場から、福沢諭吉を高く評価
し、すでに時代遅れとされていた近代的自我の確立という課題
が日本の現状では未だ達成されていないと考えた。著書に『超国
家主義の論理と心理』『日本政治思想史研究』などがある。

□**15** ■ ★★★ ■ は、人間とは常に人と人との「■ ★★★ ■」とい
★★★　う関係性においてのみ人間たり得るのであり、人間は
**決して孤立した個人的な存在ではない**という ■ ★★★ ■
存在であると捉えた。

和辻哲郎, 間柄

間柄的

□**16** 和辻哲郎は、自然のあり方と人間性の関連を論じた『風
★★★　土』で、■ ★★★ ■ 型の風土では自然が恵みと暴威として
体験されるための忍従的・受容的に、■ ★★★ ■ 型の風土
においては自然に規則性があるため論理的・客観的
に、■ ★★★ ■ 型の風土では厳しい自然環境であるため、
戦闘的・対抗的・団結的な人間性がそれぞれはぐくま
れると説いた。

モンスーン,
牧場

砂漠（沙漠）

◆日本などの東アジア世界をモンスーン型、ヨーロッパ世界を牧
場型、イスラーム世界は砂漠（沙漠）型と類型化した。

□**17** 和辻哲郎は、日本人の特性として、**しめやかでありな**
★★　**がらも突発的に激しい感情を示す**「■ ★★ ■」と、**突発的**
**な激しい感情を示しつつも直ちにあきらめる**「■ ★★ ■」
という二重的性格を持つことを指摘した。

しめやかな激情,
戦闘的な恬淡

◆恬淡とは、欲がなく、物事に執着しないという意味。

**VIII**
**倫**
**理**

**4**
近代化における思想的展開

163

## VIII 倫理分野　4 近代化における思想的展開

□**18** 和辻哲郎は、奈良の古寺に残る日本古代の ★★ 芸
★★　術に関心を示し、中国やインド、ギリシアなどの**古代
芸術と多くの共通点を持っている**ことを指摘した。

仏教

□**19** 和辻哲郎は著書『 ★★★ 』で、**人は個人的存在である
★★★　と同時に** ★★★ **存在でもある**がゆえ、倫理とは社会
を否定して自己を自覚することと、その自己を再び否
定して社会のために生きようとすることの相互運動で
あるとし、この運動が停滞すると利己主義や ★★★
主義に陥ると指摘した。

人間の学としての
倫理学，
社会的

全体

□**20** 権力者による歴史は真実の歴史ではないと批判し、**無
★★★　名の民衆こそが歴史の主体**であると述べたのは、日本
**民俗学の創始者**とされる ★★★ である。

柳田国男

□**21** 柳田国男は、**無名の人々からなる** ★★★ **こそが歴史
★★★　を支えてきた**と考え、知識人の残した文献ではなく、**庶
民の日常的** ★★★ **や儀礼**の中に日本文化の真の姿を
探究し、全国の ★★★ を筆録しつつ**庶民の精神生活**
の実相を明らかにしようとした。

常民

習慣，
民間伝承

◆柳田国男は、稲作定住農耕民の生活習慣について、宗教的側面
をふまえて探究した。その成果を『遠野物語』に著した。

□**22** ★★★ は、**民衆の日用品**としての価値しかなかった
★★★　品々に、固有の優れた「用の美」を見出し、それら
に ★★★ という概念を与えた。

柳宗悦

民芸

◆雑誌『白樺』の創刊に加わり、後に民芸運動を創始した。民芸（民
間工芸）となる日用品や日常雑器に宗教的真理を見出した。

□**23** 柳宗悦は、市井にある無名の職人によって形作られた
★★★　日本の「 ★★★ 」に新たな美を発見した。一方で、
★★★ の芸術にも同様の価値を見出し高い評価を与
え、この民族への敬愛を説いた。

民芸，
朝鮮

◆植民地支配に積極的だった当時の日本社会において、柳宗悦が
民芸を評価し、さらに朝鮮民族の文化をも評価したことは、**日本
の近代化と植民地政策に対する批判**であったとも読み取れる。

□**24** ★ は、沖縄（琉球）出身の民俗学者・言語学者で、
★　沖縄学の祖といわれる。

伊波普猷

□**25** 多くの文芸批評を残した ★ は、著書『**様々なる
★　意匠**』の中で、明治以来の思想や理論がその時々の流
行の「意匠」として弄ばれてきたと批判した。

小林秀雄

164

□26 「元始、女性は実に太陽であった。真正の人であった」
★★★ は、 ★★★ が『 ★★★ 』発刊時に述べた言葉である。

◆岸田俊子や景山（福田）英子の活動から始まる女性解放運動は文
壇へと広がった。平塚らいてう（雷鳥）が雑誌『青鞜』創刊号の
巻頭に掲げたこの言葉は、女性には輝かしい天性の能力が潜ん
でいる。男性に依存してひ弱になることなく、その能力を発揮
して生きなければならないという意味である。

平塚らいてう（平
塚雷鳥），青鞜

□27 平塚らいてう（平塚雷鳥）は、後に初の女性国会議員と
★★★ なった ★★★ らと1920年に新婦人協会を設立し、女
性参政権獲得運動を展開した。

市川房枝

□28 生物学者・民俗学者の ★★ は、明治政府が行った
★★ 神社の統廃合令である ★★ に強く反対し、神社の
周囲に長く存在してきた ★★ が破壊されることを
危惧して、自然と文化の保護を訴えた。

◆神社合祀令は、1つの町村に存在する複数の神社を1つに統廃
合するという、明治政府の政策である。

南方熊楠，
神社合祀令，
鎮守の森

□29 1890年頃、 ★★ 議員の職にあった ★★ は、足尾
★★ 銅山鉱毒事件で被害にあった農民たちを救うために、
銅山の操業停止を求めて明治天皇に直訴した。

衆議院，田中正造

□30 熊本県の水俣湾で発生した有機水銀汚染による中毒症
★★ を ★★ といい、 ★★ による記録文学『苦海浄
土』は、その被害者と家族たちの苦悩と怒りを克明に
記録したものである。

◆加害者企業であるチッソ（旧日本窒素肥料株式会社）と被害者の
間には、水俣病認定をめぐる問題（水俣病未認定問題）や被害に
対する損害賠償訴訟が続いている。

水俣病，石牟礼道子

□31 アメリカの文化人類学者ベネディクトは、著書
★★★ 『 ★★★ 』の中で日本人の国民性の特徴として、共同
体の ★★★ を重んじて世間の思惑や他人の目を気に
しながら行動することを「 ★★★ の文化」と規定した。

◆「世間」意識に加え、仏教思想の影響も考えられる。例えば、自
らの行為を大いに恥じ入ることを「慚愧（慙愧）に堪えない」と
いうが、この慚は「自らと仏法の教えに照らして」、愧は「世間
に照らして」それぞれ恥じることを意味する。

菊と刀，
和，
恥

□32 『共同幻想論』などを著した詩人の ★ は、市井の
★ 思想家としての立場から、権力や権威を批判する評論
活動を展開した。

吉本隆明

VIII
倫理

4
近代化における思想的展開

# IX

# 政治分野
POLITICS
### 民主主義の原理と発展

## 1 国家の理論と機能

ANSWERS □□□

**□1** プラトンは、 **★★** **のイデア**を知っている**哲学者**が
★★ 国を治めるべきだと主張し、これを **★★** と呼んだ。

善,
哲人政治

**□2** アリストテレスは、政治制度を**君主政治、貴族政治、共**
★★ **和政治**の**3**つに分類し、 **★★** を**最も望ましい政治**
**の形**とし、安定している制度とした。

共和政治

**□3** **★★** は、**理性**による**道徳法則**と**動機**の正しさに従
★★ うことが**真の自由**であり、**人格を尊重し合う目的の王**
**国**が理想国家だとして、 **★★** を主張した。

カント

国際平和

**□4** カントによる**永久平和**の思想は、彼の著書『 **★★★** 』
★★★ で明らかなように、近代社会における人間尊重の神髄
である。このような彼の思想は、後に **★★★** の精神
にも引き継がれた。

永久平和のために
(永遠平和のために)
国際連盟

◆カントの永久平和の思想は、アメリカ大統領ウィルソンに影響
を与え、同大統領は「**14カ条の平和原則**」において**国際連盟**の
設立を提唱した。

**□5** 政治とは、社会に存在する**多元的な利益**の矛盾対立を
★ 調整し、 **★** を**維持する**権力作用である。

社会秩序

**□6** 社会には様々な社会集団が存在するが、**国家も社会集**
★★ **団の1つに過ぎない**と捉えながらも**諸集団の利益を調**
**整するのが国家の役割**とする国家論を **★★** という。

多元的国家論

**□7** **国家を構成する3つの要素**とは、**主権、★★** (**領土・**
★★ **領海・領空**) および **★★** (**国民**) である。

領域,
人民

**□8** **主権**には**統治権**以外に、国の政治の **★★** 、 **★★**
★★ (**最高独立性**) という**3**つの意味がある。

最高意思決定権,
対外的独立性

◆**16世紀後半のフランス**の思想家**ボーダン** (ボダン) は、著書『国
家論』で**主権の概念**を提唱し、**主権を君主に与えるべき**と説い
た。

166

□**9** 国家主権や**君主主権**における「主権」とは、**国の政治の** ★ □ ★ □ を意味する。

最高意思決定権

□**10** **ポツダム宣言第8条**の「**日本国の**主権は、本州、北海 ★ 道、九州及四国……に局限せらる」にいう「主権」とは □ ★ □ の意味である。

統治権

□**11** **日本国憲法前文3段**の「いづれの国家も、自国のこと ★ のみに専念して他国を無視してはならないのであつて、 政治道徳の法則は……自国の**主権**を維持し、他国と対 等関係に立たうとする各国の責務であると信ずる」で いう「**主権**」とは、 ★ （最高独立性）である。

対外的独立性

□**12** 国連海洋法条約は、 ★★ （EEZ）を ★★ カイリ ★★ と規定しているが、東シナ海の**尖閣諸島**のように、こ の水域が国どうしで重なる場合、 ★★ を**画定**する 外交努力が必要となる場合もある。

排他的経済水域, 200 中間線

◆領海（12カイリ）と排他的経済水域（200カイリ）を除いた海 洋のすべては公海という。すべての国が航行の自由、上空飛行 の自由、漁業の自由、調査の自由などを持つ。大陸棚が200カ イリよりも先に続く場合には、**その限界点まで**排他的経済水域 が**自然延長**される。また、基線から24カイリまでに沿岸国は接 続水域を設定でき、通関、財政、出入国管理、密輸入や密猟な ど違法行為が疑われる船舶を予防的に取り締まる警察活動を行 うことができる。なお、この条約に基づき、1996年に**国際海洋 法裁判所**が設立された。主に海洋法条約の解釈や適用にかかわ る紛争を扱う。

□**13** **イェリネック**などが説いた ★★ では、国家は政治 ★★ 的行為を組織的に遂行する**法人**であるとする。

国家法人説

□**14** ★★ に立ち、美濃部達吉が ★★ を主張したが、 ★★ **天皇を対外的代表機関に過ぎない**と捉えた点で天皇制 批判とみなされ、昭和前期に弾圧を受けた。

国家法人説, 天皇 機関説

□**15** ホッブズ、ロック、ルソーが説いた ★★ では、国 ★★ 家は、**自然権を守る**ために**人々の自発的な**合意と契約 によって作られた権利擁護機構であるとする。

社会契約説

□**16** 社会契約説を主張するロックは、**君主が絶対的な権限** ★ **を有する政治体制**である**絶対王政**（絶対主義）と、それ を正当化する政治思想である ★ を批判した。

王権神授説

IX 政治

**1** 国家の理論と機能

**IX 政治分野　2 社会契約説**

□**17** 国防や治安など**必要最小限の役割**を果たす18・19世
★★★ 紀の国家のことを [★★★] 国家という。それは、**国民
の**自由**権を守る**ことを目的とする [★★★] 国家であり、
**必要最小限の法律を作る** [★★★] 国家である。

夜警,

自由,

立法

◆ドイツの社会主義者ラッサールが、消極国家で自由放任の「小さ
な政府」を皮肉って「夜警国家」と名づけた。

□**18** 夜警国家を支えた経済学説は、[★★] の [★★] 主
★★ 義の考え方である。

アダム=スミス, 自
由放任

□**19** 景気や物価対策、完全雇用政策といった**国民の福祉充
★★★ 実**などの役割を果たす20世紀以降の現代国家のこと
を [★★★] 国家という。これは、**国民の**生存**権を守る**
ことを目的とする [★★★] 国家であり、市場介入のた
めの政策を専門家集団が行う [★★★] 国家である。

福祉,

社会,

行政

◆福祉国家を支えた経済学説は、ケインズの有効需要論である。

□**20** 福祉国家では巨額の [★★★] が発生するため、反ケイ
★★★ ンズ主義に基づき財政再建を目指し、再び小さな政府
に戻ろうとする国家観のことを [★★★] 主義という。

財政赤字

新自由

# 2 社会契約説

ANSWERS □□□

□**1** 西洋近代の [★★★] 的精神に基づき、啓蒙思想家たちは
★★★ 人間の社会にも自然法則のように特定の時代や社会の
あり方に制約されない**普遍的な原則**としての [★★★]
法があると強調するようになった。

合理

自然

◆グロティウスは国際社会には守るべき自然法があると主張した
ことから「近代自然法の父」「国際法の父」と呼ばれる。

□**2** ホッブズは、自然状態における「闘争**状態**」を避けるた
★★★ め、人々は自らの主権を自然法に基づいて放棄（全面譲
渡）**する** [★★★] を結んで国家を作ったとした。

社会契約

□**3** ホッブズによれば、自然権を譲渡された個人ないし合議
★★★ 体は、『旧約聖書』に登場する怪獣 [★★★] のような強大
な権力を持つべきであり、人民はこの権力に服従しなけ
ればならない。

リヴァイアサン

◆主著『リヴァイアサン』には巨人の怪物を国家に見立てた扉絵が
ある。その怪物の胴体には無数の人形が描かれている。社会契
約で成り立つ国家を構成する国民を表しているのだろう。

168

□ **4**
★★★

　**★★★** は、生命、自由、財産など人間として当然保有している前国家的な権利である **★★★** を、**理性の法**の観点から正当化した。

　◆ホッブズが**性悪説**に立つのに対し、ロックは人間の**自然**状態を「**自由・平等・平和**」な状態だとする**性善説**に立っていた。

ロック,
自然権

□ **5**
★★★

　ロックは、国民の **★★★** を受けた政府が、国民の **★★★** である生命、自由、財産の権利を侵害した場合、**国民は政府に対し ★★★ する権利**があるとした。

　◆ロックは、国民は政府に対する**信託（委託）**契約の取り消しの権利、すなわち**抵抗権（革命権）**を行使できるとし、1688年の**名誉革命**を正当化した。また、**人民主権と間接民主制**が政治の基本形態であるとした。

信託（委託）,
自然権,
抵抗

□ **6**
★★

　ロックは『統治論（市民政府二論）』で、「個々の人間は身体という **★★** を **★★** している。本人を除けば、何人もこれに対する権利を持たない」と述べた。

財産, 所有

□ **7**
★★★

　ルソーは、主権は個々の **★★★** に存在し、**★★★** が集合し、融合する社会契約によって作られたものが国家であると考え、その政治形態の基本は **★★★** 民主制であるとした。

　◆ルソーは、**人民主権**を主張し、「イギリス人が自由なのは選挙をする時だけで、選挙が終われば奴隷になってしまう」と述べ、**ロックの間接民主制**を批判した。

人民, 人民

直接

□ **8**
★★★

　**★★★** は、『社会契約論』の中で、**公共の利益を図る意志**である **★★★** に基づく直接民主制を主張した。

　◆ルソーは、人民は直接、共同体において議決権を行使するが、その**一般意志**に従うことによって、市民としての自由が得られると考えた。

ルソー,
一般意志

□ **9**
★★★

　ロックの思想は **★★★** 宣言に反映されており、ルソーの平等思想は **★★★** 宣言に盛り込まれている。

　◆アメリカ独立宣言には、ロックの**抵抗権（革命権）**が明記されている。フランス人権宣言第1条には、**ルソーの平等思想**が明記されている。

アメリカ独立,
フランス人権

## 3 民主政治とその形態

ANSWERS □□□

□ **1**
★★★

　マックス＝ウェーバーの分類によると、**絶対君主制**は伝統的支配、**独裁政治**は **★★★** 的支配、**議会民主制**は **★★★** 的支配とされる。

カリスマ,
合法

IX
政治

**3**
民主政治とその形態

169

**IX 政治分野　3 民主政治とその形態**

**□2**
★★★
1863年、アメリカ南北戦争中に行われた<u>リンカーン</u>大統領の<u>ゲティスバーグ</u>演説で語られた「<u>人民</u>の、<u>人民</u>による、<u>人民</u>のための ★★★ 」には、 ★★★ 主義の**本質**が示されている。

政治，民主

◆<u>人民</u>自身が政治を行えば、自らの<u>自由</u>を奪うことはなく、**民主政治**は**自由権**を保障するための有効な手段となり得るとする（<u>リベラル=デモクラシー</u>、<u>自由民主主義</u>）。

**□3**
★★
<u>直接民主制</u>は**古代ギリシアの都市国家**である ★★ や ★★ の一部の州（カントン）など人口の少ない地域で実施されることがある。

ポリス，
スイス

◆植民地時代のアメリカの**タウン=ミーティング**も<u>直接民主制</u>の一例といえる。

**□4**
★★
<u>間接民主制</u>は、国民の意見を ★★ によって選ばれた代表者の集まりである ★★ を媒介として立法に反映させる民主政治形態である。

選挙，
議会

**□5**
★★★
<u>ロック</u>の**権力分立**の考え方の影響を受けた<u>フランス</u>の ★★★ は、<u>司法権</u>を**独立**させた現代に通じる<u>三権分立</u>を説き、『 ★★★ 』を著した。

モンテスキュー，
法の精神

◆<u>ロック</u>は、政治権力を<u>立法権</u>、執行権、同盟権（連合権、外交権）に分けることを主張し、中でも<u>立法</u>**権が**執行**権よりも優位**に立つべきと考えた。一方、厳格な<u>三権分立</u>論を展開した<u>モンテスキュー</u>は、権力間の**抑制と均衡**（チェック=アンド=バランス）で権力の濫用や腐敗を防ぐことを唱え、<u>フランス革命</u>から<u>フランス人権宣言</u>、アメリカ合衆国の政治体制などに影響を与えた。

**□6**
★★★
**三権分立**の目的は、国家権力を ★★★ 権・ ★★★ 権・ ★★★ 権の三権に分けて権力の濫用を防ぐ点にある。

立法，行政，
司法 ※順不同

◆フランス人権宣言第16条では「**権利**の<u>保障</u>が確保されず、<u>権力</u>の<u>分立</u>が定められていない社会は、およそ<u>憲法</u>を持つものではない」と述べられている。

**□7**
★★
★★ **制**は**立法権**を行使する議会を2つに分けて、一院の暴走を防止する議会システムである。

二院

◆イギリスの**ハリントン**は、審議の院と議決の院に分けるべきと主張した。

**□8**
★★★
<u>内閣</u>が議会（下院）に対して**連帯責任を負う**とする政治制度を ★★★ **制**という。

議院内閣

◆国民代表議会の信任によって**行政権**を持つ<u>内閣</u>が成り立つ制度のこと。**イギリス**や**日本**などが採用している。

170

□**9** ロックが述べた近代的な**議会政治の３つの原理**と
★★ は、 ★★ の原理、 ★★ の原理、行政監督の原理
である。

◆代表の原理、審議の原理、多数決の原理を、議会政治の三原理
と呼ぶ場合もある。

代表，審議
※順不同

□**10** 選挙や議会が原則とする多数決の手段について、人々
★ が納得し得る ★ 形成や決定が難しい場合、その
ための**話し合いへの参加を重視**し合意形成を目指す
「 ★ 民主主義」が注目されている。

合意

熟議

□**11** 行政権を持つ大統領を ★★★ が選挙という形でコン
★★★ トロールする政治制度を ★★★ 制という。

◆大統領制はアメリカやフランス、ドイツ、ロシア、韓国などが
採用しているが、国によって選出方法が直接選挙か間接選挙と
異なっている。

国民，
大統領

□**12** 旧ソ連では、権力分立とは異なる考え方から、全人民を
★ 代表する合議体に**すべての**権力を集中させる ★
制を採用していた。

民主集中 (権力集
中)

□**13** **ドイツ**や**イタリア**のように**多党** ★★ 政権の下にあ
★★ る国や、**スイス**のように連邦制・二院制・国民投票制
度を採用する国では、政策決定過程で数多くの政治主
体が ★★ 権を行使することが可能となっている。

連立

拒否

□**14** 日本では、フランスなど欧州の国々と異なり、憲法改
★★★ 正を除いた**国政レベルの重要問題**について、直接民主
制に基づく ★★★ 制度が認められていない。

◆直接民主制を主張したルソーの母国フランスでは、大統領に重
要問題についての国民投票施行権が認められている。もともと
重要問題の国民投票の慣行を持たないイギリスでも、2016年6
月に EU 残留か離脱かを問う国民投票が実施され、離脱票が僅
差で上回った。なお、日本の国民投票法 (2007年制定、10年施
行) に基づいて行われる国民投票は、重要問題一般に関するもの
ではなく憲法改正に限られる。

国民投票

□**15** 2002年に ★★ では**国際連合(国連)加盟の是非**を問
★★ う国民投票が実施され、加盟を決定した。

◆2014年9月には、スコットランドでイギリスからの分離・独立
の是非を問う住民投票が行われたが、独立は否決された。

スイス

IX
政治

**3**
民主政治とその形態

171

**IX 政治分野 4 法の支配と法治主義**

□**16** 近年、日本でも一部の**地方公共団体**で**重要問題の決定**
★★★ の際に ★★★ を**自主的に実施する**例が増えている。

◆**住民投票条例**などを自主的に制定して実施する例が増えてい
る。**市町村合併の賛否を問う**際に行われることも多い。なお、地
方で実施されている日本の**住民投票**は、住民の意思を問うもの
であるが、国政に対しては**法的拘束力を持たず**、単なる**民主ア
ピールにすぎない**。

住民投票

# 4 法の支配と法治主義

ANSWERS □□□

□**1** ★★★ とは、権力者の専断的・恣意的支配である人
★★★ の支配を排し、たとえ**権力者といえども正義の法であ
る** ★★★ 法に拘束されるという原理である。

◆日本国憲法は**人権保障**を目指す点で法の支配の立場にある。

法の支配

自然

□**2** 1215年、イギリスで ★★ (**大憲章**) が採択され、裁
★★ 判官ブラクトンは「**国王といえども神と** ★★ **の下
にある**」と述べたが、この言葉は法の支配の**確立を国
王に対して要求**したものである。

◆エドワード=コークは、王権神授説を唱える国王ジェームズ1
世に対して、このブラクトンが述べた言葉を引用し、法の支配を
主張した。彼は権利請願 (1628年) の起草者としても知られる。

マグナ=カルタ,

法

□**3** **法の支配**の具体的なあらわれとして、日本国憲法第
★★★ 81条の ★★★ 制度、第14条の法の下の平等、第
31条などの ★★★ 主義、第98条の憲法の ★★★
性などがある。

◆法の支配の具体的なあらわれのうち、権力者も自然法 (正義の
法) に拘束されることを明記するのが、日本国憲法第99条であ
る。同条の規定は国民にではなく公務員に憲法尊重擁護義務を
課している。

違憲審査 (違憲立
法審査),
罪刑法定, 最高法
規

□**4** **形式的法治主義**の具体的なあらわれとして、明治憲法
★★ における、権利の制限を正当化する ★★ の規定が
ある。

◆**形式的法治主義**は、法律に基づいて統治を行う方が効率的であ
るとする考え方で、法は統治の道具とみなされている。そのた
めに「**悪法も法なり**」とする**法律万能主義**に陥りやすい。ドイツ
のプロイセン憲法や、それを模範として作られた明治憲法 (**大日
本帝国憲法**) が典型例である。

法律の留保

172

# 5 基本的人権の種類と歴史

ANSWERS □□□

**IX 政治**

**5 基本的人権の種類と歴史**

□**1** 近代市民革命によって獲得された**権利**は国家権力からの個人の自由の保障を求める ★★★ であったが、その後、資本主義経済の発展とともに**国家の積極的介入を求める** ★★★ も主張されるようになった。

自由権

社会権

□**2** 自由権は、**国家からの自由**を実質とする ★★★ 的権利であるのに対して、 ★★★ 権は、**国家による自由**を本質とする ★★★ 的権利である。

消極，

社会，

積極

◆資本主義経済の発展に伴って生じた弊害に対応するために、**人たるに値する生活の保障を国家に求める**という趣旨から社会権が登場した。社会権は**経済的弱者を保護して実質的平等を実現する**ことを目的としている。

□**3** 参政権は、**国家への（政治参加の）自由**を実質とする ★★★ 的権利であり、**選挙権**や ★★★ などを含む。

能動，被選挙権

□**4** 財産と教養のある市民（**新興ブルジョアジー**）が中心となって**絶対君主**を倒し、自由権と民主政治を獲得した**出来事**を総称して ★★★ という。

市民革命

□**5** イギリスでは、17世紀に**ピューリタン革命（清教徒革命）**と ★★ を経て、1689年に ★★ が採択されて**民主的統治**と**自由権**が獲得された。

名誉革命，権利章典

◆権利請願（1628年）で、国王チャールズ1世に対して**議会の同意のない課税の禁止や身体の自由の保障**を求めたが、後に国王がこれを無視したためにピューリタン革命につながった。名誉革命（1688年）の集大成として権利章典（1689年）が発布され、国民の請願の自由、信教の自由、財産の自由や王権制限などの民主的な統治構造が規定された。

□**6** 1776年6月に制定されたアメリカの ★★ は、世界で初めて**生来的権利の不可侵性**を明記した成文憲法である。

ヴァージニア権利章典（ヴァージニア州憲法）

□**7** 1776年7月に採択された ★★★ は、「われわれは、**自明の真理**として、**すべての人**は ★★★ に造られ、造物主によって一定の奪いがたい**不可侵の権利**を付与され、……」と謳って、 ★★★ 人権の考え方を明記した。

アメリカ独立宣言，平等

天賦

173

**IX 政治分野 5 基本的人権の種類と歴史**

**□8** 1789年採択の ★★★ は、**自由と平等、所有権の** ★★★ **性を明記し、自由権を集大成**した歴史文書である。

★★★

◆「**人および市民の権利宣言**」とも呼ぶ。第2条で自然権を「自由、所有権、安全および圧制への抵抗」と位置づけ、第3条では「すべての主権の原理は、本質的に国民にある」として国民主権を定めている。

フランス人権宣言,
神聖不可侵

**□9** **参政権**拡大の理論的根拠となった思想には、19世紀イギリスの ★★ がある。

★★

◆功利主義とは、幸福を追求する考え方で、幸福は**数量化でき計測可能**であるとする量的功利主義や、幸福には**質的な差がある**とする質的功利主義がある。

功利主義

**□10** 功利主義の代表者には、**快楽を**量的**に捉えて計算**した ★★★ と、**快楽の**質**を追求し人間の精神的満足を重視**した ★★★ がいる。

★★★

◆ベンサムは「**最大多数の最大幸福**」、J.S. ミルは「**満足した豚より不満足な人間がよい**」と述べた。

ベンサム,
J.S. ミル

**□11** J.S. ミルは、**幸福**の1つである ★★★ を達成する手段となる**民主政治を確立**する必要があるとして ★★★ **の拡大**を説き、ベンサムは「**最大**多数**の最大**幸福」を実現するために**多数意見を採用**して議論の決着を図る ★★★ 原理を導入する**議会改革**を唱えた。

★★★

自由

参政権

多数決

**□12** 普通選挙とは ★★★ **以外に関する制限を設けない**選挙のことであり、**性別**や ★★★ 、**納税額**などの**資格制限を撤廃**する選挙制度である。

★★★

◆性別資格制限などを撤廃し、成年男女に等しく選挙権を与える制度を男女普通選挙という。なお、平等選挙とは「1人1票」（数の平等）と「1票の価値の平等」の2つの原則を意味する。

年齢,
財産

**□13** イギリスの ★★★ **期**には労働者**階級が形成**され、やがて政治意識を高めた**労働者**たちは ★★★ **運動**で制限選挙に反対し、**普通選挙の確立**を要求した。

★★★

◆1837〜48年に起こったチャーティスト運動は、男子を中心とした世界初の**普通選挙権の獲得運動**であった。しかし、イギリスで**普通選挙**が確立したのは、20世紀に入ってからである。第4回選挙法改正（**1918年**）で21歳以上の男子と、30歳以上の女子に、第5回選挙法改正（**1928年**）で21歳以上の男女に選挙権が認められた。

産業革命,
チャーティスト

**□14** 1848年に**世界で初めて制度**として、男子普通選挙**を実現**したのは ★★ である。

★★

フランス

□**15** 1893年、**世界初の**女子**選挙権**は □ ★★ □ **で実現された。

★★

◆ヨーロッパの国でありながら、女子選挙権の確立が1971年と遅くなった国はスイスである。

ニュージーランド

□**16** 日本では、**1925**年に □ ★★ □ **歳以上の男子**普通**選挙法**、1945年に □ ★★ □ **歳以上の男女**普通**選挙法**が成立した。

★★

25,

20

□**17** **1919年**、**ドイツ**のワイマール（ヴァイマル）**で開かれた国民議会で制定された憲法は、世界で最初に** □ ★★★ □ **権を規定した**ことで有名で、中でも重要な権利は □ ★★★ □ **権**である。

★★★

社会,

生存

□**18** 社会権とは、国民が国家に対して「□ ★★★ □」**の保障を求める** □ ★★★ □ **的権利**で、貧困からの自由などを意味する。

★★★

◆ワイマール（ヴァイマル）憲法第151条では「**人たるに値する生活**」と表記した。

人間に値する生活（人たるに値する生活），

積極

## **6** 近代の法体系

ANSWERS □□□

□**1** 自然法が □ ★★ □ **権を保障する前国家的な永久不変の法規範**であるのに対し、□ ★★ □ **法**は国家成立後に形成された**人為の法**であり、成文法や □ ★★ □ **法**を含む。

★★

自然,

実定,

不文

□**2** □ ★★ □ **法は条文化された法律**であるのに対し、□ ★★ □ **法は条文はないが法的確信が得られる規範**であり、判例法や慣習法などはこれにあたる。

★★

◆イギリスの通常裁判所で確立された判例法であるコモン=ローは不文法（不文憲法）の代表例である。

成文, 不文

□**3** □ ★★ □ **法は公権力と国民の関係を規律**するのに対し、□ ★★ □ **法は私人相互間の紛争を解決する法規範**であるが、私人間の契約関係に**公権力が**介入**して社会的弱者を保護する法律**は一般に □ ★★ □ **法**と呼ばれる。

★★

◆公法には憲法、刑法、民事訴訟法、刑事訴訟法など、私法には民法、商法など、社会法には労働基準法、最低賃金法などがある。

公,

私,

社会

□**4** □ ★ □ **法が権利と義務の内容を定める法律**であるのに対し、□ ★ □ **法は裁判などの進行や利用の手続を定める法律**である。

★

実体,

手続

IX

政治

**6** 近代の法体系

175

**IX 政治分野　7 人権の国際化**

□**5** 手続法には、民事裁判の進行方法を定める ★★ 法、
★★ 刑事裁判の進行方法を定める ★★ 法、行政処分な
どの拘束力を否定することや反論の機会を保障する
★★ 法などがある。

民事訴訟,
刑事訴訟

行政手続

□**6** 経済的弱者の保護を目的に ★ の原則が支配する
★ 私法の領域に国の法律が介入するのを ★ という。

契約自由,
私法の公法化

◆例えば、労働基準法や最低賃金法は国が定めた社会法であるが、
私法の領域である契約自由の原則を修正して、経済的弱者であ
る労働者を保護している。

# 7 人権の国際化

ANSWERS □□□

□**1** 18世紀的権利である自由権が登場した歴史的背景に
★★★ は ★★★ が、19世紀的権利である参政権が登場し
た歴史的背景には ★★★ が、20世紀的権利である
社会権が浸透した背景には ★★★ がある。

市民革命,
普通選挙運動,
世界恐慌

□**2** 第二次世界大戦後、基本的人権の保障は１つの国家に
★★ おいてだけでなく、国際的に確保されるべきものとい
う人権の ★★ 化が進んだ。それは ★★ による
人権抑圧が大戦の背景にあると考えられたからである。

国際, ファシズム

□**3** アメリカ大統領の ★★★ は、教書の中で「 ★★★ 」
★★★ を唱え、それらの権利は世界人権宣言に明記された。

フランクリン＝
ローズヴェルト,
四つの自由

◆「四つの自由」とは、「言論と表現の自由」「信教の自由」「恐怖か
らの自由」「欠乏からの自由」である。

□**4** 大西洋憲章や国際連合憲章で人権尊重と人権の国際化
★★★ が唱えられてきた中で、1948年に ★★★ がその集大
成として国連総会で採択された。

世界人権宣言

◆世界人権宣言は、世界的なレベルで人権の保障を目指した最初の
国際的文書であり、すべての人間は、生まれながらにして自由で
あり、尊厳および権利について平等であることを規定している。

□**5** 1948年の世界人権宣言は最も基本的な人権である自由
★★ 権のみならず ★★ 権を規定するなど、基本的人権
の尊重を謳っているが、 ★★ は持たない。

生存,
法的拘束力

□**6** **★★★** **★★★** は、 **★★★** に法的拘束力を付与する目的で 1966年に国連総会で採択、76年に発効した。「経済的・社会的及び文化的権利に関する国際規約（A規約、社会権規約）」と「市民的及び政治的権利に関する国際規約（B規約、自由権規約）」とがあり、いずれも締約国に対する **★★★** を持つ。

国際人権規約，世界人権宣言

法的拘束力

◆国際人権規約は、批准国に条約内容の実現を義務づけている。

□**7** 国際人権規約のA規約について、日本は祝祭日の給与、公務員の **★★** 権などは留保し、1979年に批准した。

争議

◆中等・高等教育の漸進的無償化についても日本は批准を留保していたが、2012年に留保を撤回し批准に踏み切った。民主党政権下で実施された国公立の高等学校の無償化を考慮したものである。

□**8** 2008年、国際人権規約のA規約の **★★★** が採択され、13年に発効したが、日本は批准していない。

選択議定書

□**9** 国際人権規約のB規約の **★★★** は、所属する国家（政府）によって自由権と参政権を侵害された国民個人が **★★★** に通報し、その救済を求めることができる旨を定めている。

選択議定書

規約人権委員会

◆一般に個人通報制度と呼ぶ。**国際司法裁判所には救済申立てができない**。同裁判所は**国家間の紛争解決**に特化している。なお、国連の人権理事会は、それまで活動してきた「人権委員会」に代わり、2006年に国連総会の決議によって設置されたが、規約人権委員会とは別組織である。

□**10** 1989年に国連で採択された**国際人権規約第二選択議定書**、すなわち **★★★** 条約を日本は批准していない。

死刑廃止

□**11** 1951年、国連で採択された **★★** 条約の批准国は、帰国すると迫害されるおそれがある者を保護しなければならないと定められているが、保護（庇護）義務のある「難民」は **★★** と政治難民で、 **★★** は「難民」にはあたらず、その対象とされていない。

難民（難民の地位に関する）

戦争難民，経済難民

◆難民を迫害の危険にさらされている国へ送還せず、これを保護するという国際法上の原則をノン=ルフールマン（non-refoulement）の原則といい、難民条約の基礎をなす。

□**12** 1982年、日本は難民条約（難民の地位に関する条約）を批准したのを機に **★★★** 法を施行した。

出入国管理及び難民認定

**IX 政治**

**7** 人権の国際化

**IX 政治分野　7 人権の国際化**

**☐13** 1948年に国連で採択された、**集団殺害罪の防止及び処**
**★★** **罰に関する条約**を ★★ 条約という。

◆日本は現在もジェノサイド条約を批准していない。

ジェノサイド

**☐14** 1965年に国連で ★★ 条約が採択され、アパルトヘ
**★★** イトのような人種差別を深刻な人権侵害として、その
廃止を要請している。

◆**南アフリカ共和国**で1948〜91年にかけて行われた**人種隔離政策**
をアパルトヘイトという。少数派の白人政権が大多数の黒人を
政治的・社会的に差別した。

人種差別撤廃

**☐15** 日本では、1995年の人種差別撤廃条約批准を契機に、
**★** アイヌ民族を差別的に扱ってきた ★ 法を廃止し、
97年に ★ 法を制定したが、先住民族としての
権利は明記されず、2019年4月成立の「 ★ 」で、
アイヌ民族を**法律上初めて先住民族と認める**も先住権
は明記されなかった。

北海道旧土人保護,
アイヌ文化振興,
アイヌ新法

**☐16** 日本が、**1985年**に ★★★ 差別撤廃条約を批准するに
**★★★** 先立ち制定ないし改正した法律として、 ★★★ 法、改
正**労働基準法**、改正 ★★★ 法がある。

女子（女性），
男女雇用機会均等,
国籍

**☐17** **1984年**に国籍法が改正され、日本国籍取得の要件が
**★★** ★★ 血統主義から ★★ 血統主義に改められた。

◆**父系血統主義**：　　　父が日本人　▶　子は日本人
　　　　　　　↓
　父母両系**血統主義**：父または母が日本人　▶　子は日本人

改正前の基準では、父が日本人で母が外国人の場合、子は日本
人となれるが、母が日本人でも父が外国人の場合、子は日本人
となれないことになっていた。これは、子に対してはもちろん、
日本人の母に対する差別となる。日本人の母が産んだ子が日本
人になれないことになるからである。

父系，父母両系

**☐18** **1999年**制定の ★★★ 法は、女子の社会参加のための
**★★★** 積極的格差是正措置（ ★★★ ）を公的機関に求めてい
る。

◆ポジティブ゠アクション（アファーマティブ゠アクション）は、
ジェンダー（文化的・社会的に作られる性差）だけでなく、人種
など社会における構造的差別の解消に向けて実施される積極的
是正措置であり、**機会の平等**よりも**結果の平等**を実現するもの
である。日本では、高齢者やハンディキャップのある者への**法**
**定雇用率**（民間企業や公的機関への雇用の義務づけ措置）が導入
されている。

男女共同参画社会
基本,
ポジティブ゠アク
ション（アファー
マティブ゠アクシ
ョン）

178

**□19** ★ ┃ ★ ┃ 条約は、子どもの意見表明権などを明記し、子どもが保護されるだけでなく権利の主体であるべきことを定めている。

◆「子ども」とは満18歳未満で、意見表明権、人格権、プライバシーの権利、飢餓からの解放の権利などが与えられている。なお、日本は、子どもの権利条約を批准した当初には国内法制定を不要としていたが、2016年児童福祉法に子どもを権利主体に位置づけるとした。

子どもの権利(児童の権利に関する)

**□20** ★ 虐待には、暴力的虐待、性的虐待の他、育児や介護を放棄する ┃ ★ ┃ も含まれる。子どもの権利に関しては、これを守るために2000年に ┃ ★ ┃ 法が制定され、08年には家庭内への強制立ち入りや子どもを親から隔離することが可能となり、11年には民法も改正され、┃ ★ ┃ 停止措置が導入された。

ネグレクト,
児童虐待防止

親権

**□21** ★★ ┃ ★★ ┃ 条約は、2006年に国連で採択されたもので、締約国に障がい者の広範な問題を解決する施策を実施するよう要請している。

障害者権利

**□22** ★ 2014年、日本は ┃ ★ ┃ 条約を批准したが、それに先立つ11年には ┃ ★ ┃ 法を改正し12年に施行するとともに、05年に制定、06年に施行の障害者自立支援法を障害者 ┃ ★ ┃ 法に改正した。

障害者権利,
障害者基本

総合支援

◆障害者総合支援法では、障がい者の定義に難病などを加え、重度訪問介護の対象者の拡大、共同生活介護（ケアホーム）と共同生活援助（グループホーム）の一元化などが行われた。

**□23** ★ 国際結婚が破綻した際に、その子どもを一方の配偶者が強制的に国境を越えて連れ去った場合、子どもを元の国(常居所)に返還することを定めた国際条約である ┃ ★ ┃ 条約を、2014年に日本は批准した。

ハーグ

◆このハーグ条約の正式名称は「国際的な子の奪取の民事上の側面に関する条約」。政府間組織であるハーグ国際私法会議（HCCH）で1980年に採択され、83年に発効している。子どもを常居所（常居住地）に戻し、そこで正式な親権を決定する。

**□24** ★★ ┃ ★★ ┃ は思想、信条、人種などの理由で不当に弾圧されている「良心の囚人」の救済や死刑の廃止運動に取り組む国際人権NGO（非政府組織）で、国連との協議資格も有している。

アムネスティ＝インターナショナル

IX
政治

7
人権の国際化

**IX 政治分野 8 主要国の政治機構**

□**25** オランダに本部を置く**国際環境保護団体** ★ は、**非 暴力直接行動**を特徴とし、国連より「総合協議資格」を 認められている。

グリーンピース

□**26** ★ は、1863年に**戦時の負傷者を救済する目的**で アンリ=デュナンによって創設され、現在では**人道支援** のため幅広い活動をしている。

赤十字国際委員会

□**27** ★★ はフランスで設立された組織で、世界各地の 戦災地、災害被災地、難民キャンプなどで医療活動を 行い、1999年にはノーベル平和賞を受賞した。

国境なき医師団 (MSF)

□**28** 2006年にノーベル平和賞を受賞した**バングラデシュの 経済学者** ★★ は ★★ を設立し、既存の銀行で は不可能だと思われていた**貧しい人々の零細な事業に 対する融資**(マイクロクレジット)を無担保で行い貧困 の解消に取り組んだ。

◆マイクロクレジットの返済率が高かったのは、返済が滞れば同 じ共同体メンバーには融資を行わないとする方法を導入したこ とが理由といわれている。

ムハマド=ユヌス, グラミン銀行

□**29** 2014年にノーベル平和賞を受賞したパキスタンの人権 活動家 ★ は、**女性と子どもの権利の確立**、およ び ★ の**自立**の実現に向け、世界中のすべての子ど もに質の高い ★ が保障されるように訴えている。

マララ=ユスフザイ, 女性, 教育

□**30** 困窮した人々に対して、国連だけでなく、各国からも 発展途上国への国際的な支援が行われ、日本もその一 環として、独立行政法人である ★ (国際協力機 構)が**青年海外協力隊**を派遣している。

JICA

# 8 主要国の政治機構

ANSWERS □□□

□**1** **イギリス**では原則として ★★ の多数党の党首が首 相となり、**フランス**では ★★ 制と**議院内閣制**とを 合わせた形態を、**ドイツ**では大統領職は存在するが政治 的実権はなく、基本的には ★★ 制を採用している。

◆イギリスで多数党の党首を首相に任命し、少数党となった際に は首相を辞任するという議院内閣制が創始されたのは、18世紀 前半のウォルポール内閣である。

下院 (庶民院), 大統領

議院内閣

180

□**2**
★★★
イギリスの首相は日本と同じく ★★★ の**第一党**の**党首**が就任するのが通常であり、国民（有権者）の選挙によって選ばれる**アメリカ**などの大統領と対照的である。

国会（議会）

　◆伝統的にイギリスは二大政党制なので、首相には下院（庶民院）の第一党（多数党）の党首が国王によって当然に任命される。日本は国会で首相の指名が行われるが、イギリスでは形式的には議会による首相指名行為は省略されている。

□**3**
★
イギリスの下院議員は、 ★ 歳以上の有権者による小選挙区制の選挙で選出され、議員の任期は ★ 年である。

18,

5

　◆なお、上院（貴族院）は、貴族身分を有する者、世襲貴族などで構成され、非民選で任期は終身である。1990年代に労働党のブレア政権下で上院改革が行われ、定数が大幅に減らされた。世襲貴族の対象が限定され、代わりに功績のある者を一代貴族と認めて上院議員の地位を与えている。

□**4**
★★★
イギリスでは**二院制**を採用しているが、**法律案や金銭法案**などにおいて ★★★ の原則が確立している。

下院優越

　◆日本の衆議院の優越は、**イギリスを模範**にしたものである。

□**5**
★
イギリスでは法案などの議案の審議は、本会議を中心に慎重に行われており、**法案は3回読み合わせを行う** ★ 制が採用されている。

三読会

□**6**
★★
イギリスの国王は、18世紀前半のジョージ1世の時代以降、**議会の助言の下**に ★★ を行使する存在となった。このような国王のあり方を指して「**国王は** ★★ **すれども** ★★ **せず**」という。

国王大権

君臨，統治

□**7**
★★
**イギリスは成文の憲法がない** ★★ の国であるが、数多くの成文法や**権利請願、権利章典**などの**歴史文書**、 ★★ が憲法の役割を果たしている。

不文憲法

判例法

□**8**
★
イギリスでは、**2009年の司法改革**で ★ が創設され、その地位も ★ からの**独立性**が保障されたが、アメリカや日本と異なり ★ 権は有しない。

最高裁判所，

上院，

違憲立法審査

　◆従来、**イギリス**の最高裁判所に該当した最高法院は、上院議員たる少数の法律貴族で構成され、**司法権の独立が弱かった**。

□**9**
★★
イギリスの**二大政党**は、資本家や貴族、地主階級の支持を受ける ★★ と、労働者階級の支持を受ける ★★ である。

保守党，

労働党

**Ⅸ**
**政治**

**8**
**主要国の政治機構**

181

**IX** 政治分野 **8** 主要国の政治機構

□**10** イギリスでは、**2010年の下院総選挙**の結果、第一党が
★★ 　 ★★ 　から 　 ★★ 　に移ったものの、第三の政党で
ある 　 ★★ 　が健闘したため、どの政党も過半数の議
席を獲得できなかった。

労働党，保守党，
自由民主党

◆2010年5月、保守党と自由民主党が連立政権を組織し、キャメ
ロン政権が発足した。二大政党制が崩れたため、**第二次世界大戦
後初の連立政権**が誕生した。どの政党も単独過半数を確保でき
ない状況をイギリスでは**ハングパーラメント**（宙ぶらりん議会）
と呼ぶ。

□**11** 2011年、イギリスでは内閣が党利党略によって下院を
★ 　解散するなどの解散権濫用を防ぐために 　 ★ 　法が
制定された。

議会任期固定

◆下院を解散できるのは、下院が内閣不信任案を可決した場合か、
下院の定数の3分の2以上の賛成があった場合に限ることに
なった。

□**12** 1970年代末以降のイギリスの政権与党と歴代首相の推
★★ 　移について、下の表の空欄 **A ～ C** にあてはまる政党
名を、空欄 **D ～ H** にあてはまる首相の名前を、それ
ぞれ答えよ（2020年4月時点）。

| 在任期間 | 政権与党 | 首　相 |
|---|---|---|
| 1979～90 | A 　★★ | D 　★★ |
| 1990～97 | | メージャー |
| 1997～2007 | B 　★★ | E 　★★ |
| 2007～10 | | F 　★★ |
| 2010～15 | A 　★★<br>C 　★★ | G 　★★ |
| 2015～16 | | |
| 2016～19 | A 　★★ | メイ |
| 2019～ | | H 　★★ |

A 保守党

B 労働党

C 自由民主党
D サッチャー
E ブレア
F ブラウン
G キャメロン
H ジョンソン

◆2015年の下院総選挙で保守党が過半数の議席を獲得したことか
ら、自由民主党との連立政権は解消され、キャメロンが続投し、
保守党の単独政権となった。これにより、イギリスは再び二大政
党制となった。その後、翌16年6月のEU（欧州連合）離脱の
是非を問う国民投票で離脱が過半数となった結果を受け、キャ
メロンは辞任し、メイが首相に就任した（サッチャーに続き、史
上2人目の女性首相）。しかし、19年6月EU離脱交渉の難航
からメイは辞任し、翌7月にジョンソンが就任、同年12月の下
院総選挙での保守党圧勝により同政権は信任を得て、20年1月
にEUから離脱した。

□**13** イギリスでは、政権を担当していない**野党**は ★★★ を組織し、**政権交代に備える**ことが慣例になっている。

影の内閣（シャドー=キャビネット）

□**14** 伝統的に二大政党制であったイギリスでは、与野党の党首が政治争点について直接議会で討論する ★★★ 制が採用されてきたが、日本でも**国会審議を活性化**するためにこれを模範として ★★★ 制が導入された。

クエスチョン=タイム

党首討論

□**15** アメリカの大統領は、軍の最高指揮権を持つとともに、各省長官や大使その他の外交使節、連邦最高裁判所裁判官などの高級官吏の ★★ 権を持つ。

◆ただし、高級官吏任命には連邦議会の上院の同意が必要である。

任命

□**16** アメリカの大統領は、連邦議会の ★ 院の ★ を得て、条約を締結する権限を有する。

上，同意

□**17** **アメリカの連邦議会は二院制**であるが、その権限は法律案などについては対等である一方で、 ★ 院には条約締結同意権や高級官吏任命同意権など ★ 院優越事項が存在する。

上，

上

□**18** アメリカの大統領は**連邦議会から** ★★★ されない点で強い地位にあり、任期中、政治責任は問われない。

◆アメリカの大統領制は、イギリスの議院内閣制とは異なり、大統領の任期4年間で、その間は政治責任を問われないため、強力なリーダーシップを発揮できる。その反面、無能な大統領が選ばれると4年間、国政の混乱が続いてしまう。

不信任

□**19** アメリカの大統領も**連邦議会により** ★★ されることはあるが、憲法や法律に違反した大統領を解任する制度であって、政治的失敗の責任を問うものではない。

◆歴代大統領で弾劾訴追されたのは、ジョンソン（1868年）、クリントン（1998年）、トランプ（2020年）の3人であるが、いずれも弾劾決議は否決された。1970年代にはニクソンが**ウォーターゲート事件**（民主党本部への盗聴事件に端を発する一大政治スキャンダル）で弾劾決議の手続が進んでいたが、その最中に大統領辞任を発表した。

だんがい
弾劾

□**20** アメリカの大統領は**連邦議会に対する** ★★★ 権を持**たない**が、日本やイギリスなどの議院内閣制の下では、内閣はこの権限を下院に対して行使できる。

◆なお、大統領は連邦議会に議席を持たない。

解散

**IX 政治分野　8 主要国の政治機構**

□**21**
★★
アメリカでは**厳格な三権分立**が採用されており、大統領には ★★ 権がない代わりに、連邦議会で制定された法案に対して ★★ 権を発動できる。

法案提出,
拒否

　◆大統領が議会で可決した法案を拒否した場合、議会に差し戻され、出席議員の3分の2以上の賛成で再可決されれば成立する。

□**22**
★★
**アメリカの大統領**は法案提出権を持たないが、**必要な立法は** ★★ **という形で連邦議会に勧告できる。**

教書

　◆一般教書、大統領経済報告、予算教書が「三大教書」と呼ばれる。原則として年1回、大統領は連邦議会に対して、国の現状やこれからの政策方針を説明する一般教書演説を行う。これは国民に向けてテレビ中継も行われる。

□**23**
★★
**アメリカ合衆国憲法修正第22条で、大統領の任期は** ★★ **年で** ★★ **選は禁止されている。**

4, 3

　◆唯一の例外は第32代のフランクリン=ローズヴェルト大統領で3選を果たした (任1933〜45年)。彼の死後、憲法が修正されて正式に2選までとされた。

□**24**
★
アメリカの大統領選挙では、まず有権者が大統領を選出する ★ を、 ★ 歳以上の有権者が選ぶ間接選挙によって選出する。

大統領選挙人, 18

　◆アメリカの大統領選挙は大統領選挙人による間接選挙であるが、それは形式的であり、実質的には直接選挙といえる。

□**25**
★
アメリカの大統領選挙は、有権者による大統領選挙人の選挙が各州で行われ、その州で1票でも多く得票した政党が、**その州すべての選挙人を獲得する** ★ **方式 (ウィナー=テイク=オール) が採用されている。**

勝者総取り

　◆アメリカ大統領選挙は、4年に1度のうるう年に行われ、二大政党である民主党と共和党は、それぞれ**予備選挙**で公認大統領候補者を1人に絞り込み、11月の大統領選挙人選挙 (割当総数538人) で、その過半数を獲得した政党の候補者の当選が事実上決定する。12月には大統領選挙人による大統領選挙が形式的に行われる。

□**26**
★
アメリカの大統領の任期となる4年間の半分にあたる2年目に、上院・下院の同時選挙となる ★ 選挙が行われ、次期政権与党と大統領を占うものとして注目される。

中間

　◆下院の任期は2年、上院の任期は6年であるが、**2年ごとに3分の1ずつ改選**されることから、大統領選挙と同時に上院・下院の選挙が行われると、その大統領任期中の中間選挙でも上院・下院の選挙が行われることになる。2018年11月の中間選挙では、共和党のトランプ政権の下で、下院は民主党が勝利し、議席の過半数を獲得し、上院と下院で多数派が異なる議会となった。

□27 **★★★** ┃ ★★★ ┃権とは連邦議会の行った立法や、行政府による命令や処分などが**憲法に適合するか否かを**裁判所が審査する権限で、アメリカでは判例法により確立した。

◆イギリスの最高裁判所（旧最高法院）は**違憲立法審査権を持たない**。日本では憲法第81条に違憲立法審査制度（違憲立法審査権）が明記されている。

違憲立法審査

□28 **★★** アメリカの二大政党は、黒人や労働組合など大衆の支持を受けて**リベラルな主張を行う** ┃ ★★ ┃ と、資本家の支持を受けて**保守的な主張を行う** ┃ ★★ ┃ である。

民主党,
共和党

□29 **★★** 第二次世界大戦後のアメリカの歴代大統領と政権与党の推移について、下の表の空欄**A～C**にあてはまる大統領の名前と、空欄**D～G**にあてはまる政党名を、それぞれ答えよ（2021年2月時点）。

| 代 | 大統領 | 政 党 | 在任期間 |
|----|--------|-------|----------|
| 33 | トルーマン | 民主党 | 1945～53 |
| 34 | アイゼンハウアー | 共和党 | 1953～61 |
| 35 | A ┃ ★★ ┃ | D ┃ ★★ ┃ | 1961～63 |
| 36 | ジョンソン | 民主党 | 1963～69 |
| 37 | ニクソン | 共和党 | 1969～74 |
| 38 | フォード | 共和党 | 1974～77 |
| 39 | カーター | 民主党 | 1977～81 |
| 40 | B ┃ ★★ ┃ | E ┃ ★★ ┃ | 1981～89 |
| 41 | ジョージH.W.ブッシュ（父） | 共和党 | 1989～93 |
| 42 | クリントン | 民主党 | 1993～2001 |
| 43 | ジョージW.ブッシュ（子） | 共和党 | 2001～09 |
| 44 | C ┃ ★★ ┃ | F ┃ ★★ ┃ | 2009～17 |
| 45 | トランプ | G ┃ ★★ ┃ | 2017～21 |
| 46 | バイデン | 民主党 | 2021～ |

A ケネディ

B レーガン
C オバマ
D 民主党
E 共和党

F 民主党
G 共和党

□30 **★** **社会主義国**では、**国民代表議会に**権力**を集める**という ┃ ★ ┃制が採用されることが多い。

◆旧ソ連邦の最高権力機関は立法権を持つ最高ソビエト（最高会議）であり、そこに**権力を集中**させていた。

民主的権力集中
（民主集中、権力集中）

**IX 政治**

**8 主要国の政治機構**

185

**IX 政治分野　8 主要国の政治機構**

**□31** 15の共和国の集合体だった旧ソ連邦は1991年12月
★　　 に解体し**緩やかな主権国家の統合**を目指す 　★　 を
　　　結成した。

独立国家共同体
(CIS)

　　◆当初は12ヶ国で結成された国家連合体であるが、2009年にグ
　　　ルジア (ジョージア) が脱退し、2020年4月現在、正式加盟国は
　　　9ヶ国である。

**□32** ロシア連邦議会の下院は内閣 　★　 決議権を持ち、
★　　 　　★　 が下院の解散権を持つ。

不信任,
大統領

**□33** 2004年、　★　 は大統領に再選され、以後も政権担当
★　　 に意欲を見せたが、当時のロシア憲法では連続3選が
　　　禁止であったため、　★　 が大統領に就任した。しか
　　　し、12年に再び 　★　 が大統領に当選した。

プーチン

メドベージェフ,
プーチン

　　◆メドベージェフ政権下、ロシアの大統領の任期を**4年から6年**
　　　**に延長する憲法改正**が行われ、2012年に就任した<u>プーチン</u>から
　　　適用された。これにより、18年の大統領選挙で通算4選を果
　　　たし、24年に任期満了となる。さらに、20年7月の憲法改正
　　　で、これまでの在任期間をリセットした上で、今後は連続して
　　　三選禁止から、通算して三選禁止 (生涯2期まで) と定められた
　　　ため、<u>プーチン</u>は24年から2期 (最長2036年まで) 大統領に在
　　　任が可能となり、超長期政権への道が開かれた。

**□34** 中国 (中華人民共和国) の国家元首は、全国人民代表大
★　　 会 (全人代) で選出される 　★　 で、内閣の長であ
　　　る 　★　 (首相) とともに政治を行う。

国家主席,
国務院総理

　　◆2013年には<u>国家主席</u>に<u>習近平</u>が、<u>国務院総理</u>(首相)に<u>李克強</u>が
　　　就任した。18年には憲法を改正し、国家主席の任期についての
　　　規定を削除し、<u>習近平</u>が恒久的に在職する体制が整えられた。

**□35** 　★★　**制**の中国の議会は 　★★　 と呼ばれ、国家の
★★　 最高機関として位置づけられている。

一院, 全国人民代
表大会 (全人代)

**□36** 1978年12月、当時の最高指導者であった 　★★★　 は、
★★★　 閉ざされた社会主義国家だった中国を 　★★★　 **政策に**
　　　**よって転換する**決定を行った。

鄧小平,
改革・開放

**□37** 中国は、経済力を高めるとともに、いわゆる膨張政策
★　　 によって、　★　 **権益を拡大する**動きを見せ、日本の
　　　みならず 　★　 **諸国**との間でも摩擦を起こしている。

海洋,
東南アジア

　　◆**東シナ海**では日本との間で<u>尖閣諸島</u>をめぐる摩擦がある一方、
　　　**南シナ海**では2014年に西沙諸島と南沙諸島の**領有権**をめぐり中
　　　国と<u>ベトナム</u>との摩擦が激化、またフィリピンが中国による人
　　　工島造成に関して常設仲裁裁判所に提訴し、16年には中国側の
　　　主張を全面的に否定する判決が出された。しかし、中国は人工
　　　島の造成を続けている。

**□38** フランスの大統領は、国民による **★★** で選出され、
**★★** 大きな権限を持っているものの、 **★★** は議会の多
数派から選出されるため、「**半大統領制**」と呼ばれる。

直接選挙,
首相

◆ただし、フランスの大統領は任期である5年間で議会（下院）から不信任されず、「**帝王の大権**」とも呼ばれる**下院解散権**を持つ点で、**強大な権限**を有している。下院は大統領を不信任できないが、大統領とともに行政を担う内閣を不信任できる。いわば、内閣は大統領に代わって議会に対して責任を負っている。

**□39** 国民の直接選挙によるフランスの大統領選挙では、
**★** **★** 回投票制という独自の方法が採用されている。

2

◆2回投票制とは、1回目の投票で有効投票の過半数を獲得した候補者がいない場合は上位2名の決選投票を行う方法。大統領の任期は最長で「5年×2期＝10年」である。社会党オランド大統領の任期満了に伴う2017年の大統領選挙は、同政権の経済相マクロンと極右政党「国民戦線」のルペンの争いで、1回投票と2回投票の両方でマクロンが第1位となり、フランス史上最年少の39歳で当選した。

**□40** フランスの大統領は、重要問題を国民に直接問うため
**★★** に **★★** 施行権を持っている。

国民投票

◆2005年にはEU憲法をめぐる国民投票が行われた。

**□41** 現憲法下のフランスでは、政党や政治勢力の異なる大
**★** 統領と首相が政権を共存し、ともに政権運営にあたる
 **★** 政権が樹立されたことがある。

保革共存

◆これはコアビタシオン（フランス語で「同棲」「同居」の意）と呼ばれている。議会与党によって、大統領が指名した首相が不信任を受けることを避けるという意図もある。政党間の合議で形成される連合政権や連立政権ではない点に注意。

**□42** ドイツの政治制度について、任期5年の**連邦** **★★**
**★★** は内閣を構成せず、議会によって選ばれる **★★** が
内閣をリードする。

大統領,
首相

◆ドイツの大統領は、連邦会議で選出され（間接選挙）、その立場は実権を持たず象徴的な形式的役割を負うだけである。国民によって選出された**大統領が大きな権限を持つ**アメリカ**などとは大きく異なる**。なお、ドイツの連邦会議は国会の連邦議会（下院）とは異なる大統領選出機関である。

**□43** ドイツは**フランス**と同じく**大統領制**と **★★** の**複合**
**★★** **型**の政治制度を採用しているが、ドイツは後者を中心
としていることで、首相が強い権限を持つ。

議院内閣制

**IX 政治**

**8 主要国の政治機構**

187

**IX 政治分野　8 主要国の政治機構**

□**44** 2005年以来、ドイツでは旧東ドイツ出身で ［ ★ ］
★　　（CDU）に所属する ［ ★ ］ がドイツ史上初の女性の
　　首相を務めた（～2021年）。

キリスト教民主同盟,
メルケル

□**45** 国の政治体制を次の表中**A～F**のように分類した場合、
★★　下の語群の各国があてはまるものを記号で答えよ。

| | 議院内閣制 | 半大統領制 | 大統領制 |
|---|---|---|---|
| 連邦国家 | A | B | C |
| 単一国家 | D | E | F |

※この「単一国家」とは、中央政府に統治権が集中する国家を指す。

【語群】　イギリス　アメリカ　フランス　ロシア
　　　　　ドイツ　　日本

◆イギリスは単一国家で議院内閣制（D）である。議院内閣制とは
議会の信任に基づいて首相を中心とした内閣が存立し、行政権
を行使する仕組みであり、イギリスで発達した。一般に首相は下
院の第1党の党首が務め、イギリスでは下院優位の原則が認めら
れている。これは日本も同様（D）である（日本の下院は衆議院
にあたる）。イギリスの正式な国名は「グレートブリテン及び北
アイルランド連合王国」で、イングランド、ウェールズ、スコッ
トランド、北アイルランドの4つの王国の連合体であり、その
統一性が重視されている。アメリカは連邦国家で大統領制（C）
である。アメリカでは各州が刑法、民法など州法を立法する権
利を有し、州が1つの国家の実質を持つので連邦国家と考えら
れている。フランスは単一国家で半大統領制（大統領制と議院内
閣制の複合型：E）である。ドイツは連邦国家で、フランスと同
様に形式的には大統領制と議院内閣制の複合型の政治体制であ
るが、実質的には首相に権限があり、通常は議院内閣制を中心
とする政治体制と分類される（A）。身分制国家であった王政を
市民革命で覆して共和国となった歴史を持つ。ロシアは連邦国
家で半大統領制（大統領制と議院内閣制の複合型：B）である。

| | |
|---|---|
| **イギリス** | **D** |
| **アメリカ** | **C** |
| **フランス** | **E** |
| **ロシア** | **B** |
| **ドイツ** | **A** |
| **日本** | **D** |

□**46** いくつかの中南米やアジア諸国で行われた ［ ★★ ］ と
★★　いう体制は、西欧諸国が導入している議会制 ［ ★★ ］
　　主義とは異なり、経済開発を政権の正当性の根拠とし
　　て**強権的独裁政治**を行う体制である。

開発独裁,
民主

◆開発独裁は、**経済的発展と開発**を掲げることで独裁政治が民衆
の一定の支持を受ける大衆迎合主義（ポピュリズム）的な側面を
持つ政治体制であるが、経済成長が達成され、国民生活が豊か
になるのに伴い、民主主義を求める動きが強まり、その政権は
崩壊する場合も多い。第二次世界大戦後の冷戦期に、東南アジ
アではフィリピンのマルコス政権やインドネシアのスハルト政
権、東アジアでは韓国の朴正煕（パク=チョンヒ）政権が開発独
裁体制であった。

# X

# 政治分野
POLITICS

## 日本国憲法

## 1 明治憲法から日本国憲法へ

ANSWERS □□□

□**1**
★★★
明治憲法（ ★★★ ）には、立憲主義的な要素も見られたが、**万世一系で** ★★★ **とされた** ★★★ に主権があるとされ、 ★★★ の権限が広く認められていた。

大日本帝国憲法,
神聖不可侵, 天皇,
天皇

□**2**
★★
明治憲法は、天皇が定め、国民に対して与える形式の ★★ 憲法であるのに対して、**日本国憲法は主権者**たる国民が定めた ★★ 憲法である。

欽定,
民定

□**3**
★★
明治憲法下では、天皇は**統治権を** ★★ **する存在で**あり、**軍の** ★★ など広範な天皇大権を持っていた。

総攬,
統帥権

◆明治憲法は天皇大権として、**独立命令、緊急勅令、宣戦・講和**の権利などを認めていた。

□**4**
★★
明治憲法下では、**帝国議会は天皇の**立法**権の** ★★ **機関であり、それぞれの国務大臣は天皇の**行政**権の** ★★ **機関であった。**

協賛

輔弼

◆**内閣制度は、1885**年の太政官達により創始され、**89**年公布の**内閣官制で、その運用基準が示された。明治憲法（**1889**年発布、**90**年施行）には内閣制度に関する規定はなく、**内閣総理大臣は**天皇によって任命されたが、強い権限は与えられず、内閣における**同輩中の**首席でしかなかった。

□**5**
★★
**帝国議会は、皇族・華族・勅任議員からなる** ★★ **と**民選議員からなる ★★ **の二院制で、両議院の地位**はほぼ対等であるが、天皇の立法権行使の ★★ **機関に過ぎず、天皇に**単独立法権**が認められていた。**

貴族院,
衆議院
協賛

◆天皇の単独立法権には、独立命令（法律から独立して平時において公共の安寧秩序を守り、または臣民の幸福を増進するために発布する立法形式）と、緊急勅令（帝国議会が閉会中に公共の安全保持、または災厄を避けるために緊急の必要がある場合に発布する立法形式）の2つがあった。

□**6**
★★
明治憲法下の ★★ **の二大義務は** ★★ **と**納税である。

臣民, 兵役

189

**X 政治分野　1 明治憲法から日本国憲法へ**

**□7** 明治憲法下において ★★ 権の独立の侵害が問題に
★★ なった ★★ 事件では、訪日中のロシア皇太子を襲
い負傷させた被告に死刑を求める政府の圧力に対して、
当時の**大審院長である** ★★ らはこれを退けた。

◆**大審院**とは、明治憲法下における最高裁判所のこと。

司法,

大津 (ロシア皇太
子傷害)

児島惟謙 (こじまこれかた)

**□8** 明治憲法下の裁判はすべて ★★★ **の名の下**において
★★★ 行われ、また通常の裁判所以外に皇族間の民事訴訟や
軍事犯罪などを扱う ★★★ が置かれた。

◆明治憲法では、軍法会議、行政裁判所、皇室裁判所などの特別
裁判所の設置が認められた。

天皇

特別裁判所

**□9** 明治憲法に定められている臣民の権利は、法律によっ
★★★ ていつでも制限できた。これを ★★★ という。

◆明治憲法では、法律の留保という条件はあるが、言論・出版・集
会・結社の自由（第29条）、財産権（第27条）などは認められ
ていた。また、「安寧秩序ヲ妨ケス及臣民タルノ義務ニ背カサル
限ニ於テ」という条件つきで、信教の自由（第28条）も認めら
れていた。

法律の留保

**□10** 明治憲法には、第23条で罪刑法定主義が規定されて
★ いたが、刑罰を定める法律が、いわゆる ★ 立法
であったため、人身の自由は事実上、保障されていな
いに等しかった。

治安

**□11** 明治憲法には、規定されている権利の種類が少なく、
★★★ **20**世紀的権利の ★★★ 権や ★★★ 選挙権、身分制
度を否定する ★★★ の規定などが欠けていた。

◆明治憲法には、**精神的自由**である学問の自由と思想・良心の自
由の規定も欠けていた。

社会, 普通,

法の下の平等

**□12** 1918年、**最初の本格的政党内閣**である ★ 内閣が
★ 成立し、24年には**第二次護憲運動**で ★ 内閣が
成立するなど、以後昭和初期まで**衆議院の多数党が内
閣を組織する慣行**が続いた。これを ★ の常道と
いう。

◆1931年の**満州事変**を機に日本で**ファシズム**が台頭し、翌32年
の五・一五事件で現職の首相である犬養毅が、36年の二・二六
事件で蔵相の高橋是清など政府首脳が暗殺されるなど、憲政の
常道といわれる政党内閣の慣行は崩壊していった。

原敬 (はらたかし),

加藤高明

憲政

□**13** [★★★] 事件とは、憲法学者で貴族院議員の [★★★] の学説が「国体」に反するとして攻撃され、その主要著書が出版禁止となるなどの**言論**や**学問**に**対する弾圧**が行われた事件である。

◆天皇に主権がある明治憲法下で、美濃部達吉らによって唱えられた天皇機関説は軍国主義の台頭に伴い排斥された。

天皇機関説, 美濃部達吉

□**14** 日本国政府の明治憲法改正草案となる [★] 案はGHQ (**連合国軍最高司令官総司令部**) によって拒否されたが、その直後に出された [★] 案が**一部修正**された後、**帝国議会**で**可決**されて日本国憲法となった。

◆松本案は、国務大臣であった松本烝治が委員長を務めた憲法問題調査委員会が主体となり作成された。

松本

マッカーサー

# 2 日本国憲法の三大原則~国民主権

ANSWERS □□□

□**1** **日本国憲法**の根幹をなす三大原則 (三大原理) とは、国民主権、[★★★] 主義、[★★★] の尊重である。

平和, 基本的人権

□**2** **日本国憲法前文**では、「そもそも国政は、国民の厳粛な [★★★] によるものであつて、その権威は [★★★] に由来し、その権力は国民の [★★★] がこれを行使し、その福利は国民がこれを享受する。これは人類普遍の原理であり、この憲法は、かかる原理に基くものである」と定め、近代民主政治原理として [★★★] を採用することを宣言している。

◆立憲主義とは憲法が保障する国民の権利を権力者から守るという英米系の市民革命の歴史的結論であり、そこで主張された法の支配の要求は権力者に自然法、正義の法に拘束されるとする原理であった。

信託, 国民,
代表者,

間接民主制

□**3** **日本国憲法前文**では、「ここに [★★★] が国民に存することを宣言」し、**第1条**で天皇の地位は、「[★★★] の存する日本国民の総意に基く」として、[★★★] を明示した。

主権,
主権,
国民主権

□**4** **明治憲法**では**主権**は天皇にあったが、**日本国憲法**は [★★★] 主権を定め、**第1条**で天皇の地位は**日本国及び日本国民統合**の [★★★] と明記された。

国民,
象徴

**X 政治分野 2 日本国憲法の三大原則～国民主権**

□**5** 日本国民の**三大義務**は、★★★ の義務、★★★ の義
★★★ 務、勤労の義務である。

納税，教育
※順不同

◆教育の義務は、正確には「**教育を受けさせる義務**」である。

□**6** 日本国憲法で**天皇**はその神格性が否定され、**日本国お**
★★ **よび国民**統合の ★★ として、**内閣の**助言と ★★
に基づき**形式的儀礼的行為**である ★★ を行うにと
どまる。

象徴，承認，
国事行為

◆第1条が明記する象徴天皇制は、国民主権と表裏一体である。

□**7** 日本国憲法下における**天皇の**国事行為には、憲法改正・
★★★ 法律・政令・条約の ★★★ 、内閣総理大臣による国
務大臣の任免および、長以外の最高裁判所裁判官の任
命の ★★★ などがある。また、★★★ の解散を認
めているが、その決定自体は ★★★ が行っている。

公布

認証，衆議院，
内閣

◆憲法第2条では、天皇の皇位は世襲とされ、皇室の基本法典で
ある皇室典範で皇位継承順位などが定められている。現憲法下
では、1989年の昭和天皇の逝去（崩御）で、皇太子明仁親王が天
皇に即位し、元号が「**平成**」と改められたが、2016年、天皇自ら
の意思表示（「象徴としてのお務めについての天皇陛下のおこと
ば」。政府はこれを「つぶやき」と理解）を尊重して皇室典範の特
例法が制定され、19年4月30日に現憲法下で初の「**生前退位**」
が行われた。翌5月1日には新たな天皇が即位し、元号法に
より「**令和**」が新たな元号と定められた。

□**8** 日本国憲法が例外的に**直接民主制を導入**している具体
★★★ 例として、★★★ の国民投票、地方特別法の**住民投**
**票**、★★★ の国民審査の3つがある。

憲法改正，
最高裁判所裁判官

□**9** 日本国憲法の規定では、★★ の裁判官は国民審査
★★ によって ★★ される場合がある。

最高裁判所，
罷免

□**10** 日本国憲法では、内閣総理大臣は ★★ が指名する
★★ よう定められており、国民の ★★ により選出する
★★ 制を導入するためには**憲法改正が必要**である。

国会，
直接選挙，
首相公選

□**11** 日本国憲法は、一般法よりも**厳格な改正手続**を必要と
★★★ する ★★★ である。

硬性憲法

□12 日本国憲法の改正について、第 [★★★] 条で「各議院の
★★★ 　総議員の [★★★] 以上の賛成で、国会が、これを [★★★]
　　　し、国民に提案してその承認を経なければならない。こ
　　　の承認には、特別な [★★★] 又は国会の定める選挙の
　　　際行われる投票において、その [★★★] の賛成を必要
　　　とする」と定めている。

96,
三分の二，発議

国民投票，
過半数

□13 2007年制定、10年施行の国民投票法では、国民投票の
★★ 　対象を重要問題一般とするのではなく [★★] に限定
　　　し、投票資格は満 [★★] 歳以上の者とされるも、
　　　満 [★★] 歳以上、満 [★★] 歳未満の者が国政選挙
　　　に参加できるまでの間は、満 [★★] 歳以上の者が投
　　　票資格を有するとされた。

憲法改正，
18,
18，20，
20

　　◆2015年の公職選挙法改正に伴い、満18歳以上の選挙権が認め
　　　られたとともに、同年の国民投票法改正で、当面は20歳以上
　　　とする経過規定が削除され、投票資格は満18歳以上とされた
　　　（2018年6月施行）。なお、公務員や教育関係者には憲法改正に
　　　関して中立性を要求し（国民投票運動の禁止）、国民を一定の方
　　　向に誘導しないことを義務づけている。また、憲法改正に関す
　　　る国民投票では、憲法改正案に対する国民投票が有効に成立す
　　　るための最低投票率が定められていない。

□14 憲法第97条は「この憲法が日本国民に保障する基本
★★ 　的人権は、人類の多年にわたる [★★] 獲得の努力の
　　　成果であつて、これらの権利は、過去幾多の試錬に堪
　　　へ、現在及び将来の国民に対し、侵すことのできない
　　　永久の [★★] として信託されたものである」とし
　　　て、基本的人権の不可侵性を定めているが、憲法の
　　　[★★] 性の実質的根拠にもなっている。

自由

権利

最高法規

□15 憲法第98条1項では、憲法は国の [★★] であり、「そ
★★ 　の条規に反する法律、命令、詔勅及び国務に関するそ
　　　の他の行為の全部又は一部は、その効力を有しない」
　　　と定めている。

最高法規

　　◆詔勅とは、天皇が発する、天皇の意思を表す文書全般を指す。

## 3 日本国憲法の三大原則～平和主義

ANSWERS □□□

□1 憲法第9条では、[★★★] 放棄、[★★★] 不保持、交戦
★★★ 　権の否認が規定されている。

戦争，戦力

**X 政治**

**3 日本国憲法の三大原則～平和主義**

193

**X 政治分野　③ 日本国憲法の三大原則～平和主義**

□**2** 1950年に発足した ★★ は、52年に ★★ 、54 年に自衛隊に改組・編成された。

警察予備隊，保安隊

◆自衛隊創設から60年後となる2014年7月、それまでの歴代内閣による公式見解を改め、**第二次安倍内閣が自衛隊の役割を大きく変えることとなる集団的自衛権**の行使を容認することを閣議決定した。

□**3** 自衛隊は ★★★ のための必要最小限度の ★★★ に過ぎないとして**合憲説**に立つのが政府見解である。

自衛，実力

◆1972年の田中角栄内閣の見解では、憲法第9条2項が保持を禁止する「戦力」とは自衛のための必要最小限度の実力を超えるものと解釈している。

□**4** 憲法第9条の規定は変えずに**自衛隊の存在を認めること**のように、 ★★★ を行わずに条文の解釈を変える考え方を、一般に ★★★ という。

憲法改正，
解釈改憲（憲法の変遷）

◆憲法の条文と現実のズレを解消する手段として用いられる論理である。**自衛隊違憲説に立ちながらも存在の必要性から事実上、自衛隊を認めようとする見解は**解釈改憲（憲法の変遷）を根拠とする場合が多い。

□**5** 自衛権は、**相手から武力攻撃を受けた時にのみ行使すべき**である原則を ★★ の原則といい、これは ★★ の禁止を意味する。

専守防衛，先制攻撃

□**6** ★★★ とは、自国と密接な関係にある同盟国などが武力攻撃を受けた場合、自国が直接攻撃されていなくても、共同して武力をもって反撃する権利である。

集団的自衛権

□**7** 日本は、憲法第9条2項後段が「 ★★ の否認」を規定していることから、自然権としての正当防衛とされる ★★ の行使は認められるが、政策的自衛となる ★★ の行使は認められないと解釈されてきた。

交戦権

個別的自衛権，
集団的自衛権

□**8** 2014年7月、**第二次安倍内閣は** ★★ は、国連憲章第51条によって国際法上は保持するも憲法第9条2項後段にある「 ★★ の否認」の規定により行使できないとしてきた**従来の政府見解を閣議決定で変更し、行使も可能であるとして、これを容認した。**

集団的自衛権

交戦権

□ **9**
★
第二次安倍内閣が示した**集団的自衛権**としての「**武力行使の新三要件**」とは、①わが国と ［ ★ ］ な関係にある他国に対する武力攻撃で**国民の**生命・自由および幸福追求の権利が根底から覆される ［ ★ ］ な危険がある、②わが国の存立を全うし、国民を守るために**他に適当な手段がない**、③**必要最低限の** ［ ★ ］ の行使、とされている。

密接

明白

実力

◆政府見解は、**限定的に集団的自衛権の行使を認めたに過ぎず**、海外の戦争に自衛隊が直接参加できるものではないとされるが、次の事例で「**武力行使の新三要件**」を満たせば**武力行使は可能**とされる。①邦人（日本人）輸送中のアメリカ艦船の防護、②攻撃されているアメリカ艦船の防護、③強制的な停船検査、④アメリカ向け弾道ミサイルの迎撃、⑤ミサイル警戒時のアメリカ艦船の防護、⑥アメリカ本土攻撃時の日本近隣におけるアメリカ艦船の防護、⑦国際的な機雷処理、⑧民間船舶の共同防衛など。

□ **10**
★★★
**非核三原則**とは「**核兵器を**作らず、 ［ ★★★ ］ 、 ［ ★★★ ］ 」というもので、佐藤栄作内閣が提唱した。

持たず，持ち込ませず

◆**非核三原則**は佐藤栄作首相が提示し、日本人初の**ノーベル平和賞**の受賞につながったが、日本側がアメリカに対して核兵器の通過を認める**日米間密約**の存在が疑われ、2009年に民主党鳩山政権がその存在を証明する証拠を開示した。自民党は「持ち込ませず」とは「持ち込んで日本に配備する意味である」と解釈し、寄港・通過はこの原則に反していないと主張している。

□ **11**
★
武器と武器関連技術の海外移転を行う際に政府が掲げる三原則を「 ［ ★ ］ 」といい、1967年に**佐藤栄作首相**が表明した。① ［ ★ ］ 、②国連で武器の輸出が禁止されている国、③国際 ［ ★ ］ 当事国またはそのおそれのある国、に対して武器輸出は禁止されていた。

武器輸出三原則，

共産圏，

紛争

◆1976年の**三木武夫首相**により、可能な限り武器の輸出は慎むとして、事実上の全面禁止に拡大した。

□ **12**
★
2014年、第二次安倍内閣は、国連が認めている平和貢献や日本の安全保障に資する場合、同盟国に対する**防衛装備の移転**を事実上、解禁し、従来の「 ［ ★ ］ 」を「 ［ ★ ］ 」に改めた。

武器輸出三原則，

防衛装備移転三原則

◆**防衛装備移転三原則**とは、①条約に基づく義務や国連安保理決議の違反国、**紛争当事国**への移転は認めないこと、②平和貢献や日本の安全保障に資する場合は、**厳格な審査の下で移転**を認めること、③防衛装備の**目的外使用や第三国移転**については日本の**事前同意**を必要とすること、の3つである。これに基づき、日本の軍事関連製品を製造する企業も国際武器見本市に出展するなど、**軍事関連製品を成長産業の一分野とする方針転換**を図っている。その担当機関として2015年、防衛省の中に防衛装備庁が創設された。

**X 政治**

**3** 日本国憲法の三大原則〜平和主義

**X 政治分野 3 日本国憲法の三大原則～平和主義**

□**13** ★★★ は自衛隊の最高指揮監督権を、防衛大臣は統括権を持つが、憲法第66条2項は、「内閣総理大臣その他の国務大臣は、 ★★★ でなければならない」と定め、その指揮監督・統括権は軍人や旧軍人、軍国主義者が持ってはならないとする ★★★ を原則とする。

◆文民統制（シビリアン＝コントロール）は、自衛隊が暴走して戦争に至ることを防ぐための原則である。議院内閣制のあらわれではないことに注意！

内閣総理大臣

文民

文民統制（シビリアン＝コントロール）

□**14** 1976年、三木武夫内閣は防衛関係費については GNP の ★★ ％を超えないものとしていたが、87年に ★★ 内閣はこの枠を廃止した。

1,
中曽根康弘（なかそね　やすひろ）

□**15** ★★★ とは、高度な政治性を有する問題について、裁判所は合憲・違憲の判断は行うべきではないとする考え方であり、司法消極主義に立脚する理論である。

統治行為論

□**16** 在日米軍基地の拡張をめぐる反対闘争でデモ隊が基地内に立ち入ったため起訴された ★★★ 事件で、被告は日米安全保障条約、駐留アメリカ軍の違憲性を主張した。1959年、東京地裁は駐留アメリカ軍を ★★★ とする判決を下したが、同年の最高裁判決では駐留の根拠条約となる日米安全保障条約に対する憲法判断を ★★★ を用いて回避した。

砂川

違憲

統治行為論

□**17** ★★★ 訴訟で、1973年の札幌地裁（福島判決）は初めて自衛隊違憲判決を下したが、76年に札幌高裁は自衛隊の違憲判断を ★★★ を用いて回避した。

長沼ナイキ基地

統治行為論

□**18** 旧日米安全保障条約は1951年の ★★ 条約と同じ日に調印され、 ★★ の日本駐留の根拠となった。

サンフランシスコ平和,
アメリカ軍（米軍）

□**19** 1960年の新日米安全保障条約では、新たに日米 ★★ 義務が明記され、また在日米軍の重要な武器や基地の変更の際には、日本政府との ★★ が必要となった。

共同防衛

事前協議

◆正式名称は「日本国とアメリカ合衆国との間の相互協力及び安全保障条約」。制定当初は10年間の条約であったが、それ以降は、一方が1年前に解除通告をしない限り自動延長されることになっている。日本共同防衛義務により、日本本土が攻撃された際にはアメリカは自国の憲法上の規定および手続に従って日本を守る義務が生じ、一方、在日駐留米軍が攻撃された際には日本はこれを守る義務が生じる。アメリカ本土が攻撃された際は、日本に共同防衛義務は発生しない点に注意！

□**20** 日米安全保障条約とは別に、**駐留アメリカ軍**における
★★ 　　経費や法的地位を ★★ 協定で定めている。

　　　　　　　　　　　　　　　　　　　　　　　　　　日米地位

□**21** 日米安全保障条約第6条および日米地位協定に基づき
★ 　　アメリカ軍は日本に駐留しており、その**経費の一部**を
　　「 ★ 予算」**として日本政府が負担**している。

　　　　　　　　　　　　　　　　　　　　　　　　　　思いやり

□**22** 1978年策定の ★ （日米防衛協力のための指針）
★ 　　は、**日米共同防衛体制**の下での日本の対アメリカ協力
　　について定めたものである。

　　　　　　　　　　　　　　　　　　　　　　　　　　日米ガイドライン

□**23** **1999年**、小渕内閣下での日米ガイドライン関連法の中
★★ 　　心法である、 ★★ 法が制定され、日本が直接的な攻
　　撃を受ける前段階となる日本周辺で発生した有事が日
　　本に危害を及ぼすおそれがある場合を規定するととも
　　に、アメリカ軍への協力内容として ★★ 活動と
　　 ★★ 活動を定めた。

　　　　　　　　　　　　　　　　　　　　　　　　　　周辺事態

　　　　　　　　　　　　　　　　　　　　　　　　　　後方地域支援、
　　　　　　　　　　　　　　　　　　　　　　　　　　捜索救助 ※順不同

　　◆日本は直接的な攻撃は受けていないので自衛権としての武力の
　　　発動はできないが、**アメリカ軍への協力が可能**となった。2015
　　　年、安倍内閣下で安全保障関連法の1つとして周辺事態法は重
　　　要影響事態法に発展的に改正され、**活動範囲や協力義務が大幅
　　　に拡大**された。

□**24** 2001年9月の**アメリカ同時多発テロ**を受けて ★ 
★ 　　法が時限立法として制定され、**自衛隊**は ★ で展
　　開する**アメリカ軍の後方支援活動**を行い、 ★ で
　　情報収集や給油・給水活動などを行った。

　　　　　　　　　　　　　　　　　　　　　　　　　　テロ対策特別措置、
　　　　　　　　　　　　　　　　　　　　　　　　　　アフガニスタン、
　　　　　　　　　　　　　　　　　　　　　　　　　　インド洋

□**25** 2003年制定の ★★ 法は、有事法制の中心法である
★★ 　　が、安全保障会議が「**武力攻撃事態**」はもとより、「**武
　　力攻撃予測事態**」と認定した場合でも個別的自衛権が
　　**発動することを明記**するとともに、有事の際の国民の
　　 ★★ を定めている。

　　　　　　　　　　　　　　　　　　　　　　　　　　武力攻撃事態対処

　　　　　　　　　　　　　　　　　　　　　　　　　　協力義務

　　◆武力攻撃事態対処法は日本が現実に武力攻撃を受け始めたと認
　　　定される場合を具体的に規定している。この場合、**武力行使を
　　　含めた**個別的自衛権の行使を開始でき、初動の遅れを防止して
　　　いる。

□**26** 2004年に ★★ 法などが制定され、有事の際に国民
★★ 　　の生命と安全を守るために行う国および地方の役割が
　　定められたことで、すべての ★★ が完備された。

　　　　　　　　　　　　　　　　　　　　　　　　　　国民保護

　　　　　　　　　　　　　　　　　　　　　　　　　　有事法制

　　◆有事法制は、戦争状態への対応だけでなく大規模テロも含めた
　　　有事の際の国と地方の役割を明記している。

**X
政治**

**3**
日本国憲法の三大原則〜平和主義

**X 政治分野　4 日本国憲法の三大原則~基本的人権の尊重**

□**27** 2009年、民主党鳩山由紀夫政権は、★★ 基地の国外
★★　　ないし県外移転を提唱したが決着できず、10年5月、
自民党政権下で日米の合意内容と同じく沖縄県名護市
の ★★ にあるキャンプ・シュワブ移転に決定した。

普天間

辺野古

◆沖縄県の普天間基地移設の問題は、アメリカにおいては駐留す
る海兵隊の一部のグアム移転など在日米軍再編の一環として位
置づけられている。2012年には、駐留アメリカ軍用の垂直離着
陸輸送機「オスプレイ」の配備をめぐり、沖縄県民の反対運動が
巻き起こった。同機は事故の発生が問題視されている。

□**28** 第二次安倍内閣は外交および安全保障の情報収集と政
★★　　策立案を行うアメリカ型の ★★ （日本版 NSC）の
設置を決定し、14年に ★★ が創設された。

国家安全保障会議,
国家安全保障局

◆国家安全保障会議は、現実的かつ具体的な外交・安全保障の司
令塔と位置づけられ、戦略と戦術の策定を行う。

□**29** 2015年9月、安倍内閣は ★★ 平和主義の実現を目
★★　　指した安全保障関連法として、自衛隊法や周辺事態法
など10の法律を束ねて改正する ★★ 整備法と、新
たな ★★ 法の計11本の法律を可決、成立させた。

積極的

平和安全法制,
国際平和支援

□**30** 安全保障関連法の1つとして、周辺事態法が ★★
★★　　法に発展し、自衛隊が後方地域支援活動や捜索救助活
動をできる範囲が日本周辺（極東）から世界中に、協力
対象国がアメリカから ★★ に拡大された。

重要影響事態

同盟国

□**31** 安全保障関連法の1つとして、武力攻撃事態対処法を
★★★　改正し、政府が「存立危機事態」と認定した場合に
★★★ 自衛権の行使が可能となり、さらに危険レベル
が進み「武力攻撃事態等」と認定された場合は ★★★
自衛権の行使が可能であるとした。

集団的,

個別的

◆安倍内閣は「切れ目のない安全保障」を法改正の目的とした。

# **4** 日本国憲法の三大原則~基本的人権の尊重

ANSWERS □□□

□**1** 基本的人権は、★★★ 権、自由権、社会権に、★★★
★★★　権と請求権を加えて5つに分類される。

平等, 参政

※順不同

□**2** 憲法第11条と第97条では、人権の ★★ 性につい
★★　　て規定し、人権を自然権と捉えている。

永久不可侵

198

☐ **3** 憲法第13条は、基本的人権を ★★★ に反しない限
★★★ り、 ★★★ その他の国政の上で最大限に尊重しなけ
ればならないものと規定している。

公共の福祉,
立法

◆**人権の限界**を示す憲法上の文言が「公共の福祉」である。人権と
人権が衝突した場合に、他者の人権を守るために人権の行使の
濫用は許されず、一歩譲るべきであることを定めている。一方
で、不当な制限を防ぐために、その解釈と運用は慎重でなけれ
ばならない。

☐ **4** 憲法第12条と第13条は、 ★★ 的公共の福祉の考
★★ えから**人権に一般的かつ内在的限界があること**を示し
ているが、**第22条と第29条**については、 ★★ 的
公共の福祉の考えから**経済的弱者を保護するための政
策的見地**に基づき、より広い権利の制限を認めている。

自由国家

福祉国家

◆最高裁は合憲か違憲かの判定基準として**二重の基準**を採用し、
精神的自由の規制は厳格に(必要最小限度の規制のみ認められ
る)、経済的自由の規制は緩やかに(広く合理性ありと推定する合
理性の基準もしくは合憲性推定の原則に基づき)判定している。

☐ **5** 1978年、**マクリーン事件**の上告審で最高裁は、憲法上
★★ の人権保障は性質上、日本国民のみを対象とするもの
を除き**日本に在留する** ★★ にもおよぶと判断した。

外国人

# 5 日本国憲法と人権 (1)~自由権

ANSWERS ☐☐☐

☐ **1** 日本国憲法で定める**自由権**には、 ★★★ 自由、経済的
★★★ 自由、 ★★★ の自由の3種類がある。

精神的,
人身(身体)

☐ **2** 精神的自由には、憲法第 ★★★ 条の「思想および良
★★★ 心の自由」、第20条の「 ★★★ の自由」、第21条の
「表現の自由」、第23条の「 ★★★ の自由」がある。

19,
信教,
学問

☐ **3** 精神的自由権のうち**内心の自由**として、憲法第19条
★★ に思想および ★★ が定められている。

良心の自由

☐ **4** 憲法第19条の**思想および良心の自由**は、人の内心の
★★★ 考え方を自由に認めていることから、理論上は ★★★
による規制は受けない。

公共の福祉

◆日本国憲法の下では、内心を外部に表明していない段階は、他者
の人権とは衝突しないことから、**内心を規制することは理論上
許されない**。ただし、現実には第二次世界大戦後、共産党員の
公職追放(レッド・パージ)など思想弾圧が行われた例がある。

**X 政治分野　5 日本国憲法と人権 (1)〜自由権**

□**5** 　★★ 　事件では、**思想**を理由に会社が仮採用者の本採用を取り消したことが、憲法第14・　★★ 条に反しているか否かについて争われた。

三菱樹脂,
19

　◆最高裁は、憲法とは**公法**であり、民間企業と従業員個人の**私人間に直接適用されるものではなく**、私人間では**契約自由の原則**が優先し、企業の雇用の自由（憲法第**22条**）が尊重されるべきだとして、企業の本採用拒否を**合憲**と判断した。

□**6** 1999年に、**日の丸**を国旗、**君が代**を国歌とする　★★ 法が制定されたが、これは思想統制を行うもので　★★ を侵害する疑いがあるという批判も出された。

国旗・国歌

思想および良心の
自由

　◆思想および良心の自由は、自分の思想と異なる内容の表明を拒否する権利や沈黙の自由を保障している。「君が代起立命令訴訟」では、「君が代」の起立・斉唱を拒否した教師などの懲戒処分や定年後再雇用拒否について最高裁は**合憲・合法**とする判断を示した。

□**7** 2006年の**教育基本法改正**で、教育の目的について「**我が** 　★★ と 　★★ を愛する」態度を養うこととした点に対し、　★★ を侵害する疑いが指摘された。

国, 郷土,
思想および良心の
自由

　◆当初、自民党案では「**国**を愛する心（**愛国心**）を養う」としていたが、連立政権を組む公明党の反対などもあり「**郷土**」を加え、「**心**」を「**態度**」という表現に改めた。

□**8** 憲法第20条3項、第89条は、信教の**自由**を制度的に保障するものとして　★★★ の原則を定めている。

政教分離

□**9** 政教分離の原則は、国や地方公共団体などは**政治行為**として　★★ をしてはならないとする憲法第20条3項の規定から認められる。

宗教的活動

　◆憲法第20条3項では「国及びその機関は、宗教教育その他いかなる宗教的活動もしてはならない」と定められている。

□**10** 　★★ 訴訟では、市の公金による神社神道に基づいた地鎮祭が政教分離の原則に違反しているか否かについて争われ、1977年に最高裁は　★★ 判決を下した。

津地鎮祭

合憲

　◆最高裁は、国に禁止されている「**宗教的活動**」を、**目的**において**宗教的意義**があり、**効果**において**特定宗教への援助・助長の効果**または他宗教への**圧迫・干渉の効果**がある行為を指す「**目的・効果論**」で認定している。地鎮祭は、専ら世俗的であり、いずれにも該当しないと判断した。

□**11** 箕面 　★★★ 訴訟では、市が移転費用として公金を用いたことが政教分離の原則に違反しているか否かについて争われ、1993年に最高裁は　★★★ 判決を下した。

忠魂碑

合憲

　◆忠魂碑は単なる記念碑であり**宗教的意義・目的なし**と判断した。

□**12** 1997年に最高裁が憲法**第20条**の政教分離の原則に関
★★★　して最初の違憲判決を下したのは ★★★ 訴訟である。

◆最高裁は、県が靖国神社に対して公金をもって玉串料を支出す
る行為は、その目的において宗教的意義があり、その効果にお
いても神道への援助・助長効果があるとし、政教分離の原則に
違反すると判断した。

□**13** 2010年、北海道砂川市 ★★ 神社への公有地無償貸
★★　与訴訟で、憲法**第20条**の政教分離の原則に関して2
度目の違憲判決が下された。

□**14** 首相や閣僚が靖国神社に公的に参拝し、献花・献金に
★★　公金を支出する行為を靖国神社への ★★ という。

□**15** 小泉首相が公務中に ★★★ を参拝したことが ★★★
★★★　の原則に違反するか否かが争われた訴訟で、2006年に
最高裁は**憲法判断の必要性なし**とした。

◆原告団は、小泉首相の靖国神社参拝に伴う精神的苦痛に対する
国家賠償請求を行ったが、最高裁は金銭評価に値するような被
害は発生していないとし、原告の請求は認められないとした。
よって、靖国神社参拝行為の憲法判断は必要なしとした。

□**16** 憲法**第21条**1項は、「集会、結社及び ★★★ 、出版
★★★　その他一切の ★★★ 」を保障すると規定している。

□**17**▲ 表現の自由などの ★★ 的自由は ★★ を支える
★★　優越的な権利であるから、 ★★ の名の下に安易に
規制することは許されない。

◆最高裁は、表現の自由など精神的自由に対する規制が「公共の福
祉」の視点から許容されるのは、規制の目的に合理性があり、な
おかつ規制の手段が必要最小限度の場合、またはその権利行使
によって明らかに危険が発生する場合（明白かつ現在の危険の
法理）であるという合憲性判定基準を示している。

□**18** 表現物の内容を事前に行政機関が審査して内容を理由
★★★　に発表を差し止めることを禁止したのが、憲法**第21**
**条**2項の ★★★ の禁止の規定である。

□**19** ★★ 事件では、わいせつ文書の販売を処罰するこ
★★　とを定めた**刑法第175条**が、憲法**第21条**に規定され
る ★★ の自由の不当な制限ではないか否かが争点
となったが、1957年に最高裁は ★★ 判決を下した。

◆合憲の理由は、善良な性道徳や性的秩序を維持することは、公
共の福祉の内容をなすためである。わいせつ文書などの禁制品
の輸入を制限する税関検査が表現の自由の制限か否かが争われ
た事件でも、1984年に最高裁は合憲判決を下した。

愛媛靖国神社玉串
料支出 (愛媛玉串
料)

空知太(そらちぶと)

公式参拝

靖国神社, 政教分
離

言論,
表現の自由

精神, 民主主義,
公共の福祉

検閲

チャタレー

表現,
合憲

**X**
**政治**

**5**
日本国憲法と人権
(1)〜自由権

201

**Ⅹ 政治分野　5 日本国憲法と人権(1)～自由権**

□**20** デモ行進（集団示威行動）の許可制・届出制を定める東
★　　京都の　**★**　が憲法**第21条**に違反するか否かが争
　　われた事件で、1960年に最高裁は合憲判決を下した。

　　◆合憲判決の理由は、他者の**通行の自由と安全を守ること**は、公共
　　の福祉の内容をなすためであるが、デモ行進の暴徒化の危険性
　　ありと判断した点は批判されている。新潟県公安条例事件、徳
　　島市公安条例事件でも最高裁は合憲判決を下している。

**公安条例**

□**21** 他人の私生活を本人の同意なく記述した小説の出版を
★★★　事前に差し止めたことは　**★★★**　の**自由の制限**か否か
　　が争われた『　**★★★**　』事件で、2002年に最高裁は出版
　　の差止めは　**★★★**　を保障するためのやむを得ない措
　　置であるとする判断を下した。

　　◆『石に泳ぐ魚』は柳美里の小説。プライバシーの権利を根拠とす
　　る小説発刊差止めは初めてのことである。

**表現,**

**石に泳ぐ魚,**

**プライバシーの権利**

□**22** 憲法**第21条2項**は　**★★**　を規定しているが、その
★★　例外として、1999年に制定された　**★★**　**法**は、**裁判
　　官が発行する**　**★★**　に基づいた特定の電話や電子
　　メールの**警察による傍受**を認めている。

**通信の秘密,**

**通信傍受,**

**令状**

□**23** 1999年制定時の通信傍受法では、　**★★**　、　**★★**　や
★★　　**★★**　関連犯罪、集団密航の**反社会性の高い組織犯
　　罪**に限り、**第三者の立ち会いの下、最長30日間の傍
　　受**が認められた。

　　◆2016年の法改正で、傍受できる対象が窃盗、詐欺、傷害、放火、
　　誘拐、逮捕、監禁、爆発物、児童ポルノなどの組織（的）犯罪に
　　拡大され、傍受の要件となっていた通信事業者などによる**第三
　　者の立ち会いが廃止**された。窃盗団や詐欺グループなどの集団
　　犯罪を捜査するための法改正であると説明されているが、第三
　　者の立ち会いがなくなることで**違法捜査のリスクが高まった**と
　　いう批判もある。

**組織的殺人, 薬物,**

**銃器**

□**24**　**★★**　事件における1963年の最高裁判決は、**憲法第
★★　23条の学問の自由を認める**ための制度的保障として
　　一般原則的には　**★★**　が認められるとした。

　　◆大学の自治とは、**学問の研究内容や教授内容に対して公権力が
　　介入してはならない**とする原則であり、これによって、明治憲
　　法下のように学問弾圧が起こらないようにすることを目指した
　　ものである。ただし、同判決は、学生運動を行うサークルには
　　大学の自治は保障されていないとする事実認定を行った。

**東大ポポロ劇団**

**大学の自治**

□**25** 公権力による**不当逮捕を防止**し、個人の行動の自由と
★★★　個人の尊厳を守るのが　**★★★**　**の自由**である。

**人身（身体）**

□26 憲法第31条は、**法律の定める手続によらなければ処
★★ 罰されないという** ★★ **の保障**を規定している。

法定手続

◆**法定手続の保障**とは、有罪の確定までに**適正な手続を保障**し、反
論の機会を与えるとする原則であるが、その目的は**誤判**を防ぐ
ことにあり、**刑事訴訟法**だけでなく、**行政手続法**にも**適用**され得
る。憲法第31条は、**刑事実体面**として**罪刑法定主義**を、**刑事手
続面**として**法定手続の保障**を規定し、**法の支配**を徹底している。

□27 憲法第31条によると、有罪判決が確定するまで被疑
★★★ 者・被告人は ★★★ **の推定**を受ける。

無罪

◆したがって、判決確定まで「有罪である」というレッテルを貼ら
れることはないのが原則である。

□28 憲法第35条は、公権力による住居侵入、捜査、押収
★★ には ★★ による ★★ が必要だとし、同条は新
しい人権である ★★ **の根拠規定**にもなっている。

司法官憲(裁判官),
令状,
プライバシーの権
利

◆**逮捕**する際に必要な**令状**を「**逮捕令状**」という(憲法第33条)。
令状なくして逮捕できる例として、憲法上は「**現行犯**」、刑事訴
訟法では「**緊急逮捕**」(指名手配者などの逮捕)がある。

□29 **刑事被告人**には、憲法第37条で**公平**な裁判所の**迅速**
★★ な ★★ **裁判**を受ける権利や ★★ **を依頼する権
利**などが保障されている。

公開, 弁護人

□30 **刑事被告人**が自ら**弁護人**を依頼することができない場
★★ 合には、**国が公費で弁護人を附する**ことが憲法第37
条に明記されており、この弁護人を ★★ という。

国選弁護人

◆**国選弁護人**は、憲法上は**刑事**被告人に**のみ附する**ことになって
いるが、刑事訴訟法の改正で、2006年と09年と16年の3段階
で**被疑者**にも**附する**ことになった。

□31 憲法第36条は、**残虐刑**とともに ★★ **を禁止**し、第
★★ 38条ではそれを含めた一切の ★★ による自白は
裁判で証拠として採用されないことを定めている。

拷問,
強要

□32 憲法第38条では、**自己に不利益**な供述は**強要されな
★★ い**ことを保障する ★★ と、強制、拷問、脅迫によ
る、または不当に長期間抑留、拘禁された後の ★★
は証拠にできないことが規定されている。

黙秘権,
自白

□33 **行為後に制定された刑罰法規によっては処罰されない**
★★★ という刑事司法原則を ★★★ **の禁止**というが、この
原則は ★★★ **主義**のあらわれである。

遡及処罰,
罪刑法定

◆**遡及処罰の禁止**は、**事後法処罰の禁止**とも呼ばれる。

X
政治

5
日本国憲法と人権(1)〜自由権

203

# X 政治分野 5 日本国憲法と人権(1)〜自由権

**□34** 憲法第39条の「何人も、実行の時に **[★★★]** であつた　　　　　適法
★★★　　　行為又は既に無罪とされた行為については、**刑事上の**
**責任を問はれない**」という規定は **[★★★]** 主義を定め　　　　罪刑法定
たものである。

**□35** 憲法第39条は、**判決が確定した犯罪行為について再び**
★★　　　**裁判をしてはならない**とする **[★★]** を規定し、また、　　　一事不再理
「**同一の犯罪について、重ねて刑事上の責任を問はれな**
**い**」として、 **[★★]** の禁止も定めている。　　　　　　　　　二重処罰

**□36** 憲法第39条は**一事不再理**の原則を規定しているが、
★★　　　確定判決後に新しい **[★★]** が発見され、**有罪の確定**　　　証拠,
**判決が疑わしくなった場合**には **[★★]** が認められる。　　　　再審

**□37** **白鳥事件**で1975年に最高裁は「**疑わしきは [★★★] の**　　　被告人,
★★★　　　**利益に**」という刑事司法の大原則を **[★★★]** の決定手　　　再審
続にも適用するという判断を下した。

　　◆1980年代には、死刑囚の再審で従来の有罪（死刑）判決の誤りが
　　　明らかとなり、冤罪が認められた逆転無罪判決が続いた。

**□38** 警察の留置場を検察官の取り調べを行う際の **[★]**　　　　　拘置所,
★　　　の代わりに利用する「**[★]**」が、**[★]** の強要を　　　　　代用監獄(代用刑
助長し、**冤罪**の温床になり得ると指摘されている。　　　　　　事施設), 自白

**□39** 憲法第22条の**職業選択の自由**、第29条の **[★★★]**　　　　財産権,
★★★　　　は**資本主義を支える [★★★] 自由**である。　　　　　　　　経済的

**□40** 憲法第22条1項は、「何人も、**[★★]** に反しない限　　　　　公共の福祉,
★★　　　り、**[★★]**、**移転及び [★★] の自由**を有する」と規　　　居住, 職業選択
定している。

　　◆一方で、職業における**国家資格制度**は、憲法第22条が認める公
　　　共の福祉による規制として認められる。

**□41** 憲法第22条1項の **[★★] の自由**を侵害し、**違憲**と　　　　職業選択,
★★　　　最高裁が判断した例に **[★★]** 法の **[★★]** 制限規定　　　薬事, 薬局距離
がある。

　　◆1975年の最高裁判決は、薬事法の立法目的（不良薬品供給防止）
　　　と薬局の開設等に関する距離制限に因果関係はなく、不必要な
　　　規制であるとした。憲法第22条1項の職業選択の自由の解釈か
　　　ら、営業の自由が認められる。

**□42** 憲法第29条1項では **[★★] の不可侵性**を、同条2　　　　　財産権,
★★　　　項では**財産権**の内容は **[★★]** に適合するように法律　　　公共の福祉
でこれを定めることを規定している。

□**43**
★★
憲法第29条3項の「私有財産は、正当な ★★ の下に、これを ★★ のために用ひることができる」ことの例が ★★ 法による土地の強制収用である。

補償,
公共,
土地収用

□**44**
★★
憲法第29条の ★★ 権を侵害し、最高裁が**違憲**と判断した例には ★★ 法の ★★ 制限規定がある。

財産,
森林, 共有林分割

◆1987年の最高裁判決は、森林の共有持分権者の所有権＝財産権に対する不当な侵害であるとした。

□**45**
★★★
憲法第29条が保障する ★★★ 制と、第22条が解釈上認める ★★★ の2つによって、憲法は ★★★ 主義を制度的に保障していることがわかる。

私有財産,
営業の自由, 資本

□**46**
★★
政治の基本原理には、主権者たる国民の意思に基づく政治を実現する**民主主義**と、国民の基本的人権、特に**自由権**を保障する**自由主義**の2つがある。特に前者を尊重する例を**A**、特に後者を尊重する例を**B**とする場合、次の①～⑦はどちらに該当するか、それぞれ答えよ。

①公務員に憲法尊重擁護義務を課すること

② B

②裁判所が行う違憲立法審査権を有すること

③国会を国権の最高機関とすること

③ A

④司法権の独立を保障すること

④ B

⑤高度な政治性を有する問題について憲法判断を行わないとする統治行為論の考え方をとること

⑤ A

⑥情報公開制度を導入すること

⑥ A

⑦法の支配を徹底すること

⑦ B

① B

◆①憲法第99条は**権力者と公務員に憲法を尊重し擁護する義務**を課す。権力濫用を防ぎ、国民の人権、特に自由権を守ることを主目的とする（B）。②憲法第81条の違憲立法審査権は、人権侵害の法律を違憲とし無効にする権限を裁判所が有する点で自由主義を尊重する（B）。③憲法第41条は「国会は、国権の最高機関」と、主権者たる国民の代表機関である国会を尊重していることから、民主主義を尊重している（A）。④憲法第76条の司法権の独立は、裁判所に憲法が定める人権を保障する公正中立な機関であることを担保するので、自由主義を尊重する（B）。⑤統治行為論は、政治性の高い問題は国民の代表機関である国会の意思を尊重することであるから、民主主義を尊重する（A）。⑥情報公開制度は、主権者たる国民が行政情報を知る権利に奉仕し、**行政に対する民主的コントロールを及ぼす**民主主義を尊重する制度である（A）。⑦「**法の支配**」とは、自然法＝正義の法による支配を権力者に要求する原理であり、権力は法律に基づいて支配を行えば足りるとする法治主義を批判し、悪法による支配を認めない考え方である。よって、国民の人権、特に自由権を守る原理といえる（B）。

**X 政治**

**5** 日本国憲法と人権(1)～自由権

**Ⅹ 政治分野　6 日本国憲法と人権 (2)~平等権**

# 6 日本国憲法と人権 (2)~平等権

ANSWERS ☐☐☐

□**1** 政治的、経済的または ★★★ 関係におけるあらゆる
★★★ 差別を禁止した憲法の規定が法の下の ★★★ である。

社会的,
平等

□**2** 憲法に規定された「法の下の平等」は、★★★ 平等を
★★★ 保障する規定であり、★★★ のある差別は禁止して
いないと解釈される。

実質的,
合理的理由

◆合理的差別の具体例に労働基準法の母性保護規定、公務員資格
を日本国民に限るとした国籍条項、刑法における業務上犯罪の
刑加重規定、外国人に選挙権を認めていない公職選挙法の規定
などがある。

□**3** 夫婦同姓を定める現行の民法について、一方の配偶者
★★ が不利益を被ることもあるとして ★★ を求める動
きがあるが、2015年に最高裁は夫婦同姓を定める民法
の規定を合憲とした。

選択的夫婦別姓制
度

◆2021年6月には、夫婦別姓を認めない民法や戸籍法の規定が両
性の平等などを保障した憲法に違反するかどうかが争われた家
事裁判の特別抗告審で、最高裁は合憲の判断を下した。

□**4** 憲法第24条は家族生活における**男女両性の** ★★
★★ を定め、婚姻の成立は ★★ のみに基づくとする。

本質的平等,
両性の合意

□**5** 個人の尊厳と ★★★ の**本質的平等**を定めた憲法第
★★★ 24条に基づき、第二次世界大戦後に ★★★ が改正
され、明治以来の家制度が廃止された。

両性,
民法

□**6** 離婚した際、女性だけが6ヶ月を経過した後でなけれ
★ ば再婚できないとする民法の規定を一般に ★ 期
間 (**再婚禁止期間**) というが、2015年に最高裁は**100
日を超える部分**を違憲とする判決を下した。

待婚

◆2016年の民法改正で、待婚期間を100日とし、離婚時に懐胎
(妊娠) していない場合、100日以内でも再婚が可能となった。

□**7** 憲法第26条は、「すべて国民は、法律の定めるところ
★★ により、その ★★ に応じて、ひとしく教育を受け
る権利を有する」として ★★ の均等を定めるとと
もに、**義務教育**は ★★ であるとしている。

能力,
教育機会,
無償

◆教育を受ける権利の法的性質は、社会権と同時に平等権でもあ
るという二面性を持っている。また、憲法第26条は教育を受け
させる義務を定めていることから、教育を施す自由を与えられ
ているとも解釈されている。これらの点により、自由権として
の側面も持つ複合的な権利であるといえる。

206

□**8**
★★
憲法第44条は、第14条とともに選挙の平等を保障し、1人1票という ▢★★ の平等と、与えられた1票の ▢★★ の平等を定めている。

数,
価値

□**9**
★★★
1973年、最高裁として初の法律に対する違憲判決が下され、刑法第200条が父母など直系血族を殺害した場合の ▢★★★ 規定が死刑または無期懲役と重すぎる刑罰しかないことが憲法第14条の ▢★★★ に違反するとした。

尊属殺重罰,
法の下の平等

◆違憲判決から20年以上経過した1995年、国会は刑法改正を行い尊属殺重罰規定を削除した。

□**10**
★★★
最高裁は ▢★★★ に関する1票の格差が1：4.99と1：4.40に達した例で過去2回違憲判決を下したが、選挙は無効とせず、選挙のやり直しを命じなかった。

衆議院

□**11**
★★★
最高裁は ▢★★★ に関する1票の格差が1：6.59、1：5.0、1：4.77の事例でいずれも違憲状態としたが、過去1度も違憲判決を出していない。

参議院

◆参議院に下された違憲状態判決とは、違憲の疑いのある状態であって違憲とは断定できないという意味であるから、理論上すでに行われた選挙は有効となる。参議院選挙については、1996年9月に1：6.59、2012年10月に1：5.0、14年11月に1：4.77という格差の事例が違憲状態とされ、違憲という判決は出されなかった。したがって、理論上では選挙無効・やり直しの判決は下されなかった。

□**12**
★★
最高裁は衆議院の1票の格差について違憲判決を下したが、すでに行われた選挙については ▢★★ 判決の法理に基づき無効とした例はない。

事情

□**13**
★★
2010年代に入り、最高裁は衆議院の1票の格差が1：2を超える事例については ▢★★ とする判決を繰り返している。その中で、国会は1票の格差について衆議院は1：▢★★ 未満に、参議院は1：▢★★ 未満に抑える施策を行っている。

違憲状態

2，3

◆1：2.30（2011年）、1：2.43（2013年）、1：2.13（2015年）はいずれも違憲状態という判決が下されている。

**X**
**政治**

**6**
日本国憲法と人権(2)〜平等権

**X 政治分野 6 日本国憲法と人権 (2)〜平等権**

☐ **14** **1979年**、女性に対する政治的・経済的・社会的差別を
★★★ 禁じた ★★★ 条約が国連総会で採択され、85年に
日本は同条約を批准し、 ★★★ 法を制定した。

◆女性差別撤廃条約の批准に先立ち、1984年には国籍法改正が行
われ、日本国籍を取得するための要件が見直され、それまでの
父系血統主義から父母両系血統主義へと改められた。父系血統
主義とは、父が日本人ならば子は日本国籍を取得できるとする
もの。父母両系血統主義とは、父または母が日本人ならば子は
日本国籍を取得できるとするもの。

女子差別撤廃 (女
性差別撤廃),
男女雇用機会均等

☐ **15** **1997年**に男女雇用機会均等法が改正され、**事業主の**
★★ ★★ 規定が義務 (禁止) 規定に高められて、**違反事
業主には企業名公表の罰則**が設けられた。

努力

☐ **16** 日本では1999年に ★★★ 法が制定され、女性を行政
★★★ 会議などに参画させる積極的格差是正措置 ( ★★★ )
を行うことが明記された。

◆例えば、弱者や少数者を保護する手段として、会議などで一定
の人数枠を確保する措置などがある。

男女共同参画社会
基本,
ポジティブ=アク
ション(アファーマ
ティブ=アクション)

☐ **17** ★★ 法に基づき在留外国人には従来、 ★★ 制
★★ 度が設けられていたが、1993年には永住者および特別
永住者に、99年には非永住者について廃止された。

◆2012年には外国人登録証の常時携行を定住外国人などに義務づ
けた外国人登録法が廃止され、**日本人と同じく住民登録される**
こととなった。

外国人登録, 指紋
押捺

☐ **18** 公務員の資格を日本国民に限る ★★ 条項について、
★★ 最高裁は**合理的差別であり**合憲であると判断したが、
1996年に ★★ 市が地方公務員には当てはまらない
との見解を示し、特定の業務を除いて運用の上で自主
的に撤廃した。

国籍

川崎

☐ **19** **1995年**、最高裁は ★★ 選挙において**定住外国人**に
★★ 選挙権を与えないことは日本国民との**合理的差別**とい
えるが、 ★★ 選挙では立法措置により**選挙権**を与
えることは**違憲とは断定できない**とする判断を示した。

◆この判決を受けて、2001年に小泉内閣下で定住外国人への地方
選挙権付与法案が国会で審議されたが、時期尚早として見送り
となり、20年8月現在法案は成立していない。

国政

地方

□**20** 2008年、最高裁は結婚していない日本人父と外国人母
★★ との間に生まれた子について、日本人父が認知したと
しても ★★ を取得できないとする ★★ 法第3
条の規定を ★★ と判断した（憲法**第14条**）。

◆国籍法婚外子差別規定違憲判決を受けて国籍法第3条は改正さ
れ、現在は認知された婚外子の日本国籍取得を認めている。

日本国籍，国籍，
違憲

□**21** 2013年、最高裁は婚姻関係にない男女間の子（ ★★ ）
★★ の法定相続分を婚姻関係にある男女間の子（嫡出子）の
**2分の1**とする民法**第900条**の規定を ★★ とする
判決を下した。

◆非嫡出子法定相続分差別規定（民法**第900条**）について、1995
年に最高裁は法律上の家族を尊重するものとして合憲と判断し
ていたが、2013年に判例を変更し違憲判決を下した。これを受
けて民法第900条が改正され、現在の法定相続分は平等である。

非嫡出子

違憲

□**22** ★ 問題に関して、同和地区住民への市民的権利
★ と自由の完全な保障を求めた審議会答申に基づき、
1969年に ★ 法が制定された。

部落差別

同和対策事業特別
措置

□**23** 2016年、大阪市（大阪府）が全国で初めて特定の人種や
★★ 民族への**憎悪**や ★★ 意識を煽る**言動や表現**に対す
る抑止条例を定め、同年には国も ★★ 対策法を制定
し、施行した。

◆ヘイトスピーチ解消のための国と地域の責務を定めた法律とし
て、相談、教育および啓発活動の実施について定めている。ただ
し、表現の自由との衝突が懸念されることから、禁止や罰則に
ついては規定されていない。なお、2019年に川崎市（神奈川県）
がヘイトスピーチに対する罰則規定を設けた全国初の条例を制
定した（2020年7月全面施行）。

差別，
ヘイトスピーチ

# 7 日本国憲法と人権 (3)〜社会権

ANSWERS □□□

□**1** 社会権は、国民が国家に対して何らかのサービスの提
★★★ 供を求める ★★★ 的権利であり、 ★★★ 請求権を
本質とする。

◆自由権は、**不作為請求権**を本質とする**消極的権利**である。

積極，作為

□**2** 憲法**第25条**は、健康で ★★★ な ★★★ の生活を
★★★ 営む権利を国民に保障し、国は**社会福祉、社会保障、公
衆衛生**の向上および増進に努めるべきだと定めている。

文化的，最低限度

**X 政治**

**7 日本国憲法と人権(3)〜社会権**

209

## Ⅹ 政治分野 ７ 日本国憲法と人権 (3) ～社会権

**□3** 日本国憲法に規定のある社会権として、第25条の生存権や第26条の ★★★ 、第27条の勤労権、第27条および第28条の ★★★ がある。

教育を受ける権利,
労働基本権

**□4** 社会権の１つである ★★★ 権を保障するため、生活困窮者に対して公費を財源に ★★★ が定める基準に基づき生活保護を行うことが法律で定められている。

生存,
厚生労働大臣

**□5** 最高裁は朝日訴訟や堀木訴訟で、憲法第25条の生存権に関する規定は国の ★★★ を明言したものであって、国民に具体的な権利を保障するものではないとする ★★★ 説に立つことを判示した。

努力目標

プログラム規定

◆プログラム規定とは、政治指針としての努力目標のこと。なお、憲法第25条を根拠に具体的な請求ができるとする見解（学説）を法的権利説という。厚生大臣の定める生活保護基準の合憲性が争われた朝日訴訟の最高裁の判決は、憲法第25条の生存権をプログラム規定であると判示し、国民に具体的請求権を与えたものではないとした。堀木訴訟では、障害福祉年金と児童扶養手当の併給禁止を定める旧児童扶養手当法の規定は憲法第25条に違反しているか否かが争点となったが、プログラム規定説に立ち、立法裁量の枠内であり合憲とする判決を下した。

**□6** 文化的生存権の一部として、すべての国民に ★★ を受ける権利がある。また、これを保障する目的で日本国憲法は国民 (大人一般) に、その保護する子女に対する ★★ を受けさせる義務を課している。

教育

普通教育

**□7** 教育を受ける権利を保障するために、憲法第26条は義務教育の ★★ を定めている。

無償

**□8** 文部省 (当時) による教科書検定制度が憲法第26条の解釈上認められる国民教育権 (教師の教育の自由) を侵害し、第21条2項が禁止する ★★ に該当するか否かが争われた ★★ 訴訟では、最高裁は教科書検定制度それ自体を合憲とする判決を下した。

検閲,
家永

**□9** 労働三権とは、労働組合を結成する ★★★ 、労働組合が団体で使用者と交渉する ★★★ 、争議行為などの実力行使によって要求を実現する ★★★ を指す。

団結権,
団体交渉権,
団体行動権 (争議権)

**□10** ★★★ であることを理由に労働者を解雇することを ★★★ として労働組合法で禁止することで、社会権の１つである ★★★ を保障している。

労働組合員,
不当労働行為,
団結権

□**11** **団体行動権**（争議権）の具体例には、労働者側からの
★★ 手段として、**同盟罷業**＝ ★★ 、**怠業**＝サボター
ジュ、 ★★ ＝スト**破り防止**などがある。

◆使用者側からの争議権の手段として、**作業所閉鎖**（ロックアウト）がある。これは、閉鎖期間中の賃金支払義務を免れ、労働者に打撃を与えるものである。

ストライキ，
ピケッティング

□**12** **労働三権**のうちの ★★ は、**すべての公務員に認め**
★★ **られていない。**

◆労働三権すべてが**禁止**されている職種には警察官、自衛官、刑務官、海上保安庁職員などがある。

団体行動権（争議
権）

□**13** ★★★ を設置し、求職者に職業を紹介することを法
★★★ 律で定め、社会権の１つである ★★★ 権を保障して
いる。

公共職業安定所
（ハローワーク），
勤労

# 8 日本国憲法と人権 (4)~参政権・請求権

**ANSWERS** □□□

□**1** **参政権**には、主権者たる国民の**代表を選ぶ** ★★★ 権
★★★ と、自らがその**代表者に立候補する** ★★★ 権の２つ
の側面がある。

選挙，
被選挙

□**2** 憲法第15条は、「**公務員を** ★★ **し、及びこれを**
★★ ★★ **することは、国民固有の権利である**」、「**すべ**
**て公務員は、全体の** ★★ **であつて、一部の** ★★
**ではない**」と定めている。

選定，
罷免，
奉仕者，奉仕者

□**3** 憲法第15条は、第３項で ★★★ 選挙を、第４項で
★★★ 秘密選挙を、憲法第44条は平等選挙を規定している。

◆憲法第15条は選挙権を国民に保障しているが、当然、被選挙権すなわち立候補の自由も保障していると解釈される。

普通

□**4** 憲法第44条は、「両議院の議員及びその選挙人の資格
★★ は……人種、信条、 ★★ 、社会的身分、門地、教育、
★★ 又は収入によつて差別してはならない」として
選挙の平等を定めているが、性別や財産資格などによ
る投票制限の撤廃は ★★ 選挙の保障を意味する。

◆1945年12月、GHQの占領下で衆議院議員選挙法改正が行われ、翌46年4月に日本で初めて女性参政権を認めた新選挙法の下で衆議院議員選挙が実施された。この選挙後に召集された最後の帝国議会で、明治憲法を改正する形で日本国憲法が成立した。

性別，
財産

普通

X
政治

8
日本国憲法と人権
(4)
~参政権・請求権

211

**X** 政治分野　**8** 日本国憲法と人権 (4)～参政権・請求権

☐ **5** 2005年、最高裁は ☐ ★★ ☐ 法が海外に居住する日本国
★★ 民に現地の日本大使館・領事館で国政選挙の比例区の
投票のみを認め、選挙区の投票を認めていない立法措
置が憲法第15条や第44条などに違反するのではな
いかが争われた裁判で ☐ ★★ ☐ 判決を下した。

◆この判決は立法不作為を違憲とした初の事例で、事実上の立法
勧告の意味を持つ判決となった。実際に国会は直ちに公職選挙
法を改正し、在外投票を選挙区にも認める規定を設けた。

公職選挙

違憲

☐ **6** 日本国憲法において国政上、直接民主制を採用する制
★★★ 度として、最高裁判所裁判官の ☐ ★★★ ☐ や地方特別法
の ☐ ★★★ ☐ 、憲法改正における ☐ ★★★ ☐ の3つがある。

◆地方には地方自治法に基づいて条例の制定・改廃請求や首長・議
員の解職請求などの直接民主制的制度が複数存在している。

国民審査,
住民投票, 国民投
票

☐ **7** 国民の政治参加の手段として司法の民主化が進められ、
★★★ 憲法で最高裁判所の裁判官に対する ☐ ★★★ ☐ が認めら
れ、リコール制度が導入されている。

◆ただし、裁判官がこの制度で罷免された実例は、これまでにない。

国民審査

☐ **8** 日本国憲法に規定されている4つの国務請求権とは、
★★★ 請願権、刑事補償請求権、 ☐ ★★★ ☐ 権（国・地方への損
害賠償請求権）、裁判請求権（ ☐ ★★★ ☐ ）である。

◆裁判は、独立性を保障された裁判所の公開の法廷で行われる必
要がある。憲法は、そのような裁判を受ける権利を平等に保障
している。

国家賠償請求,
裁判を受ける権利

☐ **9** 憲法第16条に規定される ☐ ★★ ☐ 権は、行政腐敗を
★★ 是正し、行政を ☐ ★★ ☐ 化する現代的機能を持つ歴史
伝統的な権利である。

◆請願権は憲法に明記されているので、新しい人権ではないが、年
齢や国籍を問わず日本に住む誰もが有する権利であり、参政権
のない外国人にも認められている。

請願,
民主

☐ **10** 憲法第16条は、国民が国や地方公共団体などの公権
★★ 力に対して、 ☐ ★★ ☐ に ☐ ★★ ☐ する権利を保障して
いる。

平穏, 請願

☐ **11** 憲法第17条は、公務員が不法行為により第三者に損
★★ 害を与えた場合、加害者の雇い主である国または地方
公共団体に対して ☐ ★★ ☐ を請求する国家賠償請求権
（国・地方への損害賠償請求権）を被害者に保障してい
る。

損害賠償

☐ **12** 公害訴訟や薬害訴訟では、被害者は加害者たる民間企
★★ 業に対しては ★★ に基づく**損害賠償請求**を、国や
地方公共団体には憲法第17条に基づく ★★ （国・
地方への<u>損害賠償請求</u>）を行うことができる。

◆2004年に最高裁は関西水俣病訴訟で国と県の<u>損害賠償</u>責任を認
める判決を下している。

*民法,*
*国家賠償請求*

☐ **13** 2002年の最高裁は、**損害賠償**を郵便物の紛失、損壊、
★★ 汚わいなどに限定し、遅配に伴う拡大被害に認めな
い ★★ 法の規定を ★★ 権を定める憲法**第**17
**条に違反**するものと判断した。

*郵便, 国家賠償請*
*求（国・地方への*
*損害賠償請求）*

☐ **14** 何人も抑留または拘禁された後に<u>無罪</u>判決を受けた
★★ 時、 ★★ 法に従って国に<u>補償</u>を請求できる。

◆国家賠償請求権ではなく、特に<u>刑事補償請求権</u>と呼ばれている
ことに注意。刑事補償は間違って有罪判決を下した国の故意過
失を立証することなく、当然に請求することができる。

*刑事補償*

# **9** 新しい人権と法

ANSWERS ☐☐☐

☐ **1** 憲法に明文規定はないが、社会状況の変化などを受け
★★★ て解釈上、**権利性を認めるべき人権**のことを一般に
★★★ という。

*新しい人権*

☐ **2** ★★★ 権は、**良好な環境を享受する権利**として公害
★★★ 差止め請求を根拠づけるものとして主張され、憲法第
13条の ★★★ 権や第25条の ★★★ 権の解釈に
よって認められる新しい人権の1つである。

*環境*

*幸福追求, 生存*

◆日照権、静穏権、眺望権、通風権など、**人がより良い環境で生
きる権利**としての<u>環境権</u>は、高層ビルの建築差止めを求めた日
照権訴訟など個別的な権利として登場し、近年は総括して<u>環境
権</u>と呼ばれている。また、地球環境にかかわる意思決定過程へ
の参加権として理解されることもある。

☐ **3** ★★★ 権利は、**情報を受け取る**「<u>知る自由</u>」として登
★★★ 場したが、**行政権の肥大化**や秘密行政の増加に伴い、主
権者たる国民が積極的に**行政情報の** ★★★ **を請求す
る権利**に発展している。

*知る*

*公開*

◆<u>知る権利</u>は、<u>自由権</u>としての「<u>知る自由</u>」として登場したが、最近
では<u>社会権</u>および<u>請求権</u>としての<u>情報公開請求権</u>に発展した。

**X
政
治**

**9** 新しい人権と法

213

**X 政治分野　9 新しい人権と法**

□**4** 　知る権利の解釈根拠となる条文として、憲法第13条
★★★　の　★★★　権の他、第21条の　★★★　、前文および
第1条などの国民主権に関する規定が挙げられる。

◆知る権利は、行政への民主的コントロールの前提であることから、国民主権一般の規定が解釈根拠となる。

幸福追求，表現の
自由

□**5** 　自分に関する報道への反論権を争った　★★　事件で
★★　主張された権利を　★★　権という。

◆1987年の最高裁判決は、反論権（反論記事無料掲載請求権）については自分に関する記事の内容に名誉毀損が成立しない限り、反論権を認める法律上の規定がなければ、その請求を具体的に求めることはできないとした。狭義のアクセス権は、メディアに対する反論記事の無料掲載請求権や意見広告権の総称であり、一般に情報源への接近権と呼ばれている。ただし、一般報道や自分に関する報道に対して反論する自由は憲法第21条の表現の自由で認められる点に注意！

サンケイ新聞，
アクセス

□**6** 　★★★　は、自由権的側面では私生活をみだりに干渉さ
★★★　れない権利であり、請求権的側面では自己に関す
る　★★★　を自らコントロールする権利である。

プライバシーの権
利
情報

□**7** 　プライバシーの権利の解釈根拠条文には、憲法第13
★★　条の幸福追求権、第21条2項の　★★　の秘密、第
35条の　★★　の不可侵、第15条4項の　★★
の秘密などがある。

◆憲法第21条2項の「検閲の禁止」は、プライバシーの権利の根拠ではなく、表現の自由を制度的に保障する規定である。

通信，
住居，投票

□**8** 　三島由紀夫の小説『　★★　』をめぐる裁判で、モデル
★★　となった国務大臣の私生活を本人の同意なしに描いた
ことが争点となり、64年に東京地裁は　★★　の権
利の侵害を理由に損害賠償責任を認めた。

宴のあと

プライバシー

□**9** 　『　★★★　』事件において、2002年に最高裁が初めて
★★★　★★★　の権利を正式に認め、その権利に基づく小説
の出版差止め判決を下した。

石に泳ぐ魚，
プライバシー

□**10** 　長沼ナイキ基地訴訟における自衛隊違憲訴訟で、原告
★　側は平和の基礎となる新しい人権として　★　を主
張したが、最高裁はこれを正式には認めていない。

平和的生存権

□**11** 　国や地方などの行政機関に対して情報の開示を求める
★★★　制度を　★★★　といい、地方では条例が作られていっ
たが、国に対する根拠となる法律は　★★★　法である。

情報公開制度，
情報公開

☐**12** 情報公開制度は、 ★★★ の制度化といえるが、この
★★★ 権利は ★★★ 法に明文化されておらず、国の ★★★
（アカウンタビリティ）が定められているに過ぎない。

知る権利,
情報公開, 説明責
任

☐**13** 情報公開制度は、**行政腐敗を監視し防止する機能**を果
★★★ たすことから ★★★ のための重要な手段といえる。

行政民主化

☐**14** 2013年、第二次安倍内閣は国家機密となる外交や防衛、
★★ 特定有害活動（スパイ活動）防止、テロ防止に関する特
定事項を漏洩した公務員などに懲役10年以下の刑罰
を科する ★★ 法を制定した。

特定秘密保護

◆特定秘密保護法は、その性質から情報公開法と対立し、国民の
知る権利を侵害するおそれや、国家機密の情報流出を促したと
されたメディア関係者が刑罰の対象とされる可能性が指摘され
ている。外国の利益を図る目的の場合は、一般国民も処罰対象
となる。なお、特定秘密は行政機関の長が指定するが、上限5
年で更新が可能で、通算30年を超えることができないが、内閣
が承認すれば最長60年の指定が有効とされる。

☐**15** 行政機関や独立行政法人および個人データを保有する
★★★ 民間事業主が保有する個人情報を適正に取り扱い、本
人の同意なく第三者に流出させることを禁止する法律
を ★★★ 法という。

個人情報保護

◆適正管理義務を負う民間事業主を**民間個人情報取扱事業者**とい
う。2017年には高度情報化社会の進展などをふまえた改正法が
施行された。

☐**16** ★★ 法では、個人は、国のすべての行政機関に対
★★ して、自分の個人情報の開示・訂正・削除を請求す
る ★★ 権を認めている。

個人情報保護

個人情報開示請求

◆個人情報開示**制度**はプライバシーの権利における**自己情報管理
権のあらわれ**である。**知る権利**のあらわれでないことに注意。

☐**17** 2002年、**住民の個人情報**を全国規模でオンライン化し
★★ 一元的に管理する ★★ ネットワークが導入された。

住民基本台帳（住
基）

◆略称「住基ネット」。全国民に11ケタの住民票コードが割り当て
られたことから、国民総背番号制の第一歩といわれている。2003
年8月の第二次稼働で住民基本台帳カードの配付と利用を開始
した。その結果、住基カードを提示すれば各地方公共団体の窓
口で住民票の写しなどが入手でき、利便性は高まったが、プラ
イバシーの権利が侵害される危険性があるとの批判もある。

**X**
**政治**

**9**
**新しい人権と法**

215

# X 政治分野 9 新しい人権と法

□**18** 2013年、課税や社会保障に関する**個人情報を国が一元
★★ 的に管理する** ★★ （マイナンバー）**制度**の導入が決
定し、16年1月より稼働している。

◆マイナンバーは個人が12ケタ、法人が13ケタの番号を割り当
てられ、希望者に氏名、住所、顔写真などを記載したICチップ
入りの「個人番号カード」を配付する。このカードは公的な本人
確認の他、納税記録や行政手続時の確認にも利用可能とされる。

**共通番号**

□**19** 近年、インターネット上に掲載された**自分に関する情
★ 報**を**削除してもらう権利**である「 ★ 権利」が、新
しい人権として主張されている。

◆2017年、最高裁は犯罪歴について削除を認めないとする決定を
下した。欧州連合（EU）では「忘れられる権利」が法的な権利と
して認められている。

**忘れられる**

□**20** 情報化社会の進展に伴い、 ★★★ 権の保護が重要な
★★★ 課題となっている。また、企業や公的機関に大量の個
人情報が集積されるようになったことで ★★★ が侵
害される危険性も高まっている。

◆日本では、1999年に不正アクセス禁止法が制定され、他人の
コンピュータに不正に侵入する行為が禁止されたが、現実的には
取り締まりが難しく、不正アクセスが多発している。

**知的財産**

**プライバシーの権
利**

□**21** 2007年11月、 ★★ 対策として改正出入国管理法が
★★ 施行され、外国人が日本に入国する際に**顔写真撮影と**
★★ **採取・照合**が義務づけられることになった。

**テロ**

**指紋**

□**22** 近年、公権力や企業などによって理由なく**容ぼうを撮
★★ 影されない権利**として ★★ 権が確立されつつある。

**肖像**

□**23** 近年、著名人が自分の名前や記事により雑誌や新聞な
★ どが販売部数を伸ばした場合、その**使用料を請求する**
★ 権が裁判で認められ始めている。

◆パブリシティ権は、人に備わる顧客吸引力を中核とする経済的価
値を保障する権利一般を指し広義の人格権のあらわれである。

**パブリシティ**

□**24** 近年、**新しい人権**として**自分の運命を自ら決定する権
★★★ 利**である ★★★ 権が主張され、末期ガン患者が苦痛
から解放されることを目的に投薬による**死**を選択す
る ★★★ の権利や延命治療を拒否して**自然死**を選択
する ★★★ の権利などがこれにあたる。

◆自己決定権は、一定の私的な事柄について他者の干渉を受けず
に自ら決定できる権利である。なお、オランダやベルギーには、
安楽死を認める法律があるが、日本には存在していない。

**自己決定**

**安楽死（積極的安
楽死）,**

**尊厳死（消極的安
楽死）**

216

□ 25 病状や治療方針を**患者**に説明し**同意**を得る ★★★ は、
★★★ 患者側の ★★★ 権を尊重する観点から、現在の医療
現場で積極的に導入されている。

インフォームド＝
コンセント，
自己決定

## X 政治

### 9 新しい人権と法

□ 26 日本では、**1997年**に ★★★ 法が**成立**し、 ★★★ の人
★★★ からの臓器移植が、本人の臓器提供の意思が表示され
ている場合に可能になった。その後、**2009年の法改正**
で ★★★ の同意のみによる臓器移植に道が開かれた。

◆この法改正で、民法の解釈上、本人の意思表示ができない15歳
未満の子どもの臓器提供が家族の意思で可能となった。

臓器移植，脳死

家族

□ 27 従来、刑法上の「**死**」は、 ★★ **停止**、 ★★ **停止**、
★★ **瞳孔散大・対光反射停止**による総合的な判断で定義
されていたが、臓器移植との関係では脳死を人の「**死**」と
するという「**死**」の相対性が認められた。

◆延命技術の高度化や臓器移植の実施などを受けて、医学以外の
領域でも「死」の定義をめぐる活発な議論が行われるようになっ
た。移植との関係で脳死を「死」と見なさないと、移植のために
ドナー（提供者）から臓器を摘出した医師に、**殺人罪ないし同意
殺人罪など**が成立する可能性がある。

心臓，呼吸 ※順不同

□ 28 ★★ を解読しようという試みは2003年に完了が宣
★★ 言されたが、自分の遺伝情報に関しての ★★ 、**知
らないでいる権利**、 ★★ に**知られない権利**などの
尊重といった倫理的問題への取り組みも求められる。

ヒトゲノム，
知る権利，
他人

□ 29 権利の種類に関する次の表の空欄 **A ～ F** にあてはま
★★ る語句を下の語群から選べ。ただし、空欄 **B、C、D、
E** は**2つ選べ**。なお、同じ語句を繰り返し選んでもよい。

| 権利の種類 | 関連する<br>憲法の条文 | 関連する<br>判例・法律 |
|---|---|---|
| プライバシーの権利 | A ★★ | B ★★ |
| 知る権利 | C ★★ | D ★★ |
| 環境権 | E ★★ | F ★★ |

【語群】 第13条 第21条 第25条
『石に泳ぐ魚』事件 大阪空港公害訴訟
外務省公電漏洩事件 個人情報保護法
情報公開法

A 第13条
B 『石に泳ぐ魚』事
件，個人情報保
護法 ※順不同
C 第13条，第
21条 ※順不同
D 外務省公電漏洩
事件，情報公開
法 ※順不同
E 第13条、第
25条 ※順不同
F 大阪空港公害
訴訟

# X 政治分野　10 日本の統治機構 (1)～三権分立

## 10 日本の統治機構 (1)～三権分立

ANSWERS □□□

**□1** 行政府の首長である ★★★ は、憲法第67条によれば ★★★ の中から ★★★ の議決で指名されるとあり、最大議席を有する政党から選出しなくてもよい。
◆衆議院議員の中から指名されなければならないわけではないが、現憲法下ではすべて衆議院議員の中から指名されている。

内閣総理大臣,
国会議員, 国会

**□2** ★★★ は、**出席議員の過半数の賛成**によって ★★★ 決議を行い、内閣の責任を問うことができる。

衆議院, 内閣不信任

**□3** 内閣は、憲法第69条の規定により、 ★★★ によって**不信任決議が可決された時には** ★★★ 日以内に衆議院を解散するか、または ★★★ する形で国会に対して責任を負わなければならない。

衆議院,
10,
総辞職

**□4** 衆参両院は、行政のあらゆる内容をチェックするために書類の提出や証人の証言を求める ★★★ 権を持つ。

国政調査

**□5** 日本国憲法によると、**内閣**は行政権の行使にあたって、 ★★★ に対して ★★★ して責任を負う。
◆内閣の連帯責任とは、内閣の一体性に基づき総辞職という責任の負い方をすること。

国会, 連帯

**□6** 裁判官の罷免を決定する権限を持つ、国会内に設置される機関が ★★ で、衆参各院7名で組織される。

弾劾裁判所

**□7** 内閣は、**最高裁長官の** ★★ や、**長以外の最高裁の裁判官の** ★★ など裁判官の人事権を持っている。

指名,
任命

**□8** 内閣は、 ★ の指名した者の名簿によって下級裁判所の裁判官を ★ する。

最高裁判所,
任命

**□9** 日本では、国民の政治参加の手段としては、国会に対しては選挙はできるものの、**国会議員の** ★★ 制度、内閣に対しては**首相を国民が選挙する** ★★ 制、**首相や国務大臣の** ★★ 制度が存在しない。

リコール,
首相公選,
リコール

**□10** ★★★ 権とは、裁判所が法律、命令、規則、処分について ★★★ に適合するか否かを判断する権限である。

違憲立法審査,
憲法

**□11** 裁判所による ★★★ 制度は、**国家権力の** ★★★ を防ぐ機能を果たしており、最高裁判所だけでなく**すべての** ★★★ 裁判所が行使することができる。

違憲立法審査, 濫用
下級

## 12. 
裁判所が ★★★ 権を積極的に行使すべきという見解の根拠には、★★★ 保障はとりわけ社会の少数派にとって重要であるから多数派の考えに反しても確保されるべきだとする考え方がある。

違憲立法審査, 人権

◆司法積極主義は、民主主義の過程では救われない少数派の人権保護のため裁判所の違憲立法審査権（違憲審査権）などを積極的に行使して人権保障のとりでとなるべきだとする考え方である。

## 13.
裁判所の違憲立法審査権の行使は自己抑制的であるべきで、一見明白に断定できない場合は違憲判決を出すべきではないとする立場を司法 ★★ 主義といい、★★ 主義の尊重をその根拠とする。

消極, 民主

◆司法消極主義は、国会が制定した法律や承認した条約は民主的プロセスに基づいており、明白な人権侵害や憲法違反と断定できる場合にのみ違憲と判断するべきだとする考え方である。なお、高度な政治性を有する問題について憲法判断を回避すべきとする統治行為論は司法消極主義と民主主義を根拠とする。

## 14.
違憲立法審査について、ドイツとフランスは ★ 裁判所型の ★ 的審査制であるが、日本とアメリカは ★ 裁判所型の ★ 的審査制である。

憲法, 抽象, 通常, 具体（付随）

◆憲法裁判所型の国では、具体的な訴訟の有無にかかわらず、違憲審査に特化して設置された憲法裁判所が違憲審査を行う。一方、通常裁判所型の国では、具体的な訴訟が起きた場合のみ、事件解決の前提として各裁判所が違憲審査を行う。

## 15.
次の図は、日本の三権分立について示したものである。空欄①〜⑪にあてはまる適語を答えよ。

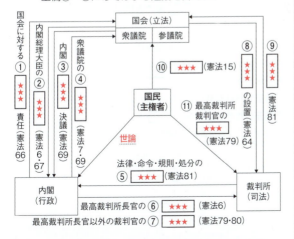

① 連帯
② 指名
③ 信任・不信任
④ 解散
⑤ 違憲審査（法令審査）
⑥ 指名
⑦ 任命
⑧ 弾劾裁判所
⑨ 違憲審査（違憲立法審査）
⑩ 選挙
⑪ 国民審査

**X 政治分野　11 日本の統治機構 (2)~国会（立法）**

# 11 日本の統治機構 (2)~国会 (立法)

ANSWERS □□□

□**1**
★★★
国会は、憲法**第41条**の規定により、国権の ★★★ であって、国の唯一の ★★★ 機関である。

最高機関,
立法

◆憲法**第41条**は、国会は国権の最高機関であることを規定しているが、国会が内閣や裁判所に**優越**するという意味ではなく、**民主的な機関であるから重要である**という程度の**政治的美称**であると捉えられている。

□**2**
★
憲法**第41**条は、**国会は**唯一の立法機関であると規定しているが、その意味としては、国会が立法を行うとする**国会** ★ **の原則**と、国会の議決のみで法律は成立するという**国会** ★ **の原則**が含まれている。

中心立法,
単独立法

□**3**
★★
**国会**中心立法**の原則の例外**としては、政府（内閣）による ★★ や地方公共団体による ★★ があり、国会単独立法**の原則の例外**としては ★★ がある。

政令, 条例,
地方特別法

◆国会は国権の最高機関であって唯一の立法機関であるが、**内閣の政令、最高裁の裁判所規則、地方公共団体の条例の制定**も立法作用を持つことがある。地方特別法は、特定の地方公共団体にのみ適用される法律のこと。国会の議決に加えて、適用される地方公共団体の**住民投票**（過半数の**賛成**）が必要である。

□**4**
★★
国会は ★★ な国民の意見を国政に反映し、かつ**審議の慎重を期する**ために ★★ **制**を採用しているが、これも権力分立の一種である。

多様,
二院

□**5**
★★★
衆議院議員と参議院議員の**任期**はそれぞれ ★★★ 年と ★★★ 年であるが、参議院は ★★★ **年ごとに半数を改選**する。

4,
6, 3

□**6**
★★
衆議院の任期満了や解散に伴って行われる選挙のことを ★★ といい、参議院の任期満了に伴って行われる選挙（3年ごとに半数改選）のことを ★★ という。また、各院の議員で辞任や死亡などで欠員が生じた場合に行われる**補充のための選挙**を ★★ という。

総選挙,
通常選挙

補欠選挙

◆衆参両院いずれも比例代表区の選出議員に欠員が生じた場合は、原則的に次の順位の者が繰り上げ当選となる。補欠選挙は、一定要件を満たす欠員が生じない限りは行われない。参議院について、選挙区の選出議員も当選後3ヶ月以内で欠員が生じた場合は、原則として繰り上げ当選で補充される。

□**7** 衆議院議員の定数は、**小選挙区** ★★★ 人、**比例代表**
★★★ **区** ★★★ 人の合計 ★★★ 人である。

289,
176, 465

◆衆議院議員の定数は、1994年改正で小選挙区比例代表並立制が
導入され、①小選挙区300人＋②比例代表区（全国11区）200
人＝③合計500人となった。以後、2001年改正：①300人＋
②180人＝③480人→2012年改正：①295人＋②180人＝
③475人→2016年改正：①289人＋②176人＝③465人、
となっている。

□**8** 参議院議員の定数は、**選挙区** ★★★ 人、**比例代表区**
★★★ ★★★ 人の合計 ★★★ である。

148,
100, 248

◆参議院議員の定数は、1983年改正で47都道府県別の選挙区・比
例代表制（全国1区）が導入され、①選挙区152人＋②比例代
表区100人＝③合計252人となった。以後、2001年改正：①
146人＋②96人＝③242人→2018年改正：①148人（選挙
区2人増）＋②100人（比例代表4人増）＝③248人で、改
選年の19年に3増、22年に3増と2段階で達成する。

□**9** 衆議院議員の被選挙権は**満** ★★ **歳以上**、参議院議
★★ 員の被選挙権は**満** ★★ **歳以上**である。

25,
30

◆被選挙権は**参議院議員**と**都道府県知事**が満30歳以上、**衆議院議**
**員**と**市区町村長・地方議会議員**が満25歳以上である。

□**10** 国会の権限には立法権以外にも、 ★★★ の**議決**や**財**
★★★ **政監督**を行う財政権限、**内閣総理大臣の指名**、 ★★★
の**承認**、**弾劾裁判所の設置**といった国務権限がある。

予算,
条約

□**11** 予算案は、 ★★ が**先議**することになっている。
★★

衆議院

□**12** 条約の締結権は ★★★ が持つが、**条約**の承認権は
★★★ ★★★ が持っている。

内閣,
国会

◆条約の承認は、原則的には事前であるが、場合によっては事後
であってもかまわない。事後承認は技術的かつ手続的な条約に
ついて許されると解釈されているが、実際に国会が事後承認を
行った案件の多くは、1950年代半ばまでのものであり、現在は、
締結手続を行う前に内閣が条約を国会に提出している。

**X**
**政治**

**11** 日本の統治機構(2)〜国会（立法）

**X 政治分野　11 日本の統治機構 (2)〜国会 (立法)**

□**13** 衆議院の優越に関する次の表の空欄 A 〜 K にあてはまる適語を答えよ。

| A ★★★ 案の議決 |
| --- |
| 衆議院が可決した議案を参議院が否決した場合（衆議院が可決した後、B ★★★ 日以内に参議院が議決しない時は、衆議院は参議院が否決したものとみなすことができる）、衆議院で出席議員の C ★★★ 以上の多数で再可決すると、議案は成立する。 |
| D ★★★ の承認、E ★★★ の議決 |
| 衆議院が可決した議案を参議院が否決した場合、F ★★★ を開いても意見が一致しない時、ないし衆議院が可決した後、G ★★★ 日以内に参議院が議決しない時は、衆議院の議決が国会の議決となる。 |
| H ★★★ の指名 |
| 衆議院の指名と参議院の指名が異なった場合、I ★★★ を開いても意見が一致しない時、ないし衆議院の指名を受け取った後、J ★★★ 日以内に参議院が指名しない時は、K ★★★ の指名が国会の指名となる。 |

A　法律

B　60

C　3分の2

D　条約
E　予算
F　両院協議会
G　30

H　内閣総理大臣

I　両院協議会
J　10
K　衆議院

□**14** 衆参両院は、 ★★ のための証人喚問を行うことができ、証人は正当な理由なく出頭を拒否したり虚偽の証言をしたりする場合は ★★ を科される。

国政調査

刑罰

◆国政調査では、証人は証言前に虚偽 (ウソ) の証言を述べないという**宣誓義務**があるため、もし虚偽の証言をした場合は**偽証罪**が成立する。これに対して、**政治倫理審査会や参考人招致**には宣誓義務がなく偽証罪には問われない。

□**15** 衆参各院が持つ国政調査権は、1970年代に発覚した**田中角栄内閣**下の ★★★ 事件の際などに行使されたように**行政腐敗**を是正する行政民主化の**機能**を有し、また立法時の補助的機能のみならず、国民の ★★★ に奉仕し、**行政に対するコントロール機能**も持つ。

ロッキード

知る権利

□**16** 浦和事件における判決の量刑の妥当性に関する国政調
★★★ 査については、★★★ の独立を侵害するとして中止
が求められた。　　　　　　　　　　　　　　司法権

◆浦和事件は、国政調査権の限界（判決内容への調査は許されない
こと）を示す事例であるとともに、国会（正確には議院）による
司法権の独立侵害の具体例ともいえる。

□**17** 衆参両院は、常設の委員会である ★★ 委員会の他
★★ に、必要に応じて特定の案件を扱うための ★★ 委
員会を設置することができる。　　　　　　常任，
特別

◆国会の各院には常任委員会以外に特別委員会、憲法審査会、政
治倫理審査会、情報監視審査会が設置されており、参議院には
長期的政策の審議を行う調査会も置かれている。

□**18** 委員会審議の際、専門家や利害関係人の意見を聞くた
★★ めに ★★ を任意に開くことができるが、国会法に
よると ★★ と重要な歳入法案については必ず開く
ことが義務づけられている。　　　　　　　公聴会，
総予算

□**19** 内閣不信任決議権は ★★★ のみの権限であり、★★★
★★★ には与えられていない。　　　　　　　　衆議院，参議院

□**20** 衆参両院のうち、★★★ は憲法上、内閣の責任を問う
★★★ 手段を持っていないが、政治的および道義的責任の追　参議院
及として首相や国務大臣に対する ★★★ を行うこと
ができる。ただし、その決議には法的拘束力はない。問責決議

□**21** 衆議院の多数派政党と参議院の多数派政党が異なる国
★★★ 会の状況を ★★★ 国会といい、国会運営は停滞する
とともに ★★★ の優越と呼ばれる憲法の規定に従っ　ねじれ，
て議案が成立する場合が増えるとされる。　　衆議院

◆近年、自民党政権下では2007年の福田康夫内閣、08年の麻生
太郎内閣、民主党政権下では10年の菅直人内閣時にねじれ国会
に陥り、続く野田佳彦内閣に至るまで国政は停滞した。ねじれ
国会が解消された状態では衆議院の「カーボンコピー」と揶揄さ
れて「参議院無用論」が、ねじれ国会の状態では国政の円滑な進
行を妨げることから「参議院無用論」が各々異なる意味で唱えら
れることがある。

**X**
**政治**

**11 日本の統治機構(2)〜国会（立法）**

**X** 政治分野　**11** 日本の統治機構 (2)～国会（立法）

□**22** 次の表は、**国会の会期**についてのものである。空欄 A
★★　　～ H にあてはまる適語を答えよ。

| A ★★ | 年１回。１月中に召集。会期 B ★★ 日。来年度予算などを審議。 |
|---|---|
| C ★★ | ①内閣が決定。②いずれかの院の総議員の D ★★ 以上の要求で召集する。③衆議院の任期満了選挙、または参議院通常選挙後30日**以内**に召集。 |
| E ★★ | 会期不定。衆議院の解散後40日**以内**に総選挙を行い、総選挙後、F ★★ 日**以内**に召集。内閣総理大臣の指名を実施。 |
| G ★★ | 会期不定。衆議院の解散中に緊急の必要がある際に内閣が召集。ただし、次の国会で H ★★ 日**以内**に衆議院の同意がなければ、議決は無効。 |

A 常会（通常国会）

B 150

C 臨時会（臨時国会）

D 4分の1

E 特別会（特別国会）

F 30

G 参議院の緊急集会

H 10

◆国会は審議の充実を図るため通年(万年)**国会を禁止**し、**会期制**を採用している。その目的は審議の充実を図るとともに、国会議員が有権者と接触し、**民意を吸収する**機会を与えることにある。

□**23** 内閣が衆議院に不信任された場合、直ちに内閣は総辞
★★★　職し、その国会において新たな ★★★ を指名するか、**衆議院を**解散しなければならないが、解散したとしても総選挙後に開かれる国会で新たな ★★★ を指名するので、その時点で内閣は ★★★ する。

内閣総理大臣

内閣総理大臣,
総辞職

□**24** 衆議院の解散は、憲法第69条に基づいて行われる場
★★★　合と、**第 ★★★ 条**に基づいて行われる場合があり、**第**69**条**に基づくものは過去 ★★★ 回だけである。

7,

4

◆この４例は以下の通り。①第二次吉田茂内閣（1948年：「**なれあい解散**」)、②第四次吉田茂内閣（1953年：「**バカヤロー解散**」)、③第二次大平正芳内閣（1980年：「**ハプニング解散**」)、④宮澤喜一内閣（1993年：「**嘘つき解散**」)。なお、衆議院の任期４年を満了したのは、三木武夫内閣（1974～76年）の１回だけである。

□25 いわゆる「 ★★★ 条解散」は衆議院が内閣を不信任した際に、その対抗手段として内閣が衆議院を解散する場合で議院内閣制**本質型解散**といえるが、「 ★★★ 条解散」は内閣が重要な決定を行った際に民意を問うために内閣が解散を決定し、 ★★★ の国事行為で解散を行う民意吸収型**解散**といえる。

69

7

天皇

◆2005年の小泉純一郎内閣下における衆議院解散は「**7条解散**」であり、郵政民営化の是非を問う民意吸収型**解散**として、実施された総選挙の意味が明確になった事例である。

□26 三権のうち、**国会は** ★★ 、**裁判も** ★★ を原則とする。

公開，公開

□27 国会での議事・議決には、**各議院の総議員の** ★ **以上の出席が必要**となる。これを ★ という。

3分の1，
定足数

◆なお、海外ではICT（情報通信技術）を用いた遠隔投票のシステムが導入されている議会があり、日本も妊娠・育児中の女性議員やハンディキャップを持つ議員、感染症の流行などへの対応として、オンラインで議事・議決を行う方法が模索されているが、憲法第56条で定める議員の「出席」の定義などが論点となっている。

□28 国会は ★★ **を原則**とするが、出席議員の ★★ 以上の賛成で**公開を停止**し、 ★★ とすることができる。

公開，3分の2，
秘密会

□29 国会における**議決要件**は、**原則として**出席議員の過半数である。例外として、衆議院の法律案再可決、議員の議席剝奪または除名には ★★ 以上の賛成、**憲法改正の発議**には各議院の ★★ 以上の賛成が必要である。

出席議員の3分の2，
総議員の3分の2

□30 国会議員には、 ★★ 特権、 ★★ 特権、免責特権の3つの特権がある。

歳費，不逮捕
※順不同

□31 国会議員は**会期中に逮捕されない**という不逮捕特権を有するが、 ★★ の場合と所属する議院の ★★ がある場合は、例外的に会期中の逮捕が認められる。

現行犯，許諾

◆国会議員が逮捕されないのは**会期中のみ**であり、任期中や一生涯ではない点に注意。議員活動を妨害する不当逮捕を防ぐことが趣旨だからである。

X
政治

11 日本の統治機構(2)〜国会(立法)

225

**X 政治分野　12 日本の統治機構 (3)～内閣（行政）**

☐**32** 国会議員は、発言と表決などの政治活動については院外
★★　で　★★　上の責任を問われないが（<u>免責</u>**特権**）、院
　　内　★★　などの政治的責任は問われる可能性がある。

法律,
懲罰

☐**33** 国会議員の当選時の資格の有無を争う　★★　の裁判
★★　は各　★★　で行い、<u>出席議員の</u>　★★　以上の賛成
　　で**議席剥奪**の決定が行われる。

資格争訟,
議院, 3分の2

☐**34** 議院内の秩序を乱したなどで国会議員の当選後の議員
★★　活動に関する政治責任を追及して、その議員に　★★
　　を与えることができるが、**議員資格を奪う**　★★　の
　　**決定**には出席議員の　★★　以上の賛成が必要である。

懲罰,
除名,
3分の2

☐**35** 2007年の**憲法改正の国民投票法**制定に伴い、衆参両院
★★　に**憲法改正原案を審議**する　★★　が創設された。

憲法審査会

☐**36**　★★　**制**とは、首相と野党党首が**国家基本政策委員**
★★　**会**で討論し、政策の違いを明確に示す制度で、　★★
　　のクエスチョン=タイム制を模範に導入された。

党首討論,
イギリス

# **12** 日本の統治機構 (3)～内閣（行政）

ANSWERS ☐☐☐

☐**1** <u>内閣</u>は　★★　**権**の主体で、その**意思決定は**　★★
★★　によって行われ、その下に中央省庁などの官僚機構が
　　組織される。

行政, 閣議

☐**2** **閣議の議決は**　★★　によって行われ、国会や裁判所
★★　と異なり、その**議事の過程は**　★★　である。

全会一致,
非公開

　　◆内閣の閣議は<u>全会一致制</u>であり、国務大臣が1人でも反対した
　　　状態では閣議決定とはならない。なお、2014年より閣議の議事
　　　録が首相官邸のホームページで公開されるようになった。その
　　　公開の内容や範囲は政府によって決められる。

☐**3** 国務大臣は　★★★　によって任命され、その**過半数は**
★★★　★★★　**の中**から選ばれなければならない。

内閣総理大臣,
国会議員

☐**4** 国務大臣は**内閣総理大臣**が　★★★　することから、内
★★★　閣総理大臣が**内閣の**　★★★　である。

任免,
首長

　　◆<u>任免</u>とは、**任命**することと**罷免**すること。内閣総理大臣は国務
　　　大臣の<u>任免権</u>を持つとともに、国務大臣の<u>訴追同意権</u>を持つ。

226

□**5**
★★★
国務大臣は内閣の一員であり、**2001年**に**中央省庁をス**
**リム化**した当初は**原則** ★★★ **人以内**（最大 ★★★
人まで可能）とされた。

14, 17

◆プラス3人分は、担当官庁を持たない**特命担当大臣（無任所大臣）**
である。なお、**復興庁**が設置された2012年より、その廃止を予定
する31年までの間は**復興大臣**を設置し、内閣を構成する国務大
臣は**原則**15**人以内**（最大18**人まで**）となっている。さらに14
年10月に第二次安倍内閣は、2020年に開催を予定していた東京
オリンピック・パラリンピックの準備を担う「五輪（オリンピッ
ク・パラリンピック）担当相」を新たに設けて最大19人とする
特別措置法が制定された。

□**6**
★★★
軍国主義化を防止するため、**憲法第**66**条2項**で定め
る<u>文民統制</u>（<u>シビリアン=コントロール</u>）の原則によ
り、 ★★★ **および国務大臣**は ★★★ でなければな
らない。

内閣総理大臣,
文民

□**7**
★★★
自衛隊の**最高指揮監督権**は ★★★ が、現場の**統括権**
は ★★★ が持っているが、**いずれも** ★★★ でなけ
ればならない。

内閣総理大臣,
防衛大臣, 文民

□**8**
★★
<u>官僚</u>**主導**から<u>政治</u>**主導への転換**を図るため、**政務次官**
**制度**を廃止して各省に ★★ と**大臣** ★★ を置き、
国務大臣に代わり政府職員が答弁する ★★ <u>制度</u>を
廃止するなどの改革が行われた。

副大臣, 政務官,
政府委員

◆内閣法を改正し、2001年から国務大臣をサポートするために<u>副</u>
<u>大臣</u>と<u>大臣政務官</u>が新たに置かれた。

□**9**
★★
<u>内閣の権限</u>には、**条約** ★★ **権**、**予算案の** ★★
**権**、**法律の** ★★ **権**の他、確定判決の刑を減免する
**恩赦決定権**などがある。

締結, 作成・提出,
執行

□**10**
★★
内閣は裁判所に対して、 ★★ **長官の指名**およびそ
れ以外の**裁判官の** ★★ を行う権限がある。

最高裁判所,
任命

□**11**
★★
日本の内閣は、法律を誠実に ★★ するのみで、ア
メリカ大統領とは異なり成立した**法律の** ★★ **権は**
**持っていない。**

執行,
拒否

**X**
**政治**

**12**
日本の統治機構(3)〜内閣（行政）

227

**X 政治分野　12 日本の統治機構 (3)〜内閣（行政）**

□**12** 内閣は条約 **★★** 権を持つ。具体的な手続としては　　　締結
★★　　原則として以下の①〜④の順となる。

　　①内閣が任命した全権委員が条約に **★★** する。　　　　署名・調印,
　　②国会が条約を **★★** する。　　　　　　　　　　　　　承認,
　　③内閣が条約を **★★** する。　　　　　　　　　　　　　批准,
　　④当事国間で **★★** 書を交換する。　　　　　　　　　　批准

　　◆条約に関してそれぞれ次のような意味がある①明示、②成立、③
　　成立の確認、④条約の国際法的効力の発生。なお、③→②の順
　　で行う場合は事後承認という。

□**13** 内閣は、事実上の立法として政令の制定権を持つが、政　　　執行命令,
★　　令には憲法・法律の規定を実施するための **★** と、
　　　法律の委任に基づき罰則を設ける **★** がある。　　　　委任命令

□**14** 内閣は天皇の国事行為について **★★** と **★★** を　　　助言, 承認
★★　　与える。

□**15** 内閣は自らの裁量によって、衆議院の **★★** を決定　　　解散
★★　　することができる。

　　◆憲法第7条解散。内閣は天皇への助言と承認によって国事行為
　　を利用して衆議院を解散することができる。

□**16** 国務を総理するのは **★★** の権限であるが、行政各　　　内閣,
★★　　部を指揮監督するのは **★★** の権限である。　　　　　　内閣総理大臣

　　◆国務の総理は内閣の権限であり、内閣総理大臣の権限ではない
　　ことに注意！

□**17** 内閣総理大臣は、内閣を代表して **★★** を国会に提　　　議案,
★★　　出するとともに法律や政令に **★★** または連署する。　　署名

　　◆法律と政令について、主務担当大臣が存在する場合は、その国
　　務大臣が署名し、内閣総理大臣が連署する。

□**18** 1999年、内閣法が改正され、内閣総理大臣は閣議にお
★★　　いて、内閣の重要政策に関する基本方針やその他の案
　　　件を **★★** することができる権限が明文化され、各　　　発議
　　　省庁に対する指揮監督権が強化された。

□**19** 法案には、主に政府与党が提出する **★** 法案と国　　　内閣提出,
★　　会議員が共同提案する **★** 法案があり、通常国会　　　議員提出,
　　　における衆議院での法案成立率では **★** 法案より　　　議員提出,
　　　も **★** 法案の方が極めて高い。　　　　　　　　　　　内閣提出

228

□**20** 議員提出法案は、提案者以外にも一定数以上の賛成者
★ が必要で、一般法案では衆議院で □★ 人以上、参
議院では □★ 人以上、予算を伴う法案では衆議院
で □★ 人以上、参議院で □★ 人以上とされる。

20,
10,
50, 20

□**21** 内閣総理大臣および国務大臣は、国会に議席を有する、
★★ 有しないとにかかわらず、**議院への □★★ の権利お
よび義務**を負う。

出席

□**22** **議院内閣制**において、内閣は国会に対して □★★★ **責
★★★ 任**を負わなければならない。

◆内閣の責任の負い方は、原則として総辞職である。

連帯

□**23** **内閣総辞職**の3つの場合について、空欄にあてはまる
★★★ 適語を答えよ。

①内閣が衆議院によって □★★★ 決議案を可決され、
10日以内に衆議院を □★★★ しない場合

不信任,
解散

②衆議院議員総選挙後、新たな国会が召集された場合

③ □★★★ が欠けた場合や自ら辞任を表明した場合

内閣総理大臣

◆③は内閣総理大臣が**辞任、死亡**した場合など。この場合、選挙
は行わず同じ国会で臨時会を開き、新しい内閣総理大臣の指名
を行う。なお、内閣は総辞職を決定したとしても、新たな内閣
総理大臣が任命されるまでの間、職務の執行を続けなければなら
ない。これを**職務執行内閣**という。2020年9月の安倍晋三首
相辞任に伴う交代は、③の手続によるものである。

□**24** □★★ は、公正で中立的な行政を実現し、専門的な
★★ 知識を要する行政に対応する、**内閣から独立した行政
機関**であり、準 □★★ 的かつ準**司法**的機能を有する。

行政委員会 (独立
行政委員会)
立法

□**25** 行政委員会の中には、「**市場の番人**」と呼ばれる □★★★
★★★ や中立な警察行政を決定する □★★★ などがある。

公正取引委員会,
国家公安委員会

□**26** □★★ は**国の歳入歳出の決算を検査**し、内閣はその検
★★ 査報告とともに**決算を国会に提出**する。

会計検査院

# 13 日本の統治機構 (4)~裁判所 (司法)

ANSWERS □□□

□**1** **明治憲法**下に存在した**行政裁判所**や**皇室裁判所、軍法
★★★ 会議**などの □★★★ は、**日本国憲法下で廃止**された。

特別裁判所

229

# X 政治分野 13 日本の統治機構 (4)〜裁判所（司法）

□**2** 憲法第 ★★ 条1項では、「すべて司法権は、 ★★ 及び法律の定めるところにより設置する下級裁判所に属する」と規定し、これに基づき裁判所法などが制定され、全国に裁判所が設置されている。

**76, 最高裁判所**

□**3** **最高裁判所**の下に、**下級裁判所として**高等裁判所、地方裁判所、軽微な事件を扱う ★★★ 裁判所、および ★★★ 裁判所がある。

**簡易,**
**家庭**

◆民事裁判で**訴額（訴訟対象金額）が140万円以下の**民事事件の場合、原告は簡易裁判所に訴えを起こし、その判決に不服があった場合、地方裁判所に控訴することができる。罰金以下の刑にあたる罪など軽微な刑事事件も第1審は簡易裁判所であるが、その判決に不服がある場合、高等裁判所に対して控訴する。

□**4** 家庭裁判所は、民事事件としては家庭内トラブル、刑事事件としては ★★★ 犯罪などの特殊事件を扱う**通常裁判所**である。

**少年**

□**5** 2005年、東京高等裁判所内に特許権や ★★ 権などに関する紛争を裁く**初の専門裁判所として** ★★ が設置された。

**著作,**
**知的財産高等裁判**
**所**

□**6** 判決に不服申立てをすれば**同一裁判手続内で合計3回まで審判を受けられる**制度を ★★★ という。

**三審制**

□**7** 第一審の判決に不服申立てをすることを ★★ 、第二審の判決に不服申立てをすることを ★★ という。

**控訴,**
**上告**

◆三審制の例外として、政府転覆を目的に暴動を行う内乱罪についての訴訟は、高等裁判所、最高裁判所の**二審制**で行われる。

□**8** **行政委員会**は第 ★ 審として**準司法的権限**を持つことがあるが、行政機関による ★ 裁判は禁止されている。

**一,**
**終審**

◆ただし、2013年の独占禁止法改正で公正取引委員会による行政処分に対する不服申立ての審判権限を同委員会から奪い、第一審を東京地方裁判所とした。

□**9** **裁判の公正**を保つために ★★★ の独立が保障されているが、その内容には、他の国家機関からの裁判所への干渉を排除する ★★★ 独立性と、裁判所内部における裁判干渉を排除する ★★★ 独立性の2つがある。

**司法権**

**対外的,**
**対内的**

◆司法の独立性確保のための一例として、最高裁判所には**規則制定権**が付与されている。

## X 政治

### 13 日本の統治機構(4)〜裁判所(司法)

□**10** 憲法第76条3項は、「すべて裁判官は、その ★★ に
★★ 従ひ ★★ してその職権を行ひ、この ★★ にの
み拘束される」と定めており、**国会や内閣などの外部
または上級裁判所や他の裁判官から干渉されない。**

良心,
独立, 憲法及び法
律

□**11** 裁判官の身分保障措置として、 ★★ 機関による懲
★★ 戒処分の禁止、報酬 ★★ 禁止の他、意に反する転
官、転所、職務の停止も行われないとする規定がある。

行政,
減額

□**12** 裁判官が罷免されるのは、次の場合である。空欄 A 〜
★★ E にあてはまる適語を答えよ。

①**国会による A** ★★ **裁判**

A 弾劾

弾劾事由 {
（ⅰ）著しい職務上の **B** ★★ 違反

B 義務

（ⅱ）著しく職務を怠った
（ⅲ）裁判官の威信を失う著しい
**C** ★★

C 非行

②**裁判所による D** ★★ **裁判** —— **心身**の故障

D 分限

③**最高裁判所裁判官に対する E** ★★

E 国民審査

◆国会内に設置される**裁判官訴追委員会**(衆参両院各10人の議員
で組織)で訴追の適否を審査し、訴追が行われた場合、**裁判官弾
劾裁判所**(衆参両院各7人の議員で組織)で審理が行われる。

□**13** **最高裁判所**の裁判官に対する ★★★ は、任命後初の
★★★ **衆議院議員総選挙時**と、以後 ★★★ 年が経過した後
に初めて行われる**衆議院**議員総選挙時に実施される。

国民審査,
10

□**14** **下級裁判所**の裁判官は、 ★★★ が指名した者の名簿
★★★ に基づき**内閣が任命**し、その任期は ★★★ 年である。

最高裁判所,
10

◆裁判官は、特段の事情がない限り、**10年ごとに再任されること
を原則**として運用されている。

□**15** すべての裁判所は、 ★★★ 、命令、規則または処分が
★★★ **憲法に適合するか否かを決定する権限**を持っている。
この権限を一般に ★★★ という。

法律

違憲立法審査権

□**16** **最高裁判所**は、**法令などの合憲性を審査する** ★★
★★ **裁判所**であることから「 ★★ 」と呼ばれている。

終審,
憲法の番人

◆憲法第81条は「**最高裁判所**は、一切の**法律、命令、規則又は処
分**が憲法に適合するかしないかを決定する権限を有する**終審裁
判所である**」と定めている。

231

# X 政治分野 13 日本の統治機構(4)~裁判所(司法)

**□17** 日本の違憲審査は ★★★ 裁判所で具体的(付随的)事件解決の前提として行われることから、法令に対する違憲判決の効力は、当該事件の解決の前提として当該法令を違憲無効と扱うという ★★★ 的効力に過ぎないと解釈されている。

通常

個別

◆**アメリカと日本**は通常裁判所型の具体的(付随的)審査制である。日本では裁判開始の要件として具体的な事件性が必要であることから、過去、**自衛隊の前身である警察予備隊**の違憲訴訟が退けられたことがある。

**□18** ドイツやフランスの違憲審査は ★★★ 裁判所で行われる抽象的審査制を採用しているので、法令に対する違憲判決の効力は直ちに当該法令を違憲無効として扱う ★★★ 的効力を持つと解釈されている。

憲法

一般

**□19** 裁判の公正を確保するために裁判 ★★★ の原則が採られているが、裁判官が全員一致で公序良俗に反すると決定した場合には ★★★ を非公開にできる。ただし、★★★ は例外なく公開されなければならない。

公開

対審,

判決

◆対審は、①政治犯罪、②出版犯罪、③憲法第3章が保障する国民の権利が問題になっている事件については、**必ず**公開する。

**□20** ★★★ 裁判では、個人や法人の間の**私人間**で発生する紛争について、訴訟を起こした ★★★ とその相手方である ★★★ とが公開の法廷で私権の有無を争う。

民事,

原告,

被告

**□21** ★★★ 裁判は、国民などが国や地方公共団体の行政上の行為によって権利を侵害された際、その ★★★ を求めるものとして、行政事件訴訟法に基づいて行われる。

行政,

救済

**□22** 刑事裁判では、★★★ が被疑者を裁判所に起訴し、★★★ が、検察官、被告人、およびその代理人である ★★★ の主張と証拠を前提に有罪か無罪かの判決を下す。

検察官,

裁判官,

弁護人

◆**刑法第39条**では、刑法上の責任を負う能力(**刑事責任能力**)について、犯罪の実行行為時に事物の是非の分別能力を欠くか、またはそれに従って行動する能力を欠く者については、刑事責任能力がなく、刑事責任を問うことはできない(精神の障害が原因で責任能力を失った心神喪失の者)。また、責任能力が著しく乏しい心神耗弱の状態の者は減刑しなければならない。さらに**刑法第41条**において14歳未満の者も同様に除外している。

□23 検察官が不起訴処分を決定した場合でも、その決定に
★★ 不服がある時は ★★ に申し立てることができ、そ
の是非について審査が行われる。

検察審査会

　◆検察審査会は抽選によって選ばれた20歳以上の国民によって
　構成される。2004年の法改正で検察審査会が同一の事件につい
　て2回続けて起訴相当と決定した際、必ず起訴しなければなら
　ないことになった。この手続で起訴することを強制起訴といい、
　その際に検察官の役割を担うのは指定弁護士とされている。

□24 2003年に ★★ 法が制定され、第一審は訴訟開始か
★★ ら ★★ 年以内に判決を下すという規定がある。

裁判迅速化,
2

　◆日本国憲法は、すべての刑事裁判において、被告人に、公平な
　裁判所の迅速な公開の裁判を受ける権利を保障しているが、現
　実には裁判が長期にわたる例が少なくなかった。

□25 裁判員制度の導入を控え、刑事裁判の迅速化を図るた
★★ め刑事訴訟法が改正され、裁判開始前に検察側と弁護
側の双方が主張内容と証拠を提出し、争点を整理して
から刑事裁判の審理に入る ★★ が導入された。

公判前整理手続

□26 2004年、裁判所による訴訟手続以外の方法で民事上の
★ 紛争を迅速かつ簡易に解決するため、 ★ （裁判外
紛争解決手続）の拡充・活性化が図られた。

ADR

　◆ADR（Alternative Dispute Resolution：裁判外紛争解決手
　続）は、民事上の紛争当事者のために弁護士や行政機関など公正
　な第三者が関与し、その解決を図る手続である。例えば、国民
　生活センターが仲介し、消費者間の問題を解決する紛争解決委
　員会などがある。

□27 裁判員制度は、重大な ★★★ 裁判について事件ごと
★★★ に一般市民6名が選出され、その裁判員が職業裁判
官 ★★★ 名と協力して事実認定や ★★★ を決める。

刑事

3, 量刑

　◆制度は、一般市民（民間人）が裁判に直接参加することを認める
　ものである。裁判員には審理への出頭義務や評議中にやりとり
　した意見について守秘義務が課せられ、違反に対しては罰則が
　設けられている。

□28 裁判員制度では、有罪か無罪かの事実認定も量刑も
★★ ★★ の賛成で決定するが、賛成の中には必ず1人
は職業裁判官が加わっていることが条件となる。

過半数

□29 裁判員による裁判では、 ★★★ は第一審のみに関与
★★★ し、控訴審は ★★★ のみで行われる。

裁判員,
職業裁判官

X
政治

13 日本の統治機構(4)〜裁判所(司法)

233

**X 政治分野　13 日本の統治機構 (4)～裁判所（司法）**

□**30** アメリカやイギリスで行われている ★★★ 制は、有
★★★ 罪か無罪かの**事実認定**を ★★★ **だけで行い**、**量刑**は
**職業裁判官**が決定するという分業制になっている。

陪審，
民間人

□**31** 事実認定かつ有罪の場合の**量刑**にも民意を反映させる
★★★ のが ★★★ 制なのに対し、 ★★★ 制は有罪か無罪
かの**事実認定にのみ民意を反映**させる。

参審，陪審

□**32** 日本の裁判員制度は、ドイツやフランスで行われてい
★★★ る ★★★ 制と同様に、有罪か無罪かの**事実認定と量
刑**の決定に民間人と職業裁判官が共同でかかわる。

参審

◆日本が参審制型の裁判員制度を導入した理由は、量刑に民意を
反映させる点にある。ドイツ・フランス型参審制と日本の裁判
員制度の違いは、参審員は任期制で複数の刑事事件を担当する
こともあり、特殊事件では民間の専門家や有識者を含むのに対
し、裁判員は当該刑事事件のみを担当するだけで、抽選で無作
為に抽選された**一般市民**である点である。2009年の制度開始以
来、裁判員に選ばれるのは20歳以上の有権者であったが、22
年4月の改正少年法施行に伴い18歳以上に引き下げられた。

□**33** 裁判員制度の導入で、自白の信憑性を判断するため、取
★★ り調べ状況を録画する ★★ 化が進められている。

可視

◆2016年成立の刑事司法改革関連法が、19年に完全施行され、取
調室の録音・録画（可視化）が義務化されたが、その対象は限定
的で、任意の取り調べや参考人の取り調べは対象外である。

□**34** 2000年改正で ★★ 法が厳罰化され、刑事責任年齢
★★ が16歳以上から ★★ 歳以上に引き下げられた。

少年，
14

□**35** 2000年の少年法改正で、16歳以上の未成年者が故意
★ に被害者を死亡させた場合、家庭裁判所は検察官から
送致された被疑者を再び検察官に ★ することが
原則となり、その場合、検察官は成年者と同じく**被疑
者を** ★ **などに起訴**することになった。

逆送致（逆送）

地方裁判所

◆家庭裁判所は非公開かつ検察官の出廷を認めず、地方裁判所な
どは公開かつ検察官の出廷を認めることを原則とする。2007年
の少年法改正で、少年院への送致が可能な年齢を従来の「14歳
以上」から「おおむね12歳以上」に引き下げた。なお、2021年
2月、少年法改正案が閣議決定され、18・19歳を「**特定少年**」
と規定して少年法の保護が及ぶとしつつも、逆送致の適用犯罪
を殺人などから強盗などに拡大し、実名報道も可能とした。

□**36** 欧米では一般的な犯罪被害者 ★★ 制度が日本では
★★ 立ち遅れていたため、司法制度改革によって犯罪被害
者やその家族などの人権にも十分な配慮と保護がなさ
れるように ★★ 法が、2004年に制定された。

救済

犯罪被害者等基本

□37 2007年の刑事訴訟法改正で、刑事裁判手続に被害者や
★★ 被害者遺族が直接参加する ★★ の創設が決まり、
被害者などが被告人に直接質問することや、事実関係
に意見を述べることができるようになった。

被害者参加制度

◆被害者参加制度は、2008年12月より始まり、09～18年末まで
の利用者数は累計11,471名である（警察庁『犯罪被害者白
書』より）。

□38 司法制度改革によって、2006年に法律相談や裁判費用
★ の援助などを行う独立行政法人として ★ （日本
司法支援センター）が設立された。

法テラス

◆2008年には犯罪被害者保護法、総合法律支援法が改正され、刑
事裁判に被害者や遺族が参加する際の被害者参加弁護士の候補
者を法テラス（日本司法支援センター）が裁判所に通知すること
になった。

□39 従来、弁護士や検察官から裁判官に任官できなかった
★ が、社会経験を積んだ弁護士や検察官の裁判官登用を
認めるべきだとする ★ が唱えられている。

法曹一元論

□40 社会経験の豊富な者が法曹（法律家）になる道を広げる
★★ とともに法曹人口を増やすために、2004年から大学卒
業後に ★★ を修了すれば司法試験の受験資格を与
える制度が始められた。

法科大学院（ロー
スクール）

# 14 地方自治と地方分権

ANSWERS □□□

□1 イギリスの政治学者ブライスは『近代民主政治』の中
★★★ で、「地方自治は ★★★ の学校である」と述べた。

民主主義

□2 フランスの政治学者トクヴィルは『アメリカの民主政
★ 治』で、「地方自治制度の ★ に対する関係は、小
学校が学問に対して持つ関係と同じである」と述べた。

自由

□3 日本国憲法は、地方自治の章を設け、「地方公共団体の
★★★ 組織及び運営に関する事項は、地方自治の ★★★ に
基いて、 ★★★ でこれを定める」と規定している。

本旨、
法律

◆この憲法第92条でいう「法律」とは、地方自治法を指す。なお、
地方公共団体（地方自治体）は、普通地方公共団体（都道府県、
市町村）、特別地方公共団体（特別区（東京23区）、財産区、地
方公共団体の組合）に大別される。

X 政治

14 地方自治と地方分権

235

**X 政治分野　14 地方自治と地方分権**

□**4**
★★★
地方の政治には、中央政府から独立した地方が行うという □★★★ 自治と、地方の政治は住民の意思によって決定するという □★★★ 自治の2つがある。

団体,

住民

　◆**団体自治**とは、<u>地方公共団体</u>が国とは別に組織された統治主体として、地域における事務を行うことをいう。

□**5**
★★★
<u>地方自治の本旨</u>のうち、条例制定権、上乗せ条例、課税自主権などは □★★★ 自治のあらわれ、首長の直接公選や住民の直接請求権、住民投票の自主実施などは □★★★ 自治のあらわれである。

団体

住民

□**6**
★
国が法律で規定した公害規制基準よりも厳しい規制基準を設ける条例を □★ 条例、京都府など観光を重視するいくつかの地域で風景や景色を守るために建築物の高さを規制する条例などを □★ 条例と呼ぶ。

上乗せ

景観

　◆憲法**第94条**では、地方公共団体の定める<u>条例</u>は「<u>法律の範囲内で</u>」制定できると明記しているが、住民の人権保障に資する目的で制定される<u>上乗せ条例</u>や<u>横出し条例</u>は憲法に違反するものではない。地域の特性を活かした条例は、<u>団体自治</u>のあらわれといえる。なお、<u>横出し条例</u>とは法律で規制していない汚染物質や汚染源を、新たに地方公共団体が規制する条例のことである。

□**7**
★★
国政および地方政治への参政権に関する次の表の空欄A～Eにあてはまる数値を答えよ。

| 選挙権 | 被選挙権（立候補資格） | | |
|---|---|---|---|
| A □★★ 歳以上の国民ないし住民 | 国政 | 衆議院 | B □★★ 歳以上 |
| | | 参議院 | C □★★ 歳以上 |
| | 地方政治 | 都道府県知事 | D □★★ 歳以上 |
| | | 市区町村長地方議会議員 | E □★★ 歳以上 |

A　18
B　25
C　30
D　30
E　25

□**8**
★★★
憲法**第93条**は、地方公共団体に □★★★ を設置すべきことを定め、その長（首長）と議会の議員などについて住民の □★★★ 選挙制を定めている。

議会

直接

　◆このように住民から**首長と議会の議員がそれぞれ直接選挙**で選ばれ、**住民を代表**する政治制度を<u>二元代表制</u>という。また、<u>首長公選制</u>は、行政のトップを住民が選挙によってコントロールする点で<u>大統領制</u>の特徴を持つとされる。

□**9** 地方の政治機構には、★★ 制的な制度として**首長**
**公選制**と首長の条例に対する**拒否権**、★★ 制的な
制度として地方議会による首長の**不信任決議権**、首長
の**地方議会解散権**がある。

大統領,
議院内閣

□**10** 地方公共団体の議決機関は**地方議会**であり、議員は任
期 ★★ 年で、住民の直接投票で選ばれる ★★
制の議会である。

4, 一院

□**11** 地方議会の権限には、★★ の制定・改廃、予算議決、
**首長の** ★★ などがある。

条例,
不信任決議

◆首長に対する不信任決議の要件は、議員の**3分の2以上**が出席
し、その**4分の3以上の賛成**と厳しくなっている。なお、首長
に対する不信任決議が可決された場合、10日以内に議会を解散
しなければ、**首長は失職**する。

□**12** 首長は自治事務と法定受託事務の執行、条例の執行、議
案と予算の提出、地方税徴収などを行い、不信任決議
に対抗して ★★ 日以内に ★★ 権を行使できる。

10, 議会解散

◆ただし、解散権を行使できるのは地方議会に**3分の2以上の出
席議員**の4分の3以上の賛成で不信任された場合に限られ、内
閣が衆議院を裁量によって解散するような権限は認められてい
ない。解散後、新たな地方議会で再び、首長の不信任決議が**議
員の3分の2以上が出席し過半数**で可決した場合、**首長は辞任**
しなければならない。

□**13** 地方の執行機関である首長は、**住民の直接投票で選ば
れる** ★★★ 制が採られ、任期は ★★★ 年である。

首長公選, 4

□**14** 首長は議会が議決した条例と予算に対して10日以内
に ★★ 権を行使し、★★ に付すことができる
が、地方議会が**出席議員**の ★★ 以上で**再議決**すれ
ば成立する。

拒否, 再議,
3分の2

□**15** 地方議会の議決案件について、**緊急時や議会を招集で
きない場合**、首長が独自判断で決定することを地方自
治法が認めている。この権限を ★ という。

専決処分

◆2010年、当時の鹿児島県阿久根市長が、対立する議会を開かず
専決処分を繰り返したことから、市長は住民投票の結果、解職
（リコール）された。

□**16** 特定の地方公共団体にのみ適用される ★ 法の制
定には、**国会の議決**とその地方公共団体の**住民投票**に
おいて ★ の同意が必要である。

地方特別（地方自
治特別）
過半数

**X 政治**

**14 地方自治と地方分権**

237

# X 政治分野　14 地方自治と地方分権

□**17**
★★★
地方公共団体は、住民の利益保護のため、その地方だけに適用される ★★★ で罰則を定めることができる。

◆例えば、情報公開制度や個人情報保護制度は、国の法整備に先駆けて、地方公共団体で条例が制定されている。

条例

□**18**
★★
地方公共団体の ★★ や懇談会などに、一般市民が公募で参加できる制度があり、重要な ★★ 案や計画などの策定にこの方法が採用される場合がある。

審議会,
条例

□**19**
★★
住民は、産業廃棄物処理場の建設をめぐり、その是非に関して ★★ に住民投票条例の制定を請求できる。

首長

□**20**
★★★
地方の重要政治問題について ★★★ を自主的に実施する地方が増えているが、この動きは ★★★ 民主主義の動きとして民主主義の実現に役立つものといえる。

住民投票,
草の根

□**21**
★★★
**重要問題に関する地方の住民投票の実施**は ★★★ 法には規定されておらず、地方の自主的な ★★★ の制定に基づいて行われていることから、国との関係では ★★★ を持たない。

地方自治,
住民投票条例

法的拘束力

◆日本ではこれまでに450件を超える住民投票が行われている。実施した例には次のようなものがある。1996年：日米地位協定見直しおよびアメリカ軍基地整理縮小（沖縄県）、原子力発電所建設（新潟県巻町）。97年：産業廃棄物処理場建設（岐阜県御嵩町）など。

□**22**
★★★
住民投票の投票資格については ★★★ 法は適用されず地方公共団体の ★★★ に委ねられていることから、未成年者や ★★★ などに投票権を認めた例もある。

公職選挙,
住民投票条例,
永住外国人

◆秋田県（旧）岩城町（18歳以上）、長野県平谷村（中学生以上）、北海道奈井江町（小学5年生以上）、滋賀県（旧）米原町・愛知県高浜市（永住外国人）などで投票権を認めた事例がある。

□**23**
★★
地方公共団体が住民運動などによって制定した条例が、国の法律の制定に結び付いた例として、環境開発に民意を反映させる ★★ 制度や**行政民主化**の前提となる ★★ 制度などがある。

環境アセスメント
（環境影響評価）,
情報公開

□**24**
★
住民たちの任意の資金によって山林を購入して緑を守る ★ 運動や景色を守るための建築規制などを定めた ★ 条例が制定されている。

ナショナル=トラスト,
景観

◆ナショナル=トラストは知床や小樽などで行われている。景観条例には京都府や京都市などで制定されている。

238

**25** 地方政治における**住民の直接請求**に関する次の表の空欄 A～I にあてはまる適語を答えよ。

| 請求の種類 | 必要な住民の署名数 | 請求相手 | 請求後に行われる手続 |
|---|---|---|---|
| A（住民発案）条例の制定・改廃 | 有権者のC以上 | D | 20日以内に議会を招集し、意見を付けて議会に諮り、請求が可決されると、条例の制定・改廃が行われる。 |
| 監査 | | 監査委員 | 監査請求の趣旨を公表し、監査を行い、その結果を公表するとともに、長や議会に報告する。 |
| B（住民解職）議会の解散 | 原則として有権者のE以上 | F | 請求の趣旨を公表し、解散するかどうかのGを行い、過半数の賛成があれば解散する。 |
| 議員・長の解職 | | 同上 | 請求の趣旨を公表し、解職するかどうかのHを行い、過半数の賛成があれば解職される。 |
| 主要公務員の解職 | | 長（首長） | 議会の採決にかけて、議員の3分の2以上が出席し、そのI以上の賛成があれば解職される。 |

A イニシアティヴ
B リコール
C 50分の1
D 長（首長）

E 3分の1
F 選挙管理委員会
G 住民投票
H 住民投票
I 4分の3

◆首長・地方議員・主要公務員の解職請求（リコール）や地方議会の解散請求は、有権者総数が40万人以下の部分はその3分の1、40万人超80万人以下の部分はその6分の1、80万人超の部分についてはその8分の1を乗じた数を、それぞれに合算した数の有権者の署名が必要となる。なお、**主要公務員**とは副知事や副市町村長などを指す。もともと住民の選挙ではなく首長によって任命されるものであることから、その解職請求は選挙管理委員会ではなく首長に行い、地方議会の採決にかけられる。

**26** ★ とは、教育に関する事務を管理執行するために地方公共団体に設置される**行政委員会**である。

教育委員会

**27** 自主財源の乏しさ、国からの受託事務の増加で地方の自主性が発揮できず中央政治に依存する地方の実態のことを ★★★ という。

三割自治

◆実際には、地方の自主財源である地方税収入は4割程度ある。

**28** 地方の財源には、地方税など**独自の財源である** ★★★ と、地方交付税交付金や国庫支出金など**国からの援助金である** ★★★ に分かれるが、 ★★★ は伝統的に ★★★ 割程度しかなかった。

自主財源

依存財源, 自主財源,
3

◆このような点から日本の地方自治は三割自治と呼ばれてきた。

# X 政治分野　14 地方自治と地方分権

**□29** 地方の財源には、**地方が使途を自由に決定できる** ★★ 財源と、国が使途を限定した ★★ 財源がある。
一般，
特定

**□30** 一般財源には、住民税、事業税、固定資産税などの ★★ と、国から地方に支給される ★★ などがある。
地方税，地方交付税交付金

◆地方交付税交付金は国から地方に援助される使途自由な一般財源であり、その総額は**所得税・法人税**の33.1%、**酒税**の50.0%、**消費税**の19.5%、および**地方法人税**の全額である。

**□31** 特定財源には、**国から地方に対して援助されている** ★★ があるが、これを一般に ★★ という。
国庫支出金，補助金

**□32** 1995年制定の ★★ 法に基づいて進められてきた地方分権のあり方が、99年制定の ★★ 法によって規定された。
地方分権推進，
地方分権一括

**□33** 1999年制定、2000年施行の地方分権一括法は、**国と地方の関係**を「上下・主従関係」から「 ★★ 関係」に改めた。
対等・協力

◆国と地方が「対等・協力関係」となったことに伴い、2000年に双方の争いを審査　調停する国地方係争処理委員会が設置された。

**□34** 地方分権の確立に際して、三割自治を解消するため、 ★★★ を廃止するとともに、国からの ★★★ 原則の見直しを行った。
機関委任事務，補助金

**□35** 従来、地方公共団体の事務は**地方独自の仕事である** ★★ 事務と国からの ★★ 事務に分かれていた。
固有，委任

**□36** かつては、国からの委任事務は、**国が地方公共団体に委任する** ★★ と、**首長や委員長などに委任する** ★★ に分類されていた。
団体委任事務，
機関委任事務

**□37** 2000年の地方分権一括法施行に伴う地方自治法改正により、**機関委任事務は事実上廃止され** ★★★ 事務と ★★★ 事務に区分された。
法定受託，
自治 ※順不同

◆主な法定受託事務には、パスポートの交付などの旅券事務、国民の本籍地や出生などを証明する戸籍事務、投票用紙の交付などの選挙事務がある。**住民票の管理**などは国と地方の事務という二面性があることから、法定受託事務ではない点に注意。また、自治事務に対する国の関与の手段は、法定受託事務に対するものに比べて限定的である。

240

□38 小泉内閣（2001〜06年）が進めた三位一体の改革と
★★★ は、 ★★★ の見直し、 ★★★ （補助金）の削減、国か
ら地方への ★★★ の３つの改革のことをいう。

◆三位一体の改革で、国の地方に対する財政援助を削減したこと
は、国の財政負担を軽減し、国家財政再建策ともなった。

地方交付税交付金,
国庫支出金,
財源移譲

□39 補助金原則を見直して自主財源を拡充するために、
★★ 1997年より ★★ 税が新設され、2006年には地方債
発行時の国の許可制を廃止して ★★ 制に改めた。

地方消費,
事前協議

□40 国から地方への税源移譲の具体例としては、国税とし
★★★ ての ★★★ の減税分を地方税としての ★★★ 増税
に振り向ける方法や、国税としての ★★★ 分と地方
税としての ★★★ 分の割合を変えて、後者の比率を
高める方法がある。

所得税, 住民税,
消費税,
消費税

□41 1997年より ★ が新設され、消費税の中に含めて
★ 徴収し、国と地方にそれぞれ納付されることになり、税
率5%時には ★ %分が、2014年以降の8%時に
は ★ %分が、19年以降の10%時には ★
%分が地方に、残りは国に納付される。

地方消費税

1,
1.7, 2.2

□42 都市開発や福祉行政などの運営権を都道府県から大幅
★ に移譲される都市を ★ という。

◆政令指定都市は、人口100万人以上（実際には従来の運用上、
50万人以上）の都市に認められてきた。2010年４月に神奈川県
相模原市、12年４月に熊本県熊本市が指定され、2020年８月現
在で全国20都市となった。

政令指定都市

□43 政令の指定により、周辺の普通の市よりも行政事務に
★ 関する権限が強化される、政令指定都市に準ずる扱い
となる都市を ★ といい、各種行政事務に関する
権限の一部が都道府県から移譲される。

◆中核市になるためには人口20万人以上の条件を満たさなければ
ならず、都道府県の議会と、その市議会の議決を経て国（総務
大臣）へ申請する（21年４月現在、62市が中核市に指定）。

中核市

X
政治

14
地方自治と地方分権

241

# X 政治分野　14 地方自治と地方分権

**□44** **市町村合併特例法**によって、市町村の数を3,200から
★★　1,000に削減することを目標に進められた市町村の合
併は「　★★　」と呼ばれる。

**平成の大合併**

◆1888〜89年の「**明治の大合併**」は、旧幕藩体制下から続く地縁
共同体であった町村を、近代的地方自治制度である「市制町村
制」の施行に際し、約7万1,000の町村数を約1万6,000に
統合した。1953〜61年の「**昭和の大合併**」は、新制中学の設立、
市町村消防や自治体警察の創設、社会福祉や保健衛生関連の適
正処理などを目的に、約1万の市町村数を3,400程度に統合し
た。1999〜2010年の「平成の大合併」の目的は、**地方行政を効
率化**するとともに、地方議員や公務員の数を減らして**地方の財
政コストを削減**し、ひいては**国の財政コストを削減**することに
ある。

**□45** 「**平成の大合併**」に際して、国は合併した市町村には向
★★　こう　★★　年間は国からの地方交付税交付金を削
減しないことや　★★　の発行を認め、その70%を
国が負担するという特恵を与えていた。

**10,**

**合併特例債**

◆市町村合併に地方議会議員が反対しないようにするため、**合併
した市町村の議員の議席数を一定期間削減しないとする**在任特
例なども認められていた。

**□46** 2040年までに20〜39歳の　★　が半減し、行政
★　機能や社会保障制度の維持、安定した雇用などが困難
になると予測される自治体を指して「　★　」と呼ぶ。

**女性人口**

**消滅可能性都市**

◆2014年、日本創成会議の人口減少問題検討分科会によって報告
された「消滅可能性都市」の数は896自治体で、岩手県や宮城
県沿岸部など東日本大震災の被災地なども含まれた。

**□47** 「　★　」とは、居住地でない地方公共団体に寄付を
★　行うと、その金額に応じて所得**税**と住民**税が控除**され
る制度のことで、**地域活性化や被災地の復興支援**のた
めに利用する者もいる。

**ふるさと納税**

◆近年は、ふるさと納税で寄付を受けた地方公共団体側から納税者
に対する返礼品として、地域の特産物などが注目を集めている。

**□48** 都道府県の単位を越えた**広い地域で統一的な地域開
★　発などの行政**を行うことを　★　という。

**広域行政**

◆複数の地方公共団体が連携して広域で事業を行うことを広域連
携という。例えば、2018年に成立した改正水道法では、水道施
設の統廃合など事業の合理化を図るために、水道事業の広域連
携を図るとした。

**□49** 国が地方の地域開発などを計画し財政負担の一部を
★　地方に強制する、いわゆる　★　が地方財源を圧迫
していることが問題となっている。

**直轄事業**

# 政治分野
POLITICS
現代政治の諸問題

## 1 日本の選挙制度

ANSWERS □□□

□**1** 選挙の4原則の1つには、選挙権を財産、性別、教育などで制限せず、**すべての成年者に**選挙権**や**被選挙権**を与える** ★★★ 選挙がある。その反対の選挙方法を ★★★ 選挙という。

普通,
制限

□**2** 選挙の4原則の1つには、**財産や身分などによって1人に複数の票を与えたり、1票の価値に差を設けたりしてはならない**という ★★ 選挙がある。その反対の選挙方法を ★★ 選挙という。

平等,
不平等

□**3** 選挙の4原則の1つには、**選挙人が候補者に自ら投票する** ★★ 選挙がある。一方、選挙人を通して意思表示をする選挙方法を ★★ 選挙という。

直接,
間接

□**4** 選挙の4原則の1つには、投票の際には**投票者は自分の名前を自署せず無記名で投票する** ★★ 選挙がある。その反対の選挙方法を ★★ 選挙という。

秘密,
公開

◆投票を権力や他者に干渉されず、投票者本人の意思で決定できることを自由選挙といい、これを加えて**選挙の5原則**ともいう。

□**5** 日本では ★ 投票制を採用し、**投票は投票者本人の自由**とされ棄権も許されるが、国によっては ★ 投票制を採用し、棄権した者に罰則を科する国もある。

任意,
強制(義務)

◆強制投票制(義務投票制)を採用する国では、投票は義務であるとされるため、高い投票率を維持している。

□**6** 1選挙区から1人を選出する ★★★ 選挙区制は、大政党に有利なため政局が安定し、また各党の乱立候補を防止する長所を持ち、一方で小政党に不利で死票増加を招く短所を持つ。

小

□**7** 小選挙区制の短所は、与党に有利なように**選挙区境界線を恣意的に設定する** ★★★ が生じやすい点である。

ゲリマンダー

243

**XI 政治分野　1 日本の選挙制度**

**□8** 1選挙区から複数名を選出する ★★★ 選挙区制は、
★★★
小政党にも当選のチャンスが増え、死票が減少する長
所を持つが、一方で政局の不安定化や同一政党間での
「同士討ち」を招く短所を持つ。

大

**□9** 多数者の支持を受けている多数党(大政党)に有利な選
★★
挙制度を ★★ 代表制といい、少数者からの支持と
なる少数党(小政党)に有利な選挙制度を ★★ 代表
制という。

多数,
少数

**□10** 衆議院議員選挙の一部に導入されている小選挙区制は、
★★★
★★★ 党に有利な ★★★ 代表制になりやすいため、
政局は ★★★ 化しやすい。

多数(大政),多数,
安定

**□11** 参議院議員選挙の多くの選挙区で採用されている大選
★★★
挙区制は、 ★★★ 党にも議席獲得のチャンスがある
★★★ 代表制になりやすいため、政局は ★★★ 化
しやすい。

少数(小政),
少数,不安定

**□12** 衆議院議員選挙と参議院議員選挙の一部に導入されて
★★★
いる比例代表制は、各党に得票率に応じた ★★★ な
議席配分を実現するが、政局は ★★★ 化しやすい。

公平,
不安定

◆選挙区制度と投票制の組み合わせに関して、**小選挙区**(定数1)・
**単記制**(投票用紙に1名を記入)または**大選挙区**(定数複数名)・
**完全連記制**(投票用紙に定数名すべてを記入)にすると、定数す
べてを多数党(大政党)が占めてしまう可能性があるため、大政
党に有利な多数代表制**になりやすい。**一方、**大選挙区**で制限連
**記制**(投票用紙に定数未満複数名を記入)ないし**単記制**(投票用
紙に1名を記入)とする場合、記入できる人数までは大政党が議
席を独占しやすいが、それを超えた定数分については小政党に
もチャンスがある。したがって、少数代表制となりやすい。

**□13** 得票率に応じた公平な議席配分や、死票を減少させる
★★★
ことができる一方で、**小党分立**と政局の不安定化のお
それがある選挙区制度は ★★★ 制である。

比例代表

**□14** 衆議院議員選挙について、1994年までの**1選挙区から
★★
原則3〜5人を選出する** ★★ 制は、**1選挙区から
複数名を選出**する点で ★★ 制の一種である。

中選挙区,
大選挙区

◆大選挙区制の一種であるが、選出人数がそれほど多くはないこ
とから中選挙区制と呼ばれる。この制度下においても**1票の格
差の是正**により、最終的には**2〜6人区**(奄美群島区は1人区)
となっていた。

244

□**15**
★★★
1994年の法改正で衆議院議員選挙に ★★★ 制が導入され現在に至るが、導入当初の議員定数は ★★★ 区が300人、**全国11区**で実施する ★★★ 区が200人の**合計500人**と定められた。

小選挙区比例代表
並立,
小選挙,
比例代表

◆ドイツで導入されている小選挙区比例代表併用制との区別に注意! これは各政党の獲得議席数を比例代表で決定し、各政党は小選挙区当選者を優先的に獲得議席に充当する制度である。

□**16**
★★★
**衆議院の定数**は、1994年改正で「小選挙区300人＋比例代表区200人＝合計500人」から、2000年の法改正で「小選挙区300人＋比例代表 ★★★ 人＝合計 ★★★ 人」、12年改正で小選挙区の定数が5減して総定数は「475人」、16年改正で「小選挙区 ★★★ 人＋比例代表区176人＝合計 ★★★ 人」となった。

180,
480,
289,
465

◆2012年改正で小選挙区の定数が300人から295人に5人削減されることが決定し、13年に「0増5減」の**区割り法**が成立し、**小選挙区の定数を1つ減らす5つの県**が決められた。さらに、16年改正で小選挙区が295人から6減して289人、比例代表区が180人から4減して176人の合計465人となった（2017年10月実施）。また、2022年以降に実施される衆議院議員総選挙から、各都道府県の小選挙区の設置数を総人口に占める都道府県の人口比率に応じて配分する「アダムズ方式」の導入も決定した。この方式では、都道府県の各人口をある数（X）で割り、その商の小数点以下を切り上げて議席の定数を決めるため、各都道府県には最低でも定数1が割り振られる。なお、このXは各都道府県の人口をXで割った数の合計が定数とほぼ同じになる数値とする。アダムズ方式の導入で、2020年国勢調査で確定した人口より、15都県で小選挙区数が「10増10減」となる。

□**17**
★★
従来、参議院議員選挙では**全国を1区**で行う ★★ 区と、**都道府県単位**で行う ★★ 区に区分されていたが、1982年から**金権選挙防止**のため、**前者に** ★★ 区が導入され、**後者は** ★★ 区と名称変更された。

全国,
地方,
比例代表,
選挙

□**18**
★★★
1983年以降、参議院議員選挙では、**47都道府県の** ★★★ 区と**全国1区**の ★★★ 区が設けられ、前者が ★★★ 人、後者が ★★★ 人の合計252人の定数とされたが、2000年改正により前者が ★★★ 人、後者が ★★★ 人の合計242人に削減され、18年改正で前者は2増して ★★★ 人、後者は4増して ★★★ 人となり、合計248人となっている。

選挙,
比例代表, 152,
100,
146, 96

148, 100

◆2016年、参議院の**1票の格差の是正**のために、都道府県単位を1区とする伝統的な選挙区の設置を変更し、人口の少ない2つの県を1区とする合区が導入された（鳥取と島根、徳島と高知）。

**XI 政治**

**1 日本の選挙制度**

245

**XI** 政治分野　**1** 日本の選挙制度

□**19** 1990年代の政治改革で**衆議院議員総選挙の比例代表**に
★★★　は、各政党の当選者は前もって示した**名簿の順位に
よって決まる** ★★★ 式比例代表制が採用されている。

　◆この短所は、各党の当選順位に民意が反映されない点にある。

拘束名簿

□**20** ★★ 議員選挙に導入されている ★★ 式比例代
★★　表制とは、有権者は**政党名または政党公認候補者個人
名に投票**することができ、その合計票を政党の得票数
と計算して各党の議席数を決定し、各党の**当選者は**
★★ **の多い順**とする方法である。その方式の長所
は、各党の当選順位に民意が反映される点にある。

　◆2019年の参議院議員通常選挙より、比例代表には事前に政党が
　決めた順位に従って当選者が確定する「特定枠」を各党が任意に
　設定できることになった。

参議院，非拘束名
簿

個人得票

□**21** 比例代表選挙については、衆議院の場合、選挙人は
★★　 ★★ にのみ投票するのに対し、参議院の場合、**政
党または** ★★ **に投票**できる。

政党，
政党公認候補者

□**22** 日本の比例代表制は、各党の獲得議席の算出方法とし
★★　て、各党の**得票数**を整数で割り、**商の大きい順**に定数
まで当選者を決める ★★ 方式を採用する。

ドント

□**23** **比例代表制における各政党の得票数**が、A党1,000万
★★★　票、B党800万票、C党500万票、D党300万票で、
定数6の場合、ドント方式による各党の当選人数は、A
党は ★★★ 人、B党は ★★★ 人、C党は ★★★ 人、
D党は ★★★ 人となる。

3，2，1，
0

　◆計算方法は以下の通り。商の値が大きい順に第6位までが当選
　する。

|  | A党 | B党 | C党 | D党 | (**定数6**) |
|---|---|---|---|---|---|
| 得票数 | 1,000 | 800 | 500 | 300 | (単位：万票) |
| ÷1 | 1,000 | 800 | 500 | 300 | |
| ÷2 | 500 | 400 | 250 | 150 | |
| ÷3 | 333 | 266 | 166 | 100 | |
| ÷4 | 250 | 200 | ⋮ | ⋮ | |
| … | … | … | … | … | … |

246

□**24**
★★
重複立候補が認められている衆議院議員総選挙においては、**小選挙区落選者**が比例代表区で ★★ **当選**することが認められるが、その場合、比例代表区の名簿に同一順位で複数名掲載された候補者が存在する場合、その順位は選挙区での ★★ によって決定される。

**復活**

**惜敗率**

◆惜敗率とは、**同じ小選挙区における当選者の得票数に対する落選者の得票数の割合（百分率%）**である。比例代表区での復活当選には、当該選挙区の有効投票数の**10分の1以上を得票する**ことが条件で、惜敗率の高い順に順位が決まる。

□**25**
★★
次の表は、ある政党の衆議院議員総選挙の結果を示したものである。**比例代表区での獲得議席数が2の時**、比例代表区での当選者は ★★ 氏と ★★ 氏である。

**A，D** ※順不同

| 比例名簿順位 | 1位　A氏<br>2位　B氏　C氏　D氏<br>5位　E氏 |
|---|---|
| 重複立候補者の<br>小選挙区での結果 | ○○区　B氏当選<br>□□区　C氏落選　惜敗率80%<br>△△区　D氏落選　惜敗率90% |

◆1位指名のA氏は当選。残り1議席を2位指名のB～D氏の3人が争う。B～D氏のうち、B氏は小選挙区で当選したので名簿から削除される。C氏とD氏では惜敗率の高いD氏が優先されるので、残りの議席はD氏が獲得する。

□**26**
★★
**選挙運動**の期間は、**衆議院**が ★★ **日間**、**参議院**が ★★ **日間**であるが、選挙運動期間以前の ★★ 運動は公職選挙法で禁止されている。

**12,**

**17，事前**

□**27**
★★
公職選挙法は、選挙運動として**立候補者が各家庭を回る** ★★ **を禁止**するとともに、**特定の候補者を支持する** ★★ 運動も禁止している。

**戸別訪問,**
**署名**

◆戸別訪問は欧米では有益な選挙アピールの手段として認められているが、日本の公職選挙法では買収や利益誘導を防ぐために禁止されている。また、金権選挙を防止するためにポスターやビラの枚数なども制限されている。

□**28**
★★
**公職選挙法**は、 ★★ **の地位を利用した選挙運動を禁止**している。

**公務員**

---

**XI**
**政治**

**❶**
日本の選挙制度

# XI 政治分野　1 日本の選挙制度

□**29** **公職選挙法**は、**国政選挙と地方選挙に適用**され、投票
★★ 資格は従来**満** ★★ **歳以上**とされてきたが、2014年
の ★★ に関する国民投票法の改正で、4年以降後
の国民投票**資格を満** ★★ **歳以上に引き下げる前提**
として公職選挙法改正を行うとの付帯決議が出され、
翌15年6月に改正公職選挙法が成立した。

20,
憲法改正,
18

◆2016年の参議院議員選挙から適用され、18・19歳の約240万
人が新たな有権者となった。また、未成年者の政治運動は政治
判断能力が不十分であるとして禁止されていたが、これも解禁
された。なお、同選挙の10歳代投票率は46.78%と、20歳代
（35.60%）、30歳代（44.24%）よりも高かった。

□**30** 公職選挙法では、 ★★★ による選挙運動が禁止され
★★★ ていて、選挙期間中は政治活動の報告などのホーム
ページ更新も禁止されていたが、2013年の法改正で、
それらが ★★★ された。

インターネット

解禁

◆インターネットによる選挙運動解禁の長所として立候補者の考
え方が明確に伝わること、**若年世代などの投票率上昇**が期待さ
れることなどがある。一方、短所として、誹謗中傷など**ネガティ
ブキャンペーン**や立候補者の**なりすまし**による情報配信の可能
性などが指摘されている。政党と候補者は、SNS および電子
メールによる自らへの投票の呼びかけが認められている。有権
者については、SNS や動画投稿・共有サイトを用いた選挙運動
は可能であるが、電子メールの利用は禁止されている（例：電
子メールで友人に自らが支持する候補者への投票を依頼するこ
と）。

□**31** 候補者の親族や選挙運動の総括主宰者や出納責任者な
★★★ ど主要な選挙運動員が選挙違反で**有罪**となった場合、
**候補者の当選も無効**とする制度を ★★★ といい、
1994年の公職選挙法改正で**罰則が強化**され、組織的選
挙運動管理者や意思を通じた秘書が、選挙違反で罰金
刑以上の有罪となった場合も適用されることになった。

連座制

◆連座制によって当選が無効となった議員は、同じ選挙区から5
年間立候補できなくなる。なお、連座制に対象者が起訴された
選挙違反事件の刑事裁判において、公職選挙法では起訴から
100日以内に第一審判決を下すように裁判の迅速化を求めてい
る（百日裁判）。

□**32** 選挙に立候補する際には、**一定の金銭を提出して預け
★★ る** ★★ **制度**があるが、その目的は乱立候補を防ぐ
ことにあり、 ★★ **数を得られなかった場合**、供託金
は没収され、**選挙公営化資金**に利用される。

供託金,
法定得票

◆供託金は国政の選挙区300万円、比例代表は名簿1人あたり
600万円（重複立候補者は300万円）と定められている。

248

□33 1997年の公職選挙法改正で、**投票率を高める**ために、午前7時〜午後6時だった投票時間が ★★ 時までに延長され、従来の ★★ 投票の要件も緩和された。

午後8, 不在者

□34 不在者投票制度のうち、選挙期日以前にあらかじめ市区町村の役所などでの本人による投票は、**2003年**の公職選挙法改正で公示日または告示日の翌日から選挙期日の前日までの期間はいつでも投票可能となったことから ★★ 投票と改称された。

期日前

□35 1989年から2022年までの国政選挙について、次のグラフAは ★★★ 議員、Bは ★★★ 議員の選挙の投票率を示す。**最低投票率**を記録した選挙は ★★★ 議員で約 ★★★ ％（2014年）、 ★★★ 議員で約 ★★★ ％（1995年）である（小数点第1位を四捨五入）。

参議院, 衆議院, 衆議院, 53, 参議院, 45

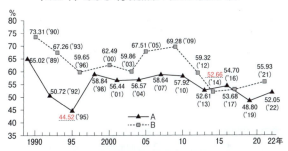

◆参議院議員選挙で最低投票率を記録した1995年の村山富市内閣時、衆議院議員総選挙の投票率が初めて60％を下回った96年の橋本龍太郎内閣時は、いずれも自民党と他の野党の連立内閣の時期であった。2013年にはインターネットによる**選挙運動解禁**後、初めての参議院議員選挙が行われた。21年10月は、20年の新型コロナウイルス感染症（COVID-19）の感染拡大以降で初の衆議院議員総選挙となったが、各党の公約の対立軸が鮮明でなく、感染症への警戒感などもあり、投票率は55％台に伸び悩んだ。22年7月の参議院議員選挙の投票率は52.05％と、50％台を回復した。期日前投票の利用が浸透し、投票者数は前回19年から約255万人多い1,961万人と、参議院議員選挙で過去最高を更新した。

□36 **2001年**の公職選挙法改正で、地方選挙には**タッチパネル方式**による ★★ 制の導入も可能となった。

電子投票

◆電子投票制は、岡山県新見市で初めて導入された（2020年3月廃止決定）。ただし、**タッチパネル方式**が使用可能な場所は**投票所のみ**と定められており、不正の可能性があるため**投票所以外**でのインターネット投票は認められていない。なお、**国政選挙**には、今のところ電子投票制の導入は認められていない。

**XI** 政治分野 **1** 日本の選挙制度

□**37** 1995年、定住外国人に地方選挙権を与えるという立法
★★★ 措置（法改正）は ★★★ とは断定できないとする最高　　　違憲
裁判断が出された。

◆住民自治を尊重する立場から、その地方に一定期間、居住して
いる定住外国人に地方選挙権を与えることは立法政策上、違憲
とは断定できないとする。ただし、定住外国人に地方選挙権を
与えるためには、公職選挙法の改正が必要である。2020年8月
現在、定住外国人には地方選挙権は与えられていない。

□**38** ★★★ を国政の比例代表選挙に限り、選挙区には認　　在外投票
★★★ めていなかった従来の公職選挙法の立法不作為につい
て最高裁判所は2005年に ★★★ とする判決を下した。　　違憲
この判決を受けて、06年には公職選挙法が改正され
て衆参両院の選挙区についても ★★★ が認められた。　　在外投票

◆1998年の公職選挙法改正（2000年施行）で、衆参両院の比例代表
選挙のみに限って海外の日本大使館などで行う在外投票が認め
られていたが、これを選挙区に認めず投票ができなかったこと
が法の下の平等に反するとして、国を相手に損害賠償を求める
訴訟が起こされた。最高裁判決の違憲の理由は、憲法第15条の
選挙権を不当に制限する点にある。法律を制定しないこと、す
なわち立法不作為を違憲とする初めての最高裁判決であり、事
実上の立法勧告の意味を持つ。なお、2021年10月の衆議院議員
総選挙における在外投票の投票率は比例代表選挙で20.21%、
小選挙区選挙で20.05%と、前回と同じく20%台の低い投票
率となった。複雑なルールや手続が影響しているものと考えら
れる。

□**39** 1948年、**政治献金の上限規制**と一定額以上の**寄付の公**
★★★ **開**を規定し、政治資金の公正を図る ★★★ 法が制定　　政治資金規正
されたが、抜け道が多くザル法と批判されている。

□**40** **佐川急便事件**や**ゼネコン汚職**など相次ぐ政治腐敗の中、
★★★ **1994年**に ★★★ 法が**改正**され、政治家個人名義への　　政治資金規正
献金が全面禁止された。

◆1994年の政治資金規正法改正により、政治家は政治献金を直接
受け取れなくなったが、受け皿として**政治家1人あたり1つの**
資金管理団体を保有できることになり、それに対する献金は、
個人・企業・団体いずれも一定期間は認められていた。なお、
政党や政治家の後援会なども含まれる政治団体の収支について
は、**政治資金収支報告書**として、1年分の内訳を記載すること
になっている。

250

□ **41** 2000年の政治資金規正法改正で、政治家1人が1つ保
★★ 有できる**資金管理団体への献金**は ★★ と**団体**から
は禁止となり、 ★★ からは**一定額以下であれば可
能**とされた。また、個人・企業・団体のいずれからも
政党および政党に資金を援助することを目的として政
党が指定した ★★ に対する献金は認められ、一定
の**上限金額の規制が設定されているだけ**である。

企業,
個人

政治資金団体 (政
治団体)

◆ 寄付の年間上限は、政党・政治資金団体に対しては、企業・団
体は規模により**750万円〜1億円**まで、個人は**2,000万円**ま
でとなっている。なお、政治資金を集めるために開かれる、「**政
治資金パーティー**」は、原則的に政治団体によって開催されなけ
ればならず、収支報告は同一の者の支払額が**20万円を超える
場合**には、その者の氏名と金額を公開することが義務づけられ、
1人の対価支払上限も1つのパーティーあたり**150万円に制限**
されている。

□ **42** ★★ (政党交付金) は、**国民1人あたり約**250**円、総
★★ 額年間約**320**億円**(「平成27年国勢調査人口」により
算出)とされ、政党の獲得議席数と得票数より算出し
た勢力に応じて配分される。

政党助成金

◆ 政党助成法は、政治資金規正法改正と同じく、初の非自民連立
政権となった**細川内閣下の1994年に制定**された。政治家個人へ
の献金を禁止する代わりに、**公費を政治資金として交付**し、一
部の企業や団体と政治家との結び付きを断ち切ることで**金権政
治を防ぐこと**を目指した。

□ **43** 公職選挙法における「政党」(衆議院比例区に立候補可
★★ 能な政党)の要件は、**国会議員が** ★★ **人以上**、ま
たは**前回の国政選挙の得票率が** ★★ **%以上**である。

5,
2

□ **44** 政党助成法における「政党」の要件は、**国会議員が
★★** ★★ **人以上**、または**前回の国政選挙の得票率が**
★★ **%以上かつ国会議員が** ★★ **人以上**とされ
ている。

5,
2, 1

◆ 政治資金規正法においては、政治献金を受けることができる「**政
治団体**」は、掲げる主義や政策を推進し、立候補者を推薦・支持
する**実体を持つ団体**とされている。

□ **45** **議員の立法活動を補佐**するための制度として、公設秘
★ 書 ★ **人**、うち ★ **人**を政策担当秘書として
設置することができ、その**給与は国費で負担**する。

3, 1

◆ 第一公設秘書、第二公設秘書、政策担当秘書の身分は**国家公務
員特別職**になる。

**XI
政治**

**1**
日本の選挙制度

251

**XI 政治分野 2 政党と圧力団体**

# 2 政党と圧力団体

ANSWERS □□□

□**1**
★★
特定の主義または原則において一致している人々が、それに基づいて**国民的利益**を増進すべく努力するために結合した団体を ★★ という。

◆ E. バークによる政党の定義。

政党

□**2**
★★
J. ブライスは、『近代民主政治』の中で「今までに、大規模な自由主義国で ★★ を持たない国はなかったし、 ★★ なしに代議政治が運営可能であることを示した者は、一人もいない」と述べている。

政党,
政党

□**3**
★★
政党には国民の多元的な意見を**綱領**や政策に一本化する ★★ 機能があるが、いわば ★★ を一本化する機能ともいえ、それを政治に実現する**パイプ役**になるという ★★ 機能も有するとされる。

利益集約, 世論

利益媒介

◆また、政党は政権獲得を目指し、与党は政府を組織し、野党は政府を批判かつ監督して次期の**政権獲得**を目指す点で**政権担当機能**があり、政党には国民に政治争点を明確化し、考え方を示す**政治教育機能**もある。

□**4**
★★
E. バーカーは、「 ★★ は社会と国家の架け橋である」と述べて、その ★★ 機能を端的に表現した。

政党,
利益媒介

□**5**
★★
一般に選挙において政党が公党として掲げる**政権公約**のことを ★★ と呼ぶ。

マニフェスト

◆日本でのマニフェストは、2003年の衆議院議員総選挙から公職選挙法改正で配布が可能となり定着した。また、地方の知事たちがローカル=マニフェスト（地方自治体マニフェスト）を公表し、国政に影響を与えた。

□**6**
★★
政党は、資本家らが同質利益を追求し**名誉職として政治**を行う ★★ 政党から、無産者も参加し**多元的な異質利益**を追求する ★★ 政党に変化した。

名望家,
大衆

◆近代社会で名望家政党は議会内の政治活動のみを行い、政党の基本方針を示す綱領を持たず、党議拘束も存在していなかった。それが現代では大衆政党へと移り変わった。それは、日常（議会外）の政治活動も行い、政党の基本方針を示す綱領を持っており、党の規約に従う党議拘束が強く、議員個人の意思よりも党の決定が優先される。例えば、2005年の郵政民営化問題においては反対票を投じた自民党議員は自民党から除名処分を受けた。

252

□**7** 55年体制下の自民党政権では、自民党が ★★ を中
★★　　心とする集団であったため、閣僚の任命も ★★ の
　　　**推薦**で決められることが多かった。

派閥,
派閥

　　◆自民党が長期安定政権を担った**55年体制下**では、実際の政権交
　　　代は起こらなかったが、「党内党」と呼ばれる派閥による「政権」
　　　交代が起こっていた。

□**8** 特定の利益の実現を目指し、**政治や行政に対して**影響
★★★　　力を行使しようとする集団を ★★★ という。

圧力団体 (利益集
団)

□**9** アメリカでは、★★ を使って**利益集団**が政治へ圧
★★　　力をかけている。

ロビイスト

□**10** 圧力団体の長所は、選挙ルートで吸収できない多様な
★★　　民意を政治に反映させて代議制を ★★ する点にあ
　　　るが、短所は**汚職や政治腐敗**などの ★★ 政治を発
　　　**生**させてしまう点にある。

補完,
金権

□**11** 2002年に**経団連**と**日経連**が合同して ★★ が結成さ
★★　　れ、自民党に対して大きな発言力を持つようになった。

日本経済団体連合
会 (経団連)

　　◆日本経済団体連合会は大企業の集まりで、自民党への献金を通
　　　じて政治への影響力を持つ。

□**12** 経済団体には、日本経済団体連合会の他に ★ や
★　　日本商工会議所があり、労働団体には ★ などが
　　　ある。

経済同友会,
日本労働組合総連
合会 (連合)

□**13** 圧力団体は伝統的に農業団体、医師団体、経営者団体
★　　は ★ **政党**を、労働団体は ★ **政党**を支持し
　　　てきた。

保守，革新

□**14** ★ (JA) は自民党を支持する**圧力団体**として知ら
★　　れており、またそれらの上部組織として ★ (JA
　　　全中) が存在する。

農業協同組合 (農
協),
全国農業協同組合
中央会

　　◆**第二次安倍内閣**は、TPP (環太平洋経済連携協定) 交渉や**農業経**
　　　**営への法人参入**などに対する抵抗を抑える目的から、全国農業
　　　協同組合中央会 (JA全中) を改革する農協改革関連法を成立さ
　　　せた。

XI
政治

2
政党と圧力団体

253

**XI 政治分野　3 日本の政党政治(1)～55年体制**

# 3 日本の政党政治(1)～55年体制

ANSWERS □□□

□ **1** 第二次世界大戦後の日本において、 ★★★ 年に保守
★★★ 系の**自由党**と**日本民主党**が合同して ★★★ が成立し
た出来事を ★★★ という。

1955,

自由民主党,

保守合同

□ **2** 第二次世界大戦後の日本において、1955年には**革新政**
★★★ **党**である ★★★ が右派・左派合同で一本化し、保守
系の**自由民主党**との「 ★★★ 政党制」が確立した。

日本社会党,

$1\frac{1}{2}$

◆日本社会党の議席勢力が、自民党1に対して、その2分の1程
度にとどまっていたことからできた言葉。

□ **3** 第二次世界大戦後の日本において、1955年の結成以来、
★★★ 93年までの38年間におよぶ自由民主党による**長期**
**安定政権**となった状況のことを ★★★ 年体制という。

55

□ **4** 第二次世界大戦後より「憲法・ ★★ ・外交」という
★★ 3つの重要な問題をめぐって、政党間で激しい ★★
対立が続いた。

安全保障,

イデオロギー

◆イデオロギーとは政治的なものの考え方や思想傾向のこと。冷
戦終焉に伴って、イデオロギーの対立も終わりを迎えつつある。
かつての社会党（現在の社会民主党）などの支持が低下したの
は、イデオロギーの対立の終わりが影響している。

□ **5** 1964年に創価学会を支持母体とする中道政党として
★★ ★★ が結成され、野党の ★★ 化が進んだ。

公明党, 多党

◆野党の多党化による「票割れ」は、一本化されていた保守系政党
である自民党の相対的優位を定着させた。

□ **6** 1970年代後半には、自民党の議席数は ★ 近くま
★ で落ち込み、 ★ といわれる状況が生じた。

半数,

保革伯仲

◆55年体制下でも、1980年代には一時的に自民党の単独政権が崩
れ、新自由クラブとの連立内閣が組織された。83年にロッキー
ド事件で田中角栄元首相に有罪判決が下ると、同年に中曽根
康弘内閣の下で行われた衆議院議員総選挙で過半数割れした。

□ **7** 竹下登内閣の下、1988年の ★★ 事件の発覚と、89
★★ 年の ★★ 税導入により、その直後の**参議院議員選**
**挙**で自民党が**過半数割れ**を起こし、衆議院と参議院の
多数派政党が異なる ★★ 国会となった。

リクルート,

消費

ねじれ

□ **8** 1993年6月、 ★★★ 内閣の不信任が成立し、**結党以来**
★★★ **初めて**自民党が政権を失ったことを当時は「 ★★★ 」
と呼んだ。

宮澤喜一,

55年体制の終焉

□**9**
★★
どの政党も支持しない □★★ 層が増える一方で、身近な問題に対して □★★ 運動という形で自主的に行動する人がしだいに増えていった。

無党派,
市民

□**10**
★★
経済成長で社会が豊かになるにつれ、有権者の関心は**日々の消費生活や個人の趣味に向かうようになり**、□★★ の傾向が見られるようになることで選挙の棄権率が高まるなど**民主政治が形骸化するおそれ**がある。

政治的無関心 (ポリティカル=アパシー)

◆政治的無関心 (ポリティカル゠アパシー) について、アメリカの社会学者リースマンは、政治的無知による**伝統型無関心** (政治的知識が乏しく、「政治はおかみがするもの」などと考えること) と、政治的知識を持っているにもかかわらず政治に冷淡な**現代型無関心**(「どうせ変わらない」という無力感やあきらめ) に分類している。また、アメリカの政治学者ラズウェルは、**脱政治的態度** (幻滅などにより政治から離脱すること)、**無政治的態度** (政治にそもそも関心を持たないこと)、**反政治的態度** (既成の政治価値を急進的に否定すること) に分類している。

## **4** 日本の政党政治 (2)〜55年体制の崩壊

ANSWERS □□□

□**1**
★★★
1993年の**非自民8党派**による内閣や、94年以降の自民党を中心としつつも**複数の政党から閣僚を出す内閣**を □★★★ 内閣という。

連立

□**2**
★★★
1993年、**非自民連立内閣**として誕生した □★★★ 内閣と、続く □★★★ 内閣の下では、94年に □★★★ 法や**製造物責任 (PL) 法**など自民党政権時には可決困難であった法律が成立した。

細川護煕,
羽田孜, 政治改革
関連四

◆1994年には、自民党との二大政党を目指して、細川内閣を構成した複数の政党が統合し**新進党**が小沢一郎らによって結成された。しかし、政策をめぐる対立から、98年に党は分裂し、小沢一郎らのグループは**自由党**を結成した。

□**3**
★★★
**政治改革**を求める世論を背景として**細川連立政権**が誕生した翌年の**1994年**に衆議院議員選挙に □★★★ 制が導入された。

小選挙区比例代表
並立

□**4**
★★★
1994年、社会党と新党さきがけは、従来、対立してきた自民党と連立し、**社会党首班内閣**として □★★★ 内閣が成立したが、社会党が首班となるのは第二次世界大戦直後の**片山哲内閣以来**である。

村山富市

XI 政治
**4** 日本の政党政治(2)〜55年体制の崩壊

255

**XI 政治分野　5 日本の政党政治(3)〜2001年以後**

□**5**　1996年1月、自民党の　★★　を首相とする連立内閣
★★
が成立し、その後も自民党首班内閣が復活したことは
★★　ともいわれた。

　◆橋本内閣は、村山内閣と同じく**自民党、社会党、新党さきがけ**
　**の三党連立**で発足したが、後に社会党と新党さきがけが大臣を
　出さない閣外協力に、その後に連立を離脱し、自民党単独内閣に
　なっていった。

橋本龍太郎

55年体制の復活

□**6**　1998年、　★　内閣が当初、自民党単独内閣として成
★
立したが、後に自民党、自由党、公明党の**三党連立内**
**閣**を形成した。

　◆同内閣は**三党連立で絶対安定多数を獲得**したため、日米ガイド
　ライン関連法、通信傍受法、住民基本台帳法改正など、当時、批
　判もあった法律案を相次いで成立させた。しかし、2000年には
　自由党（小沢一郎代表）が連立を解消した。

小渕恵三

□**7**　1996年、リベラルな政治を目指して鳩山由紀夫や菅直
★★★
人らが　★★★　を結成し、2003年には**小沢一郎らの自**
**由党**が合流して最大野党となり、09年9月〜12年
12月には政権を担った。

　◆**新進党**の分裂により小沢一郎らの自由党以外のグループが、第三
　勢力となっていた民主党に合流して新しい民主党に拡大し、2003
　年の**自由党の合流**を経て、09年9月の政権交代を実現した。

民主党

# 5 日本の政党政治(3)〜2001年以後

**ANSWERS** □□□

□**1**　2001年、　★★★　が所属派閥を離脱して首相に指名さ
★★★
れ内閣を組織し、派閥解消や聖域なき　★★★　などを
唱えた。

小泉純一郎,
構造改革

□**2**　★★★　内閣の下、2005年に行われた　★★★　の是非
★★★
を国民に問う**民意吸収型**の衆議院解散総選挙で、**自民**
**党と公明党の連立与党**が圧勝し、　★★★　超の議席を
獲得した。

小泉純一郎, 郵政
民営化
3分の2

□**3**　小泉純一郎内閣（2003年11月以降）、06年9月に発
★★★
足した第一次　★★★　内閣、07年9月に発足した
★★★　内閣、08年9月に発足した　★★★　内閣、12
年12月に発足した第二次　★★★　内閣は、いずれも
**自民党**と　★★★　の**二党連立内閣**であった。

安倍晋三,
福田康夫, 麻生太郎,
安倍晋三,
公明党

256

□**4** 2006年9月、約5年半の長期政権となった小泉内閣を
★★★ 引き継いだ ★★★ 内閣は、「 ★★★ 」というスロー
ガンを掲げ、「**戦後**レジーム**からの脱却**」を唱えた。

安倍晋三, 美しい
国

◆レジームとは「枠組み」のこと。「戦後レジームからの脱却」と
は、**日本国憲法**をはじめとして、第二次世界大戦後に構築され
た様々な制度や仕組みを見直すことを意味する。

□**5** 第一次安倍内閣は、**2006年12月**に ★★★ 法改正で
★★★ ★★★ に近い教育目標を明記するとともに、**07年5**
**月**には憲法改正に関する ★★★ **法**を成立させた。

教育基本,
愛国心,
国民投票

◆なお、民主党は重要一般問題についての国民投票法とすべきで
あると主張していた。

□**6** **ねじれ国会**の下、第一次安倍内閣は ★ **法**の延長
★ 問題など国政運営が停滞する中、2007年9月に安倍首
相が突然、辞意を表明して退陣した。

テロ対策特別措置

◆テロ対策特別措置法は、**2007年11月1日に期限切れ**となり、イ
ンド洋での船舶への給油などの補給活動は一時停止された。

□**7** 2007年9月、第一次安倍内閣を引き継いだ ★★ **内**
★★ **閣**では**ねじれ国会**の下で国政が停滞し、インド洋上で
の給油などの補給活動に限った ★★ **法**を衆議院の
優越の規定で成立させるなど厳しい国会運営が続いた。

福田康夫

新テロ対策特別措置

◆**2008年1月**から1年間の時限立法として成立。09年1月に1年
間延長され、10年1月に民主党政権下で期限切れとなった。

□**8** **道路特定財源**の ★ **の復活**を定めた法律案につい
★ ては、衆議院の可決後に参議院が60日間審議に応じ
なかったことから、**憲法第**59**条**の「 ★ 」が適用
され、**衆議院**の再可決が行われた。

暫定税率

みなし否決

◆みなし否決による衆議院の再可決は**56年ぶり**の措置であった。

□**9** 2008年9月、福田内閣を引き継いだ ★★ **内閣**は、当
★★ 初、内閣成立直後の早い時期に衆議院解散・総選挙を
実施するとの観測が強かったが、**アメリカ**の ★★ **問**
**題**に端を発した**国際金融危機**(リーマン=ショック)に
伴う世界同時株安の中、金融危機対策を優先させて衆
議院の解散を遅らせた。

麻生太郎

サブプライム=ロー
ン

□**10** 2009年8月の**衆議院議員総選挙**で自民党と ★★★ の
★★★ 連立与党が敗れ、 ★★★ を中心とする新たな連立政
権が樹立されたことで ★★★ が起こった。

公明党,
民主党,
政権交代

**XI**
**政**
**治**

**5**
日
本
の
政
党
政
治
(3)
〜
二
〇
〇
一
年
以
後

257

**XI 政治分野　6 日本の政党政治(4)～「政権交代」以後**

## 6 日本の政党政治 (4)～「政権交代」以後

ANSWERS □□□

□**1** 2009年9月民主党と ★★★ 、国民新党との三党連立
★★★ 内閣として ★★★ 内閣が発足した。

社会民主党,
鳩山由紀夫

◆連立の目的は、民主党が第一党ながらも単独過半数には足りな
い参議院で過半数を獲得し、ねじれ国会を解消する点にあった。

□**2** 2010年6月、米軍の ★★ 基地の国外ないし県外移
★★ 設を果たせなかったことから、連立内閣を形成してい
た ★★ が政権から離脱するなど政治的混乱を招い
た責任をとり、民主党の鳩山由紀夫首相は辞任した。

普天間

社会民主党

□**3** 2010年6月、民主党の ★★ が首相に就任し、民主
★★ 党政権下で初の国政選挙となった参議院議員選挙が行
われたが、民主党は惨敗し、 ★★ が参議院の改選第
一党になったことで ★★ 国会の状況に陥った。

菅直人

自由民主党,
ねじれ

□**4** 菅内閣下のねじれ国会では、与党が衆議院の議席の
★★ ★★ を獲得していないことから、法律案の衆議院
再可決ができない状況に陥った。

3分の2

□**5** 菅内閣下の2011年3月11日に ★★★ が発生し、そ
★★★ れに伴う ★★★ 原子力発電所事故への対応が混乱す
る中、同年9月に菅首相は辞任し、同じ民主党の ★★★
が首相に就任した。

東日本大震災,
福島第一,
野田佳彦

□**6** 2012年8月、野田佳彦内閣は、09年の政権交代時に
★★★ 掲げたマニフェストに反して、 ★★★ 率を14年以降
に2段階で引き上げる ★★★ 法改正案を ★★★ と
公明党との3党合意で可決・成立させた。

消費税,
消費税, 自由民主
党 (自民党)

## 7 日本の政党政治 (5)～第二次安倍内閣以後

ANSWERS □□□

□**1** 2012年12月、衆議院議員総選挙で民主党が惨敗して
★★★ 野田内閣が総辞職し、 ★★★ が政権に復帰した。首班
には同党総裁の ★★★ が指名され ★★★ との連立
内閣が発足した。

自由民主党,
安倍晋三, 公明党

**□2**　2013年7月、自民党の第二次 ★★★ 内閣下で行われ
★★★　た参議院議員通常選挙で民主党は惨敗し、自民党が大
勝したことで、連立を組む ★★★ と合わせた獲得議
席が過半数を占め、 ★★★ 国会は解消した。

安倍晋三

公明党,

ねじれ

**□3**　2013年7月、ねじれ国会を解消した**第二次安倍内閣**は、
★★　同年秋の臨時国会で知る権利と衝突するおそれのあ
る ★★ 法や、安全保障に関する日本版 NSC 設置
法を成立させた。翌14年には武器輸出三原則を見直
し ★★ を策定するとともに、従来の政府見解を閣
議決定で変更して ★★ の行使を容認した。

特定秘密保護

防衛装備移転三原則,
集団的自衛権

**□4**　2014年11月、安倍首相は ★★★ の税率 ★★★ %
★★★　への引き上げを15年10月から17年4月に先送りす
ることを発表し、その是非を国民に問うとして衆議院
の解散総選挙を行い、自民党と公明党の連立与党が議
員定数の ★★★ を超える議席を獲得した。

消費税, 10

3分の2

◆自民党は291議席、公明党が35議席を獲得したが、投票率は
52.66%と現憲法下で過去最低を記録した。

**□5**　2015年の通常国会は、 ★★★ の行使を一定の要件で
★★★　認めることなどを内容とする ★★★ 関連法案をめぐ
り国会審議が混乱し、戦後最長の延長国会となった。

集団的自衛権,
安全保障

◆2015年、安倍内閣が提出した安全保障関連法案には、海外で自
衛隊が他国軍を後方支援する「国際平和支援法案」、周辺事態法
を改称して「周辺」以外の地域に自衛隊を派遣する「重要影響事
態法案」、自衛隊が国連以外の平和維持活動や他国軍を支援する
ための「駆けつけ警護」を可能とするPKO協力法改正案などが
含まれた。法案は同年9月に成立した（安全保障関連法）。

**□6**　2016年7月の ★★★ 議員通常選挙は、選挙権年齢が
★★★　満 ★★★ 歳以上に引き下げられた公職選挙法改正後
の初めてとなる国政選挙となり、連立与党とともに憲
法改正に前向きな「改憲勢力」が議席の ★★★ を超
え、衆参両院で憲法改正の発議が可能な多数を確保し
た。

参議院,

18

3分の2

**XI**
**政治**

**7**
日本の政党政治(5)〜第二次安倍内閣以後

**XI 政治分野 7 日本の政党政治(5)〜第二次安倍内閣以後**

□**7** 2012年12月、自民党の政権復帰以後、自公連立や民
★★ 主党と異なる「**第三極**」の政党の動きが起こった。以後、
離合集散を重ねながら進んだ再編の動きと、主な政党
に関する次の表の空欄A〜Jにあてはまる語句を下の
語群からそれぞれ選べ。

| 政党名 | 代表者 | 成立年 | 結党までの経緯など |
|---|---|---|---|
| A ★★ | 松井一郎 | 2015年 | 2012年、D ★★ が結成し、石原慎太郎らが合流した政党が、14年に維新の党に発展したが、15年のE ★★ の都構想に関する住民投票の否決を受け、D ★★ や松井一郎が離党し、新たにおおさか維新の会を結成。16年にA ★★ に改称した。 |
| B ★★ | 枝野幸男 | 2017年 | 2016年、民主党を改称し結成されたF ★★ の多くの議員が、G ★★ 率いるH ★★ の地域政党であるI ★★ を母体とするJ ★★ と合流したが、これに反対したF ★★ の議員の一部がB ★★ を結成。20年9月、C ★★ の多くの議員が合流、新たなB ★★ が結成された。 |
| C ★★ | 玉木雄一郎 | 2018年 | 2017年10月の衆議院議員総選挙で野党第二党となったJ ★★ が18年に解散、国民党を経て、その多くがF ★★ と合流し、C ★★ を結成。20年9月のB ★★ との合流・新党結成で事実上、分裂した。 |

A 日本維新の会

B 立憲民主党

C 国民民主党

D 橋下徹

E 大阪府

F 民進党

G 小池百合子

H 東京都

I 都民ファーストの会

J 希望の党

【語群】 希望の党　国民民主党　生活の党
都民ファーストの会　日本維新の会　民進党
立憲民主党　れいわ新選組
小沢一郎　小池百合子　橋下徹　山本太郎
大阪府　東京都　北海道　一都三県

□**8** 2017年10月の衆議院議員総選挙は、連立与党で憲法
★★★ 改正の発議に必要な全議席の ★★★ を上回る313議
席を確保した。

3分の2

◆立憲民主党が55議席を獲得し野党第一党に躍進した。

260

□**9** 2019年7月の参議院議員選挙は、前年の公職選挙法改
★★ 正で議席数が ★★ 増となり、その半数が改選され
た。「政治分野における ★★ の推進に関する法律」
が適用される初の国政選挙となり、女性候補者の割合
は約3割となる一方、投票率は50%を ★★ 回った。

6，
男女共同参画

下

◆投票率は48.80%と24年ぶりに50%を下回り、現憲法下の国
政選挙で2番目に低かった。選挙結果は、連立与党など「改憲勢
力」が憲法改正の発議が可能な圧倒的多数となる3分の2の議席
を確保できなかった。

□**10** 2019年11月20日、安倍晋三首相の通算在職日数が
★ 2,887日となり、明治・大正期に首相を務めた ★
を抜いて、**憲政史上で最長**となった。

桂太郎

◆安倍内閣は第一次（2006年9月～07年9月）と、2012年12月
発足の第二次以降とを合わせた通算在職日数が憲政史上で最長
に、連続在職日数も佐藤栄作を抜いて歴代トップとなった。しか
し、同年9月、健康状態を理由に辞意を表明し、同政権の官
房長官として同じく歴代最長の在職日数となった菅義偉が後継
内閣を組織した。なお、桂太郎（2,886日）に続き、昭和期の
佐藤栄作（2,798日）、明治期の伊藤博文（2,720日）など、安
倍首相を含む8人の首相が山口県（長州）出身である。

□**11** 2020年3月の通常国会で、 ★★ を「新型インフルエ
★★ ンザ等対策特別措置法」に加える改正法案が可決・成
立し、急激な感染症拡大で国民の生命や国民経済に甚大
な影響を及ぼすおそれがある場合、財産権や移動の自
由、営業の自由などの私権を制限する「 ★★ 」を総
理大臣が発令することなどを認めた。

新型コロナウイル
ス感染症
（COVID-19）

緊急事態宣言

◆「緊急事態宣言」は、2020年4月に7都府県を対象に発令され、
後に全国に拡大された。「自粛」「休業」による国民の損失に対す
る支援として、全国民に一律10万円を給付する「**特別定額給付
金**」や、中小企業や個人事業主などを対象とした「**持続化給付金**」
などが行われた。翌21年1月には、感染者数の再拡大を受け、
菅首相は2度目の宣言を発令した。以後、同年7月には4度目
の発令がなされるなどコロナ禍への対応に追われたが、支持率
の低下などから菅首相は辞意を表明し、自民党総裁に当選した
岸田文雄が同年10月に新たな内閣を組織した。

# **8** 現代政治の諸問題と行政改革

ANSWERS □□□

□**1** 1980年代の中曽根康弘内閣の下では、**小さな政府論**と
★★★ して ★★★ の民営化が実施された。

三公社

◆三公社とは以下の3つを指す。①日本電信電話公社→日本電信
電話株式会社（NTT）、②日本専売公社→日本たばこ産業株式会
社（JT）、③日本国有鉄道→JR（分割民営化）

## XI 政治分野　8 現代政治の諸問題と行政改革

■2 1990年代の**橋本龍太郎内閣**の下では、**小さな政府論**として ★★★ の**スリム化**が**決定**し、中央省庁等改革基本法に基づき行政官庁を統廃合することで、**1府21省庁**（実施時には1府22省庁）を、★★★ 府 ★★★ 省庁に**スリム化**した。

中央省庁

1, 12

■3 2001年に実施された当時の**中央省庁再編**に関する次の組織図の空欄 A〜E にあてはまる適語を答えよ。

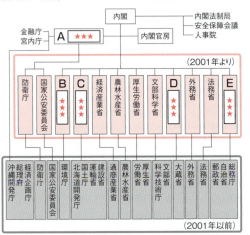

A 内閣府
B 環境省
C 国土交通省
D 財務省
E 総務省

◆郵便事業庁が、2003年に日本郵政公社に移行し、07年に民営化。防衛庁は07年に防衛省に昇格。08年には国土交通省の下に観光庁が、09年には内閣府の下に消費者庁が、12年には復興庁（2031年3月まで設置予定）が創設され、13年には国家安全保障会議が設置され、同会議の設置を受けて14年には内閣官房に国家安全保障局が創設され、内閣人事局が置かれた。21年9月にはデジタル庁が設置され、23年4月にはこども家庭庁が設置予定である。

■4 総理府を前身とする ★★★ は、省庁間の調整など**強大な権限**を持つ。

内閣府

◆重要政策に関して内閣を補佐し、行政各部の統一を図り、政策の企画・立案や総合調整を行う行政府として設置された。内閣府は**総理府**、経済企画庁、沖縄開発庁などが統合されたもので、金融庁などの複数の外局や**宮内庁**を抱える。

■5 2001年1月、内閣機能強化の一環として ★★ が内閣府に設置され、経済政策の中長期的な方向性を提言する「 ★★ 」を発表している。

経済財政諮問会議

骨太の方針

◆経済財政諮問会議には財界人や経済学者などが参加した。

**□6** 2001年の改革で、環境庁は ★★★ に格上げされ、通商産業省は ★★★ に再編された。

環境省、
経済産業省

**□7** 2001年の改革で、**建設省**や**運輸省**などが統合されて発足した ★★ は広範な許認可権を持つため政治腐敗を招く危険性があると指摘されている。

国土交通省

◆現実に公共事業をめぐる談合問題などが発覚している。

**□8** 大蔵省は**金融・財政分離**の下、**財政権限**のみを持つ ★★★ になり、**金融監督権限と金融企画権限**は現在、内閣府の**外局**である ★★★ に移管されている。

財務省、
金融庁

**□9** **2008年**、訪日外国人観光客を大幅に増やす政策を実施するため、国土交通省の下に ★ が設置された。

観光庁

◆2015年10月にはスポーツ行政を一元的に担うスポーツ庁が文部科学省の下に発足し、東京オリンピック・パラリンピック開催に向けた選手の強化・育成やスポーツによる国際貢献に取り組んでいる。

**□10** 厚生労働省の一部や農林水産省の一部などが統合し、2009年9月に消費者行政を一元化した ★★ が、内閣府の外局として創設された。

消費者庁

◆2008年の福田内閣において内閣府の外局に消費者庁を創設することが提案され、09年の麻生内閣下で正式に発足した。

**□11** **年金記録漏れ**などのずさんな管理体制に対する責任問題から、2010年に ★★ は解体され、非公務員型の**協会けんぽ（全国健康保険協会）**と ★★ に改組された。

社会保険庁、
日本年金機構

**□12** **2011年3月11日**の東日本大震災からの復興を目的に、翌12年から ★ が設置され、期限が切れる21年以降も31年3月まで存続することが決定された。

復興庁

**□13** **2011年3月11日**の東日本大震災による福島第一原子力発電所（福島第一原発）事故を受け、翌12年に**環境省**の下に外局として ★★ と、それを支える事務局として ★★ が設置された。

原子力規制委員会、
原子力規制庁

◆従来、**原子力発電所の安全性審査**は経済産業省下の**資源エネルギー庁**内にある原子力安全・保安院が担っていたが、原発を維持・推進する官庁と安全性の審査機関が同一省内にあったことから、これを廃止し、原子力規制委員会が設置された。

**XI 政治**

**8 現代政治の諸問題と行政改革**

263

**XI** 政治分野　**8** 現代政治の諸問題と行政改革

□**14** 2013年11月、**第二次安倍内閣**下で ★★★ （日本版 NSC）の設置法が可決・成立し、正式に組織が発足した。これに伴い、14年には同会議を恒常的にサポートし、外交や安全保障、防衛の企画立案や総合調整を行う組織として ★★★ が設置された。

◆アメリカの**国家安全保障会議**（National Security Council）をモデルにしていることから、「日本版NSC」と呼ばれる。外交や防衛、安全保障の情報を一元管理し、政策決定を行う。

**国家安全保障会議**

**国家安全保障局**

□**15** 国が特定の目的で設立・運営している会社のことを ★★★ というが、多くは国の運営会社として国の公務を委託され行政処理を行う ★★★ に改組された。

◆**独立行政法人**と**特殊法人**の違いは、前者はすべてが情報公開の対象となっている点、5年ごとに財務評価を行い、その存続の再評価を行う点にある。

**特殊法人,
独立行政法人**

□**16** 2001年に発足した ★★★ **内閣**が進めた**行政スリム化の改革**とは、**郵政三事業**（郵便、郵便貯金、簡易保険）の民営化に加えて**中央省庁**や**特殊法人**のスリム化をも意味し、これを首相自ら「 ★★★ 」と呼んだ。

**小泉純一郎**

**聖域なき構造改革**

□**17** 2012年4月、**民主党政権**下で郵政民営化法が改正され、**郵便事業株式会社**と**郵便局株式会社**を統合し ★ として当初の**4分社化**を断念し、ゆうちょ銀行、かんぽ生命の17年までの**政府保有** ★ の完全売却を目指すとしたが、まだ実現されていない。

**日本郵便株式会社**

**株式**

□**18** 巨額の赤字を抱えた ★★★ は、2005年10月に**東日本・中日本・西日本・首都・阪神高速道路株式会社、本州四国連絡高速道路株式会社**の6つの会社に ★★★ 化された。

◆道路四公団とは、**日本道路公団、首都高速道路公団、阪神高速道路公団、本州四国連絡橋公団**を指す。

**道路四公団**

**民営**

□**19** **国家公務員**が一定額を超える接待や贈与を受けることを禁止した法律を ★★ **法**という。

◆国家公務員倫理法では、幹部公務員への贈与や接待などについて、これを報告し公開することが定められている。

**国家公務員倫理**

□**20** ★★ **法**は、国会議員、国務大臣、地方議員、首長などが ★★ に**口利き**し、行政処分や契約内容などに影響を与えることで利益を得ることを禁止し、処罰すると定めている。

**斡旋利得処罰,
公務員**

264

| 21 | 行政腐敗を防止する手段の１つとして、**官僚が持つ** [★★] 権を縮小することが挙げられる。 | 許認可 |

| 22 | 行政機関の**許認可**や**行政処分**、**行政指導**などを公正・透明に行うための法律を [★] 法という。 | 行政手続 |

◆1993年制定、94年施行の行政手続法は行政処分を受ける者に**告知・聴聞のチャンス**という**法定手続**の保障（**憲法第**31**条**）を及ぼすとともに、**行政指導に拘束力がない**ことを明記している。

| 23 | 公共事業などへの入札に際して、指名業者が自己の利益のために前もって話し合い、決定価格を操作する行為を [★★] という。特に、国や地方公共団体による事業の発注時に行われる [★★] で公務員が談合に関与し、落札業者が決まることを [★★] と呼ぶ。 | 談合, 競争入札, 官製談合 |

◆2003年施行の官製談合防止法では、国や地方公共団体などの職員が談合を指示、または予定価格などの秘密を漏洩した場合などに対して、改善措置を求める権限を公正取引委員会に与え、各省庁の大臣や地方公共団体の首長は、談合に関与した職員に対して、速やかに損害賠償を求めなければならないと定めている。

| 24 | 官民相互間の競争促進による公共サービスの質と経済性の確保を目的に、国や地方公共団体の**行政サービス部門**に対する [★★] 制度が設けられている。 | 官民競争入札 |

| 25 | 中央省庁では、**官僚が退職後に職務と関係の深い民間企業や業界団体などに再就職する**「[★★]」と呼ばれるものが慣行的に行われてきた。 | 天下り |

| 26 | 政治腐敗の原因には、いわゆる鉄の [★★] と呼ばれる政・官・財の三位一体の癒着構造がある。これに関する次の図の空欄 **A ～ C** にあてはまる適語を答えよ。 | トライアングル |

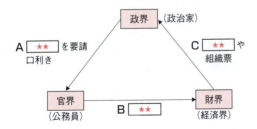

A 許認可

B 天下り
C 政治献金

XI 政治

8 現代政治の諸問題と行政改革

265

**XI 政治分野 8 現代政治の諸問題と行政改革**

□27 **国家公務員法**では、従来、在職中の職務と密接に関連した営利企業への公務員の ★★ を２年間禁止していたが、**2007年改正**で再就職先の斡旋を行う ★★ の創設が決定し、２年間の禁止規定は廃止された。

天下り，
官民人材交流センター

□28 2008年、**国家公務員制度改革基本法**が制定され、内閣官房に ★★ を創設し**官僚の幹部人事を内閣官房が一元管理**することが決まり、14年の**内閣法**改正で、正式に発足した。

内閣人事局

◆「政治主導」の下、官僚人事を内閣人事局が行うことから、公務員は首相をはじめ内閣の実力者の顔色をうかがう傾向が強まるなど、**忖度の行政**が行われるとの弊害が指摘されている。

□29 **国家公務員の昇進**については、入省時の国家公務員試験の職種によって決定するという ★ システムを改め、入省後の**能力や成果によって決定する方式**にすべきであるという主張が見られる。

キャリア

□30 現代の国家機能は、立法国家から ★★★ 国家へと変化し、**行政権**の ★★★ が進行している。

行政，
肥大化

□31 現在の日本における行政権の肥大化の具体例として、法律の**委任**により政令や省令などの命令で具体的な規定を置く ★★ の増加が挙げられる。また、行政裁量の拡大で、**許認可決定に裁量権**を持つ行政部門の権限が著しく拡大し、内閣提出法案の増加は、法案作成段階から行政部門が関与している実態を表している。

委任立法

□32 内閣から独立した行政組織として、**準立法権**や**準司法権**を持ち、**中立かつ公正な行政や専門的な行政**の実施を目的として設置されている ★★ がある。

行政委員会（独立行政委員会）

◆警察行政を行う**国家公安委員会**、独占禁止法を運用し、監視活動を行う公正取引委員会、労働争議の調整を行う**中央労働委員会**、国家公務員に対する給与勧告などを行う人事院、公害紛争の解決などを図る**公害等調整委員会**などがある。

□33 行政の民主化の具体例として、 ★★★ 権の活用がある。衆参各院の調査権の行使は、**国民の** ★★★ に奉仕し、世論形成や選挙行動に的確な判断資料を提供する。

国政調査，
知る権利

266

□34 **行政**の**民主化**の具体例として、行政に対する苦情を受理
★★★ し、調査や勧告などを行い行政を監視する ┃ ★★★ ┃ **制度**
は、1990年に**川崎市**が初めて導入したが、**国レベルで
はまだ導入されていない。**

オンブズマン
（オンブズパーソ
ン、行政監察官）

□35 2009年、中央省庁や独立行政法人が保有する公文書を
★ 一定期間、保存することを義務づけた ┃ ★ ┃ **法**が制
定され、11年に施行された。
◆保存期間は原則、文書作成の翌年4月1日までとされ、保存期
間満了後は国立公文書館などに移管するか廃棄される。行政文
書の廃棄には内閣総理大臣の事前同意が必要となる。

公文書管理

□36 1998年、┃ ★ ┃ **法**が制定され、保健や福祉、まちづく
★ りなどを中心に**認定** ┃ ★ ┃ が活動している。
◆市民が行う自由な**社会貢献活動**を促す一方で、財政基盤の弱さ
や優遇税制の認定条件の厳しさから、NPO法人の数は伸び悩ん
でいる。

NPO（特定非営利
活動促進）、
NPO法人

□37 ┃ ★ ┃ とは、法令などの制定や改廃、規制の設定な
★ どにあたり、それらに関する案を公表し、国民から
┃ ★ ┃ や情報を公募する手続のことである。

パブリック＝コメ
ント
意見

□38 行政機能の拡大を統制する方法として、**法制度に基づ
★★ くもの、法制度に基づかないもの、行政内部からのも
の、行政外部からのもの**、という基準で分類する考え
方がある。**【表1】**は、日本の国の行政を統制する方法
の一例としてそうした考え方に基づき分類し、**A～D**
にはいずれかの分類基準が入る。これにならい、日本
の地方自治体の行政を統制する方法の一例を分類した
場合、**【表2】**中の**X～Z**にあてはまるものとして最も
適当なものを、下の語群のうちから1つずつ選べ。

【表1】

|   | A | B |
|---|---|---|
| C | 国政調査による統制 | 圧力団体による統制 |
| D | 人事院による統制 | 同僚の反応による統制 |

【表2】

|   | A | B |
|---|---|---|
| C | X ┃ ★★ ┃ による統制 | Y ┃ ★★ ┃ による統制 |
| D | Z ┃ ★★ ┃ による統制 | 同僚の反応による統制 |

【語群】 監査委員　行政訴訟　裁判員　世論調査
新聞報道　陳情

X　行政訴訟
Y　新聞報道
Z　監査委員

**XI 政治**

**8 現代政治の諸問題と行政改革**

267

# 政治分野
## POLITICS
### 国際政治

## 1 国際社会の形成と国際連盟

ANSWERS □□□

□**1** 1648年、ヨーロッパで起こった ★★ の終結にあたり、 ★★ 条約が結ばれ、複数の主権国家が生まれ、**国際社会**が成立した。

三十年戦争,
ウェストファリア

◆ウェストファリア条約によって**神聖ローマ帝国が崩壊**し、ヨーロッパに複数の主権国家が誕生した。主権国家をアクター(行動主体)とする国際政治体系は**ウェストファリア=システム**ともいう。それにおいて、戦争は外交の1つの手段であり、戦争回避には、武力を保有する主権国家または主権国家連合との間の力関係をほぼ対等にするという勢力均衡(バランス=オブ=パワー)が最善策とされた。

□**2** 国家の主権がおよぶ範囲は、領土・ ★★★ ・領空の3つの領域である。

領海

□**3** 1994年に発効した ★★★ 条約によると領海の範囲は、沿岸 ★★★ カイリまでとされている。

国連海洋法,
12

◆12カイリ以内の**領海**は陸の内側にある海(内水)を除き、外国船舶も安全を害しない範囲で通航する権利を有するが、違法な当該国の法律に基づいて船長の身柄を拘束できる。また、基線から12カイリの上空に外国の飛行体が無断で立ち入ると**領空侵犯**となる。なお、基線から24カイリまでの接続水域は、密輸入や密猟など違法行為が疑われる船舶を予防的に取り締まれる。

□**4** 一般に ★ とは、統一的な権力が存在しない国際社会において、各国が武力による制圧で国際関係を規律しようとする政治のことをいう。

パワー=ポリティクス(力の政治、権力政治)

□**5** 国際社会にも自然法が存在することを主張し、「国際法の父」「近代自然法の父」と称される人物は、オランダの法学者 ★★ である。

グロティウス

◆主著『**戦争と平和の法**』は三十年戦争の時代に著された。グロティウスは、自然法論の立場から国際社会にも諸国家が従うべき国際法があるとした。

268

□**6** 国際法とは、**諸国家の慣行**を通じて成立した ★★ と、**国家間の合意を文章化した**条約（**成文国際法**）から なる。

◆**公海自由の原則**などを明記した国連海洋法条約は、もともと国際慣習法であったものを条約化した例の1つといえる。

**国際慣習法**

□**7** 平時国際法の例として、集団殺害罪の防止及び処罰に 関する条約（ ★★ 条約）や、外交関係に関する ★★ 条約、国連海洋法条約などがある。

**ジェノサイド，
ウィーン**

□**8** 平和を唱えた思想家と著作に関する次の表中の空欄 **A〜C**にあてはまる適語を答えよ。

| 思想家 | 著作 |
|---|---|
| グロティウス | 『A ★★ 』『海洋自由論』 |
| B ★★ | 『永久平和草案』 |
| ルソー | 『永久平和論抜粋・批判』 |
| C ★★ | 『永遠平和のために』 |

A **戦争と平和
の法**
B **サン＝ピエール**

C **カント**

◆**サン＝ピエール**と**カント**は集団安全保障**方式**を唱え、国際連盟の 設立を提唱したウィルソンに影響を与えた。

□**9** 第一次世界大戦前の平和維持方式には、同盟国間で軍 備拡張競争が激化し、 ★★★ が崩れた場合に戦争が 発生するという問題点があった。そこで、第一次世界 大戦後には ★★★ 方式が採用された。

◆**集団的自衛権と集団安全保障の違い**は、前者が同盟国が攻撃さ れた場合に自国が攻撃されていなくても**同盟国が集団で防衛を 行う権利**のことであり、後者が侵略を行った国などに対して同 一の集団安全保障機構に加わっている**複数の国が団結して集団 制裁**を加えることである。

**勢力均衡（バラン
ス＝オブ＝パワー）**
**集団安全保障**

□**10** 第一次世界大戦後は、集団的平和機構を創設し、**加盟 1ヶ国への侵略は全加盟国への侵略**であるとして、加 盟国が ★★★ を実施して平和の維持を図った。

**集団制裁**

□**11** 1918年、アメリカの ★★★ 大統領によって提唱され た ★★★ に基づき、20年に国際連盟が創設された。

◆ウィルソンは民主党の大統領で、国際協調主義を提唱した。国 際連盟は、1919年のパリ講和会議で調印されたヴェルサイユ条 約の中にその規約が設けられ、本部はジュネーヴに置かれた。

**ウィルソン，
平和原則14カ条
（14カ条の平和原則）**

□**12** 1919年、労働者の労働条件の改善を目的に ★★ が 設立され、国際連盟と提携・協力して活動した。

**国際労働機関
（ILO）**

**XII
政治**

**1
国際社会の形成と国際連盟**

269

**XII 政治分野　2 国際連合(1)〜成立過程と組織・機能**

□**13** 国際連盟の欠陥には、 ★★ 制により国際紛争に対
★★ 処する有効な議決が成立しにくかったことや ★★
規定の欠如、大国である**アメリカの不参加**などがあった。

全会一致,
軍事制裁

◆当初、国際連盟の常任理事国はイギリス、フランス、日本、イ
タリアの4ヶ国で、国際連盟提唱国であったアメリカは国際連
盟に加盟しなかった。当時のアメリカは、モンロー主義（孤立主
義、不干渉主義）を掲げる共和党が上院の多数派を占め、上院
の加盟承認が得られなかった。また、後に三国軍事同盟を結ぶ日
本、ドイツ、イタリアは国際連盟から脱退してしまった。

□**14** 1928年、**フランスの外相**ブリアンと**アメリカの国務長**
★ **官**ケロッグが提唱し、国家の政策の手段として戦争を
放棄することを定めた条約を ★ という。

不戦条約

◆両者の名前からブリアン=ケロッグ条約とも呼ばれる。

# 2 国際連合 (1)〜成立過程と組織・機能

ANSWERS ☐☐☐

□**1** **第一次世界大戦後**に採用された平和維持方式の具体例
★★★ は、1920年に設立された ★★★ と、45年に設立さ
れた ★★★ である。

国際連盟,
国際連合（国連）

◆第二次世界大戦中の1941年に、アメリカのフランクリン=ローズ
ヴェルト大統領とイギリスのチャーチル首相が発表した大西洋
憲章の中で、戦後の新たな国際平和機構を設立する構想が打ち
出されたのが、国際連合（国連）の出発点となる。44年のアメ
リカ、イギリス、ソ連、中国（中華民国）によるダンバートン=
オークス会議では、国連憲章の原案が作成され、翌45年のヤル
タ会談では、安全保障理事会の大国一致方式の採用が決定した。

□**2** 国連憲章には、日本など連合国に敵対した国々に関す
★ る「 ★ 条項」があるが、現状に合致しないなどの
理由から、日本は同規定の削除を求め、国連発足50
周年の ★ 年に削除の決議が総会で採択された。

敵国

1995

◆現在、死文化しているものの、条項は残っている。

□**3** 国連の目的は、国際 ★★★ と安全の維持、**平等と**民族
★★★ 自決に基づく諸国間の友好関係の促進、経済的、社会
的、文化的または人道的な国際問題解決、および基本
的人権の尊重についての ★★★ 、 ★★★ **主義**に基
づいて**国際問題解決の中心の場を形成する**ことにある。

平和

国際協力, 国連中
心

■4 **国連加盟国数の推移**を示す次のグラフ中の空欄 A 〜 C にあてはまる地域名を答えよ。

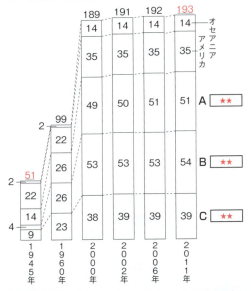

A ヨーロッパ
B アフリカ
C アジア

◆**1960年**は「アフリカの年」と呼ばれ、独立した17ヶ国のうち16ヶ国が国連に加盟した点に注目。また、90年代には旧ソ連邦、チェコスロバキア連邦、ユーゴスラビア連邦など**旧東欧連邦制国家が解体**し、**ヨーロッパ加盟国が急増**した点に注目。

■5 1956年、[ ★ ]を受けて**ソ連が拒否権の不行使**を決定したため、日本が国連に加盟した。

日ソ共同宣言

■6 1973年、西ドイツのブラント首相による[ ★ ]外交の成果から、東西ドイツが国連に同時加盟した。

東方

◆当時の東ドイツ（ドイツ民主共和国）などの東欧社会主義諸国との関係正常化を目指した外交政策を指す。

■7 1991年、冷戦終焉を受けて[ ★★★ ]の国連同時加盟が実現し、旧ソ連邦内で先行して独立が認められていた[ ★★★ ]の加盟も承認された。

南北朝鮮（大韓民国、朝鮮民主主義人民共和国）

バルト三国

◆バルト三国とは、バルト海沿岸に位置するエストニア、ラトビア、リトアニアの3ヶ国を指す。

## XII 政治分野　2 国際連合(1)～成立過程と組織・機能

■8 2002年に**永世中立国** [★★★] と<u>インドネシア</u>から分離独立した [★★★] が、06年に<u>セルビア</u>と連邦制を解消した [★★★] が、11年に<u>スーダン</u>から分離独立した [★★★] が国連に正式加盟した。

スイス,
東ティモール,
モンテネグロ,
南スーダン,

◆2021年10月現在、国連に加盟していないのは、ローマ教皇（法王）が統治者である<u>バチカン市国</u>、**セルビア**からの独立をめぐり激しい紛争地となった<u>コソボ</u>、1971年に正式な中国代表権を失った<u>台湾</u>（**中華民国**）、加盟を申請したもののアメリカの拒否権に阻まれている<u>パレスチナ</u>（2012年、**国連のオブザーバー国家**に格上げ）など一部の国々である。

■9 次の国際連合の組織図の空欄 A～M にあてはまる適語を答えよ。

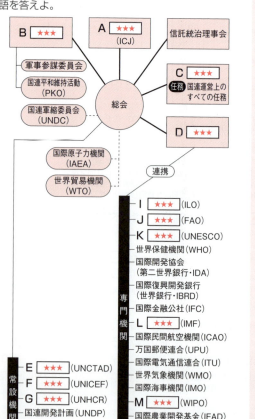

| | |
|---|---|
| A | 国際司法裁判所 |
| B | 安全保障理事会（安保理） |
| C | 事務局 |
| D | 経済社会理事会 |
| E | 国連貿易開発会議 |
| F | 国連児童基金 |
| G | 国連難民高等弁務官事務所 |
| H | 国連環境計画 |
| I | 国際労働機関 |
| J | 国連食糧農業機関 |
| K | 国連教育科学文化機関 |
| L | 国際通貨基金 |
| M | 世界知的所有権機関 |

□**10** 国連の主要機関は、★★★ 、安全保障理事会、経済社
★★★　　会理事会、**信託統治理事会**、★★★ （ICJ）、**事務局**の
　　　　6つからなる。

**総会,
国際司法裁判所**

□**11** 全加盟国で構成される総会は、すべての国が**1票の議**
★★　　**決権**を持ち、その議決要件は、**一般事項**が総会に参加
　　　　し、投票を行う加盟国の ★★ 、**重要事項**が ★★
　　　　**以上**の賛成を必要とする。

**過半数, 3分の2**

□**12** ★★ は、経済、社会、文化、人権問題など**非政治**
★★　　**分野**での**国際協力**を目的とする国連の主要機関で、総
　　　　会で選出される理事国で構成されるが、必要時には、**民**
　　　　**間団体とも協議**する。また、理事国は ★★ の割り
　　　　当てに関係なく**各々1票**の投票権を行使できる。

**経済社会理事会**

**国連分担金**

　　◆経済社会理事会は**任期3年**の**54理事国**で構成され、非政治分野
　　の問題に関する討議と勧告を行う。

□**13** 国連の経済社会理事会と連携関係にある専門機関とし
★★　　て、**世界保健機関憲章**に基づいて発足した ★★
　　　　や、**最貧国に対する長期無利息の借款**を行う ★★
　　　　などが設置されている。

**世界保健機関
（WHO）,
国際開発協会
（IDA）**

　　◆国連の各専門機関は、経済社会理事会を通じて国連と連携して
　　いる。

□**14** 国連には、未開発地域の国家独立を支援する主要機関
★　　　として ★ があるが、現在はその任務を完了した。

**信託統治理事会**

□**15** ★★ は、**紛争や飢餓**のために他国に逃れ、**生命の**
★★　　**危機**にさらされて苦しんでいる ★★ に対する保護
　　　　と生活支援に取り組む機関である。

**国連難民高等弁務
官事務所（UNHCR）,
難民**

　　◆国連難民高等弁務所（UNHCR）は、**非政府組織（NGO）**
　　**の協力**も得るなどして、難民の救援にあたっている。1991～2000
　　年には緒方貞子が難民高等弁務官を務めた。

□**16** ★★★ は、**貧困問題の解決**を優先課題とし、発展途
★★★　上国の経済的、社会的発展を、体系的、持続的に援助
　　　　する政府間機関で、★★★ （HDI）を提示している。

**国連開発計画
（UNDP）
人間開発指数**

　　◆人間開発指数（Human Development Index）とは、各国の人々
　　の「生活の質」や度合いを示す指標で、パキスタンの経済学者マ
　　ブーブ゠ハックによって作成された。センの潜在能力アプロー
　　チを発展させたものであり、国連開発計画（UNDP）の『人間開
　　発報告書』で発表される。

**XII
政治**

**2
国際連合(1)〜成立過程と組織・機能**

# XII 政治分野  ② 国際連合(1)〜成立過程と組織・機能

□17　★　　は、世界の**食糧問題**の解決のために設立された機関で栄養不足人口の半減などを目指して活動している。

**国連食糧農業機関（FAO）**

□18　国連は、発展途上国政府の要望を受けて設立された　★★　などを**通じた経済協力**を支援している。

**国連貿易開発会議（UNCTAD）**

□19　★★　　は、紛争や自然災害の発生した地域の子どもたちに対して**栄養補給や医療などの援助**を行っている。

**国連児童基金（UNICEF）**

□20　国連の専門機関である　★★　は、**文化交流**を図ることで国際平和と福祉の促進を目指している。

**国連教育科学文化機関（UNESCO）**

◆1984年、アメリカは UNESCO が第三世界を重視し、放漫財政であることなどから脱退したが、2003年に復帰。しかし、17年にパレスチナ自治区ヘブロン旧市街の「世界危機遺産」登録に反発し、再び脱退した。11年、パレスチナが正式加盟したことにも、アメリカやイスラエルは反発を強めていた。

□21　**国連予算**は、加盟国の　★★　で賄われ、その分担率は各国の GNI（以前は GNP）比率をもとに算定される。

**分担金**

◆ただし、発展途上国に関しては負担軽減のための割引措置がなされており、その不足分を先進国が負担している。

□22　主要国の**国連分担金**の分担率（％：小数点第3位まで表示）を示した表中の空欄Ａ〜Ｄにあてはまる国名を答えよ。

| | 2000年 | 2010〜12年 | 2019〜21年 |
|---|---|---|---|
| A ★★★ * | 25.000 | 22.000 | 22.000 |
| B ★★★ | 20.573 | 12.530 | 8.564 |
| C ★★★ | 9.857 | 8.018 | 6.090 |
| フランス* | 6.545 | 6.123 | 4.427 |
| イギリス* | 5.092 | 6.604 | 4.567 |
| イタリア | 5.437 | 4.999 | 3.307 |
| D ★★★ * | 0.955 | 3.189 | 12.005 |
| ロシア* | 1.077 | 1.602 | 2.405 |

※＊は5常任理事国

A　**アメリカ**

B　**日本**

C　**ドイツ**

D　**中国**

◆かつて日本の分担率は世界第2位だったが、2019年からは第3位となり、分担率は00年の20%程度から8%程度と大幅に減っている。一方、中国は00年の約1%から、19年には12%超と急増している。00年当時、日本の分担率はアメリカを除く常任理事国（4ヶ国）の合計よりも高く、その負担が過重な状況にあった。

## 3 国際連合 (2)～平和・安全保障

**ANSWERS** □□□

□**1** 国連の主要機関で**国際平和と安全維持**に一次責任を負
★★★　い、紛争の平和的解決を図るのが ┃ ★★★ ┃ である。

安全保障理事会
（安保理）

　　◆安全保障理事会は、永久にその地位が保証されている5常任理事
　　国と、**任期2年**の10非常任理事国から構成されている。なお、
　　日本は2023年より国連加盟国中で最多となる12回目の非常任
　　理事国を務める。

□**2** 安全保障理事会の**常任理事国**は、アメリカ、┃ ★★★ ┃、イ
★★★　ギリス、フランス、┃ ★★★ ┃ の5つの大国である。

ロシア,
中国 ※順不同

　　◆1971年、中国の代表権が中華民国（台湾）から中華人民共和国に
　　移り、91年にはソ連の代表権がロシアに継承された。

□**3** 安全保障理事会の議決要件は、**実質事項**については**5**
★★★　**常任理事国すべてを含む** ┃ ★★★ ┃ **理事国の賛成**が必要
　　であることから、**5常任理事国は** ┃ ★★★ ┃ を有する。

9,
拒否権

　　◆安全保障理事会の議決要件として、**手続事項**については15理事
　　国中9理事国の賛成が必要であるが、五大国一致の賛成は要件
　　ではない。よって、手続事項には拒否権がない。

□**4** **1950年**に発生した朝鮮戦争の最中、「┃ ★★ ┃」**決議**が
★★　採択され、平和・安全保障問題について**安全保障理事**
　　**会が**拒否権**により機能停止**した場合に ┃ ★★ ┃ を開催
　　する道が開かれた。

平和のための結集

緊急特別総会

□**5** 国際司法裁判所（ICJ）は、**国家間の国際法上の紛争を**
★★　**解決する裁判所**であるが、裁判の開始には**紛争当事国双**
　　**方の** ┃ ★★ ┃ が必要である。

付託

　　◆**紛争当事国の一方が拒否すると裁判は開始されない**という点に
　　国際裁判の限界がある。例えば、日本と韓国との間にある竹島
　　（独島）の領有権をめぐる問題で、日本は国際司法裁判所への付
　　託を呼びかけたが、韓国が拒否し、裁判は開かれていない。

□**6** 国際司法裁判所（ICJ）の裁判官は総会と安全保障理事
★　会それぞれによる選挙を通じて選ばれ、**任期** ┃ ★ ┃
　　**年**であり、┃ ★ ┃ **名**からなる。

9,
15

　　◆一国から複数名の裁判官を出すことはできない。

□**7** 国際司法裁判所（ICJ）は、国際法上の解釈について
★★　┃ ★★ ┃ を出すことができるが、1996年には一般的な
　　┃ ★★ ┃ の使用は国際人道法違反であるが、**極限状態**
　　での自衛**目的での使用**については最終的な結論は出せ
　　ないとする見解を示した。

勧告的意見,
核兵器

---

**XII
政治**

**3**
国際連合
(2)
～平和・安全保障

275

# XII 政治分野 ③ 国際連合(2)〜平和・安全保障

**8** 1901年設立の**国際仲裁判所**である ★★ では、国家間の紛争以外の問題も取り扱う。

◆近年の訴訟例では、**中国による南シナ海の海洋進出**に関して、フィリピンの提訴を受けて審理し、2016年に中国の主権を認めない判決を下した。なお、南極海での日本の調査捕鯨が、国際捕鯨取締条約に違反するとオーストラリアが訴えた訴訟で、2014年、日本に南極海での調査捕鯨中止を命じる判決を下したのは、国際司法裁判所である。日本は初めて提訴され、敗訴した。

**常設仲裁裁判所**

**9** **大量虐殺**や**戦争犯罪**など国際人道法に**違反**した**個人**を裁くための**国際裁判所**を ★★ といい、2003年に活動を開始した。

◆1998年の**ローマ規程**に基づいて創設が決定されていた。国際司法裁判所と同じオランダの**ハーグ**に設立され、ジェノサイド罪（集団殺害罪）など個人の国際人道法**違反**を裁く。なお、ハイジャックは含まれない。

**国際刑事裁判所 (ICC)**

**10** 国連憲章第 ★★ 章では、紛争の当事国に紛争の**平和的解決**を要請するとしている。

**6**

**11** 経済・外交制裁などの ★★★ **的措置**、正規国連軍（UNF）などによる ★★★ **的措置**といった「**強制措置**」は国連憲章第 ★★★ 章に規定されている。

**非軍事,**
**軍事,**
**7**

**12** 国連軍とは、加盟各国が自国の兵力をいつでも安全保障理事会に提供するという ★ を締結して組織される常設の国連軍のことである。

◆**国連憲章第43条**に定める「特別協定」を**締結した国**はこれまでに**皆無である**ことから、正規国連軍は過去1度も組織されていない。朝鮮戦争時の国連軍は、アメリカ中心の変則型であった。

**特別協定**

**13** 国連憲章**第7章**に基づいて集団制裁を行う国連部隊を ★★★ 、「**国連憲章6章半活動**」と呼ばれ停戦や軍の撤退の監視などを行う国連の活動を ★★★ 、国連と直接関係なく任意に組織される部隊を ★★★ という。

◆国連平和維持活動（PKO）は、国連憲章**第6章**と**第7章の中間の活動**であることから「**国連憲章6章半活動**」と呼ばれる。

**国連軍,**
**国連平和維持活動 (PKO),**
**多国籍軍**

**14** 国連平和維持活動（PKO）には、**非武装**の少数部隊からなる ★★ 、**軽武装**の多数部隊で停戦監視や**兵力引き離し**を行う ★★ 、選挙監視団などの行政支援活動や人道的救援活動などがある。

**停戦監視団,**
**国連平和維持軍 (PKF)**

**15** 最初のPKOは、1948年に勃発した ★★ の際に展開された停戦監視団であった。

**第一次中東戦争（パレスチナ戦争）**

276

**□16** 1950年代半ばに起こった ★★ では、初の国連平和
★★ 維持軍（PKF）である ★★ が組織され、現地に展
開した。

スエズ動乱（第二
次中東戦争）,
国連緊急軍

**□17** PKO原則には、任意原則、★★★ 原則、中立原則に
★★★ 加えて、武器使用の要件として ★★★ 原則がある。

同意,
自衛

**□18** 1992年、国連事務総長の ★★ は、紛争の激しい地
★★ 域には武力行使を予定した ★★ を派遣できるとし
て、PKO を強化した。

ガリ,
平和執行部隊

**□19** 武力行使を前提とした PKO は、1993～95年の第二次
★★ 国連 ★★ 活動、92～95年の国連 ★★ 保護軍
の際に組織されたが、紛争は泥沼化し事実上失敗した。

ソマリア，ユーゴ
スラビア（ユーゴ）

**□20** 1990年のイラクによるクウェート侵攻に対し、安全保
★★★ 障理事会は侵略行為であるとして武力行使の容認を決
議し、翌91年に国連加盟国による ★★★ がイラク
を攻撃し、撤退を促す ★★★ が起こった。

多国籍軍,
湾岸戦争

　◆湾岸戦争終結後には、安全保障理事会の決議で国連イラク・ク
　ウェート監視団が組織され、国境沿いの非武装地帯に駐留し停
　戦監視などを行った。

**□21** 1992年の ★★★ 法成立により、長く戦乱が続いた
★★★ ★★★ へ初めて自衛隊が派遣され、選挙監視活動な
どが行われた。

国連平和維持活動
協力（PKO協力）,
カンボジア

　◆PKO には、自衛官だけでなく文民警察官なども参加している。
　日本が初めて PKO に参加した国連カンボジア暫定統治機構
　（UNTAC）では、文民警察官が武装ゲリラの襲撃で命を落とし
　ている。

**□22** 日本では、自衛隊が PKO に参加する条件として、①
★★ 紛争当事者間に ★★ があること、②紛争当事者双
方が PKO の受け入れに同意していること、③いずれ
にも偏らない ★★ 性を遵守すること、④以上の①
～③が欠けた際は独自の判断で撤収すること、⑤武器
使用は ★★ のために限ることの5つの原則がある。

停戦合意

中立

自衛

　◆日本の PKO 参加5原則のうち、中立性の原則によると、いずれ
　か一方に対する武器の使用は許されず、紛争地域に駐留するの
　みの活動が認められる。なお、2015年の PKO 法改正で、武器
　使用の権限が従来よりも拡大した。

**XII**
**政治**

**3**
国
際
連
合
（
2
）
〜
平
和
・
安
全
保
障

277

# XII 政治分野　**3** 国際連合(2)〜平和・安全保障

□**23** 1996年から約17年間にわたり実施された**自衛隊の**
★　**PKO活動**には、**ゴラン高原**に展開された中東和平合
意後の監視活動である ★ があった。

◆2013年、非戦闘地域の要件を欠いたことから、独自判断による
活動中止と撤収が行われた。

国連兵力引き離し
監視軍

□**24** PKO協力法改正によりPKF(国連平和維持軍)本体へ
★　の参加凍結が解除されたのは、2001年の ★ 戦争
後における人道支援活動へ参加するためであった。

アフガニスタン

□**25** 正規 ★★★ は過去1度も組織されていないが、国連
★★★　の場などで制裁を行うことに同意した国々が創設した
軍隊である ★★★ は、**1991年の** ★★★ **戦争**、**2003**
**年の** ★★★ **戦争**の駐留軍などで組織された。

国連軍

多国籍軍，湾岸，
イラク

□**26** 各国が国連に協力して提供する軍隊を国内で任意に準
★　備しておく必要があるが、この軍隊を ★ という。

国連待機軍

□**27** 歴代の**国連事務総長**について、次の表の空欄A〜Eに
★★　あてはまる人名を答えよ。

| 1 | 1946〜52年 | リー | ノルウェー |
|---|---|---|---|
| 2 | 1953〜61年 | A ★★ | スウェーデン |
| 3 | 1962〜71年 | ウ=タント | ビルマ (ミャンマー) |
| 4 | 1972〜81年 | ワルトハイム | オーストリア |
| 5 | 1982〜91年 | デクエヤル | ペルー |
| 6 | 1992〜96年 | B ★★ | エジプト |
| 7 | 1997〜2006年 | C ★★ | ガーナ |
| 8 | 2007〜16年 | D ★★ | 韓国 |
| 9 | 2017年〜 | E ★★ | ポルトガル |

A　ハマーショル
　ド

B　ガリ

C　コフィ=アナン

D　潘基文
　　　パン ギ ムン

E　グテーレス

◆2017年、グテーレス事務総長の指名を受け、日本人女性として
初の事務次長(軍縮担当上級代表)に中満泉が就任した。

□**28** 国連開発計画(UNDP)が提唱する「 ★★★ の安全保
★★★　障」は、**飢餓や貧困**、**人権侵害**、**差別**など地球規模の
人類的課題なども紛争を招く原因とされ、それに対す
る支援や能力開発が平和と安全を実現させるという考
え方に基づく。

人間

# 4 戦後国際関係史 (1) ~冷戦（東西対立）の展開

ANSWERS □□□

□**1** 米ソ間で東西両陣営の支配権の拡大をめぐり対立が生
★★★ じたが、米ソの**直接的な軍事衝突には至らなかった**こ
とから ★★★ と呼ばれた。

冷戦（冷たい戦争）

□**2** 1946年、イギリスの ★★★ 元首相は、バルト**海**から
★★★ アドリア**海**までヨーロッパ大陸を横切って東西両陣営
を分断する「 ★★★ 」が降ろされていると演説し、**ソ
連の秘密主義を批判**した。

チャーチル

鉄のカーテン

□**3** 資本主義陣営は対ソ連・反共産ブロックの形成のため、
★★★ **1947年3月**に ★★★ が政治的な結束を図って**対ソ封
じ込め政策の実施を決定**し、**同年6月**には ★★★ で
経済援助による**反共陣営の拡大**を決定した。

トルーマン＝ドク
トリン,
マーシャル＝プラン

□**4** 西側の資本主義陣営は**1949年**に ★★★ （NATO）を結
★★★ 成して軍事同盟を組織したのに対し、東側の社会主義
陣営は**55年**に ★★★ （WTO）を組織して対抗した。

北大西洋条約機構

ワルシャワ条約機構

□**5** 東側の社会主義陣営は、1947～56年に政治的な結束の
★★ ため ★★ を、**49年**には経済的な分業体制の確立
を図るために ★★ （経済相互援助会議）をそれぞれ
設置した。

コミンフォルム,
コメコン
（COMECON）

□**6** 米ソがベルリンの東西共同管理をめぐって対立し、
★★ **1949年**にドイツが**東西に分断**されるに至った一連の出
来事を ★★ という。

◆米英仏が西ドイツ政府を樹立することを前提に通貨改革（新通
貨マルクの使用開始）を行うと、これに反発したソ連は米英仏の
占領地区からベルリンに至る陸水路を遮断し（ベルリン封鎖）、
両陣営の緊張が高まった。

ベルリン危機（第一
次ベルリン危機）

□**7** 世界で最初に核兵器の開発に成功し、**原爆**を実戦に使
★★★ 用したのはアメリカである。1949年には ★★★ が、
**52年**に ★★★ が原爆実験を行った。**64年**には
★★★ が世界で5番目に原爆実験に成功した。

ソ連,
イギリス,
中国（中華人民共
和国）

□**8** 1950年の ★★★ **戦争**では、韓国を支援するアメリカ、
★★★ 北朝鮮を支援する中国およびソ連の**米ソ代理戦争**の様
相を呈し、北緯 ★★★ **度線**をはさんで朝鮮半島は南
北に分断された。

朝鮮

38

**XII**
**政治**

**4**
戦後国際関係史(1)〜冷戦（東西対立）の展開

279

## XII 政治分野　4 戦後国際関係史(1)〜冷戦（東西対立）の展開

**□ 9** 1953年の朝鮮戦争休戦協定と、翌54年のジュネーヴ
★★　休戦協定により、朝鮮戦争と ★★ がそれぞれ終結
し、東西陣営の ★★ の兆しが見え始めた。

インドシナ戦争,
雪解け

**□ 10** 1954年、 ★★ 環礁における水爆実験で日本の民間
★★　漁船である第五福竜丸が被爆した事件を受けて、翌
55年に第1回の ★★ が広島で開かれ、原水爆の
禁止を求める国際世論が高まった。

ビキニ

原水爆禁止世界大
会

**□ 11** 1955年には米、ソ、英、仏の首脳によってジュネーヴ
★★　で ★★ が開かれ、話し合いによる平和の実現が目
指された。

4巨頭首脳会談

**□ 12** ソ連共産党書記長 ★★★ の ★★★ の主張とアメリ
★★★　カ大統領ケネディの ★★★ の主張に基づき、米ソ間
の首脳会談が定期的に行われた。

フルシチョフ, 平
和共存,
デタント(緊張緩和)

**□ 13** 1962年に ★★★ が発生し、核戦争勃発の危機に直面
★★★　したが、米ソ首脳の話し合いで戦争は回避された。

キューバ危機

◆1959年のキューバ革命で社会主義国となったキューバにソ連が
対米ミサイル基地の建設を始めたため、アメリカはキューバを
海上封鎖し、核攻撃を開始する寸前にまで至った。その後、1961
年からアメリカとキューバは国交を断絶したが、2015年7月に
54年ぶりとなる国交回復を果たした。

**□ 14** 1966年、ベトナム戦争に介入したアメリカを批判した
★★　 ★★ がNATOの軍事部門を脱退した。

フランス

◆1949年、アメリカとカナダ、西ヨーロッパ諸国の12ヶ国で結
成されたNATOは、66年のフランスの軍事機構脱退で内部分
裂が生じたものの、冷戦終結後は旧東欧諸国が次々に加盟し、
30ヶ国に拡大した。99年、コソボ紛争でのセルビア空爆な
どヨーロッパを中心とする安全保障に大きな影響力を持ってい
る。なお、フランスは米仏間の関係改善などの観点から、09年
にNATO軍事部門に復帰した。

**□ 15** 1960年代に入ると、中ソ対立などから東側陣営で内部
★　分裂が起こり、アルバニアとユーゴスラビアがソ連と
は異なる独自路線を進み始め、 ★ では「 ★
の春」と呼ばれる民主化が図られた。

チェコスロバキア,
プラハ

**□ 16** 1960年代に入ると、本格的に国際政治が多極化し、米
★★★　ソ超大国による二極対立に対して、非同盟・中立主義
を掲げる発展途上諸国などの ★★★ が台頭した。

第三世界

◆一般的には、先進資本主義国を第一世界、社会主義諸国を第二
世界、発展途上諸国を第三世界と呼ぶ。

280

**□17** 1954年、中国（中華人民共和国）の ★★ とインド
★★ の ★★ が会談し、領土と主権の相互尊重、相互不
可侵、内政不干渉、平等互恵、平和的共存を内容とす
る ★★ が発表された。

周恩来,
ネルー（ネール）

平和五原則

**□18** 1955年、インドネシアのバンドンで ★★ （A・A会
★★ 議、バンドン会議）が開かれ、 ★★ が発表された。

アジア・アフリカ
会議,
平和十原則

**□19** 1960年に独立したアフリカ17ヶ国のうち16ヶ国が
★★★ 国連に加盟したため、この年は「 ★★★ 」と呼ばれた。

アフリカの年

**□20** 第三世界の国連加盟国が増加し、その発言力が増す中、
★ 1974年には国連 ★ 特別総会、78年、82年、88
年には国連 ★ 特別総会が開催された。

資源,
軍縮

**□21** 1960年代には2つの核管理条約が結ばれ、63年には
★★★ 米英ソ連で ★★★ が調印・発効、68年には ★★★
が調印、70年に発効した。

部分的核実験禁止
条約（PTBT）,
核拡散防止条約
（NPT）

　◆いずれも自由に加入できる開放条約であり、現在はいずれの条
　約にも100ヶ国以上が参加している。核拡散防止条約（NPT）
　は、191ヶ国・地域が締約国となっており、核保有国を5ヶ
　国（アメリカ、ロシア、イギリス、フランス、中国）に限定し、
　それ以外への核拡散の防止や原子力の平和利用などを定めてい
　る。1995年に同条約の無期限延長（永久条約化）が決まり、5年
　ごとの再検討会議が開催されている。

**□22** ★★★ に加盟する非核保有国は、核兵器の保有を禁
★★★ じられ、 ★★★ の査察を受ける義務を負っている。

核拡散防止条約
（NPT）,
国際原子力機関
（IAEA）

　◆国際原子力機関（IAEA）の本部はオーストリアのウィーンに置
　かれ、NPTが発効する1970年以前の57年に創設されている。
　もともとは原子力の平和利用を管理する機関であった。2009～
　19年には日本の天野之弥が事務局長を務めた。

**□23** 1969年、米ソ間で長距離核兵器の上限数を制限する
★★ ★★ が行われ、72年に両国間で条約が調印、発効
した（SALT Ⅰ）。

戦略兵器制限交渉

　◆核の軍備縮小は行わない軍備管理条約である。ICBM（大陸間弾
　道ミサイル）やSLBM（潜水艦発射弾道ミサイル）などの核弾頭
　の運搬手段の総数を、5年間現状凍結することを決めた。

**XII**
**政治**

**4**
戦後国際関係史⑴〜冷戦（東西対立）の展開

□24 ソ連は、「プラハの春」でのチェコスロバキアへの軍事
★★ 介入と同じ ★★ 論に基づき、1979年にアフガニス
タンに侵攻し、民主化運動を鎮圧した。

◆制限主権論は、社会主義国の国家主権は社会主義の枠内に制限
され民主化する主権は与えられていないとする考え方である。
ソ連のブレジネフ共産党書記長の考え方であることから、ブレ
ジネフ=ドクトリンとも呼ばれた。

制限主権

□25 ソ連のアフガニスタン侵攻後、米ソ間で進められてい
★★ た核軍縮交渉はすべて中断するなどの事態に陥った。
1979〜85年まで続いたこのような米ソの緊張状態は
当時 ★★ とも呼ばれた。

新冷戦

□26 SALT Iに続き、 ★★★ が行われ、1979年に条約が
★★★ 調印されたが、同年12月にソ連の ★★★ 侵攻を機
に、アメリカは批准を拒否した。

第2次戦略兵器制
限交渉,
アフガニスタン

□27 1980年代前半は米ソ関係の緊張が一時的に高まった新
★★ 冷戦とされ、80年に ★★ で開催されたオリンピッ
クでは ★★ 側諸国が、84年に ★★ で開催され
たオリンピックでは ★★ 側諸国が、それぞれボイ
コットするなどの事態も起こった。

◆1980年のモスクワオリンピックのボイコットは、アメリカの
カーター大統領が表明した。

モスクワ,
西, ロサンゼルス,
東

□28 1983年にアメリカの ★★ 大統領は、宇宙空間での
★★ ミサイル迎撃を想定した防衛計画である ★★ 構想
（SDI）を発表したため、ソ連がアメリカとの軍事交渉
をすべて中断し、再び緊張が高まった。

◆SDIはスターウォーズ計画とも呼ばれた。

レーガン,
戦略防衛

## 5 戦後国際関係史 (2)〜冷戦終焉からポスト冷戦へ

ANSWERS □□□

□1 1985年、ソ連共産党書記長に就任した ★★★ は、東
★★★ 西緊張緩和を目指すために東西両陣営のイデオロギー
対立を解消させる ★★★ 外交を展開し、これにより
米ソ間で包括軍縮交渉が開始された。

◆ゴルバチョフ政権が、ヨーロッパを1つの共同体とする「欧州共
通の家」構想を掲げたことから、東欧諸国では民主化が進んだ。
1989年には東欧民主化が進み、ポーランドでは自主管理労組「連
帯」が選挙に勝ち、ワレサが大統領に就任した。ルーマニアでは共
産主義独裁を行っていたチャウシェスク大統領が処刑された。

ゴルバチョフ

新思考

□ **2** 1989年、地中海の ★★★ 島で、ソ連のゴルバチョフ
★★★ 書記長とアメリカの ★★★ 大統領との間で ★★★
会談が行われ、冷戦終結宣言が出された。

マルタ，
ブッシュ，米ソ首
脳

□ **3** 冷戦終結により、1989年11月には東西の通行を遮断
★★★ していた「 ★★★ 」が崩壊し、翌90年に東西ドイツ
が統一された。

ベルリンの壁

◆ベルリンの壁は、冷戦下の1961年に当時の東ドイツがベルリン
の西側を取り囲むように築いた全長150kmを超えるもので、市
民の西側への逃亡を阻んだ。

□ **4** 1987年、中距離核戦力を廃棄する初の軍縮ゼロ条約で
★★★ ある ★★★ が米ソ間で調印され、翌88年に発効した。

INF（中距離核戦
力）全廃条約

◆ただし、INF全廃条約は地上発射ミサイルの廃棄に関するもの
であり、空中・海中発射のミサイルについては触れられていな
い。2019年2月にアメリカのトランプ政権は、INF（中距離核戦
力）全廃条約からの離脱をロシアに正式に伝え、同年8月2日に
条約は失効した。

□ **5** 冷戦の終結を受けて、1990年に東西欧州諸国が集まっ
★★ た ★★ （CSCE）が開催され、欧州に配備されてい
る通常兵器を削減する ★★ （CFE）条約と侵略戦争
を禁止する ★★ が採択された。

全欧安全保障協力
会議，
欧州通常戦力，
パリ憲章

◆全欧安全保障協力会議（CSCE）は、1975年に第1回会議が開催
された。ソ連を含むすべてのヨーロッパ諸国（アルバニアを除
く）とアメリカ、カナダを合わせた35ヶ国の首脳が参加し、東
西ヨーロッパ諸国の協調を謳うヘルシンキ宣言が採択された。

□ **6** 東側陣営では、1991年には経済的結束である ★★★
★★★ （経済相互援助会議、COMECON）や軍事同盟である
★★★ （WTO）が相次いで解体した。

コメコン

ワルシャワ条約機
構

◆1991年12月、ロシア共和国などが一方的に独立を宣言してソ
連邦は崩壊し、東側陣営は完全に解体された。

□ **7** 冷戦終結後、旧東側社会主義陣営の国々は西側の軍事
★★★ 同盟であった ★★★ （NATO）に加盟していくが、こ
の動きをNATOの ★★★ という。

北大西洋条約機構，
東方拡大

◆2020年3月、北マケドニアがNATOに加盟、加盟国は30ヶ
国となった。

**XII**
**政治**

**5**
戦後国際関係史⑵〜冷戦終焉からポスト冷戦へ

283

**XII 政治分野　6 戦後国際関係史(3)〜9・11後の世界**

□8　[★★★] (PTBT) を発展させ、1996年に国連総会で地
★★★ 下核実験禁止を含めた**すべての核爆発実験を禁止す
る** [★★★] (CTBT)が採択されたが、発効されていない。

　◆包括的核実験禁止条約 (CTBT) の問題は、臨界前核実験は禁止
　されていない点と、すべての核保有国および核開発能力保有国
　が批准しないと発効できない点にある。なお、臨界前核実験 (未
　臨界実験) とは、臨界 (現実世界) で爆発させる以前の段階で爆
　発を停止する実験のことで、コンピュータ=シミュレーション実
　験などを指す。

部分的核実験禁止
条約
包括的核実験禁止
条約

□9　冷戦終結の流れの中で、**1991年**には米ソ間で**長距離・
★★★ 大型核兵器を削減する**第1次 [★★★] (START Ⅰ) が
調印され、94年に発効した。

　◆START は、核の**軍備管理条約**であった SALT を一歩進めた**軍
　備縮小条約**である。2001年、米ソ両国は条約に基づく義務が履
　行されたことを宣言した。

戦略兵器削減条約

□10　1993年には、米ロ間で長距離核兵器を削減する第2次
★★ [★★] (START Ⅱ) が調印されたが、未発効のまま
**2002年**に調印された [★★] (SORT、モスクワ条約)
へと事実上発展し、翌03年に発効した。

　◆米ロそれぞれが長距離・大型核兵器 (戦略核) を1,700〜2,200発
　に削減する条約。

戦略兵器削減条約,
戦略攻撃戦力削減
条約 (戦略攻撃力
削減条約)

---

# 6 戦後国際関係史 (3)〜9・11後の世界

ANSWERS □□□

□1　2001年 [★★★] 月 [★★★] 日に、アメリカの世界貿易
★★★ センタービルと国防総省(ペンタゴン)への**同時爆破テ
ロ**が発生し、その首謀者はイスラーム原理主義の**テロ
集団である**アルカイーダの [★★★] と目された。

　◆「9・11同時多発テロ」と呼ばれている。

9, 11

ウサマ (オサマ) =
ビンラディン

□2　テロ集団の [★] を匿っているとして、イスラーム
★ 国家であるアフガニスタンの [★] 政権に対する**集
団制裁**が NATO 合同軍によって行われた。

　◆NATO 第5条に基づく、**NATO 史上初の集団制裁**となった。

アルカイーダ,
ターリバーン

□3　アメリカのブッシュ大統領は、同時多発テロ後、ミサ
★★ イル防衛 (MD) 構想を進めるために、1972年に米ソ間
で締結していた [★★] 条約の破棄をロシアに通告し
た。

弾道弾迎撃ミサイ
ル (ABM) 制限

284

□4 2001年の同時多発テロ発生後、02年にロシアは対テロ戦略でNATOと協力するために「 ★★ 理事会」の創設に合意し、事実上NATOに準加盟した。

NATO・ロシア

□5 2003年3月、アメリカは「将来、アメリカに対して ★★ を使用するおそれのある国への先制攻撃は自衛の範囲内」とする ★★ を掲げ、イラクのサダム=フセイン政権への戦争を正当化して ★★ を始めた。

大量破壊兵器、
ブッシュ=ドクトリン、
イラク戦争

◆「9・11」後の2003年3月、アメリカなどの合同軍は**国連安全保障理事会の武力行使容認決議のないまま**、イラクに対する戦争を始めた。その根拠は自衛権の行使であった。このように、「テロとの戦い」も含めて国際的な問題解決について、多国間の協調が得られなくても一国だけで単独行動するという考え方をユニラテラリズム(単独行動主義)と呼ぶ。

XII 政治

7 大量破壊兵器の禁止・制限

□6 2014年、以前よりマリキ政権に反発する**スンニ派**系の武装集団 ★ (「イラク・シリア・イスラム国」)は、 ★ の一部の都市を中心にイラク北部と中部を占拠して ★ の樹立を宣言した。

ISIS、
シリア、
イスラム国

◆この事態を受けて、アメリカはイラク政府からの要請と、アメリカ国民が生命の危険にさらされている事実から、これを自衛権の行使であるとして空爆などを行った。17年10月には、アメリカの支援を受けた少数民族クルド人を中心とする武装組織「シリア民主軍」が、「イスラム国」の首都とされたラッカを制圧、同年12月にシリアのアサド政権がISIS掃討の完了を宣言した。

## 7 大量破壊兵器の禁止・制限

ANSWERS ☐☐☐

□1 近年、南極や南太平洋、ラテンアメリカ、東南アジア、アフリカ地域などで ★★ 条約が採択されている。

非核地帯

◆南極条約、南太平洋非核地帯条約(ラロトンガ条約)、ラテンアメリカ及びカリブ核兵器禁止条約(トラテロルコ条約)、東南アジア非核兵器地帯条約(バンコク条約)、アフリカ非核兵器地帯条約(ペリンダバ条約)、中央アジア非核兵器地帯条約(セメイ条約)が発効し、核兵器の使用や核実験に反対する動きが広がっている。

□2 アメリカのオバマ大統領による一連の軍縮活動は、大統領が目指す ★★★ 実現に向けての動きとされるが、これが評価され、2009年には ★★★ を受賞した。

核なき世界、
ノーベル平和賞

◆2009年4月、オバマ大統領はチェコのプラハで「核なき世界」の実現を唱える演説を行った。また、16年5月に日本で開催された主要国首脳会議(伊勢志摩サミット)への参加に際し、現職のアメリカ大統領として初めて被爆地である広島を訪問した。

# XII 政治分野　7 大量破壊兵器の禁止・制限

□**3** 2010年、オバマ大統領とメドベージェフ大統領が米ロ
★★★ 首脳会談を行い、09年12月に**期限切れになった**第1
次 ★★★ （START I）に代わる ★★★ に調印し、長
距離核ミサイルの削減が決定され、11年に発効した。

**戦略兵器削減条約,
新 START**

◆戦略核を米ロで各1,550発に削減し、その運搬手段の保有上限を
800（配備700）とする大幅な削減を決定した。10年間の時限
条約で、2021年に期限切れとなる中、5年間延長することで両
国は原則合意に達した。

□**4** **2017年**、核兵器の使用、開発、実験、製造、取得、保
★★★ 有、貯蔵、移転などを禁じた ★★★ が、国連加盟の
122ヶ国の賛成で採択された。

**核兵器禁止条約**

◆核兵器禁止条約は、核兵器の使用をちらつかせる「脅し」の禁止
も言及する他、「被爆者にもたらされた苦痛」の一節も前文に盛
り込み、人道的見地から核兵器の存在を否定している。一方、**核
保有国や被爆国である日本は**不参加**を表明**する中、2020年10月
には同条約を批准した国と地域が発効の要件となる50に達し、
翌21年1月に同条約が発効することになった。なお、同条約
の成立に向けて活動した国際NGO「核兵器廃絶国際キャンペー
ン」（ICAN）が、2017年にノーベル平和賞を受賞した。

□**5** 1971年、国連総会で採択、75年に発効した ★★ は
★★ 感染力の強い病原菌の兵器としての使用を禁止している。

**生物兵器禁止条約**

◆日本は、1982年に批准している。**ABC 兵器**（**A**：atomic weapon
「核兵器」、**B**：biological weapon「生物兵器」、**C**：chemical
weapon「化学兵器」）とも呼ばれる**大量破壊兵器**は、2度の世
界大戦で民間人を含む大量殺戮を現実化させた。生物兵器や化
学兵器については、1925年に毒ガス・細菌などの使用禁止を定
めた**ジュネーヴ議定書**が国際連盟で採択されている。

□**6** 1993年、神経ガスなどの化学兵器の禁止などを定め
★★ た ★★ が調印、97年に発効している。

**化学兵器禁止条約**

◆日本は、1995年に批准し、第二次世界大戦中に旧日本軍が中国
大陸に埋蔵・遺棄した化学兵器の処理を義務づけられた。

□**7** 1997年調印、99年発効の ★★ 条約は、**非人道的**
★★ **兵器**である対人地雷の使用・貯蔵・生産・移譲などを
全面的に禁止したもので、同条約に関する会議の開催
地であるカナダの都市名から ★★ 条約ともいう。

**対人地雷全面禁止**

**オタワ**

□**8** 2008年に採択、10年に発効した ★★ 条約は、非
★★ 人道的であるその兵器の使用を禁止している。

**クラスター爆弾禁
止(オスロ)**

◆クラスター爆弾とは、大量の子爆弾（小さな爆弾）を大きな容器
に格納し、投下すると空中で子爆弾が飛び散ることで被弾が広
範囲に及ぶ**殺傷能力の高い爆弾**で、二次被害も甚大である。2020
年1月現在、108ヶ国がクラスター爆弾禁止条約（オスロ条約）
を批准している（日本は09年に批准）。

**□9** アメリカの科学誌「原子力科学者会報（BAS）」は、地球
★★★ 滅亡までの残り時間を示す「**世界終末時計**」を公表して
いる。次の表は、1947～2020年まで、残り時間が変化
した際の主な出来事をまとめたものである（一部、略）。
空欄**A～M**にあてはまるものを下の語群から選べ。

| 年号 | 出来事 | 終末X前 |
|---|---|---|
| 1947 | 終末時計登場 | 7分 |
| 49 | A ★★★ 初の核実験<br>→核軍拡競争の始まり | 3分 |
| 53 | 前年にアメリカが B ★★★ 実験 | 2分 |
| 62 | C ★★★ | 7分 |
| 63 | D ★★★ 調印（米英ソ） | 12分 |
| 68 | フランス・中国の核兵器開発、第三次<br>中東戦争など | 7分 |
| 72 | E ★★★ 条約調印（米ソ） | 12分 |
| 84 | 軍拡競争が激化（米ソ） | 3分 |
| 88 | F ★★★ 発効（米ソ） | 6分 |
| 90 | 前年に G ★★★ 終結 | 10分 |
| 91 | H ★★★ 調印（米ソ） | 17分 |
| 98 | インドと I ★★★ が核実験 | 9分 |
| 2007 | 前年に J ★★★ が核実験 | 5分 |
| 15 | ロシアの K ★★★ 併合（2014年）<br>→米ロ関係が緊張（「新・新冷戦」）など | 3分 |
| 17 | アメリカ L ★★★ 政権発足、北朝鮮<br>の核実験 | 2分30秒 |
| 18 | アメリカの M ★★★ 核合意離脱と<br>経済制裁 | 2分 |
| 20 | F ★★★ の破棄・失効、「AIによる<br>戦争」の現実化、進まぬ気候変動対策、<br>サイバー空間での偽情報拡散 | 100秒 |

A ソ連

B 水爆

C キューバ危機

D PTBT

E SALT I

F INF（中距離核戦
力）全廃条約
G 冷戦

H START I

I パキスタン

J 北朝鮮

K クリミア

L トランプ

M イラン

**XII**
**政治**

**7**
大量破壊兵器の禁止・制限

【語群】 水爆　化学兵器　北朝鮮　パキスタン　イラン
ソ連　ロシア　クリミア　冷戦　ベルリン危機
キューバ危機　イラク戦争　トランプ　オバマ
核兵器禁止条約　INF（中距離核戦力）全廃条約
SALT I　START I　NPT　PTBT

**XII 政治分野　8 現代の地域・民族紛争～その背景と原因**

# 8 現代の地域・民族紛争~その背景と原因

ANSWERS □□□

□**1**
★★
　[ ★★ ] は、国民主義、国家主義、民族主義などと訳され、文化的単位と政治的単位とを一致させようとする運動として、主権的国民国家の形成や [ ★★ ] 的な民族国家主義、民族独立運動などに大きな影響力を持つ。

ナショナリズム

排他

□**2**
★
　第二次世界大戦後、先進国が発展途上国に対して国家の独立や主権を侵さないが、援助などによって事実上**経済的支配関係を拡大**するという考え方を [ ★ ] という。

新植民地主義

□**3**
★★★
　**ポーランド**南部にあった [ ★★★ ] 強制収容所では、第二次世界大戦中、[ ★★★ ] によってユダヤ人などが大量虐殺された。

アウシュヴィッツ, ナチス=ドイツ

□**4**
★★
　国連は、国家を持たず少数民族であったことから、ナチスに迫害されたユダヤ人に国家を与えるため、**パレスチナ**の土地をユダヤ人とアラブ人に二分することを決議し [ ★★ ] の建国（1948年）を承認したので、土地を追放された [ ★★ ] が大量に発生した。

イスラエル, パレスチナ難民

□**5**
★★
　1948～49年、土地を追放されたアラブ人（パレスチナ人）が、土地を奪回するためにイスラエルに対して攻撃を行い [ ★★ ]（パレスチナ戦争）が起きた。

第一次中東戦争

　◆祖国を追放されたイスラエル人（ユダヤ人）たちが祖国とするシオンの丘に再び戻り、国家を再建する運動をシオニズム運動という。1917年、宗主国イギリスがバルフォア宣言でそれを認めたことから、第二次世界大戦後の1948年にユダヤ人国家イスラエルが建国される。しかし、イギリスはパレスチナ人にもその土地の占有を認める（フセイン=マクマホン協定）という**二枚舌外交**を行ったことから、中東戦争（中東紛争）が起こった。

□**6**
★★
　1956年、**エジプトの** [ ★★ ] 大統領による [ ★★ ] 国有化宣言をきっかけに [ ★★ ] が起きた。

ナセル, スエズ運河, スエズ動乱（第二次中東戦争）

　◆イスラエルはイギリス、フランスと共同出兵したが、**国連安保理の即時停戦決議**を受けて撤兵した。

□**7**
★★
　1964年に [ ★★ ] がイスラエルに追放されたアラブ人たちによって設立され、69年には [ ★★ ] が議長に就任した。

パレスチナ解放機構（PLO）, アラファト

　◆イスラエル占領下でのアラブ人による暴動や抵抗活動をインティファーダ（蜂起）という。その一部は過激化した。

288

□**8**
**★★**
1967年、　★★　で圧勝したイスラエルは　★★　地区、シナイ半島、　★★　高原、ヨルダン川西岸を占領下に置いた。

第三次中東戦争，
ガザ，ゴラン

□**9**
**★★**
1973年に起こった　★★　では、OAPEC（アラブ石油輸出国機構）が用いた　★★　によって第一次石油危機（第一次オイル=ショック）が発生した。

第四次中東戦争，
石油戦略

◆石油戦略とは、イスラエルを支持する国家には石油を輸出しないというもの。西側諸国を中心に経済や社会にパニックを引き起こし、日本では狂乱物価と呼ばれる急激なインフレーション（インフレ）の一因となった。

□**10**
**★**
反米政権の続いたイランでは、2000年代後半に生じた　★　疑惑に対するアメリカやEU諸国の経済制裁に対して、　★　海峡の封鎖という対抗措置を示唆し、先物市場の原油価格が高騰する事態が生じた。

核開発，
ホルムズ

◆2000年代後半は、反米強硬派のアフマディネジャド大統領が政権を担っていたが、11年からの経済制裁を受けたモノ不足による国民経済の悪化の中、13年に就任したロハニ大統領は態度を軟化させ、アメリカやEU諸国との関係改善の姿勢を示していた。18年5月には、アメリカのトランプ政権は、イラン核合意からの離脱を表明し、イランへの経済制裁を再開した。

□**11**
**★★★**
1990年のイラクによる　★★★　侵攻に対する多国籍軍の制裁後、翌91年には　★★★　が開かれ、93年にイスラエルとパレスチナ間で合意が成立した。

クウェート，
中東和平会議

□**12**
**★★★**
1993年、イスラエルが過去の中東戦争で奪った土地をパレスチナ側に返還し、パレスチナ側もイスラエルという国家を認め、双方の存在を相互承認することを内容とする　★★★　（オスロ合意）が結ばれた。

パレスチナ暫定自
治協定

□**13**
**★★★**
2003年のイラク戦争後、アメリカなどの仲介の下、「オスロ合意」に基づくイスラエル占領地であるパレスチナ自治政府への返還の工程表を定めた　★★★　を双方に受諾させた。

中東和平ロード
マップ

◆しかし、履行段階に入っても情勢は安定せず、和平への工程は難航している。パレスチナの暫定自治が実施されているヨルダン川西岸やガザ地区などで武力紛争が起きている。2002年にはイスラエルがヨルダン川西岸で分離壁の建設を始め、14年にはパレスチナの政権を担う政治勢力ハマスがテロ活動を活発化させているとしてガザ地区を攻撃した。国連安全保障理事会は、16年にパレスチナ領の占領地に対するイスラエルの入植活動を非難する決議を採択した（アメリカは採択を棄権）。

**XII**
**政治**

**8**
現代の地域・民族紛争〜その背景と原因

**XII 政治分野　8 現代の地域・民族紛争～その背景と原因**

**□14** トルコやイラン、イラクなど西アジアの複数の国に居
★　　住している　★　人は、**民族独立**を目指して運動
し、紛争や弾圧が起こっている。

　◆独自の言語と文化を持つクルド人は、第一次世界大戦後に列強
　　によって居住地域（クルディスタン）の中央部に国境線が引かれ
　　たことで、トルコ、イラン、イラク、シリアなどに分断された
　　「国を持たない世界最大の少数民族」と呼ばれる。

**クルド**

**□15** 旧ユーゴスラビア内戦は、同連邦を構成した6共和国
★★　　のうち、1991年に　★★　、スロベニア、マケドニア
が、92年に　★★　が独立を宣言したのに対して、**連
邦制を維持**しようとする　★★　人勢力が独立阻止の
軍事介入を行ったことに主な原因がある。

　◆多民族国家であった旧ユーゴスラビア連邦では、各民族をまと
　　めていた指導者ティトーが1980年に死去し、冷戦の終結を迎え
　　る中で民族間の対立が表面化した。

**クロアチア,
ボスニア=ヘルツ
ェゴヴィナ,
セルビア**

**□16** ユーゴスラビア紛争は、**セルビア人**と**非セルビア人**と
★★★　　の民族対立が原因となったが、セルビア人は多数派で
あるべきだとする　★★★　主義に基づく**異民族の排斥**
（　★★★　）が行われた。

　◆1998～99年には、新ユーゴスラビア連邦内のコソボ自治州で独
　　立運動が発生したが、新ユーゴ政府軍（セルビア人勢力）による
　　独立阻止の民族浄化（エスニック=クレンジング）が行われた。
　　このセルビア共和国側への軍事的制裁として、NATO軍による
　　「人道的」空爆が行われた。2008年には同自治州は独立を宣言し、
　　EU（欧州連合）などが承認している。

**汎セルビア,
民族浄化（エスニッ
ク=クレンジング）**

**□17** 旧ユーゴスラビア連邦の解体により、セルビア共和国
★★　　とモンテネグロ共和国は　★★　に統合されたが、
2003年には　★★　と国名を変更し、06年には独立
国家として分裂した。

　◆2006年の分裂後、**モンテネグロは国連に正式加盟**した。

**新ユーゴスラビア
連邦,
セルビア=モンテ
ネグロ連邦**

**□18** イギリス領内の　★★★　の独立問題は、イギリスから
★★★　　の独立を望むキリスト教　★★★　系住民と、イギリス
残留を望むキリスト教　★★★　系住民との対立を招き、
過激派集団によるイギリスへのテロ行為も行われてき
たが、**1998年に包括和平合意が成立**した。

**北アイルランド,
カトリック,
プロテスタント**

**□19** 2014年9月、イギリスからの分離独立の是非を問う住
★　　民投票が　★　で実施されたが、約55％が反対（残
留支持）に投票し、独立は否決された。

**スコットランド**

290

**□20** ロシア南部の**カフカス地方**（コーカサス地方）では、**分離独立**を目指す<u>イスラーム</u>武装勢力と、それを阻止しようとする<u>ロシア</u>との間で ▢**★** が起こった。

チェチェン紛争

◆ロシア連邦にはキリスト教徒（ロシア正教徒）が多いことから、チェチェンの独立運動は宗教的対立に基づくとともに、資源主権を求める<u>資源ナショナリズム</u>の側面を持つ。

**□21** 2014年、 ▢**★★** では大規模な反政府デモで親ロシア政権が崩壊後、領内にある**黒海沿岸**の ▢**★★** 自治共和国が住民投票で**分離独立とロシアへの編入**を決めたことから、14年にロシアは同地域の<u>併合</u>を宣言した。

ウクライナ,
クリミア

◆ロシアの「<u>クリミア併合</u>」を認めないアメリカとEU諸国は、ロシアに対する制裁措置を発動し、主要国首脳会議（<u>サミット</u>）からロシアを排除し、G8ではなくG7で開催している。

**□22** **インド最北部**の ▢**★★** 地域では、独立派の<u>イスラーム</u>系住民とインド残留派の<u>ヒンドゥー教</u>系住民の間で紛争が続いている。

カシミール

◆<u>イスラーム</u>**系住民**はインドから独立して<u>イスラーム</u>国家のパキスタンへの併合を望んでいるのに対し、<u>ヒンドゥー教</u>**系住民**は<u>ヒンドゥー教</u>国のインドへの残留を望んでいる。

**□23** 中国の ▢**★** 自治区では、文化大革命など中国共産党の中央政府による圧迫や漢族による ▢**★** 政策に反発する動きが加速し、2009年には ▢**★** 族と漢族による大規模な暴動が起きた。

新疆ウイグル,
同化,
ウイグル

**□24** 1988年、 ▢**★** では軍事政権下で ▢**★** **女史**を指導者とする**民主化デモ**が起き、多数の逮捕者や亡命者を出したが、2010年に同女史などの多くが釈放された。

ミャンマー（旧ビルマ）, アウン=サン=スー=チー

◆軍事政権が民主化を容認し、長らく自宅軟禁の身にあった<u>アウン=サン=スー=チー</u>が釈放され、12年に国会議員に選出され、16年には国家最高顧問と外務大臣の要職に就いた。一方で、少数民族<u>ロヒンギャ</u>に対するミャンマー軍の迫害と難民化について、国際的な非難が起きている。20年1月には<u>国際司法裁判所</u>（<u>ICJ</u>）が「虐殺防止」を命じた。

**□25** 1990年代初頭に激化した ▢**★★** **内戦**では、多数部族の<u>フツ族</u>が少数部族の ▢**★★** 族を大量虐殺したことから、国連はPKOを派遣し、難民救済などを行った。

ルワンダ,
ツチ

**□26** 1991年のバーレ政権崩壊後、民族対立により生じた ▢**★★** <u>内戦</u>に対して、国連は強化されたPKOである ▢**★★** を派遣したが、解決に失敗した。

ソマリア,
平和執行部隊

**XII
政治**

**8**
現代の地域・民族紛争〜その背景と原因

**XII 政治分野** 　**8** 現代の地域・民族紛争 ～その背景と原因

□27 アフリカの 　★ 　では、イスラーム化政策を推し進
★　 める政府と反発する南部の非イスラームとの紛争など
により、多数の国内避難民や国外流出する 　★ 
が発生し、結局、2011年に 　★ 　が独立した。

スーダン

難民,
南スーダン

　◆スーダン西部のダルフール地方では、2003年からアラブ系の政
　府軍と黒人系の反政府勢力との間で武力衝突が続き、「世界最大
　の人道危機」といわれる非アラブ系住民への大量虐殺 (ジェノサ
　イド) による民族浄化 (エスニック=クレンジング) が発生した。

□28 2010年末から11年初頭にかけて軍事独裁政権や開発
★★　 独裁政権が民主化暴動で崩壊する動きが、**北アフリカ**
**や西アジア地域**で続いた。これを「 　★★ 　」と呼ぶ。

中東の春 (アラブ
の春)

　◆2010年12月には**チュニジア**で民主化運動が起こり、ベン=アリ
　大統領が失脚した (「ジャスミン革命」)。翌11年2月には**エジ**
　**プト**のムバラク大統領が失脚して独裁政権が、同年8月には**リ**
　**ビア**でカダフィ大佐率いる軍事独裁政権が相次いで崩壊した。

□29 「中東の春 (アラブの春)」は、Twitter (ツイッター) や
★★　 Facebook (フェイスブック) などの 　★★ 　と呼ばれ
るインターネット上のコミュニティを通じて呼びかけ
られた点で、従来にない民主化運動といわれた。

ソーシャル=ネッ
トワーク

　◆このような動きを警戒する中国ではインターネットへの検閲な
　どの情報統制を強化している。2019年に高揚した香港の民主化
　デモや、翌20年の新型コロナウイルス感染症 (COVID-19) へ
　の対応に関する政府批判を封じ込めるような動きも見られた。

□30 シリアでは、 　★ 　父子による政権に対する反政府
★　 運動が激化し**内戦状態**に陥り、政府側が反政府側に化
学兵器 　★ 　を使用した疑惑がもたれている。

アサド

サリン

　◆中東諸国の民主化運動 (「アラブの春」) はシリアにも及んだが、
　アサド父子の独裁政権は倒れず、2011年から政府軍と反政府軍
　の間で内戦に突入している。「**21世紀最大の人道危機**」ともいわ
　れる泥沼化したシリア内戦は、38万人を超える死者と、1,300
　万人近くの避難民や亡命者を数えている。

□31 2020年7月、国連安全保障理事会は 　★★ 　の世界的
★★　 な大流行 ( 　★★ 　) に対応するため、「**あらゆる状況**
**での即時停戦**」を求める決議案を**全会一致で採択**した。

新型コロナウイルス
感染症(COVID-19),
パンデミック

　◆2021年10月時点で新型コロナウイルス感染症 (COVID-19) の
　感染者数は世界全体で2億4,458万人超、死者数は519万超
　となった (通信社ロイターによる集計)。

□32 2021年8月、アメリカはイスラーム原理主義組織
★　 　★ 　による全土制圧を受け、 　★ 　から駐留軍
を撤収した。

ターリバーン,
アフガニスタン

# 9 戦後日本外交の展開

**ANSWERS** □□□

□**1** 第二次世界大戦後、主権を回復した日本が掲げた**外交
の三原則**とは、「│ ★★ │中心主義」「│ ★★ │主義諸
国との協力」「│ ★★ │の一員としての立場の堅持」で
ある。

国連，自由，
アジア

◆「日本外交の三原則」は、日本国憲法前文で謳われる「われらは、
**平和を維持**し、専制と隷従、圧迫と偏狭を地上から永遠に除去
しようと努めてゐる国際社会において、**名誉ある地位**を占めた
いと思ふ。われらは、全世界の国民が、ひとしく恐怖と欠乏か
ら免かれ、**平和のうちに生存する権利を有する**ことを確認する」
という国際協調の精神にも通じる。

□**2** 1951年の │ ★★ │（対日平和条約）で**日本は**主権を回復
したが、ソ連や中国など東側を除く**西側諸国との**
│ ★★ │ **講和**であった。

サンフランシスコ
平和条約
片面

◆日本は、サンフランシスコ平和条約に調印しなかった国々とは、
**個別に平和条約などを結ぶ**こととなった。

□**3** 1956年、日本とソ連との間で │ ★★★ │ が出され、国交
の回復が実現するとともに、ソ連が日本の加盟を承認
したため、**日本は** │ ★★★ │ **への加盟**を果たした。

日ソ共同宣言

国際連合

◆日ソ共同宣言でソ連は日本の国連加盟について、それまで発動
し続けていた拒否権を行使しないことを約束するとともに、ソ
連は日本に対する第二次世界大戦の賠償請求権をすべて放棄し
た。なお、第二次世界大戦後から日ソ間の国交が回復する1956
年まで、50万人を超える日本人らが**シベリアに抑留**され、過酷
な強制労働に従事させられた。

□**4** **日ソ共同宣言**では、平和条約締結後にソ連は**北方四島**
のうち │ ★★ │ と │ ★★ │ を**先行して日本に返還する
約束**がなされたが、返還は現在も実現していない。

歯舞群島，色丹島

※順不同

◆北方四島には、その他に国後島と択捉島がある。2020年7月、ロ
シアは憲法を改正し、領土割譲の禁止を明記したことで、日ロ
間の領土問題解決への影響が懸念される。

□**5** 1951年にはサンフランシスコ平和条約で日本は主権を
回復したが、同時に**アメリカとの間に** │ ★★★ │ を締結
し、**アメリカ軍の日本への駐留**を認めることになった。

日米安全保障条約

□**6** 1972年にアメリカの**ニクソン大統領**が中国（中華人民
共和国）を訪問したのをきっかけに、│ ★★ │ **首相**が訪
中して │ ★★ │ が出され、**中国との**国交を回復した。

田中角栄，
日中共同声明

◆1978年、**福田赳夫首相**の時に日中平和友好条約が調印された。

**XII
政治**

**9
戦後日本外交の展開**

## XII 政治分野　9 戦後日本外交の展開

□7 **1965年**、日本は大韓民国を朝鮮半島を代表する唯一の合法政権とみなして ★ を締結し**国交は正常化**されたが、北朝鮮との国交は断絶したままである。

日韓基本条約

□8 日朝関係における ★★ 問題では、2002年10月に一部被害者の日本への帰国が実現したが未解決である。

拉致

□9 北朝鮮の核問題について、北朝鮮、★★ 、★★ の**3ヶ国協議**で解決が図られたが、2003年8月以降は日本、★★ 、★★ を加えた**6ヶ国協議**が行われたものの、08年12月の会合を最後に開かれていない。

アメリカ，中国
※順不同
韓国，ロシア
※順不同

◆北朝鮮は、2006年頃から断続的に核実験や弾道ミサイルの発射実験を繰り返すなど、国際社会の支援を引き出すための様々な外交カードを用いる**瀬戸際外交**を展開している。2011年、金正日の死去後は、息子の金正恩が北朝鮮の実権を握っている。

□10 日本の領土問題に関して、地図中の空欄 **A～C** にあてはまる地名および、どの周辺国・地域との領有権問題であるか番号①～⑤ですべて答えよ。

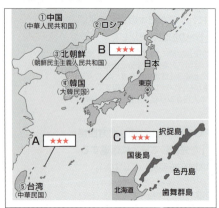

A 尖閣諸島、
①・⑤

B 竹島（独島）、
④

C 北方領土、②

◆もともと、**A**の尖閣諸島は誰の所有物にも属さず、明治時代に日本が最初に占有し、所有を主張した。法律的には**無主物占有**により所有権を取得し、中国ともそれを前提とした協定文書を作成している。ところが、石油危機（オイル=ショック）が発生した1970年代に尖閣諸島周辺で天然ガスの埋蔵が確認されると、**中国**が領有権を主張し、ガス田開発を始めた。これに日本側は抗議し、日中間の政治・外交関係は冷たい状態になった。また、**台湾・香港**も領有権を主張している。**B**の竹島（独島）領有権問題では、2005年3月の島根県議会による「竹島の日」制定決議に対して韓国側が非難した。

# 経済分野
## ECONOMICS
### 経済理論①経済体制と経済思想

## 1 資本主義経済と社会主義経済

ANSWERS □□□

□**1** 生産手段が私的に所有され、私的利潤の追求を認める自由競争の市場経済を ★★★ という。

資本主義経済

□**2** 資本主義経済の前提となる機械などの生産手段の私的な所有を認める制度を ★★ という。

私有財産制

□**3** 資本主義経済において、人々は ★ と ★ という2つの階級に分化する。

資本家, 労働者
※順不同

□**4** 資本主義経済は、あらゆる財とサービスが市場において対価の支払いをもって取引される ★ 経済を前提とし、 ★ も賃金を対価として ★ 化される。

商品,
労働力, 商品

□**5** 資本主義経済下では、資本家が ★★ を提供し、労働者が ★★ を提供することで生産が行われていく。

生産手段,
労働力

□**6** 一般的に、**生産の3つの要素**とは ★★ 、労働、土地を指す。

資本

□**7** ある生産設備において生産が繰り返されていくことを ★★★ といい、資本主義経済では企業は ★★★ の最大化を目指すので、 ★★★ 再生産が基本となる。

再生産, 利潤,
拡大

◆1度目の生産量より2度目の生産量が減る場合を縮小**再生産**、1度目の生産量と2度目の生産量が同じ場合を単純**再生産**という。

□**8** 資本主義経済においては、社会主義経済と異なり計画経済を行わないという生産の ★★ 性が原則となっているため、需給の不一致や**生産過剰**が起こり、 ★★ を避けることができないとする。

無政府,
景気変動(景気循環)

◆景気変動の中で、貧富の差や失業者が発生する。

□**9** 資本主義経済下では、景気循環を避けられず、 ★★★ の差と ★★★ 者が発生する一方、長期的には生産力の拡大による経済成長が期待される。

貧富,
失業

**XIII** 経済分野 **1** 資本主義経済と社会主義経済

□**10** 資本主義経済下においても**政府**の**市場介入を認める**
★★★ **★★★** 資本主義が導入され、政府による **★★★** が
導入されている。

　　◆**計画経済**と**経済計画**は異なる。前者は、社会主義の集権的計画
　　経済を原則的に意味し、後者は資本主義における**計画的な**市場
　　**介入**などを意味する。

修正，経済計画

□**11** マルクスが見出した資本家と労働者の階級闘争を解消
★ した **★** 独裁の平等社会を **★** 社会という。

プロレタリア（プロレタリアート），
社会主義

□**12** 資本主義経済下では生産手段は **★★** に所有される
★★ が、**社会主義経済**下では生産手段は **★★** に所有さ
れる。

私的，
公的

□**13** 社会主義経済においては、生産手段の **★★★** と**中央**
★★★ **集権的 ★★★** が行われる。

　　◆生産手段の公的所有（社会的所有）の形態としては、国が所有す
　　るケースと協同組合が所有するケースがある。旧ソ連の計画主
　　体をゴスプラン、中国にかつて存在した農業計画主体を人民公
　　社という。1980年代になると人民公社は解体され、農業計画は
　　地方主導に改められていく。旧ユーゴスラビア連邦では、中央
　　集権的な計画経済の腐敗を防ぐため、国がガイドラインを作成
　　し、それぞれの**労働者評議会**が具体的な生産量や価格を決める
　　という分権的計画経済を導入した。

公的所有（社会的所有），
計画経済

□**14** 社会主義経済下では、 **★★** の下で需給の不一致や生
★★ 産過剰は発生しないため、**理論上は ★★** や **★★**
の変動は起こらない。

　　◆現実には、社会主義経済下でも計画経済の**失敗や腐敗**によって需給
　　**の不一致**が起こり、インフレーション（インフレ）や不況が発生していた。

計画経済，
物価，景気
※順不同

□**15** 社会主義経済では計画経済の下、商品の生産量も価格
★★ も政府によって決定される。マルクス経済学では商品
の価格の要因は **★★** にあるとされ、アダム=スミス
以来の **★★** 説の立場をとるが、現在、社会主義経
済を採用している国は少ない。

　　◆**社会主義経済**の問題点は、生産意欲減退による生産低下で経済
　　効率が悪化することであるが、**資本主義経済**の問題点は私的利
　　潤追求の結果、貧富の差が発生することである。

労働，
労働価値

□**16** 社会主義国の下でも、部分的に市場原理を導入する
★★★ **★★★** 社会主義が採用されており、資本主義諸国に
よる自由貿易市場に参入している。

修正

□**17** 1985年、ソ連共産党書記長に就任した ★★ が実施した**社会・経済改革**などを総称して ★★ という。

ゴルバチョフ，ペレストロイカ

□**18** **鄧小平**は、政治面では中国共産党一党支配を、経済面では ★★★ を訴え、1990年代はじめに中国共産党は ★★★ 経済を採用すると表明した。

◆1992年1月から2月にかけて、**鄧小平**は沿岸部の**深圳**や**上海**などを視察し、**改革・開放**政策を表明した（「南巡講話」）。

改革・開放，社会主義市場

□**19** 中国では、農業において**ノルマ以上の生産物の自由処分**を認める ★ を採用し、農家の生産意欲を高める改革を実施して成功を収めている。

農業生産責任制

□**20** 1979年以降、中国において**外資導入など市場原理を認める地域**を ★★★ といい、法人税率の低い ★★★ となっている。

◆**経済特別区**（経済特区）を設けた目的には、**先進国企業の技術を導入**すると同時に、現地の**雇用拡大、所得向上、税収増加**などがあった。深圳、珠海、汕頭、厦門、海南省が指定されている。

経済特別区（経済特区），タックス=ヘイブン（租税回避地）

□**21** 中国は「21世紀の ★★ 」と呼ばれ、**高度経済成長**を遂げた結果、**外国からの資本**が大量に流入し、2006年には ★★ が**日本を抜いて世界第1位**となった。

◆「中国マネー」とも呼ばれる**中国資本**が、アフリカをはじめ世界中に投資され、資源会社などに大量に流入している。

世界の工場

外貨準備（外貨準備高）

□**22** **中国**は社会主義国であるが、返還された ★★★ と**マカオ**では向こう**50年間、資本主義体制を維持する** ★★★ を採用している。

◆**1997年**に香港がイギリスから、**99年**にマカオがポルトガルからそれぞれ中国に返還された。その後、中国政府の介入に対し、2014年の民主化要求デモ（「雨傘運動」）、19年の**逃亡犯条例改正案**への大規模な反対運動など市民の反発が続く。20年6月30日には**香港国家安全維持法**が施行、香港に対する統制がさらに強まることで、一国二制度は崩壊の危機を迎えている。

香港

一国二制度

□**23** ベトナムでは、 ★★ 政策によって、**社会主義経済下**において市場原理を一部導入した。

ドイモイ（刷新）

□**24** 中国は2001年に、ベトナムは07年に、 ★★★ は12年に、これまで西側資本主義陣営が形成してきた自由貿易体制である ★★★ （WTO）に正式加盟した。

ロシア

世界貿易機関

**XIII 経済分野 2 資本主義の歴史と経済理論**

□**25** 社会主義経済においては、経済の安定が目指されて★ いるため、繰り返し同じ量の生産を行う ★ 再生産 が行われることが多い。

　◆戦争や不況の際には「縮小再生産」となる。

単純

# 2 資本主義の歴史と経済理論

ANSWERS □□□

□**1** 古典派経済学者の ★★ は、供給を増やして販売★★ ルートに乗せれば必ず売れて経済は成長するという ★★ 説を唱えた。

セー

販路

□**2** イギリスは、1760〜1830年代に世界で初めて ★★ に成功し、生産過程における機械化が進行して生産性が飛躍的に拡大した ★★ 資本主義期を迎えた。

産業革命

産業

□**3** 18世紀、産業革命によって生産を拡大して発展を伸★★ 張したイギリスは「 ★★ 」と呼ばれた。

世界の工場

□**4** 18世紀半ば以降、産業革命はイギリスを皮切りにし★ て欧米諸国に拡大したが、日本の産業革命は明治政府により富国強兵と ★ をスローガンに進められた「上からの近代化」として、19世紀後半に進んだ。

殖産興業

□**5** 産業革命の結果、熟練工のみが工場生産を行う ★★★★ から、不熟練工も労働力を提供できる ★★ に生産形態が変わり、生産性が飛躍的に拡大した。

　◆生産形態は、独立制家内工業→問屋制家内工業→工場制手工業（マニュファクチュア）→工場制機械工業へと発展した。

工場制手工業
（マニュファクチュア）、
工場制機械工業

□**6** 絶対君主制の時代に、国を富ませるのは国内に蓄えら★★ れた金銀や貨幣であり、それを獲得するために保護貿易政策を主張した経済思想を ★★ という。

　◆16〜18世紀のヨーロッパの絶対王政諸国において、官僚機構や常備軍を維持するための財源を確保するべく、重商主義に基づく経済政策が実施された。具体的な政策は国や時期によって様々であるが、特権商人の保護や貿易統制などが行われた。

重商主義

298

## XIII 経済

### 2 資本主義の歴史と経済理論

□7 重商主義を唱えたイギリス東インド会社の重役 ★★ は、『外国貿易によるイングランドの財宝』を著し、**特権商人保護**と輸出と輸入の差額で金銀や外貨を稼ぐべきだとする ★★ 主義を唱えた。

トマス=マン

貿易差額

◆初期重商主義期には重金主義が、後期重商主義期には貿易差額主義が主張された。

□8 農業生産が価値の源泉だとする ★ 主義に立ち、**農業生産における自由放任**主義を唱えたのは ★ である。

重農、ケネー

◆ケネーはフランスの経済学者。主著は『経済表』。

□9 アダム=スミスやリカードに代表される ★★★ 派経済学では、 ★★★ 主義を基本とする資本主義の原則を重視する。

古典、自由放任

◆アダム=スミスは、『諸国民の富（国富論）』の中で、主権者が注意を払うべき義務は、①防衛の義務、②司法制度を確立する義務、③特定の公共事業と特定の公共機関を設立し維持する義務、という3つしかないと述べている。

□10 アダム=スミスは、『 ★★★ 』の中で、自由放任主義に立ち、それぞれが利己心に基づいて行動すれば、「 ★★★ 」に導かれて**予定調和**に至ることを主張した。

諸国民の富（国富論）

神の見えざる手

◆アダム=スミスは価格の上下によって需要と供給の量が調節される作用を「神の見えざる手」と表現した。

□11 近代経済学の始まりは、 ★★★ 価値説を唱えたワルラス、ジェヴォンズ、メンガー、マーシャルらであるが、限界効用とは、**財に対する主観的欲望**の大きさ、いわば ★★★ の大きさのことである。

限界効用

需要

◆ワルラスは商品の価格は需要と供給によって決まるとする一般均衡論を唱え、需要(D)曲線、供給(S)曲線を考え出した。

□12 古典派経済学の ★★★ は、もしイギリスが ★★★ 政策を採用したとすると、国民は ★★★ 政策を採用した場合よりも高い価格で輸入品を買わざるをえなくなるということから、 ★★★ を擁護する ★★★ を主張した。

リカード、保護貿易、
自由貿易
自由貿易、
比較生産費説

◆リカードは、国内的な自由放任主義を重視したアダム=スミスの考え方を国際面にも拡大し、比較生産費説による自由貿易論を唱えた。主著は『経済学及び課税の原理』。

# XIII 経済分野　② 資本主義の歴史と経済理論

□**13** 19世紀後半以降に登場する経済学説を**近代経済学**と
★★★　いうが、**古典派経済学との違い**は、第一に商品価値の
捉え方が ★★★ 価値から限界 ★★★ 価値（需要の
大きさ）に変化した点、第二に**供給**重視から ★★★ **重
視に変化**した点にある。

**労働，効用，
需要**

□**14** 19世紀当時、後進国であったドイツの ★★ が、国
★★　内**幼稚産業保護**のためには、保護貿易が必要であるこ
とを著書『 ★★ 』の中で主張した。

**リスト**

**経済学の国民的体系
（政治経済学の国民
的体系）**

◆リストは、19世紀ドイツの歴史学派で、経済発展段階説に立ち、
発展途上にあるドイツには保護貿易が必要であると説いた。

□**15** 人口は ★★ 級数的に増加するのに対し、**食糧は**
★★　 ★★ **級数的にしか増加しない**ため、食糧不足によ
る貧困が生じ、犯罪などが多発すると予測して、人口
抑制を唱えたのは『人口論』を著した ★★ である。

**幾何（等比），
算術（等差）**

**マルサス**

□**16** 19世紀前半のイギリスでは、自由貿易をめぐる経済
★★　学説上の大きな論争が起こり、マルサスは穀物法の存
**続**を主張して大地主の ★★ を唱えたのに対して、
リカードは**穀物法の廃止**を主張して ★★ 原理によ
る生産性上昇を唱えた。

**保護，
競争**

□**17** 15世紀末から産業革命前の18世紀半ばまでの商業
★★　資本主義期には、「 ★★ 上の発見」によって商業資
本家が、 ★★ によって無産者たる労働者が生み出
され、資本の本源的 ★★ が行われたとされる。

**地理，
囲い込み（エンク
ロージャー），
蓄積**

□**18** 産業資本主義期の景気変動の中で企業が淘汰され、
★　19世紀末から20世紀初頭には一部の**少数大企業が
市場を支配**する ★ **資本主義期**に移行した。

**独占**

□**19** 複数の企業がカルテル、トラスト、コンツェルンによっ
★★　て結合して資本を集中させ、 ★★ や寡占資本が形
成され**海外市場の獲得**を求めて植民地分割に乗り出
し、 ★★ **戦争**を招いた。

**独占資本**

**帝国主義**

□**20** 『 ★ 』を著した**ヒルファーディング**は、資本主義
★　下で重工業化が進むと、銀行資本を頂点としたピラ
ミッド型の企業集団である ★ が誕生するとした。

**金融資本論**

**金融資本**

□21 ★★★ ┃ ★★★ ┃は『**資本論**』の中で、労働者はその┃ ★★★ ┃の
再生産に必要な**価値（賃金）以上の価値**を生み、それが
資本家**により搾取**されるという┃ ★★★ ┃説を唱えた。

マルクス, 労働（労働力）
剰余価値

□22 ★★★ マルクスは、**生産力**（労働力と労働手段）と**生産関係**
（**資本家**による労働搾取）という┃ ★★★ ┃構造が、政治、
法律、精神文化などの┃ ★★★ ┃構造を規定し、変革さ
せるという┃ ★★★ ┃を唱えた。

下部,
上部,
唯物史観（史的唯物論）

□23 ★★★ マルクスは、資本主義の下では資本家と労働者の間で
┃ ★★★ ┃が激化し、やがて**労働者による革命**（┃ ★★★ ┃）
が起こり、歴史必然的に下部構造である生産関係が変化
し、上部構造である政治体制も社会変革されると説いた。

階級闘争, プロレタリア革命（プロレタリアート革命）

□24 ★ 科学的社会主義の思想を唱えた┃ ★ ┃は、『**帝国主義
論**』や『**国家と革命**』を著し、植民地再分割が激化する
**帝国主義を**┃ ★ ┃の前夜であるとして、1917年のロ
シア革命を指導した。

レーニン

プロレタリア革命（プロレタリアート革命）

□25 ★★★ 1930年代の世界恐慌後、不況対策や完全雇用政策など
**政府がある程度市場に介入する**┃ ★★★ ┃資本主義期に
移行した。この資本主義は┃ ★★★ ┃（二重経済）とも呼
ばれる。

修正,
混合経済

□26 ★★★ 「小さな政府」から「大きな政府」への転換の理論的基
礎を与えた経済学者┃ ★★★ ┃は『雇用・利子および貨
幣の一般理論』において、雇用量が実質賃金率を媒介
として決まり、常に┃ ★★★ ┃が達成されるとする伝統
的な経済学の考え方を否定し、**総雇用量は**┃ ★★★ ┃**の
原理によって決まる**とした。

ケインズ

完全雇用,
有効需要

◆ケインズは、1つの**公共投資**が呼び水となって他の投資に拡大
していく**乗数効果**が景気を回復させると主張した。この効果は、
「投資が投資を呼ぶ」という波及的経済効果のことである。

□27 ★★★ ケインズは世界恐慌の最中の1936年に『┃ ★★★ ┃』を
刊行し、**公共投資の拡大**による**完全雇用政策**、金利の
**引き下げ**、┃ ★★★ ┃**制への移行**による不換紙幣の増発
の必要性を唱えた。

雇用・利子および
貨幣の一般理論
管理通貨

**XIII**
**経済**

**2**
**資本主義の歴史と経済理論**

301

**XIII 経済分野 ② 資本主義の歴史と経済理論**

□**28** ケインズ主義では、不況を克服するには政府が**積極的**
★★★　に市場介入して ★★★ を**創出**することが効果的であ
り、そのためには ★★★ **失業**を解消して完全雇用政
策を実施することが必要であると主張される。

有効需要,
非自発的

　◆古典派経済学は、生産量を拡大すれば経済は発展するという供
　給重視の経済学といえるが、逆に近代経済学のケインズは、需
　要を生み出すことによって供給を拡大するという需要重視の経
　済学といえる。

□**29** 1930年代に発生した世界恐慌の対策として**アメリカの**
★★★　 ★★★ **大統領は**ケインズの理論を採用し、 ★★★
政策を実施した。

フランクリン=ロ
ーズヴェルト,
ニュー=ディール

　◆1930年代のニュー=ディール政策では、**全国産業復興法(NIRA)**、
　**農業調整法(AAA)**、テネシー川流域開発公社(TVA)による公共
　投資や社会保障法によるセーフティネットの構築が行われた。

□**30** **積極的な**市場**介入**を行って、福祉**国家の実現**を目指す
★★★　 ★★★ **主義**の問題点は、その安易な経済成長政策の
結果、流通通貨量が増加して ★★★ が発生すること
と巨額の財政赤字が発生することである。

ケインズ,
インフレーション
(インフレ)

□**31** ケインズ主義を実践する国家は ★★★ 政府となり、
★★★　**巨額の財政赤字**を発生させたため、無駄な財政支出を
やめて自由競争を基本とする ★★★ 政府**に戻ること**を
唱える ★★★ **主義**が1970年代以降に登場した。

大きな

小さな,
反ケインズ

□**32** 反ケインズ主義の立場をとる**新保守主義**( ★★ )ま
★★　たは ★★ (**ネオ=リベラリズム**)的な政策を採用す
る国家では、個人や企業の**自助努力**を重視し、2000年
代の**小泉政権**下の日本では ★★ の廃止・民営化な
どの小さな政府に向けた政策が行われた。

ネオ=コンサバ
ティズム,
新自由主義
特殊法人

　◆新保守主義(ネオ=コンサバティズム)の立場をとる**新保守主義**
　**者はネオ=コンサバティブ(ネオコン)**と呼ばれる。

□**33** オーストリアの経済学者 ★ は、『隷属への道』で、
★　**社会主義をファシズム**と同断の思想であると批判し、
市場**の自由の重要性**を唱え、第二次世界大戦後におけ
る新自由主義の潮流に大きな影響を与えた。

ハイエク

　◆イギリスのサッチャー首相は、1970年代後半にイギリスが陥っ
　ていた長期の経済停滞を脱出すべく、ハイエクの考えを取り入
　れて産業民営化や規制緩和を実施した(サッチャーリズム)。

302

## XIII 経済

### 2 資本主義の歴史と経済理論

□**34** 減税と規制緩和を行い、**競争原理**と**民間活力**による生
★★ 産性拡大を目指す、ラッファーが唱えた反ケインズ主
義を ★★ という。

◆1981年、「強いアメリカの復活」を掲げてアメリカ大統領に就任
した共和党のレーガンは、サプライ=サイド=エコノミックスの
理論を取り入れ、「小さな政府」を目指す政策を行った（レーガ
ノミクス）。しかし、財政規模は縮小できず、「双子の赤字」に
陥った。

**サプライ=サイド=
エコノミックス
（供給側の経済学）**

□**35** 富裕層が経済的にさらに豊かになることで、最終的に
★ は貧困層を含めた社会全体に富が行き渡るという理論
を ★ 理論という。

◆トリクルダウン (trickle down) とは「したたり落ちる」という
意味。例えば、大企業や富裕層に対する減税政策によって、その
経済活動を活性化させ、社会全体の富を豊かにするという考え
方は、レーガノミクスの理論的根拠ともなり、実際に景気や
失業率は改善したが、その一方で巨額の財政赤字を招いた。結
果として、トリクルダウンは富裕層と貧困層の格差拡大につな
がるという意見もある。日本でも、2012年12月以降の第二次
安倍内閣による「アベノミクス」の一環となる**法人実効税率の引
き下げ**は、トリクルダウン効果を狙った政策である。

**トリクルダウン**

□**36** 1980年代、アメリカのレーガン政権は「強いアメリカ」
★★★ を目指し軍事支出を拡大し、 ★★★ の考え方に基づ
いて、**規制緩和や減税**などを実施した結果、高金利な
どからドル高が進み、巨額の財政赤字と貿易収支赤字
が同時に発生する「 ★★★ 」を招いたが、財政赤字に
ついてはその後、一時的に解消することに成功した。

◆財政赤字とは過去の赤字の累積ではなく、**単年度あたりの税収
不足分のこと**。1998年にアメリカは財政赤字を解消したが、2001
年からのブッシュ政権下で相次いで戦争が行われたため、再び
財政赤字が発生し「双子の赤字」を抱えるようになった。

**サプライ=サイド=
エコノミックス
（供給側の経済学）
双子の赤字**

□**37** 反ケインズ主義に立つフリードマンは失業者ゼロを目
★★ 指すケインズの ★★ 政策を批判し、一定程度の
★★ の発生はやむを得ないと考え、**国家は一定の
通貨供給ルールを策定してこれを維持すべきであって、
裁量的な通貨量調節は慎むべき**だとするマネタリズム
（新貨幣数量説）を主張した。

◆フリードマンは、ケインズの過剰な完全雇用政策が財政赤字と
インフレを招くとし、規制のない自由主義経済を理想に、政府
による市場介入を極力減らし、規制緩和や政府機関の民営化を
推進すべきだと説いた。

**完全雇用,
自然失業**

303

**XIII** 経済分野 **2** 資本主義の歴史と経済理論

□ **38** オーストリアの経済学者 ★★★ は、古いものを破壊
★★★
し新しいものを生み出すという創造的破壊を本質とす

る ★★★ を繰り返すことで経済は発展すると唱えた。

◆シュンペーターは『**経済発展の理論**』において、資本主義の発展
は革新的企業家の均衡破壊による技術革新（イノベーション）に
よってもたらされると主張した。

**シュンペーター**

**技術革新（イノ
ベーション）**

□ **39** アメリカの経済学者 W.W. ロストウは、『経済成長の
★
諸段階』で、すべての社会は「伝統的社会→離陸のため

の先行条件期→**離陸期**（ ★ ）→成熟への前進期→

**高度大衆** ★ **時代**」をたどるという ★ **段階**

**説**を唱えた。

**テイク=オフ,
消費，経済発展**

◆経済発展段階説を産業の発展の仕方にあてはめると「農業→軽
工業→重工業→流通サービス業→情報通信産業」となり、かつて
の欧米諸国や第二次世界大戦後の日本が該当する。一方で、近
年はインドなど ICT（情報通信技術）やソフトウェア産業が急速
に発展し他の産業の高度化を促す事例も見られる。

# 経済分野
ECONOMICS

**経済理論②市場・経済変動・金融・財政**

## 1 市場機構~需要・供給曲線のシフト

ANSWERS □□□

□1 空気や水など希少性のない財を ★ という。
自由財

◆**希少性のない財**とは、有限ではない財＝無限に存在する財のこと。自由財は無限に存在するので、価格が成立しないのが一般的である。

□2 希少性があるため市場で価格がつき、取引の対象となる財を ★ という。
経済財

□3 狭義の財とは有形の商品のことであるが、 ★ とは無形の用役のことである。
サービス

□4 完全競争市場とは、取引される商品が同質・同等であり、取引に参加する売り手・買い手が多数存在し、自らは価格を自由に決められず、価格や数量など取引に関係するすべての情報を持ち、その市場への ★★ および ★★ が自由であるような市場である。
参入,
退出

□5 均衡価格の下では、売れ残りも品不足もない ★★ が実現される。
資源の最適配分

□6 需要・供給曲線をグラフ化すると、一般に ★★★ 曲線は右下がりで、 ★★★ 曲線は右上がりである。
需要,
供給

□7 一般に、価格が上昇すると需要は ★★★ し、価格が下落すると需要は ★★★ する。
減少,
増加

□8 一般に、価格が上昇すると供給は ★★★ し、価格が下落すると供給は ★★★ する。
増加,
減少

□9 その商品にとって適切な価格が設定されると、需要量と供給量は ★★★ するが、その価格のことを一般に ★★★ という。
一致,
均衡価格

□10 その商品にとって高い価格が設定されると超過 ★★★ が生じ、安い価格が設定されると超過 ★★★ が生じ、いずれの場合も資源の最適配分が達成できない。
供給,
需要

305

## XIV 経済分野　1 市場機構〜需要・供給曲線のシフト

**11** 超過需要が生じると価格は ★★★ し、やがて需要量は減少していく。一方、超過供給が生じると価格は ★★★ し、やがて供給量は減少する。

上昇

下落

**12** 価格の上下変動を通じて、**需要量と供給量が一致**に向かっていくことを ★★★ という。

価格の自動調節機能

◆アダム=スミスは、この価格メカニズムのことを「神の見えざる手」と表現した。価格には多種多様な財やサービスの需要量と供給量を**自動的に調整する**機能があり、これによって、希少な資源の配分が適切に実現される。

**13** 価格メカニズムを示した次のグラフを見て、以下の空欄に適語を入れよ。

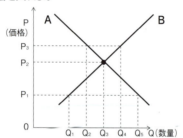

(1) A は ★★★ 曲線、B は ★★★ 曲線を示している。

(1) 需要，供給

(2) **価格 P₁** が設定された場合、 ★★★ の**超過** ★★★ **が発生する**ため、**価格は** ★★★ する。

(2) Q₅ − Q₁，需要，
上昇

(3) **価格 P₃** が設定された場合、 ★★★ の**超過** ★★★ **が発生する**ため、**価格は** ★★★ する。

(3) Q₄ − Q₂，供給，
下落

(4) **価格 P₂** を設定すると、供給量は ★★★ 、需要量は ★★★ となる。この場合の**価格 P₂ を均衡価格**、**数量 Q₃ を均衡数量**という。

(4) Q₃，
Q₃

**14** ブランド品などでは、**価格が高い**方がその価値が上がって**需要が増加**し、**価格が安い**と価値が低く見られることで**需要が減少**する場合もある。この場合の需要曲線は ★ を示す。

右上がり

◆通常の需要曲線は右下がりであるが、逆に右上がりの需要曲線となるケースもあり得る。

□15 株式などの投機的な金融商品では、価格が高い時は、もっと値上がりすると期待されれば需要量は [★★] し、価格が安い時は、もっと値下がりするおそれがあると懸念されれば需要量が [★★] する場合がある。この場合、需要曲線は [★★] を示す。

増加

減少,
右上がり

□16 労働では、賃金が極度に高いと余暇がほしくなって労働供給が減少し、賃金が極度に安いと生活費を稼ぐために労働供給が増加する場合もある。この場合の供給曲線は [★] を示す。

◆通常の供給曲線は右上がりであるが、逆に右下がりの供給曲線となるケースもあり得る。

右下がり

□17 需要曲線（D）がシフトするケースについて、以下の空欄に適語を入れよ。

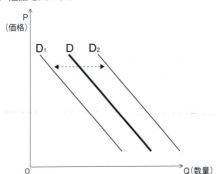

(1) 国民の所得が増加した場合、Dは [★★] にシフトする。その結果、価格は [★★] し、取引量は [★★] する。

(1) D₂,
上昇,
増加

(2) ある財に対する嗜好が低下し、流行遅れになった場合、Dは [★★] にシフトする。その結果、価格は [★★] し、取引量は [★★] する。

(2)
D₁,
下落, 減少

(3) 代替財が値上げされた場合、Dは [★★] にシフトする。その結果、価格は [★★] し、取引量は [★★] する。

◆代替財の例としては、主食となるコメとパンとの関係などがある。

(3) D₂,
上昇,
増加

(4) **補完財**が値上げされた場合、Dは ★★ にシフトする。その結果、**価格**は ★★ し、**取引量**は ★★ する。

◆補完財の例としては、**パンとバターとの関係**などがある。

(4) D₁,
下落,
減少

□**18** 供給曲線(S)がシフトするケースについて、以下の空欄に適語を入れよ。
★★

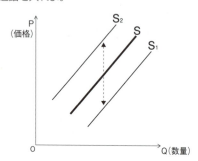

(1) **原材料が**値上がりした場合、Sは ★★ にシフトする。その結果、**価格**は ★★ し、**取引量**は ★★ する。

(1) S₂,
上昇,
減少

(2) **消費税率が**引き上げられた場合、Sは ★★ にシフトする。その結果、**価格**は ★★ し、**取引量**は ★★ する。

(2) S₂,
上昇,
減少

(3) **技術革新**(イノベーション)が起こった場合、Sは ★★ にシフトする。その結果、**価格**は ★★ し、**取引量**は ★★ する。

(3)
S₁, 下落,
増加

□**19** ある商品の価格が一定幅変化した場合、その商品の需要量と供給量がどのくらい変化するのかを示す数値を ★★ という。
★★

価格弾力性

□**20** 生活のために絶対不可欠な財については、**需要曲線**は ★ になる。
★

◆例えば、砂漠で売られる水、必須科目の教科書などがこれにあてはまる。

垂直

□**21** 生産に特殊技能を要し、生産量が決まってしまう商品の**供給曲線**は ★ になる。
★

垂直

□22 次のグラフに関して、以下の空欄に適語を入れよ。
★★

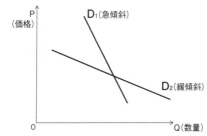

(1) **生活必需品や代替性の乏しい財**は、**需要の**価格弾力性が ★★ なり、グラフ中の ★★ で示される。

◆生活必需品は、価格の上下と無関係に、需要量がほぼ一定。

(1) 小さく、$D_1$

(2) **ぜいたく品や代替性のある財**は、**需要の**価格弾力性が ★★ なり、グラフ中の ★★ で示される。

◆ぜいたく品は、価格によって需要量が大きく変化する。

(2) 大きく、$D_2$

□23 次のグラフに関して、以下の空欄に適語を入れよ。
★★

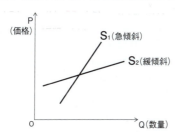

(1) **自然農作物**は、**供給の**価格弾力性が ★★ なり、グラフ中の ★★ で示される。

◆農作物は、生産量や出荷時期が決まってしまうので、供給量の調整が困難。

(1) 小さく、$S_1$

(2) **工業機械製品**は、**供給の**価格弾力性が ★★ なり、グラフ中の ★★ で示される。

◆工業機械製品は生産量の調整が容易。

(2) 大きく、$S_2$

## XIV 経済分野　1 市場機構〜需要・供給曲線のシフト

■24 2020年4月、新型コロナウイルス感染症（COVID-19）の急速な感染拡大を受け、政府は「緊急事態宣言」を発令した。このことが日本の経済・社会に及ぼした影響について、ある商品の需要曲線（D）と供給曲線（S）の変化、および均衡価格、均衡取引量の変化に関する以下の空欄にあてはまる語句を、次の語群から答えよ。

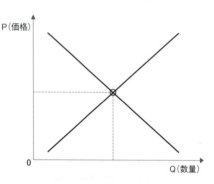

【語群】　需要　供給
左方（左上方）　右方（右上方）
左方（左下方）　右方（右下方）
上昇する　下落する　乱高下する
増加する　減少する　ほぼ変わらない
上昇するか下落するかわからない
増加するか減少するかわからない

(1) 雇用の機会を奪われた労働者の賃金が減り、国民所得が減少する場合、このグラフの ★★ 曲線は ★★ にシフトする。その結果、均衡価格は ★★ 。均衡取引量は ★★ 。

◆国民所得の減少である商品の需要量が減少するので、右下がりの曲線（需要曲線）は、左方（左下方）にシフトする。すると、需給量で決定される均衡価格は下落し、取引量は減少する。

(1) 需要，左方（左下方），下落する，減少する

(2) 企業が経済活動を「自粛」し、生産を減少させた場合、このグラフの ★★ 曲線は ★★ にシフトする。その結果、均衡価格は ★★ 。また、均衡取引量は ★★ 。

◆企業が経済活動を控えることで、生産量が減少すると右上がりの曲線（供給曲線）は左方（左上方）にシフトする。すると、需給量で決定される均衡価格は上昇し、取引量は減少する。ちなみに、その製品が感染症予防に必要な商品（マスクなど）であるために需要量が増加した場合、右下がりの曲線（需要曲線）が同時に右方（右上方）にシフトするため、その価格はさらに上昇する。

(2) 供給, 左方（左上方）, 上昇する, 減少する

(3) 感染症の流行が長期化し、上記（1）と（2）が同時並行的に続く場合、このグラフの需要曲線と供給曲線は**同時にシフト**する。その結果、均衡価格は ★★ 。また、均衡取引量は ★★ 。

◆均衡価格の決定には3つのパターンが想定される。①需要曲線と供給曲線のシフト幅が同じ場合。均衡価格は変化せず、均衡取引量は減少する。②需要曲線のシフト幅が供給曲線のシフト幅よりも大きい場合。均衡価格は下落し、均衡取引量は減少する。③需要曲線のシフト幅が供給曲線のシフト幅よりも小さい場合。均衡価格は上昇し、均衡取引量は減少する。

(3) 上昇するか下落するかわからない, 減少する

□ 25 次の図は、リンゴジュースの市場における需要曲線と供給曲線を表したものである。当初、価格が $P_0$、取引量が $Q_0$ において需要と供給が均衡していたとする。今、リンゴの不作により原材料費が上昇したため、供給曲線が移動（シフト）し、同時にリンゴジュースの人気が低下したため、需要曲線も移動したとする。その結果、新たな均衡に達するとすれば、それは図中に示されている領域**ア～エ**の中の ★★ に位置する。

ウ

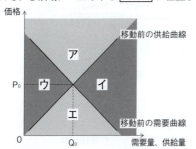

◆**供給曲線（S）**は上方（左上方）方向に、**需要曲線（D）**は左方（左下方）方向にシフトし、その交点はウの領域に変化する。

XIV 経済

1 市場機構～需要・供給曲線のシフト

## XIV 経済分野　2 市場の失敗〜独占・寡占

□26 次の図には、スポーツ用品の需要曲線と供給曲線が実
★★ 線で描かれており、図中の矢印**A〜D**は均衡の移動を
表す。スポーツ用品の生産者は、当初、**賃金の安い児
童を多く雇用**していたが、**国際的な労働基準の遵守**が
求められるようになった結果、この生産者は児童を雇
用せず、**より高い賃金を支払う**ようになったと仮定す
る。他の条件を一定として、当初の均衡から生産者が
高い賃金を支払うようになった後の均衡への移動を表
す矢印は ★★ である。

A

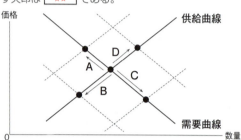

◆賃金の引き上げによって商品の供給コストが上昇するため、供
給曲線は上方（左上方）にシフトする。このため、均衡点は矢印
Aの方向に移動する。その結果、スポーツ用品の価格は上昇し、
取引量は減少する。

## 2 市場の失敗〜独占・寡占

ANSWERS □□□

□1 ★★★ の失敗とは、★★★ 市場、公共財や公共サー
★★★ ビスの提供、公害などの ★★★ 、情報の非対称性な
ど市場メカニズムがうまく働かない状況をいう。

市場, 独占・寡占,
外部不経済

◆独占・寡占と情報の非対称性（情報が公平に与えられていないこ
と）は「完全競争市場自体が不成立のケース」、公共財や公共サー
ビスの提供は「市場では解決不能のケース」、公害などの外部性
は「市場外第三者に影響を及ぼすケース」である。公共財や公共
サービスは、他の人々の消費を減らさずに複数の人々が同時に
消費できる性質（非競合性）、対価（お金）を支払わなくても消費
できる性質（非排除性）の両方を持ち合わせている財・サービス
のことである。

□2 市場を1社が支配している状態を ★★★ 、少数企業
★★★ が支配している状態を ★★★ といい、これらは完全
競争市場が成立しておらず資源の最適配分が実現しな
いことから市場の失敗にあたる。

独占,
寡占

□**3** ★ 電力やガスなど大量生産を行えばコストが大幅に下がっていく産業を □★ 産業というが、これらの産業は**自由競争**を行うと、いずれ１社が勝ち残って独占に至ることが予想されるため □★ とも呼ばれる。

費用逓減

自然独占

◆電力やガスなどは自然独占に至る前に、国が１社と**供給独占契約**をあらかじめ結ぶことになる。ただし、その際、**公共性のある財**であることから使用料の**料金設定は国の許可制**として安く設定することが多く、**自由価格は成立しない**。

□**4** ★★★ □★★★ には、**市場外の第三者にマイナスの影響を**及ぼす □★★★ があるが、その具体例は公害である。

市場の失敗，
外部不経済

□**5** ★★ 駅の建設によって駅周辺の住民の生活が便利になったなどの □★★ も、市場外に影響を及ぼしていることから、**市場の失敗**の１つといえる。

外部経済

□**6** ★★ 政府は、市場の失敗を**補完**するために財政政策による市場介入を行い、**公共財や公共サービスを提供**する □★★ や、**累進課税や社会保障**によって**貧富の差を解消**する □★★ を行っている。

資源配分調整，
所得再分配

□**7** ★★ 市場の失敗により発生した**公害対策**には、**公害防止のコストを汚染者自身に負担**させるために、外部不経済の □★★ が必要である。

内部化

◆外部不経済の**内部化**の方法としては、**環境税**などを導入して汚染者負担の原則 (PPP) を徹底することが考えられる。

□**8** ★★ 政府の政策がいつも効果的である保証はなく、政策の人為的ミスが発生することを □★★ という。

政府の失敗

□**9** ★★ 重工業においては □★★ 投資に多額の資金が必要であるが、大量生産が可能になると □★★ が働くため、**他企業の新規参入を抑える**ことができる。

設備，
規模の利益 (スケール=メリット)

◆資本主義が高度化して重工業化が進展した19世紀には、巨額の設備に先行投資をして、規模の利益 (スケール=メリット) を追求した企業の市場占有率 (マーケットシェア) が高まっていった。

□**10** ★ **商業やサービス業**においては、大量の資金がなくても事業に参加しやすいので、一般的に既存企業による □★ 障壁は形成されにくい。

参入 (新規参入)

□**11** ★★★ 19世紀に入ると、産業資本は銀行と結び付き、**巨大金融資本**へと変容し、一企業が一市場を支配する独占や少数企業が支配する □★★★ が形成されていった。

寡占

XIV
経済

2
市場の失敗〜独占・寡占

313

## XIV 経済分野 ②市場の失敗〜独占・寡占

☐12 複数の企業が結合して巨大化することを**資本の** ★★ といい、**1社が利潤を**蓄積**して巨大化**することを**資本の** ★★ という。

集中

集積

☐13 価格や生産数量、販売地域などを協定する**企業連合**を ★★★ 、市場に複数存在する同業産業に属する同業会社の**合併・買収された企業合同**を ★★★ という。

カルテル,
トラスト

☐14 異種産業部門の複数企業が、独立を保ったまま、**株式保有や融資関係を通じて事実上の支配従属関係に入る企業結合**のことを ★★★ という。

コンツェルン

◆コンツェルンの典型例は第二次世界大戦前の日本の**財閥**である。

☐15 次の空欄 A〜C にあてはまる企業結合の名称をそれぞれ答えよ。

A カルテル
B トラスト
C コンツェルン

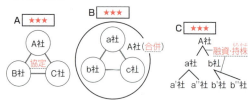

☐16 業種や業務に直接関係を持っていない企業が ★★ を繰り返して巨大化した**複合企業**を ★★ という。

M&A（合併・買収）,
コングロマリット

◆フランスの自動車メーカーが、日本での事業を効率よく展開するために、経営不振に陥っていた日本の自動車メーカーに出資し、経営陣の首脳を送り込んだ。これはM&A（合併・買収）の一例である。企業の吸収合併が**相手方企業の同意なく行われる**ことは敵対的買収と呼ばれる。

☐17 ある商品を販売するために高度な中央販売組織を設ける**共同販売カルテル**のことを ★ という。

シンジケート

☐18 **工場を一定の地域に集める**ことで ★ の利益を追求する工業地域や企業集団を ★ という。

集積,
コンビナート

☐19 独占（寡占）市場では、**価格先導者**である ★★★ が決定した価格に他社が暗黙のうちに追従するという慣行が見られ、 ★★★ が形成される。

プライス=リーダー

管理価格

**□20** 独占 (寡占) 市場では、価格メカニズムが働かず、**価格の ★★★ 化 (下がりにくい状況)** が起こり、むしろ、**価格の ★★★ 化 (上がりやすい状況)** が見られる。

下方硬直, 上方弾力

◆独占 (寡占) 市場では、価格メカニズムがうまく働かず、管理価格によるインフレーション (インフレ) が発生したり、中小企業が倒産したりする危険性がある。

**□21** 一般に、寡占企業では広告・宣伝費を増やし、**製品の差別化**を図るなどの **★★★** を展開する。

非価格競争

◆価格競争は排除されるが、競争が排除されるわけではない点に注意！

**□22** 現代においては**消費者行動が広告宣伝に左右される**という **★★** 効果を指摘し、『ゆたかな社会』を著したのはアメリカの経済学者 **★★** である。

依存, ガルブレイス

**□23** 現代の消費者には**他の消費者の行動に影響を受けやすい**という **★★** 効果が作用している。

デモンストレーション

**□24** 私的独占や不当な取引制限、不公正な取引方法を禁止する **★★★** 法は、これらの行為を監視する「**経済の番人**」として、**準司法権限**を持つ **★★★** の設置を規定している。

独占禁止, 公正取引委員会

◆独占禁止法は、不公正な取引方法の禁止として欺瞞的取引方法による資本の蓄積を禁止するとともに、不当な取引制限の禁止としてカルテルを原則的に禁止してきた。

**□25** 2013年の独占禁止法改正で、公正取引委員会が下した **★★★** に対する**不服申立ての審判**を **★★★** で行うことになり、公正取引委員会の準司法権限は縮小し、行政上の命令・勧告を出す組織となった。

行政処分, 東京地方裁判所

◆現在、公正取引委員会は独立行政委員会として内閣から独立した職権行使が保証されている。委員長1人と委員4人の計5人で構成され、内閣総理大臣が任命するが、衆参両院の同意が必要である (国会同意人事)。

**□26** **★★** カルテルと **★★** カルテルは、例外的な合法カルテルとして**1953年**の独占禁止法改正以来認められてきたが、**99年**に**禁止**された。

不況, 合理化

※順不同

◆公正取引委員会が指定した特定の不況業種や合理化業種についてのみカルテルを認めるのは不透明であるから、1999年改正で禁止した。ただし、国会で特別法を制定すればカルテルは可能である。

XIV 経済

**2** 市場の失敗〜独占・寡占

315

**XIV 経済分野 ③ 経済の三主体と企業形態**

□**27** メーカー（製造会社）が小売店に定価販売を約束させる
★★ という ★★ 制度は、実質的な**価格カルテル**である。

　◆かつては医薬品や化粧品も再販指定されていたが、価格自由化
　の流れを受けて、1990年代初めより再販指定品目は減っている。
　現在は**書籍、CD、新聞**などが指定されている。

再販売価格維持
（再販）

□**28** 1947年の制定以来、三大経済民主化の１つである
★★★ ★★★ を進めることを目的とした独占禁止法は、**私
的独占の禁止**のために半世紀にわたり ★★★ の設立
を全面禁止してきたが、**97年**には金融ビッグバンの
一環として ★★★ が、過度の集中（事業支配力）に至
る場合を除いて、半世紀ぶりに**原則解禁**された。

財閥解体，
持株会社

持株会社（金融持
株会社）

□**29** 日本では、長らく ★★ 取引慣行を持つ企業集団と
★★ して六大企業グループが形成されたが、バブル崩壊後
**の長期不況**の中で企業集団の崩壊や再編が見られた。

排他的

□**30** 2006年の独占禁止法改正により、 ★★ の引き上げ
★★ と、**談合**などの違法行為を自ら**申告した者**への**課徴金
の減免措置**を導入した。

　◆課徴金減免制度のことをリニエンシー（leniency）という。第1
　の申告者は課徴金を免除、第2の申告者は50％減額、第3〜5
　の申告者はそれぞれ30％減額となる。

カルテル課徴金

□**31** 2007年施行の改正会社法は、A社がB社を**吸収合併**す
★ る場合、A社は自分の親会社の株式をB社の株主に対
価として提供するという ★ を認めた。

三角合併

# 3 経済の三主体と企業形態

ANSWERS □□□

□**1** **経済主体**は大きく ★★★ ・ ★★★ ・ ★★★ の3つ
★★★ に分けられ、これに ★★★ を加えて**経済の四主体**と
いう。

家計，企業，政府，
※順不同 外国

□**2** **家計**は、 ★★ や土地を企業に提供して、その対価で
★★ ある ★★ や地代などを用いて財・サービスを購入
する。これは ★★ と呼ばれる。

労働，
賃金，
消費

□**3** **企業**は、家計から提供された労働や土地などを用い
★★ て ★★ を行う。

生産

**□4** 企業は、通常、所与の技術の下で ★★ を最大化する
★★　ように生産活動を行うと想定される。

利潤

**□5** 家計は、限られた所得の中で ★★★ を最大化するよ
★★★　うに支出を行うと想定される。

効用

　◆効用とは、財やサービスに対する主観的満足（欲望）のことで、
　いわば需要を意味する。

**□6** 政府は、家計と企業から ★★ を徴収し、それによっ
★★　て企業から財・サービスを購入する。

租税（税金）

**□7** 出資者は自己の出資金の範囲内でのみ会社債務を負え
★★★　ば足りるとする有限責任社員のみで構成される、大企
　業に多く見られる会社組織を ★★★ という。

株式会社　有限

　◆有限責任社員の「社員」とは出資者のことを意味し、株式会社の
　場合は「株主」を指す。2006年、新たに施行された会社法で設立
　が認められた合同会社も有限責任社員のみで構成される。

**□8** 無限責任社員のみで構成される、比較的小さな人的会
★　社を ★ という。

合名会社　無限

**□9** 株式会社と合名会社の中間形態として、有限責任社員
★　と無限責任社員で構成される会社を ★ という。

合資会社　無＋有

**□10** 2006年施行の会社法によると、資本金を1,000万円以
★★★　上とする ★★★ 制度が廃止され、資本金1円以上で
　株式会社を設立することが可能になったことから、
　★★★ の新設が禁止されることになった。

最低資本金

有限会社

　◆既存の有限会社は以後も経営を継続できる。

**□11** 会社法は、会社が定款に定めれば、出資比率と配当率
★★　を不一致にできる ★★ の新設を認めた。

合同会社

　◆合同会社は、アメリカ各州の州法で設立が認められているLLC
　（Limited Liability Company）をモデルとしたことから日本型
　LLCとも呼ばれ、これを会社名の表記に用いることができる。
　議決権のない出資者の設定が可能となるため、企業買収を防衛
　できるメリットがある。なお、合同会社の出資者はすべて有限
　責任である。

**□12** 1990年の商法改正で ★★ 制度が導入され、株式会
★★　社では最低 ★★ 万円の資産保持が必要になったが、
　2005年の会社法制定に伴い廃止された。

最低資本金,
1,000

　◆実体のない会社は悪徳商法の温床になることから、最低資本金
　制度が導入されていたが、その廃止の目的は、お金はないがア
　イディアのある者の起業を支援する点でベンチャー企業の起業
　を支援することにある。

317

XIV
経済

3
経済の三主体と企業形態

**XIV 経済分野　3 経済の三主体と企業形態**

□**13** **★★★** とは、先端産業分野を中心に、独自の知識や
★★★ 技術を用いて商品を開発する中小企業のことをいう。

ベンチャー企業
（ベンチャービジ
ネス）

□**14** **起業家**は、自分や家族の蓄えを資金とするのみならず、
★ **エンジェル**と呼ばれる個人投資家や **★** から資金
提供を受ける場合が多い。

ベンチャーキャピ
タル

□**15** **株式会社**の活動によって生じた**利潤**は、株主への分配
★★ 金となる **★★** や設備などへの **★★** のための資
金として利用される。

配当，投資

□**16** **株式会社**の株主は投下資本の回収方法として、株式を
★★ 時価で第三者に売却できる **★★** の原則が保障され
ている。

株式譲渡自由

□**17** **株式会社**の**最高意思決定機関**は **★★★** であるが、そ
★★★ の**業務執行の決定機関**は **★★★** である。

株主総会，
取締役会

□**18** **株式会社**では、**★★★** が対外的取引の代表者となる。
★★★ また、企業会計の公正確保のために、**★★★** という機
関が原則として設置されることになっている。

代表取締役，
監査役

□**19** 現代の株式会社では、出資者の株主が配当や株価上昇
★★★ などの経済的利益を追求し、経営は専門家である取締
役に委ねる所有（資本）と **★★★** の分離が見られる。

経営

□**20** 経営者が所有者に代わって会社を支配し、やがて社会
★ 全体を支配する **★** が発生することをアメリカの
思想家バーナムが指摘した。

経営者革命

□**21** 証券取引所の承認を得て、企業が**株式市場**で株式を売
★★ 買できるようになることを **★★** と呼ぶ。

上場

　◆**経済のグローバル化**を背景に、世界の証券市場の統合が進む中、
　2013年には日本でも東京証券取引所（東証）と大阪証券取引所
　（大証）が経営統合し、世界第3位の規模となる日本取引所グルー
　プが発足した。

□**22** 投資家などの利害関係者（ステークホルダー）に企業の
★★★ **経営情報を適切に開示**することを **★★★**（情報開示）
という。

ディスクロージャー

□23 ★★★ 株主の経営参加権に関して、会社の経営陣などが法令に違反して会社に損害を与えた場合、**会社または総株主を代表して、一部の株主で会社の責任を追及する**裁判を提起できるが、これを ★★★ という。

株主代表訴訟

□24 ★★★ 株主の経営参加権に関して、保有株が ★★★ ％以上の少数株主も ★★★ で議題を提案できる。

1，
株主総会

□25 ★ **自社の株式を前もって定めた価格で購入できる権利**を ★ といい、これを認めることで会社経営陣の経営努力や社員のモチベーションアップを期待できる。

◆例えば、3年後に自社株を100万円で購入できる権利を取締役などに与えておけば、取締役は経営努力を行って3年後に自社株を100万円以上の高い価格に引き上げる努力をするであろう。

自社株購入権
（ストック・オプション）

□26 ★ 2001年の商法改正で、企業の乗っ取り防止のために、目的を限定せずに**自社の株式を購入し保有できる**という ★ が認められた。

金庫株

□27 ★★★ 2003年の商法改正により、経営を監視する取締役会と実際の業務を担う執行役の役割を分離するというアメリカ流の ★★★ が導入された。

◆コーポレート・ガバナンスは、企業の自己統治のこと。代表取締役や取締役などの会社経営陣の不正は、取締役相互間の監視システムの確立によって自ら抑止するという考え方である。

コーポレート・ガバナンス

□28 ★ 企業資産の評価を**資産購入時の帳簿上の価格（簿価方式）**から、**現在の資産価格（時価方式）**に変更したことなどの改革を一般に ★ という。

◆現在の企業の財務状況を正確に市場に知らせるためには時価方式の方が優れているという理由から、時価方式がグローバル・スタンダード（国際標準）となっている。

会計ビッグバン

□29 ★★★ **株式**は会社自身の資本金となることから ★★★ 資本と呼ばれ、**社債・借入金**は ★★★ 資本と呼ばれる。

◆両者の区別のポイントは、自己資本とは会社が返済する必要のない資金、他人資本とは会社が返済する必要のある資金である。

自己，
他人

□30 ★★★ 株式や債券などを発行して**投資家などから資金を調達する方法**を ★★★ といい、銀行などからの**融資や借入の形で資金調達する方法**を ★★★ という。

直接金融，
間接金融

**XIV**
**経済**

**3** 経済の三主体と企業形態

319

## XIV 経済分野 ③ 経済の三主体と企業形態

**31** 次のグラフは、**日本の株式市場における持株比率（金額ベース）の推移**を示したものである。折れ線 A～D の空欄にあてはまる語句を下の語群からそれぞれ選べ。

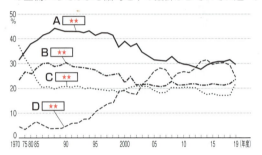

A 金融機関

B 事業法人等

C 個人その他

D 外国人

【語群】 個人その他　外国人　事業法人等　金融機関

◆外国人の持株比率が上昇しているのは、外国企業による日本企業への経営参加や買収の増加による。なお、2008年に外国人の持株比率が低下したのは、同年9月のリーマン=ショックで損失を被った外国企業や外国人投資家が資金繰りのために日本の株式を売却したためである。

**32** 金融商品取引法（旧証券取引法を含む）は、会社関係者や証券会社社員などが会社の**内部情報を不正利用して株式を取引する** [★★] **取引**を禁止している。

◆**内部者だけが株取引で巨額の利益**を得られることになってしまい、一般投資家に損失を与える可能性があることから禁止されている。例えば、2006年に摘発された村上ファンドは、インサイダー取引で巨額の利益を上げていたとされる。

インサイダー

**33** 行政機関や公務員、また企業などが自らの判断や行為に関して、市民や国民が納得できるように [★★★] する**責任**のことを [★★★] と呼ぶ。

◆近年では、公的機関や企業についても社会的責任を問う風潮が高まっており、倫理的振る舞いを求める考え方が広まっている。

説明,
アカウンタビリティ(説明責任)

**34** 財やサービスを提供することだけでなく、**環境保護活動や社会的な貢献活動**にも責任を持つといった**企業の社会的責任**を [★★★] という。

◆CSR は Corporate Social Responsibility の略。

CSR

**35** 企業活動全般において、企業やその経営陣・従業員が**法令（ルール）を遵守する**ことを [★★★] という。

コンプライアンス
(法令遵守)

□**36** 投資家が、企業が CSR（企業の社会的責任）を積極的
★　　に果たしているかという観点で評価し、投資活動を通
　　　して支援することを一般に ★ という。

　　　◆ SRI is Socially Responsible Investment の略。法令遵守と
　　　　いった企業統治上の観点だけでなく、環境保全や福祉、教育、人
　　　　権、地域経済活動などが含まれる。なお、企業による寄付や福
　　　　祉、ボランティアなどの社会貢献活動をフィランソロピー、芸
　　　　術・文化に対する貢献活動をメセナという。

社会的責任投資
（SRI）

□**37** ★ 投資とは、企業の価値を測る1つの基準とし
★　　て、環境（Environment）、社会（Social）、ガバナン
　　　ス（Governance）要素を考慮した投資のことをいう。

　　　◆ ESG は、2006年に国連が掲げた「責任投資原則（PRI）」に盛り
　　　　込まれ、18年時点での ESG 投資残高は世界全体で約30兆ド
　　　　ル（約3,200兆円）と増加傾向にある。投資家は、その企業の
　　　　配慮が足りないと判断した場合、資金を引き揚げること（ダイベ
　　　　ストメント）ができる。

ESG

# 4 広義の国民所得、狭義の国民所得

ANSWERS □□□

□**1** 国民が一定期間（通常1年間）に作り出した付加価値の
★★★　総額＝市場取引総額を広義の ★★★ という。

国民所得

□**2** **広義の国民所得**とは、1年間の市場活動を商品ないし
★★　　はその時価である貨幣の流れで捉える ★★ の概念
　　　である。

フロー

□**3** 国民所得は消費と投資の2つに支出されるが、**過去の**
★★★　**投資部分の蓄積が国富を形成**することから、**国富は**
　　　★★★ の概念と呼ばれる。

ストック

□**4** 一国の国民が外国に保有する**資産残高**と外国に対して
★★　　負う**負債残高**の差額を ★★ という。

対外純資産
ともってるほど＋

□**5** 日本の対外純資産は2021年末時点で約411兆円に達
★★　　し、世界第 ★★ 位である。

　　　◆日本は1991年から連続で世界最大の対外純資産を保有する債権
　　　　国となっている。

1

□**6** アメリカは、有力企業の多国籍化や世界資金が投資あ
★　　るいは預金されていることから ★ 国で、2021年
　　　末時点で ★ は約2,067兆円のマイナスである。

純債務、
対外純資産

**XIV** 経済分野　**4** 広義の国民所得、狭義の国民所得

□**7** 国民が1年間に生産した財とサービスの価格の総合計
★★★　額（総生産額）から、 ★★★ の価格を差し引いた金額
を ★★★ という。

中間生産物,
国民総生産(GNP)

□**8** 一国内で1年間に生産された財とサービスの価格の
★★★　総合計額から ★★★ の価格を差し引いた金額を
★★★ という。

中間生産物,
国内総生産(GDP)

□**9** 国内総生産（GDP）に**海外からの所得**を加え、**海外へ**
★★★　**の所得**を差し引いた金額を ★★★ という。

国民総生産(GNP)

◆「海外からの所得－海外への所得＝海外純所得」である。**海外か**
**らの所得**とは日本国民が海外で生産した財とサービスのこと。
**海外への所得**とは外国人が日本国内で生産した財とサービスの
こと。前者は国民総生産に入り、後者は国民総生産に入らない。

□**10** 国民総生産（GNP）に**海外への所得**を加え、**海外から**
★★★　**の所得**を差し引いた金額を ★★★ という。

国内総生産(GDP)

□**11** 国民総生産（GNP）は**居住者**による経済活動の成果を
★　表すものであることから、このような集計方法を ★
主義という。

属人

◆経済統計上の「国民」とは、日本人（**国籍**）ではなく「6ヶ月以
上、日本に居住する者」（**居住者**）を意味する。

□**12** 国内総生産（GDP）は**自国領域内**における経済活動の
★　成果を示すことから、このような集計方法を ★
主義という。

属地

□**13** 国民純生産（NNP）から ★★★ を差し引き、 ★★★
★★★　を加えた価格を狭義の ★★★ という。

間接税,補助金(政
府補助金),
国民所得(NI)

□**14** GNP と NNP が ★ 表示の国民所得であるのに
★　対し、NI は ★ 表示の国民所得である。

市場価格,
要素費用

◆市場価格は、単に市場の値段だけで生産額を評価したものであ
るが、要素費用とは市場への政府介入による価格影響分を取り
除いた真の生産規模を測った金額である。例えば、市場価格に
は間接税が転嫁されているため、真の生産額は市場価格から間
接税を控除して表示する。

□**15** 国民総生産（GNP）を**支出**面から**計測**した概念を
★　 ★ といい、両者の金額は一致する。

国民総支出(GNE)

□**16** 国民総支出（GNE）は、**国内**消費と**国内**投資の合計で
★　ある ★ に**経常海外余剰**を加えたものである。

国内総支出(GDE)

322

☐17 経常海外余剰とは、「**海外からの所得－海外への所得 + ★ － ★** 」である。

輸出，輸入

☐18 次の図の空欄 **A～I** にあてはまる適語を答えよ。

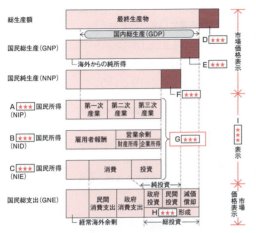

A 生産
B 分配
C 支出
D 中間生産物
E 減価償却費（固定資本減耗(引当)分）
F 間接税－補助金（政府補助金）
G 三面等価
H 国内総資本
I 要素費用

☐19 GDP（国内総生産）は一国の経済規模を把握するために、重複計算を避ける目的から**原材料などの ★★ の金額を含まない ★★** を示すように工夫されている。

中間生産物，付加価値総額

☐20 国民経済全体の活動水準を測るフローの指標について、以下の表はある年の諸指標の項目と金額を示したものである。同表より、**国民総生産**（GNP）は ★★ 、**国民純生産**（NNP）は ★★ 、**国民所得**（NI）は ★★ とわかる。

520，420，380

| 項　　目 | 金　額 |
|---|---|
| 国内総生産（GDP） | 500 |
| 海外からの純所得 | 20 |
| 間接税－補助金 | 40 |
| 固定資本減耗 | 100 |

◆**国民総生産**（GNP）＝国内総生産（GDP）＋海外からの純所得＝500＋20＝520
**国民純生産**（NNP）＝国民総生産（GNP）－固定資本減耗＝520－100＝420
**国民所得**（NI）＝国民純生産（NNP）－間接税＋補助金＝国民純生産（NNP）－（間接税－補助金）＝420－40＝380

**XIV** 経済分野　**4** 広義の国民所得、狭義の国民所得

□**21** 経済の規模を測る代表的な指標は国内総生産（ ★★★ ）
★★★　であり、その対前年度伸び率を ★★★ という。

GDP，
経済成長率

□**22** 狭義の国民所得は１年間の市場取引総額を生産面、分
★★★　配面、支出面の三面から見ることができるが、これは
同じものをそれぞれの面から見ているだけであるから、
その金額は等しくなる。これを ★★★ の原則という。

三面等価

□**23** 第一次産業、第二次産業、第三次産業の各産業別の生
★★　産額を合計した国民所得を ★★ （NIP）という。

生産国民所得

◆生産国民所得の内訳として、第三次産業の金額が約70％と最も
大きな割合を占めているという、日本経済の産業構造（各産業の
比重）が見えてくる。

□**24** 生産に寄与した経済主体に分配される価格を合計した
★★　国民所得を ★★ （NID）という。

分配国民所得

◆分配国民所得の内訳として、雇用者報酬の金額が約70％と最も
大きな割合を占めているという、労働分配率（付加価値のうち、
労働力を提供した雇用者への分配額の割合）が見えてくる。

□**25** 分配国民所得は、労働者に対する賃金である ★ 、
★　利子、配当金、地代など生産要素提供の対価である
★ 、企業の利潤である企業所得で構成される。

雇用者報酬

財産所得

□**26** 消費と投資を合計した国民所得を ★★ （NIE）とい
★★　う。

支出国民所得

◆支出国民所得は、支出面から見た国内所得（NI）を示す。その内
訳は、消費と投資では消費の方が多い。消費が約７〜８割、投
資が約２〜３割で、消費の中では「民間＞政府」となっている。

□**27** 統計上、消費は民間最終消費支出と ★ の合計で、
★　投資は民間総固定資本形成と公的総固定資本形成の合
計である ★ で表示される。

政府最終消費支出

国内総資本形成

□**28** ★ とは、実収入（個人所得）から租税や社会保険
★　料などを引いた残りの手取り収入のことで、貯蓄か消
費に振り向けられる。

可処分所得

□**29** 何かを得るために何かを断念しなければならないとい
★★　う状況を一般に ★★ という。

トレード・オフ

□**30** ★★ とは、あるものを手に入れるために放棄した
★★　ものの価値を金銭で評価したもので、あるものを選ん
だ場合に、他のものを選んでいたら得られたであろう
利益の中で最大のものを指す。

機会費用

324

**31** 狭義の国民所得に関する次のグラフ（2018年度）の空欄 A ～ D にあてはまる適語を答えよ。

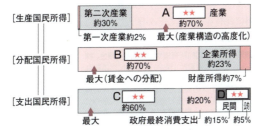

A 第三次

B 雇用者報酬

C 民間最終消費支出

D 国内総資本形成

**32** 2020年時点において日本の国内総生産（GDP）は世界第 [★★★] 位である。一方、1人あたり国内総生産（GDP）は、00年に世界第 [★★★] 位であったのが、不況が続き07・08年には世界第24位に転落した。

3,
2

- ◆国内総生産（GDP）は人口の多い国ほど大きくなる傾向がある。よって、平均的な豊かさを示す指標として、1人あたりの大きさを用いることが多い。また、中長期的比較や各国の国際比較でも有効な指標といえる。「失われた10年」の中で、日本の1人あたり国内総生産は減少し、2006年には世界第21位、07・08年は第24位にまで転落し、19年には第25位となった（40,802ドル）。世界トップクラスは人口の少ないヨーロッパ諸国（ルクセンブルク、スイス、アイルランドなど）などが占めている。

**33** 2010年に中国の国内総生産（GDP）は [★★★] を抜いて [★★★] に次ぐ世界第 [★★★] 位になった。

日本,
アメリカ，2

- ◆日本は中国に抜かれて世界第3位に転落した。2019年現在も世界第3位である。

# 5 国富～「豊かさ」と「格差」

ANSWERS □□□

**1** 一国の国民が年度末に保有する有形資産などの総額のことを [★★★] という。

国富

- ◆正確に表現すれば、「正味の国富」となる。国富は、その国の個人、企業、政府の三者が保有する有形財などの合計で、一国の国民が保有する資産の総計を示し、工場や機械などの生産設備の他に、公園、学校などの生活関連の社会資本や住宅も算入される。

325

# XIV 経済分野　5 国富〜「豊かさ」と「格差」

**☐2**　国富は、　★★　と　★★　の合計を指す。前者は国民
★★　が**国内**に保有する有形資産である　★★　資産（社会
資本など）、非生産資産（自然資本など）の価格の合計、
後者は国民が**国外**に保有する資産から外国人が日本に
保有する資産を控除した額の合計である。

> ◆正味の国富には、**無形財である知的所有権や金融商品（預金、株
> 式など）は含まれない。** 国内金融資産（預金）が国富に含まれな
> い理由は、預金者にとってはプラスの資産であるが、日本企業
> である銀行にとってはマイナスの資産であるため、日本人の資
> 産全体で見ると、結局±０になるからである。一方、道路や公
> 園、学校などの**社会資本**や住宅、**自然資本**である漁場、森林な
> どはいずれも国富に含まれる。

**非金融資産，対外
純資産，
生産**

**☐3**　日本の非金融資産の内訳としては、非生産資産を構成
★★　する　★★　の額が最も大きいために、　★★　期に
は地価高騰で統計上、**国富は増大**した。

> ◆バブル崩壊期には**地価の下落**で、国富は統計上、減少を続けた。

**土地，バブル**

**☐4**　国民の真の豊かさを測るために考案された**福祉水準の**
★★★　**指標を　★★★　という。「国民総生産－市場価格表示の**
**非福祉項目＋非市場価格表示の福祉項目」で表される。**

> ◆**市場価格表示の非福祉項目**とは、公害防止費用、防衛費など金
> 銭評価されているが福祉に結びつかないもの、**非市場価格表示
> の福祉項目**とは**家事労働、ボランティア活動、余暇時間**などを
> 金銭に換算したもののことである。日本の NNW は高度経済成
> 長期の間に約2.9倍に上昇した。

**国民福祉指標（国
民純福祉、NNW）**

**☐5**　国民の豊かさを環境の保全度などの視点から表示する
★　ために、環境省が試算している指標が　★　である。

**グリーン GNP
（グリーン GDP）**

**☐6**　国連開発計画（UNDP）は各国の**保健水準や教育水準、**
★★★　**所得水準**をもとに、その国の人々の「**生活の質**」や発展
度合いを示す　★★★　（HDI）を作成している。

> ◆人間開発指数（Human Development Index）は、出生時の平
> 均余命、識字率・就学率などの教育指標、購買力平価による1
> 人あたり GDP などを指数化したものである。

**人間開発指数**

**☐7**　食料は生活必需品の性質が強く、その**支出額**（食料費）
★★　が消費支出の総額に占める割合を　★★　というが、
これは一般に**所得水準が上昇**すると　★★　するとい
われている。

**エンゲル係数，
低下**

□8 ★★ [ ★★ ]曲線は、人口（世帯）の累積百分率を横軸に、所得の累積百分率を縦軸にとり、曲線と対角線との距離または面積から**所得分布の[ ★★ ]の度合い**を表す。

ローレンツ

不平等

□9 ★★★ [ ★★★ ]は、0から1までの値をとり、分布が平等であれば0に近付き、不平等であれば1に近付く係数として、その値の大きさが[ ★★★ ]の差や不平等度を測る指標として用いられている。

ジニ係数

貧富

□10 ★★ 人口のn%の人々の所得が0円であり、残りの（100－n）%の人々は15,000円の所得を得ているとする。nが100に近づくと、ジニ係数は、[ ★★ ]に近づく。

1

◆低所得者から99%の世帯の累積所得が0%、1%の世帯で累積所得が100%のケースは、**完全不平等**を意味する。この場合のジニ係数は1となる。

□11 ★★ 次の図に関して、以下の小問の空欄にあてはまる語句や数値を答えよ。

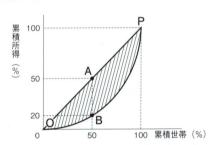

(1) 対角線上の点Aは各世帯の所得が全く[ ★★ ]ことを、点Bは[ ★★ ]%の世帯の合計所得が国全体の所得の[ ★★ ]%しか存在しないことを示す。

(1)等しい、
50、
20

(2) 例えば、人口の50%が5,000円の所得を、残りの50%が15,000円の所得をそれぞれ得ている場合、ジニ係数は[ ★★ ]となる。

(2)

0.25

(3) 弓形の斜線部分の面積が大きくなるほど所得分布の不平等は[ ★★ ]くなる。

(3)
大き

◆ジニ係数はグラフの斜線部の面積を対角線がなす三角形の面積で割った数値であるので、(2) の計算方法は以下の通りとなる。
100×100×1/2＝5,000
25×50×1/2＋(25+100)×50×1/2＝3,750
(5,000－3,750)÷5,000＝0.25

**XIV** 経済分野　**6** 経済成長率と景気変動

□**12** 日本の当初所得（所得再分配前）の<u>ジニ係数</u>は、1980
★★　年には0.35程度であったが、80年代の<u>バブル</u>景気
や、2000年代初めの<u>小泉</u>政権下で、[ ★★ ]は拡大し、
[ ★★ ]程度までに上昇している。

所得格差,
0.55

# 6 経済成長率と景気変動

ANSWERS □□□

□**1** 1年間の生産総額の増加率を[ ★★★ ]という。正確に
★★★　は[ ★★★ ]の対前年度伸び率で表される。

経済成長率,
国内総生産（GDP）

□**2** 物価変動分を考慮しない**名目GDPの伸び率の前年比**
★★★　を[ ★★★ ]、名目GDPから1年間の物価変動分を控
除した**実質GDPの伸び率の前年比**を[ ★★★ ]という。

◆<u>名目経済成長率</u>は、名目上のGDP金額（＝生産金額）の増加率
を示す。一方、<u>実質経済成長率</u>は、名目GDP金額から物価変
動分を除いているので、生産量（規模）の増加率を示す。

名目経済成長率,
実質経済成長率

□**3** <u>名目</u>**経済成長率**（％）＝
★★

$$\frac{[★★] の名目GDP - [★★] の名目GDP}{基準年次の名目GDP} \times 100$$

比較年次, 基準年
次

□**4** <u>実質</u>**経済成長率**（％）＝
★★

$$\frac{[★★] の実質GDP - [★★] の実質GDP}{基準年次の実質GDP} \times 100$$

比較年次, 基準年
次

<u>実質</u>**GDP** ＝ $\dfrac{名目GDP}{[★★]} \times 100$

GDPデフレーター

◆<u>GDPデフレーター</u>とは、基準年次の物価水準を100で示した
際の比較年次の**物価水準を示す指数**（百分率）。例えば、10％物
価が上昇すれば110、10％物価が下落すれば90となる。

□**5** 昨年の実質GDPが100兆円、今年の名目GDPが150
★★　兆円で、1年間で物価が10％上昇した場合、昨年から
今年にかけての実質経済成長率は約[ ★★ ]％（小数
点第1位まで）である。

36.4

◆今年の実質GDP＝150兆円÷110×100≒136.4兆円
（136.4兆円－100兆円）÷100兆円×100＝36.4％

328

□ **6** 景気変動とは、景気が「 ★★★ →後退→不況→ ★★★ 」
★★★ の4つの局面を繰り返す**景気循環**のことである。

好況, 回復

◆景気が急激に後退することを恐慌という。1929年10月、アメリカのニューヨーク・ウォール街の株式市場における株価暴落を発端とした恐慌は、瞬く間に各国の経済に影響を与えたことから世界恐慌（世界大不況）と呼ばれる。2020年、新型コロナウイルス感染症（COVID-19）の大流行（パンデミック）は、それ以来の急激な景気後退といわれる。

□ **7** 景気循環の類型の中で、 ★★ が原因となる**50～**
★★ **60年周期**の景気の長期波動を ★★ **の波**という。

技術革新（イノベーション）,
コンドラチェフ

◆コンドラチェフ循環によれば、1960年代に石炭から石油へのエネルギー革命が見られたことから、**2010年代以降**には大きな技術革新（イノベーション）が起こる段階に突入すると考えられる。現在、**人工知能（AI）**の開発など、その素地が数多く見られる。

□ **8** 『**経済発展の理論**』において、資本主義の発展は革新的
★★ 企業家の均衡破壊による技術革新（イノベーション）によってもたらされるとした経済学者は ★★ である。

シュンペーター

◆**シュンペーター**は、資本主義発展の原動力は企業家による創造的破壊であると唱えた。

□ **9** 景気循環の類型の中で、機械の耐久年数に対応して行
★★ われる ★★ が要因となる**約10年周期**の中期波動
を ★★ **の波**という。

設備投資,
ジュグラー

◆**ジュグラーの波**は、資本主義によく見られることから、**基本波動（主循環）**とも呼ばれる。

□ **10** 景気循環の類型の中で、 ★★ が要因となる**約40ヶ**
★★ **月周期**の短期波動を ★★ **の波**という。

在庫投資(在庫調整),
キチン

□ **11** 景気循環の類型の中で、建築物の建て替えなどの建設
★★ 投資を要因とする**周期18～20年**の波を ★★ の
波という。

クズネッツ

## 7 インフレーション、デフレーション

ANSWERS □□□

□ **1** **商品価格（物価）**が継続的に**上昇**することを ★★★ と
★★★ いい、 ★★★ の**増加**によって ★★★ が**下落**することで引き起こされる。

インフレーション
（インフレ）,
流通通貨量, 貨幣
価値

# XIV 経済分野　**7 インフレーション、デフレーション**

**□2** 物価が急上昇するインフレを 　★　 =インフレという。　　ハイパー
★
◆しのびよるインフレをクリーピング=インフレ、かけ足のインフレをギャロッピングインフレといい、インフレの進む速さは「クリーピング→ギャロッピング→ハイパー」の順に大きくなる。

**□3** 総需要が総供給を上回る 　★★★　 によって生じる物価　　超過需要,
★★★ 上昇のことを 　★★★　 =インフレという。　　ディマンド=プル

**□4** 供給側のコスト（費用）の値上がりが商品価値に転嫁され
★★ て発生する**物価上昇**のことを 　★★　 =インフレという。　　コスト=プッシュ
◆石油危機（オイル=ショック）当時の輸入原油の値上がりによって生じる物価上昇は、コスト=プッシュ=インフレの１つである。

**□5** 輸入原材料の値上がり分が商品価格に転嫁されること
★ で発生する**インフレ**を 　★　 インフレという。　　輸入

**□6** 　★★　 とは、**不況と**インフレ**が同時に進行**すること　　スタグフレーション
★★ である。
◆スタグフレーションは、不況にもかかわらず物価の上昇が続く現象である。1970年代の２度の石油危機（オイル=ショック）では、先進国を中心に、原材料となる石油の値上がりによるコスト=プッシュ=インフレが発生すると同時に、原燃料の輸入が減少して生産が停滞してスタグフレーションが発生した。

**□7** 通貨増発などで**政策的にインフレを起こして国の債務**
★ **の実質的価値の減少**を図る考え方を 　★　 論という。　　調整インフレ

**□8** デフレーション（デフレ）は、**流通通貨量の** 　★★★　 に　　減少,
★★★ より**貨幣価値が** 　★★★　 することで引き起こされる。　　上昇

**□9** **デフレが不況を招き、さらに不況がデフレを招くような**
★★★ **悪循環を** 　★★★　 という。　　デフレ=スパイラル
◆デフレが極度に進み価格破壊が生じると企業経営が悪化して不況となり、デフレ=スパイラルに陥るおそれがある。

**□10** 土地や株などの資産値下がりに伴う担保価値の下落に
★★ よる銀行借入の減少や、**心理的な消費需要の減退**を原　　資産（ストック）
因とする**デフレ**を 　★★　 デフレという。

**□11** 　★★　 の進行による**輸入原材料や輸入製品の値下が**　　円高
★★ **り、割安な外国製品の大量流入**を原因とする**デフレ**
を 　★★　 デフレという。　　輸入

**□12** 流通の簡素化、ディスカウント・ショップの台頭を原
★ 因とする**デフレ**は 　★　 コストの値下がりによるも　　流通
のといえる。

330

□**13** ★★ デフレ時には、**土地や建物、金(きん)などの** ★★ **資産は**
**値下がり**するので、その所有者にとって不利になる。

有形

□**14** ★★ インフレ時には、**借金(債務)の実質価値が**減少するの
で ★★ **に有利**、 ★★ **に不利**となる。反対に、デ
フレが進行すると、**貨幣価値は**上昇するので ★★
**に有利**、 ★★ **に不利**となる。

債務者，債権者，

債権者，

債務者

◆インフレ時には物価上昇により通貨価値が下がるため、借金の
価値も下がり、債務者**は得をする**(債務者利得)。一方、デフレ
時には物価下落により通貨価値が上がるため債務(借入金)の実
質的価値も上がり、債務者**は損をする**(債務者損失)。

□**15** ★★★ ★★★ では「名目経済成長率＞実質経済成長率」、
★★★ では「名目経済成長率＜実質経済成長率」となる。

インフレ，

デフレ

◆インフレの場合、仮に10％物価が上昇している場合で考える
と、生産規模(量)が前年と同じならば実質経済成長率は0％で
あるが、生産金額は＋10％となり、名目経済成長率は＋10％
となる。よって、**名目経済成長率＞実質経済成長率**となる。デ
フレの場合は、その逆となる。

□**16** ★★★ 1999～2000年代半ばまで、物価は ★★★ の傾向が続
き、いったんその傾向が止まった後、08年9月の
★★★ 以降、09年から10年代に入って再び ★★★
の傾向を示した。

デフレ

リーマン=ショック，

デフレ

## 8 通貨制度と日本銀行の役割~日銀の金融政策

ANSWERS □□□

□**1** ★★ 通貨には ★★ **通貨**と ★★ **通貨**がある。

現金，預金

◆預金通貨には、当座預金を担保に流通する小切手などがある。

※順不同

□**2** ★★ 景気・物価対策として、**民間部門や地方が保有する通**
**貨総量である** ★★ **の管理**が重視されている。

マネーストック

◆かつては、マネーサプライ(通貨供給量)と表現されていた。

□**3** ★★ マネーストック(マネーサプライ)の指標に関する次の
図の空欄 **A ～ C** にあてはまる適語を答えよ。

〈通貨の種類〉〈具体例〉

A ★★ 通貨－日本銀行券(紙幣)、補助貨幣(硬貨)

B ★★ 通貨－要求払い預金(当座預金、通知預金など)

準通貨―――定期性預金

CD―――C ★★ 預金(国内銀行)
(預金証書自体を支払いとして
引き渡すことができる預金)

A 現金

B 預金

C 譲渡性

**XIV 経済分野 8 通貨制度と日本銀行の役割～日銀の金融政策**

**□4** 紙幣は金属との交換性を認める ★★ **紙幣**から認めない ★★ **紙幣**へと移行していった。

◆兌換の対象となる金属は金、銀などである。

兌換,
不換

**□5** 資本主義の発達に伴って、用いられる貨幣自体に価値を含む必要がなくなっていく現象は一般に ★★ の法則と呼ばれ、この法則を端的に表す言葉として「 ★★ は良貨を駆逐する」が知られる。

グレシャム

悪貨

**□6** 通貨（貨幣）の機能には、**商品の価値**を表す ★ 、**商品を交換**する媒体としての ★ 、**債務を決済**する支払手段、財産として富を蓄えておく ★ 、世界貨幣として国際取引を決済することなどがある。

価値尺度,
流通（交換）,
価値貯蔵

**□7** 通貨制度は、19世紀の ★★★ 制から、1930年代の世界恐慌の中で ★★★ 制に移行した。

金本位,
管理通貨

**□8** 金本位制では通貨を普遍的価値のある金貨それ自体とする ★★ 制も見られたが、国が保有する金の量を基礎にして金との交換性が保証された ★★ 紙幣を発行する制度が採用された。

金貨本位,
兌換

**□9** 管理通貨制とは、金との交換性がない ★★ 紙幣が、国の信用によって流通する制度である。

◆世界恐慌後は、ほとんどの国が管理通貨制を採用している。

不換

**□10** ★★ とは、インターネット上でやり取りが可能な財産的価値である。

◆暗号資産（仮想通貨）は、国や中央銀行が発行する**通貨（法定通貨）ではない**。代表的なものはビットコインやイーサリアムなどで、「交換所」や「取引所」と呼ばれる暗号資産交換業者から入手・換金できるが、利用者の需給関係などから、その価格は大きく変動しがちである。また、不正アクセスによって、業者の外部に送金（流出）されるおそれがある。なお、暗号資産とは仮想通貨を表す国際標準の呼称で、2019年より日本政府も用いている。

暗号資産（仮想通貨）

**□11** 日本の中央銀行である ★★★ は、1882年に株式会社に類似した特殊銀行として設立された。

◆1942年制定の日本銀行法（日銀法）で認可法人となった。

日本銀行（日銀）

**□12** 日銀の三大業務は唯一の ★★ 銀行、 ★★ の銀行、政府の銀行とされる。

◆日銀は紙幣を発行する唯一の銀行である。なお、硬貨（補助貨幣）は政府が発行する。

発券, 銀行

332

□**13** 1997年の**日本銀行法改正**により、日銀の　★　省からの**独立性**と**透明性**が保証された。

◆2001年より、大蔵省は**金融監督権限**や**金融企画権限**が縮小されて**財務省**となっている。

大蔵

□**14** **日銀の金融政策**は日銀の代表者である　★★　をはじめとした計９名で構成される、　★★　で決定される。

◆1997年の**日本銀行法改正**(1998年施行)で同委員会への政府代表常時2人参加という制度とともに、**内閣による**日銀総裁解任権と**日銀への業務命令権を廃止**し**日銀政策**の独立性が確保された。

日本銀行総裁(日銀総裁),
日銀政策委員会

□**15** 金利政策の１つとして、**日銀は市中銀行に対して行う貸付の金利である**　★★★　を上下させることを重視してきたが、1994年に金利自由化が完了し、市中金利が公定歩合に連動しなくなったことから、日銀の**貸付金利**は　★★★　の上限を画する役割を担うことになった。

◆2006年、日銀は公定歩合を「基準割引率および基準貸付利率」と表示することにした。なお、**日銀の政策金利**は、かつての公定歩合から無担保コールレート翌日物に変更されたが、16年2月に日銀当座預金の一部に－0.1％の金利を導入したことに伴い、この金利は変更された状況にある。

公定歩合

無担保コールレート翌日物

□**16** 市中銀行は預金に対する支払準備のために、**預金の一定割合を日本銀行に預けなければならないが、この割合を**　★★★　という。

支払準備率(預金準備率)

□**17** 為替の変動が激しく、関係する国の経済に及ぼす影響も大きくなることが予測される場合は、　★★★　銀行が為替の売買を行うことで、市場を落ち着かせようとすることがある。これを　★★★　と呼んでいる。

中央

外国為替市場介入(為替介入)

□**18** 　★★★　とは、**日銀が市中の民間金融機関との間で直接的に有価証券を売買する**ことを通して、市中の資金量を調整していく政策である。

公開市場操作(オープン=マーケット=オペレーション)

□**19** 金利政策として、**景気過熱・インフレ対策**では日銀が金利を　★★★　るのに対し、**景気停滞・デフレ対策**では　★★★　る。

◆引き上げて市中金利も引き上げられれば借りにくくなり、**流通通貨量**が減ることから、**景気過熱・インフレを抑制**できる。

引き上げ,
引き下げ

XIV 経済

**8** 通貨制度と日本銀行の役割〜日銀の金融政策

333

# XIV 経済分野　8 通貨制度と日本銀行の役割～日銀の金融政策

**□20** 公開市場操作として、**景気過熱・インフレ対策**では
★★★　 ★★★ を、**景気停滞・デフレ対策**では ★★★ を行う。

◆日銀が有価証券などの<u>売りオペ</u>を行えば、**市中金融機関の手持ち資金が**<u>減少</u>し、貸出も<u>減少</u>する。すると、<u>流通通貨量</u>が<u>減少</u>するため、**景気過熱・インフレを抑制**できる。

**売りオペレーション（売りオペ）, 買いオペレーション（買いオペ）**

**□21** 支払（預金）準備率操作として、**景気過熱・インフレ対策**では<u>支払準備率</u>を ★★★ るのに対し、**景気停滞・デフレ対策**では<u>支払準備率</u>を ★★★ る。

**引き上げ, 引き下げ**

**□22** 日銀は金融機関が日銀に提供している担保の範囲内であれば、**金融機関の求めに応じて自動的に融資する制度**を採用している。これを ★ 制度という。

◆日銀の融資は基準金利で行われるため、銀行間の貸借金利が基準金利よりも高い場合、銀行は日銀から借りてしまうことから、**銀行間の**<u>コールレート</u>は低めに**誘導**されていく。

**ロンバート型貸出**

**□23** 日銀は市中銀行に対して貸出を行うことができ、市中銀行は<u>コール市場</u>で相互に ★★ 資金 を融通し合うことができるが、 ★★ は貸出はできるが預金の受け入れはできない。

◆日銀は資金不足に陥った金融機関に対して、一時的な資金の貸付を行う場合がある。「**銀行の銀行**」としての日銀の役割であり、日銀は「**最後の貸し手**」である。例えば、昭和40年不況や1990年代のバブル崩壊時に、日銀は証券会社や破綻リスクのある金融機関を対象とした**特別融資（日銀特融）**を行い、信用秩序を維持することに努めた。

**短期, ノンバンク**

**□24** 日銀が金融市場の国債を買うことと同時に、**市場に資金を供給する**<u>国債</u>**の買入れ**は、 ★★★ の一種である。

◆2000年代初めに<u>量的金融緩和政策</u>として日銀が実施した、買い取った国債を再び売り戻す条件なしに買い取ってしまう方法は<u>国債買い切りオペレーション</u>と呼ばれる。なお、20年4月に日銀は**金融政策決定会合**で、金融機関から買い入れる国債の保有を銀行券（紙幣）の発行残高以下に抑えるという自主ルール（<u>日銀券ルール</u>）を撤廃し、上限を設けずに購入を行う<u>無制限買いオペ</u>の実施を決定し、<u>新型コロナウイルス感染症（COVID-19）</u>対策で支出する**多額の財政出動の財源確保**として政府の財政出動の財源である新規国債（借入金）を日銀が通貨増発などの金融政策で下支えを図ることとした。発行された新規国債をいったんは市中金融機関に引き受けてもらい、売れ残りの国債を日銀が<u>買いオペ</u>を行うが、これについては日銀が政府の財政赤字を直接穴埋めする<u>財政ファイナンス</u>だとの指摘がある。

**買いオペレーション（買いオペ）**

**□25** 日銀が ★★★ 年3月から政策として採用した ★★★ 的金融緩和は、**2006年3月にいったん解除**された。

**2001, 量**

334

□26 日本では、世界では**禁じ手**と呼ばれる、銀行が保有する ★★ や**投資信託**、最近では**不動産投資信託**などを**買いオペ**の対象に加えていた。

◆株価指数連動型上場投資信託は ETF、日本国内の不動産関連投資信託は J-REIT（J リート）と呼ばれる。

株式

□27 日本の公定歩合が最も高い**9**%を示したのは**1970年代**の ★★★ 対策時だが、2001 年 9 月の同時多発テロによる不況対策として、06 年 7 月まで ★★★ %という**超低金利政策**を実施した。

石油危機（オイル=ショック）、
0.1

□28 バブル崩壊後の長期不況対策として、**銀行間で担保なしに翌日まで資金を貸借する際の金利**である ★★★ を、手数料を除くと実質0%とした。これを ★★★ 金利政策といい、★★★ 的金融緩和を徹底した。

◆「無担保コールレート翌日物」は、1999年2月～2000年8月には手数料を除くと実質ゼロ金利となった。いったんこれは解除されたが、01年3月～06年7月まで再びゼロ金利となった。

無担保コールレート翌日物、
ゼロ、
質

□29 日銀が、市中銀行が保有する有価証券（手形、小切手、国債）の買いオペを積極的に行い、資金供給を行う政策を ★★★ 的金融緩和という。**2004年1月から06年3月まで日銀当座預金目標は30～35兆円**とされた。

◆日銀当座預金は各銀行が日銀に持っている預金口座で、買いオペ代金などが振り込まれる。2006年に入り、小泉政権は景気回復を完了させたと判断し、同年3月に日銀当座預金目標の設定を廃止することによりいったん量的金融緩和を中止し、同年7月にはゼロ金利政策も中止して利上げを行った。

量

□30 2006年7月、戦後最長を記録した好況の中、公定歩合を01年9月～06年7月の ★★ %から引き上げたが、08年12月、サブプライム=ローン問題による「100年に1度の経済危機」の中、再び引き下げられた。

◆リーマン=ショック以後の経済危機の中、当時の日本の政策金利として重視された無担保コールレート翌日物が0.1%に引き下げられた。

0.1

□31 日米間の金利格差が拡大し、日本が低金利、アメリカが高金利の場合、日本で借金をして金利の高いアメリカに預金するという動きが起こる。これを ★ トレードという。

◆この場合、円が日本から流出し、ドルで預金されるため、円安ドル高が進行する。

円キャリー

XIV 経済

8 通貨制度と日本銀行の役割～日銀の金融政策

335

## XIV 経済分野　8 通貨制度と日本銀行の役割〜日銀の金融政策

□**32**
★★★
リーマン=ショックがギリシアを中心とした「**欧州危機**」に拡大する中、2010年10月に日銀は再び □★★★ **金利政策**を**復活**させるとともに、13年4月には □★★★ も**復活**させた。

◆買いオペ代金を日銀がプールする基金が創設され、2012年11月には91兆円規模に膨れ上がった。

ゼロ

量的金融緩和

□**33**
★★
□★★ **政策**とは、**デフレ状態を脱却**するために**積極的な**インフレ**政策**で市場の心理を回復させ、インフレ期待感や景気回復期待感の高まりを目指すものである。2013年3月に就任した**黒田東彦**総裁の下、日銀は**第二次**安倍晋三**内閣**の経済政策「**アベノミクス**」と政策協調し、□★★ を設定し、消費者物価上昇率目標を**年率2％**と設定し、**大胆な金融緩和**に踏み切った。

◆「**再膨張**」を意味するリフレ（リフレーション）とは、デフレからインフレに移行する途中の状況を指す。なお、いくつかの政策手段を用いて政策目的を実現することをポリシー=ミックスという。例えば、景気を回復させるために、**金融政策だけでなく為替政策や財政政策などを複合的に行うこと**を指す。

リフレ（リフレーション）

インフレ=ターゲット

□**34**
★★★
**第二次安倍内閣**によるアベノミクスにおいて、日銀は市場に存在する現金と市中銀行が保有する**日銀当座預金残高の合計**である □★★★ を、2012年末の138兆円から、14年末には270兆円と約2倍に増やす目標を設定し、「**異次元の金融緩和**」とも呼ばれる □★★★ を続けた。

◆「**異次元の金融緩和**」は、市中のマネタリーベースの増加を図るものである。2014年末までの2倍目標は達成され、20年12月末には約617.6兆円と5倍に迫る勢いである。新型コロナウイルス感染症（COVID-19）対策として市場に流通する現金が増額されている。

マネタリーベース（ベースマネー、ハイパワードマネー）

量的・質的金融緩和

□**35**
★★★
2016年2月、金融機関（市中銀行）が日銀に預けている当座預金の一部に □★★★ **金利**を適用し、市中に出回る通貨量の増加を促す政策を行った。

◆マイナス金利の適用により、金融機関は日銀にお金を預けていると利子を支払わなければならず、損をすることになる。そのため、日銀に預けておくよりも企業や個人などへ積極的に貸出を行う方が得であると考え、市中にお金が出回ることが期待され、経済活性化とデフレ脱却を目指す「アベノミクス」の「異次元の金融緩和」の1つと位置づけられる。

マイナス

□36 日銀のマイナス金利政策によって起こることが予測される市場や社会の動きについて、空欄A〜Fにあてはまる語句を答えよ。

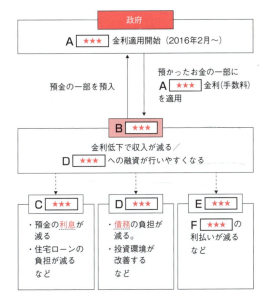

A マイナス

B 金融機関
 （市中銀行）

C 家計
D 企業
E 政府
F 国債

## 9 金融と金融機関の役割

□1 **市中銀行の三大業務**は、★★★ 業務、★★★ 業務、遠隔地間の支払いや送金を銀行が代行する為替業務である。

ANSWERS □□□

預金（受信），貸出（授信・与信）
※順不同

□2 銀行が当座預金（小切手）による貸付操作を繰り返すことで、初めの**本源的預金量以上の預金通貨を一時的に創造する**ことを ★★★ といい、★★★ 率が小さいほど生み出される総額は大きくなる。

信用創造，支払準備（預金準備）

# XIV 経済分野 9 金融と金融機関の役割

□**3** 本源的預金が100万円、支払準備率が10%だと仮定すると、銀行全体で生み出される信用創造総額は ★★ 円となる。

900万

◆預金総額＝$\frac{本源的預金}{支払準備率}$＝$\frac{100万円}{0.1}$＝1,000万円
新たに生み出される信用創造総額＝預金総額－本源的預金＝1,000万円－100万円＝900万円

□**4** 遠隔地取引の決済手段である為替について、二国間貿易の為替による決済の基本的な仕組みを説明した図中の空欄 **A ～ C** に、①支払いを確約する信用状 (L/C)、②為替手形・船積み書類、③自国通貨 のどれがあてはまるか答えよ。

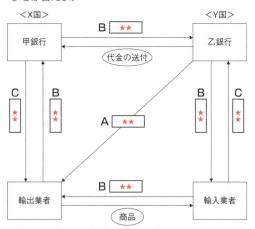

A ①
B ②
C ③

(注) 代金の決済は、複数の為替取引の相殺を活用して行われる。
Aは、輸出業者の依頼の下に乙銀行から甲銀行に送られる場合もある。

◆上記の決済をX国 (日本) の会社が自動車をY国 (アメリカ) の会社に輸出するケースで説明する。売買契約後、アメリカの輸入業者がアメリカの乙銀行に**A**（①支払いを確約する信用状 (L/C)）を発行するように求め、日本の輸出業者に通知するよう依頼する。日本の輸出業者は**B**（②為替手形・船積み書類）を日本の甲銀行に買い取らせ、甲銀行から**C**（③自国通貨：円）で支払いを受け取る。甲銀行は乙銀行へ**B**を引き渡し、一方、アメリカの輸入業者はアメリカの乙銀行に**C**（③自国通貨：ドル）で支払いを行う。最後に、立替払いをしていた日本の甲銀行はアメリカの乙銀行から**決済代金の送付**を受け、同時に乙銀行は輸入業者に**B**を渡す。アメリカの輸入業者はそれを日本の輸出業者に呈示して自動車という商品を受け取ることになる。

**□5** 銀行が不良債権の拡大を防ぐために貸出の審査を厳し
★★★ くして貸出を抑えることを ★★★ といい、そのこと
によって金融システムが逼迫(ひっぱく)する ★★★ が発生する。

◆2002年、小泉政権下では総合デフレ対策として不良債権を処理
し、貸し渋りを防止する政策が掲げられた。

貸し渋り,
クレジット=クラ
ンチ（信用収縮）

**□6** 返済期日前の貸付金を銀行が取り立てに行くことを
★★ ★★ という。

貸しはがし

**□7** 企業が有価証券などを発行して**市場から資金を集める**
★★★ **方法**のことを ★★★ 金融という。

◆例えば、自社の株式の発行は直接金融であり、返済の必要がない
**自己資本**である。自己資本には、企業の内部留保（利益から税
や配当などを除いた残りのもので、社内に蓄積されたもの）によ
る**自己金融**がある。社債の発行も直接金融で、一定の時期に利
子をつけて返済する必要がある**他人資本**である。

直接

**□8** 直接金融の具体例としては、 ★★★ や ★★★ の発
★★★ 行による資金調達がある。

株式, 社債

※順不同

**□9** 企業が**銀行からの借入によって資金を集める方法**のこ
★★ とを ★★ 金融という。

◆国民が銀行に預金した資金が、銀行を媒介にして企業に貸し付
けられることから、間接金融と呼ばれている。銀行からの借入
（銀行融資）は間接金融であり、返済の必要があるため他人資本
である。

間接

**□10** 日本企業は間接金融方式によって高度経済成長を達成
★★ したが、バブル期以降、株式発行による直接金融は
★★ 傾向にある。

増加

**□11** 企業の資金調達について、**アメリカでは** ★★★ 金融
★★★ **方式、日本では** ★★★ 金融**方式が中心**である。

◆日本では**伝統的に**間接金融**方式が中心で、日銀が行う金利政策**
は企業の投資に**直接的な影響を及ぼし効果的**であったが、最近
は間接金融**への依存度が低下し金利政策の効果は薄れつつある。

直接,
間接

**□12** 企業が発行する株式などを購入する形で資金を提供す
★★★ る資金調達方法である ★★★ 金融の重要性が指摘さ
れ、金融制度や金融業務などにかかわる規制を緩和す
る**日本版**金融 ★★★ と呼ばれる改革が行われた。

直接

ビッグバン

**□13** 金融の自由化には、 ★★★ の自由化と ★★★ の自由
★★★ 化の2つがある。

金利, 金融業務

※順不同

339

## XIV 経済分野 ⑨ 金融と金融機関の役割

□14 金融ビッグバンの内容には、**銀行、信託、証券、保険の相互参入**、 ★★★ **関連業務の自由化**、 ★★★ **の解禁、証券取引手数料の自由化**などがある。 … 外国為替, 持株会社（金融持株会社）

□15 日本版ビッグバンの**3つの原理**は、「 ★★★ （自由）・ ★★★ （公正）・ ★★★ （国際化）」である。 … フリー, フェア, グローバル

◆ 金融ビッグバンによる**金融の自由化**については、1983年の日米円ドル委員会で円を国際化する前提として日本に対するアメリカの金融市場の開放要求とともに、金融国際化の中で**国際競争力のある金融を育成**するという国内事情がある。

□16 金融ビッグバンでは ★★ 法を改正して、**証券取引手数料を自由化**した。 … 証券取引

□17 アメリカからの金融市場開放と規制緩和要求の下、**日銀が各市中銀行の設定する金利を決定する** ★★ **が廃止**され自由金利になるとともに、日銀や大蔵省（現在の財務省）が金融機関を保護する「 ★★ 方式」が**事実上廃止**された。 … 規制金利, 護送船団

◆ 金利政策や公定歩合操作、支払準備率操作などを補完する役割として、かつて日銀は市中銀行に対して3ヶ月ごとに貸出増加枠を指示する窓口規制と呼ばれる行政指導を行っていたが、1991年に廃止された。

□18 金融ビッグバンの一環として、**独占禁止法が改正**され、 ★★★ **が解禁**され、それによる**グループ化で金融再編**を進めたことで、2006年までに次の図のような ★★★ **が形成**された。 … 持株会社（金融持株会社）, メガバンク

◆ 第一勧業銀行、富士銀行、日本興業銀行が合併してみずほ銀行が、住友銀行とさくら銀行が合併して三井住友銀行が、UFJホールディングスと三菱東京フィナンシャルグループが合併して三菱東京UFJ銀行（2018年4月、三菱UFJ銀行に改称）が生まれ、**三大メガバンク・グループ**となる。

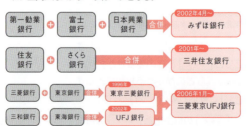

☐⑲
★★★
破綻銀行への預金は ★★★ 制度により**全額保護**されてきたが、**保護上限を預金**元本1,000万円**＋利子**まで遮断する ★★★ 解禁という措置が採られた。

預金保険

ペイオフ

◆2005年、日本では利子なし預金を除き本格的にペイオフが解禁されたが、**10年秋に**日本振興銀行**が破綻し、初めて**ペイオフが**適用**された。

☐⑳
★★★
銀行が保有する回収不能、ないし著しく回収困難な貸付金を ★★★ という。

不良債権

☐㉑
★★
国際決済銀行（BIS）**規制の**自己資本比率 ★★ ％を下回る不健全銀行（破綻懸念銀行）に対して、リストラを条件に**公的資金を投入**することなどを定めた、1998年制定の３年間の時限立法を ★★ 法という。

8

金融再生関連

☐㉒
★★★
金融再生関連法では、破綻銀行は**一時的に国営企業である** ★★★ **を設立**して経営再建を図り、営業譲渡先を探す。

ブリッジバンク
（つなぎ銀行）

◆時限切れの金融再生関連法の内容をほぼ引き継いで恒久化されたのが預金保険法第102条である。これによると、**金融危機対応会議**が自己資本の不足する銀行の破綻認定を行い、**破綻銀行の一時国営化**や**公的資金投入**などの金融再生措置を決める。

☐㉓
★★★
現在、旧大蔵省が持っていた**金融監督権限**と**金融企画権限**は、 ★★★ が持つようになった。

金融庁

◆旧大蔵省の不祥事から1998年に大蔵省の金融監督権限が剥奪されて、金融監督庁が創設された。2000年には金融監督庁と旧大蔵省の金融企画局部門が統合されて金融庁となった。

☐㉔
★★
旧政府系金融機関のいくつかは、2006年の ★★ 法の成立を受けて、 ★★ **公庫**、**中小企業金融公庫**、**農林漁業金融公庫**、**国際協力銀行**の国際金融業務が合体して ★★ **公庫**に統合された。

行政改革推進,
国民生活金融

日本政策金融

◆国際協力銀行の海外経済協力業務は国際協力機構（JICA）に合流した。日本政策投資銀行と商工組合中央金庫は持株会社となったが、2008年より5～7年間での民営化が決まったが先送りされ、商工組合中央金庫は2022年までに最終的な結論を出すとされた。日本政策投資銀行は完全民営化しないでおくべきとの主張も根強い。

**XIV**
**経済**

**9**
金融と金融機関の役割

341

# 10 財政 〜機能・政策・構造

**1** 財政の機能には、**公共財と公共サービスを提供する** ★★★ 機能、**貧富の差を解消させる** ★★★ 機能、景気や物価状況に対応して**増減税**を行ったり**財政支出を増減**させたりする ★★★ 機能の3つがある。

◆資源配分調整機能を果たすために、政府は利潤を追求する民間では提供されにくい公共財や公共サービスを採算が取れなくても提供する。そのために税金を徴収している。

**ANSWERS**

資源配分調整, 所得再分配
経済安定化

**2** **所得再分配機能**を果たすために、政府は直接税である所得税に ★★★ を導入して高所得者から高率の税を徴収し、その資金を**生活保護や失業保険**などの ★★★ によって低所得者に移転する。

◆財政規模を縮小して「小さな政府」を実現すべきであるという考え方においては、社会保障関係費を削るべきであるという主張が出されている。

累進課税,
社会保障給付

**3** 次のグラフは、**所得税の累進課税率**を示したものである。この内容を前提とした場合、**課税所得1,000万円**の人が支払うべき所得税額は ★★ 円である。

176万4,000

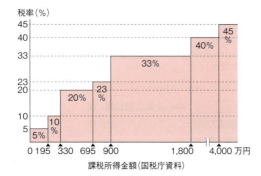

課税所得金額(国税庁資料)

◆計算方法は以下の通りである。
195 (万円) × 0.05 + (330 (万円) − 195 (万円)) × 0.1 + (695 (万円) − 330 (万円)) × 0.2 + (900 (万円) − 695 (万円)) × 0.23 + (1,000 (万円) − 900 (万円)) × 0.33 = 176万4,000円

□**4** 経済安定化機能を果たすために、景気動向に対応して
★★★ 政策的、裁量的に財政支出を伸縮させる ★★★ （補整
的（伸縮的）財政政策）と、あらかじめ設置した財政メ
カニズムが**景気を自動的に調整**する ★★★ の2つが
ある。

◆不況の場合に、公共事業の増加や前倒しでの実施、減税で有効
需要の増加を図るといった**政府の裁量的な財政政策**がフィスカ
ル=ポリシー（補整的（伸縮的）財政政策）である。

フィスカル=ポリ
シー
ビルト=イン=スタ
ビライザー

□**5** 景気過熱対策としてのフィスカル=ポリシーは、**歳入面**
★★★ では ★★★ を、**歳出面**では財政支出の ★★★ を
行って**流通通貨量**を減少させることである。

増税，削減

□**6** 景気停滞対策としてのフィスカル=ポリシーは、**歳入面**
★★★ では ★★★ を、**歳出面**では財政支出の ★★★ を
行って**流通通貨量**を増加させることである。

減税，拡大

□**7** 財政政策と金融政策などを組み合わせて実施すること
★ は、一般に ★ という。

ポリシー=ミックス

□**8** **予算**には、通常の歳入・歳出の会計である一般会計、国
★★ が特定の事業を特定の資金の運用や特定の歳入で行う
★★ 会計、国が全額出資する法人などの予算であ
る ★★ 予算の3つがある。

◆特別会計は官僚の「ヤミの財布」とも呼ばれ、主務官庁に使途を
丸投げする**委任予算**という性質を持つ。小泉内閣下では31存在
したが、2014年には第二次安倍内閣下で15に、18年には13
に統廃合された。

特別，
政府関係機関

□**9** ★★ 主義は「国の財政を処理する権限は、国会の議
★★ 決に基いて、これを行使しなければならない」とする
**憲法第83条**の規定を指す。

◆なお、予算成立後に経費の不足や、新たな経費の必要が生じた
場合、内閣の責任において支出できるあらかじめ定められた予
算部分を予備費という。2020年に政府は新型コロナウイルス感
染症（COVID-19）の対策として3度の補正予算を経て確保した
予備費から中小企業や貧困世帯への支援、入国検疫強化、ワク
チン確保などに支出することを決めた。

財政国会中心
（国会財政中心，財
政民主）

□**10** 日本の会計年度は ★★ から翌年 ★★ **月末日**ま
★★ でで、それまでに国会が本予算を可決できない際には
日常的な**必要最小限度の予算**を ★★ 予算として執
行する。

4月1日，3

暫定

XIV 経済

10 財政〜機能・政策・構造

343

**XIV 経済分野　10 財政～機能・政策・構造**

□**11** 会計年度途中に予算を追加・変更するために作成され
★★　る予算を ［★★］ 予算といい、その中には新項目を付　　補正,
　　　け加える ［★★］ 予算と特定項目から他項目への資金　　追加,
　　　流用を行う ［★★］ 予算がある。　　　　　　　　　　修正

□**12** 財政は**均衡財政が原則**であるが、**デフレ・不況対策と**
★★★　**して行うべきなのは** ［★★★］ 財政、**インフレ・景気過**　　赤字（積極）,
　　　**熱対策として行うべきなのは** ［★★★］ 財政である。　　黒字（緊縮）

□**13** **一般会計歳出のうち** ［★★★］ **の占める割合は**社会保障　地方交付税交付金
★★★　関係費、国債費に続いて大きいが、いわゆる三位一体
　　　の改革により、その額は削減の方向にある。

□**14** 一般会計歳出の**第4位**である ［★★］ 費は、1989年の　公共事業関係
★★　日米構造協議に基づく**内需拡大策**により、**90年代は**
　　　**増加傾向**にあった。

　　　◆2001〜06年の小泉内閣の下では公共事業関係費の削減が行われ
　　　　た。その後、増加することもあったが、民主党政権下では、「コ
　　　　ンクリートから人へ」というスローガンをマニフェスト（政権公
　　　　約）に掲げたことで、削減が進んだ。

□**15** 1990年代の日本の財政状況を見ると、歳入は長期不況
★★★　を背景とした税収自体の減少に加え、景気対策として
　　　の ［★★★］ や ［★★★］ の減税により減少する一方で、　所得税, 法人税
　　　歳出は景気対策としての度重なる公共事業の追加や急　※順不同
　　　速な高齢化に伴う ［★★★］ の増大が続き、財政赤字が　社会保障関係費
　　　拡大し、財政収支は危機的な状況に陥った。

□**16** 橋本内閣は**財政赤字解消策**として**1997年**に ［★★］ 法　財政構造改革
★★　を制定した。

　　　◆財政構造改革法では、2003年までに国および地方の単年度あた
　　　　りの**財政赤字を対GDP比3%以下**とし、赤字国債（特例国債）
　　　　**の発行を**ゼロにする目標を掲げた。橋本内閣が取り組んだ中央
　　　　省庁のスリム化をはじめとした**行政改革**も行政コストを削減す
　　　　ることで財政再建を図ることを目的とした。しかし、続く**小渕**
　　　　**内閣**は、赤字国債の濫発による財政支出拡大路線に転じ、1998
　　　　年に財政構造改革法を凍結した。

□**17** 「三位一体の改革」の一環として、2006年度の税制改正
★★★　で、 ［★★★］ 税から ［★★★］ 税への**3兆円規模の**税源　所得, 住民
　　　移譲が実施された。

　　　◆三位一体の改革の1つである「国から地方への税源移譲」の具体
　　　　的な方法として、国税である**所得税**を減税し、その減税分は地
　　　　方税である**住民税**を増税するという方法が実施されている。

344

□18 一般会計歳入（政府予算案）の主要科目別の割合（%）を示した次のグラフの空欄 A、B にあてはまる適語を答えよ。

A 租税・印紙収入
B 公債金（公債、国債）

□19 一般会計歳出（政府予算案）の主要経費の割合（%）を示した次のグラフの空欄 A〜C にあてはまる適語を答えよ。

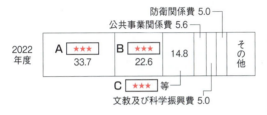

A 社会保障関係費
B 国債費
C 地方交付税交付金

□20 2020年度予算は、一般会計の歳出総額が ★★ 兆 6,580億円となり、8年連続で過去最大を更新した。

102

◆さらに、新型コロナウイルス感染症（COVID-19）の感染拡大に対する緊急経済対策を柱とする補正予算が組まれ、第一次で25兆6,914億円、第二次で31兆9,114億円と、合わせて57兆円超が追加されたため、2020年度の一般会計予算は、第2次補正予算後で約160兆円と過去最大となった。

□21 国が財政資金を用いて行う、投資や融資などの国家の金融活動のことを ★★★ という。

財政投融資（財投）

◆財政投融資は、2001年の改革により、政府の信用力を背景に金融市場から調達した資金などを財源に、民間では困難な社会資本整備や中小企業への資金供給などの役割を担うことになった。

□22 2001年4月以前の財政投融資の財源として ★ 、 ★ 、産業投資特別会計があったが、財政資金が組み入れられることでコスト意識が低下して放漫経営が行われ、赤字が拡大した。

大蔵省資金運用部資金、
簡易保険資金
※順不同

◆かつての大蔵省資金運用部資金の原資は、郵便貯金、厚生年金積立金、国民年金積立金などであった。

XIV 経済分野　11 租税制度

☐**23** 財政投融資は巨額の赤字を生んだため、**2001年の制度**
★　**改革**で独立行政法人などの財政投融資機関に融資を行
う特別会計として財政融資資金特別会計（現在の
[ ★ ]**特別会計**）が設置され、特別会計は[ ★ ]を
発行して市場から資金を借入できることになった。

　◆財投債とは別に財政投融資機関が自ら市場から借入を行う財投
　機関債も認められるなど、自主的な資金調達システムも採用し
　ている。

財政投融資，財投
債（財政投融資特
別会計国債）

☐**24** 財政投融資の運用先には、**特別会計、地方公共団体、特**
★★　**殊会社、独立行政法人、公庫**などの[ ★★ ]がある。

政府系金融機関

☐**25** 財政投融資額は、従来、一般会計の金額の約[ ★★★ ]％
★★★　に匹敵する額で、景気調整の役割も果たしていたこと
から、一般会計に次ぐ「[ ★★★ ]」ともいわれた。

　◆財政投融資の使途としては生活関連社会資本に対する割合が多
　かったが、近年は不況対策として中小企業への融資の割合が高
　まりつつあるが、その金額は削減されて約19兆円となり、2022
　年度予算案の約18％となっている。

50

第二の予算

# 11 租税制度

ANSWERS ☐☐☐

☐**1** アダム=スミスの「**租税四原則**」によれば、近代以降の
★★　**租税国家**では、徴税のルールとして[ ★★ ]、明確、便
宜性とともに、徴税にかける費用を[ ★★ ]にするこ
とが重視されている。

　◆租税国家とは、前近代の封建国家や、生産手段を国有化する社
　会主義国家に対し、資本主義国家の性質を財政面から捉えたも
　の。租税国家である資本主義国家は私有財産制の下で自由な経
　済活動の中で、その権力によって税金を徴収する。

公平，
最小

☐**2** 納税義務者と実際に税を負担する租税負担者が同一で
★★★　ある税を[ ★★★ ]、納税義務者と租税負担者が異なり、
租税の価格転嫁を予定する税を[ ★★★ ]という。

直接税，
間接税

☐**3** 直接税と間接税の比率（直間比率）は第二次世界大戦前
★★★　は3.5：6.5であったが、戦後は直接税中心となり、近
年はほぼ[ ★★★ ]：[ ★★★ ]であるが、消費税率の引き
上げで間接税の割合が大きくなった。

　◆なお、アメリカは直接税の比率が高いのに対し、ドイツやフラ
　ンスなどの欧米諸国は間接税の比率が高い。国税における直間
　比率（概数：2017年データ）は、アメリカが8：2、イギリスが
　5.7：4.3、ドイツが5.5：4.5、フランスが5.5：4.5である。

6，4

346

□**4**
★★
主な**租税の種類**に関する次の表中の空欄 **A ～ E** にあてはまる税目を答えよ。

|  |  | 直接税 | 間接税 |
|---|---|---|---|
| 国税 |  | 所得税<br>法人税<br>A ★★<br>贈与税 | D ★★<br>酒税<br>たばこ税<br>揮発油税<br>自動車重量税 |
| 地方税 | 道府県税 | B ★★<br>自動車取得税<br>事業税<br>不動産取得税<br>自動車税 | 道府県たばこ税<br>ゴルフ場利用税<br>E ★★ (2019年度<br>～ D の10%のうち<br>2.2%分) |
|  | 市町村税 | C ★★<br>固定資産税<br>事業所税<br>都市計画税 | 市町村たばこ税<br>入湯税 |

◆ B と C を合わせて住民税という。

A　相続税

B　道府県民税

C　市町村民税
D　消費税
E　地方消費税

□**5**
★★★
所得税、相続税など、**課税標準が大きくなるのに応じて税率が高くなる税**を ★★★ 税という。

累進

□**6**
★★
法人税、消費税など、**課税標準に対して適用される税率が一定である税**を ★★ 税という。

比例

□**7**
★★★
EU 諸国での ★★★ をモデルに、日本では財やサービスの消費に対して課せられる間接税として ★★★ が導入されている。

付加価値税,
消費税

□**8**
★★★
日本では、1989年4月に税率 ★★★ %で ★★★ が導入され、97年4月から5%、2004年に外税方式から ★★★ 方式 (税込価格表示) となったが、14年4月の ★★★ %への引き上げに伴いいずれの方式も選択可能となり、事業主によって表示方法が自由となった。

3, 消費税

内税,
8

□**9**
★★★
2012年、民主党の野田内閣は消費税率を14年4月に ★★★ %、翌15年10月に ★★★ %に段階的に引き上げる法案を自民党と公明党との三党合意によって可決、成立させた。

8, 10

◆2013年10月には第二次安倍内閣より翌14年4月からの消費税率8%への引き上げが発表され、予定通りに実施された。しかし、15年10月からの10%への引き上げは、17年4月、さらに19年10月へと2度、実施が延期された。

**XIV 経済分野 ⑪ 租税制度**

**□⑩** 安倍首相は、2015年10月に予定していた消費税率
★★★ **★★★** %への引き上げを、**19年10月に実施**した。それに伴い、消費者への負担軽減を目的とした **★★★** が導入され、一部の**生活必需品**の税率は **★★★** %に据え置かれた。

◆**軽減税率**は持ち帰りなど一定条件を満たした酒類を除く飲食料品、週2回以上発行されている新聞（定期購読）などの生活必需品を対象とする。なお、**電気・ガス・上下水道などは軽減税率の対象外**である。

**10,**
**軽減税率,**
**8**

**□⑪** **生活必需品**に対する**消費税**は、**低所得者の税負担感が大きくなる**という **★★★** 性を持つ。また、消費者が事業主に支払った消費税のうち、納税されず事業主の手元に残る部分である **★★★** の発生が問題点である。

**逆進**

**益税**

**□⑫** **消費税**は、商品やサービスの**すべての購入者に同じ税率が課される**ために、 **★★★** 的な性質を持ち、 **★★★** **的公平の原則**に反する傾向を持つ。

◆消費税の問題点である逆進性を緩和するために、1991年の法改正によって福祉サービス、出産、学校教育、家賃など**非課税品目**が設けられた。

**逆進, 垂直**

**□⑬** 税務当局が所得税を課する際に把握できる**所得捕捉率の不平等**の問題を **★★★** 問題という。

◆所得捕捉率は、雇用労働者（サラリーマン）が9割、自営業者が6割、農業所得者が4割という差が現実に発生している。

**クロヨン**

**□⑭** **所得税**における累進課税は、**租税負担において** **★★** **的公平を図る**という長所の一方で、**クロヨンの問題**など **★★** **的公平を失する**という短所がある。

◆**垂直的公平**とは、租税負担能力に応じて租税を負担して、**実質的平等を図る**考え方。水平的公平とは、租税負担能力にかかわらず全員が同じ負担をして、形式的平等を図る考え方。消費税は、同一税率の負担を所得の高低にかかわらず課すという水平的公平を図るという特徴がある。

**垂直**

**水平**

**□⑮** 所得税は現世代における所得 **★★★** の効果を持ち、相続税は世代間の所得 **★★★** の効果を持つ。

**再分配,**
**再分配**

**□⑯** **★★** 税は累進課税であることから、親の世代における資産の多寡が、そのまま子の世代の資産の格差につながることを抑制する効果がある。

**相続**

**17** 国税の内訳（％）を示した次のグラフ中の空欄 A ～ C にあてはまる税目を答えよ。

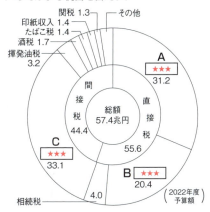

A 所得税

B 法人税
C 消費税

◆国税収入の税目を金額の多い順に並べると、2019年まで所得税・消費税・法人税であったが、19年10月から消費税率が10％に引き上げられたため消費税が第1位となっている。

**18** 使途が限定されない租税を ★★ 財源といい、使途が限定される租税を ★★ 財源という。

一般,
特定

**19** 所得税が課される最低所得（年収）の基準を ★ というが、景気過熱対策として増税する場合はその水準の ★ を行うことが、不況対策として減税する場合は ★ ることが有効である。

課税最低限（最低課税水準）,
引き下げ
引き上げ

◆例えば、課税最低限（所得税を課税する年収）を120万円から300万円に引き上げれば、年収300万円以下の人は所得税が免除になるので減税となる。逆に、課税最低限を引き下げれば、低所得者にも課税され（「フリーター課税」）実質増税となる。

# XIV 経済分野 11 租税制度

**20** 次のグラフは、**一般会計税収の推移**を示したものである。折れ線**A〜C**の空欄にあてはまる租税の種類を答えよ。

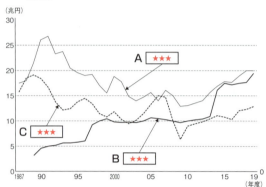

A　所得税

B　消費税
C　法人税

◆消費税は税率が引き上げられた1997年（3→5％）、2014年（5→8％）、19年（8→10％）に階段状に税収が増加する（**B**）。20年度当初予算見込みでの全税収に占める割合のトップ3は、①消費税（約34％）、②所得税（約31％）＝**A**、③法人税（約19％）＝**C**となる。19年10月の消費税率10％への引き上げにより、20年度には税収の第1位が消費税となり、基幹税の役割を果たすようになる。

**21** 都道府県の**法人事業税**を法人の所得に対してではなく**売上高、土地面積、従業員数などをもとに課税**する方式を　★　課税といい、2004年より資本金1億円超の法人に導入された。

外形標準

**22** **揮発油税**（ガソリン税）と**自動車重量税**は道路　★★　財源であるが、無駄な道路工事が行われることから、　★★　財源化が議論された。

特定

一般

◆麻生内閣は、道路特定財源の削減分を地方に補填する目的で、国が地方に支給する**地域活力基盤創造交付金**を創設したことから、事実上、道路特定財源を温存したものと批判された。

**23** 2009年4月、自民党の麻生内閣は道路特定財源を　★★　化する法律改正を行ったが、道路特定財源の削減分を地方に補填する目的で国が地方に支給する　★★　交付金を創設した。

一般財源

地域活力基盤創造

◆事実上、道路特定財源を温存したものと批判された。

**24** 租税負担に**社会保障負担を加えたものの国民所得に対する割合**を　★★★　という。

国民負担率

# 12 公債〜国債と地方債

ANSWERS ☐☐☐

□**1** 政府や地方公共団体が財政資金の不足を補うために発
★★★ 行する債券を ★★★ という。

公債

□**2** 国債には、社会資本（インフラ）整備のための借入金で
★★★ ある ★★★ 国債と、一般会計の歳入不足を補うため
の借入金である ★★★ 国債の２種類がある。

建設,
赤字（特例）

□**3** 財政法は、借入金を原則禁止しているが、社会資本を
★★ 後世代に残す ★★ 国債の発行は認めている。

建設

◆第１回の建設国債は1966年に発行され、公共投資（政府）主導型
の第二次高度経済成長を実現して以来、現在に至るまで毎年発
行されてきた。

□**4** 財政法上、赤字国債は発行が禁止されているが、実際
★★★ は会計年度ごとに ★★★ 法を制定し発行されている。

財政特例

◆2016年に特例公債法が改正され、16〜20年度の５年間は、毎
会計年度に赤字国債の発行が可能となった。なお、新型コロナ
ウイルス感染症（COVID-19）の対応のため、25年まで延長さ
れることになった。

□**5** 一般会計の歳入不足を補うための借入金である ★★★
★★★ 国債は、1965年度に１度発行されたが、 ★★★ 後の不
況対策をきっかけに発行が慣行化し、75〜89年度、
94年度から現在に至るまで発行されている。

赤字（特例）,
第一次石油危機
（第一次オイル＝
ショック）

□**6** 一般会計歳入に占める国債の割合を ★★ という。
★★

国債依存度

◆1990年度より赤字国債発行をゼロにしたが、94年度より再び発
行し始め、90年代末から2000年代前半にかけての破綻金融機関
への公的資金投入やITバブル崩壊による不況対策などにより、
国債依存度は40％を超えた。その後、景気回復による税収増
加で、07年度は30％台に低下したが、09年度にはリーマン
＝ショックによる世界経済危機で50％超（51.5％）と跳ね上が
り、初めて「租税収入＜国債収入」となった。11年度には東日
本大震災の復興財源確保のために再び50％近く（48.9％）に上
昇したが、12年12月以降のアベノミクス効果などから徐々に
低下し、20年度当初予算で約30％（31.7％）となった。しか
し、新型コロナウイルス感染症（COVID-19）対策の大規模な財
政出動の支出（補正予算）すべてを国債の新規発行で賄ったた
め、過去最大の64.1％に達した。

**XIV**
**経済**

**12**
公債〜国債と地方債

351

**XIV** 経済分野 　**12** 公債〜国債と地方債

□**7** 小泉内閣では、2010年代初頭での ┃★★★┃ (PB) の均
★★★ 衡ないし黒字化という目標が設定されたが、これは、
「歳出−┃★★★┃＜┃★★★┃−公債金（＝┃★★★┃発行
額）」という式で示すことができる。

◆プライマリーバランス (PB) は、基礎的財政収支を意味する。深
刻な財政状況を打開するために小泉内閣が掲げた2010年代初頭
の均衡・黒字化目標は結局達成されず、麻生内閣は18年くらい
までに、民主党政権は20年代までにと、目標時期を相次いで遅
らせた。**第二次安倍内閣**は15年度までに**プライマリーバラン
ス**の赤字半減を目標に掲げていた。2019年10月、安倍首相は
25年度の**プライマリーバランス**の黒字化を表明したが、20年
の「コロナ・ショック」により、20年度は**66.1兆円の赤字**とな
る見込みで、25年度の黒字化目標は達成不可能な状況にある。

プライマリーバラ
ンス

国債費，歳入，公
債

□**8** 国債償還費が歳出の上位にあることは**財政として不健**
★★★ **全**であり、その膨張が社会保障や景気対策など本来行
うべき**財政支出を圧迫**する財政の ┃★★★┃ が生じてし
まう。

硬直化

□**9** 政府発行の**国債**を日銀が発行時に買い取る ┃★★┃ を
★★ **禁止**し、市中金融機関が買い取って**市中の遊休資金**で
賄う原則を ┃★★┃ の原則という。

◆日銀引き受け禁止＝市中消化の原則は、政府が新規国債を発行
する際に直ちに日銀が通貨を増発することを防ぎ、インフレの
**発生を防止**することが目的である。

日銀引き受け

市中消化

□**10** ┃★┃ とは、**国債**の濫発により国民の遊休資金を政
★ 府に集めさせてしまうことから、**民間資金を圧迫**し、**民
間銀行からの貸出を減少**させて**民間投資を押しのけて**
しまう現象で、民間の景気を後退させ不況を招く。

クラウディング＝
アウト（押しのけ
効果）

□**11** **国債**が濫発されて国債価格の暴落が予想されると、**国
★ 債を売却**し、その資金が**海外に流出**する ┃★┃ が起
こるおそれがある。

◆日本の国債は保有者のおよそ9割が日本国民であり、その多く
が金融機関であることから、国債の投げ売りによる資本逃避
（キャピタル＝フライト）の**リスクは低く**、暴落は起きにくいとい
う楽観論も存在する。

資本逃避（キャピ
タル＝フライト）

352

■12 次の国債残高の蓄積（2019年度末データ）を示したグラフについて、以下の空欄にあてはまる数値を答えよ。

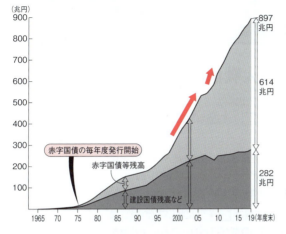

国債残高は、2019年度末で約 ★★★ 兆円、対 GDP 比で約 ★★★ ％に達している。それに地方債残高を加えた長期公的債務残高は、すでに ★★★ 兆円を突破し、対 GDP 比も200％を超えている。

900, 160, 1,100

◆2019年度末の国債残高は約898兆円、対GDP比は161％、公的債務残高は一般会計の約2倍にも達している（2019年度一般会計は約100兆円）。さらに、20年3月末時点の速報値で、地方債残高を加えた**長期公的債務残高**は1,114兆5,400億円と、過去最大を更新した。20年4月1日時点の人口（1億2,596万人）をもとに計算すると、国民1人あたり約885万円となる。長期公的債務（公債）残高の対GDP比は、日本がG7中で最も高い約238％（ドル換算）という深刻な状態にある。

■13 2020年、**新型コロナウイルス感染症（COVID-19）への緊急経済対策**として、同年度の補正予算が相次いで組まれたが、そのすべてが ★★★ の追加発行によって調達されることとなった。これにより国債依存度は急上昇しして ★★★ ％となり、第2次補正予算後の**国債残高**は ★★★ 兆円超に激増した。

国債

56 (56.3), 960

◆訪日外国人旅行客（インバウンド）の需要減、東京オリンピック・パラリンピックの延期、店舗や大型施設などの営業自粛などで日本の経済・社会は大きな停滞を余儀なくされた。全国民に対する**特別定額給付金**や、中小企業や個人事業主などを対象とした**持続化給付金**など、**緊急経済対策**で多額の財政出動が行われることとなり、その財源は国債発行に依存することになった。

# XV 経済分野
ECONOMICS
### 現代経済の諸問題

## 1 第二次世界大戦前の日本経済

ANSWERS ☐☐☐

**■❶** 明治維新によって近代国家の道を歩み始めた日本は
「 ★★ 」と「 ★★ 」を**近代化のスローガン**に掲げた。

富国強兵，殖産興業 ※順不同

**■❷** **1873年**の ★ 改正による税収をもとに政府が出資して、**富岡製糸場**などの ★ が設立された。
◆2014年、**富岡製糸場**は世界文化遺産に登録された。

地租，
官営模範工場

**■❸** 1880年代、**官営模範工場**は ★★ に払い下げられ、国家による**産業資本家の育成**が行われ、これにより財をなした者たち（政商）は、四大 ★★ を形成した。

民間

財閥

**■❹** 日本の産業革命は、 ★★ 工業を中心に進展し（第一次産業革命）、さらに ★★ （1904～05年）を境に**官営八幡製鉄所**などの設立に代表される ★★ 工業中心の第二次産業革命期を迎えた。

軽，
日露戦争，
重

**■❺** **第一次世界大戦期**には、 ★ 業の活況を受けて、政商から成長した ★ が**コンツェルン**を形成し、アジア地域への資本進出を図った。このことは日本が ★ **資本主義**段階に到達したことを表す。

海運，
財閥

独占

**■❻** 第一次世界大戦後の反動恐慌、**1923年9月**の ★ による首都機能不全、27年の ★ 恐慌、29年の ★ などで日本経済は壊滅的な状況となった。

関東大震災，
金融，
世界恐慌

**■❼** 国内市場が狭く、不況打開のために海外市場の獲得が不可避となる中、1930年代に日本は ★★ の引き上げや ★★ **ダンピング**などを行い、 ★★ 圏を形成した。
◆1930年代、各国の為替ダンピング（為替引き下げ）やブロック経済圏の形成（イギリスの**スターリング＝ブロック**、フランスの**フラン＝ブロック**など）によって、世界貿易が縮小し、国際関係は緊張の度合いを高めた。植民地や勢力圏の拡大は、第二次世界大戦へとつながっていく。

関税（保護関税），
為替，ブロック経済

354

## 2 日本経済の動向 (1) ~復興から高度経済成長へ

**ANSWERS** □□□

□ **1** 第二次世界大戦後、戦争再発防止のために、 ★★★ 、
★★★ 農地改革、 ★★★ の保護・育成という、**三大経済民主
化**が行われた。

財閥解体,
労働組合

□ **2** 財閥解体の根拠立法となった ★★★ 法と、解体した
★★★ 財閥の再編を防ぐ機能を持つ ★★★ 法は、**1947年に**
**施行**された。

◆GHQの指示に基づく経済民主化政策として、日本の資本主義経
済を発展させる自由競争を阻んでいた旧来の財閥を解体するた
めに過度経済力集中排除法や独占禁止法を制定した。

過度経済力集中排
除,
独占禁止

□ **3** ★★★ は、 ★★★ 地主制を廃止して ★★★ を創設
★★★ することが目的であった。

◆寄生地主とは、田畑などの農地を他人（小作農）に耕作させる**不**
**在地主**のことで、コメなど生産物の一部を地代（小作料）とし
て徴収し、生計を立てた。また、連合国軍最高司令官総司令部
（GHQ）の指示による第二次農地改革では、**不在地主の小作地は**
**すべて没収**とし、在村地主の土地は、北海道を除いて1町歩を
超える部分を没収とした。こうした農地改革によって多くの小
規模自作農が誕生した。

農地改革, 寄生, 自
作農

□ **4** 第二次世界大戦後の**経済復興**を目的として、石炭・鉄
★★★ 鋼・電力などの**基幹産業の建て直し**を図るため、それ
らの部門に重点的に投融資を行うという ★★★ が採
られた。

傾斜生産方式

□ **5** 傾斜生産方式の原資は、一般会計からの価格差補給金
★ 以外に、 ★ の設置による ★ の発行に依存
していたが、その実質は、**日銀引き受けの**国債であっ
たため、インフレを招いた。

復興金融金庫, 復
興金融金庫債

□ **6** アメリカによる戦後復興のための対日援助として、**生**
★★ **活物資の援助**である ★★ （占領地域救済政府資金）
と産業復興の援助である ★★ （占領地域経済復興
援助資金）が拠出された。

◆国内政策とアメリカからの援助という2つの政策により、経済の
再建を遂げていく戦後復興期の状況は「竹馬経済」といわれた。

ガリオア資金,
エロア資金

355

**XV 経済分野 2 日本経済の動向(1)~復興から高度経済成長へ**

☐**7**
★★★
戦後インフレ抑制のため、**超均衡予算**の実施、1ドル＝ ☐**★★★** 円という**単一為替レート**の設定などの、いわゆる ☐**★★★** が実施された。

◆インフレ対策として、1948年にGHQは総合予算の均衡、徴税や物価統制の強化などの「**経済安定9原則**」を指令し、これに基づき<u>ドッジ=ライン</u>が実施された。

360,
ドッジ=ライン

☐**8**
★★★
<u>ドッジ=ライン</u>の**超均衡予算**のために徴税強化策として ☐**★★★** <u>勧告</u>に基づく**税制改革**を行い、 ☐**★★★** など**直接税中心**の税体系に改め、国税とは別に ☐**★★★** を独立化した。

シャウプ，所得税，
地方税

☐**9**
★★
**1950年**に隣国で発生した戦争を契機とした ☐**★★** により、日本経済は敗戦から立ち直り、**51年秋**には**戦前の鉱工業生産水準にまで回復**した。

◆<u>朝鮮特需</u>は、駐留アメリカ軍による日本政府を通じての軍事品の大量発注（<u>特殊調達需要</u>）によるものであった。

朝鮮特需

☐**10**
★★★
実質経済成長率が**年平均10%**を超えた1950年代半ば～70年代初頭の時期を ☐**★★★** 期という。

◆1955~64年が<u>第一次高度経済成長期</u>、65~70年が<u>第二次高度経済成長期</u>と呼ばれる。

高度経済成長（高度成長）

☐**11**
★★★
<u>第一次高度経済成長</u>は、 ☐**★★★** 主導・ ☐**★★★** 主導型の経済成長であった。

民間設備投資，内需 ※順不同

☐**12**
★★★
**第一次高度経済成長期**の貿易収支は ☐**★★★** **字基調**であった。

◆日本の貿易収支（国際収支統計）は、**1964年から<u>黒</u>字**に転じ、オイル=ショック時も含めて、**2010年まで<u>黒</u>字**が続いたが、11年3月の<u>東日本大震災</u>の影響で、48年ぶりに<u>赤</u>字を記録し、以降の<u>赤</u>字の年（2011~15年など）が目立つようになった。

赤

☐**13**
★★
石油化学や合成繊維などの新興産業への ☐**★★** **投資の拡大**と「**三種の神器**」などの<u>耐久消費財</u>**ブーム**が牽引役となった1955~57年の好景気を ☐**★★** という。

民間設備

神武景気

☐**14**
★★
**1956年度**の『経済白書』は、その序文で「<u>もはや</u> ☐**★★** <u>ではない</u>」と謳い、**戦後復興の「終了」**が宣言された。

戦後

☐**15**
★★
**第一次高度経済成長期**の消費を支えた「**三種の神器**」とは、 ☐**★★** 、 ☐**★★** 、<u>白黒テレビ</u>の3品目である。

冷蔵庫，洗濯機
※順不同

□**16** 第一次高度経済成長期には、設備投資の拡大が生産財
★ や原料輸入を増加させ**国際収支の赤字**を招いたことか
ら、それ以上の輸入増加を防ぐために ★ が行わ
れ、国内の成長が止まった。このような**成長の限界**
を ★ という。

◆神武景気と岩戸景気の間に発生した「**なべ底不況**」は、国際収支
の天井が原因であった。

**金融引き締め**

**国際収支の天井**

□**17** 1958〜61年の ★★ の好況期に池田勇人内閣が発
★★ 表した、61年からの**10年間でGNPを2倍**にすると
いう計画を ★★ という。

◆この計画は10年を待たずに達成された。

**岩戸景気**

**国民所得倍増計画**

□**18** 1963〜64年の ★ を経て、**65年には** ★ と
★ いう激しい反動不況に見舞われた。

◆**第一次高度経済成長期**と**第二次高度経済成長期**の間の時期を**転
換期（転型期）**という。1964年の東京オリンピックが終了した翌
65年は、その反動不況が起こり、大手証券会社が倒産したので
昭和40年不況、または証券不況という。

**オリンピック景気,
昭和40年不況**

□**19** 神武景気、岩戸景気、オリンピック景気と続き、次の
★★★ ★★★ は ★★★ ヶ月継続する、20世紀後半で最も
長い好況となった。

**いざなぎ景気, 57**

□**20** 高度経済成長期には銀行に豊富な資金が存在したため、
★★★ ★★★ 方式に基づく**民間設備投資**が旺盛であり、こ
れを支えたのは、国民の高い ★★★ であった。

◆高度経済成長期の貯蓄率は**15〜20％程度**に達していた。

**間接金融,
貯蓄性向（貯蓄率）**

□**21** 高度経済成長期の後半となる第二次高度経済成長期は、
★★★ 政府による ★★★ 主導型、1965年以降の**ベトナム特
需**による ★★★ 主導型の経済成長であった。

**公共投資,
外需（輸出）**

□**22** **第二次高度経済成長期**の消費を支えた「**3C**」とは、
★★ ★★ 、 ★★ 、カラーテレビの3品目である。

**カー（自動車）,クー
ラー ※順不同**

□**23** 日本は、**1952年**に為替の**自由化**を進める ★★★ （国際
★★★ 通貨基金）に加盟し、神武景気の時期となる**55年**に貿
易の**自由化**を進める ★★★ （関税及び貿易に関する
一般協定）に加盟した。

**IMF**

**GATT**

**XV
経済**

**2
日
本
経
済
の
動
向
(1)
〜
復
興
か
ら
高
度
経
済
成
長
へ**

357

## XV 経済分野　2 日本経済の動向(1)〜復興から高度経済成長へ

□24 日本は、高度経済成長期の**1963年**に国際収支の赤字を理由に貿易制限が認められる GATT ★★★ 条国から、貿易制限が認められない GATT ★★★ 条国に移行し、貿易の自由化義務を負うことになった。　　**12, 11**

□25 日本は、**1964年**に国際収支の赤字を理由に為替制限が認められる IMF ★★ 条国から、それが認められない IMF ★★ 条国に移行し、為替の自由化義務を負うことになった。　　**14, 8**

□26 日本は、高度経済成長期の**1964年**に「先進国クラブ」とも呼ばれる ★★★ （経済協力開発機構）に加盟し、資本の自由化義務を負うことになった。　　**OECD**

◆ OECD（経済協力開発機構）は、資本の自由化を進めている。国際的には OECD 加盟国を「**先進国**」、非加盟国を「**発展途上国（開発途上国）**」と定義している。日本は、高度経済成長期のいざなぎ景気の時期となる**1967年**に西側世界で国民総生産（GNP）がイギリスを抜いて第3位に、68年には当時の西ドイツを抜いて第2位となり、名実ともに先進国の仲間入りを果たした。

□27 **高度経済成長期の経済成長率の動向を示した次のグラフ中の空欄 A 〜 D にあてはまる景気の名称を答えよ。**

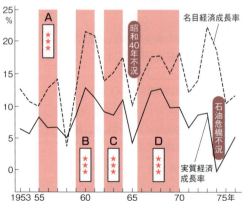

A　神武景気
B　岩戸景気
C　オリンピック景気
D　いざなぎ景気

□28 高度経済成長期には都市での ★★ 需要の増加に伴い、都市労働者の賃金が ★★ した。　　**労働力, 上昇**

**□29** 高度経済成長期以降、家族の形態に現れた変化の1つ
★★ に ★★ 化 がある。この背景には、産業構造の変化
により若年層が ★★ を求めて**都市部へ集中**したこ
となどがある。

◆近年は単身（独身）世帯が増加している。

核家族,
職

**□30** 高度経済成長期には都市での ★★ 需要の増加に伴
★★ い、都市の地価が ★★ した。

住宅,
上昇

**□31** 第二次世界大戦後の国土構造の形成過程では、貿易に
★★ 有利な ★★ と呼ばれる地域に集中的に**公共投資や
民間投資**が行われた。

太平洋ベルト

◆太平洋ベルトとは、京浜、中京、阪神、北九州の四大工業地帯
と、その間に位置する東海、瀬戸内といった工業地域を含む太
平洋岸における帯状の地域を指す。第二次世界大戦後、新しい
工業基地として形成が検討された。

**□32** 1962年策定の ★★ は、全国に15の開発拠点とな
★★ る新産業都市を設置する拠点開発方式の計画として、
★★ 内閣の国民所得倍増計画の一翼を担った。

全国総合開発計画
（旧全総）
池田勇人

◆1969年からの**新全国総合開発計画（新全総）**では**大規模開発プロ
ジェクト方式**、77年からの**第三次全国総合開発計画（三全総）**
では**人口定住圏構想**が打ち出された。

**□33** 1987年策定の**第四次全国総合開発計画（四全総）**で
★ は ★ 型の国土建設のための ★ が謳われた。

多極分散, 首都機
能移転

◆1992年には**国会等移転法**が成立した。しかし、財政赤字に直面
している現在、これを実施するか否かは再検討の余地がある。な
お、文化庁は2022年度以降に京都に全面移転の予定である。

**□34** 1998年策定の ★ では「**21世紀の国土のグランド
★ デザイン**」として、東京一極集中・太平洋ベルト地帯
一軸型から多軸型国土構造への転換や地域連携軸の形
成が目指された。

第五次全国総合開
発計画（五全総）

**□35** ★★ とは、IoT（モノのインターネット）などを活
★★ 用して生活インフラやサービスなどを効率的に管理・
運営するとともに、新エネルギーを軸に**持続的な経済
発展**を目指す新しい都市の形である。

スマートシティ

◆少子高齢化社会が進む中で、AI（人工知能）や5G（**第5世代移
動通信システム**）などの最先端技術や**ビッグデータ**を活かした
まちづくりを目指す。日本では、国土交通省がスマートシティ
実現に向けて主導的な役割を果たしている。

**XV
経済**

**2**
日本経済の動向⑴〜復興から高度経済成長へ

359

**XV** 経済分野　**3** 日本経済の動向(2)~2度の石油危機

# **3** 日本経済の動向 (2)~2度の石油危機

ANSWERS □□□

**□1**
★★★
日本の高度経済成長が終焉したきっかけは、1970年代に発生した ★★★ と ★★★ の2つのショックであった。

◆1971年8月に**ドル=ショック**が、73年10月の**第四次中東戦争**を機に第一次石油危機 (第一次オイル=ショック) が発生した。

ドル=ショック (ニクソン=ショック)，オイル=ショック
※順不同

**□2**
★★★
★★★ 年の ★★★ の勃発により石油輸出国機構 (OPEC) による**原油公示価格が約4倍**になったのをきっかけとして、日本などの世界各国では**景気停滞下**で**インフレ**が発生する ★★★ の状況に陥った。これを第一次 ★★★ という。

◆原油公示価格が、1バレル=約3ドルが約12ドルに値上げされた (1バレル=159リットル)。

1973，第四次中東戦争

スタグフレーション，石油危機 (オイル=ショック)

**□3**
★★
1970年代初頭、OPEC の原油公式価格の値上げによるコスト=プッシュ=インフレと、田中角栄首相の掲げた ★★ 論による**過剰流動性の発生**で ★★ と呼ばれる**急激なインフレ**が起こった。

日本列島改造，狂乱物価

**□4**
★★
狂乱物価対策として実施された ★★ 政策の結果、インフレは抑制されたが、景気は停滞し、 ★★ 年には**第二次世界大戦後初の実質マイナス成長**を記録した。

総需要抑制，1974

**□5**
★★
第一次石油危機後の不況克服策として、政府は ★★ 依存型の産業から、 ★★ 依存型の産業への構造転換を図った。

石油，非石油

**□6**
★★
第一次石油危機後の不況克服策として、企業は ★★ 経営を進め、無駄なコストを削減するとともに商品の値下げを行い、日本製品の ★★ の回復を図った。

◆日本企業が国際競争力を高め、輸出を伸ばすことにより、日本経済の外需依存度は高まっていった。

減量

国際競争力

**□7**
★★★
第一次石油危機後の不況による税収不足対策として、**1975年度より** ★★★ 国債の発行が継続的に行われ、いわゆる ★★★ 財政が実施された。

赤字 (特例)，赤字

360

□**8**
★★
**★★** 年の **★★** 革命により原油供給が削減され、再び OPEC は**原油公示価格を約**2.5**倍に引き上げた**ため、日本などの世界各国では再び**スタグフレーション**が発生した。これを第二次 **★★** という。

◆1バレル=約12ドルが約30ドルに値上げされた。

1979, イラン

石油危機 (オイル=ショック)

□**9**
★
第二次石油危機の影響により、**1980〜83年に**36**ヶ月**続いた戦後最長の不況を **★** という。

世界同時不況

□**10**
★★★
世界同時不況が続く中で、日本は欧米諸国に**家電製品**や **★★★** を大量輸出することで不況を克服していった。この大量輸出の状況は **★★★** 的輸出と呼ばれ、日米貿易摩擦を激化させていった。

自動車,
集中豪雨

□**11**
★★
高度経済成長期に**技術革新**が進んだ産業は、石油化学や鉄鋼など資源多消費型の **★★** 産業であったが、石油危機後では資源を浪費しない **★★** 型の **★★** 産業である。

◆省資源・省エネルギーによって産業構造の転換を図った日本経済は、石油危機後のマイナス成長から回復し、1991年のバブル経済崩壊まで**年5%前後の安定した経済成長**を果たした(安定成長)。

素材,
資源寡消費 (省資源・省エネルギー),
加工組立

□**12**
★★
**1970年代の日米貿易摩擦の品目**は **★★** 、 **★★** 、**工作機械**であった。

◆1950年代からの日米貿易摩擦品目は繊維製品であった。

鉄鋼, カラーテレビ ※順不同

# 4 日本経済の動向 (3)〜「バブル」と「失われた10年」

ANSWERS □□□

□**1**
★★
**1980年代に**両国間で政治問題化した日米貿易摩擦品目は **★★** 、 **★★** などであった。

自動車, 半導体
※順不同

□**2**
★★
1989〜90年に行われた **★★** では、**日米貿易不均衡の一因**が日本特有の**経済構造の閉鎖性**にあるとアメリカが主張し、日本は実効的な措置を迫られた中で、日本の自動車メーカーは対米輸出 **★★** を行った。

◆日本の規制緩和の遅れは、**日本の対米貿易黒字を膨らませる**一因になっているという指摘がアメリカから度々なされてきた。

日米構造協議

自主規制

□**3**
★★
**日米構造協議**では、独占禁止法強化による **★★** の撤廃( **★★** 取引の見直し)が要求された。

排他的取引慣行,
系列

361

**XV** 経済分野　**4** 日本経済の動向(3)〜「バブル」と「失われた10年」

**4**
★★
日米構造協議では、海外では安い製品が日本では高く販売されていることが、アメリカから日本への輸出を阻害する原因であるとして ★★ の是正とともに、アメリカの大型スーパーマーケットやデパートの日本進出を阻む ★★ 法の廃止が求められた。

内外価格差

大規模小売店舗

**5**
★★★
アメリカは、**1980年代**には ★★★ 赤字と ★★★ 赤字という「**双子の赤字**」を抱えた。

財政, 経常収支(貿易収支) ※順不同

**6**
★★★
1990年代のアメリカでは、IT景気により税収が増加し、98年には ★★★ 赤字を一時的に解消できたが、 ★★★ 赤字は拡大し続けた。

財政,
経常収支(貿易収支)

**7**
★★
日米構造協議で、日本は向こう10年間(1990年代)で総額430兆円の ★★ を行い、 ★★ バランスを図ることを受諾した。

公共投資, 貯蓄・投資(I・S)

**8**
★★★
**1985年9月**に開催された先進5ヶ国財務相・中央銀行総裁会議(G5)では、日米貿易摩擦解決のための為替レート調整として円 ★★★ ・ドル ★★★ 誘導を決定した。この合意を ★★★ という。

高, 安,
プラザ合意

**9**
★★★
1985年9月のプラザ合意によるレート調整により、日本経済は86年11月まで ★★★ に陥った。

円高不況

**10**
★
1986年の「 ★ 」は、日本の課題として経常収支の**大幅黒字是正**を掲げ、**内需拡大**に向けた経済構造の調整を提言した。

前川レポート

**11**
★★★
**1986年12月〜91年2月の好況**を ★★★ といい、この時期には資産価格が実体評価以上に上昇した。

平成景気(バブル景気)

**12**
★★
円高による輸入原材料の値下がりで、**輸入関連企業**に ★★ 現象が生じた。その余剰資金は土地、株、貴金属などに投資され ★★ インフレを発生させた。

金あまり,
資産(ストック)

◆バブル期には**財テクブーム**が起こったので、株式と土地がともに買われインフレを発生させた。

**13**
★★★
資産インフレの結果、**株式や土地の値上がり益**となる ★★★ (資本利得)を得た人々は、**心理的に消費を拡大**させた。これを ★★★ という。

キャピタル=ゲイン,
資産効果

362

**□14** 平成景気の時期、日本企業は**強い円**を背景に ★★★ **を増加**させ、アメリカ企業の ★★★ を行った。

◆日本企業がアメリカ企業を買収するという**1980年代後半**に見られた状況は、日米投資摩擦と呼ばれた。

海外直接投資，M&A（合併・買収）

**□15** **円高**に伴う企業の海外進出により、**国内の生産・雇用が減少**し、**国内産業が衰退**する現象を ★★★ という。

産業の空洞化

**□16** **円高**の進行によって、国内企業は海外の工場で生産した製品や部品を ★ して生産コストを抑えた。

◆この結果、日本企業が海外で生産した製品が日本国内でも流通するようになった。

逆輸入

**□17** **1991年3月～93年10月の不況**を ★★★ **不況**といい、値上がりし過ぎた**土地や株**などの**資産**（ストック）の価値が下落し、**消費や投資**が減退した。

平成（バブル）

**□18** **1989年**からの**金融引き締め**で**株や土地の価値が暴落**し、資産 ★★★ が生じ、多額の ★★★ （資本損失）が発生した。これで損失を被った人々は**心理的に**消費を抑制したが、これを ★★★ という。

デフレ，キャピタル=ロス
逆資産効果

**□19** **バブル崩壊**による消費不況と同時に、不良債権を抱えた金融機関の貸し渋りによる**消費と** ★★ **の減退と超円高**が重なって**長期不況**となった。このような状況を ★★ **不況**という。

投資

複合

**□20** **1993～94年**に行われた ★★ で、アメリカは日本に対し具体的な**輸入数値目標**である ★★ **の設定や政府調達**などを要求した。

日米包括経済協議，客観基準

**□21** 日米包括経済協議で、アメリカは日本に対し具体的な**輸入数値目標の設定**を要求したが、日本は数値目標の受諾は ★★★ **貿易**を崩し ★★★ **貿易**に陥るとして拒否し、交渉は難航した。

◆**1991年**の**第二次日米半導体協定**で日本は**国内シェアの20%輸入**という数値目標を受諾した。

自由，管理

**□22** **不公正取引慣行国への経済制裁条項**である米国包括通商法301条の**拡大適用**を行う、いわゆる ★★ **条**は、日本に対する市場開放要求の手段として、しばしば適用されそうになった。

スーパー301

**XV**
**経済**

**4**
**日本経済の動向(3)〜「バブル」と「失われた10年」**

363

**XV** 経済分野　**4** 日本経済の動向(3)～「バブル」と「失われた10年」

**□23** 社会資本整備のための土地取得がバブル期の地価高騰
★　　で難しくなったこともあり、　★　法が制定された。

　　◆土地基本法（1989年）における土地の基本理念として、①公共の福祉の優先、②適正計画での利用、③投機対象とすることの抑制、④土地価格が上昇した場合には道路や鉄道など利益に応じた適切な負担を求められること、などが明記された。

土地基本

**□24** 1980年代後半、日本は　★★★　主導の　★★★　経済に
★★★　沸いたが、90年代初頭にその好況は終わり、「　★★★　」
　　と呼ばれる**長期不況に陥った**。

内需，バブル，
失われた10年

**□25** 1990年代の長期不況では、資産価格が急落する一方で、
★★★　企業と金融機関の財務状況が悪化し、**国内需要が減退**
　　したため、　★★★　が発生した。

　　◆デフレが不況を招き、さらに不況がデフレを招くことで経済全体が下降するデフレ＝スパイラルの危機に日本経済は直面した。

デフレーション
（デフレ）

**□26** 1990年代の長期不況において、企業部門では　★★　・
★★　　★★　・　★★　（「**3つの過剰**」）を抱え込むとともに、金融機関の保有する　★★　が膨大な規模に達するなど循環的な不況とは異なる構造的課題に直面した。

雇用，
設備，債務，
※順不同
不良債権

**□27** 1990年代に金融の自由化が進んだため、経営体力や競
★★　争力が最も弱い金融機関に合わせて**大蔵省（政府）が業界全体を規制**して金融システムを守るという　★★
　　**方式は崩壊**した。

護送船団

**□28** **1995年4月**、1ドル＝　★★　円　★★　銭という超
★★　**円高**が進行したため**輸出が減退**するとともに、中国製
　　品やNIES製品がさらに安く日本に流入し、　★★
　　という現象が発生した。

79，75

価格破壊

**□29** **1997年、橋本龍太郎内閣**による消費税率の　★★　%
★★　から　★★　%への引き上げ、**健康保険**の**本人負担率**
　　の　★★　割から　★★　割への引き上げなどのため
　　**消費が減退**し、**98年度は**マイナス**成長を記録**した。

3，
5，
1，2

　　◆小泉純一郎内閣下の**2003年**には、民間被用者が加入する健康保険や公務員が加入する共済保険の**本人負担率**が3割に引き上げられた（自営業者などが加入する国民健康保険の本人負担率はもともと3割）。

364

□30 **1998年、小渕恵三内閣**は長期不況の一因である銀行の
★★★
貸し渋り対策として ★★★ 法を制定し、金融機関に
対し**公的資金を投入**して ★★★ **の処理**を進めた。

◆**1997～98年**には、大手証券会社の**山一證券**、都市銀行の**北海道拓殖銀行**、長期融資を行い高度経済成長を支えてきた**日本長期信用銀行**、**日本債券信用銀行**が相次いで破綻した。

金融再生関連,
不良債権

□31 **2001年9月11日**の ★★★ によるアメリカの消費減
★★★
退を受けて ★★★ **が崩壊**した。

同時多発テロ,
IT バブル

□32 **2001年、小泉純一郎内閣**は**郵政民営化**や ★★★ **の廃**
★★★
**止・民営化**を含めた改革で、大胆な**財政支出の削減**を
目指した。

特殊法人

□33 ★★ とは特定分野について**規制緩和**が認められる
★★
**特別区域**のことで、**2003年**から**総合デフレ対策**の1つ
として設置された。

◆具体例として、輸入品の入関手続を**24時間行う国際物流特区**、株式会社の学校教育への参入を認める**教育特区**、産・官・学連携で先端技術の研究を行う**知的特区**、医療経営や農業経営に**株式会社の参入**を認める特区などがある。成功事例を全国に拡大することを当時、小泉首相は「**規制改革**」と呼んだ。

構造改革特区

□34 ★ は、破綻寸前であるが**再建の見込みがある**と
★
認定した企業に対して、リストラ・再建計画を実施す
ることを条件に、銀行と協力して**公的融資**を行い、企
業に対する**救済措置**を行った。

◆**カネボウ**、**大京**、**ミサワホーム**、**ダイエー**などの大企業が救済された。**2007年3月に任務を完了**して解散した。

産業再生機構

□35 **2009年、破綻の危機にある企業の再建**のために**公的資**
★
**金を投入**する組織として**産業再生機構**とほぼ同じ目的
や機能を持つ ★ が発足し、**13年には企業を再**
**建**する ★ に改組された。

◆再生企業の代表例は**日本航空（JAL）**である。

企業再生支援機構,
地域経済活性化支
援機構

□36 **2002年2月から08年2月まで、73ヶ月続いた好況**は、
★★★
**06年10月**に ★★★ **（57ヶ月）に並び**、同年**11月**
にはこれを超え、**第二次世界大戦後で最長の好況**と
なった。

◆**設備・債務・雇用の3つの過剰**が解消したことで、再び生産の拡大が見られ好景気が実現した。現在、この好況は「**いざなみ景気**」と名づけられたが低成長であり、単に「**戦後最長の景気**」、あるいは「**実感なき景気回復**」などと呼ばれている。

いざなぎ景気

**XV**
**経済**

**4**
日本経済の動向(3)〜「バブル」と「失われた10年」

365

**XV 経済分野　5 日本経済の動向(4)～2010年以降**

□**37** 経済の**グローバル化**が進む2000年代の日本企業の経営
★★　合理化は、人件費削減のための ★★ **雇用の拡大**や
**国内産業の** ★★ **化による雇用機会の喪失**を伴った
ため、労働者の所得は減少し、00年代初頭の長期景
気拡大は「 ★★ **景気回復**」と呼ばれている。

非正規,
空洞

実感なき

□**38** 2008年9月に起こったアメリカの大手証券会社**リーマ**
★★★　**ン=ブラザーズ**の破綻をきっかけに**世界同時株安**が発
生し、「**100年に1度の経済危機**」とされる ★★★ を
招いた。

リーマン=ショック

□**39** **リーマン=ショック**が発生した2008年の日本の年平均
★　**完全失業率**は ★ ％台であったが、翌09・10年
にはその影響を受けて ★ ％台に達し、また09
年の**有効求人倍率**は ★ 倍を下回った。

4,
5,
0.5

□**40** 1990年代半ばの超円高により、もともと安価な中国製
★★★　品などがさらに値下がりする ★★★ が起こった。そ
の結果、国産品の ★★★ 傾向が進行し、企業収益を
悪化させて ★★★ **が深刻化**する ★★★ の危機が、
**リーマン=ショック**後の超円高で再燃した。

価格破壊,
デフレ,
不況, デフレ=スパ
イラル

□**41** 1999～2003年まで**企業物価指数**と**消費者物価指数**は
★★★　ともに ★★★ を続け、2000年代半ばにはこの傾向に
歯止めがかかったものの、 ★★★ の影響により、09
年以降、再び ★★★ が鮮明となった。

下落,
リーマン=ショック,
デフレ

◆政府は2年連続して2つの物価指数が<u>下落</u>することを<u>デフレ</u>と
定義している。2005年の国内企業物価指数を100とすると、「07
年：104.0」→「08年：108.7」と上昇したが、「09年：103.0」と
下落した。2009年には、**失業率の増加**により**消費需要が減退**し、
**デフレ基調**が鮮明となった。

---

# 5 日本経済の動向 (4)～2010年以降

**ANSWERS** □□□

□**1** **2011年3月11日**、 ★★★ が発生し、 ★★★ で1986
★★★　年の ★★★ **原子力発電所事故**と同じ「**レベル7**」とな
る深刻な事故が起こり、日本の経済と社会に大きな影
響を及ぼした。

東日本大震災, 福
島第一原子力発電
所(福島第一原発),
チェルノブイリ

366

□**2**
**★★**

東日本大震災により生じた津波によって大きな被害が発生し、自動車や家電、パソコンなどの ★★ が寸断されたため、新しい製品の生産が激減した。

サプライチェーン

◆在庫を最小化することで過剰在庫や不良在庫の発生を抑える「**かんばん方式**」と呼ばれる生産方式を採用する**トヨタ自動車**は、地震や津波でサプライチェーンが寸断されたことによって新車の生産がストップした。もともと在庫は最小化されていたため、販売するものがなくなり、収益が大きく悪化した。

□**3**
**★★**

例年、日本の貿易収支は大幅な ★★ を記録していたが、2011年の国際収支統計では1963年以来48年ぶりに、貿易統計では1980年以来31年ぶりに、それぞれ ★★ を記録し、15年まで続いた。

黒字

赤字

□**4**
**★★★**

**2011年**の東日本大震災以後、**超円高**が進行することにより、再びデフレと不況の繰り返しで経済全体が下降する ★★★ の危機が発生した。

デフレ=スパイラル

◆**1995年1月17日**の阪神・淡路大震災後の同年4月にも1ドル＝**79円台**という超円高を記録したという経験則から、**2011年3月11日**の東日本大震災直後には海外投資家を中心に円が買われ、同**17日**に**1ドル＝76円台**、同年**10月31日**には海外市場で**1ドル＝75円台**の超円高を記録した。その原因は、日本の保険会社が震災関連で生じた保険金支払のために外国資産を売り、円を買い戻す結果、円高が進むとの予測が投資家の間に流れ、投機的な円買いが加速したためである。

□**5**
**★★★**

**2012年12月**、政権与党に復帰した**自民党の第二次安倍晋三内閣**は ★★★ と名づけた**経済政策**を掲げ、**大胆な ★★★ 、機動的な ★★★ 、民間投資を喚起する ★★★ の「三本の矢」**を打ち出し、デフレからの脱却や日本経済の再生を目指した。

アベノミクス,
金融政策（金融緩和）,財政政策（財政出動）,
成長戦略

□**6**
**★★★**

**2012年12月**、**第二次安倍内閣**が掲げたアベノミクスと日銀の政策は、消費者物価を年率 ★★★ ％上昇させることを目指す ★★★ を実施してデフレ=スパイラルの進行を食い止めようとした。

2,
インフレ=ターゲット

□**7**
**★**

**2013年**、**第二次安倍内閣**は**構造改革特区**をグレードアップさせた ★ の創設を決定し、14年に改革拠点などを全国各地に指定した。

国家戦略特区（国家戦略特別区域）

◆東京圏を「国際ビジネス、イノベーションの拠点」、関西圏を「医療等イノベーション拠点」、沖縄県を「国際観光拠点」、兵庫県養父市を「中山間地農業の改革拠点」などに指定している。

**XV**
**経済**

**5**
日本経済の動向⑷～2010年以降

**XV** 経済分野　**5** 日本経済の動向(4)～2010年以降

□**8** 2014年、**第二次安倍内閣**は成長戦略の１つとして
★　　　　★　　　法を施行し、**財政支出や税制優遇**により企業
の先端的な設備投資や赤字不採算部門の整理などを促
すとともに、税制面では　★　　への投資を支援する。

産業競争力強化

ベンチャーファンド

□**9** 世界貿易機関（WTO）の　★★★　＝ラウンドが難航する
★★★　中、太平洋の周辺地域を中心に**例外なく**関税撤廃を目
指す　★★★　（TPP）の拡大交渉が行われ、日本も**第二
次安倍内閣**下で正式に交渉へ参加した。

ドーハ

環太平洋経済連携
協定

◆環太平洋経済連携協定（TPP）は、2006年５月に東南アジア地域
の**シンガポール**と**ブルネイ**、太平洋地域の**ニュージーランド**、南
米地域の**チリ**の４ヶ国で発効し、**アメリカ、カナダ、ペルー、ベ
トナム、日本**などが加盟交渉に参加した。参加国間の関税撤廃を
行うことで**自由貿易圏**を拡大する多国間の経済連携協定（EPA）
や自由貿易協定（FTA）といえる。2018年12月、アメリカを除い
た11ヶ国で発効した（TPP11）。

□**10** 2012年12月からの好況は「　★★　」と呼ばれ、20
★★　年１月で**いざなみ景気**（2002年２月～08年２月、73ヶ
月）を抜き**戦後最長の好況**といったんは発表されるも、
同年７月に景気回復局面は18年10月（71ヶ月）で終
了したと最終判断され、戦後最長記録に及ばなかった。

アベノミクス景気

◆雇用状況が改善して失業率が低下、日銀や**年金積立金管理運用
独立行政法人**（GPIF）による株式購入で株価上昇を支え続けた
（**官製相場**）。しかし、結果として株式を大量保有する大企業、大
口投資家たちの利益に偏り、格差社会はさらに広がっていった。
高度経済成長期のいざなぎ景気（57ヶ月間の年実質10～12%
の経済成長）と比べ、アベノミクス景気は平均で年率1.1%程
度と力強さを欠く、実感なき景気回復であった。所得や個人消
費はあまり伸びず、米中貿易摩擦の激化や、２度の先送り（2015
年10月→17年４月→19年10月）を経て行われた**消費税率
10%への増税**などで、景気が落ち込んでいったことが指摘され
ている。

□**11** 2015年９月、「アベノミクス」の第２ステージとして、
★★　「希望を生み出す強い経済」「夢をつむぐ　★★　支援」
「安心につながる　★★　」をスローガンとする「新・
三本の矢」が発表された。

子育て，
社会保障

◆従来の三本の矢を強化し、最大600兆円の名目GDPを目
標に、「希望出生率1.8%」「介護離職ゼロ」「一億総活躍社会の
実現」などを図る経済財政政策である。

368

□**12** 2019年10月、**消費税率**が ★★★ ％から ★★★ ％
★★★ に引き上げられたが、その背景には、翌20年7～9
月に予定された東京オリンピック・パラリンピック開
催による ★★★ （訪日外国人旅行客）需要などで、日
本経済が空前の好況を迎えることで、増税による**景気
後退を相殺**し、それを上回る増収への期待があった。

8，10

インバウンド

□**13** 2020年1月、新型コロナウイルス感染症（COVID-19）
★★ の感染者が日本でも正式に確認され、同年4月には全
国に「 ★★ 」が発令されるなど、「 ★★ ＝ショッ
ク」といわれる深刻な経済の落ち込みから、実質
★★ 成長となることが予測されている。

緊急事態宣言，コ
ロナ

マイナス

◆倒産・廃業件数、失業者数が急増し、2020年7～9月開催の東
京オリンピック・パラリンピックの**1年間延期**、観光目的をは
じめとした訪日外国人旅行客によるインバウンド需要の**大幅な
落ち込み**など、日本経済は大きなダメージを負っている。同年
4～6月期の国内総生産は前期より7.8%減り、3四半期連続で
マイナス成長となったことが発表された。**年率換算で－27.8%**
という事態に陥った。

# 6 産業構造の変化

ANSWERS □□□

□**1** イギリスの経済学者の ★★ は、産業を第一次産業、
★★ 第二次産業、第三次産業に分類した。

コーリン＝クラーク

□**2** 商業、サービス業、公務などは ★★★ 産業に、鉱工
★★★ 業、製造業、建設業は ★★★ 産業に、農林水産業は
★★★ 産業に分類される。

第三次，
第二次，
第一次

□**3** 経済の成長に伴い生産額、就業人口割合が「**第一次産
★★★ 業→第二次産業→第三次産業**」へとその比重を移して
いくことを ★★★ といい、コーリン＝クラークの法則
または ★★★ の法則とも呼ばれる。

産業構造の高度化，
ペティ＝クラーク

□**4** **第二次産業**の内部で**軽工業**から**重工業**に生産額や就業
★ 人口が移行していくことを ★ 工業化といい、
★ の法則とも呼ばれる。

重化学，
ホフマン

XV
経済

6
産業構造の変化

369

## XV 経済分野　6 産業構造の変化

**5** 日本の**産業別就業人口割合**を表す次のグラフ中の空欄 A〜C にあてはまる適語を答えよ。

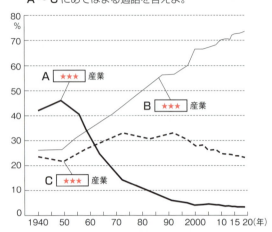

A 第一次
B 第三次
C 第二次

**6** 近年、**地域活性化**の取り組みの1つとして、**第一次産業**に従事する事業者が、**第二次産業**や**第三次産業に進出**したり、これらと**連携**を図ったりするものがある。これを □ 産業化と呼ぶ。

六次

**7** 2度の**石油危機**によるエネルギーコストの上昇によって**石油依存型**の □ は、大きな打撃を受けたため、**非石油依存型**の □ に転換していった。

素材産業,
加工組立産業

**8** **石油危機後の産業形態**は、大量の原材料を投下する □ 集約型産業からコンピュータのソフト開発などの □ 集約型産業に移行していった。

資本,
知識

**9** アメリカの社会学者 □ は、高度に工業化が発達した社会がさらなる発達を遂げて、産業構造における**第三次産業の占める割合が高まった社会**を分析し、これを □ 社会と呼んだ。

ダニエル=ベル

脱工業(脱工業化)

**□10** ICT（情報通信技術）の進歩により、**インターネット**による　**★★★**　（eコマース）**が拡大**し、**インターネット銀行**や　**★★★**　による決済手段が普及するなど、新たな**流通革命**が起きている。

◆電子マネーには、前もって資金をカードにチャージ（積み増し）しておき、買い物の際にカードで支払う**プリペイド**（**前払**）型や、携帯電話などで買い物をし、後日に支払（決済）を行う**ポスト＝ペイ**（**後払**）型などがある。

電子商取引,
電子マネー

**□11** ICT（情報通信技術）の進歩により、　**★★**　という**在宅勤務**による電子化事務所や電子化家庭が実現した。

◆近年は、IT に communication の「C」を加えて ICT（情報通信技術）と呼ばれる。SOHO はワーク・ライフ・バランス（仕事と生活の調和）の実現に向けた「**働き方改革**」の中で注目されている自営型の働き方のスタイルである。2020年の新型コロナウイルス感染症（COVID-19）の感染拡大に対して、**ホワイトカラー**（事務職）を中心に在宅勤務（テレワーク、リモートワーク）の実施が進んだ。

SOHO(Small Office
Home Office)

**□12** インターネットの発達と普及に伴い、インターネット上での**電子商取引**が活発化している。このことに関する次の空欄 **A** ～ **F** にあてはまる適語を答えよ（ただし、**B** ～ **D** はアルファベットの略語が入る）。

**インターネット市場**

①大容量通信網の整備、
インターネット使用料の低額化
（公共財化政策）
②A　**★★**　マネー開発
（ネット上の通貨）

①情報・ノウハウ取引
②サービス取引
　金融サービス／預金・株式取引など
③商品取引
④インターネット貿易
　B　**★★**　：企業と企業の取引
　C　**★★**　：企業と消費者の取引
　D　**★★**　：消費者と消費者の取引

| A | 電子 |
| B | B to B |
| C | B to C |
| D | C to C |

**長所** 世界貿易を変革（E　**★★**　）革命
**短所** F　**★★**　（情報格差）による経済格差の発生

| E | 流通 |
| F | デジタル＝デバイド |

◆日本のインターネット利用者数とその割合（人口普及率）は、1997年の9.2%（1,115万人）から、2000年には37.1%（4,708万人）、16年には83.5%（1億84万人）に達している。利用端末の割合はパソコン（58.6%）、スマートフォン（57.9%）で、特に近年はスマートフォンが急速に普及している。これに伴い、フリーマーケットアプリ（フリマアプリ）などを用いた、C to C（個人間取引）の電子商取引も急増している。

**XV 経済分野　7 中小企業**

□**13** 次の表は、1995〜2010年までの日本の産業構造の変化
★★　を、各産業の就業者割合で示したものである。表中の **A**
〜 **C** にあてはまる産業を、下の語群よりそれぞれ選べ。

| 業種 | 1995年 | 2000年 | 2005年 | 2010年 |
|---|---|---|---|---|
| 情報通信業 | 2.0 | 2.5 | 2.6 | 2.7 |
| 運輸業、郵便業 | 5.1 | 5.1 | 5.2 | 5.4 |
| A ★★ | 5.6 | 6.8 | 8.7 | 10.3 |
| 宿泊業、飲食サービス業 | 5.9 | 6.0 | 6.0 | 5.7 |
| B ★★ | 6.0 | 5.1 | 4.8 | 4.0 |
| 鉱業、建設業 | 10.6 | 10.2 | 8.9 | 7.5 |
| C ★★ | 20.5 | 19.0 | 17.0 | 16.1 |
| その他 | 44.4 | 45.3 | 46.9 | 48.1 |

A　医療・福祉業

B　農林漁業

C　製造業

【語群】　製造業　医療・福祉業、金融・保険業
　　　　　教育・学習支援業　農林漁業

# 7 中小企業

**ANSWERS** □□□

□**1** 　★★★ 法が定める中小企業の定義を示した次の表中
★★★　の空欄 **A** 〜 **E** にあてはまる数値を答えよ。

中小企業基本

| 業種 | 資本金 | 従業員数 |
|---|---|---|
| 鉱工業・製造業 | A ★★★ 円以下 | B ★★★ 人以下 |
| 卸売業 | C ★★★ 円以下 | 100人以下 |
| 小売業 | D ★★★ 円以下 | E ★★★ 人以下 |
| サービス業 | | 100人以下 |

A　3億
B　300
C　1億
D　5,000万
E　50

◆2016年現在、日本の事業所の約99%が中小企業であるが、製
　造業出荷額に占める割合は約50%である。小売販売額に占める
　中小企業の割合は約70%である。**小売業には中小商店が多い。**

□**2** 中小企業には、大企業から発注を受けて部品などを製
★★★　造する ★★★ 、大企業のグループに入り製品開発を
　　　進める ★★★ 、地元の地域伝統産業である ★★★
　　　を営む企業などがある。

下請企業、
系列企業、地場産
業

◆日本の産業構造として、円高の進行は、中小企業製品の輸出を
　不利にさせ、また、中小企業分野と競合する財が大量に安価で
　輸入されるために中小企業の倒産を増加させる。

□**3** 日本では中小企業の近代化が遅れ、大企業と比較して
★★★ 　**★★★** 率、生産性、収益性、賃金などで大きな格差
があるが、この大企業と中小企業の関係を **★★★** と
いう。

> ◆日本の中小企業は伝統的な地場産業を支えている反面、親企業
> との系列・下請関係が存在し、大企業との間に二重構造が生じて
> いる。その改善策は、中小企業基本法と**中小企業近代化促進**
> **法**（現在の中小企業新事業活動促進法）が中心となっている。

**資本装備,**
**二重構造**

□**4** **二重構造**の原因として、土地などの担保物件が乏しく
★★ 十分な担保がないため、銀行などの融資を受けられな
い **★★** の二重構造と、原料が高く製品が安いとい
う**原料高・製品安**、中小企業の多くが大企業の下請企
業であるため **★★** として利用され、不況期に倒産
しやすい構造にあることなどが挙げられる。

**金融**

**景気変動の調節弁**

□**5** 　**★** 法（1973年制定）は、デパートや大型スーパーの
★ 出店を当時の通産大臣の**許可制**とし、数年間の 　**★**
を義務づけ、営業日数や営業時間などの規制を設けて
いた。

> ◆大規模小売店舗法の立法目的は地元の中小商店の保護にあっ
> た。出店調整期間は当初3年間であったが、アメリカによる同
> 法の**廃止要求**を受け、1992年より1年間に短縮された。

**大規模小売店舗,**
**出店調整**

□**6** 大規模小売店舗法の**廃止**に伴い、2000年に施行された
★★★ 大規模小売店舗立地法は、百貨店や大型スーパーの出
店や営業時間について **★★★** を認め、交通渋滞緩和
策とごみ処理の実施など生活環境保持のみを出店条件
としている。

**規制緩和**

□**7** 独自の研究開発で経営展開を行い、新たな市場を開拓
★★★ する企業を一般に **★★★** 企業という。

**ベンチャー**

□**8** 既存産業が行っていない業態を行うことで成長を遂げ
★ る「**すき間産業**」は 　**★** 産業とも呼ばれる。

**ニッチ**

□**9** 中小企業の**ベンチャービジネス**を支援するため、2003
★★★ 年には時限立法として**中小企業挑戦支援法**が制定され、
資本金 **★★★** 円の**株式会社の設立**が認められ、**05年**
の会社法制定（06年施行）で恒久法化された。

**1**

XV
経済

7
中小企業

373

## XV 経済分野 8 農業問題と農政

□ **10** 次のグラフは、日本の企業の開業率と廃業率の推移を表している（『中小企業白書』）。グラフAは [★★]、Bは [★★] を指す。近年は [★★] の効果もあり「A＞B」の状態が続いていたが、20年の「[★★] ショック」で逆転することが確実である。

開業率,
廃業率, アベノミクス,
コロナ

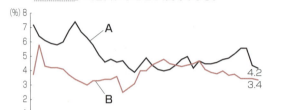

## 8 農業問題と農政

ANSWERS □□□

□ **1** 世帯員全員が農業だけに従事している農家を一般に [★★★] 農家、世帯員中に農業以外に従事している者がいる農家を一般に [★★★] 農家という。

専業,
兼業

◆第１種兼業農家：農業所得＞農外所得、第２種兼業農家：農業所得＜農外所得となる。現在は第２種兼業農家が圧倒的に多い。また、農業世帯を構成する者における兼業従事者の有無で区分していた従来の専兼業分類から、実態をより正確に把握することを目的に、1995年より主副業別分類が用いられ、主業農家、準主業農家、副業的農家という収入と働き手の両面から農家を定義する新たな分類法が導入された。この３つの種別はまとめて「販売農家」とされ、その中で現在は副業的農家の割合が大きい。

□ **2** 高度経済成長期の [★★] 人口の減少に伴って、GNP（国民総生産）に占める農業生産の割合が [★★] した。

農村,
低下

□ **3** 高度経済成長期に主な働き手である [★★] 労働者が工業に流出し、俗にいう「[★★] 農業」が出現した。

男子,
三ちゃん

◆農業の主な働き手を失い、農家に残された「おじいちゃん、おばあちゃん、おかあちゃん」が農業を担うことから名づけられた言葉。高度経済成長期の1963年の流行語になった。

□**4**
★★★
政府が<u>コメ</u>を**管理**することを定めた ★★★ 法は第二次世界大戦中に制定され、**1995年に廃止**された。

食糧管理

◆コメの需要と供給、価格を調整し安定させる目的で定められた<u>食糧管理法</u>は戦時立法であり、**統制経済**の一環である。

□**5**
★★
コメを政府が<u>生産者米価</u>を設定して<u>高く</u>**買い**、消費者には<u>消費者米価</u>を設定して<u>安く</u>**売る**という ★★ 制度は、 ★★ による**食糧管理特別会計**の<u>赤字</u>が拡大したことから、1970年代に見直された。

食糧管理、
逆ザヤ

◆1995年まで実施されていた<u>食糧管理制度</u>の下では、**生産者米価は**<u>高く</u>、**消費者米価は**<u>安い</u>**という**<u>逆ザヤ</u>が存在していたが、その差額を負担する**食糧管理特別会計**は<u>赤字</u>に陥っていた。

□**6**
★★
コメの増産や消費の減少の結果として生じた ★★ に対応するため、1970年代の総合農政の下、作付面積を減らし**コメを生産調整**する ★★ 政策が行われた。

生産過剰

減反

◆<u>減反</u>政策は、2018年度産米から廃止された。

□**7**
★★
<u>食糧管理法</u>の**廃止**に伴い、1995年に施行された ★★ 法は、<u>コメ</u>の生産、流通、販売を**自由化**し、強制<u>減反</u>を選択的<u>減反</u>とし、計画流通米として**自主流通米**を政府が管理する一方、計画外流通米を合法化した。

新食糧（食糧需給
価格安定）

◆2004年の改正<u>新食糧法</u>の施行により、自主流通米と計画外流通米の区別をなくし、民間流通米に一本化した。

□**8**
★★
1960年代に<u>農業基本法</u>の下で**自立経営農家の育成**や農業構造改善事業、**付加価値性の高い**農作物に作付転換を進める**農業生産の選択的拡大**などの政策を進める ★★ が行われた。

基本法農政

□**9**
★★
1999年制定の ★★ 法は<u>新農業基本法</u>とも呼ばれ、農業の機能として、**食料の安定供給確保**、**農業の持続的発展**や**農村振興**以外にも、**自然環境の保全**などの多面的な機能が明示されている。

食料・農業・農村
基本

**XV**
**経済**

**8**
農業問題と農政

375

**XV** 経済分野　**8** 農業問題と農政

□**10** 2018年の日本の食糧全体の**供給熱量自給率**（calベー
★★　ス）は ★★ ％である。

　◆1960年代に80％、70年代に60％、2000年代に40％程度まで
　　低下し、10年からは40％台を割り込んでいる。100％超のカ
　　ナダやアメリカ、フランス、60％程度のイギリスやイタリアと
　　比べ、先進国では最低レベルで、人口比としても低い。2020年3
　　月、安倍内閣は5年ぶりに新たな「食料・農業・農村基本計画」を
　　閣議決定し、30年度までに45％とする目標を設定したが、**農地
　　面積**や**農業従事者数の減少**、環太平洋経済連携協定（TPP）の締
　　結による農業自由化の加速、さらに新型コロナウイルス感染症
　　（COVID-19）の感染拡大による**国内需要の落ち込み**で農業経営
　　が破綻するなど、日本の食料自給率の行く末が懸念されている。

37

□**11** 日本の食料自給率(2018年換算、供給量ベース)は、か
★★　つて100％を超えていた ★★ が97％、鶏卵が
　　96％と依然高い数値を示しているが、穀物（食用＋飼
　　料用）は ★★ ％を下回る。

　◆**穀物類は**28％（**小麦**12％、**大豆**6％など）と極めて低い。なお、
　　JA（農業協同組合、農協）グループは「国民が必要とし消費する
　　食料は、できるだけその国で生産する」という「**国消国産**」の考
　　え方を提唱している。

コメ

30

□**12** 先進主要国の中で、供給熱量総合自給率が約120〜
★★★　130％の国はアメリカと、**ヨーロッパ最大の農業国**で
　　ある ★★★ である(2017年)。特に、穀類自給率で
　　は ★★★ が127％、 ★★★ が189％と、いずれも
　　**穀物輸出国**となっている (2013年)。

フランス,

アメリカ, フランス

□**13** 外交および安全保障政策上、少なくとも**主食は国内完
★★★　全自給体制を維持**することが望ましいとの考え方を
　　 ★★★ 論といい、 ★★★ の**市場開放反対論**として
　　しばしば主張されてきた。

　◆ GATT ウルグアイ=ラウンド (1986〜94年) でコメの市場開放・
　　自由化を迫られた際、これに反対する立場の根拠となった。

食糧安全保障, コ
メ

□**14** 1980年代以降には海外からの ★★★ 要求により**農
★★★　産物の輸入自由化**が行われ、91年には ★★★ とオ
　　レンジ、92年にはオレンジ果汁、99年にはコメが
　　 ★★★ （包括的関税化）に移行した。

市場開放,
牛肉

例外なき関税化

376

□**15**
★★
1994年、**GATT ウルグアイ=ラウンド**で<u>コメの例外なき関税化</u>が決定するも、日本は直ちにその実施を猶予される代わりに、95年から国内消費量の4〜8%を輸入する ★★ を受諾し ★★ が行われた。

ミニマム=アクセス（最低輸入量）,
部分開放

◆**1999年**から日本は<u>コメの例外なき関税化</u>に移行した。なお、日本に輸入されているコメには関税として**従量税**が課せられている。これを従価税に換算すると**778%**の高関税となるが、これによって**内外価格差**を縮め、**国内のコメ農家を保護**している。

□**16**
★★★
★★★ は、太平洋の周辺諸国で例外なく<u>関税</u>を撤廃することを目指しているが、これに加入することへの反対論として ★★★ が主張された。

環太平洋経済連携協定 (TPP)
食糧安全保障論

◆<u>環太平洋経済連携協定</u> (<u>TPP</u>) により、関税なしに、ないしは低関税で外国から安価な農作物が日本の市場に流入する可能性があるため、日本もコスト引き下げのために**農業**への<u>法人</u>の参入規制をさらに緩和すべきだとの主張がある。

□**17**
★★★
<u>環太平洋経済連携協定</u>(<u>TPP</u>)や日本・EU 間の ★★★ (<u>経済連携協定</u>) の発効に伴い、日本の農作物を世界中に輸出する必要があるが、2009年の<u>農地法</u>**改正**でリース方式による農業経営への ★★★ の**参入**を認めるなどの**規制緩和**により、今後は農作物を作り、加工し、製品化して販売する ★★★ <u>産業化</u>を推進することが重要である。

EPA

法人 (株式会社)

六次

◆**1952年制定の**<u>農地法</u>は、地主制の復活を防止するために農地の所有や賃貸、販売に対して厳しい規制が設けていたが、2009年の法改正で農地の貸借が自由化された。農業人口の減少に対応し、広く人材を確保するための施策といえる。そのような中で、第一次産業が第二次産業や第三次産業と連携し<u>六次産業化</u>された新たな農業のあり方が模索されている。<u>バイオテクノロジー</u>や <u>AI</u> (<u>人工知能</u>)、<u>ICT</u> (<u>情報通信技術</u>) などの最先端技術を活用した「**強い農業**」へ転換できるかが課題である。

□**18**
★★
2010年、民主党政権下において**国内農業の保護**を目的に ★★ 制度が導入されたが、自民党への政権交代後は**新農政プラン**に基づき経営規模拡大や施設機械整備などの ★★ 的機能を直接支援する支払制度に転換を図っている。

農業者戸別所得補償
多面

□**19**
★
農業就業者の<u>高齢化</u>と後継者不足により ★ **地が増加**する中、2013年には ★ **法**が制定され、同機構（農地集積バンク）がその農地を借り受け、農業の担い手を募り、貸借・譲渡の橋渡しを行うことになった。

耕作放棄,
農地中間管理機構

**XV**
経済

**8**
農業問題と農政

377

# XV 経済分野　9 食の安全をめぐって

## 9 食の安全をめぐって

ANSWERS □□□

□**1** 日本では、 **★★★** 食品を販売する場合、原則的にその
★★★ 旨を表示することが義務づけられているが、**加工食品
の場合は表示義務が免除**されるケースがある。

遺伝子組み換え

□**2** 近年の日本の農林業を取り巻く状況として、地元で生
★ 産されたものを地元で消費することで、消費者と生産
者が相互の信頼の構築を目指す **★** の動きがある。

地産地消

□**3** 消費地と生産地との距離に輸送量をかけて算出された、
★ 二酸化炭素の排出量など**環境への負荷の度合い**を示す
指標を **★** という。

フードマイレージ

□**4** 流通段階では生産情報や流通経路などを明確に表示す
★ るなど、 **★** （**履歴管理**）システムを実現した農産
物の販売も増加し、多くの人々の間に **★** の**安全
性**への関心が高まっている。

トレーサビリティ,
食（食品）

　◆農産物やその加工品の生産から流通までの過程を追跡できるよ
　うにするシステムであるトレーサビリティが確立した背景とし
　て、牛海綿状脳症（BSE）発生の際、消費者の食への不安を取り
　除く必要があった。

□**5** 食品の安全性を確保する施策として、2009年に**消費者
★★★ 行政の一元化**を目的として **★★★** が発足した。

消費者庁

□**6** 国内で販売される **★** 食品については、食品添加
★ 物だけでなくアレルギーの原因とされる特定の原材料
も原則として **★** が義務づけられている。

加工

表示

□**7** 防虫や防腐のために収穫後、農作物に農薬を散布する
★ ことを **★** といい、その健康被害が問題となった。

ポストハーベスト

□**8** 複数の化学物質による相乗効果が現れることを **★**
★ といい、想定外の健康被害の発生が懸念されている。

複合汚染

□**9** 日本では、食中毒事件や食品の**表示**偽装など、食の安
★★ 全性をめぐる問題を受けて、 **★★** **法**が制定された。

食品安全基本

□**10** 食品に含まれる放射性 **★** の量について、日本は、
★ 子どもの健康への影響に配慮し、公的な基準値の区分
を設定した。

セシウム

378

□**11** ★ ★ は、2003年に内閣府の下に設置され、消費者庁などと連携し、食品の安全性を確保するための科学的な知見に基づく中立かつ公正なリスク評価を行っている。

◆食品安全基本法に基づき設置された機関で、食の安全のための多様な活動として、リスク評価の他にリスクコミュニケーションや緊急事態への対応なども行っている。

**食品安全委員会**

# 10 消費者問題

**ANSWERS** □□□

□**1** ★★★ アメリカのケネディ大統領は、欠陥商品や悪徳商法といった社会問題を受け、**消費者の ★★★ を議会への消費者特別教書の中で唱えて、 ★★★ の考え方を提唱した。

◆**消費者運動**はアメリカの弁護士ラルフ＝ネーダーらが社会運動として始めた。

**4つの権利,
消費者主権**

□**2** ★★★ 1962年、アメリカのケネディ大統領が発表した**消費者の4つの権利**とは、「安全である権利」「 ★★★ 」「 ★★★ 」「意見を反映させる権利」である。

◆知る権利とは、商品の品質と性能を知る権利のことである。

**選ぶ権利,
知る権利** ※順不同

□**3** ★★★ 日本では1947年に ★★★ 法が制定され、独占価格や不公正な競争を排除するとともに、 ★★★ が適正な価格で商品を購入できることを保障した。

**独占禁止,
消費者**

□**4** ★★★ 1968年に消費者保護基本法が制定され、2004年に同法の改正で制定された ★★★ 法では、第1条で「消費者の ★★★ の尊重及びその自立の支援」を基本理念として掲げている。

◆消費者保護基本法は、従来の**消費者の保護**から消費者の自立支援を目的として抜本改正された。

**消費者基本,
権利**

□**5** ★★ **消費者行政の最高意思決定機関**は ★★ であり、消費者の国の窓口が ★★ 、地方の窓口となって苦情処理や品質テストを行うのが ★★ である。

**消費者政策会議,
国民生活センター,
消費生活センター**

□**6** ★ 国民生活センターが仲介するなど、身近な消費者間のトラブルを当事者以外の第三者の介入により**迅速かつ簡易に解決するシステム**を ★ という。

**裁判外紛争解決手続（ADR）**

# XV 経済分野 10 消費者問題

**□7** 消費者行政の主務官庁は ★★★ であるが、新たな主務官庁として厚生労働省の一部や農林水産省の一部などが統合し、2009年9月に各省庁が行っていた**消費者行政を一元化**するために ★★★ が創設された。

内閣府

消費者庁

**□8** ★★ は、消費者が**商品の共同購入**を通して商品を少しでも安く購入することを目的に作られた組織で、1844年にイギリスの ★★ で創設された。

生活協同組合

ロッチデール

**□9** 消費者保護を目的として、訪問販売や割賦販売、宅地建物取引、マルチ取引などについて、成立した**売買契約を一定期間内**ならば ★★★ なしに**買主側から無条件で解除できる** ★★★ という制度が設けられている。

違約金、
クーリング=オフ

◆クーリング=オフで買主が売買契約を無条件で解除できる期間は、マルチ商法では20日間、訪問販売では8日間である。

**□10** ある保険会社が、契約を変更すると料金が高額になることを知らせずに、消費者に契約を変更させていた場合、企業と消費者との取引における**情報の** ★ によって、消費者に不利益が生じているといえる。

非対称性

**□11** 1976年に制定された ★★ 法が改称され、**訪問販売**や**マルチ商法**などについて**悪徳商法の禁止**を定めた ★★ 法が2000年に制定された。

訪問販売

特定商取引

**□12** ★★★ 法は、欠陥商品の製造業者が過失の有無にかかわらず被害者たる消費者に対して ★★★ 損害賠償責任を負うことを定めているが、製造当時の科学水準で被害結果の発生が予見不可能であることが立証できた場合にのみ**免責**される ★★★ も認められている。

製造物責任（PL）、
無過失

開発危険の抗弁権

**□13** 現代の消費社会において、**広告や宣伝に左右されやすい消費者の心理的傾向**を、アメリカの経済学者ガルブレイスは『ゆたかな社会』の中で ★★ と呼んだ。

依存効果

**□14** 必ず儲かると説明された契約に関する**消費者の取消権**や**メーカーの免責特約の無効性**を定めた法律は ★★ 法である（2000年制定、01年施行）。

消費者契約

◆消費者契約法では、不実告知があった場合、消費者が契約を取り消すことができることが定められている。2006年の法改正で**適格消費者団体**が創設され、消費者に代わり悪徳事業主への販売差止めなどの裁判を行うことが認められた。

□**15** 通信販売などで注文していない商品を勝手に送付し、代金を一方的に請求する ☆ は、消費者が受領を拒否したにもかかわらず、業者が 14 日以内に引き取りに来なければ、送り主である業者の返還請求権は ☆ すると特定商取引法に明記された。

ネガティブ=オプション（送りつけ商法）
消滅

□**16** 商品の買い手を次々と勧誘するネズミ講式の取引で、特定商品を複数セット購入させ、これらの商品を複数の人に各々複数セット購入させることに成功した場合、一定割合の利益を与えるなどの方法で**商品を連鎖的に販売する商法**を ☆ という。

マルチ商法（マルチまがい商法）

□**17** 街頭でアンケートなどを理由に近づき、事務所などに連れ込んで化粧品や美術品などの商品を売りつける悪徳商法を ☆ という。

◆また、電話やメールなどで架空の商品の当選などをかたって連絡し、特別なサービスの提供を口実に消費者を呼び出し、商品を売りつける販売方法をアポイントメント商法という。

キャッチ=セールス

□**18** 消費者の自己破産の増加を招く ☆☆ 問題に処すため、2006 年の貸金業法の改正に加え、10 年の出資法改正で法律上の借入金利の上限の引き下げを行い、上限金利が利息制限法の上限金利を上回ることで生じる「 ☆☆ 金利」が消滅した。

多重債務

グレーゾーン

◆この背景には、バブル崩壊後の長引く不況の中、1990 年代に急速に普及した**消費者金融**など個人への無担保融資事業から、多くの消費者が借入を受けたことがある。

## **11** 公害問題と環境保護

ANSWERS □□□

□**1** 日本における公害の原点は、1890 年の ☆☆ 事件であり、代議士の ☆☆ が天皇にその解決を直訴した。

足尾銅山鉱毒,
田中正造

□**2** 日本で**公害問題が深刻化**したのは ☆☆ 期である。

高度経済成長

381

**XV 経済分野 11 公害問題と環境保護**

□**3** 四大公害とは、三重県で発生した ★★★ 、富山県で
★★★ 発生した ★★★ 、熊本県で発生した ★★★ 、新潟
県で発生した ★★★ の４つを指す。

四日市ぜんそく，
イタイイタイ病，
水俣病，
新潟水俣病

◆四日市ぜんそくは**大気汚染**、イタイイタイ病はカドミウムによる**水質汚濁**、2つの水俣病は有機水銀による**水質汚濁**である。2013年に、**水銀**とその使用製品の製造・輸出入を禁止する水俣条約が採択され、17年に発効した。

□**4** 日本では、工場から排出された ★★★ （亜硫酸ガス）
★★★ が原因で、ぜんそく患者が多発する公害が発生した。

硫黄酸化物（SOx）

□**5** 1967年の ★★ 法において、**公害**を ★★ 汚染、
★★ ★★ 汚濁、土壌汚染、騒音、振動、地盤沈下、悪
臭の７種類に規定した。

公害対策基本，大気，
水質

◆これら７種類の公害は「**典型７公害**」と呼ばれる。1993年に公害対策基本法に代わり、環境基本法が制定されたため、現在は同法に規定されている。

□**6** ★★★ 年の国会では、公害対策基本法第１条の「**公害**
★★★ **対策と経済発展の**調和**条項**」が削除され、公害罪法な
ど14の公害対策関係法の改正と制定が行われたこと
から「 ★★★ 」と呼ばれ、 ★★★ の設置が決まった。

1970

公害国会，環境庁

□**7** **1971年**に公害対策の主務官庁として ★★★ が発足
★★★ し、**2001年**の中央省庁改革で ★★★ となった。

環境庁，
環境省

□**8** 高度経済成長期から、都市部で大気汚染や騒音などの
★★ ★★ 型公害が社会問題化し、その対策を求める
★★ が盛んに行われた。

都市・生活，
住民運動

□**9** 1973年には特定の公害の被害に対して、**国による補償**
★ を定めた ★ 法が制定された。

公害健康被害補償

□**10** 1993年には廃棄物や放射性物質、地球環境問題などに
★★★ 対処すべく、公害対策基本法と ★★★ 法を発展的に
統合して ★★★ 法を制定した。

自然環境保全，
環境基本

◆環境基本法は、いわゆる環境憲法として制定されたが、環境権を認める規定は置かれなかった。

□**11** 公害は、市場を経由せずに被害を及ぼすため、その**社**
★★★ **会的費用が市場取引に反映されない**ので、市場では適
切な ★★★ が行われない。

資源配分

□**12** 公害を発生させた企業が汚染防除や被害者救済のための**費用を負担すべきである**という　**★★★**　は、日本の環境政策に採用されている。
★★★

◆1972年の**OECD環境委員会**で汚染者負担の原則（PPP）の国際ルール化が提唱された。日本において、PPPは自動車の排気量によって自動車関係諸税を重くする**グリーン化税制**（2001年実施）や、二酸化炭素排出量に応じた税率を上乗せする**地球温暖化対策税**（2012年10月より導入）などに具体化されている。

汚染者負担の原則（PPP）

□**13** **過失の有無を問わず**公害発生企業や欠陥商品製造企業の**損害賠償責任を認める原則**を　**★★**　という。
★★

◆民法の損害賠償義務に関する故意・過失責任の原則を被害者保護の観点から修正した。**大気汚染防止法**、**水質汚濁防止法**、**原子力損害賠償法**などに規定されている。

無過失責任の原則

□**14** 公害問題における無過失責任の原則や汚染者負担の原則（PPP）は、企業の　**★★★**　（CSR）の一例である。
★★★

社会的責任

□**15** 公害規制のあり方としては、かつての有害物質の排出濃度を規制する方式に加え、地域や企業別に**排出量を割り当てて**　**★★**　を規制する方式も導入されている。
★★

◆濃度規制から総量規制へと政策の重点が変化している。

排出総量

□**16** 環境に著しい影響を及ぼすとされる事業の**環境負荷量**を事前に調査、予測、評価することを　**★★★**　という。
★★★

◆環境アセスメントについては、以前より地方における条例はあったが、1997年の環境影響評価法によって初めて国レベルで法律化された。

環境アセスメント（環境影響評価）

□**17** 副産物を廃棄物にせず技術的に相互に利活用し、廃棄物をゼロにする　**★★**　や国際標準化機構（ISO）の環境マネジメントに関する国際規格（　**★★**　シリーズ）、　**★★**　マークを表示した商品など、企業の自己規制や環境技術開発を促進する政策が進んでいる。
★★

ゼロ=エミッション，ISO14000，エコ

□**18** 家庭や事務所から排出されるごみを　**★**　というのに対して、工場などの生産活動に伴って排出されるごみを　**★**　という。
★

一般廃棄物

産業廃棄物

□**19** 2019年12月、経済産業省は　**★★**　法の関係省令を改正し、翌20年7月よりプラスチック製買物袋（　**★★**　）の有料化を開始した。
★★

容器包装リサイクル法，レジ袋

**XV 経済**

**11 公害問題と環境保護**

# XV 経済分野　12 国際分業と貿易

## 12 国際分業と貿易

ANSWERS □□□

□ **1** 発展途上国が先進国に対して ★★ を輸出し、先進
★★ 国は発展途上国に対して**工業製品などの加工製品を輸出**するという貿易形態を ★★ 分業という。

一次産品

垂直的

□ **2** 同一産業に属する製品どうしの対等な貿易形態のこと
★★ を ★★ 分業という。
◆先進国間に見られる工業製品どうしの貿易形態などを指す。

水平的

□ **3** ★★ は、**国際**分業を社会分業の最高形態と捉え、自
★★ 由放任に基づく国際取引を主張した。

アダム=スミス

□ **4** ★★★ はアダム=スミスの ★★★ 主義の考えを発
★★★ 展させて、 ★★★ 説によって自由貿易を主張した。
◆アダム=スミスは主として**国内的自由放任**を、リカードは主とし
て**国際的自由放任**を唱えた。2人とも古典派経済学の立場に立つ。

リカード, 自由放任,
比較生産費

□ **5** ★★★ は、外国貿易において、**各国は比較優位にあ**
★★★ **る商品の生産に特化し、それを輸出し合えば双方が利益を得られる**と主張した。
◆リカードは『**経済学および課税の原理**』の中で、各国は自国内で
生産コストが比較的安くつく商品に生産を特化し、お互いがそ
れを自由に交換し合えば双方に有利だと考えた。

リカード

□ **6** 次の表を見て、下の文章の空欄にあてはまる適語を答
★★ えよ。なお、表中の人数はそれぞれの製品を1単位生
産するのに必要な労働者数を指す。

| | ラシャ1単位 | ブドウ酒1単位 |
|---|---|---|
| イギリス | 100人 | 120人 |
| ポルトガル | 90人 | 80人 |

この例では、比較生産費説によると、**イギリスは ★★
に生産を特化**し、**ポルトガルは ★★ に生産を特化**
して、お互いで作った製品1単位どうしを自由に交換
すれば、イギリスは ★★ 単位、ポルトガルは ★★
単位増産できる。

ラシャ,
ブドウ酒

0.2, 0.125

◆**イギリスはラシャに特化**すれば、**全労働者220人÷100人＝
2.2単位**、2.2単位－2単位＝0.2単位増産できる。**ポルトガ
ルはブドウ酒に特化**すれば、**全労働者170人÷80人＝2.125単
位**、2.125単位－2単位＝0.125単位増産できる。最後に両国間
でラシャ1単位とブドウ酒1単位を**自由貿易によって交換**し合
えば、生産しなかった財を1単位入手できる。

□**7** ★ ［ ★ ］化とは、**それまで輸入していた製品を国産化するために国内の工業化を図る**ことである。

輸入代替工業

□**8** ★★ ドイツの経済学者［ ★★ ］は、**国内幼稚産業を保護・育成する**ために国家が貿易に介入し、輸入品に関税を課すことによって輸入品の国内流入を抑える［ ★★ ］の必要性を主張した。

リスト

保護貿易

□**9** ★★★ 輸入品に**高率の**関税を課して**国内販売価格を**関税**分だけ高くする**ことを［ ★★★ ］の形成という。

関税障壁

◆アメリカは、国内保護を行う場合、関税を引き上げる場合が多いことから、先進国の中では関税障壁**の高い国**である。近年の**米中貿易摩擦**では、トランプ政権（2017～21年）が**中国に対する高関税政策**を実行している。

□**10** ★★ 貿易において、［ ★★ ］の制限、輸入課徴金、［ ★★ ］手続の複雑化、排他的取引慣行などで国内産業を保護することを［ ★★ ］の形成という。

輸入数量, 入関(検疫)

非関税障壁

◆**日本は**非関税障壁**の高い国**といわれている。

□**11** ★★★ 第二次世界大戦後は、大戦前の反省に立ち徹底した［ ★★★ ］体制が構築され、［ ★★★ ］の引き下げや輸入数量制限の撤廃による貿易**の自由化**を目指して［ ★★★ ］（関税及び貿易に関する一般協定）が創設された。

自由貿易, 関税, GATT

◆第二次世界大戦前の**保護貿易**は、排他的なブロック経済圏を**形成**したため、市場拡大のための**帝国主義戦争**を招くことになった。

□**12** ★★★ 第二次世界大戦後の国際経済を支える［ ★★★ ］は貿易の支払手段である［ ★★★ ］**の安定化と自由化**を図り、自由貿易を支払面からバックアップしている。

IMF (国際通貨基金),

外国為替

◆ GATT と IMF は同時期に設立されたことから、第二次世界大戦後の国際経済は IMF＝GATT **体制**と呼ばれた。

□**13** ★★ ［ ★★ ］は、**加盟国の経済の安定成長と貿易拡大**を図ると同時に、**発展途上国に対する援助**とその調整を目的とする政府間機関で、二国間援助の実態調査も行う。

経済協力開発機構 (OECD)

# 13 国際収支

ANSWERS □□□

□**1** ★★ 国際収支が［ ★★ ］の場合は外国からの通貨の受け取りが多く、外貨準備高は増加し、［ ★★ ］の場合は外国への通貨の支払が多く、外貨準備高は減少する。

黒字,

赤字

# XV 経済分野　13 国際収支

□**2** 国際収支について、日本はかつて ★★ で表示してきたが、現在は ★★ で表示している。

ドル，
円(自国通貨)

□**3** 2013年までの旧統計の主な国際収支項目に関する次の表の空欄 A ～ G にあてはまる適語を答えよ。

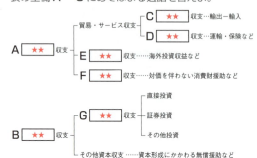

A 経常
B 資本
C 貿易
D サービス
E 所得
F 経常移転
G 投資

□**4** 2014年からの新統計の主な国際収支項目に関する次の表の空欄 A ～ E にあてはまる適語を答えよ。

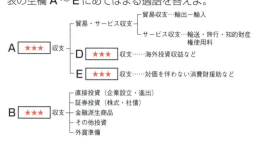

A 経常

B 金融

C 資本移転等
D 第一次所得
E 第二次所得

◆旧統計では日本からお金が流出すれば赤字（マイナス）、日本にお金が流入すれば黒字（プラス）と表示されていた。新統計では、経常収支と経常移転収支は従来と同様であるが、**金融収支だけ逆の符号で表示する**ことになった。海外資産・負債の増加を黒字（プラス）、減少を赤字（マイナス）と評価する。すなわち、日本人が海外に投資して海外資産（金融資産）を持つことを黒字（プラス）と表示し、お金の流出入ではなく、資産が増加したことを黒字（プラス）と評価する。一方、居住者が対外投資を居住国に引き揚げた場合は赤字（マイナス）と評価する。なお、海外から非居住者による日本への対内投資が増えた場合、対外負債が増えたので黒字（プラス）と表示する点に注意。

□**5**
★★
新統計において、経常収支と資本移転等収支の合計が [ ★★ ] であれば、理論上、金融収支は [ ★★ ] となる。

◆「経常収支＋資本移転等収支−金融収支＋誤差脱漏＝0」という計算式が成り立つ。よって、経常収支と資本移転等収支の合計が黒字（プラス）であれば、金融収支は黒字（プラス）となる。実際は、統計上の誤差が生じるために誤差脱漏で補正される。

黒字（プラス），
黒字（プラス）

□**6**
★★
日本車の外国への輸出は、[ ★★ ] 収支の [ ★★ ] に計上される。

貿易，黒字（プラス）

□**7**
★★
アメリカで出版されている経済学の教科書を、日本にいる学生がインターネットを通じて購入する取引は、[ ★★ ] 収支の [ ★★ ] に計上される。

貿易，赤字（マイナス）

□**8**
★★
日本人の外国への旅行は、[ ★★ ] 収支の [ ★★ ] に計上される。

◆従来、「日本人の海外旅行客＞外国人の訪日旅行客」であったことから、日本のサービス収支は赤字を記録してきたが、2019年は後者が増加し、インバウンド需要も急増したことから、第二次世界大戦後初めて黒字を記録した。翌20年は東京オリンピック・パラリンピック関連でさらなる黒字の拡大が期待されていたが、新型コロナウイルス感染症（COVID-19）の感染拡大により、状況は一変した。

サービス，赤字（マイナス）

□**9**
★★
日本の居住者が外国の銀行に定期預金をした場合、[ ★★ ] 収支の [ ★★ ] に計上され、その**利子の受け取り**は、[ ★★ ] 収支の [ ★★ ] に計上される。

金融，黒字（プラス），
第一次所得，黒字（プラス）

□**10**
★★
金融収支が [ ★★ ] の場合、外国からの通貨の受け取りが多く、対外純資産は減少する代わりに**国内流通通貨量**は増加し、[ ★★ ] の場合、外国への通貨の支払いが多く、対外純資産は増加する代わりに**国内流通通貨量**は減少する。

赤字（マイナス）

黒字（プラス）

□**11**
★★
イギリスの国債や株式に投資した日本の投資家が、その国債の利子や株式配当金を受け取るような取引は、新統計では [ ★★ ] 収支の [ ★★ ] に計上される。

第一次所得，
黒字（プラス）

**XV**
**経済**

**13**
国際収支

387

**XV** 経済分野 **13** 国際収支

☐**12** 日本の企業が外国に現地工場を建設した場合、新統計
★★ ではその資金の流れは ★★ 収支の ★★ に、そ
の工場が上げた利潤の一部が配当として日本の企業本
社に送金された場合、 ★★ 収支の ★★ に計上
される。

金融，黒字（プラ
ス）
第一次所得，黒字
（プラス）

☐**13** 日本からの旅行客が、パリのレストランで食事をする
★★ ような取引は、新統計では ★★ 収支の ★★ に
計上される。

サービス，赤字（マ
イナス）

☐**14** 日本政府が ODA（政府開発援助）で、アフリカの国々
★★ に食糧品や医薬品購入のための資金援助を行う取引は、
新統計では ★★ 収支の ★★ に計上される。

第二次所得，赤字
（マイナス）

☐**15** 日本政府が発展途上国に対して固定資産を援助した場
★★ 合、新統計では ★★ 収支の ★★ に計上される。

資本移転等，赤字
（マイナス）

☐**16** 日本の企業が持つ特許権に対して外国の企業が支払う
★★ 使用料の収入は、新統計では ★★ 収支の ★★
に計上される。

サービス，黒字（プ
ラス）

◆特許権・著作権などの**知的財産権**を外国企業に**売却**した収入は、
資本移転等収支の黒字に計上されることに注意！

☐**17** 旧統計の ★★ とは、対外債務の増大を示す資本流
★★ 入と対外債権の増大を示す資本流出の差額で、均衡状態
から**対外直接投資が増えると** ★★ になり、新統計
では資本流入と資本流出は、いずれも ★★ となる。

資本収支

赤字（マイナス），
黒字（プラス）

☐**18** 新統計の金融収支の ★★ （旧統計の資本収支の
★★ ★★ ）**が拡大**すると、やがて新統計の ★★ 収支
の黒字が拡大していく。

黒字（プラス），
赤字（マイナス），
所得（第一次所得）

◆海外の株式への投資や海外への預金が増加すると、新統計では
金融収支の**黒字**（旧統計では資本収支を構成する投資収支の**赤
字**）が発生する。すると、うまくいけばいずれ配当金や利子が流
入して、新統計でいう投資収益を示す第一次所得収支の**黒字**が
発生する。日本は、このような状況の下で第一次所得収支の**黒
字**が拡大し、貿易収支の赤字分ないしは黒字の減少分を補塡し
ている。

□**19** **★★** | ★★ | とは、**政府と中央銀行が保有する公的な**外貨**の総額**を意味する。

◆2005年まで、日本の外資準備高は世界第1位であったが、06年に中国に抜かれ、第2位となった。

**外貨準備高**

□**20** **★★** 日本の国際収支は、2000年代までは | ★★ | 収支が大幅黒字であったことから | ★★ | 収支が大幅黒字を記録したが、それは旧統計では | ★★ | 収支が大幅赤字、新統計では | ★★ | 収支が大幅 | ★★ | となる。

**貿易，**
**経常，**
**資本，**
**金融，黒字**

□**21** **★★★** 1980年代には、日本の | ★★★ | の多くが対米輸出のためであるとして日米 | ★★★ | が問題化した。

**貿易黒字，**
**貿易摩擦**

□**22** **★★** 1980年代後半、旧統計の資本収支が大幅な赤字を記録したのは、85年の | ★★ | 合意による円高誘導を背景に日本企業の対米 | ★★ | が増加したためである。

**プラザ，**
**直接投資**

◆円高になるとドルが安く入手できるため、アメリカでの企業設立がしやすくなり、アメリカ人労働者も安く雇用できる。その結果、日本企業の対米進出が増加する。このようにして起こった摩擦を日米投資摩擦という。

□**23** **★★★** 日本の国際収支は、従来 | ★★★ | 収支が新統計の | ★★★ | 収支を上回ってきたが、**2005年以降は逆転し**、日本はモノを作って輸出する国から、**過去の資産を海外で**運用**して稼ぐ国**に変化している。

**貿易，**
**第一次所得**

□**24** **★** 日本の国際収支は、**2003・04年**に旧統計の | ★ | 収支が34年ぶりに黒字を記録した。

**資本**

◆2003年4月に日本の株価（東証平均）が1株＝7,607円と当時のバブル後最安値を記録し、日本株の割安感から外国人による日本への株式投資や企業買収、資本参加が増加したためである。

□**25** **★★** 近年、**韓国**や**中国**の製品の輸出が伸長する中、**日本の**貿易収支**は大幅な** | ★★ | **を記録することが困難な状況に追い込まれ、2011～15年には** | ★★ | **を記録した。**

**黒字，**
**赤字**

□**26** **★★** **2008年の日本の**貿易収支**が、前年比で大幅に**減少して2兆円程度の**黒字**にとどまったのは | ★★ | によるアメリカの消費減退に伴い輸出が激減したためである。

**リーマン＝ショック**

◆2007年には10兆7,955億円あったが、08年には2兆633億円にとどまった。

XV
経済

**13**
国際収支

389

■27 2011年の日本の国際収支は、東日本大震災の影響もあり、[ ** ]収支が03・04年以来の[ ** ]を記録した。一方で、**下請メーカーが被災し**[ ** ]が寸断され生産が減少したことや**超円高の進行**による輸出の低迷、原発停止に伴う**天然ガスの輸入増加**などにより、貿易統計に基づく[ ** ]収支が1980年以来、31年ぶりに[ ** ]を記録した。

資本, 黒字,
サプライチェーン


貿易,
赤字

■28 日本の経常収支(旧統計)の内訳に関して、次のグラフAは[ ** ]、Bは[ ** ]、Cは[ ** ]、Dはサービス収支の推移を示している。

貿易収支, 所得収支, 経常移転収支

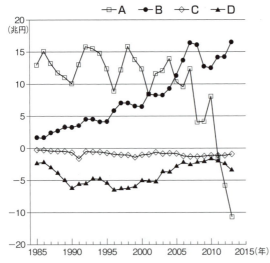

■29 アメリカは巨額の[ *** ]の赤字と[ *** ]赤字という「[ *** ]の赤字」を抱えている。

経常収支(貿易収支), 財政,
双子

◆1980年代、アメリカの巨額となった「双子の赤字」への対応策として、主要先進国はドル高(円安)を是正してドル安(円高)に**誘導**することに合意した(プラザ合意)。

□30 アメリカでは、2001〜09年までのブッシュ政権下の
★★ 「**テロとの戦い**」や**イラク戦争**などにより、08年には
財政赤字は約 □★★ 億ドルに、経常収支赤字は対日
貿易赤字のみならず対 □★★ 貿易赤字も増加して
約 □★★ 億ドルに達し、「双子の赤字」が再燃した。

◆2008年度のアメリカの財政赤字は4,590億ドル、経常収支赤字は
最大で7,061億ドルにも達した。08年以降、サブプライム=ロー
ン不況対策としての**財政支出拡大**のため、財政赤字が急増した
結果、09年度の財政赤字は1兆4,130億ドルにも達した。

4,600,

中 (中国),

7,000

## 14 外国為替市場

ANSWERS □□□

□1 一般に、異なる国の通貨と自国通貨との交換比率は
★★★ □★★★ と呼ばれる。

為替レート (外国
為替相場)

□2 変動為替相場制の下では、為替レートは外国為替市場
★★ における各国 □★★ の需要と供給によって決定する。

通貨

□3 外国為替市場でドル □★★ ・円 □★★ が行われる
★★ と、ドルが供給されて円の需要が高まるので、円高・
ドル安になる。

売り, 買い

□4 為替レートを決定する基礎的条件 (ファンダメンタル
★★ ズ) には、□★★ 、金利、マネーストック、**経済成長
率**、**失業率**、**インフレ率**などがある。

◆為替レートは、自国通貨と外国通貨の購買力の比率によって決
定されるとする理論を購買力平価説という。同一商品の日本で
の価格とアメリカでの価格を見れば、**円・ドルの交換比率**がわ
かるとする考え方といえる。

国際収支 (経常収
支)

□5 日本とアメリカで売られている同じスマートフォンが、
★★ 当初日本で1台9万円、アメリカで1台900ドルで
販売され、その後、日本で8万円、アメリカで1,000
ドルに価格が変動したとする。このスマートフォンの
価格に購買力平価説が成り立つ場合、円とドルとの為
替レートは、当初1ドル＝100円だったのが、1ドル
＝ □★★ 円となり、円 □★★ ドル □★★ となる。

◆80,000円÷1,000＝80円

80, 高, 安

**XV 経済分野　14 外国為替市場**

□**6** 日本の**国際収支の主要項目が** ★★ になると経済的
★★ 信用が高まり、投機的な円**需要が高まる**ことで ★★
になり、日本の**国際収支の主要項目が** ★★ になる
と、日本の経済的信用が低下し、円**需要が減退**すること
で ★★ になる。

黒字,
円高,
赤字

円安

□**7** 日本の**輸出が**増加すると ★★ になり、**輸入が**増加
★★ すると ★★ になる。

円高,
円安

◆輸出増加→国際収支（貿易収支）黒字→円高
　輸入増加→国際収支（貿易収支）赤字→円安

□**8** 日本からの**海外旅行者が**増加すると ★★ になり、
★★ 日本への**海外旅行者が**増加すると ★★ になる。

円安,
円高

◆日本からの海外旅行者増加→国際収支(サービス収支)赤字→円安
　日本への海外旅行者増加→国際収支(サービス収支)黒字→円高

□**9** 日本からの**海外投資が**増加すると ★★ になり、**日**
★★ **本への対内投資が**増加すると ★★ になる。

円安,
円高

◆海外投資増加→国際収支 (旧統計) 赤字 (＝お金が流出)→円安
　対内投資増加→国際収支 (旧統計) 黒字 (＝お金が流入)→円高

□**10** 日本で ★★ **金利政策**が行われると、外国人は日本
★★ の銀行に預金する方が得なので、ドル**売り・**円**買い**を
行って、円で**預金**する傾向が強くなり ★★ になる。

高

円高

□**11** 日米金利格差が拡大し、**アメリカが**高**金利、日本が**低
★★ **金利**となると ★★ になる。

円安

◆日本人は預金金利の高いアメリカに預金する→日本の国際収支
　(旧統計) 赤字 (＝お金が流出) →円安

□**12** **アメリカで**インフレ**が進行**した場合、アメリカ人は安
★★ 価な日本商品を買おうとするので、**日本からのアメリ**
**カへの輸出が**増加し、日本は ★★ になる。

円高

◆アメリカでインフレ→割安な日本商品がアメリカに売れる→日
　本の輸出増加→日本の国際収支（貿易収支）が黒字→円高

□**13** 円高になると円の購買力が上がるので、**輸入品は**
★★ ★★ し、**輸入に** ★★ になるため、輸入数量は
★★ する。

値下がり, 有利,
増加

□**14** 円安になると円の購買力は下がるので、**輸入品は**
★★ ★★ し、**輸入に** ★★ になるため、輸入数量
は ★★ する。

値上がり, 不利,
減少

□**15** 円高になると、ドルで支払う場合、**輸出品は**  **★★**  する ★★
ため**輸出が**  **★★**  となり、輸出数量は  **★★**  する。

値上がり，
不利，減少

□**16** 円安になると、ドルで支払う場合、**輸出品は**  **★★**  する ★★
ため**輸出が**  **★★**  となり、輸出数量は  **★★**  する。

値下がり，
有利，増加

◆1993年、日本の輸出を抑制しようとしたクリントン大統領の**円高容認**の発言を受け、円の値上がり観測から世界中で投機的な円買いが進み、**95**年に1ドル＝**79**円台の**超円高**となった。

□**17** **貿易摩擦**の原因の１つには、**日本の輸出に有利な為替** ★★
**レート**である  **★★**  が挙げられる。

円安

□**18** 円高になると**国内の物価は**  **★★**  し、**景気は**  **★★** ★★
することが多い。

下落，悪化

◆円高→輸入有利・輸出不利→国際収支（貿易収支）赤字基調→国内通貨量減少→デフレ・不況

□**19** 円安になると**国内の物価は**  **★★**  し、**景気は**  **★★** ★★
することが多い。

上昇，回復

◆円安→輸入不利・輸出有利→国際収支（貿易収支）黒字基調→国内通貨量増加→インフレ・好況

□**20** **国内のインフレ・景気過熱を抑える**為替政策としては、 ★★★
円  **★★★**  ・ドル  **★★★**  の**外国為替市場介入**を行い、
 **★★★**  に誘導する。

買い，売り，
円高

◆円高に誘導→輸入有利→輸入数量増加→国際収支（貿易収支）赤字基調→国内通貨量減少→インフレ・景気過熱抑制

□**21** **国内のデフレ・不況を克服**するための為替政策として ★★★
は、円  **★★★**  ・ドル  **★★★**  の**外国為替市場介入**を
行い、  **★★★**  に誘導する。

売り，買い，
円安

◆円安に誘導→輸出有利→輸出数量増加→国際収支（貿易収支）黒字基調→国内通貨量増加→デフレ・不況克服

**XV**
経済

**14**
外国為替市場

**XV** 経済分野　**15** 戦後の自由貿易体制 (1) ～ IMF による国際通貨管理

# 15 戦後の自由貿易体制 (1) ～ IMFによる国際通貨管理

ANSWERS □□□

□**1**　国際間の決済や金融取引の基本となる、**各国通貨の基**
★★★　**準としての機能**を果たす通貨のことを ★★★ という。

基軸通貨(キー=カ
レンシー)

□**2**　国際通貨基金 (IMF) では、**1945〜71年8月**までアメ
★★★　リカの経済力(国力)を背景に ★★★ を基軸通貨とす
る ★★★ 制を採用していた。この体制を ★★★ 体
制 (旧 IMF 体制) と呼ぶ。

◆1944年7月、アメリカのブレトン=ウッズで連合国44ヶ国の代
表が集まり、米ドルを基軸通貨とし、国際通貨基金 (IMF) と国
際復興銀行(IBRD)の設立に合意する協定が結ばれた(ブレトン
=ウッズ協定)。

ドル,
固定為替相場, ブ
レトン=ウッズ

□**3**　ブレトン=ウッズ体制 (旧 IMF 体制) 下では、金1オン
★★★　ス＝ ★★★ ドルの交換性を保証してドルに信用性を
与え、1ドル＝ ★★★ 円をはじめとした**ドルと各国**
**通貨との交換比率を固定する**固定為替相場制 (金・ド
ル本位制) が採用された。

◆金・ドル本位制とは、国際取引の決済手段として利用する通貨
が、金またはドルであるという体制の**固定為替相場制**である。ブ
レトン=ウッズ体制下では平価 (各国通貨間の基準為替相場) の
変動幅を上下1%以内に抑えることが義務づけられていた。

35,
360

□**4**　1945年に発足した ★★ は、第二次世界大戦後の復
★★　興および開発のために ★★ 融資を行い、**国際通貨**
**である**ドルを供給することを目的とする。

◆ブレトン=ウッズ体制下において、一時的な国際収支の赤字国に
対しては国際通貨基金 (IMF) が一定条件を守ることを前提に短
期融資を行った。

国際復興開発銀行
(IBRD),
長期

□**5**　国際復興開発銀行 (IBRD) は ★★★ とも呼ばれ、補
★★★　助機関には ★★★ がある。

◆国際開発協会 (IDA) は1960年に設立。第二世界銀行ともいう。

世界銀行,
国際開発協会
(IDA)

□**6**　国際通貨基金 (IMF) は、為替の自由化を確立するため
★★　に、 ★★ 制限の撤廃を IMF 第 ★★ 条に定めて
いる。

為替, 8

□**7** 1964年、**日本は**為替**制限が認められる** IMF **★★** **条**
★★ **国から、制限が認められない** IMF **★★** **条国に移行**
し**た**。

- ◆ IMF **第14条は発展途上国に認められる特例**（為替制限）**を、第**
  **8条は先進国の原則**（為替自由化義務）**を定めている。**

14,
8

□**8** 1960年代以降、**アメリカの国際収支の**赤字**が拡大した**
★★ **理由として、西欧諸国や日本の経済復興によるアメリ**
**カの** **★★** **の減少やアメリカ企業の** **★★** **化によ**
**る資本** **★★** **の増加、西側陣営の拡大のための軍事**
**援助の増加、ベトナム戦争に端を発する** **★★** **の発**
**生による輸出の低迷などが挙げられる。**

輸出，多国籍企業，
輸出，
インフレ

□**9** アメリカの**ドル**が国際通貨としての**基軸通貨性を失っ**
★ **た理由として、そもそも一国の通貨を国際通貨にする**
ことには矛盾があり、理論上、無理であるとする考え
方の **★** **論が挙げられる。**

- ◆一国の通貨を国際通貨にするためには、その通貨を世界各国に
  供給しなければならないため、国際収支が赤字にならなければ
  ならないが、赤字に陥るとその通貨に対する信用性が失われて
  **国際通貨とならなくなってしまう**という矛盾がある。

流動性ジレンマ

□**10** **ドルへの信用低下によって国際流動性不足が発生した**
★★ **ため、1969年に IMF は金・ドルに代わる第3の通貨と**
し**て** **★★** （SDR）**を創設した。**

- ◆ **SDR**とは、国際収支（経常収支）が赤字に陥った IMF 加盟国
  が、黒字国や外貨準備の豊富な加盟国から**外貨を引き出して借**
  **入できる権利**のこと。

特別引出権

□**11** 1971 年**8**月、**アメリカの** **★★★** 大統領**は、ドル防衛**
★★★ **のために**金**と**ドル**の交換性を停止したことなどから、**
**事実上** **★★★** **は崩壊した。**

- ◆1971 年 8 月 15 日、ニクソン大統領が発表した新経済政策が世
  界に衝撃を与えた（ニクソン=ショック）。アメリカが金・ドル本
  位制を維持できないとして、ドル防衛のために金・ドルの交換
  **を停止**する他、10％の輸入課徴金、賃金・物価の凍結などを行
  うことを決めた。こうしてドルに対する信用が崩れたため、**ド**
  **ル**の基軸通貨性が失われた。

ニクソン

固定為替相場制

**XV**
**経済**

**15**
戦
後
の
自
由
貿
易
体
制
(1)
〜
Ｉ
Ｍ
Ｆ
に
よ
る
国
際
通
貨
管
理

395

**XV** 経済分野　**15** 戦後の自由貿易体制（1）〜 IMF による国際通貨管理

☐**12** 1971 年 12 月に ★★★ 協定により、ドル切り下げに
★★★　よる固定為替相場制への復帰が図られたが、73 年に
は各国は ★★★ に移行した。

> ◆金公定価格は金 1 オンス＝ 35 ドルから 38 ドルに変更され、為
> 替レートは 1 ドル＝ 360 円から 308 円と、円が 16.88％切り上げ
> られた。また、変動幅の拡大も行われ、上下各 1％を各 2.25％
> に変更した（ワイダー=バンド方式の採用）。

スミソニアン

変動為替相場制

☐**13** 変動為替相場制の下で、ある国の為替レートが上昇（そ
★★　の国の通貨の価値が高くなること）する場合、その国
の要因の 1 つとして、近隣国への ★★ の増加が考
えられる。

> ◆近隣国への輸出が増加すると、自国への対価の支払いのために
> 自国通貨の需要が高まり、為替レートは上昇する（その国の通貨
> の価値は高くなる）。

輸出

☐**14** 国際資本移動において、通貨の為替相場は、資本が流
★★★　出する国では ★★★ し、流入する国では ★★★ す
る。したがって、国際間の自由な資本移動を実現し、各
国が自発的な金融政策を行う場合、 ★★★ 制の採用
は困難といえる。

下落，上昇

固定為替相場

☐**15** 変動為替相場制への移行は、1976 年の ★★★ で事後
★★★　的に追認された。

> ◆1973 年以降、現在までの国際通貨体制は、キングストン体制
> （新しい IMF 体制）と呼ばれている。変動為替相場制への移行で
> IMF が解体されたわけではない。

キングストン合意
（キングストン協定）

☐**16** 1970 年代に起こったニクソン=ショックと 2 度の ★★★
★★★　により、日本の高度経済成長は終焉したが、日本の企
業は ★★★ 経営と省エネルギー化の推進で**国際競争
力**を高めて輸出を伸ばし、この不況を乗り切ったこと
から、日本経済の ★★★ 依存度が高まっていった。

石油危機（オイル=
ショック）

減量

外需（輸出）

☐**17** 1973 年以降の変動為替相場制では、ある程度の**為替誘
★★　導**を主要国で話し合い外国為替市場に ★★ を行う
点から ★★ 制と呼ばれる。

協調介入，
管理フロート

**□18** 1985年9月、G5（先進5ヶ国）は**日米貿易摩擦解決の**
**ために**外国為替市場に協調介入して円 ★★★ 是正＝
円 ★★★ 誘導、ドル ★★★ 是正＝ドル ★★★ 誘
導することを決定した。この合意を ★★★ という。

安,
高, 高, 安,
プラザ合意

◆プラザ合意以前は1ドル＝240円台であったが、合意後には1
ドル＝120円台と約2倍の円高が進行した。円高誘導を行い日
本の輸出品をドル払いで値上げすることで**輸出に不利な状況を**
作り出した。しかし、その一方で、日本で生産される製品の価
格が外国製品と比較して割高となるために、**日本企業の対アメ**
**リカ向け海外進出**が進み、**現地生産・現地販売**を行う製造業者
が増加した。

**□19** 1987年2月、G7（先進7ヶ国）はプラザ合意による過
剰な円高の行き過ぎを防ぐために、 ★★ 売り・
★★ 買いの協調介入を決定した。この合意のこと
を ★★ という。

円,
ドル,
ルーブル合意

**□20** 現在、主要先進国が世界経済の安定化を図るために**為**
**替レートの調整や協調介入、金利調整**などを話し合う
国際会議は G7（**先進7ヶ国** ★★★ ）などと呼ばれて
いる。

財務担当大臣およ
び中央銀行総裁会
議

◆もとは、1985年にG5（アメリカ、イギリス、西ドイツ（当時）、
フランス、日本）の財務担当大臣と中央銀行総裁が参加した会議
で、86年にイタリアとカナダが加わり、G7となり、これを指
して一般的に財務担当大臣および中央銀行総裁会議とする場合
が多い。

**□21** **第一次石油危機への対応策**を話し合うため始まった主
要国首脳会議は通称 ★★★ と呼ばれ、1975年当初は
西側6ヶ国、**76年**には**7ヶ国**で開かれた。

サミット

◆1997年のデンバーサミットでロシアが正式加入して8ヶ国に
なった。しかし、2014年に**ウクライナ領の**クリミア半島を事実
上、併合したことへの制裁措置によりロシアが除名され**7ヶ国**
となっている。

**□22** 2008年9月のリーマン＝ショックに伴う**世界経済危機**
**対策**として、08年11月に新興国などを含めた ★★
サミット（いわゆる金融サミット）が開かれ、世界各国
の**協調的な金融緩和と財政出動**が決定した。

G20

◆その後もG20サミットは毎年開催され、存在感を増している。
2019年には日本で開催（G20大阪サミット）。20年はサウジア
ラビアのリヤドで予定されていたが、**新型コロナウイルス感染**
**症（COVID-19）**の影響で「バーチャル形式」で開催されること
になった。

**XV**
**経済**

**15**
戦後の自由貿易体制(1)〜IMFによる国際通貨管理

397

**XV 経済分野　16 戦後の自由貿易体制(2) ～ GATT から WTO へ**

□**23** 2010年の**G20トロントサミット**では、同年に EU 域
★★ 内の ★★ で発生した**財政危機**を他国で起こさない
ために、**13年**までに ★★ を**半減する**ことを先進
各国に対して義務づけたが、日本はこれを猶予された。

ギリシア，
財政赤字

□**24** 2014年、新興国への開発援助を中心業務とする ★★
★★ が創設され、**中国**が主導権を握るなど、世界経済にお
ける**ドルやユーロへの不安感**の中で、**中国**の通貨であ
る ★★ の存在感が高まっている。

BRICS 銀行（新
開発銀行）

人民元（元）

◆同じ2014年には、中国が主導する**アジアインフラ投資銀行**
（AIIB）の設立が決まり、翌15年に発足した。発展途上国やヨー
ロッパ諸国への融資を行うなど、国際経済における**人民元**の存
在感を強めようとしている。

---

## 16 戦後の自由貿易体制 (2) ～GATT から WTO へ

ANSWERS □□□

□**1** 1948年発効の条約である **GATT**（ ★★★ ）の目的は、
★★★ 貿易の**自由化**を実現することで、 ★★★ **貿易による**
**戦争の再発を防ぐ**点にある。

関税及び貿易に関
する一般協定，
保護

◆**保護貿易に基づくブロック経済圏の形成が**第二次世界大戦を招
いたとの反省から、**GATT** が設立された。

□**2** 第二次世界大戦後の国際経済体制は、**貿易の自由化を**
★★★ **目指す** ★★★ と、貿易の支払手段である**為替**の自由
**化と安定化を目指す** ★★★ によって運営された。

GATT，
IMF（国際通貨基
金）

◆この国際経済体制は **IMF = GATT 体制**ともいわれる。

□**3** **関税の引き下げ**による貿易の**自由化**を目的に1948年に
★★★ 発効した **GATT** は、**95年**に通商紛争の処理機能が強
化された**常設機関**である ★★★ に発展した。

WTO（世界貿易機
関）

◆第二次世界大戦直後にアメリカは、**国際貿易機関 (ITO)** を創設
して関税撤廃を目指すことを提唱したが、理想論に過ぎないと
の批判から失敗し、代わって**関税の引き下げ**を行う現実主義に
立つ **GATT** が創設された。

□**4** **GATT** が掲げた**3つの原則**とは、 ★★ 、 ★★ 、
★★ ★★ である。

自由，無差別，
多角 ※順不同

□**5** **GATT** の**3つの原則**の1つである**自由の原則**とは、自
★★★ 由貿易体制を確立するための ★★★ の**引き下げ**と
★★★ の**撤廃**である。

関税，
貿易制限

□**6** GATT の３つの原則の１つである ★★ の原則で
★★ は、加盟１ヶ国に与えた**有利な貿易条件は全加盟国に
平等に与えた**ものとみなす ★★ を設けている。

無差別

最恵国待遇

□**7** GATT の３つの原則の１つである ★★ の原則と
★★ は、貿易上の問題は ★★ によって解決し、二国間
の力による解決を排除し、公平性を実現することである。

多角,
ラウンド交渉（多
国間交渉）

□**8** GATT が、輸入数量制限を撤廃する一方で、輸入品に
★★★ 対する関税の設定による**国内産業の保護**を認めるなど、
輸入制限を関税に置き換えることを ★★★ という。

　◆ GATT は、関税は認めているが、関税を段階的に引き下げるこ
　　とを目指した。

例外なき関税化
（包括的関税化）

□**9** 例外なき関税化の措置は、日本が従来、輸入数量制限
★★ を実施し、輸入量をゼロとして完全自給体制を守って
きた ★★ に対しても適用された。

　◆ GATT のウルグアイ＝ラウンドで1993年に決定され、99年から
　　日本はコメについても例外なき関税化を実施している。

コメ

□**10** 同種の**輸入品と国内製品**とを区別せず、国内製品に対す
★★ る税金や法令上の優遇を輸入品にも認める WTO の「無
差別」ルールに基づく原則を ★★ という。

内国民待遇

□**11** ある商品の輸出向け販売が自国国内向け販売の価格よ
★ り安く行われた場合、輸入国がその商品への関税を高
くして対抗する措置を ★ といい、そのルールの
適切性など WTO で議論されている。

アンチダンピング

□**12** **多角的貿易交渉**として、初めて工業製品に対する関税
★ の大幅引き下げを実現したのは、1960 年代に行われた
★ ＝ラウンドである。

　◆**工業製品**の関税が一括方式により**平均35％引き下げ**られた。

ケネディ

□**13** 1970 年代に行われた ★★ ＝ラウンドでは、関税の
★★ 引き下げ以外に、関税以外の貿易障壁である ★★
の国際ルール化などが話し合われた。

東京,
非関税障壁

**XV**
**経済**

**16** 戦後の自由貿易体制(2)〜GATTからWTOへ

**XV** 経済分野 **16 戦後の自由貿易体制(2)～GATTからWTOへ**

□**14** 先進国は、**発展途上国からの輸入品**について、特に**関税**の**税率を引き下げる優遇措置を行う** [ ★★ ] を設けている。この措置は、発展途上国保護の観点から、[ ★★ ] で導入が認められた措置である。
★★

◆一般特恵関税は、無差別の原則の修正である。

**一般特恵関税**

**国連貿易開発会議（UNCTAD）**

□**15** 1986～94年のウルグアイ=ラウンドでは、サービス貿易、[ ★★★ ] のルールづくり、コメなどの農産物市場開放問題を焦点に、農産物を含めた輸入品の [ ★★★ ] が決まる一方で、常設の**多角的な通商紛争処理システム**として [ ★★★ ] の設置が決まり、翌95年にGATTから同機関に発展した。
★★★

◆世界貿易機関（WTO）の本部は、スイスのジュネーヴに置かれた。

**知的財産権,例外なき関税化**

**WTO（世界貿易機関）**

□**16** 通商摩擦を解決するための小委員会（パネル）の設置要求や、小委員会による報告の採択に際し、GATT体制下の理事会では「[ ★★ ] 方式」による意思決定が行われていたが、WTOではすべての当事国が拒否しない限り採択される「[ ★★ ] 方式」が採用された。
★★

◆GATTのコンセンサス方式は全会一致制である。WTOのネガティブ=コンセンサス方式は全会一致の否決がない限り、1ヶ国でも賛成すれば議案が成立するという方式。

**コンセンサス**

**ネガティブ=コンセンサス**

□**17** 自国の**特定産業を保護する緊急の必要**がある場合に認められる**輸入制限措置**を [ ★★★ ] という。
★★★

◆発動する際、特定の国を指名して、その国の特定製品は輸入しないとする緊急輸入制限措置を選択的セーフガードといい、ウルグアイ=ラウンドで禁止が決定した。

**セーフガード（緊急輸入制限）**

□**18** 農産物などを事実上WTOの枠外に置き、事実上の輸入制限を行うことを [ ★ ] といい、日本はこの方法によって、従来、コメの輸入制限を行ってきた。
★

◆現在も乳製品などに対して行われている場合がある。

**残存輸入制限**

□**19** 2001年からのドーハ=ラウンドでは、**包括的な貿易自由化**が交渉されているが、加盟国が150ヶ国を超え、アンチ [ ★★★ ] 関税の濫用防止、[ ★★★ ] 上限設定、[ ★★★ ] と貿易の共生ルール化などをめぐって、各国の対立が激しく、現在も妥結していない。
★★★

◆アンチダンピング関税（反ダンピング関税）とは、外国製品の**不当値下げ**（ダンピング）に対抗して、国内販売価格の値下がりを防ぐために当該輸入品にかける関税のことである。

**ダンピング, 関税,環境**

□**20** ドーハ=ラウンドでは、高率関税商品ほど税率を大幅に
★ 引き下げる ［ ★ ］方式が提唱されている。

階層

◆日本は国内農家の保護のため、輸入農産物には高率の関税を課
し、**階層方式の導入や関税上限設定**には反対している。

□**21** ドーハ=ラウンドでは、関税の大幅引き下げが免除され
★ る商品を ［ ★ ］ として一部認めることになっている
が、どの品目に認めるかをめぐり対立が起こった。

重要品目

◆日本は重要品目を8%と主張したが、WTO では原則4%とする
意見が大勢である。

□**22** 社会主義諸国の市場原理導入や新興国の台頭を受けて、
★★★ 2001 年に ［ ★★★ ］、02年に台湾、07年に ［ ★★★ ］、
12年に ［ ★★★ ］ が WTO に正式加盟した。

中国, ベトナム,
ロシア

□**23** 中国が世界貿易機関（WTO）に加入したことで、日本
★★ など先進諸国が中国製品に課してきた高率の関税は、
無差別原則のあらわれである ［ ★★ ］ の適用により、
他の加盟国なみの実質的な**大幅引き下げ**となった。

最恵国待遇

□**24** WTO の附属協定の１つで**知的財産権**のルールを定め
★★★ る ［ ★★★ ］（**知的所有権の貿易関連の側面に関する協
定**）は、加盟国に最恵国待遇の付与などを義務づける。

TRIPs 協定

□**25** ［ ★★★ ］（自由貿易協定）は、締約国間で財の取引につ
★★★ いて**相互に**関税を撤廃して貿易の自由化を実現する協
定であり、これに加えて資本移動や労働力移動、その
他の経済取引全般にわたって自由化**の実現**を目指す協
定が ［ ★★★ ］（経済連携協定）である。

FTA

EPA

◆1994年に**アメリカ、カナダ、メキシコ**の３ヶ国間で北米自由貿
易協定（NAFTA）が発効して以来、現在までに世界には約200
件の FTA（自由貿易協定）が締結されている。

□**26** WTO の多国間自由貿易交渉が、加盟国の増加により
★★★ **利害対立が複雑化**する中で、**利害の一致した多国間ま
たは二国間**で ［ ★★★ ］（自由貿易協定）を中核とする
［ ★★★ ］（経済連携協定）を締結する動きが進んでいる。

FTA,

EPA

**XV**
**経済**

**16**
戦後の自由貿易体制(2)〜GATTからWTOへ

401

**XV** 経済分野 　**16** 戦後の自由貿易体制 (2) ～ GATT から WTO へ

□**27** 日本は<u>経済連携協定（EPA）</u>の交渉をウラン埋蔵量の
★★ 　多い ★★ と続けた結果、2015年に発効した。隣国
　　の ★★ とも交渉を続けることになっていたが、最
　　大の貿易相手国である ★★ とともに未締結である。

オーストラリア，
韓国，
中国

◆いくつかの国と結んでいる日本の<u>FTA（自由貿易協定）</u>は、実
際にはもっと幅広い約束を含めた<u>EPA（経済連携協定）</u>である。
2020年8月時点で発効したのは以下の国・地域との協定である。
<u>シンガポール</u>（2002年）、<u>メキシコ</u>（2005年）、<u>マレーシア</u>（2006
年）、<u>チリ</u>、<u>タイ</u>（2007年）、<u>インドネシア</u>、<u>ブルネイ</u>、<u>フィリピ
ン</u>、<u>ASEAN</u>全体（2008年）、<u>スイス</u>、<u>ベトナム</u>（2009年）、<u>イン
ド</u>（2011年）、<u>ペルー</u>（2012年）、<u>オーストラリア</u>（2015年）、<u>モ
ンゴル</u>（2016年）、<u>EU</u>（2019年）、<u>アメリカ</u>（2020年）、<u>イギリス</u>
（2021年予定）。なお、<u>アメリカ</u>との**日米貿易協定**は FTA の名称
を用いていないが、実質的には FTA である。

□**28** 日本にとって <u>EPA</u>（経済連携協定）を締結する**利点**は、
★★ 　締約国内で相互の**貿易が拡大**し、 ★★ の輸出先を
　　確保できることと、 ★★ の輸入先を安定的に確保
　　できる点にある。一方で、安価な ★★ の輸入によ
　　る**国内**の<u>食料自給率</u>の**低下**や、安価な外国人労働者の流
　　入による**雇用機会の喪失**などが懸念される。

工業製品，
資源，
農産物

◆日本が <u>EPA</u> を締結した<u>メキシコ</u>、<u>ブルネイ</u>、<u>インドネシア</u>はい
ずれも**資源国**であり、原油や天然ガスの産出国である。一方、**ア
メリカやオーストラリアは農業国**であり、関税の引き下げによ
り**安価な輸入農産物が国内に流入**するため、国内農家の経営が
厳しくなるおそれがある。

□**29** 2008年より日本は ★★★ （EPA）に基づいて ★★★
★★★ 　や<u>フィリピン</u>などの協定相手国から**看護師や介護福祉
　　士**の候補者を受け入れている。

経済連携協定，イ
ンドネシア

□**30** 2019年2月発効の ★★ により、人口6億人超、世
★★ 　界の GDP の約3割、貿易額の約4割に相当する**世界
　　最大規模の自由貿易圏**が生まれた。

日本・EU 経済連
携協定(日欧 EPA)

◆農産物や工業製品にかかる**関税**を日本は約94％、EU は約99％
撤廃する。また、知的財産権保護などの取り決めも共通化する。

402

□31 世界貿易機関(WTO)の ★★★ =ラウンドが難航する中、★★★ (TPP)の拡大交渉が行われた。これは太平洋の周辺地域を中心とする12の加盟国間の**例外なき関税撤廃**を目指すもので、2016年2月に署名されたが、18年12月30日にアメリカを除いた11ヶ国で発効するに至った。

ドーハ, 環太平洋経済連携協定(環太平洋パートナーシップ協定)

◆2017年1月にアメリカのトランプ大統領が離脱を表明したため、18年3月にアメリカを除いた「TPP11協定」が署名され、同年12月30日に発効した。これは「環太平洋パートナーシップに関する包括的及び先進的な協定(CPTPP)」と名づけられている。

□32 2020年1月1日に発効した ★★ とは、日米間での物産品に関する関税や輸入割当といった制限的な措置を一定期間内に撤廃または軽減することのできる取り決めで、二国間の ★★ (自由貿易協定)にあたる。

日米貿易協定

FTA

◆日米貿易協定は、世界のGDPの約3割を占める強力かつ安定的な自由貿易協定を目指している。アメリカのトランプ大統領は、以前からの公約通りにTPPから脱退し、日本との貿易交渉を切り離して行う意向を示していたが、牛肉などの畜産物や農産物に対する関税の撤廃や削減をする具体的な品目はTPPと同様である。なお、コメの関税撤廃・削減は除外されている。

## 17 グローバル化と通貨・金融危機

ANSWERS □□□

□1 世界各地が国境の壁を越えて密接につながることを ★★★ といい、**経済取引が世界的に一体化**する動きのことを経済の ★★★ と呼ぶ。

ボーダレス化, グローバル化(グローバリゼーション)

◆グローバリゼーションは、ヒト、モノ(商品)、カネ(資本)、データ(情報)などが大量に国境を越え、経済活動が地球規模で行われるようになったことを指す。経済活動の面で、国境という枠を越え、消滅させる方向へと進む点でボーダレス化も意味する。

□2 1980年代にはアメリカのレーガン大統領がインフレ対策として ★★★ 政策を実施したため、世界中の資金がアメリカに預金として流入し、ドル需要が高まりドル ★★★ が進んだ。

高金利

高

◆ドル高が円安を招き、日本の輸出に有利なレート状況を生み出したことが、日米貿易摩擦の一因となった。

□3 日米貿易摩擦の一因は、日本側の**集中豪雨型の輸出構造**とアメリカ側の ★★★ 赤字にある。

財政

**XV 経済分野 17 グローバル化と通貨・金融危機**

**□4** アメリカの**財政赤字**はアメリカ国内物価の ★★★ を
★★★ 招くため、高金利の状態を引き起こし、ドル ★★★ ・
円 ★★★ を誘発する。その結果、日本のアメリカ向
け輸出が伸びて**日米貿易摩擦は激化**する。

◆<u>財政赤字</u>は財政支出の拡大を意味するので、アメリカ国内の流
通通貨量が増えてインフレを発生させる。すると、割安な日本
商品のアメリカ向け輸出が拡大し、**日米貿易摩擦を発生**させる。

上昇,
高,
安

**□5** 1980年代にアメリカの**貿易収支**<u>赤字</u>と<u>財政赤字</u>がとも
★★★ に巨額となった「 ★★★ の赤字」への対応策として、
**1985年9月**の ★★★ でドル高是正が合意された。

双子,
プラザ合意

**□6** 1997年、 ★★★ の通貨<u>バーツ</u>**の下落**をきっかけとし
★★★ て、アジア各国では投機資金の流出が連鎖的に起こり、
★★★ が発生した。

◆1997〜98年にかけて、それまで高度経済成長を続けていた<u>タイ</u>
や<u>インドネシア</u>などの**バブル景気が崩壊**し、さらには ASEAN
地域に多額の投資を行っていた<u>韓国</u>の通貨<u>ウォン</u>**も暴落**し、**ア
ジア全体の**<u>通貨危機</u>に発展した。

タイ

アジア通貨危機

**□7** **1990年代**にアジアなどで起こった<u>通貨危機</u>の原因とし
★★ て、短期的な ★★ を行う金融機関や、多額の資金
を集めて**複数の株式や先物などの金融商品に分散投資
する** ★★ と呼ばれる投資家グループによる投機的
な株式や為替の売買取引が指摘されている。

資金運用

ヘッジファンド

**□8** ★ とは、株式や債券から派生した金融商品で、先
★ 物取引やオプション取引がある。

◆<u>デリバティブ</u>は、少ない資金で大きな取引が可能なため、典型
的な「ハイリスク・ハイリターン」の金融派生商品といえる。

デリバティブ

**□9** 1990年代以降、<u>97</u>〜<u>98</u>年の<u>アジア通貨危機</u>、<u>98</u>年
★★ の ★★ <u>金融危機</u>、<u>累積債務</u>問題に端を発した<u>99</u>年
の ★★ <u>通貨危機</u>、**2001年**の ★★ <u>通貨危機</u>が相
次いで発生した。

◆1980年代に工業化のための資金を諸外国から借り入れた**ラテン
アメリカ諸国**や、外国政府からの借款に依存してきた**アフリカ
諸国**で<u>累積債務</u>問題が表面化した。

ロシア,
ブラジル, アルゼ
ンチン

404

**□10**
2007～08年、アメリカで ★★★ **破綻者が激増**したため、**08年9月**にはアメリカの大手証券会社 ★★★ が破綻し、**アメリカの株価暴落が世界中に波及する**というリーマン゠ショックが発生した。

◆**中・低所得者向けの不動産融資**で、最初の数年間の金利は低いが、一定期間を経過すると金利が一気にはね上がるアメリカの融資を一般にサブプライム゠ローンと呼ぶ。サブ（sub）とは「**下**」、プライム（prime）とは「**優れた**」という意味。サブプライム゠ローンとは優良な借り手よりもランクの低い**信用力の低い人向けの住宅ローン**を指す。

サブプライム゠ローン，
リーマン゠ブラザーズ

**□11**
サブプライム゠ローンの原資は、世界中の金融機関や投資家から集めるために ★ 化され、様々な投資信託商品などに混ぜ込まれていたため、その損失は世界中を巻き込むことになり、**世界同時株安**と**世界同時不況**を引き起こす結果となった。

◆アメリカにおける**住宅ローン債権**は証券化され、信用機関による格付けを取得し世界中の金融機関・機関投資家などに販売されていた。

証券

**□12**
リーマン゠ショック後、多くの国の通貨に対して為替レートが円 ★★★ に振れたことが、日本では ★★★ に依存した企業の業績に悪影響を及ぼした。

◆2008年のリーマン゠ショックで、その発端となったアメリカの**ドルが値下がり**、09年にはギリシア財政危機で**ユーロも値下がり**したため、対ドル・対ユーロともに円高が進んだ。

高，輸出

**□13**
中国は世界第1位の**外貨準備高**を原資とする ★★ ファンドを設け、世界中の金融商品に投資するとともに、サブプライム゠ローン問題で多額の財政出動を行う必要に迫られたアメリカに融資を行うために大量のアメリカ ★★ を購入した。

◆中国は**輸出の急増**や**外国企業の国内進出**によって多額の外貨が流入した結果、世界第1位の**外貨準備高**を保有し、2021年3月の外貨準備高は**3兆1,700億ドル**となっている。

政府

国債

**□14**
日本は ★★★ に次いで多くのアメリカ国債を保有し、その価格の暴落やドル ★★★ ・円 ★★★ の進行はアメリカ国債の日本における資産価値（円表示）を減らすことになる。

中国，
安，高

**XV** 経済分野　**17** グローバル化と通貨・金融危機

☐ **15** 2008年上半期に**原油価格**が高騰した原因は、**新興工業国**である**中国**、**インド**、**ブラジル**などの ★★★ が高度経済成長を遂げ、石油の需要が急増していることや、サブプライム=ローン問題によってアメリカ株式の売却で生じた資金が ★★★ を通じて原油先物市場に大量に流入したことなどが挙げられる。

◆**ブラジル**(Brazil)、**ロシア**(Russia)、**インド**(India)、**中国**(China)、**南アフリカ**(South Africa)の「**BRICS**」に加え、**インドネシア**(Indonesia)の6ヶ国で「**BRIICS**」と表す場合もある。

BRICS

ヘッジファンド

☐ **16** 原油価格の高騰の中、環境にやさしい**代替エネルギー**である ★★★ 燃料が注目されたことから、★★★ の投機的資金が、その原料となる**先物市場**へと流れ込んで ★★★ 価格が急騰した。

◆穀物の燃料化によって世界的な**食料価格の高騰や食料不足**が問題となり、アフリカや中南米の一部では**暴動**が発生した。2008年5月、日本の横浜で開かれたアフリカ開発会議(TICAD)で、日本はアフリカ向けの政府開発援助(ODA)を5年間で2倍に増額することと食料援助を約束した。なお、第6回からこの会議は3年に1度行われ、19年まで計7回開催されている。

バイオ, ヘッジファンド
穀物

☐ **17** 2009年以降、深刻化したギリシア**財政危機**は、ヨーロッパ全体に波及し、**ポルトガル**、★★★ 、**アイルランド**、★★★ への広がりが金融・財政危機を招いた。

◆この5ヶ国は、その頭文字をとってPIIGS(ピッグズ)と呼ばれる。

イタリア, スペイン
※順不同

☐ **18** グローバリゼーションにおける**世界規模での競争の激化や市場経済化の進展**が、貧富の差を拡大させ、先進国では**競争圧力**にさらされた企業が ★★ 削減やリストラを、政府は国民に課する**社会保障負担金の増加**などの**財政再建策**を進めている。それらが国民の生活や ★★ の**不安定化**を招き、**社会不安を増大**させている。

コスト

雇用

☐ **19** 2016年6月、イギリスは国民投票で ★★★ からの**離脱を選択**した。★★★ や**難民**によって**雇用や社会福祉を奪われている**などと考えた中・低所得者層と、65歳以上の高齢者(シルバー)層が支持したとされ、グローバリゼーションが進む中で「**置き去りにされた人々**」の意思が国民投票を通じて表明された。

◆2019年7月、イギリス首相に就任したジョンソンは、20年1月末に正式にEUを離脱した。

欧州連合(EU), 移民

□**20** 2017年1月に就任したアメリカの<u>トランプ</u>大統領は
★★ 「　★★　」（<u>アメリカ第一主義</u>）を掲げ、<u>反グローバリ</u>
<u>ズム</u>に立つ　★★　**主義的な政策**を推し進め、「**強いア**
**メリカ**」の再生という公約を実行に移していた。

◆2020年7月、それまでの<u>北米自由貿易協定（NAFTA）</u>に代わり、
<u>アメリカ・メキシコ・カナダ協定（USMCA）</u>が発効した。自
動車など製品の供給網（**サプライチェーン**）をアメリカ一国に集
中させるなど、<u>トランプ</u>政権の掲げる<u>保護</u>主義的な政策が色濃
い協定である。長らくアメリカ自身がリードしてきた<u>経済のグ</u>
<u>ローバル化</u>は、大きな曲がり角に差し掛かったといえる。

**アメリカ=ファー**
**スト**,
**保護**

□**21** 2010年代後半、アメリカのトランプ政権が**中国製品に**
★★ **対する関税**について対象品目を4度にわたり拡大し、関
税率も徐々に引き上げたことから、中国もほぼ同等の
　★★　**関税**を行った。このような泥沼状態は　★★
といわれる。

◆2020年には、<u>新型コロナウイルス感染症（COVID-19）</u>の感染
拡大の中で、トランプ大統領は発生源と目される中国の責任
を問い、中国製品の排除を同盟国に呼びかけた。また、中国
の Huawei（**ファーウェイ**）社への制裁措置や人気動画アプリ
「TikTok（**ティックトック**）」のアメリカ国内での使用禁止も表
明している。トランプ大統領は、これらの中国系企業が中国政府
の指揮下で公的機関やユーザーの個人情報を収集していると批
判し、これに中国側は強く反発するなど**米中関係が悪化**し、国
際経済の重しになっている。

**報復**, **米中貿易戦**
**争**

□**22** 情報通信の付加価値取引の仲介業であり、サービス基
★★ 盤を提供する　★★　ビジネスが急速に拡大し、現在、
　★★　と総称される**巨大なアメリカの IT 大手4社**
が国際経済を牽引している。

◆**プラットフォーマー**の代表格である<u>GAFA</u>は Google（グーグ
ル）、Amazon（アマゾン）、Facebook（フェイスブック）、Apple
（アップル）の4社の頭文字をとった総称で、これに Microsoft
（マイクロソフト）を加え、GAFAM（ガーファム）という。現在、
市場における独占的な地位から、アメリカでは**反トラスト法**（日
本の**独占禁止法**に相当）で規制する動きがあり、2020年10月に
は司法省が Google を同法違反の疑いで提訴した。また、グロー
バル企業である GAFA は、<u>タックス=ヘイブン</u>（<u>租税回避地</u>）に
利益を留保し、巨大な売上に対する税負担を避けている疑いが
あることから、このような過度な節税を防ぐために、経済協力
開発機構（OECD）が主導し**デジタル課税**を行うことが協議され
ている。

**プラットフォーム**,
**GAFA（ガーファ）**

**XV**
**経済**

**17** グローバル化と通貨・金融危機

**XV 経済分野　18 地域経済統合**

# 18 地域経済統合

ANSWERS □□□

**□1** 地域経済統合とは、 ★★★ （FTA）や関税同盟などの通商に関する**規制**、投資や人の移動に関する**制限の撤廃**などにより、地域内の**市場経済を統合**することを指し、東南アジアの ★★★ （AFTA）、ヨーロッパの ★★★ （EU）などがその代表例である。
★★★

自由貿易協定

ASEAN 自由貿易地域，欧州連合

**□2** 1952年に欧州で発足した ★★ と、57年の**ローマ条約**によって設立された欧州経済共同体（EEC）、欧州原子力共同体（EURATOM）の3つの組織が統合し、67年に ★★ が成立した。
★★

◆欧州共同体（EC）は、現在の欧州連合（EU）の母体である。**域内の関税を撤廃**して**域内貿易の自由化**を実施するとともに、域外からの輸入品については加盟国が**共通関税**を設定するという**関税同盟**を基本としつつ、域内固定為替相場制である欧州通貨制度（EMS）と共通農業政策を実施した。

欧州石炭鉄鋼共同体（ECSC）

欧州共同体（EC）

**□3** 1960年、 ★ に対抗しイギリスの提唱の下で、ノルウェー、スイスなどが**域内関税を撤廃**して工業製品の**貿易自由化を実現**する一方、域外からの輸入品には**各国で関税を設定**する関税自主権を認める ★ を結成した。
★

欧州経済共同体（EEC）

欧州自由貿易連合（EFTA）

**□4** 1979年に創設された欧州通貨制度（EMS）では、EC域内では ★ を基軸通貨とする固定為替相場制を採用し、域外通貨に対しては加盟各国通貨が同じ率で変動する ★ 制を採用した。
★

◆エキュー（ECU）は、現在の統合通貨であるユーロ（EURO）の母体となっている。

欧州通貨単位（ECU）
共同フロート

**□5** **1992年末**までに欧州共同体（EC）では、域内の**ヒト、モノ、カネ、サービスの移動を自由化**する ★★★ を完了させた。
★★★

市場統合

**□6** 1992年調印、93年発効の ★★★ 条約により欧州共同体（EC）から発展した ★★★ は、さらに97年調印、99年発効の ★★★ 条約によって、外交・安全保障における共通政策の実施に向けて動き出した。
★★★

マーストリヒト（ヨーロッパ連合），欧州連合（EU），アムステルダム

408

**■7** 欧州共同体 (EC) の原加盟国は、 ★★ 、ドイツ (旧
★★ 西ドイツ)、イタリア、ベルギー、オランダ、ルクセン
ブルクであるが、73年には ★★ 、アイルランド、
デンマークが加盟し、 ★★ と呼ばれた。

フランス

イギリス,
拡大 EC,

**■8** 欧州連合 (EU) は、経済統合を目指して各国の中央銀
★★★ 行を統合し、ドイツのフランクフルトに ★★★ を設
立した。通貨も ★★★ に統合し、**共通の金融・財政
政策**を行っている。

欧州中央銀行
(ECB),
ユーロ (EURO)

◆1999～2002年にかけて**通貨統合**が進められたが、95年までに
EU に加入した15ヶ国中のユーロ未導入国は、20年に離脱し
たイギリス (加盟時も一貫して未導入) を除きスウェーデン、デ
ンマークの2ヶ国のみとなった。また、04年以降に EU に加入
した東・中欧諸国の中でもスロベニア、キプロス、マルタに続
いて、09年にはスロバキア、11年にエストニア、14年にラ
トビア、15年にはリトアニアがユーロを導入し、20年8月ま
での導入国は 19ヶ国となる。欧州連合(EU)が実現させた通貨
統合は、それぞれの国家の主権を部分的に超国家的な組織に移
譲する動きだが、EU 加盟国すべてがユーロを導入していない点
に注意!

**■9** **2004年**には旧共産主義国など**10ヶ国**が、**07年**にはブ
★★ ルガリアとルーマニアが、**13年**にはクロアチアが欧
州連合 (EU) に加盟し、EU の ★★ **拡大**が進んだ。
**21年10月**時点での加盟国数は ★★ ヶ国である。

東方,
27

**■10** **2004年**には、欧州連合 (EU) の**立法**、**行政**、**司法の権**
★★ **限**や**EU 大統領の新設**を定めた ★★ が採択された
が、**05年**に ★★ とオランダの**国民投票**でそれぞ
れ批准が否決された。

EU 憲法,
フランス

**■11** 欧州連合 (EU) は、**通貨統合と経済政策統合**の後、最
★★ 終的には ★★ を実現させてヨーロッパに**巨大な連
邦制国家を構築**することを目指してきた。

政治統合

◆統一国家の国名も「欧州連邦」を予定していたが、EU 憲法の制
定に失敗し、この名称は実現しなかった。

**XV**
**経済**

**18**
地域経済統合

**XV** 経済分野　**18** 地域経済統合

□**12** **大統領制**の導入や外相級ポストの新設などを盛り込ん
★★
だ「拡大 EU」の基本条約は ★★ 条約である。

リスボン

◆リスボン条約は、**EU 新基本条約**といわれ、2005年に否決された
EU 憲法に代わる条約である。**07年**に採択されたものの、08年
6月にはアイルランドが国民投票で条約への加盟を否決し、発効
が危ぶまれたが、**09年10月**に再度の**国民投票で可決**され、加
盟27ヶ国すべてが可決し、**09年12月発効**にこぎつけた。EU
大統領（欧州理事会議長）は、初代が**ファン=ロンパイ**（ベルギー
元首相、2009年12月〜14年11月）、第2代が**ドナルド=トゥス
ク**（ポーランド元首相、2014年12月〜19年11月）、第3代が
**シャルル=ミシェル**（ベルギー元首相、2019年12月〜）である。

□**13** EU 加盟国の財政運営は**各国の責任**とされているが、
★★★
財政規律を保つために ★★★ の幅を一定の枠内に収
める規定がある。

財政赤字

◆単年度あたり財政赤字を対 GDP 比3%以下、政府債務残高を同
60%以下に抑制するという規定がある。

□**14** 2010年、 ★★★ で ★★★ が大幅に上方修正された
★★★
ことなどから、**通貨ユーロ**の信用力が下がり急速な
ユーロ安が進んだ。

ギリシア, 財政赤字

□**15** EU 域内の労働力移動の自由化で、**大量の労働者**が流
★★★
入したことなどを受け、国内の雇用や社会保障に対す
る不安が増大する中、**2016年6月**にイギリスは**国民投
票**を行い、 ★★★ からの ★★★ 案が僅差で支持さ
れ、20年1月末に正式に実行された。

欧州連合 (EU),
離脱

◆「イギリスの EU 離脱」は**ブレグジット**（Brexit）と呼ばれる。

□**16** **1994年**にアメリカ、カナダ、メキシコの3ヶ国間で発
★★★
効した ★★★ は、**域内関税**を相互に**撤廃**して域内貿
易の自由化を主たる目的とした協定であった。

北米自由貿易協定
(NAFTA)

◆アメリカのトランプ政権は、2017年8月に北米自由貿易協定
（NAFTA）の再交渉を開始し、18年9月末に合意に至り、同年
11月30日にアメリカ・メキシコ・カナダ協定（USMCA）とし
て署名された。3ヶ国間の自由貿易体制は維持されるも、自動
車分野では原産地規則が過度に厳格化されるなど同政権の**保護
主義的な政策**が色濃く反映されている。20年7月に発効した。

□**17** 1995年にブラジル、アルゼンチン、ウルグアイ、パラ
★
グアイの4ヶ国が**関税同盟**にあたる ★ を結成し、
後にベネズエラとボリビアが加わった。

南米南部共同市場
(メルコスール),

◆メルコスールは**共同市場の形成**だけでなく、**域内関税撤廃**、**域
外共通関税**はもとより資本・サービスの自由化、共通貿易政策、
経済協調なども図っている。

410

**□18** 1967年設立の ★★ は、90年代半ばまでは高度経済成長を遂げ、93年には域内関税を撤廃し**貿易の自由化**を目指す ★★ を発足させた。

東南アジア諸国連合（ASEAN）
ASEAN自由貿易地域（AFTA）

**□19** 1980年代には韓国、台湾、香港、シンガポールのアジア ★★★ が、90年代には「世界の成長センター」と呼ばれた ★★★ が経済成長を遂げ、2000年代に入ると「21世紀の世界の工場」と呼ばれる ★★★ がアジア地域で高度経済成長を果たしている。

NIES（新興工業経済地域），
東南アジア諸国連合（ASEAN），
中国

**□20** 1989年発足の ★★ では、94年に ★★ 宣言が出され、**域内**の自由で開かれた貿易・投資を達成する目標を定めた。

◆発足当初のAPECは**アジア・太平洋地域の経済協力**を目指す緩やかな経済協力組織であったが、アメリカの強い要求もあり、1994年のボゴール宣言で**自由貿易地域**へと発展した。

アジア太平洋経済協力（APEC），
ボゴール

**□21** 1994年に発足したASEAN地域フォーラム（ ★ ）は、アジア太平洋地域の**政治・安全保障問題**に関する多国間の対話と協力を図る場である。

◆2020年8月現在、ASEAN10ヶ国（ASEAN10）など26ヶ国とEUの外交当局、国防・軍事当局の代表が参加している。

ARF

**□22** 2012年より、東アジア自由貿易協定（EAFTA）と東アジア包括的経済連携（CEPEA）を統合した東アジア地域包括的経済連携（ ★ ）の交渉が開始された。

◆東アジア地域包括的経済連携（RCEP）の交渉に参加している国は16ヶ国（ASEAN10、日本、中国、韓国、オーストラリア、ニュージーランド、インド）である。「世界の成長センター」といわれるアジア太平洋地域における自由貿易の推進を目指すもので、アメリカを除いた形での**アジア独自の連携**を図る交渉として、日本は力を入れてきた。2020年11月、日本や中国、韓国など東アジア諸国を中心に15ヶ国で合意に達し、正式に署名され、22年に発効した（インドは不参加）。

RCEP（アールセップ）

**XV 経済**

**18 地域経済統合**

411

## XV 経済分野 18 地域経済統合

□23 2015年末に発足した ASEAN 経済共同体（ ★ ）は、ASEAN 加盟国のヒト、モノ、サービスの自由化を目指す東南アジア地域の**経済共同体**である。

AEC

◆ ASEAN 経済共同体（AEC）は「**EU の東南アジア版**」として注目されているが、通貨統合や関税同盟は目的としていない。なお、2015年に ASEAN10は「**ASEAN 共同体**」の設立を宣言した。政治・安全保障共同体、ASEAN 経済共同体、社会・文化共同体の3つの組織から構成され、同宣言で25年までの行動計画が示された。

□24 地域経済統合は、域内の貿易、投資、労働力の移動を ★★★ 化して経済取引を拡大させる一方、域外取引を事実上制限し、 ★★★ 化する可能性がある。

自由、
保護主義

◆ただし、排他的な保護ブロックとの違いは、現状よりも高い関税を課すものではなく、今の関税を加盟国が共同して引き下げ、域外との貿易についても自由化を目指す点であるといえる。

□25 **アフリカ**では、2002年に既存の地域機構が再編され、より高度な統合を目指した ★ が発足した。

アフリカ連合（AU）

◆前身のアフリカ統一機構（OAU）から移行するため、2000年にアフリカ連合制定法（アフリカ連合を創設するための条約）が採択され、02年にアフリカ連合（AU）が正式に発足した。

□26 地域経済統合のレベルを示す次の図中の空欄 A～E にあてはまる語句を、下の語群からそれぞれ選べ。
【語群】 共同市場　経済同盟　関税同盟
　　　　完全経済同盟　自由貿易地域

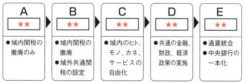

A 自由貿易地域
B 関税同盟
C 共同市場
D 経済同盟
E 完全経済同盟

◆これら5つの段階の後に政治統合がある。世界各地域で進んでいる地域経済統合のレベルについて、かつての NAFTA は自由貿易地域、EU の前身である EC は**関税同盟**から**市場統合**を実現した段階で共同市場となり、現在の EU は完全経済同盟を実現した上で政治**統合**、すなわちヨーロッパ社会を1つに包括する**連邦制国家**を目指していたが、EU 憲法の不成立によって**完全な政治統合**の実現は困難となった。

# 19 南北問題

ANSWERS ☐☐☐

□**1** 南北問題とは、北半球に多い ★★★ と南半球に多い ★★★ の経済格差のことで、1960年代に問題化した。

先進国,
発展途上国（開発途上国）

◆発展途上国では、かつては出生率と死亡率がともに高かったが、医療の改善や先進国の支援などにより死亡率、特に乳幼児の死亡率が低下したため、近年は人口爆発が生じ、1人あたり所得の低下、貧困、低い教育水準、食料不足など様々な問題を発生させている。

□**2** 南北問題の原因としては、発展途上国の ★★ 経済構造や、先進国に対して原材料などの ★★ を安く輸出する一方、高い工業製品を輸入する ★★ 分業構造などが挙げられる。

モノカルチャー,
一次産品,
垂直的

□**3** 南北問題を解決するには、**発展途上国が工業化して工業製品どうしの** ★★ **的分業を確立**するとともに、**一次産品の価格を安定**させ、先進国との間の ★★ 条件を改善し ★★ を実現することなどが必要である。

水平,
交易,
フェアトレード

□**4** 1961年に設立された ★★★ は、その下部機関として、加盟先進諸国の発展途上国に対する**援助の促進と調整**を図るために ★★★ を設けている。

経済協力開発機構
（OECD）
開発援助委員会
（DAC）

□**5** 1964年、国連に南北問題の解決策を話し合う ★★★ が設置され、事務局長による ★★★ 報告が出された。

国連貿易開発会議
（UNCTAD）,
プレビッシュ

◆国連貿易開発会議（UNCTAD）の第1回会議で事務局長プレビッシュが行った報告では、発展途上国からの輸入に対して先進国が関税を撤廃するか税率を特別に低く設定する一般特恵関税の実施などが求められた。

□**6** プレビッシュ報告は、南北問題解決のスローガンとして「 ★★ 」を掲げるとともに、経済援助目標を先進国の GNP の ★★ %に設定した。

援助より貿易を,
1

◆「援助より貿易を」というスローガンは、条件付きのひも付き援助（タイド=ローン）よりも、貿易で発生する利益の方が**発展途上国は自由に使える**ため、そちらをまず充実してほしいという要求である。

□**7** ★★★ とは、発展途上国の経済や社会の発展、国民の福祉向上や民生の安定に協力することを目的に、**政府や政府機関が提供する**資金や技術**協力**などである。

政府開発援助
（ODA）

XV
経済

19
南北問題

413

## XV 経済分野　19 南北問題

**□8** 国連貿易開発会議（UNCTAD）では、後にスローガン
★★　　ンが「　★★　」となり、政府開発援助（ODA）をGNP
（GNI）の　★★　%とする目標が設けられた。

援助も貿易も,
0.7

　◆なお、GNP（国民総生産）は、最近ではGNI（国民総所得）で表
　示することが多い。日本のODAは、**0.7%援助目標**を達成して
　**おらず0.3%程度**で、DAC平均の0.31%を若干下回っている。
　アメリカも0.2%と極めて低い。この目標を達成しているのは、
　デンマーク、ノルウェー、スウェーデン、ルクセンブルク、イ
　ギリスのみである（2019年）。

**□9** 政府開発援助（ODA）には、贈与のみならず**低利子の**
★★　　**融資**も含まれるが、その程度を示す指標を　★★
（**GE**）という。

グラント=エレメ
ント

　◆贈与はGE100%、貸付金利が高くなるにつれて小さくなる。
　GEが25%以上の低利融資や贈与をODAという。

**□10** 日本が**中国**や**韓国**に対して行ってきたODAは、　★★
★★　　の意味を持っている。

戦後補償（戦争責
任）

**□11** 日本のODAは、他の先進国と比べて　★★　比率が
★★　　低く、ひも付き**援助**（　★★　）が多いことから、質が
悪いと批判されることがあった。

贈与,
タイド=ローン

　◆円借款が多く、**現地の公共事業が日本企業に発注されやすく**、通
　貨が現地にとどまらないため、経済発展効果が薄いとされる。小
　泉内閣下では財政再建のために政府開発援助（ODA）の削減が
　決定し、2007年には特に中国向けに円を貸し付ける円借款が中
　止され、18年度の案件をもって中国向けODAが終了した。

**□12** 日本のODAについて、贈与**比率**は約　★★　%で、ア
★★　　メリカ（約100%）、ドイツ（約80%）、フランス（約
60%）などと比べて低いが、ひも付き**援助が多いとの**
**批判**から、近年、日本のODAのアンタイド**比率**は
約　★★　%となっている（2017年発表データ）。

50

93

　◆アンタイド**比率**とは、**ひも付きではない援助**の比率のこと。2017
　年は、日本が93.1%、アメリカが64.8%、イギリスが100%、
　ドイツが98.5%である。日本政府は低い贈与比率について、贈
　与が発展途上国の自助努力を阻むためであると説明している。

**□13** 日本は、従来より**軍事支出の多い国**、**非民主的**な独裁
★★　　政権、**人権保障の不十分な国**、**環境破壊**につながる場
合などには原則的にODAを行わない　★★　を掲げ
てきたが、2015年にこれらの方針を見直し、人間の安
全保障や自助努力支援の観点から「開発協力大綱」と改
称された。

ODA 大綱

414

□**14** 日本の ODA の金額は、1991〜2000年までは世界第1
★★★ 位であったが、01 年に ★★★ に抜かれて第2位、06
年には ★★★ に抜かれて第3位、07 年には ★★★ 、
フランスに抜かれて第5位になったが、13 年には第
4位になり、その後も同様に推移している。

◆日本の ODA 相手国は、インド、ベトナム、バングラデシュ、イ
ンドネシア、ミャンマーなど**アジア諸国が中心**である。近年は、
**アフリカへの援助**も拡大する方針が示されている。

アメリカ，
イギリス，ドイツ

□**15** ★★ は、**アジア・太平洋地域の発展途上国の経済**
★★ **開発に必要な融資**を行うことで、当該国の経済発展に
寄与することを目的に、アメリカや日本などが中心と
なって、1966 年に創設した国際開発金融機関である。

アジア開発銀行
（ADB）

□**16** 2015年12月、中国が提唱・主導する**アジア対象の国**
★★ **際開発金融機関**である ★★ が発足し、アジア諸国
以外も含む50 を超える国が参加した。

◆ G7ではイギリス、フランス、ドイツ、イタリア、カナダが参加
している。また、ロシア、インド、ブラジルの BRICS やインド
ネシア、ベトナム、シンガポールなどの ASEAN（東南アジア諸
国連合）10ヶ国、サウジアラビア、クウェート、カタールなど
主な中東の資源国、オーストラリア、ニュージーランド、韓国も
参加したが、**アメリカと日本は発足時の参加を見送った**。アメリ
カやヨーロッパ、日本で主導するアジア向け融資銀行であるアジ
ア開発銀行（ADB）が存在すること（1966年設立）、AIIB の融資
基準や経営方針に関するガバナンス（統治）が不明確・不透明で
あることが主な理由である。

アジアインフラ投
資銀行（AIIB）

□**17** 第二次世界大戦後、復興融資を行ってきた ★★ は、
★★ 現在、発展途上国に対する**低金利での長期資金の貸付**
で当該国の経済発展に寄与している。

国際復興開発銀行
（IBRD）

□**18** ★ は、旧ソ連・東欧諸国に対して長期の投資お
★ よび貸付を行うことで市場経済への移行を支援する。

欧州復興開発銀行
（EBRD）

□**19** 著しい貧困のために就業の場がなく、人間らしい生活
★★ ができないために**豊かな他国へ逃れようとする人々**
を ★★ というが、**難民条約**の保護対象外である。

経済難民

□**20** 1973年に ★★★ が原油公式販売価格を約 ★★★ 倍
★★★ に値上げしたことから、第一次石油危機（第一次オイ
ル=ショック）が発生した。

◆原油の値上がりで、**コスト=プッシュ=インフレ（狂乱物価）**と同
時に、原油供給削減により生産量が減少して不況も発生した（イ
ンフレ＋不況＝スタグフレーション）。

石油輸出国機構
（OPEC），4

**XV**
経済

**19**
南北問題

415

**XV 経済分野　19 南北問題**

□**21** 第一次石油危機後の1974年に行われた ★★★ で、発
★★★ 　展途上国は天然資源に対する恒久主権の確立や一次産
品の値上げを求め、先進国と対等な貿易秩序である
★★★ （NIEO）の樹立を求めた。

国連資源特別総会

新国際経済秩序

□**22** メキシコ、 ★★★ 、アルゼンチンなどの中南米 NIES
★★★ 　が急成長を遂げていったが、これらの国々は石油危機
（オイル=ショック）が原因で、1980年代に ★★★ 問
題に直面した。

ブラジル

累積債務

□**23** 2度の石油危機（オイル=ショック）による原油価格の
★★★ 　値上げで利益を得た産油国と非産油途上国との格差や、
NIES（新興工業経済地域）と ★★★ との格差のこと
を ★★★ という。

LDC（後発発展途
上国）、
南南問題

□**24** 1982年、メキシコは莫大な債務を抱えて ★ に
★ 　陥った。支払期限の延期である ★ や債務の一部
免除、緊急追加融資などが行われ、現在は債務を現地
企業の株式で返済する債務の株式化が行われている。

デフォルト（債務
不履行）、
リスケジューリン
グ

　◆中南米諸国が累積債務を抱えた理由は、1970年代に OPEC 諸国
　からのオイルマネーが還流したことと、アメリカがインフレ対
　策として高金利政策を実施したため利子負担が増えたことなど
　が挙げられる。

□**25** 発展途上国は先進国企業を国内に誘致して輸出加工区
★★★ 　を創設するために、その地区の法人税率を低くするこ
とで ★★★ を作ることがある。

タックス=ヘイブ
ン（租税回避地）

　◆グローバリゼーションにおいて、多国籍企業はタックス=ヘイブ
　ン（租税回避地）と呼ばれる非課税ないし税率の低い国に拠点を
　置きつつ、金利の低い国から資金を、価格の安い国から原材料や
　部品を調達し、これを賃金の安い国で加工した上で、製品を高
　く売れる国で販売して、さらに大きな利潤を得るようになった。

□**26** 発展途上国の人々の生産物を適正な価格で買い取り、
★★★ 　生産者の自立などを支援する取り組みに ★★★ がある。

フェアトレード

□**27** 2000年に国連は1日の収入が1ドル（米ドル）未満とい
★★ 　う極度の貧困に苦しむ人々の人口比率を半減させるな
ど8つの目標を掲げた ★★ （MDGs）を採択した。

ミレニアム開発目
標

　◆2000年9月の国連で行われた「ミレニアム・サミット」で「ミレ
　ニアム宣言」として採択され、15年までの目標達成を掲げた。

416

□28 2015年、国連はミレニアム開発目標（MDGs）を引き
★★★ 継ぐ形で [ ★★★ ] を採択し、南北問題さらには南南問
題における**格差や貧困の解消**に向けたさらなる取り組
みを進めている。

◆貧困の解消、「飢餓をゼロに」、すべての人に対する質の高い教育、「ジェンダー平等」の実現、福祉の拡充や地球環境問題への対策としてのクリーン・エネルギー、平和と公正など、17の達成すべき目標（ゴール）と、具体的な169のターゲットから構成され、2016～30年までの期間を目処に掲げた国際目標である。

**持続可能な開発目標（SDGs）**

## 20 日本の貿易～現状と国際比較

□1 日本の貿易相手国（2019年）についての表の空欄 A ～
★★ I にあてはまる国名を答えよ。

|  | 輸入 | 輸出 | 貿易総額 |
|---|---|---|---|
| 第1位 | A [★★] | D [★★] | G [★★] |
| 第2位 | B [★★] | E [★★] | H [★★] |
| 第3位 | C [★★] | F [★★] | I [★★] |

◆**2007年**に香港を除く中国がアメリカを抜いて貿易総額で世界第1位となった。近年、日本の輸入先は、第1位が中国、第2位がアメリカ（2002年～）となっているが、輸出先はツートップとなるアメリカと中国がそれぞれ約20%と、年によって順位が入れ替わっている。

□2 1980年代後半には、プラザ合意後の**円高**により、海外
★★★ に進出する日本企業が増加し**対米直接投資が急増**した
ため、日米 [ ★★★ ] **摩擦**が激化した。

□3 2001年、[ ★★ ] 産のネギ、生シイタケ、イグサ（**畳表**）
★★ に対して**日本が** [ ★★ ] **を発動**したのに対し、中国は
日本製携帯電話などに対して報復 [ ★★ ] を課し、**日
中貿易摩擦**が始まった。

◆ WTO（世界貿易機関）は特定国を指定した選択的セーフガードを禁止しているが、2001年当時、中国がWTOに未加入であったことから、日本は発動を決めた。ただし、同年12月に中国がWTOに加盟したため、その時点で日本はその措置を中止した。

**ANSWERS** □□□

A 中国
B アメリカ
C オーストラリア
D アメリカ
E 中国
F 韓国
G 中国
H アメリカ
I 韓国

投資

中国,
緊急輸入制限措置（セーフガード）,
関税

**XV 経済分野 ⑳ 日本の貿易～現状と国際比較**

**□④** 中国の経済成長は米中貿易摩擦と日中貿易摩擦を激化
★★★ させ、2005年7月には**人民元の** ★★★ が行われた。

◆かつては1ドル＝約8.3元であったが、**2005年7月**に1ドル＝
8.11元に切り上げられ、以降、順次、人民元の切り上げが行われ、06年5月には1ドル＝7元台、**08年4月には6元台**に突入。20年8月時点では6～7元台で推移している。

切り上げ

**□⑤** 日本は、高度経済成長期には**原油を輸入して機械類を**
★★ **輸出する** ★★ **貿易**を行っていたが、近年の輸入品
の第1位は ★★ である。

◆日本は**付加価値性の**高い**工業製品を輸出**し、汎用半導体など**付加価値性の**低い**工業製品を中国やアジア諸国から輸入**している。

加工,
機械類

**□⑥** 輸入額の GDP に対する比率を ★★★ 、輸出額の
★★★ GDP に対する比率を ★★★ といい、両者の合計で
ある貿易総額の GDP に対する比率を ★★★ という。

輸入依存度,
輸出依存度,
貿易依存度

**□⑦** 主な貿易国の1人あたり貿易依存度を示した次のグラ
★★★ フ中の空欄 A ～ C に該当する国名を答えよ。

貿易依存度(2018年)(%)

| | 輸出 | 輸入 |
|---|---|---|
| **A** ★★★ | 114.4 | 102.7 |
| (香港) | 156.9 | 173.0 |
| ハンガリー | 79.7 | 77.1 |
| オランダ | 79.5 | 70.6 |
| ドイツ | 39.5 | 32.5 |
| 韓国 | 35.2 | 31.1 |
| フランス | 20.9 | 24.2 |
| イギリス | 17.0 | 23.6 |
| **B** ★★★ | 14.8 | 15.1 |
| **C** ★★★ | 8.1 | 12.4 |
| ロシア | 27.1 | 14.3 |
| 中国 | 18.4 | 15.7 |
| インド | 11.6 | 18.3 |

A シンガポール

B 日本
C アメリカ

◆日本とアメリカの**貿易依存度が低い**のは、GDP が多いことで分母の数値が大きくなるためである。**日本**は、2011年から15年までは**貿易収支**赤字に陥っていたが、16年から**貿易収支**黒字となり、18年に再び**貿易収支**赤字となったため、輸出＜輸入となっているので B。**アメリカ**は**貿易収支**赤字国なので、輸出＜輸入となるので C。

**□⑧** 一国の輸入品の価格に対して**輸出品の価格が**上昇する
★ と、その国の ★ **条件**は ★ になる。

◆**交易条件**とは、**輸出品1単位で輸入できる単位数の割合**。発展途上国の交易条件は概して劣悪で**1単位未満**となるが、先進国の交易条件は概して良好で**1単位以上**となる。

交易, 良好

■9 1960年代には、 ★★ 製品が日本からアメリカに対し**集中豪雨的に輸出**されたため、日米貿易摩擦が問題化した。

繊維

■10 1980年代には、日米貿易摩擦が激化したが、**日本の貿易収支**黒字**額とほぼ同額のアメリカの貿易収支** ★★★ **額**が発生していた。

赤字

■11 2000年代に入り、**アメリカの貿易収支**赤字**は巨額化し、日本の貿易収支**黒字**額を大幅に上回り**、アメリカは新たに ★★★ などとの**貿易摩擦**に苦慮している。

中国

■12 世界の輸出貿易に占める主要国の割合を示した次のグラフ中の空欄 A〜D にあてはまる国名を答えよ。

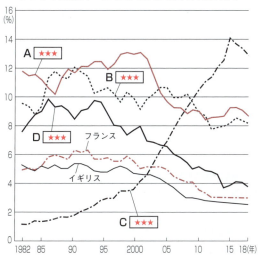

A アメリカ

B ドイツ (旧西ドイツ)

C 中国
D 日本

◆C の中国は「21世紀の世界の工場」と呼ばれ、2008年の「北京オリンピック景気」で輸出を増やし、A のアメリカと B のドイツ (旧西ドイツ) を抜き、09年から世界第 1 位となっている。**輸入**はアメリカに次ぐ世界第 2 位で、今や中国は「世界の市場」となっている。日本は輸出・輸入いずれも第 4 位である。なお、GDP は 10 年に中国に抜かれた後は、世界第 1 位がアメリカ、第 2 位が中国、第 3 位が日本である。外貨準備高も、06年に中国に抜かれ、日本は世界第 2 位である。

XV 経済

20 日本の貿易〜現状と国際比較

# XVI

# 経済分野
ECONOMICS
## 労働・社会保障

## 1 労働運動の歴史

ANSWERS □□□

**□1** 18世紀末から19世紀後半までのイギリスの労働運動の歴史について、次の空欄 **A ～ F** にあてはまる適語を答えよ。

| 年号 | 出来事 | 主な内容 |
|------|--------|----------|
| 1799 | A [ ★ ] 法制定 | 労働組合運動を規制 |
| 1811 | B [ ★ ] 運動（機械打ち壊し運動） | 世界初の<u>労働運動</u> |
| 33 | C [ ★ ] 法制定 | 世界初の<u>労働者保護立法</u> |
| 37(38) | D [ ★ ] 運動 | 男子労働者の<u>普通選挙権</u>要求運動 |
| 68 | E [ ★ ] 結成 | 19世紀型の F [ ★ ] 別労働組合。<u>熟練工</u>中心 |

A 団結禁止
B ラッダイト
C 工場（一般工場）
D チャーティスト
E 労働組合会議（TUC）
F 職業

**□2** 1864年、**労働者階級の解放と国際的団結**を目指す [ ★ ] が**イギリスのロンドン**で結成された。

第一インターナショナル（国際労働者協会）

**□3** 1889年、**国際的な社会主義組織の樹立**を目指す [ ★ ] が**フランスのパリ**で結成された。

第二インターナショナル

**□4** 1919年、**国際共産主義の確立**を目指す [ ★ ] が**ソ連のモスクワ**で結成された。

第三インターナショナル（コミンテルン）

**□5** ヨーロッパでは<u>19</u>世紀に**熟練工中心**の [ ★ ] 別労働組合が結成されたが、<u>20</u>世紀になると**不熟練工を含めた** [ ★ ] 別労働組合が結成された。日本では、正社員を中心とした [ ★ ] 別労働組合が一般的である。

職業

産業，
企業

**□6** 19世紀後半以降のアメリカの労働運動の歴史について、次の空欄 **A** ～ **H** にあてはまる適語を答えよ。

| 年号 | 出来事 | 主な内容 |
|---|---|---|
| 1869 | **A** [ ★ ] 結成 | アメリカ労働組合の起源 |
| 86 | **B** [ ★ ] 結成 | 19世紀型の **C** [ ★ ] 別労働組合。熟練工中心 |
| 1935 | **D** [ ★ ] 法制定 | 世界恐慌下の **E** [ ★ ] 政策の一環 |
| 38 | **F** [ ★ ] 結成 | 20世紀型の **G** [ ★ ] 別労働組合 |
| 47 | **H** [ ★ ] 法制定 | 労働組合運動の激化防止 |
| 55 | **B** [ ★ ] ・ **F** [ ★ ] 合同 | 労働組合運動の穏健化 |

A 労働騎士団
B アメリカ労働総同盟 (AFL)
C 職業
D ワグナー
E ニュー=ディール
F 産業別労働組合会議 (CIO)
G 産業
H タフト=ハートレー

**□7** 1919年、ヴェルサイユ条約に基づき、労働条件の改善を目的とした条約作成などを行う [ ★★ ] (ILO) が**国際連盟の主要機関**として設立された。

◆現在は、**国連の専門機関**として存続している。

国際労働機関

**□8** ILO が定める条約のうち、日本が批准している主なものについて、次の空欄 **A** ～ **E** にあてはまる適語を答えよ。

| 号数 | 主な内容 | 採択年 |
|---|---|---|
| 2 | 失業 | 1919年 |
| 26 | 最低 **A** [ ★★ ] 決定制度 | 1928年 |
| 87 | 結社の自由および **B** [ ★★ ] 権保護 | 1948年 |
| 98 | **B** [ ★★ ] 権および団体交渉権 | 1949年 |
| 100 | 同一 **C** [ ★★ ] | 1951年 |
| 102 | **D** [ ★★ ] の最低基準 | 1952年 |
| 156 | **E** [ ★★ ] 的責任を有する労働者 | 1981年 |

A 賃金
B 団結

C 報酬 (賃金)
D 社会保障
E 家族

◆ILO は、**条約と勧告**という形で**国際的な最低労働基準**を定め、加盟国の批准手続を経て、その効力が発生する。2019年現在、190号までの条約が設けられ、その内容に基づき批准国は国内法を整備する。例えば、1995年に156号を批准した日本は、育児休業法を改正し、99年に育児・介護休業法を制定した。

**XVI** 経済分野　**1** 労働運動の歴史

□**9** **1944年のILO総会**で、社会保障を拡張することがILO
★　　の義務であるという　★　　が採択された。

◆所得保障、医療保障、雇用保障に関する勧告が出された。

**フィラデルフィア宣言**

□**10** 第二次世界大戦前の日本の労働運動の歴史について、
★　　次の空欄 A ～ H にあてはまる適語を答えよ。

| 年号 | 出来事 | 主な内容 |
|---|---|---|
| 1897 | A　★　結成<br>→その下で**初の労働組合 B　★　結成** | 日清戦争後、高野房太郎らが組合を求めて結成 |
| 1900 | C　★　法制定 | 集会・結社の規制 |
| 11 | D　★　法制定 | 日本初の労働者保護立法（16年施行） |
| 12 | E　★　結成 | **鈴木文治**らが結成した穏健的組合（F　★　主義） |
| 25 | G　★　法制定 | 民主主義、社会主義運動を弾圧（1945年廃止） |
| 38 | 国家総動員法制定 | 戦時体制 |
| 40 | H　★　への統合 | 政党・組合を解散し、戦争遂行の労務提供機関に |

A　労働組合期成会

B　鉄工組合

C　治安警察

D　工場

E　友愛会

F　労使協調

G　治安維持

H　大日本産業報国会

□**11** 第二次世界大戦直後から復興期にかけての日本の労働
★★　運動の歴史について、次の空欄 A ～ H にあてはまる
適語を答えよ。

| 年号 | 出来事 | 主な内容 |
|---|---|---|
| 1945 | A　★★　法制定<br>（1949年改正） | ←三大経済民主化の一環<br>＝D　★★　の承認 |
| 46 | B　★★　法制定<br>（1949、52年改正） | 「労働三法」 |
| 47 | C　★★　法制定 | |
| | E　★★　中止命令 | GHQが**全国スト中止**を命令 |
| 48 | F　★★　公布 | 公務員の**争議権剥奪** |
| 53 | スト規制法制定 | 電気・石炭事業の争議行為制限 |
| 59 | G　★★　法制定 | 賃金の H　★★　**水準**を設定 |

A　労働組合

B　労働関係調整

C　労働基準

D　労働組合

E　2・1ゼネスト

F　政令201号

G　最低賃金

H　最低

422

# 2 労働三法

**ANSWERS** □□□

□ **1** 日本国憲法は、第 ★★★ 条で勤労の権利を定めるとともに、第28条で団結権・団体交渉権・ ★★★ のいわゆる労働三権を保障している。これらの権利は総称して労働基本権と呼ばれる。

27,
団体行動権（争議権）

□ **2** いわゆる**労働三法**を、制定年代の早い順に並べると、 ★★★ 法、 ★★★ 法、 ★★★ 法となる。
◆成立はそれぞれ1945年、46年、47年である。

労働組合，労働関係調整，労働基準

□ **3** 労働基準法の目的は、**労働条件の** ★★★ **を設定**することで労働者に人たるに値する生活、つまり ★★★ を保障することである。

最低基準,
生存権

□ **4** 労働基準法は、憲法第27条2項の「賃金、 ★★ 、休息その他の勤労条件に関する基準は、法律でこれを定める」との規定を根拠とする法規であり、労働者保護法の基本をなすものである。

就業時間

□ **5** **労働条件の7つの原則**とは、労働条件の最低基準の遵守、 ★★ の原則、均等待遇の原則、 ★★ の原則、強制労働の禁止、中間搾取の禁止、公民権行使の保障である。

労使対等，男女同一賃金 ※順不同

□ **6** ★★★ 法によると、使用者は労働者の国籍・ ★★★ ・社会的身分を理由に**労働条件**で**差別的取り扱い**をしてはならない。

労働基準，信条

□ **7** ★★★ 法は、使用者に対して労働者が女性であることを理由に ★★★ で**差別的取り扱いをすることを禁止**している。

労働基準,
賃金

□ **8** 労働基準法に規定されている**最低基準よりも不利**な条件を定めた**就業規則**、使用者と労働組合間の ★★ 、使用者と労働者間の ★★ は無効である。
◆労働基準法に規定されている**最低基準に違反した労働契約は無効**であるが、その意味は契約全体を無効とするのではなく、**法律に違反した部分のみを無効**と扱って法律の基準に従うものとする（**部分無効の論理**）。

労働協約,
労働契約

※順不同

**XVI**
**経済**

**2**
**労働三法**

423

# XVI 経済分野　2 労働三法

**□9** 最低賃金は [ ★★ ] 法で定められており、決定方式と
★★　しては労働協約の地域拡張方式と [ ★★ ] がある。

　　◆最低賃金については労働基準法ではなく、特別法である最低賃
　　金法に定められている。審議会方式は、厚生労働大臣もしくは
　　知事が審議会の意見を聞いてで最低賃金を決定する方法で、多
　　く採用されている。なお、フルタイム労働者だけでなく**パート
　　タイム労働者**も最低賃金法の適用を受ける。

最低賃金,
審議会方式

**□10** 労働時間には上限があり、1日 [ ★★★ ] 時間、週 [ ★★★ ]
★★★　時間以内と決められている。

8, 40

**□11** [ ★★★ ] 法では、法定 [ ★★★ ] 労働に対して割増賃金
★★★　の支払やそれに代わる休暇の付与が行われないことは
　　**違法**とされている。

労働基準, 時間外

**□12** 1日の**始業・終業時間を労働者が弾力的に設定できる**
★★★　[ ★★★ ] 制と、1週間、1ヶ月、1年間の合計で**法定労働時
　　間を超えない範囲で自由に労働時間を設定できる**とす
　　る [ ★★★ ] 制が導入されている。

　　◆フレックス=タイム制や変形労働時間制は、効率的な労働を可能
　　にし、**労働時間短縮を実現する**目的で1987年の改正労働基準法
　　で導入された。

フレックス=タイム

変形労働時間

**□13** [ ★★ ] 制とは、労働時間の管理を [ ★★ ] に委ね、実
★★　際の労働時間にかかわりなく労使協定で定めた時間だ
　　け働いたとみなす制度である。

　　◆仕事を労働時間に換算する裁量労働（みなし労働時間）制が専
　　門職からホワイトカラー労働者の企画や立案などにも拡大され、
　　SOHO (Small Office Home Office) という在宅勤務体制やリモート
　　勤務体制を支援している。

裁量労働（みなし
労働時間）,労働者

**□14** 労働基準法では、一定の条件下で、[ ★★★ ] を与えるこ
★★★　とを定めている。

年次有給休暇

**□15** 年次有給休暇とは [ ★★ ] 以上継続勤務した労働者に
★★　**年間で最低** [ ★★ ] 日から最高 [ ★★ ] 日までの休暇
　　を与えるものである。

6ヶ月,
10, 20

**□16** 労働基準法は、**賃金支払5原則を規定**しており、**賃金**
★★　は [ ★★ ] で、[ ★★ ]、月1回以上、一定の期日に、
　　全額を支払うことになっている。

　　◆賃金を現物支給すること、分割払いすることは禁止されている。

通貨, 直接

**□17** 労働基準法が遵守されているかどうかを監視するため
★★　に各地に [ ★★ ] が置かれている。

労働基準監督署

**□18** ★★
1947年制定の ［ ★★ ］法では、原則として営利のための職業紹介を禁止していたが、85年の ［ ★★ ］法制定に伴い改正され、［ ★★ ］と呼ばれる公共職業安定所以外に民間企業も職業紹介事業を行うことができるようになった。

職業安定,
労働者派遣,
ハローワーク

**□19** ★★★
時間外労働や休日労働を行わせるには、「［ ★★★ ］協定」と呼ばれる**労働組合または労働者の過半数を代表する者との書面による労使協定**が必要である。

三六

◆労働基準法第36条に規定されていることから、サンロク協定、またはサブロク協定という。時間外労働や休日労働には、**25〜50%の**割増賃金を支払うことになっているが、これは、使用者による時間外労働の強制を減らし、労働時間の短縮を実現するのが狙いである。

**□20** ★★
労働基準法は、満 ［ ★★ ］歳未満の児童の雇用を原則的に禁止している。また、未成年者の ［ ★★ ］を親権者や後見人が代わって締結することも禁止されている。

15,
労働契約

**□21** ★★★
1985年の ［ ★★★ ］条約の批准に伴い、労働基準法が改正され ［ ★★★ ］の保護規定の一部が削除された。

女子差別撤廃（女性差別撤廃),
女子

**□22** ★★★
1986年に ［ ★★★ ］法が施行され、募集・［ ★★★ ］・配置・昇進・降格・教育訓練・退職の勧奨・解雇・［ ★★★ ］の更新などにおける性差別の防止が規定された。

男女雇用機会均等,
採用,
労働契約

**□23** ★★★
従来、女子労働者については ［ ★★★ ］**労働の規制**や ［ ★★★ ］**の禁止**が定められていたが、**1997年の**労働基準法**改正**（99年施行）でこれらが撤廃されて**男子労働者と原則的に対等**となった。

時間外,
深夜業（深夜労働)

**□24** ★★★
1997年の労働基準法改正に伴い男女雇用機会均等法も改正（99年施行）され、女子労働者差別の禁止が**事業主の** ［ ★★★ ］**規定から** ［ ★★★ ］**規定に高められ、違反企業名の公表**という制裁が科されるようになった。

努力義務, 禁止義務

**□25** ★★★
2006年改正（07年施行）の男女雇用機会均等法では、雇用条件に転勤や残業、身長や体重など合理的な理由のない事項を附する ［ ★★★ ］**差別を禁止**するとともに、**男性も含めた** ［ ★★★ ］**防止措置を講じる義務**を事業主に課した。

間接,
セクシャル=ハラスメント

**XVI** 経済

**2** 労働三法

# XVI 経済分野　2 労働三法

**□26** 2020年6月、**改正労働施策総合推進法**（ ★★ **防止法**）が施行され、大企業を対象に、職場において雇用管理上、必要な防止措置を講じることが義務づけられた。
◆2022年4月からは中小企業にも適用される。

パワーハラスメント（パワハラ）

**□27** **労働基準法**は、女子労働者のみ認められる**母性保護規定**として ★★★ 休暇と ★★★ 休暇を定めているが、子どもを持つ労働者の ★★★ **休業**については別の法律を定め、**女子のみならず男子**労働者にも認めている。
◆産前休暇は原則6週、産後休暇は原則8週。育児については、育児休業法が1991年に制定され、男女ともに休業請求権を認めた。

生理，産前産後，
※順不同
育児

**□28** 2015年、 ★★ **法**が制定・施行され、翌16年より301人以上の労働者を雇用する会社は、**女性**が働きやすい雇用環境づくりについて、**一般事業主行動計画**の策定や届出、外部公表の実施が義務づけられた。
◆2022年4月より労働者101人以上の事業主に義務の対象が拡大される。

女性活躍推進

**□29** 2018年、**政治**分野における ★★ **法**が制定・施行され、各政党ではできる限り**男女の候補者数が均等**になるように努めることが定められた。

男女共同参画推進

**□30** **1990年代以降の長期不況**の中で、企業によるリストラが不当解雇という形で行われたことから、2007年制定の**労働契約法**で「客観的に**合理的な理由**を欠き、 ★ 上相当であると認められない」**解雇は無効**であると明記された。

社会通念

**□31** 1945年制定の**労働組合法**の目的は、労働者の**団結権**を認めて ★★ の原則を確立し、 ★★ による労働者の地位向上を目指すことである。

労使対等，団体交渉

**□32** **労働組合法**は、労働組合と使用者との間で ★★ を結んで**労働条件の向上を図る**ことを認めている。

労働協約

**□33** 労働者の**争議行為**には**ストライキ**（**同盟罷業**）、**サボタージュ**（**怠業**）、 ★★★ があり、対抗手段として使用者側には ★★★ がある。

ピケッティング，
ロックアウト

**□34** 労働組合の**正当な争議行為**については、**刑事上および民事上の** ★★ が認められている。

免責

□35 使用者が労働組合の □★★★ 権を侵害することや、労働組合運動を妨害することを □★★★ といい、労働組合法はこれを禁止している。

団結,
不当労働行為

□36 不当労働行為の具体例としては、労働組合の結成や加入しようとしたことを理由に雇用上、不利益な扱いをすること、労働組合に加入しないことを労働条件とする □★★★ を結ぶこと、労働組合に経費援助をすることなどがある。

◆黄犬契約という言葉は、労働者に認められている権利を自ら放棄する態度を臆病で卑屈な黄色い犬（イエロー・ドッグ）にたとえたところに由来するといわれる。

黄犬契約

**XVI 経済**

**2 労働三法**

□37 労働協約において従業員資格と労働組合員資格とを関連づけて、労働組合員の雇用確保と労働組合の組織強化を図る制度のことを □★★ という。

ショップ制

□38 労働組合の加入者だけが採用され、除名や脱退などで労働組合員の資格を失った者は解雇されるショップ制を □★★ という。

クローズド=ショップ

□39 企業に採用された後、一定期間内に労働組合に加入しなければならず、労働組合を除名・脱退したら解雇されるショップ制を □★★ というが、日本では実際には除名されても解雇に至らない □★★ が多い。

ユニオン=ショップ,
尻抜けユニオン

□40 労働組合員資格と雇用資格が無関係であるショップ制を □★★ という。

オープン=ショップ

□41 日本の労働組合組織率は低下傾向にあり、1970年には35%だったが、近年は □★★ %を下回っている。

20

□42 労働関係調整法は、労働争議の □★★★ と解決を目的としている。

予防

□43 労働組合法に基づき設置されている □★★★ は、労働関係調整法に則り、労働に関する審査や労働争議の調整などを行う機関であり、使用者委員・労働者委員・公益委員で構成される。

労働委員会

◆国の機関である中央労働委員会と、都道府県の機関である都道府県労働委員会（地方労働委員会）が設置されている。

427

# ⅩⅥ 経済分野 2 労働三法

**□44** 労働関係調整法では、労働争議の調整は ★★ →調停→ ★★ の順序で行うことが原則とされる。

◆労働委員会における労働争議の調整のうち、斡旋は、斡旋案などを参考にしながら**当事者の自主的解決**を導くのに対して、調停は調停案を作成して当事者に**受諾を勧告**し、仲裁による仲裁裁定は労働協約と同じく法的拘束力を持つものである。

あっせん
斡旋,
仲裁

**□45** 使用者に不当労働行為があれば、労働者ないし労働組合は原則として**都道府県労働委員会に** ★★ 年以内に救済を申し入れる。同委員会は ★★ の後、申立てが事実であると認定すれば、使用者に対して命令（救済命令）を発するが、使用者がこの命令に不服があれば、再審査を中央労働委員会に申立てを行うか、取消を求める ★★ を裁判所に提訴できる。

◆不当労働行為に対しては、裁判所による救済（民事訴訟）も可能であるが、労使間の法的関係ないし権利義務を確定することを目的とするために判決まで長い期間を要するので、通常は権利関係を暫定的に定める仮処分の制度が利用される。

1,
調査・審問

行政訴訟（取消訴訟）

**□46** 不当解雇や賃金未払いなどの労働者個人と使用者との**労働紛争を安価にかつ迅速に解決する簡易な方法**として、2006年より ★★ 制度が導入された。

労働審判

**□47** 公務員の ★★★ は一律禁止とされ、特に**警察官、消防官、刑務官、自衛官、海上保安庁職員**は ★★★ すべてが禁止されている。

争議権,
労働三権

**□48** 交通、通信、電気、ガスなどの**公益事業**で争議行為が行われる場合、 ★★ 日前までに厚生労働大臣や知事などに通知することが必要であり、抜き打ちストは認められていない。

10

**□49** 公益事業などの争議行為で国民生活に重大な影響を及ぼすおそれがある場合、内閣総理大臣が、争議行為を ★★ 日間禁止することを ★★ という。

◆1953年制定のスト規制法は、国民の生活と安全を保護する観点から、**電気事業や石炭鉱業**について、発電所や変電所のスイッチを切って送電を停止することや、炭坑労働の保安を害する**争議行為を禁止**している。

50, 緊急調整

428

# 3 現代日本の労働問題

ANSWERS □□□

□**1** ★★ 　 ★★ 制とは、新規卒業者は採用されたら**定年まで1つの会社で働き続けるという雇用慣行**であるが、1990年代以降、不況下の ★★ により崩壊しつつある。

終身雇用

リストラ

□**2** ★★ 　 ★★ 制とは、**勤続年数に応じて昇給する賃金形態**であり、 ★★ 制をバックアップするとともに社員の会社への帰属意識を高める効果を持つ。

年功序列型賃金，
終身雇用

◆これらに企業別労働組合を含めた日本独自の三大雇用慣行は、社員の**企業への帰属意識**を高め、企業内の**技術習熟と世代間の技術伝承**を促し、**企業内の人材育成**を支えたことで高度経済成長を下支えした。

□**3** ★★ 　近年、年功序列型賃金制が崩れ、職務の重要度に基づく ★★ や職務遂行能力に基づく ★★ を導入する企業や、仕事の実績を査定して賃金を決める ★★ を導入する企業や団体が増えている。

職務給，職能給，
成果主義

□**4** ★★★ 　日本では、労働組合は企業ごとに作られる ★★★ が一般的であるが、**労使協調になりやすく、使用者の意のままになりがち**であることから ★★★ とも呼ばれる。

企業別労働組合

御用組合

□**5** ★★★ 　**雇用の流動化**が進む日本では、若者にも**パート**、アルバイト、派遣などの ★★★ が増加し、**25歳未満の年齢層では被用者の5割**に達し、増加傾向にある。

非正社員（非正規
雇用者）

□**6** ★★★ 　正社員として就職せずに**短期アルバイト**などで生計を立てている**15〜34歳の若者**を ★★★ という。

フリーター

◆フリーターは2003年には217万人とピークを迎えたが、以後、景気回復に伴い減少に転じ、06年には187万人、08年には170万人となるも、リーマン=ショック後の不況などから再び増加し、11年は184万人となった。12年は180万人、13年は182万人と180万人台で推移していたが、その後は減少傾向にあり、19年は138万人となっている。

□**7** ★★★ 　近年、**仕事に就かず**学校教育も ★★★ も受けていない ★★★ （Not in Education, Employment or ★★★ ）と呼ばれる15〜34歳の若者が増加している。

職業訓練，
ニート，
Training

□**8** ★★★ 　完全失業率とは ★★★ に占める ★★★ の割合のことであり、各国の経済状況を示す指標の1つである。

労働力人口，完全
失業者

429

## XⅥ 経済分野 ③ 現代日本の労働問題

**9** 一般に、**完全失業率**は以下の数式で計算される。空欄にあてはまる語句を答えよ。

$$完全失業率(\%) = \frac{完全失業者数}{\boxed{\star\star\star} 人口} \times 100 = \frac{完全失業者数}{就業者数+完全失業者数} \times 100$$

労働力

**10** **主要国の完全失業率**(年平均)を示した折れ線グラフ **A〜C** の空欄にあてはまる国を**日本**、**アメリカ**、**イギリス**からそれぞれ選べ。

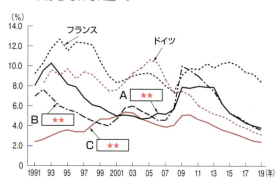

A　イギリス

B　アメリカ

C　日本

◆日本の完全失業率は、「失われた10年」(1990年代)に上昇し始めて、**2001〜03年に5%台**となり、その後、景気回復により低下していることから**C**。イギリス、アメリカの失業率は90年代、IT好況により低下したが、アメリカは01年9月の同時多発テロで再び消費不況となって失業率が上昇したことから、**B**がアメリカ、**A**がイギリス。従来アメリカは日本よりも完全失業率は高かったが、90年代後半から00年代初頭にかけては逆の状況が生じた。しかし、08年のリーマン=ショックにより大量の失業者が出現し、完全失業率は急上昇した。その後、グラフ中の各国の失業率は、景気回復とそのための施策(日本のアベノミクスなど)により雇用状況の改善が見られ低下傾向にあったが、20年のコロナ=ショックで、再び急上昇した(年平均で2.8%)。

**11** 日本は、かつて低失業国であり、オイル=ショック以降、1980年代の完全失業率は ★★ %台にとどまっていたが、**長期不況の影響で2001〜03年と09年には** ★★ %台に達した。

2

5

◆完全失業率は、2002年には5.5%と最悪の記録を示し、09年もリーマン=ショックによる雇用状況の悪化により5.1%に上昇した。特に、日本の**若年者の失業率は高く**、2000年代初頭には10%を超えた。

□**12** 求人と求職の □★★★ を解消するには、**教育や技能の訓練**などの対策が必要である。
★★★

ミスマッチ

□**13** 正社員と非正社員の間で待遇上の差異が生じないようにするためには、正社員の長時間 □★★ を是正し、すべての人が**仕事と生活の均衡**（□★★ ）がとれる環境を形成することが望まれる。
★★

労働,
ワーク・ライフ・バランス

□**14** 公共職業安定所（ハローワーク）で仕事を探している人の数（□★★★ ）に対する仕事の件数（有効求人数）の**割合**を □★★★ という。
★★★

有効求職者数,
有効求人倍率

□**15** 日本の有効求人倍率は、**バブル期**には □★★ 倍を超えていたが、1993〜2005年では □★★ 倍を下回り、06・07年は上昇したが、08〜13年は再び □★★ 倍を下回った。
★★

1,
1,
1

□**16** アベノミクスによって**雇用状況は改善**し、2014年以降、**完全失業率**は低下傾向となり、**有効求人倍率**は □★★★ 倍を上回るようになった。19年の完全失業率（年平均）は □★★★ ％台を記録した。
★★★

1

2

◆2019年の完全失業率（年平均）は2.4%となった。また、有効求人倍率は1.60倍と過去3番目の高水準を記録するも、リーマン=ショック後の09年以来、10年ぶりに減少に転じた。さらに、20年のコロナ=ショックにより、年平均の完全失業率は2.8%、有効求人倍率は1.18倍と雇用状況が悪化した。

□**17** **1987年**の労働基準法改正で労働時間は週 □★★ 時間から段階的に短縮し、93年改正では週 □★★ 時間労働制を実現し、2018年現在の所定内労働時間（全国平均）は**1,600時間を下回っている**。
★★

48,
40

□**18** 労働者1人あたりの □★★ を短縮し、**雇用を創出**して失業率の上昇を防ぐ取り組みの1つを □★★ という。
★★

労働時間,
ワークシェアリング

◆ワークシェアリングはドイツ、フランス、オランダなどで導入され、失業率上昇の歯止め策となっている。日本も、2000年の春闘で、連合が雇用維持のためにその導入を要求して話題となった。

**XVI**
**経済**

**3**
現代日本の労働問題

## XVI 経済分野　3 現代日本の労働問題

■19 2018年に ★★ 法が制定、19年に施行され、時間外労働（残業）の**罰則つき上限**を原則月45時間、年360時間までと定め、勤務終了から次の勤務時間までに一定の休息時間を確保する ★★ 制度を導入するように促した。

働き方改革関連

勤務間インターバル

◆これらの施策は、労働者のワーク・ライフ・バランスを図ることに役立ち、労働者保護につながるものといえる。なお、罰則つき時間外労働は、臨時的な特別の事情がある場合、単月で100時間未満（休日労働を含む）、複数月で平均80時間（同）、年720時間を限度とすることが求められている。

■20 高度の専門知識などを有し、職務の範囲が明確で一定の年収要件を満たす労働者を対象に、年間104日以上の休日確保措置などを講ずることで法定労働時間や休憩、休日、深夜の割増賃金に関する規定を適用しない ★ 制度が、働き方改革関連法により導入された。

高度プロフェッショナル

◆高度プロフェッショナル制度は、かつてはホワイトカラー・エグゼンプション（労働時間規定の適用免除）として導入案があったが、結局、サービス残業をフリーに認めることになり労働者に不利となるという批判から、その導入が見送られてきた。

■21 次のグラフは、**日本**、**アメリカ**、**ドイツ**の労働者1人あたりの**年間総実労働時間**（2018年）を示したものである。空欄 **A〜C** にあてはまる国名を答えよ。

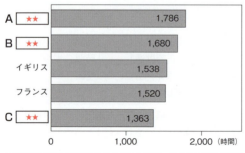

A　アメリカ

B　日本

C　ドイツ

◆1987年の労働基準法改正前の1985年当時、日本の年間総実労働時間は約2,100時間と長かった。なお、この統計はパートタイム労働者を含めたものであり、日本の正規労働者の勤務時間は横ばいである。

- □22 <u>労働者派遣法</u>は、当初は派遣対象事業を秘書や通訳などの**専門職**に限定していたが、**小泉政権下の**<u>2004</u>**年改**正で<u>製造</u>業などに拡大するとともに、専門職では派遣期間の上限を撤廃、その他の職業では1年から ★★ 年に延長した。　　　3

  ◆しかし、2004年以降、<u>製造業</u>で「正社員切り」が続発し、<u>派遣労働者</u>に切り換えられていった。<u>労働者派遣法</u>改正は、かえって労働者間の格差を生み出したという批判がある。**2015年の**<u>労働者派遣法</u>改正では、「専門26業務」と呼ばれる<u>専門職</u>に認められていた**期間を定めない派遣労働を撤廃し、派遣期間を最長**<u>3</u>**年**とした。一方、同一業務については人を入れ替えれば永続的に派遣労働者を就業させることが可能になった。また、3年を超える派遣労働者に対する「雇用安定措置」として、派遣元企業は派遣先企業に正社員化を働きかけ、それが実現できない場合は他の企業を紹介するか、自ら雇用しなければならないとした。

- □23 <u>労働者派遣法</u>は、 ★ 年を超えて派遣が継続されている者に、**正社員になることを要求する権利**を与えており、違反事業主には**企業名公表**という社会制裁が科されることになる。　　　3

- □24 <u>派遣労働者</u>の**雇用関係は** ★ **企業**との間に存在し、**指揮命令関係は** ★ **企業**との間で発生する。　　　派遣元、派遣先

  ◆なお、一定の条件を満たす有期契約労働者は、無期契約に雇用条件を転換する権利が保障されている。

- □25 雇用者(役員を除く)に占める就業形態を示した次のグラフ中の空欄 A ～ C に該当する就業形態を、「**正規雇用者**」「**パート・アルバイト**」「**派遣社員、契約社員、嘱託**」からそれぞれ選べ。

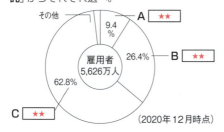

(2020年12月時点)

A 派遣社員、契約社員、嘱託

B パート・アルバイト

C 正規雇用者

## XVI 経済分野　3 現代日本の労働問題

□26 次のグラフは、日本における正規雇用者数と非正規雇用者数の推移を、男女別に示したものである。正規の職員と従業員を「**正規雇用者**」、パート、アルバイト、派遣社員、契約社員などを「**非正規雇用者**」とした場合、図中の**空欄A〜D**にあてはまるものをそれぞれ答えよ。

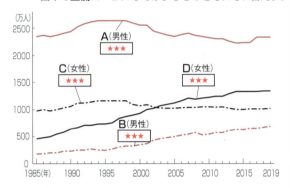

A 正規雇用者
B 非正規雇用者
C 正規雇用者
D 非正規雇用者

□27 非正規雇用者の格差是正を目的として、**2008年**に改正　★★　**法**が施行され、正社員なみに働く者に対する賃金などの**労働待遇差別が禁止**された。

パートタイム労働

◆この法改正により、**パートタイマーや派遣社員を正社員化する**企業が現れた。さらに、2015年の法改正では**正社員との差別的扱いを禁止**するパートタイム労働者の対象の拡大、雇用管理の改善措置規定に**違反する事業主の公表**が定められた。

□28 働き過ぎによって死に至る　★★　に対して、**労働者災害補償保険（労災保険）**が支払われるようになった。

過労死

◆働き過ぎによる自殺や精神疾患にも因果関係が立証されれば労災が認定されたケースがある。また、通勤中の事故や病気、怪我にも労災が適用される。

□29 バブル崩壊以後の長期不況と**グローバル化**における**国際競争力強化**から、多くの企業は**労働コスト**削減のために、　★★★　労働者やパートタイマーなどを含む　★★★　労働者を大量に採用してきた。

派遣、
非正規（非正規雇用）

□30 2008年9月に ★★★ が起こり、その年末には「派遣切り」や契約期間の終了に伴って派遣を打ち切る「 ★★★ 」が発生した結果、失業率が上昇し、所得に大きな差が生じる ★★★ 社会の出現が問題化した。

リーマン=ショック

雇い止め,

格差

◆2020年からのコロナ=ショックでは、解雇や雇い止めとなった人が22年3月25日時点で累計13万人を超えたと発表された。最も多い業種は製造業で飲食業、小売業と続く。

□31 雇用の不安定化は国民皆保険・皆 ★★★ 制度を根底から揺るがすもので、例えば低賃金の ★★★ 雇用者の増大は年金保険料の未納者の増加や、将来の年金受給が不能となることでの ★★★ が懸念される。

年金,

非正規

貧困

□32 正規雇用の縮小と非正規雇用の拡大、派遣事業の職種拡大などによって、たとえフルタイムで働いたとしても最低生活水準を維持する収入が得られない ★★ と呼ばれる低所得層が増大した。

ワーキング・プア

□33 2020年4月、正規雇用と非正規雇用の不合理な待遇格差を是正する「同一 ★★ ・同一 ★★ 」が大企業に対して適用された。

労働, 賃金

◆働き方改革関連法で、非正規雇用労働者の待遇改善のために「同一労働・同一賃金」が明記された。企業は、非正規雇用者に対し、正規雇用者と同等の各種手当の支給や福利厚生を行うことになるが、その一方で、人件費の増大という経営負担が発生することになる。2021年4月からは中小企業にも適用されている。

□34 低所得者層の教育・訓練機会の拡大策として、政府は「 ★ 支援総合プラン」や「成長力底上げ戦略」をまとめ、「職業能力プログラム」の充実を図った。

再チャレンジ

◆このような職業訓練などによる就労機会の創出や就労支援の実施を行う政策を積極的労働市場政策という。

□35 ★ が事業主体となり、若者に職業体験などのサービスを提供し、若者の能力向上や就業促進を図るために、就職支援サービスを1ヶ所でまとめて受けられるワンストップサービスセンターを ★ という。

都道府県

ジョブカフェ

◆国から委託を受けた民間の職業訓練校が、若年失業者を対象に学校での職業訓練と企業での実習を並行して行うシステムをデュアルシステムという。

XVI

経済

3

現代日本の労働問題

**XVI 経済分野 3 現代日本の労働問題**

□ **36**
★★
高齢化の進行と若年労働力人口の減少を受け、2004年に**高年齢者の雇用促進を図る** ★★ 法が改正された。

高年齢者雇用安定

◆65歳までの雇用確保措置として、①定年年齢の引き上げ、②再雇用などの継続雇用制度の導入、③定年制の廃止、のいずれかを選択する義務を事業主に課した。2012年改正では継続雇用制度は希望者全員が対象とされた。20年3月には、70歳まで就業機会を確保することを企業の努力義務とする改正高年齢者雇用安定法が可決・成立し、高齢者の就労機会と雇用環境の整備を進めることで一億総活躍社会の実現を目指している。

□ **37**
★
地方出身者が大学進学などのために**都市部に居住**した後、就職の際には**出身地へ戻ること**を ★ 、出身地に戻る途中の地方都市に居住することを ★ 、また一方で、都市部出身者が地方の生活を求めて地方に就職・移住することを ★ という。

Uターン,
Jターン

Iターン

□ **38**
★
★ は、大学生などが**就業体験**することで職業意識を高めていくことを目的の1つとして行われている。

インターンシップ

◆日本経済団体連合会(経団連)は、2021年春入社以降の新卒者の就職活動開始時期を統一するなどのルールを撤廃し、以降の主導は政府に引き継ぐとしたが、学生の就職活動の早期化に拍車がかかるのではという懸念が指摘されている。一方、新型コロナウイルス感染症(COVID-19)の感染拡大による休校や企業活動の停滞を受け、年間を通じた複数回の採用選考の機会を確保することなど、弾力的な就職活動のあり方が示されている。

□ **39**
★★★
1999年に ★★★ 法が成立し、性別による**差別的扱いの解消**に向けた動きがあった一方で、男女の ★★★ 格差の存在や管理職に就く女性の割合の低さなどが依然として指摘されている。

男女共同参画社会
基本,
賃金

□ **40**
★★★
★★★ 法は、乳幼児を養育する保護者が一定期間仕事を休むことを認めるよう**事業主**に求めているが、特に ★★★ はこの制度をほとんど利用せず、制度活用のための意識の変化や就労環境の整備が課題である。

育児・介護休業

父親

◆2009年の育児・介護休業法改正で、育児休業を子どもの父と母が同時または交代で取得する場合、2人合計で1年プラス2ヶ月の、子どもが1歳2ヶ月まで育児休業を可能とする「パパ・ママ育休プラス」が導入され、取得率の低い父親の育児休業取得の促進を図っている。

■41 次のグラフは、**日本における女子労働者の労働力人口の世代別割合**を示したものである。グラフを参照し、これに関する文中の空欄にあてはまる適語を答えよ。

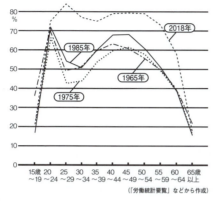

（「労働統計要覧」などから作成）

男性に比べ女性は、結婚や育児を理由に仕事を辞める者の割合が依然高いが、子どもが成長するにつれて、[ ★★ ] 労働者として再就業する者が多い。このような女子労働者の労働力人口の世代別割合を示したグラフを一般に [ ★★ ] カーブという。このようなカーブになる原因は、女子労働者は20代で [ ★★ ] や [ ★★ ] によって**離職する者が多い**一方、30代後半から**再び就職する者が増加**することにある。しかし、2018年のグラフを見ると、このカーブが台形に近づき、カーブのくぼみは緩やかになりつつある。その要因について、国は [ ★★ ] 法の施行といった子育て支援の整備などにより、出産による離職が減少しているとする。

パートタイム

M字

結婚，出産
※順不同

育児・介護休業

◆育児・介護休業法は、育児のための休業を原則として子どもが満1歳まで（保育所に入所できない場合などは最長満2歳まで）、また介護のための休業を最大93日認めている。

■42 2014年10月、最高裁は妊娠した女性職員に対する**降格処分**について、本人の承諾がないような**降格は原則として** [ ★★★ ] **法に違反**するという初の判断を示した。

男女雇用機会均等

◆女性は、結婚や妊娠、子育てを理由とした職場で差別的な待遇（**マタニティハラスメント**など）を受けることがある。性別役割分担の見直しが求められる昨今、女性を支援する措置など、女性が働きやすい環境の整備が必要である。

**XVI 経済分野 4 社会保障の歴史**

□**43** 2018年12月に改正 ★★ 及び難民認定法が成立、
★★ 19年4月に施行され、従来、日系の者を除いて認め
られなかった単純労働を行う ★★ の入国を一定の
条件で認め、その受け入れ拡大に対応するために**法務
省の外局**として ★★ が新設された。

出入国管理

外国人

出入国在留管理庁

◆日常会話など一定の日本語能力試験に合格し、一定の技能が認
められる資格（**特定技能1号**）を与えられた外国人は、運輸、宿
泊、外食、介護、農業など人手不足14業種に就労するための入
国とともに、最長1年ごとの更新で最長5年までの在留期間が認
められるようになった。さらに高度な日本語能力と技能が認めら
れる資格（**特定技能2号**）を与えられた外国人は、最長3年ごと
の更新で本人が望めば日本での永住が可能となり、家族の帯同
も認められる。この改正法の施行と同時に、従来の入国管理局を
廃止し、その業務を引き継ぐ形で出入国在留管理庁が発足した。

□**44** 1993年、**外国人**に日本で働きながら技能などを修得し
★ てもらうことで、その国の人材育成に寄与することを
目的とした ★ 制度が創設されたが、単純労働の
労働力不足を補うために**低賃金・長時間労働を強いて
いる**実態も表面化している。

外国人技能実習

# **4** 社会保障の歴史

ANSWERS □□□

□**1** **生活困窮者を救済**することを一般に ★★ 政策とい
★★ うが、これを**公費**で行うことを ★★ といい、**生活
困窮に陥ることを前もって防止**するための様々な**社会
保険制度の整備**は、一般に ★★ 政策という。

救貧,
公的扶助

防貧

◆世界初の公的扶助は、1601年に制定されたイギリスのエリザベ
ス救貧法である。

□**2** 疾病、老齢、労働災害、失業、介護に備えて国が運営
★★ する拠出制の危険分散システムを ★★ という。

社会保険

□**3** 世界初の社会保険制度は、**19世紀後半のドイツの宰
★★ 相** ★★ による ★★ 政策において実施された。

ビスマルク，アメ
とムチ

◆アメは社会保険制度、ムチは社会主義者鎮圧法である。

□**4** 全国民に対して**国民的最低限**（ナショナル=ミニマム）
★★★ を保障するための福祉政策全体を ★★★ という。

社会保障

◆社会保障法を初めて制定した国はアメリカ、**完備した社会保障
法**は1938年に初めてニュージーランドで制定された。アメリカ
の社会保障法は、**ニュー=ディール政策**の一環として、1935年に
制定された、「社会保障」という語を用いた最初の法律であった。

438

□**5** イギリスでは、 ★★★ 報告によって「 ★★★ 」とい
★★★ うスローガンが掲げられ、包括的な社会保障制度が確
立された。

ベバリッジ (ビバリッジ),
ゆりかごから墓場
まで

□**6** ★★★ という言葉は、一般に社会保障政策を通じて
★★★ **国民に最低限の生活を保障**するとともに、**完全雇用の
実現**を政策目標にする国家体制を指している。

◆**福祉国家**政策の根本理念は、所得、健康、住宅、教育の最低基
準を、あらゆる国民に対して社会権として保障することである。

福祉国家 (積極国
家)

□**7** 1980年代には、イギリスの ★★★ 首相、アメリカの
★★★ ★★★ 大統領などの政権が福祉国家を見直す新自由
主義 (ネオ=リベラリズム) 的な政策を実施し、法人税
減税や ★★★ を進めた。

サッチャー,
レーガン

規制緩和

□**8** 1990年代には、「第三の道」と呼ばれる政策を掲げた**イ
★★★ ギリス**のブレア首相、**ドイツ**のシュレーダー首相など
ヨーロッパの中道左派政権が、 ★★★ を進める一方
で、**失業の増大**に対しては ★★★ **訓練**などの**公的プ
ログラムの充実**を目指した。

規制緩和,
職業

□**9** 福祉先進国である**スウェーデン**では、社会保障の財源
★★★ は ★★★ **負担が中心**で、被保険者本人の負担は極め
て少ないが、その財源は**国民の** ★★★ である。

公費,
租税

□**10** **イギリス型社会保障**は、同額の保険料を支払って同額
★ の給付を受ける ★ の**平等型制度**である。

◆ただし、**低所得者**にとっては負担が重く感じられる一方、**高所
得者**にとっては給付が少ないと感じるという問題がある。

均一拠出・均一給付

□**11** **フランス**や**イタリア**などの**大陸型社会保障**においては、
★ 財源は ★ **負担が中心**であり、 ★ **別の社会
保険制度**が作られている。

◆ただし、**所得比例型の拠出と給付**を行うため給付に差が生じや
すい。

事業主, 職業

□**12** **日本**や**ドイツ**などの**社会保障における財源負担**は本人、
★ 事業主、公費の ★ **型**である。

三者均等

□**13** 一般に、国民所得に占める「**租税＋社会保障負担金**」の
★★★ **割合**を ★★★ という。

国民負担率

XVI
経済

4
社会保障の歴史

439

# XVI 経済分野　4 社会保障の歴史

**14** 次のグラフは、社会保障制度のあり方として北欧型に分類される**スウェーデン**、大陸型に分類される**ドイツ**と**フランス**、その他に**日本**と**アメリカ**という5ヶ国の**租税負担率**と**社会保障負担率**を比べたものである（2015年データ。日本は2015年度データ）。図中の空欄**A〜C**にあてはまる国名を答えよ。

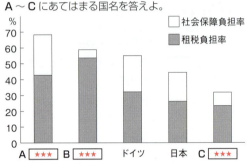

◆ Aの<u>フランス</u>は、租税負担率と社会保障負担率の差が少ない大陸型に分類される。Bの<u>スウェーデン</u>など北欧型の国は租税負担率が大きい。Cの<u>アメリカ</u>は自己責任という意識が強く、社会保障の役割が小さく、国民負担率が低い。

A　フランス
B　スウェーデン
C　アメリカ

**15** 次の図は、日本、アメリカ、イギリス、スウェーデン、ドイツ、フランスの**国民負担率**（2017年）と**高齢化率**（2018年）を示したものである。図中の空欄**A〜C**にあてはまる国名を答えよ。

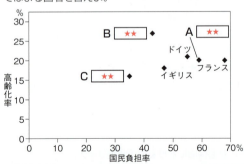

◆ 世界一の福祉国家と呼ばれたAの<u>スウェーデン</u>は、かつては70%を超える**高負担**の国であったが、近年は経済停滞で国民負担率を引き下げており、フランスの方が高い。図中の6ヶ国ではCの<u>アメリカ</u>、Bの<u>日本</u>が低いが、<u>アメリカ</u>は生活自助、経済成長重視の考え方が強く、可処分所得を減らさないために国民負担率が低い。<u>日本</u>は<u>40%</u>前後と他国と比べて低負担ではあるものの、急速な<u>少子高齢化</u>のために上昇が予想される。

A　スウェーデン
B　日本
C　アメリカ

# 5 日本の社会保障 (1)～特徴と課題

ANSWERS ☐☐☐

□**1** 日本の**公的扶助**の起源は、極貧者だけを対象とした
★ 1874年の ☐★☐ という国家的救済制度である。

（じゅっきゅう）
恤救規則

□**2** 日本の社会保障には、**保険料を支払った人を対象とす**
★★★ **る** ☐★★★☐ 、**社会的弱者を支援する** ☐★★★☐ 、公的扶
助、公衆衛生の４つがある。

社会保険，社会福
祉

□**3** 国が保険料を徴収し、保険事由（病気や高齢など）が発
★★★ 生した人に現金やサービスの給付を行う**拠出制の危険**
**分散システム**を ☐★★★☐ という。

社会保険

□**4** 児童や障がい者などへ**施設やサービスなどを提供する**
★★★ **社会保障制度**であり、費用は主に**租税**によって賄われ
る**無拠出制のシステム**を ☐★★★☐ という。

社会福祉

□**5** **生活困窮者に最低限の生活を保障するための社会保障**
★★★ **制度**であり、費用はすべて**租税**によって賄われる**無拠**
**出制のシステム**を ☐★★★☐ という。

公的扶助

□**6** 1947年に ☐★★☐ 法が制定され、日本の社会保険制度
★★ が整備され、その後に雇用福祉事業・能力開発を加え、
74年に ☐★★☐ 法に改められた。

失業保険

雇用保険

□**7** ☐★★☐ は、失業などの際に給付が得られる保険制度
★★ であり、国、 ☐★★☐ 、被保険者の三者が分担して資金
を拠出している。

雇用保険，
事業主

□**8** 高度経済成長期の**1958年**に、自営業者などを対象に加
★★★ える ☐★★★☐ 法が制定（**1959年**施行）され、**全国民が医**
**療保険に加入する**という ☐★★★☐ が始まった。

◆1961年には、すべての市町村や特別区に国民健康保険の実施が
義務づけられたことで国民皆保険が実現した。

国民健康保険，
国民皆保険

□**9** 高度経済成長期の**1959年**に、自営業者などを対象とす
★★★ る ☐★★★☐ 法が制定（**1961年**施行）され、**全国民が老齢**
**年金に加入する**という ☐★★★☐ が確立した。

国民年金，
国民皆年金

XVI
経済

5
日本の社会保障(1)～特徴と課題

441

**XVI 経済分野　5 日本の社会保障(1)〜特徴と課題**

□**10** 1985年には ★★★ 法が改正され、20歳以上の全国
★★★　民が共通の ★★★ に加入し、民間被用者はさらに
★★★ 、公務員は当時の共済年金に加入するという
2階建ての年金制度となった。

◆国民年金は20歳以上60歳未満の全国民（学生も含む）が加入
し保険料を支払う義務があることから、一般に基礎年金と呼ば
れる。これに加えて、1991年より自営業者にも任意加入の2階
建て年金制度である国民年金基金が導入された。

国民年金，
基礎年金，
厚生年金

□**11** 基礎年金に民間被用者や公務員などの妻も独自名義で
★　加入することになったため、妻も独自の年金が受給可
能となり ★ 権が確立された。

婦人年金

□**12** ★★ 年金の導入当初は年金制度の一元化と呼ばれ
★★　たが、20歳以上の全国民を加入させるとともに、国
からの ★★ をこの部分に集中させることで全国民
に公平な給付を行うことが目指された。

◆国庫負担金は基礎年金財源の3分の1となっていたが、2009年
より2分の1に引き上げられた。

基礎

補助金

□**13** 2015年10月に被用者年金の一元化が行われ、公務員
★★★　の ★★★ は、民間被用者が加入する ★★★ に統合
された。

共済年金，厚生年
金

□**14** 現在、年金給付は原則 ★★★ 歳からとなっているが、
★★★　支給開始年齢を本人の希望で遅らせることも可能と
なっている。

◆年金受給資格は、保険料支払期間が25年以上とされていたが、
現在は10年以上の者に与えられる。支払期間が短ければ年金受
給はそれに応じて減額される。

65

□**15** 高齢化が進行する中、年金受給者が増加しているため、
★★　年金の ★★ 者や ★★ 者が増加すると、年金制
度自体が維持できなくなるおそれがある。

未加入，未納
※順不同

□**16** 年金積立金管理運用独立行政法人（ ★ ）とは、厚
★　生年金と国民年金の積立金を管理・運用する、世界最
大規模の年金ファンドである。

◆2006年発足の厚生労働省が所管する独立行政法人で、国民が支
払った年金保険料を運用し、基金を増やす努力をしている。そ
の運用資産は約160兆円である。2020年4月より、国内株式
25%、外国株式25%、国内債券25%、外国債券25%の割合
で運用を行っているが、株式というリスク性資産の割合が高す
ぎるとの指摘もある。

GPIF

442

□**17** **★★** | **★★** | とは、会社が従業員の老後のために設ける任意加入の私的年金で、会社が従業員に代わって運用する確定**給付**と、従業員自らが運用する確定**拠出**がある。

**企業年金**

◆**企業年金**と合わせて、現在の日本の年金制度は**3階建て**といわれる。1階部分の**国民年金**（**基礎年金**）、2階部分の**厚生年金**という公的年金の上に、任意に加入する**個人型確定拠出年金**（**iDeCo**、**イデコ**）などとともに**企業年金**が3階部分にあたる。**確定拠出年金**は、年金拠出者が拠出金を運用する年金コースを自ら選択し、その運用実績に応じて年金が付加給付されるもので、**日本版401K**と呼ばれる。将来の「備え」となる一方で、資産運用に失敗するなどのリスクが伴う。

□**18** **★★★** | 1974年の | **★★★** | 法の制定により、失業者の生活保障に加え、雇用改善事業などが行われることになった。

**雇用保険**

◆1947年制定の**失業保険法**が**雇用保険法**に発展した。

□**19** **★★★** | 1983年の | **★★★** | 法の施行により、当時無料であった**老人医療に一部自己負担が導入された。**

**老人保健**

□**20** **★★★** | 日本の**医療保険**は、**自営業者が加入する** | **★★★** | 、民間被用者が加入する | **★★★** | 、公務員などが加入する | **★★★** | に分かれており、いずれも**医療費の本人負担割合**は原則 | **★★★** | 割となっている。

**国民健康保険**,
**健康保険**,
**共済保険**,
**3**

◆サラリーマンや公務員が加入する**健康保険**と**共済保険**における医療費の**本人負担割合**は、当初の**0割**が、1984年より**1割**、97年より**2割**、2003年より**3割**に引き上げられてきた。自営業者が加入する**国民健康保険**は、もともと**3割負担**である。なお、公務員などが加入する**共済組合**の**短期部門**が医療保険、**長期部門**が年金保険となった（長期部門は現在、厚生年金に統合）。

□**21** **★★** | 民間被用者が**業務上で傷病に至った場合**の社会保険制度として | **★★** | があるが、その**保険料**は | **★★** | のみが負担することになっている。

**労働者災害補償保険**（**労災保険**）,**事業主**（雇い主、雇用主、使用者）

◆**労働者災害補償保険**（**労災保険**）は職務との因果関係が認定されれば適用されることがある。近年の事例では、**アスベスト**（**石綿**）の被害について労災適用が認定されている。

□**22** **★★★** | **★★★** | は、生活困窮者に対して | **★★★** | を保障する制度であり、公費によって賄われる。

**公的扶助**, **最低限度の生活**

□**23** **★★** | **公的扶助**は、1950年制定の | **★★** | 法に基づいて**生活**、**医療**、教育、住宅、出産、生業、葬祭と | **★★** | の8つの扶助が認められている。

**生活保護**,
**介護**

**XVI**
**経済**

**5**
**日本の社会保障（1）〜特徴と課題**

443

## XVI 経済分野 5 日本の社会保障(1)〜特徴と課題

**24** 下のグラフで示す生活保護給付費の割合について、空欄 A〜C にあてはまる語句を答えよ。

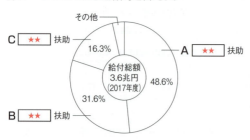

A 医療

B 生活
C 住宅

**25** 生活保護の中では医療扶助と ★★ 扶助が多いが、生活保護の支給には資力調査（ミーンズ・テスト）を行い、資産があればそれをまず用いる ★★ の原理が採用され、 ★★ の原則に則り、世帯構成員の所得合計が生活保護基準額に足りない分を扶助する。

生活

補足性,
基準及び程度

**26** ★★ とは、経済・社会の進展とともに希薄化した**相互扶助を補うための仕組み**のことで、生活者の不安を和らげ安心や安全を確保するものである。

◆例えば、失業者に職業を紹介し所得を保障する取り組みはセーフティネットの1つである。

セーフティネット

**27** 生活保護法は生活、教育、住宅などに関する8種類の扶助を定め、憲法第25条に規定されている国民の ★★★ 権を具体化する重要な社会保障法の1つとして位置づけられ、日本における最後の ★★★ として機能することが期待されている。

◆2021年1月時点の生活保護受給者数は約205万人、約164万世帯となっている。**格差社会と少子高齢化**が進む中で、特に高齢者、単身世帯の受給者が増えている。

生存,
セーフティネット

**28** 生活保護の給付内容をめぐる ★★★ 訴訟に関して、1967年の最高裁判決では日本国憲法第25条の解釈として ★★★ 説の考え方が採用された。

朝日

プログラム規定

□29 AI（人工知能）など新たな技術やシステムに人間の雇用を奪われることが懸念される中、格差の拡大に対し、**政府が全国民に一定額の最低所得を保障する** ★ （基礎所得保障）の導入が唱えられている。

ベーシック=インカム

◆もともとは**トマス=ペイン**が『農民の正義』（1797年刊）で提唱した考え方で、18世紀末からヨーロッパで議論されている。「基本所得」ともいう。国が国民すべてに無条件で生活に最低限必要となる現金を支給する政策である。近年、一部の政党がマニフェスト（選挙公約）に掲げている。

□30 次のグラフは、日本の**国庫支出金**に占める各費目のうち、「**義務教育**」「**生活保護**」「**公共事業**」の金額の変化を示したものである。グラフ中の空欄**A～C**にあてはまる費目をそれぞれ答えよ。

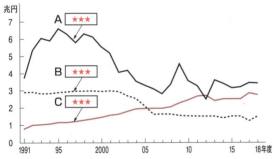

A 公共事業

B 義務教育

C 生活保護

□31 高齢者、母子家庭、障がい者など ★★ のある者に**各種サービスを公費で提供する**ことを ★★ という。

ハンディキャップ, 社会福祉

□32 **福祉六法**とは、 ★ 法、身体障害者福祉法、知的障害者福祉法、老人福祉法、 ★ 法、生活保護法の6つの法律である。

児童福祉, 母子及び父子並びに寡婦福祉 ※順不同

□33 **日本の社会保障**は、**社会** ★★ **が偏重**されており、**社会** ★★ **が立ち遅れ**ている。

保険, 福祉

□34 医療や食品の管理など国民の健康を維持するための社会保障は ★ であり、その費用のすべては ★ で賄われている。

公衆衛生, 公費（租税）

□35 **感染症対策**は、社会保障の内の公衆衛生に属するが、1994年の**保健所法改正**で制定された ★ 法に基づき、保健所や地域保健センターが中心となり業務を行う。

地域保健

**XII** 経済分野 **5** 日本の社会保障(1)〜特徴と課題

□**36** 医療、看護、福祉、公衆衛生、交通や通信、物流やエ
★★ ネルギーなど、社会で必要不可欠とされる労働に従事
する者を総称して　★★　という。

エッセンシャル=
ワーカー

◆エッセンシャルとは「**不可欠な**」という意味。新型コロナウイル
ス感染症 (COVID-19) の感染者が急増し、治療や看護にあたる
医療現場の「崩壊」が懸念され、感染拡大で社会・経済活動が閉
塞していく中、社会を支える労働者の重要性がますます高まっ
ている。一方で、その労働に見合う待遇には職種によって差が
あり、その是正について議論されている。

□**37** 高度経済成長後、「**成長より　★★★　**」のスローガンの
★★★ 下、福祉国家の実現を目標として**老人医療費の**無料化
や年金への　★★★　制**導入**などが行われた**1973年**
は　★★★　と呼ばれる。

福祉

物価スライド,
福祉元年

□**38** 近年は、**高齢者などが不便なく利用できる　★★★　**の
★★★ **設備が整備され、誰にでも使いやすい　★★★　**に配慮
した商品が実用化されている。

バリアフリー,
ユニバーサルデザ
イン

□**39** **2006年**、公共施設において**高齢者や障がい者などに配**
★★ **慮した建設や意匠を義務づけた　★★　法**と**公共交通**
**機関にも同様の義務づけを行う　★★　法**が統合され
て　★★　法となった。

ハートビル,
交通バリアフリー,
バリアフリー新

◆バリアフリー新法とは、「**高齢者・障害者等の移動等の円滑化の**
**促進に関する法律**」の通称である。

□**40** 高齢者福祉政策について、かつては　★★　福祉が中
★★ 心であったが、現在は　★★　福祉が重視されている。

施設,
在宅

□**41** 近年、注目されている　★　とは、健康な状態と要
★ 介護状態の中間に位置し、高齢者の身体的機能や認知
機能の低下、心身の活力が落ちた状態を指す。

フレイル

◆フレイルは、2014年に日本老年医学会が提唱した概念で、Frailty
(虚弱) の語に由来する。適切な治療や予防により要介護に至ら
ない場合もあることから、高齢者の健康増進は一億総活躍社会
の実現において重要な意味を持つ。

□**42** **2011年**に障害者基本法が**改正**され、障害者に対する
★ 　★　規定を追加するとともに、国・地方に障害者
の自立と　★　の支援などのための施策を総合的か
つ計画的に実施する責務を課した。

差別禁止,
社会参加

☐43 障害者の自立を支援する ★★ 法は、**小泉内閣**下の 2005年に制定、06年に施行されたが、障害者サービス費用の ★★ 割を一律本人負担としたことから重度障害者ほど重い負担金額を支払うという ★★ 性が生じることが問題となり、**12年に民主党政権下で** ★★ 法と改称された。

障害者自立支援

1,

逆進

障害者総合支援

☐44 日本の社会保障給付費について、次のグラフは「**医療**」「**年金**」「**福祉その他**」の部門別推移を表している。空欄 A〜C にあてはまるものをそれぞれ答えよ。

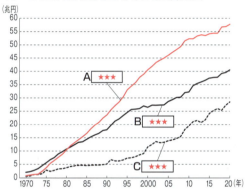

A 年金

B 医療

C 福祉その他

◆2017年度の社会保障給付費は、3つの部門で約120兆円に達している。部門別に見るとAの「年金」の給付割合が約45%と最も大きく、Bの「医療」も高齢者医療によって増加傾向にある。

# 6 日本の社会保障(2)〜少子高齢化対策

ANSWERS ☐☐☐

☐1 総人口に占める65歳以上人口の割合（**老年人口比率**）が7%超の社会を ★★★ 、14%超を ★★★ という。

高齢化社会, 高齢社会

◆日本は**1970年**に7%、**94年**に14%、2007年には超高齢社会の指標となる21%を超えた。18年には老年人口比率が28%を超え、ハイスピードで高齢化が進んでいる。

☐2 2010年、日本の高齢化率（**老年人口比率**）は ★★★ %を超え、20年9月時点で ★★★ %を記録し、**世界第1位の超高齢社会**が進行している。

23,
28.7

◆2021年9月、65歳以上の人口は総人口（約1億2,522万人）の**29.1%**（約3,617万人）と過去最多を更新したと発表された（概算）。

**XVI** 経済分野　**6** 日本の社会保障(2)～少子高齢化対策

**3** 日本は、将来の65歳以上の高齢者の人口割合について、**2025年に** ★★★ **%を超え**、**65年には** ★★★ **% 近くに達する**と予測されている。

30, 40

　◆2017年発表の予測では、65年に老年人口比率は38.4%に達し、日本の総人口は8,808万人に減少するとされる。

**4** 75歳以上の高齢者は ★★★ と呼ばれ、2020年9月時点で全人口の14.9%（1,871万人）となっている。

後期高齢者

**5** 日本の**平均寿命**は、2020年時点で**男性** ★★ **歳台**、**女性**が ★★ **歳台**である。

81,
87

　◆男性81.64歳、女性87.74歳で、女性は香港に次いで世界第2位、男性は香港、スイスに次いで世界第3位となる平均寿命である。

**6** **1人の女性が生涯のうちに出産する子どもの平均人数**を ★★★ といい、日本では**2005年に** ★★★ と最低を記録した後、わずかに上昇に転じて15年に1.45となったが、以後は下がり続け、21年は1.30になった。

合計特殊出生率,
1.26

　◆2021年の合計特殊出生率は1.30となり6年連続で低下した。また、同年に生まれた子どもの数である出生数も5年連続で100万人を下回る81万1,604人となり、1899年の調査開始以来、過去最少を記録した。

**7** 日本は、**2004年をピークに人口が** ★★★ **に転じ**、少産少死型から少産多死型の人口動態を示している。

減少

　◆2021年8月1日時点の人口推計で、外国人を含む日本の総人口は前年比51万人減の1億2,530万人となり、**人口減少社会**が進んでいる。

**8** 「 ★★ **年問題**」とは、**急速な少子高齢化**によって、同年に65歳以上の高齢者人口が3,900万人を超え、人口の ★★ **%超**に達することで、現役世代 ★★ 人が高齢者1人を支え、年金、医療、介護の負担が極めて大きくなる時代の到来を意味する。

2040

35, 1.5

　◆近年、本来大人が担うとされる家事全般や、病気や障がいなどのある家族らの世話や介護、感情面のサポートなどを日常的に行う18歳未満の子ども（若年介護者、ヤングケアラー）の存在が注目されている。その重い負担と困難な状況に対する公的な支援の必要性が指摘されている。

**9** 次の図は日本、韓国、中国における合計特殊出生率の推移と65歳以上人口の比率の推移を示したものである。図中の A〜C にあてはまる国名を答えよ。

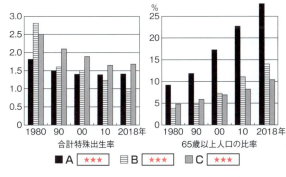

合計特殊出生率　　　65歳以上人口の比率

■ A ［★★★］　 ▤ B ［★★★］　 ▨ C ［★★★］

A 日本
B 韓国
C 中国

◆ C の中国は、1979年以来の「ひとりっ子政策」で合計特殊出生率は1.0程度と思われがちだが、労働力を必要とする農村の一部などには2人以上の出産も可能であったため、実際は1.5を超えた。なお、同政策は高齢化対策や若年労働者拡充のため、2016年に廃止されている。

**10** 老人医療費は1973年以来、［★★］法に基づき［★★］化されてきたが、現在は一部自己負担制になっている。

老人福祉, 無料

**11** 1983年に老人の医療費自己負担制を開始した［★★］法が、2002年に改正され、定額負担制から原則1割負担の［★★］制に改められた。

老人保健

定率負担

◆ 定額負担制とは、月あたり上限○○○円負担とするもの。定率負担制はかかった医療費の一定割合を本人が自己負担するもの。高額医療を受ける患者にとって、この制度は自己負担金が多くなる。なお、現役なみの所得がある高齢者は2002年改正で2割負担、06年改正で3割負担、14年4月から70歳以上75歳未満の自己負担割合は現役なみ所得者が3割負担、その他は2割負担となった。

**12** 2008年4月には、［★★］歳以上の者を対象とする医療保険制度が分離されて［★★］が開始した。

75,
後期高齢者医療制度

◆ 75歳以上の後期高齢者の医療費自己負担は原則1割(2022年より原則2割予定)であるが、現役なみ所得者は3割負担となる。

**13** 2000年、日本では老人性の要介護状態に至った場合に備えた社会保険である［★★★］制度が導入された。

介護保険

◆ ドイツの介護保険制度をモデルとしている。

449

# XVI 経済分野　**6** 日本の社会保障(2)～少子高齢化対策

**□14** 日本の介護保険制度は、満 ☆☆ 歳以上の全国民から保険料を徴収することになっており、保険の運営主体は ☆☆ である。

◆介護保険の財源には、満40歳以上の全国民から徴収する保険料、租税、利用者から徴収する原則1割の負担料があてられる。

40

市区町村

**□15** 日本の介護保険の財源は、50%が被保険者の介護保険料、50%が ☆ となっており、後者を国と地方が折半で負担している。

◆被保険者50%、公費50%(内訳としては国が25%、都道府県が12.5%、市区町村が12.5%)。

公費

**□16** 介護サービスの利用は、☆☆☆ 認定を前提とし、導入当初は費用の ☆☆☆ 割、2020年現在は所得に応じて1割から ☆☆☆ 割が利用者負担である。

◆2014年、**医療介護総合確保推進法**が成立し、15年から被介護者の本人自己負担率が引き上げられ一定所得(年金収入であれば合計年280万円)以上の者は**2割負担**とされた。さらに18年からは「**340万円以上、3割負担**」とする法改正が行われた。

要介護,

1,

3

**□17** 2005年の ☆☆☆ 法改正によって、介護施設における居住費用や食費は**全額** ☆☆☆ 負担となった。

介護保険,

自己

**□18** **介護保険サービス**を受けようとする高齢者は、 ☆☆ へ申請し、 ☆☆ の前提となる調査を受けることが義務づけられている。

市区町村,

要介護認定

**□19** 日本の介護保険は、介護サービスの形態を**導入当初**は要 ☆☆ レベルと要 ☆☆ 5レベルの6段階に、2005年改正で要 ☆☆ 1・2レベルと要 ☆☆ 5レベルの7段階に区分したが、その認定はケアマネジャーなどによる一次判定の後、 ☆☆ が行う。

◆認定に対する**不服申立**は、**介護保険審査会**に行うことができる。

支援, 介護,

支援, 介護,

介護認定審査会

**□20** 公的年金制度は世代間の ☆☆ によって支えられており、保険料を支払う人と年金を受け取る人のバランスが崩れて公的年金の財政を圧迫し、年金資源が事実上破綻している現在、 ☆☆ と ☆☆ の適正化を図るために、**年金の給付開始年齢を遅らせる措置や給付額を削減**するなどの制度の見直しが行われている。

◆2020年、**年金制度改正法**が成立し、22年4月より公的年金受給開始年齢を本人の意思により75歳まで繰り下げることが可能となった。その場合、年金給付額は増額されることになる。

連帯

給付, 負担

※順不同

450

**□21** 現役労働者世帯の年金負担軽減のためには ［★★★］ の
給付と ［★★★］ の適正化を図る必要性から、2004年の
**年金改革関連法改正**で、**17年まで**年金保険料の段階
的 ［★★★］ 、年金給付額の段階的 ［★★★］ が決定した。

年金,
負担

引き上げ, 引き下げ

**□22** 老齢年金には**自ら支払った保険料が年金として給付さ
れる** ［★★］ 方式と、**現役労働者が支払った保険料で
現在の老人年金を支給する** ［★★］ 方式がある。

積立,
賦課

**□23** 年金の ［★★］ 方式とは、高齢者世代に支給する年金
を、その世代が**過去に支払った保険料**とその ［★★］ 益
で賄う方式であり、**保険給付の原資が** ［★★］ 変動の
**影響を受けやすい**という問題がある。

積立,
運用,
物価

◆積立方式は、実質的には国による強制積立預金であるから、インフレ（物価上昇）が発生すると通貨の購買力（実質価値）が低下してしまう。すなわち、インフレ抵抗力がないのが欠点といえる。また、世代間の所得再分配が果たされず、社会保障の理想型とはいえない。

**□24** 年金の ［★★］ 方式とは、高齢者世代に支給する年金
を、**現役世代が支払った保険料で賄う方式**だが、保険
給付の原資が少子高齢化など ［★★］ の変化に影響さ
れ、**現役労働世代の負担が重くなる**問題がある。

賦課

人口構造

◆賦課方式は、世代間の所得再分配が行われる点で社会保障の理想型といえる。インフレが発生した場合も、賃金が上がるので年金保険料を値上げすれば、年金給付額を増やすことができ、インフレ抵抗力があるという利点がある。

**□25** 現在の日本の年金制度では、年金財源の調達方式とし
て、**自らの年金保険料に公費を付加して給付**するとい
う ［★★★］ 方式を採用している。

修正賦課

◆従来、日本の年金財源の調達方式は修正積立方式と呼ばれてきたが、2009年から国民（基礎）年金への国庫負担の割合が3分の1から2分の1に引き上げられ修正賦課方式と呼ばれている。

**□26** 国民年金保険の**未加入者と未納者**が、加入対象者の約
**4割**を占めていることから、保険料**負担中心方式**を税
**負担中心方式**にする代わりに、**国民（基礎）年金の国庫
負担の割合が3分の1**から ［★★］ に引き上げられた。

2分の1

◆消費税率の引き上げを条件に、基礎年金の財源に投入される国庫負担割合の引き上げが公約化された。

**XVI**
**経済**

**6**
日本の社会保障(2)〜少子高齢化対策

451

# XVI 経済分野　6 日本の社会保障(2)～少子高齢化対策

**☐27**
★★★

└★★★┘化などによって一人暮らしの高齢者が増加する中、現在の └★★★┘ 省は1989年、特別養護老人ホームなどの施設整備やホームヘルパー養成による在宅看護や在宅介護の推進を掲げた └★★★┘ を策定した。

◆正式には「高齢者保健福祉推進10ヵ年戦略」と呼ばれる。

**核家族,**
**厚生労働**

**ゴールドプラン**

**☐28**
★★

ゴールドプランは、急速に進む高齢化に対応するため、1994年にはゴールドプランを全面的に改定した └★★┘ に、99年には └★★┘ に発展し、介護サービスの基盤整備と生活支援対策の充実が図られた。

**新ゴールドプラン,**
**ゴールドプラン21**

**☐29**
★★★

1994年に政府が策定した**子育て支援に関する一連の施策**を └★★★┘ と呼び、**99年**には └★★★┘ に発展した。

**エンゼルプラン,**
**新エンゼルプラン**

**☐30**
★★

2003年に少子化社会対策関連法として、育児休暇取得率を高めるなど雇用環境の整備について具体的な行動計画の策定を国および地方公共団体と企業に求める └★★┘ 法、内閣府に**少子化社会対策会議**を設置する └★★┘ 法などが制定された。

**次世代育成支援対**
**策推進,**
**少子化社会対策基本**

**☐31**
★★

少子化対策の一環として、└★★┘ の施設の充実や**認可保育所の定員拡大**を図り、保育所などへの入所を希望しているが入所できないでいる └★★┘ の問題を解消することが目指されている。

**保育所**

**待機児童**

**☐32**
★

└★┘ は、都道府県知事の認定を受けて**就学前の子**どもに幼児教育と保育の両方を提供し、地域の子育て支援事業を行う施設である。

◆認可幼稚園と認可保育所が連携する「**幼保連携型**」、認可幼稚園が保育所的機能を兼ね備える「**幼稚園型**」、認可保育所が幼稚園的機能を兼ね備える「**保育所型**」、認可外施設が認定こども園として運用される「**地方裁量型**」など地域の実情に応じたタイプが認められている。

**認定こども園**

**☐33**
★★★

育児・介護休業法によって、介護を必要とする家族を持つ労働者に対して、介護休業および勤務時間の短縮が保障される期間は └★★★┘ と定められている。

◆介護休業法施行当初は**3ヶ月**となっていたが現在は**93日**である。一方、育児休暇は育児休業法施行当初は満1歳までとなっていたが、現在は保育所へ入所できない場合は**最長満2歳**までとなっている。

**93日**

□34 **少子化対策**の施策として、2006年の □★★ 法改正で、第一子・第二子は月額5,000円が3歳以降 □★★ 修了前まで支給されることになっていた。

児童手当,
小学校

◆児童手当法は、1971年の制定当初は5歳未満の第三子から月額3,000円支給とされていたが、順次拡大されてきた。

□35 2009年成立の民主党政権下で児童手当が □★ に改称されたが、後の自民党政権下で元の名称に戻された。

子ども手当

◆子ども手当では、所得に関係なく子ども1人あたり原則13,000円が支給されたが、その後年齢や子どもの人数によって支給額が分かれ、元の児童手当への改称とともに所得制限も復活した。

□36 2009年に成立した民主党政権下で**国公立の高等学校の授業料の** □★★ **化**が実施され、私立についても補助金が支給されることになった。

無償

◆後の自民党政権下で、2014年度より所得制限が導入された。

□37 2019年5月に成立した**改正子ども・子育て支援法**により、同年10月の □★★ 率の引き上げ分を財源として、3～5歳までの子どもに関する幼稚園、保育所、認定こども園などの**利用料**を □★★ 化した。

消費税

無償

◆2019年10月の消費税率10%への引き上げに伴って、**全世代型社会保障**を実現するため、3～5歳までのすべての子どもと住民税非課税世帯の0～2歳児の幼稚園、保育園、認定こども園などの利用料をはじめとした幼児教育、保育の無償化が開始された。20年4月からは、住民税非課税世帯の学生などを対象に**高等教育（大学など）**の無償化も始まっている。

□38 2023年4月、**子ども政策の"司令塔"**と位置づけられる □★★ が発足予定で、従来、厚生労働省と内閣府に分かれていた子育て支援や虐待対策などを一元的に担う。

こども家庭庁

◆こども家庭庁には、内閣府から少子化対策や子どもの貧困対策などの事務が移され、厚労省からは保育や虐待防止などの業務を移管される。なお、教育分野は文部科学省が引き続き所管し、幼稚園と保育所の制度を統合する「**幼保一元化**」は導入が見送られた。

**XVI**
経済

**6**
日本の社会保障(2)〜少子高齢化対策

# MEMO

特別付録

# 索 引
INDEX

この索引(さくいん)には、本書の各問題の「正解」と、その用語を補う文字や用語を中心に、「見出し語」としてまとめた「重要頻出用語」が五十音順に整理されています(数字や日常用語などは一部省略または掲載していません。なお、この「見出し語」はその意味や意図に応じて該当ページの表現や表記から改変している場合があります。また、カッコ書きで掲載されている別称や別解となる語句は割愛している場合があります)。

※用語の右側にある数字は、「正解」と本文などで赤文字になっている箇所について、各節(テーマ)の初出となるおもな掲載ページ数を挙げています。同じ節あるいは見開きページ内で同じ用語が重複している場合、原則として初出のページ数を掲載しています。

# あ

アートマン……116
愛……68,83,110,142
ISIS (イラク・シリア・イスラム国)……285
ISO14000 シリーズ……383
INF (中距離核戦力) 全廃条約……283,287
IMF (国際通貨基金)……272,357,385,394,398
IMF14 条国……358,395
IMF8 条国……358,395
愛国心……157,200,257
ICT (情報通信技術)……25,38,304,371,377
愛しながらの戦い……103
アイスキュロス……53
Iターン……436
間柄……163
間柄的存在……163
愛知ターゲット……27
愛知 (フィロソフィア)……55
ITバブル……365
アイデンティティ (自我同一性)……44
アイヌ新法……178
アイヌ文化振興法……178
iPS 細胞 (アイピーエス細胞)……16
アウグスティヌス……68
アウシュヴィッツ強制収容所……288
アウン゠サン゠スー゠チー……12,291
アカウンタビリティ (説明責任)……215,320
赤字国債 (特例国債)……344,351,360
赤字財政 (積極財政)……344,360
アカデメイア (学院)……58
アガペー……57,65,94
悪……67
アクセス権……214
悪人……136
悪人正機……136
アサド……285,292
朝日訴訟……210,444
アジア・アフリカ会議 (A・A会議、バンドン会議)……281
アジアインフラ投資銀行 (AIIB)……398,415
アジア開発銀行 (ADB)……415
アジア太平洋経済協力 (APEC)……411
アジア通貨危機……404
足尾銅山鉱毒事件……156,381
葦原中国……128
アスベスト (石綿)……30,443
ASEAN 経済共同体 (AEC)……412

(AFTA)……408
ASEAN 地域フォーラム (ARF)……411
ASEAN (東南アジア諸国連合)……402,411,415
麻生太郎……256
アソシエーション (結社体)……38
遊び……47,89
アダム……62,67
アダム゠スミス……92,168,296,299,306,346,384
アタラクシア……61
新しい人権……213
新しき村……160
「悪貨は良貨を駆逐する」……332
斡旋……428
斡旋利得処罰法……264
アッラー……70
圧力団体 (利益集団)……253
アトム (原子)……54
アドラー……50
アドルノ……34,111
アニミズム……129
アノミー (心理的アノミー)……34,44
アパシー……34,44
アパテイア (不動心)……61
あはれ……139
アフガニスタン侵攻……282
アフガニスタン戦争……278
アフリカの年……271,281
アフリカ連合 (AU)……412
安部磯雄……157
阿部次郎……161
安倍晋三……256,258,336
アベノミクス……303,336,351,367,430
アベノミクス景気……368
アヘン戦争……150
天下り……265
天照大神……128
阿弥陀仏……135,136
アムステルダム条約……408
アムネスティ゠インターナショナル……12,179
アメとムチ政策……438
アメリカ゠ファースト (アメリカ第一主義)……407
アメリカ軍……196
アメリカ独立宣言……169,173
アメリカ労働総同盟 (AFL)……421
新井白石……149
阿羅漢……120
アラファト……288
アラブ石油輸出国機構 (OAPEC)……22
アリエス……44
有島武郎……161
アリストテレス……43,52,58,69,81,166
アルカイーダ……284
アルケー (根源)……53

アル゠ゴア……13
アルゼンチン通貨危機……404
『あれか、これか』……102
アレテー (徳)……55
アンガージュマン……46,105
暗号資産 (仮想通貨)……332
安全保障関連法……259
安全保障理事会 (安保理)……270,272,275
安息日……63
アンチダンピング……399
安天下……143
安藤昌益……148
アンビヴァレンス……48
安楽死 (積極的安楽死)……14,216

# い

ES 細胞 (胚性幹細胞、ヒト ES 細胞)……15
ESG 投資……321
EPA (経済連携協定)……19,368,377,401
EU (欧州連合)……13,171,182,290,402,406,408
EU 憲法……187,409
EU の東方拡大……409
イエス……64,66,70,76,94,156
家永訴訟……210
硫黄酸化物 (SOx)……22,30,382
生きがい……41,46
『いきの構造』……162
育児・介護休業法……421,436,452
育児休業……426
池田勇人……357
違憲状態……207
違憲審査 (法令審査)……219,232
違憲審査制度 (違憲立法審査制度)……172,218
違憲判決……196,201,207,212,250
違憲立法審査権……181,205,218,231
いざなぎ景気……357,365,368
石川啄木……159
石田梅岩……147
『石に泳ぐ魚』事件……202,214
石牟礼道子……165
イスラーム……69,73,291
イスラーム教徒 (ムスリム)……69,108
イスラーム法……71
イスラエル……288
イスラエル人 (ユダヤ人)……62,288
イスラム国……285
依存効果……315,380
依存財源……239
イタイイタイ病……382

456 ASEAN 自由貿易地域

一院制················186,237
市川房枝················165
一次産品············384,413
一次集団················38
一次的欲求（生理的欲求）···47
一事不再理················204
一乗思想················132
市聖················135
市場のイドラ················77
一国二制度················297
一切皆苦················119
一切衆生悉有仏性················120
「一身独立して一国独立す」···152
一村一品運動················20
一般意志············86,169
一般財源············240,350
一般特恵関税············400,413
一般廃棄物················383
一夫一婦制················153
一遍················135
イデア············56,58
イデア界（英知界）················57
イデオロギー対立················254
遺伝子組み換え食品·····16,378
遺伝資源················27
伊藤仁斎············142,144
イドラ（幻影）················77
イニシアティヴ（住民発案）
················239
イニシエーション（通過儀礼）
················46
委任事務················240
委任命令················228
委任立法················266
井上哲次郎················154
伊波普猷················164
井原西鶴················149
移民················406
違約金················380
イラク戦争················285
イラン革命················361
イランの核合意離脱·····287,289
医療扶助················444
岩戸景気················357
印················134
因果応報················139
因果法則················82
因果律················79
インサイダー取引················320
インターネットによる選挙運動
················248
インターンシップ················436
インドシナ戦争················280
院内懲罰················226
インバウンド（訪日外国人旅行
客）········353,369,387
インフォームド゠コンセント
················15,217
インフレーション（インフレ）
·········296,302,315,329,
336,352,355,360,
393,395,403,415,451

インフレ゠ターゲット···336,367
陰陽家················121

## う

ヴァージニア権利章典（ヴァー
ジニア州憲法）················173
ヴァルダマーナ（マハーヴィー
ラ）············117,119
ウィーン条約············27,269
ウィクリフ················75
ウイグル族················291
ウィトゲンシュタイン················113
ウィルソン············166,269
『ヴェーダ』················116
植木枝盛················154
ウェストファリア条約················268
ウェッブ夫妻················99
植村正久················157
ヴォルテール················87
ウサマ（オサマ）゠ビンラディン
················284
「失われた10年」
············325,364,430
歌················145
「疑っている自分」················79
「疑わしきは被告人の利益に」
················204
『宴のあと』················214
内税方式················347
内村鑑三················156
宇宙············61,83,161
宇宙船地球号················19
「美しい国」················257
ウパニシャッド（「奥義書」）116
ウパニシャッド哲学················116
ウラン················23
売りオペレーション（売りオペ）
················334
上乗せ条例················236
ウンマ················70
運命愛················103

## え

永久平和············90,166
『永久平和のために（永遠平和
のために）』············90,166
営業の自由·········204,205,261
永劫回帰（永遠回帰）················103
栄西················137
永住外国人················238
叡尊················139
エイズ（形相）················58
エウリピデス················53
AI（人工知能）
·········37,359,377,445
益税················348
易姓革命················124
エゴイズム················160
エコツーリズム················31
エコマーク················383
エス（イド）················49
エッセンシャル゠ワーカー···446
NPO法人················267

NPO法（特定非営利活動促進
法）················267
エネルギー革命（流体革命）21
エピクテトス················61
エピクロス派················60
愛媛靖国神社玉串料支出訴訟
（愛媛玉串料訴訟）················201
FTA（自由貿易協定）
············368,401,408
M&A（合併・買収）·····314,363
M字カーブ················437
エラスムス············73,76
エラン゠ヴィタール················112
エリクソン················44
LDC（後発発展途上国）···416
エロラ資金················355
エロース（エロス）················56
演繹法············79,88
縁起説················117
縁起の思想················121
円キャリートレード················335
エンゲル係数················326
エンゲルス················97
「援助も貿易も」················414
「援助より貿易を」················413
エンゼルプラン················452
円高·········330,363,372,
389,391,392,397,405
円高不況················362
エンペドクレス················54
円安············390,392,403

## お

黄犬契約················427
王権神授説·········84,167,172
黄金律············65,94
欧州共同体（EC）················408
欧州経済共同体（EEC）················408
欧州自由貿易連合（EFTA）
················408
欧州石炭鉄鋼共同体（ECSC）
················408
欧州中央銀行（ECB）················409
欧州通貨単位（ECU）················408
欧州通常戦力（CFE）条約
················283
欧州復興開発銀行（EBRD）
················415
欧州連合（EU）·····13,171,
182,290,402,406,408
往生············121,135
『往生要集』················135
往相················137
王道················124
王道政治················124
王陽明（王守仁）·····127,141
OECD（経済協力開発機構）
·········26,358,385,413
オーウェン················97
大川周明················163
大きな政府············301,302
大蔵省資金運用部資金················345
大阪空港公害訴訟················217

457

大塩平八郎……………………142
大津事件（ロシア皇太子傷害事件）……………………190
ODA（政府開発援助）………388,406,413
ODA大綱……………………414
オープン゠ショップ………427
岡倉天心……………………155
翁問答………………………142
荻生徂徠……………………142
汚染者負担の原則（PPP）………25,26,313,383
オゾン層……………………26
オタワ条約…………………286
踊念仏………………………135
オバマ……………13,185,285
小渕恵三……………………256
思いやり予算………………197
オリエンタリズム…………115
オリンピック景気…………357
オルポート…………………46
温室効果ガス………………27
恩賜的民権…………………154
恩寵（恩恵）……………68,76
オンブズマン（オンブズパーソン、行政監察官）………267

## か

カースト制度…………108,116
カーバ神殿…………………70
GAFA（ガーファ）………407
カーボン゠バジェット……28
買いオペレーション（買いオペ）………………………334
海外直接投資………………363
改革・開放……………186,297
外貨準備（外貨準備高）………297,389,419
階級闘争……………………301
懐疑論………………………79
会計検査院…………………229
会計ビッグバン……………319
外形標準課税………………350
介護…………………………443
外向型………………………50
外国…………………………316
外国為替……………………385
外国為替関連業務の自由化………………………340
外国為替市場介入（為替介入）………………………333,393
外国人…………199,320,438
外国人技能実習制度………438
外国人登録法………………208
介護認定審査会……………450
介護保険制度………………449
介護保険法…………………450
解釈改憲（憲法の変遷）……194
外需依存度（輸出依存度）………360,396
外需主導型（輸出主導型）………………………357
改正パートタイム労働法……434

『解体新書』…………………149
戒壇…………………………133
会議…………………………143
懐徳堂………………………148
開発援助委員会（DAC）……413
開発危険の抗弁権…………380
開発（経済開発）……………18
開発独裁……………………188
貝原益軒……………………149
恢復的民権（回復的民権）………154,157
外部経済……………………313
外部指向型（他人指向型）……35
外部不経済…………………312
外務省公電漏洩事件………217
海洋権益……………………186
快楽……………………61,93
快楽計算……………………93
戒律…………………………72
下院（庶民院）………………180
下院優越の原則……………181
ガウタマ゠シッダルタ（ゴータマ゠シッダッタ）…………116
価格弾力性…………………308
科学的社会主義……………97
価格の自動調節機能………306
価格破壊………………330,364
化学兵器禁止機関（OPCW）………………………13
化学兵器禁止条約…………286
下級裁判所………218,231
核開発疑惑…………………289
核拡散防止条約（NPT）……281
核家族…………18,40,359,452
閣議…………………………226
格差社会………………12,435
革新政党……………………253
拡大EC………………………409
拡大再生産…………………295
拡大生産者責任……………32
核なき世界………13,285
核の冬………………………16
核兵器…………………109,275
核兵器禁止条約………13,286
核兵器廃絶運動……………109
核兵器廃絶国際キャンペーン（ICAN）………13,286
「核兵器を作らず、持たず、持ち込ませず」…………195
学問の自由………190,199
格率…………………………89
「隠れて生きよ」……………61
家計………………316,337
影の内閣（シャドー゠キャビネット）……………………183
仮言命法……………………89
囲い込み（エンクロージャー）………97,300
加工組立産業…………361,370
加工食品……………………378
加工貿易……………………418
可採年数……………………22
ガザ地区……………………289

可視化………………………234
貸し渋り…………339,365
貸しはがし…………………339
カシミール地域……………291
可処分所得…………………324
課税最低限（最低課税水準）………349
化石燃料……………………22
寡占…………………………312
過疎（過疎化）………………42
家族………38,40,91,217,421
家族機能の外部化…………40
家族の同意………14,217
荷田春満……………………144
片面講和……………………293
片山潜………………………157
「語り得ぬものについては、沈黙せねばならない」………113
価値観………………………46
価値尺度……………………332
価値貯蔵……………………332
カッシーラー………………47
葛藤（コンフリクト）………45,48,160
GATT（関税及び貿易に関する一般協定）………357,385,398
GATT11条国…………………358
GATT12条国…………………358
合併特例債…………………242
桂太郎………………………261
家庭裁判所…………………230
加藤高明……………………190
加藤弘之……………………153
過度経済力集中排除法……355
カトリック………………61,75,76,110,290
カトリック教会……68,73,75
カナン（パレスチナ）………62
金あまり現象………………362
可能態………………………59
下部構造………………98,301
株式………318,335,339,416
株式会社………317,377
株式譲渡自由の原則………318
株主総会……………………318
株主代表訴訟………………319
貨幣価値……………………329
下方硬直化…………………315
神………63,64,68,80,82,90,101,130,139,146
過密（過密化）………………42
神の意志……………………82
『神の国（神国論）』…………68
神の子………………………67
神の見えざる手……92,299,306
「神は死んだ」………………102
神谷美恵子…………………46
カミュ………………………105
賀茂真淵……………………144
からくりぶり………………144
漢意（漢心）…………………144
ガリ…………………………277
ガリオア資金………………355

| | | |
|---|---|---|
| カリスマ的支配 | 169 | |
| カリフ | 72 | |
| ガリレイ | 81 | |
| カルヴァン | 75,76 | |
| カルテル | 300,314 | |
| ガルブレイス | 315 | |
| 過労死 | 434 | |
| 河上肇 | 161 | |
| 為替制限の撤廃 | 394 | |
| 為替ダンピング | 354 | |
| 為替レート（外国為替相場） | 391 | |
| 簡易裁判所 | 230 | |
| 冠位十二階 | 131 | |
| 簡易保険資金 | 345 | |
| 官営模範工場 | 354 | |
| 感覚の束（知覚の束） | 79 | |
| 環境アセスメント（環境影響評価） | 238,383 | |
| 環境基本法 | 382 | |
| 環境権 | 213,382 | |
| 環境憲章 | 32 | |
| 環境省 | 24,31,262,326,382 | |
| 環境税 | 25 | |
| 環境庁 | 263,382 | |
| 環境ホルモン（内分泌かく乱物質） | 30 | |
| 観光庁 | 20,262,263 | |
| 観光立国 | 20 | |
| 勧告的意見 | 275 | |
| 監査委員 | 267 | |
| 監査役 | 318 | |
| 慣習 | 39,113 | |
| 慣習法 | 39,175 | |
| 鑑真 | 132 | |
| 関税障壁 | 385 | |
| 官製談合 | 265 | |
| 関税同盟 | 408,412 | |
| 関税の引き下げ | 398 | |
| 関税（保護関税） | 354,377,385,399,408 | |
| 間接金融 | 319,339,357 | |
| 間接差別 | 425 | |
| 間接税 | 322,346 | |
| 間接選挙 | 171,184,243 | |
| 間接民主制 | 52,86,169,170,191 | |
| 完全経済同盟 | 412 | |
| 完全雇用 | 301 | |
| 完全失業者 | 429 | |
| 観想的生活（テオリア的生活） | 52,59 | |
| 環太平洋経済連携協定（TPP、環太平洋パートナーシップ協定） | 253,368,376,377,403 | |
| ガンディー | 108 | |
| カント | 88,107,153,166,269 | |
| 関東大震災 | 354 | |
| 菅直人 | 258 | |
| 惟神の道 | 146 | |
| 観念 | 106 | |
| 韓非子 | 124 | |
| 官民競争入札 | 265 | |
| 官民人材交流センター | 266 | |
| 寛容の精神 | 87 | |
| 管理価格 | 314 | |
| 管理社会 | 36,111 | |
| 管理通貨制 | 301,332 | |
| 管理フロート制 | 396 | |
| 管理貿易 | 363 | |

## き

| | | |
|---|---|---|
| 気 | 127 | |
| 義 | 124 | |
| 議員提出法案 | 228 | |
| 議院内閣制 | 170,187,225,237 | |
| 議院の許諾 | 225 | |
| 議会 | 99,170,181 | |
| 気概（意志） | 57 | |
| 議会解散権 | 237 | |
| 議会任期固定法 | 182 | |
| 機会費用 | 324 | |
| 機械論的自然観 | 82 | |
| 機械論的唯物論 | 82 | |
| 幾何学的精神 | 83 | |
| 機関委任事務 | 240 | |
| 企業 | 251,316,337 | |
| 企業再生支援機構 | 365 | |
| 企業年金 | 443 | |
| 企業別労働組合 | 420,429 | |
| 『菊と刀』 | 165 | |
| キケロ | 61 | |
| 気候変動に関する政府間パネル（IPCC） | 13,30 | |
| 気候変動枠組み条約 | 27 | |
| 基軸通貨（キー＝カレンシー） | 394 | |
| 期日前投票 | 249 | |
| 喜捨（ザカート） | 71 | |
| 技術革新（イノベーション） | 38,304,308,329 | |
| 基準及び程度の原則 | 444 | |
| 基準年次の実質GDP | 328 | |
| 基準年次の名目GDP | 328 | |
| 規制緩和 | 303,361,373,439 | |
| 規制金利 | 340 | |
| 寄生地主制 | 355 | |
| 貴族院（日本） | 189 | |
| 基礎集団（基礎的集団） | 38 | |
| 基礎年金 | 442 | |
| 北アイルランドの独立問題 | 290 | |
| 北一輝 | 162 | |
| 北大西洋条約機構（NATO） | 279,283 | |
| 北朝鮮 | 287,294 | |
| 北村透谷 | 158 | |
| キチンの波 | 329 | |
| 機動的な財政政策 | 367 | |
| 既得権益 | 34 | |
| 機能集団（機能的集団） | 38 | |
| 帰納法 | 78,88 | |
| 木下尚江 | 157 | |
| 希望 | 68 | |
| 希望の党 | 260 | |
| 規模の利益（スケール＝メリット） | 313 | |
| 基本的人権の尊重 | 191 | |
| 基本的信頼 | 44 | |
| 基本法農政 | 375 | |
| 義務 | 89 | |
| 義務教育の無償 | 210 | |
| 金大中（キムデジュン） | 13 | |
| 逆ザヤ | 375 | |
| 逆資産効果 | 363 | |
| 規約人権委員会 | 177 | |
| 逆進性 | 348,447 | |
| 逆送致（逆送） | 234 | |
| 客体 | 113 | |
| 客観視 | 46 | |
| 逆輸入 | 363 | |
| キャッチ＝セールス | 381 | |
| キャップ＝アンド＝トレード方式 | 28 | |
| キャピタル＝ゲイン（資本利得） | 362 | |
| キャピタル＝ロス（資本損失） | 363 | |
| キャメロン | 182 | |
| キャリアシステム | 266 | |
| 『95カ条の論題（95カ条の意見書）』 | 75 | |
| 求人と求職のミスマッチ | 431 | |
| 旧中間層 | 34 | |
| キューバ危機 | 280,287 | |
| 救貧政策 | 438 | |
| 『旧約聖書』 | 62,85 | |
| 教育 | 107 | |
| 教育委員会 | 239 | |
| 教育機会の均等 | 206 | |
| 教育機能 | 40 | |
| 教育基本法改正 | 257 | |
| 教育勅語 | 154 | |
| 教育の拡充 | 10 | |
| 教育の義務 | 192 | |
| 教育を受ける権利 | 206,210 | |
| 教会 | 69,73 | |
| 境界人（周辺人、マージナル＝マン） | 43 | |
| 共感 | 93 | |
| 狂気 | 114 | |
| 行基 | 132 | |
| 狭義の国民所得（NI） | 322 | |
| 供給曲線 | 305 | |
| 共済年金 | 442 | |
| 共済保険 | 443 | |
| 協賛機関 | 189 | |
| 共産圏 | 195 | |
| 共産主義 | 100 | |
| 共産主義社会 | 100 | |
| 教書 | 184 | |
| 行政委員会（独立行政委員会） | 229,266 | |
| 行政改革推進法 | 341 | |
| 行政機関 | 231 | |
| 行政権 | 170,226 | |
| 行政権の肥大化 | 266 | |
| 行政国家 | 168,266 | |
| 行政裁判 | 232 | |
| 行政情報の公開を請求する権 | | |

| | | |
|---|---|---|
| 利 | 213 | |

**Column 1**

利⋯⋯⋯⋯213
行政処分⋯⋯⋯315
行政訴訟（取消訴訟）⋯⋯⋯267,428
行政手続法⋯⋯176,265
強制投票制（義務投票制）⋯⋯⋯243
行政民主化⋯⋯⋯215,222
競争原理⋯⋯⋯300
供託金⋯⋯⋯248
協調介入⋯⋯⋯396
共通番号制度（マイナンバー制度）⋯⋯⋯216
協働⋯⋯⋯89
共同市場⋯⋯⋯412
共同実施⋯⋯⋯28
共同フロート制⋯⋯⋯408
京都議定書⋯⋯⋯27
教父⋯⋯⋯68
強要による自白⋯⋯⋯203
狂乱物価⋯⋯⋯289,360
共和主義⋯⋯⋯154
共和政治⋯⋯⋯60,166
共和党（アメリカ）⋯⋯⋯185
清き明き心（清明心）⋯⋯⋯129
居敬窮理⋯⋯⋯141
居住、移転及び職業選択の自由⋯⋯⋯204
拒絶反応⋯⋯⋯15
競争入札⋯⋯⋯265
許認可⋯⋯⋯263,265
拒否権⋯⋯⋯171,184,227,237,271,275,293
義理⋯⋯⋯149
ギリシア神話⋯⋯⋯52
キリスト教⋯⋯⋯62,65,66,69,73,102,109,154,156
『キリスト教綱要』⋯⋯⋯76
キリスト教徒⋯⋯⋯69,82
キリスト教民主同盟（CDU）⋯⋯⋯188
『キリスト者の自由』⋯⋯⋯76
規律化⋯⋯⋯114
キルケゴール⋯⋯⋯101
均一拠出・均一給付⋯⋯⋯439
金貨本位制⋯⋯⋯332
緊急事態宣言⋯⋯⋯261,310,369
緊急調整⋯⋯⋯428
緊急特別総会⋯⋯⋯275
緊急輸入制限措置（セーフガード）⋯⋯⋯400,417
キングストン合意（キングストン協定）⋯⋯⋯396
キング牧師⋯⋯⋯109
金権政治⋯⋯⋯253
均衡価格⋯⋯⋯305
銀行の銀行⋯⋯⋯332
金庫株⋯⋯⋯319
欽定憲法⋯⋯⋯189
勤王⋯⋯⋯151
金本位制⋯⋯⋯332
勤務間インターバル制度⋯⋯⋯432
金融機関（市中銀行）⋯⋯⋯337

**Column 2**

金融恐慌⋯⋯⋯354
金融業務の自由化⋯⋯⋯339
金融再生関連法⋯⋯⋯341,365
金融資本⋯⋯⋯300
『金融資本論』⋯⋯⋯300
金融収支⋯⋯⋯386
金融庁⋯⋯⋯262,263,341
金融の二重構造⋯⋯⋯373
金融引き締め⋯⋯⋯357
金融ビッグバン⋯⋯⋯316,340
禁欲主義⋯⋯⋯60
金利の自由化⋯⋯⋯339
勤労権⋯⋯⋯210,211

### く

苦⋯⋯⋯117
クウェート侵攻⋯⋯⋯277,289
空海⋯⋯⋯133
偶像崇拝⋯⋯⋯63,70
空想的社会主義⋯⋯⋯97
空の理論⋯⋯⋯121
空也⋯⋯⋯135
クーリング＝オフ⋯⋯⋯380
クーン⋯⋯⋯115
クェーカー⋯⋯⋯157
クエスチョン＝タイム制⋯⋯⋯183
クオリティ＝オブ＝ライフ（QOL、生命の質）⋯⋯⋯14
久遠実成の仏⋯⋯⋯138
陸羯南⋯⋯⋯155
九鬼周造⋯⋯⋯162
苦行⋯⋯⋯119
口（言葉）⋯⋯⋯134
草の根民主主義⋯⋯⋯238
クズネッツの波⋯⋯⋯329
ク＝セ＝ジュ⋯⋯⋯83
苦諦⋯⋯⋯118
具体的審査制（付随的審査制）⋯⋯⋯219
苦痛⋯⋯⋯61,93
グテーレス⋯⋯⋯278
国土（くに）⋯⋯⋯128
国木田独歩⋯⋯⋯159
国の最高法規⋯⋯⋯193
国の努力目標⋯⋯⋯210
熊沢蕃山⋯⋯⋯142
クラウディング＝アウト（押しのけ効果）⋯⋯⋯352
グラミン銀行⋯⋯⋯13,180
グラント＝エレメント（GE）⋯⋯⋯414
クリーン開発メカニズム⋯⋯⋯28
グリーン購入法⋯⋯⋯33
グリーン＝コンシューマリズム（緑の消費者運動）⋯⋯⋯33
グリーンGNP（グリーンGDP）⋯⋯⋯326
グリーン＝ツーリズム⋯⋯⋯32
グリーンピース⋯⋯⋯180
クリミア自治共和国⋯⋯⋯291
クリミア併合⋯⋯⋯287,291
『クルアーン（コーラン）』⋯⋯⋯69
苦しみ⋯⋯⋯119

**Column 3**

クルド人⋯⋯⋯285,290
グレーゾーン金利⋯⋯⋯381
クレジット＝クランチ（信用収縮）⋯⋯⋯339
グレシャムの法則⋯⋯⋯332
クレッチマー⋯⋯⋯51
クロアチア⋯⋯⋯290
クローズド＝ショップ⋯⋯⋯427
グローバル化（グローバリゼーション）⋯⋯⋯403
グローバル（国際化）⋯⋯⋯340
グロティウス⋯⋯⋯168,268
クロヨン問題⋯⋯⋯348
君子⋯⋯⋯122
軍事制裁⋯⋯⋯270
『君主論』⋯⋯⋯74

### け

経営者革命⋯⋯⋯318
計画経済⋯⋯⋯296
景観条例⋯⋯⋯238
景気変動（景気循環）⋯⋯⋯295,329
景気変動の調節弁⋯⋯⋯373
経験⋯⋯⋯77,78,95,107
軽減税率⋯⋯⋯348
経験論（イギリス経験論）⋯⋯⋯77,88,106
軽工業⋯⋯⋯354,369
経済安定化機能⋯⋯⋯342
『経済学の国民的体系（政治経済学の国民的体系）』⋯⋯⋯300
経済機能⋯⋯⋯40
経済協力開発機構（OECD）⋯⋯⋯26,358,385,413
経済計画⋯⋯⋯296
経済財⋯⋯⋯305
経済財政諮問会議⋯⋯⋯262
経済産業省⋯⋯⋯24,31,263
経済社会理事会⋯⋯⋯272
経済成長⋯⋯⋯16,28
経済成長率⋯⋯⋯324,328
経済的自由⋯⋯⋯115,199,204
経済同盟⋯⋯⋯412
経済同友会⋯⋯⋯275
経済特別区（経済特区）⋯⋯⋯297
経済難民⋯⋯⋯177,415
経済発展段階説⋯⋯⋯304
経済連携協定（EPA）⋯⋯⋯19,368,377,401
警察予備隊⋯⋯⋯194,232
啓示⋯⋯⋯69,70
刑事裁判⋯⋯⋯176,232,233
刑事上および民事上の免責⋯⋯⋯426
形而上学クラブ⋯⋯⋯106
形而上学的段階⋯⋯⋯96
刑事訴訟法⋯⋯⋯176,203,235
刑事補償法⋯⋯⋯213
傾斜生産方式⋯⋯⋯355
経常移転収支⋯⋯⋯386
経常収支（貿易収支）⋯⋯⋯362,386

経世済民 143
契沖 144
啓典 71
啓典の民 69
刑罰 125,222
啓蒙 111
啓蒙思想 87,158
啓蒙的理性 111
契約 62,84
契約自由の原則 176
系列企業 372
系列取引 361
ケインズ 168,301
劇場のイドラ 77
華厳宗 138
解脱 116,118,160
血縁 38,42
ケネー 299
ケネディ 185,280,379
ケネディ=ラウンド 399
ケノン（空虚） 54
ケプラー 81
ゲリマンダー 243
兼愛 125
権威主義的パーソナリティ 34,111
権益 34
検閲 210
検閲の禁止 201,214
限界効用価値 299
限界集落 20
限界状況 103
減価償却費（固定資本減耗（引当）分） 323
兼業農家 374
現金通貨 331
元型（アーキタイプス） 50
現行犯 225
健康保険 364,443
原告 232
言語ゲーム 113
原罪 65,67,68,76
検察官 232
検察審査会 233
原始キリスト教 67
現実主義 58
現実態 59
現象界 57
原子力 22
原子力規制委員会 24,263
原子力規制庁 263
原子力基本法 23
源信 135
原水爆禁止世界大会 280
現世 131
減税 343
憲政の常道 190
建設国債 351
現世利益 130
還相 137
現存在（ダーザイン） 104
減反政策 375
憲法及び法律 231

憲法改正 192,248
憲法改正に関する国民投票法 257
憲法裁判所 219,232
権謀術数主義（マキャヴェリズム） 74
憲法審査会 223,226
憲法の最高法規性 172,193
憲法の番人 231
倹約 147
権利 41,154,193
権利章典 173
権利の尊重 379
減量経営 360,396
権力型（政治型） 51
言論の自由（表現の自由） 95,176

## こ

小池百合子 260
小泉純一郎 256,264
孝 122,141
公安条例 202
広域行政 242
合意形成 171
交易条件 413,418
公害 156,313,381
公害健康被害補償法 382
公害国会 382
公開裁判を受ける権利 203
公開市場操作（オープン＝マーケット＝オペレーション） 333
公開選挙 243
公害対策基本法 382
業（カルマ、宿業） 119,139
後期高齢者 448
後期高齢者医療制度 449
広義の国民所得 321
公共 205
好況 329,393
公共事業関係費 344
公共職業安定所（ハローワーク） 211,425,431
公共投資 302,362
公共投資主導型 357
公共の福祉 199,201,204,364
高金利政策 403
合計特殊出生率 18,448
合憲 200,206,210
「巧言令色、鮮なし仁」 123
公債 351
公債金（公債、国債） 345,352
耕作放棄地 377
孔子 121,142
合資会社 317
高次の欲求 49
講釈 143
公衆衛生 441,445
工場制機械工業（機械制大工業） 97,298
工場制手工業（マニュファク

チュア） 97,298
工場法（一般工場法）（イギリス） 420
工場法（日本） 422
公職選挙法 193,212,238,247,250,252,259
合（ジンテーゼ） 91
硬性憲法 192
公正取引委員会 229,266,315
公正な競争 11
公正な社会 10
公正な発展 10
厚生年金 345,442
厚生労働省 452
厚生労働大臣 210
交戦権の否認 193,194
控訴 230
構造 113
構造改革特区 365
構造主義 113
高速増殖炉「もんじゅ」 23
拘束名簿式比例代表制 246
公孫竜 125
拘置所 204
公聴会 223
交通バリアフリー法 446
孝悌 122
肯定的な感覚 44
「孝悌なる者は、それ仁の本たるか」 123
公定歩合 333
公的所有（社会的所有） 296
公的扶助 438,441
行動 106
合同会社 317
行動の結果 107
幸徳秋水 157
高度経済成長期（高度成長期） 41,356,381
高度大衆消費時代 304
高度プロフェッショナル制度 432
高年齢者雇用安定法 436
公判前整理手続 233
公費（租税） 439,445,450
公費の三者均等型 439
公費負担 439
公布 192
幸福（エウダイモニア） 59
幸福追求権 213
公平 203,244,312,346
公法 175
弘法大師 134
後方地域支援活動 197
合法的支配 169
高邁の精神 80
公務員 172,247,264
公務員の争議権 177,428
合名会社 317
公明党 254,256,258
拷問 203
効用 317

461

交利 125
合理化 48,49
合理化カルテル 315
功利主義 11,13,92,
93,153,158,174
合理主義 114
合理性 34
合理精神 (合理的精神)
73,168
高齢化社会 18,447
高齢社会 18,42,447
コーポレート・ガバナンス 319
コーリン=クラーク 369
ゴールドプラン 452
ゴールドプラン21 452
五戒 119
小型家電リサイクル法 32
呼吸停止 217
五行 71
故郷の喪失 104
国王大権 181
「国王は君臨すれども統治せ
ず」 181
国債 334,337,351,355
国債依存度 351
国際開発協会 (IDA) 273,394
国際観光旅客税 21
国際慣習法 269
国際競争力 360
国際協力 270
国際協力機構 (JICA)
180,341
国際刑事裁判所 (ICC) 276
国際原子力機関 (IAEA)
13,281
国際司法裁判所 (ICJ)
272,275,291
国際収支 358,386,391
国際収支の天井 357
国際人権規約 177
国際通貨基金 (IMF)
272,357,385,394,398
国債発行額 352
国債費 345,352
国際復興開発銀行 (IBRD)
394,415
国際紛争当事国 195
国際平和 166
国際平和支援法 198
国際連合 (国連) 270,293
国際連盟
90,157,166,269,270
国際労働機関 (ILO)
12,269,272,421
国事行為 192,228
国粋主義(国粋保存主義) 155
国政調査 218,222,266
国政調査権 218,222,266
国籍法 178,208
国選弁護人 203
国体 163
国土交通省 262
国内総支出 (GDE) 322

国内総資本形成 324
国内総生産 (GDP) 322,328
『告白』 68
国富 325
国分寺 132
国民 171,191
国民皆年金 441
国民皆保険 435,441
国民健康保険 364,441
国民健康保険法 441
国民主権
86,169,174,191,214
国民所得倍増計画 357
国民生活金融公庫 341
国民生活センター 233,379
国民総支出 (GNE) 322
国民総生産 (GNP)
322,326,414
国民道徳 154,155
国民投票
171,187,193,212,248
国民投票施行権 187
国民投票法
171,193,248,257
国民年金法 441
国民の協力義務 197
国民の厳粛な信託 191
国民福祉指標 (国民純福祉、
NNW) 326
国民負担率 350,439
国民保護法 197
国民民主党 260
国務院総理 186
国連開発計画 (UNDP)
10,273,278
国連海洋法条約 167,268
国連環境計画 (UNEP)
26,272
国連教育科学文化機関
(UNESCO) 15,20,272
国連緊急軍 277
国連軍 276
国連軍縮特別総会 281
国連憲章第7章 276
国連憲章第6章 276
国連資源特別総会
22,281,416
国連児童基金 (UNICEF) 272
国連食糧農業機関 (FAO) 272
国連待機軍 278
国連中心主義 270,293
国連難民高等弁務官事務所
(UNHCR) 272
国連人間環境会議 26
国連分担金 273
国連兵力引き離し監視軍 278
国連平和維持活動協力法
(PKO協力法) 277
国連平和維持活動 (PKO)
12,276
国連平和維持軍 (PKF) 276
国連貿易開発会議
(UNCTAD) 272,400,413

国連ユーゴスラビア保護軍 (国
連ユーゴ保護軍) 277
心 61,127,133
心 (真意) 134
『古事記』 128
『古事記伝』 146
児島惟謙 190
55年体制の終焉 254
55年体制の復活 256
五常 124
個人 92,93,152,
158,173,206,251
個人主義 159
個人情報開示請求権 215
個人情報保護法 215
個人得票 246
コスト削減 406
コスト=プッシュ=インフレ
330
コスモポリタニズム (世界市民
主義) 61
個性 35,50,160
個性化 50
護送船団方式 340,364
国家 69,85,91,
152,162,209
国家安全保障局 198,262,264
国会 181,192,218,
221,228,237
国会議員 218,226
国会単独立法の原則 220
国会中心立法の原則 220
国家権力の濫用 218
国家公安委員会 229
国家公務員倫理法 264
国家主義 162
国家主席 186
国家戦略特区 (国家戦略特別
区域) 367
国家賠償請求 (国・地方への損
害賠償請求) 30,212
国家法人説 167
国旗・国歌法 200
国境なき医師団 (MSF)
12,180
国権の最高機関 220
国権論 153
国庫支出金 239,241
固定為替相場制
394,396,408
古典派経済学 92,299
古典文化 73
古道 144
孤独 35
こども家庭庁 262,453
子ども手当 453
小林秀雄 164
コフィ=アナン 13,278
個別的効力 232
個別的自衛権 194
戸別訪問 247
コペルニクス 81,82
コペルニクス的転回 88

コマーシャリズム 35
コミュニケーション行為 112
コミュニタリアニズム（共同体主義） 11,115
コミンフォルム 279
コメコン（経済相互援助会議、COMECON） 279
コメの市場開放反対論 376
コメの部分開放 377
固有事務 240
御用組合 429
雇用者報酬 324
雇用・設備・債務（3つの過剰） 364
雇用の不安定化 406
雇用保険 441
雇用保険法 441
ゴラン高原 289
孤立 41
五倫 124,141
ゴルギアス 54
ゴルバチョフ 282,297
コロナ＝ショック 352,369,374,430,444
コングロマリット 314
権現思想 139
混合経済（二重経済） 301
金剛峯寺 134
コンセンサス方式 400
コンツェルン 300,314,354
コント 95,153
コンドラチェフの波 329
コンパクトシティ 20
コンビナート 314
コンプライアンス（法令遵守） 320

## さ

サービス 295,305
サービス収支 386
差異 112
サイード 115
在外投票 250
再議 237
西行 139
最恵国待遇 399
罪刑法定主義 172,190,203
財源移譲 241
債権者 331
最高意思決定権 166
最高裁判所 181,192,212,218,227,230
最高裁判所裁判官の国民審査 192,212,219,231
最高裁判所裁判官の任命の認証 192,219
最高裁判所長官の指名 219,227
在庫投資（在庫調整） 329
財産 169,174,211
財産権 190,204,261
財産所得 324
財産の私有 86

再審 204
財政赤字 168,302,344,362,390,398,403,410
再生医療 15,16
再生可能エネルギー 25
再生可能エネルギー特別措置法 25
財政構造改革法 344
財政国会中心主義 343
再生産 295
財政投融資（財投） 345
財政投融資特別会計 346
財政特例法 351
財政の硬直化 352
最大多数の最大幸福 93,174
在宅福祉 446
再チャレンジ支援総合プラン 435
最澄 132
最低限度の生活 209,443
最低資本金制度 317
最低賃金法 422,424
財投債（財政投融資特別会計国債） 346
サイバー＝テロ 37
財閥 354
財閥解体 316,355
裁判員 233
裁判外紛争解決手続（ADR） 233,379
裁判官 232
裁判公開の原則 232
裁判迅速化法 233
裁判請求権（裁判を受ける権利） 212
再販売価格維持制度（再販制度） 316
歳費特権 225
債務者 331
財務省 262,333
裁量労働制（みなし労働時間制） 424
作為請求権 209
搾取 98
佐久間象山 150
坐禅 137
サッチャー 182,302,439
茶道 155
砂漠化対処条約 31
砂漠型（沙漠型） 130,163
さび 140
サブプライム＝ローン 257,335,405
サプライ＝サイド＝エコノミックス（供給側の経済学） 303
サプライチェーン 367,390
三六協定 425
差別 110,211
差別意識 209
サミット 291,397
サリン 46
サルトル 46,104
三角合併 316

山岳仏教 133
参議院 207,223,245,249,258,259
参議院の緊急集会 224
産業革命 20,29,97,174,298
産業競争力強化法 368
産業構造の高度化 369
産業再生機構 365
『三経義疏』 131
産業の空洞化 366
産業廃棄物 383
産業別労働組合 421
産業別労働組合会議（CIO） 421
サンケイ新聞事件 214
『山家学生式』 133
三権分立 86,87,170,219
三公社の民営化 261
サン＝シモン 97
サンシャイン計画 23
三十年戦争 268
山上の垂訓（説教） 65
三審制 230
参審制 234
『三酔人経綸問答』 154
参政権 93,173,174,176,198
産前産後休暇 426
残存輸入制限 400
三段論法 81
三ちゃん農業 374
暫定予算 343
サンデル 11,115
三読会制 181
参入障壁（新規参入障壁） 313
産婆術（助産術） 55
サン＝ピエール 269
サンフランシスコ平和条約 196,293
三宝 119,131
三位一体説 68
三密 134
三面等価 323
三面等価の原則 324
三割自治 239

## し

死 84,104,117,123,142
CSR（企業の社会的責任） 321,383
G7（先進7ヶ国財務担当大臣および中央銀行総裁会議） 397
GDPデフレーター 328
G20サミット 397
C to C 371
自衛 194,275,277,285
自衛原則 277
Jターン 436
自衛のための必要最小限度の実力 194
J.S.ミル 13,94,99,153,174
ジェームズ 106

ジェノサイド条約······178,269
シェリング······90
ジェンダー······40
自我······43,49,79,116,159
四箇格言······138
資格争訟の裁判······226
時間外労働の規制······425
只管打坐······138
死刑廃止条約······177
資源······361,402
資源寡消費型産業（省資源・省エネルギー型産業）······361
四元徳······58
資源ナショナリズム······22,291
資源の最適配分······305
資源配分······382
資源配分調整······313,342
自己決定権······13,216
自己資本······319
自己浄化······108
色丹島······293
仕事······112
死後の安心論······146
自己の存在意義（責任ある実存）······46
自己本位······159
司祭······76
司祭媒介主義······75
自作農······355
資産インフレ（ストックインフレ）······362
資産効果······362
資産デフレ（ストックデフレ）···330
事実······95
自社株購入権（ストック・オプション）······319
自主財源······239
支出国民所得（NIE）······324
自主独立······163
思春期······45
市場開放要求······376
市場価格表示の国民所得······322
市場統合······408
市場の失敗······312,313
事情判決の法理······207
次世代育成支援対策推進法······452
施設福祉······446
自然······130
事前運動······247
自然観······77
自然環境保全法······382
事前協議······196,241
自然権······84,169,174,175
自然権思想······10
自然失業······303
自然主義文学······159
自然状態······84
自然世······148
自然淘汰······96
自然独占······313
自然な生······159
「自然に帰れ」······86

「自然の主人にして所有者」······80
自然の認識······88
自然法······85,168,172,175,191,205
思想および良心の自由······200
思想の自由······95
持続可能な開発······16,27
持続可能な開発目標（SDGs）······417
四諦······118
下請企業······372
四端······123
自治事務······240
市中消化の原則······352
市町村民税······347
十戒······63,66
実学······152
実感なき景気回復······366
失業保険法······441
実験······77
執行権（行政権）······86,87,227
執行命令······228
実質経済成長率······328,331
実質的平等······206
実証主義······95,153
実証的段階······96
実践······107
実践理性······89
実存主義······100
実存の交わり······103
「実存は本質に先立つ」······104
実体······121
集諦······118
実体法······175
実定法······175
質的金融緩和······335
質的功利主義······95
質の高い教育······180
疾風怒濤（シュトゥルム＝ウント＝ドランク）······45
実用主義······106
使徒······67
士道······142
児童虐待······41
児童虐待防止法······179
自動車リサイクル法······33
児童手当法······453
児童福祉法······445
四徳······123
ジニ係数······327
死に臨む存在（死への存在）······103
自然法爾······137
士農工商······140,147
死の可能性······104
「死の技術」······155
ジハード······71
自白······203
地場産業······372
支払準備率（預金準備率）······333,337
慈悲······117
「事物を永遠の相の下に観想する」······80

自分らしさ······44
私法······175
四法印······119
司法権······87,170
司法権の独立······190,205,223,230
司法消極主義······196,219
私法の公法化······176
資本······295,401,403
資本移転等収支······386
資本家······98,295,301
資本収支······386
資本集約型産業······370
資本主義······77,97,161,205
資本主義経済······98,295
資本装備率······373
資本逃避（キャピタル＝フライト）······352
資本の集積······314
資本の集中······314
島崎藤村······159
市民······52
市民運動······255
市民革命······84,173
市民社会······91
自民族中心主義（エスノセントリズム）······39,67
事務局······272
使命感······46
しめやかな激情······163
指紋押捺制度······208
指紋採取・照合······216
JICA（国際協力機構）······180,341
ジャイナ教······117,119
シャウプ勧告······356
社会······90,160
社会化······50
社会型（社交型）······51
社会規範······38
社会契約······168
社会契約説······11,84,92,154,167
社会権······173,176,198,206,209,213,439
社会国家······168
社会参加······46,446
社会主義······97,100,157,159,161,296
社会主義市場経済······297
社会主義社会······98,296
社会全体の幸福······99
社会秩序······166
社会通念······426
社会的・経済的弱者······43
社会的格差······11
社会的課題······44
社会的責任······105
社会的責任投資（SRI）······321
社会的存在······164
社会的欲求（二次的欲求）······47
社会福祉······441
社会法······175

社会保険⋯⋯⋯⋯438,441
社会保険庁⋯⋯⋯⋯⋯263
社会保障⋯⋯⋯⋯⋯⋯428
社会保障関係費⋯342,344
社会保障給付⋯⋯⋯⋯342
社会民主主義⋯⋯⋯⋯99
社会民主党（日本）⋯258
社会有機体説⋯⋯⋯⋯96
社債⋯⋯⋯⋯⋯⋯⋯⋯339
シャリーア⋯⋯⋯⋯⋯71
私有⋯⋯⋯⋯⋯⋯86,98
自由⋯⋯10,34,81,84,88,
　　91,111,112,152,168,
　　169,174,193,195,235
シュヴァイツァー⋯⋯108
自由意志⋯⋯⋯⋯⋯⋯73
縦横家⋯⋯⋯⋯⋯⋯⋯126
周恩来⋯⋯⋯⋯⋯⋯⋯281
重化学工業化⋯⋯⋯⋯369
『自由からの逃走』⋯⋯34,111
習慣⋯⋯⋯⋯83,107,164
衆議院⋯⋯⋯⋯189,192,
　　207,218,221,231,246
衆議院議員
　　165,231,244,249
衆議院の解散⋯192,219,229
衆議院の優越⋯181,223,257
宗教⋯⋯⋯⋯⋯⋯⋯⋯101
宗教改革⋯⋯⋯⋯⋯⋯75
就業時間⋯⋯⋯⋯⋯⋯423
宗教的活動⋯⋯⋯⋯⋯200
宗教的実存⋯⋯⋯⋯⋯101
宗教的制裁⋯⋯⋯⋯⋯94
住居の不可侵⋯⋯⋯⋯214
衆愚政治⋯⋯⋯⋯⋯⋯60
自由権⋯⋯⋯⋯170,173,
　　176,198,206,209,213
重工業⋯⋯⋯⋯313,354,369
集合的無意識⋯⋯⋯⋯50
修己治人⋯⋯⋯⋯⋯⋯122
自由国家⋯⋯⋯⋯168,199
自由国家的公共の福祉⋯199
自由財⋯⋯⋯⋯⋯⋯⋯305
私有財産制⋯⋯⋯205,295
十字架の刑⋯⋯⋯66,67
十字軍⋯⋯⋯⋯⋯72,73
十七条憲法⋯⋯⋯⋯⋯131
柔弱謙下⋯⋯⋯⋯⋯⋯125
自由主義諸国との協力⋯293
重商主義⋯⋯⋯⋯⋯⋯298
終身雇用制⋯⋯⋯⋯⋯429
終審裁判⋯⋯⋯⋯⋯⋯230
終審裁判所⋯⋯⋯⋯⋯231
修正資本主義⋯⋯296,301
修正社会主義⋯⋯⋯⋯296
修正賦課方式⋯⋯⋯⋯451
修正マルクス主義⋯⋯99
修正予算⋯⋯⋯⋯⋯⋯344
集積の利益⋯⋯⋯⋯⋯314
住宅需要⋯⋯⋯⋯⋯⋯359
住宅扶助⋯⋯⋯⋯⋯⋯444
集団安全保障方式⋯⋯269
集団制裁⋯⋯⋯⋯269,276

集団的自衛権⋯⋯194,259
執着⋯⋯117,121,138,160
集中豪雨的輸出⋯⋯⋯361
12 カイリ⋯⋯⋯⋯167,268
重農主義⋯⋯⋯⋯⋯⋯299
周辺事態法⋯⋯⋯197,259
自由貿易⋯⋯⋯⋯299,363
自由貿易協定（FTA）
　　⋯⋯⋯368,401,408
自由貿易体制⋯⋯⋯⋯385
自由貿易地域⋯⋯⋯⋯412
自由放任主義
　　⋯⋯92,168,299,384
終末観（終末思想）⋯⋯64
住民運動⋯⋯⋯⋯⋯⋯382
住民基本台帳ネットワーク（住
　　基ネットワーク）⋯215
自由民権運動
　　153,154,157,158
住民自治⋯⋯⋯⋯236,250
自由民主党（イギリス）⋯182
自由民主党（日本）⋯254,258
住民税⋯⋯⋯⋯⋯241,347
住民投票⋯⋯⋯⋯⋯171,
　　172,212,237,239,290
住民投票条例⋯⋯⋯⋯238
自由・無差別・多角⋯398
重要影響事態法⋯197,198
就労ビザ⋯⋯⋯⋯⋯⋯19
『自由論』⋯⋯⋯⋯95,153
主客未分⋯⋯⋯⋯⋯⋯162
主観⋯⋯⋯⋯⋯⋯89,162
儒教⋯⋯121,130,140,144,146
儒教道徳⋯⋯⋯⋯⋯⋯155
授業料の無償化⋯⋯⋯453
熟議民主主義⋯⋯⋯⋯171
ジュグラーの波⋯⋯⋯329
綜芸種智院⋯⋯⋯⋯⋯134
主権⋯⋯⋯⋯86,166,168,
　　174,189,191,268,276
朱子学⋯⋯140,144,149
修証一等（修証一如）⋯138
首相公選制⋯⋯⋯192,218
種族保存機能⋯⋯⋯⋯40
主体性⋯⋯⋯⋯⋯⋯⋯100
主体的真理⋯⋯⋯⋯⋯101
主知主義⋯⋯⋯⋯⋯⋯56
首長⋯⋯⋯⋯226,237,238
首長公選制⋯⋯⋯236,237
首長の不信任決議⋯⋯237
出エジプト⋯⋯⋯⋯⋯63
恤救規則⋯⋯⋯⋯⋯⋯441
出生前診断⋯⋯⋯⋯⋯15
出店調整⋯⋯⋯⋯⋯⋯373
出入国管理及び難民認定法
　　⋯⋯⋯⋯19,177,438
出入国在留管理庁⋯⋯438
首都機能移転⋯⋯⋯⋯359
『種の起源』⋯⋯⋯⋯⋯96
シュプランガー⋯⋯⋯51
需要⋯⋯⋯⋯⋯⋯299,317
需要曲線⋯⋯⋯⋯⋯⋯305
受容的・忍従的⋯⋯⋯130

循環型社会（資源循環型社会）
　　⋯⋯⋯⋯⋯⋯⋯⋯17
循環型社会形成推進基本法⋯
　　⋯⋯⋯⋯⋯⋯⋯⋯32
純債務国⋯⋯⋯⋯⋯⋯321
荀子⋯⋯⋯⋯⋯⋯⋯⋯124
純粋経験⋯⋯⋯⋯⋯⋯162
シュンペーター⋯304,329
序⋯⋯⋯⋯⋯⋯⋯⋯⋯141
恕⋯⋯⋯⋯⋯⋯⋯⋯⋯122
止揚（アウフヘーベン）⋯91,160
上院⋯⋯⋯⋯⋯⋯⋯⋯181
上院優越事項⋯⋯⋯⋯183
昇華⋯⋯⋯⋯⋯⋯⋯⋯48
生涯学習⋯⋯⋯⋯⋯⋯41
障害者基本法⋯⋯179,446
障害者権利条約⋯⋯⋯179
障害者自立支援法⋯⋯447
障害者総合支援法⋯179,447
障害者に対する差別禁止規定
　　⋯⋯⋯⋯⋯⋯⋯⋯446
常会（通常国会）⋯⋯224
松下村塾⋯⋯⋯⋯⋯⋯151
消極的権利⋯⋯⋯⋯⋯173
消極的モラトリアム⋯⋯45
上下定分の理⋯⋯⋯⋯140
正見⋯⋯⋯⋯⋯⋯⋯⋯118
証券化⋯⋯⋯⋯⋯⋯⋯405
証券取引法⋯⋯⋯⋯⋯340
正語⋯⋯⋯⋯⋯⋯⋯⋯118
上告⋯⋯⋯⋯⋯⋯⋯⋯230
小国寡民⋯⋯⋯⋯⋯⋯125
上座部仏教（南伝仏教）⋯120
少産多死⋯⋯⋯⋯18,448
少子化⋯⋯⋯⋯⋯⋯18,41
少子化社会対策基本法⋯452
勝者総取り方式（ウィナー＝テイ
　　ク＝オール）⋯⋯184
上場⋯⋯⋯⋯⋯⋯⋯⋯318
精進⋯⋯⋯⋯⋯⋯⋯⋯120
少数代表制⋯⋯⋯⋯⋯244
少数党（小政党）⋯⋯244
常設仲裁裁判所⋯⋯⋯276
小選挙区⋯⋯⋯⋯⋯⋯245
小選挙区制⋯⋯⋯⋯⋯243
小選挙区比例代表並立制⋯
　　⋯⋯⋯⋯221,245,255
「上善は水の若し」⋯⋯125
肖像権⋯⋯⋯⋯⋯⋯⋯216
情緒⋯⋯⋯⋯⋯⋯⋯⋯46
譲渡⋯⋯⋯⋯⋯⋯84,86
浄土⋯⋯⋯⋯⋯⋯121,135
浄土教思想⋯⋯⋯⋯⋯121
聖徳太子⋯⋯⋯⋯⋯⋯131
浄土宗⋯⋯⋯⋯⋯⋯⋯136
浄土信仰⋯⋯⋯⋯⋯⋯135
浄土真宗⋯⋯⋯⋯⋯⋯137
譲渡性預金⋯⋯⋯⋯⋯331
商人⋯⋯⋯⋯⋯⋯⋯⋯147
承認⋯⋯⋯⋯⋯⋯48,51
常任委員会⋯⋯⋯⋯⋯223
少年犯罪⋯⋯⋯⋯⋯⋯230
少年法⋯⋯⋯⋯⋯⋯234 465

消費……316,321,326,363
消費者……33,379
消費者基本法……379
消費者契約法……380
消費者主権……379
消費者政策会議……379
消費者庁……262,263,378,380
消費者の4つの権利……379
消費税……241,254,258,259,
347,349,364,451,453
消費生活センター……379
消費と投資の減退……363
消費文化……34
商品化……295
商品経済……295
上部構造……98,301
『正法眼蔵』……138
情報公開制度……205,214,238
情報公開法……37,214
上方弾力化……315
情報通信技術 (ICT)……25,
38,304,371,377
情報の非対称性……312,380
正命……118
常民……164
召命 (天職)……76
消滅可能性都市……242
消滅集落……20
条約締結権……227
逍遥遊……126
剰余価値……98,301
条理学……150
条例……212,214,220,237
昭和40年不況……357
職業……76
職業安定法……425
職業訓練……429,439
職業裁判官……233
職業選択の自由……204
職業別の社会保険制度……439
職業別労働組合……421
職業倫理……77
贖罪……67
殖産興業……298,354
食の安全性 (食品の安全性)
……378
職能給……429
食品安全委員会……379
食品安全基本法……378
食品リサイクル法……33
職務給……429
贖宥状 (免罪符)……75
食糧安全保障論……376
食糧管理制度……375
食糧管理法……375
食料・農業・農村基本法……375
『諸国民の富 (国富論)』
……93,299
女子差別撤廃条約 (女性差別
撤廃条約)
……39,178,208,425
女子の保護規定……425
諸子百家……121

女性活躍推進法……426
処世術……56
女性人口……242
女性の自立……180
職権方式……424
ショップ制……427
所得格差……328
所得再分配……313,348,451
所得再分配機能……342
所得収支……386
所得税……241,
342,344,347,349,356
ジョブカフェ……435
署名……228
除名……226
署名運動……247
所有……85,169
所有権……85,205
所有 (資本) と経営の分離
……318
ジョンソン……182,406
『白樺』……160
自律……89
自立……41
尻抜けユニオン……427
知る権利……205,213,
215,222,259,266,379
死を待つ人の家……110
信……124
仁……122,131,143
新エネルギー……25
新エンゼルプラン……452
進化……96
心学……147
人格……90,109
人格主義……89,161
『神学大全』……69
神学的段階……96
新型コロナウイルス感染症
(COVID-19)……21,261,
292,310,329,334,343,
349,351,369,371,376,
387,397,407,436,446
進化論……96
仁義……123,126,155
審議会……238
審議会方式……424
審議の原理……171
新疆ウイグル自治区……291
信教の自由……190,199
『慎機論』……150
神宮寺……139
親ср……179
人権の永久不可侵性……198
信仰……39,68,75,102
信仰義認説……75
人工知能 (AI)
……37,359,377,445
人工妊娠中絶……15
人口爆発……17
人口抑制……18
新ゴールドプラン……452
新国際経済秩序樹立宣言

(NIEO 宣言)……22
新国際経済秩序 (NIEO)……416
真言宗……133
真言密教……134
シンジケート……314
新思考外交……282
神仏合祀令……165
人種……110
新自由主義 (ネオ=リベラリズ
ム)……168,302,439
人種差別撤廃条約……39,178
信賞必罰……125
新植民地主義……288
新食糧法 (食料需給価格安定
法)……375
真人……126
身心脱落……138
人身の自由 (身体の自由)
……190,199
新 START……286
仁政……140
神聖不可侵……174,189
心臓停止……217
信託 (委託)……85,169
信託統治理事会……273
新中間層……34
シンデレラ=コンプレックス
……45
新テロ対策特別措置法……257
神道……141,146
『神統記』……53
人道 (人間の営み)……148
新バビロニア……64
神仏習合……139
進歩……96
シンボル (象徴)……47
臣民……154,189
人民……154,166,169
人民元 (元)……398
人民元の切り上げ……418
人民主権……86,169
新民主主義革命……100
「人民の、人民による、人民の
ための政治」……170
神武景気……356
申命記……63
深夜業 (深夜労働)……425
『新約聖書』……62,65,73
新ユーゴスラビア連邦……290
信用創造……337
親鸞……136
心理的・社会的課題……44
心理的離乳……44
真理の把持 (サティヤーグラハ)
……108
人倫……91
人倫の秩序……123
森林法の共有林分割制限規定
……205
新冷戦……282

す

垂加神道……141

| | | |
|---|---|---|
| 水質汚濁 | 382 | |
| 推譲 | 148 | |
| 垂直的公平 | 348 | |
| 垂直的分業 | 384,413 | |
| 水爆 | 279,287 | |
| 水平的公平 | 348 | |
| 水平的分業 | 384,413 | |
| スーパー301条 | 363 | |
| スエズ運河 | 288 | |
| スエズ動乱（第二次中東戦争） | 277,288 | |
| 杉田玄白 | 149 | |
| スコットランド | 171,290 | |
| スコラ哲学 | 69 | |
| スコレー（閑暇） | 52 | |
| 鈴木正三 | 150 | |
| 鈴木大拙 | 155 | |
| スターリン | 100 | |
| スタグフレーション | 330,360 | |
| ステューデント＝アパシー | 47 | |
| ステレオタイプ | 36 | |
| ストア派 | 60,61 | |
| ストック | 321,362 | |
| ストライキ（同盟罷業） | 211,426 | |
| 砂川事件 | 196 | |
| スピノザ | 80 | |
| スプロール現象（スプロール化現象） | 42 | |
| スペンサー | 96 | |
| スマートグリッド（次世代送電網） | 25 | |
| スマートシティ | 359 | |
| スミソニアン協定 | 396 | |
| スローフード | 20 | |

## せ

| | | |
|---|---|---|
| 世阿弥 | 139 | |
| 性悪説 | 124 | |
| 聖域なき構造改革 | 256,264 | |
| 成果主義 | 429 | |
| 生活協同組合 | 380 | |
| 生活扶助 | 444 | |
| 生活保護法 | 443 | |
| 生活様式（ライフスタイル） | 35,42 | |
| 請願権 | 212 | |
| 正義 | 11,57,60,115 | |
| 正義の徳 | 58 | |
| 政教分離の原則 | 200 | |
| 政権交代 | 257 | |
| 制限主権論 | 282 | |
| 制限選挙 | 243 | |
| 制裁（サンクション） | 94 | |
| 生産 | 316 | |
| 生産過剰 | 375 | |
| 生産国民所得（NIP） | 324 | |
| 生産資産 | 326 | |
| 生産手段 | 98,295,301 | |
| 生産年齢人口 | 19 | |
| 生産の無政府性 | 295 | |
| 政治改革関連四法 | 255 | |
| 『政治学』 | 59 | |

| | | |
|---|---|---|
| 政治献金 | 251,265 | |
| 政治資金規正法 | 250 | |
| 政治資金団体（政治団体） | 251 | |
| 政治的無関心（ポリティカル＝アパシー） | 255 | |
| 政治統合 | 409 | |
| 聖書 | 76,156 | |
| 生殖細胞 | 16 | |
| 聖書中心主義 | 75 | |
| 精神 | 43,79 | |
| 聖人 | 143 | |
| 成人識字率 | 10 | |
| 精神的快楽 | 61 | |
| 精神的自由 | 199,201 | |
| 精神的幸福 | 94 | |
| 精神的欲求 | 48 | |
| 性善説 | 123 | |
| 製造物責任法（PL法） | 255,380 | |
| 生存権 | 32,168,175,176,210,213,423,444 | |
| 生態系（エコシステム） | 26 | |
| 成長戦略 | 367 | |
| 成長の限界 | 16,19,22,26 | |
| 「成長より福祉」 | 446 | |
| 正直 | 147 | |
| 正（テーゼ） | 91 | |
| 『青鞜』 | 165 | |
| 政党 | 246,251 | |
| 政党公認候補者 | 246 | |
| 政党助成金 | 251 | |
| 正当な補償 | 205 | |
| 青年期 | 43 | |
| 清ковка | |
| 清教 | 147 | |
| 政府 | 84,316,337 | |
| 政府委員制度 | 227 | |
| 政府開発援助（ODA） | 388,406,413 | |
| 政府関係機関予算 | 343 | |
| 征服 | 78,130 | |
| 政府系金融機関 | 346 | |
| 政府最終消費支出 | 324 | |
| 生物多様性条約 | 27 | |
| 政府の失敗 | 313 | |
| 政府ファンド | 405 | |
| 成文法 | 175 | |
| 性別 | 211 | |
| 性的役割分担 | 41,437 | |
| 生命・自由・財産の所有 | 85 | |
| 生命への畏敬 | 108 | |
| 生命倫理（バイオエシックス） | 13 | |
| 生理休暇 | 426 | |
| 生理的欲求（一次的欲求） | 47 | |
| 勢力均衡（バランス＝オブ＝パワー） | 268,269 | |
| 政令 | 220 | |
| 政令指定都市 | 241 | |
| 政令201号 | 422 | |
| セー | 298 | |
| セーフガード（緊急輸入制限） | 400 | |
| セーフティネット | 43,444 | |

| | | |
|---|---|---|
| 世界遺産 | 20 | |
| 世界恐慌（世界大不況） | 176,301,329,354,421 | |
| 世界銀行 | 272,394 | |
| 「世界史は自由の意識の進歩である」 | 90 | |
| 世界宗教 | 62,72 | |
| 世界人権宣言 | 176 | |
| 世界知的所有権機関（WIPO） | 272 | |
| 世界同時不況 | 361 | |
| 世界一内一存在 | 104 | |
| 世界の工場 | 297,298 | |
| 世界貿易機関（WTO） | 297,368,398,417 | |
| 世界保健機関（WHO） | 273 | |
| 赤十字国際委員会 | 180 | |
| 責任 | 17,105,111,163,320 | |
| 責任を伴う自由 | 105 | |
| 惜敗率 | 247 | |
| 石油 | 21 | |
| 石油依存型 | 360 | |
| 石油危機（オイル＝ショック） | 22,289,330,335,360,396,416 | |
| 石油戦略 | 289 | |
| 石油輸出国機構（OPEC） | 22,360,415 | |
| セクシャル＝ハラスメント | 425 | |
| セクショナリズム（セクト主義、なわばり主義） | 34 | |
| 世俗化 | 75 | |
| 世代間倫理 | 17 | |
| 積極的権利 | 173,209 | |
| 積極的平和主義 | 198 | |
| 雪舟 | 137 | |
| 節制 | 57 | |
| 絶対王政 | 84,167 | |
| 絶対精神 | 90,98 | |
| 絶対他力 | 136 | |
| 絶対平和主義 | 109,156 | |
| 絶対無 | 162 | |
| 設備投資 | 313,329 | |
| 絶望 | 101,102,110 | |
| 説明責任（アカウンタビリティ） | 215,320 | |
| セネカ | 61 | |
| セルビア人 | 290 | |
| セルビア＝モンテネグロ連邦 | 290 | |
| ゼロ＝エミッション | 383 | |
| ゼロ金利政策 | 335 | |
| 善 | 67 | |
| セン（アマーティア＝セン） | 10,273 | |
| 善意志 | 89 | |
| 全欧安全保障協力会議（CSCE） | 283 | |
| 全会一致 | 226,270 | |
| 尖閣諸島 | 186,294 | |
| 選挙 | 170,219 | |
| 専業農家 | 374 | |
| 選挙管理委員会 | 239 | |

索 INDEX 引 ▼

あいうえおかきくけこさしすせそたちつてとなにぬねのはひふへほまみむめもやゆよらりるれろわをん

467

選挙区 245
選挙権 211
専決処分 237
全国人民代表大会（全人代） 186
全国総合開発計画（旧全総） 359
全国農業協同組合中央会（JA全中） 253
戦後補償（戦争責任） 414
繊細の精神 83
禅宗 138,140
専修念仏 136
専守防衛の原則 194
先進国 413
先制攻撃の禁止 194
センセーショナリズム 35
『戦争と平和の法』 269
戦争難民 177
戦争放棄 193
先祖の霊 130
全体主義 112,164
全体の奉仕者 211
選択議定書 177
選択的夫婦別姓制度 206
先天的（アプリオリ） 89
善導 136
戦闘的な恬淡 163
戦闘的ヒューマニズム 109
善人 136
善のイデア 58,166
先王の道 143
千利休 140
選民思想 63,65
戦略攻撃戦力削減条約（戦略攻撃力削減条約） 284
戦略兵器制限交渉 281
戦略防衛構想（SDI） 282
戦力不保持 193
洗礼（バプテスマ） 64

## そ

総会 273
臓器移植法 14,217
臓器提供意思表示カード（ドナーカード） 14
総合 80
相互扶助 42
相互理解 51
捜索救助活動 197
荘子 126
総辞職 218,224,229
総需要抑制政策 360
増税 343
『創世記』 63
想世界 158
総選挙 220
創造的知性 107
相続税 347
相対主義 54,106
相対的貧困率 12
装置 114
曹洞宗 138

双方向的 36
総務省 262
総予算 223
贈与と比率 414
総攬 189
ソーシャル＝ネットワーク 292
SOHO（Small Office Home Office） 371
遡及処罰の禁止 203
惻隠 123
属人主義 322
即身成仏 134
属地主義 322
則天去私 160
ソクラテス 52,55,56
『ソクラテスの弁明』 56
素材産業 361,370
Society5.0 38
組織的殺人 202
ソシュール 113
租税（税金） 317,346,439,441
ソフィスト 54,56
ソフォクレス 53
ソマリア内戦 277,291
空知太神社 201
SALT I 281,287
ソ連 100,279,287
損害賠償 212
尊厳 74,89
尊厳死（消極的安楽死） 14,216
「存在するとは知覚されること」 78
『存在と無』 105
存在忘却 104
孫子 127
存心持敬 140
尊属殺重罰規定 207
尊王攘夷 146

## た

ダーウィン 96
ターリバーン 284,292
第一インターナショナル（国際労働者協会） 420
第一次産業 369,370
第一次所得収支 386
第一次石油危機（第一次オイル＝ショック） 289,351,360,415
第1次戦略兵器削減条約（START I） 284,306
ダイオキシン類 30
体外受精 15
対外純資産 321,326
対外的独立性（最高独立性） 166,230
大学の自治 202
待機児童 452
大規模小売店舗法 362,373
大逆事件 158

退行 49
第五次全国総合開発計画（五全総） 359
待婚期間（再婚禁止期間） 206
第三インターナショナル（コミンテルン） 420
第三次産業 324,325,369
第三次中東戦争 287,289
第三世界 280
大衆社会 33
大衆政党 252
大衆民主主義 33
対象 89
代償 48,49
大乗仏教（北伝仏教） 120,133,134
大乗菩薩戒 133
対審 232
対人地雷全面禁止条約 286
大臣政務官 227
大選挙区制 244
大胆な金融政策（大胆な金融緩和） 367
対等・協力関係 240
大統領 171,186
大統領制 171,180,237
大統領選挙人 184
対内的独立性 230
第二インターナショナル 420
第二次国連ソマリア活動 277
第二次産業 369
第二次所得収支 386
第二次性徴 45
第二次石油危機（第二次オイル＝ショック） 361
第2次戦略兵器削減条約（START II） 284
第2次戦略兵器制限交渉 282
大日如来 134
第二の誕生 44
第二の予算 346
第二反抗期 45
大日本産業報国会 422
大日本帝国憲法 154,189
代表取締役 318
代表の原理 171
対米直接投資 389
対米輸出自主規制 361
太平洋ベルト 359
題目 138
代用監獄（代用刑事施設） 204
太陽光 25
第四次中東戦争 289
大陸合理論 77,81,88
代理出産 15
大量生産 22,33
大量破壊兵器 285
対話的理性（コミュニケーションの合理性） 112
道（タオ） 126
たおやめぶり 144

多角 398
多角の原則 399
高野長英 150
高天原 129
兌換紙幣 332
竹島（独島） 275,294
多元的国家論 166
多国籍企業化 395
多国籍軍 276
多産少死型 17
多産多死型 17
他者 51,90,
104,110,111,159,163
他者被害の原則（他者危害の
原則） 95
多重債務問題 381
多数決 93,94,171,174
多数代表制 244
多数党（大政党） 181,244
祟り神 129
脱亜論 153
タックス゠ヘイブン（租税回避
地） 297,407,416
脱工業社会（脱工業化社会）
370
脱構築 114
脱中心化 51
多党化 254
田中角栄 254,293,360
田中正造 165,381
ダニエル゠ベル 370
他人資本 319
他人に知られない権利 217
他人の個性（他者の個性）160
タブー（禁忌） 39
タフト゠ハートレー法 421
タブラ゠ラサ（白紙） 78
WTO（世界貿易機関）
297,368,398,417
多文化主義（マルチカルチュラ
リズム） 39
魂の三分説 57
田山花袋 159
ダライ゠ラマ 120
ダランベール 87
他力易行 136
弾劾 183
弾劾裁判 231
弾劾裁判所 218,221
短期資金 334
団結禁止法 420
団結権 210,421,423
談合 265,316
断食 71
男女共同参画 261
男女共同参画社会 40
男女共同参画社会基本法
178,208,436
男女共同参画推進法 426
男女雇用機会均等法
178,208,425,437
男女同一賃金の原則 423
男女の賃金格差 436

男女両性の本質的平等 206
団体委任事務 240
団体交渉 426
団体交渉権 210,421,423
団体行動権（争議権）
210,423
団体自治 236
ダンテ 74
弾道弾迎撃ミサイル（ABM）
制限条約 284
単独者 101
『歎異抄』 136

## ち

治安維持法 422
治安警察法 422
治安立法 190
地域活力基盤創造交付金 350
地域経済活性化支援機構 365
地域社会（コミュニティ）
38,42
地域保健法 445
小さな大人 44
小さな政府
168,301,302,342
チェコスロバキア 280
チェチェン紛争 291
知恵の徳 57
チェルノブイリ原子力発電所事
故 23,366
地縁 38,42
近松門左衛門 149
力への意志（権力への意志）
102
地球温暖化 26
地球サミット 16,27
知行合一 141
地産地消 20,378
知識 78,95
知識集約型産業 370
知性 106,107
知性的徳（理論的徳） 59
地租改正 354
窒素酸化物（NOx） 22,30
知的財産権 37,216,400
知的財産高等裁判所 230
地動説 81
知徳合一 56
地熱 25
知のホーリズム 113
「知は力なり」 78
地方区 245
地方交付税交付金
239,240,344
地方裁判所 230,234
地方自治の本旨 235
地方自治法 235,238
地方消費税 241,347
地方税 237,240,356
地方選挙 208
地方創生 —
地方特別法（地方自治特別法）
237

地方分権一括法 240
地方分権推進法 240
チャーチル 270,279
チャーティスト運動 174,420
チャタレー事件 201
『茶の本』 155
忠 122
中央銀行 333
中央省庁のスリム化 262
中核市 241
仲買人 83
中間生産物 322
中間線 167
中間選挙 184
仲裁 428
中小企業基本法 372
抽象的審査制 219
忠信 143
中選挙区制 244
中道 118
中東の春（アラブの春） 292
中東和平会議 289
中東和平ロードマップ 289
中庸（メソテース） 59
中立性 277
中流意識 35
チュニジア国民対話カルテット
13
調印 228
超越者（包括者） 103
超越神 119
超過供給 305
超過需要 305,330
長期融資 394
長距離越境大気汚染条約 30
調査・審問 428
超自我（スーパーエゴ） 49
長時間労働 431
超人 102
調整インフレ論 330
調整的正義 60
朝鮮戦争 275,279
朝鮮特需 356
調和 61
直接金融 319,339
直接税 346
直接選挙
171,184,187,192,243
直接選挙制 236
直接民主制 52,86,169,212
著作権 230
貯蓄・投資（I・S）バランス
362
貯蓄性向（貯蓄率） 357
直轄事業 242
直系家族（世代家族） 40
地理上の発見 300
賃金 316,423
鎮護国家 132
鎮守の森 165

## つ

『ツァラトゥストラはこう語った』 469

················· 102
追加予算 ················· 344
通過儀礼 (イニシエーション) ···
46
通常裁判所 ················· 232
通常選挙 ················· 220
通信の秘密 ················· 202,214
通信傍受法 ················· 202,256
つう (通) ················· 149
津地鎮祭訴訟 ················· 200
土 ················· 54
ツチ族 ················· 291
つぼ型 ················· 17
罪 ················· 64,66,67,74,110
積立方式 ················· 451
罪人 ················· 65,67
罪深さ ················· 101
『徒然草』 ················· 139

## て

悌 ················· 122
定言命法 ················· 89
抵抗権 (革命権) ·················
85,154,169
帝国主義 ················· 108,115,157
帝国主義戦争 ················· 100,300
『帝国主義論』 ················· 100
ディスクロージャー (情報開
示) ················· 318
停戦監視団 ················· 276
停戦合意 ················· 277
ディドロ ················· 87
諦念 (レジグナチオン) ················· 160
ディマンド゠プル゠インフレ
················· 330
定率負担制 ················· 449
テオリア (観想) ················· 52
デカルト ················· 77,79,82,104,113
デカルト的二元論 ················· 113
敵国条項 ················· 270
適者生存 ················· 96
テクノクラート ················· 34
テクノストレス ················· 37
デジタル゠デバイド ················· 37,371
手島堵庵 ················· 147
デタント (緊張緩和) ················· 280
「哲学は神学の侍女である」
················· 69
鉄工組合 ················· 422
哲人政治 ················· 58,166
手続法 ················· 175
鉄のカーテン ················· 279
鉄のトライアングル ················· 265
デフォルト (債務不履行) ················· 416
デフレーション (デフレ) ················· 330,
331,336,364,367,393
デフレ゠スパイラル ·················
330,364,367
デモンストレーション効果 ················· 315
デューイ ················· 106
デリダ ················· 114
デリバティブ ················· 404
デルフォイの神託 ················· 55

テロ対策 ················· 216
テロ対策特別措置法 ·················
197,257
電子商取引 (e コマース) ················· 371
電子投票制 ················· 249
電子マネー ················· 371
天台宗 ················· 132
天道 ················· 148
伝統指向型 ················· 35
天然資源に対する恒久主権 ·················
22,416
天の意思 ················· 125
天皇 ················· 151,
163,189,191,225,228
天皇 (大王) ················· 129
天皇機関説 ················· 167,191
天賦人権論 ················· 152
天命 ················· 123

## と

ト゠ヘン ················· 61
ドイツ観念論 ················· 88
ドイモイ (刷新) ················· 297
同意原則 ················· 277
同一視 ················· 49
同一報酬 (同一賃金) ················· 421
同一労働・同一賃金 ················· 435
投影 (投射) ················· 48
東海村 ················· 24
同化政策 ················· 291
道家 (道教) ················· 125
討議 ················· 112
動機 ················· 89,107,166
東京地方裁判所 ················· 230,315
東京゠ラウンド ················· 399
道具 ················· 107,111
道具主義 ················· 106
洞窟のイドラ ················· 77
洞窟の比喩 ················· 57
道具的理性 ················· 111
道元 ················· 138
投資 ················· 318
投資収支 ················· 386
同時多発テロ (9・11 同時多発
テロ) ················· 284,365,430
党首討論制 ················· 183,226
唐招提寺 ················· 132
鄧小平 ················· 186,297
統帥権 ················· 189
道諦 ················· 118
東大寺大仏 (盧舎那仏) ················· 132
東大ポポロ劇団事件 ················· 202
統治権 ················· 167
統治行為論 ················· 196,205,219
道徳 ················· 39,63,
89,91,93,126,140,149
道徳的制裁 (社会的制裁) ················· 94
道徳法則 ················· 88,166
東南アジア諸国連合
(ASEAN) ················· 411
逃避 ················· 48
投票の秘密 ················· 214
道府県民税 ················· 347

東方外交 ················· 271
同盟権 (連合権、外交権) ·················
86,87,170
同盟国 ················· 198
東洋道徳、西洋芸術 ·················
149,150
道路特定財源の一般財源化 ·················
350
道路特定財源の暫定税率 ·· 257
道路四公団 ················· 264
同和対策事業特別措置法 ·· 209
ドーナツ化現象 ················· 42
ドーハ゠ラウンド ·················
368,400,403
読経 ················· 139
徳 ················· 55,57,59,
123,124,131,142,147
トクヴィル ················· 95,235
特殊意志 ················· 86
特殊法人 ················· 264,302,365
独占 ················· 312
独占・寡占市場 ················· 312
独占禁止法 ················· 230,
266,315,355,361,379
独占資本 ················· 300
独占資本主義 ················· 300,354
徳治主義 ················· 122
特定財源 ················· 240,349
特定商取引法 ················· 380
特定秘密保護法 ················· 215,259
徳富蘇峰 ················· 155
特別委員会 ················· 223
特別会計 ················· 343
特別会 (特別国会) ················· 224
特別協定 ················· 276
特別裁判所 ················· 190,229
特別引出権 (SDR) ················· 395
匿名性 ················· 42
独立行政法人 ················· 264
独立国家共同体 (CIS) ················· 186
独立自尊 ················· 152
独立心 ················· 45,152
常世国 ················· 130
戸坂潤 ················· 162
都市・生活型公害 ················· 382
土地基本法 ················· 364
土地収用法 ················· 205
土地倫理 ················· 16
ドッジ゠ライン ················· 356
ドナー (提供者) ················· 14,217
トマス゠アクィナス ················· 69
トマス゠マン ················· 299
トマス゠モア ················· 75,97
トマ゠ピケティ ················· 11
富永仲基 ················· 149
都民ファーストの会 ················· 260
トラスト ················· 300,314
トランプ ················· 183,185,283,287,
289,385,403,407,410
ドリー ················· 15
トリクルダウン理論 ················· 303
取締役会 ················· 318
TRIPs 協定 ················· 401

## な

トルーマン＝ドクトリン‥‥‥279
ドル＝ショック（ニクソン＝ショック）‥‥‥360
トルストイ‥‥‥109,160
トレーサビリティ‥‥‥378
トレード・オフ‥‥‥324
ドント方式‥‥‥246

### な

内外価格差‥‥‥362
内閣‥‥‥170,188,221,226,229
内閣人事局‥‥‥262,266
内閣信任・不信任決議‥‥‥219
内閣総理大臣‥‥‥192,196,218,226,315,428
内閣総理大臣の指名‥‥‥219,222
内閣提出法案‥‥‥228,266
内閣の権限‥‥‥227
内閣の首長‥‥‥226
内閣の助言と承認‥‥‥192,228
内閣府‥‥‥262,379,380,452
内閣不信任決議‥‥‥218,223
内向型‥‥‥50
内国民待遇‥‥‥399
内需主導‥‥‥356,364
内発的開化‥‥‥159
内部指向型‥‥‥35
内部生命‥‥‥158
中江兆民‥‥‥154,157
中江藤樹‥‥‥141
中曽根康弘‥‥‥196,261
長沼ナイキ基地訴訟‥‥‥196,214
中村正直‥‥‥153
名古屋議定書‥‥‥27
ナショナリズム‥‥‥288
ナショナル＝トラスト‥‥‥31,238
ナセル‥‥‥288
ナチス＝ドイツ‥‥‥288
夏目漱石‥‥‥159
NATO・ロシア理事会‥‥‥285
NATO の東方拡大‥‥‥283
7 条解散‥‥‥225
「汝自身を知れ」‥‥‥55
南都六宗‥‥‥132
南南問題‥‥‥416
南米南部共同市場（メルコスール）‥‥‥410
南北朝鮮（大韓民国、朝鮮民主主義人民共和国）‥‥‥271
難民‥‥‥292,406
難民条約（難民の地位に関する条約）‥‥‥177

### に

2・1 ゼネスト‥‥‥422
二・二六事件‥‥‥162
新潟水俣病‥‥‥382
新島襄‥‥‥157
ニーチェ‥‥‥102
ニート‥‥‥45,429
二院制‥‥‥170,220
NIES（新興工業経済地域）‥‥‥411,416
2 回投票制‥‥‥187
ニクソン‥‥‥183,395
『ニコマコス倫理学』‥‥‥59
西周‥‥‥153
二次集団‥‥‥38
西田幾多郎‥‥‥162
二次的欲求（社会的欲求）‥‥‥47
西村茂樹‥‥‥155
21 世紀の世界の工場‥‥‥297
二重構造‥‥‥373
二重処罰の禁止‥‥‥204
2040 年問題‥‥‥448
日本・EU 経済連携協定（日欧EPA）‥‥‥402
日銀政策委員会‥‥‥333
日銀引き受け‥‥‥352
日米安全保障条約‥‥‥196,293
日米ガイドライン（日米防衛協力のための指針）‥‥‥197
日米共同防衛義務‥‥‥196
日米構造協議‥‥‥344,361
日米地位協定‥‥‥197
日米貿易協定‥‥‥403
日米包括経済協議‥‥‥363
日蓮‥‥‥138
日蓮宗‥‥‥138,161
日露戦争‥‥‥158,354
日韓基本条約‥‥‥294
日ソ共同宣言‥‥‥271,293
ニッチ産業‥‥‥373
日中共同声明‥‥‥293
日本維新の会‥‥‥260
日本銀行総裁（日銀総裁）‥‥‥333
日本銀行（日銀）‥‥‥332
日本経済団体連合会（経団連）‥‥‥253,436
日本社会党‥‥‥254
日本政策金融公庫‥‥‥341
日本年金機構‥‥‥263
日本郵便株式会社‥‥‥264
日本労働組合総連合会（連合）‥‥‥253
新渡戸稲造‥‥‥157
二宮尊徳‥‥‥148
200 カイリ‥‥‥22,167
ニヒリズム（虚無主義）‥‥‥102
日本国および国民統合の象徴‥‥‥192
『日本書紀』‥‥‥128
日本列島改造論‥‥‥360
入関手続（検疫手続）の複雑化‥‥‥385
ニューサンシャイン計画‥‥‥23
ニュー＝ディール政策‥‥‥302,421
ニュートン‥‥‥81
ニューハーモニー村‥‥‥97
任意投票制‥‥‥243
人間‥‥‥53,72,73,76,83,119
人間開発指数（HDI）‥‥‥10,273,326
人間環境宣言‥‥‥26
『人間悟性論（人間知性論）』‥‥‥85
人間性‥‥‥40,73,82,100
人間疎外‥‥‥100
人間中心主義‥‥‥32
人間に値する生活（人たるに値する生活）‥‥‥175
人間の安全保障‥‥‥10,278,414
『人間の学としての倫理学』‥‥‥164
「人間の知識と力は合一する」‥‥‥78
「人間は考える葦である」‥‥‥83
「人間は自由の刑に処せられている」‥‥‥46
認識能力‥‥‥88
認定こども園‥‥‥452

### ね

ネオ＝コンサバティズム‥‥‥302
ネガティブ＝オプション（送りつけ商法）‥‥‥381
ネガティブ＝コンセンサス方式‥‥‥400
ネグレクト‥‥‥41,179
ねじれ国会‥‥‥223,254,258,259
涅槃（ニルヴァーナ）‥‥‥118
ネルー（ネール）‥‥‥281
年金積立金管理運用独立行政法人（GPIF）‥‥‥368,442
年金への物価スライド制‥‥‥446
年功序列型賃金制‥‥‥429
年次有給休暇‥‥‥424
念仏‥‥‥135,136

### の

農家‥‥‥126
脳幹‥‥‥14
農業協同組合（農協）‥‥‥253
農業者戸別所得補償制度‥‥‥377
農業生産責任制‥‥‥297
脳死‥‥‥14,217
濃縮ウラン‥‥‥23
納税の義務‥‥‥192
農村人口の減少‥‥‥374
農地改革‥‥‥355
農地中間管理機構法‥‥‥377
能動的権利‥‥‥173
『ノヴム＝オルガヌム（新機関）』‥‥‥78
ノージック‥‥‥115
ノーベル平和賞‥‥‥12,30,109,180,285
ノーマライゼーション‥‥‥40
野田佳彦‥‥‥223,258
ノモス（人為、法）‥‥‥54
ノンバンク‥‥‥334

### は

ハーグ条約‥‥‥179
バークリー‥‥‥78
パース‥‥‥106

471

バーゼル条約……………31
パーソナリティ（人格）………50
パーソナル＝コミュニケーショ
ン……………36
パーソン（人格）………85
バーチャル＝リアリティ………37
パートタイム労働法………434
ハートビル法………446
ハーバーマス………112
ハイエク………302
バイオ燃料………406
バイオマス（生物資源）………25
排出権取引（排出量取引）………28
排出総量………383
陪審制………234
排他的経済水域（EEZ）………167
排他的取引慣行………316,361
ハイデッガー………103
配当………318
ハイパー＝インフレ………330
配分的正義………60
配慮………55
ハヴィガースト………46
パウロ………67
パグウォッシュ会議………12,109
白日夢（白昼夢）………49
派遣先企業………433
派遣労働者………434
ハザードマップ………43
恥の文化………165
橋下徹………260
橋本龍太郎………256
場所の論理………162
パスカル………83
羽田孜………255
働き方改革関連法………432
発議………193,228,259
発券銀行………332
ハッジ………71
八正道………118
発展途上国（開発途上国）………
28,274,413,418
覇道………124
鳩山由紀夫………198,258
派閥………253,256
バビロン捕囚………64
パブリシティ権………216
パブリック＝コメント………267
バブル………326,362
バブル経済………364
バブル崩壊………316,326
歯舞群島………293
ハマーショルド………278
林羅山………140
祓い（祓え）………129
パラダイム………115
原敬………190
バラモン教………116
バリアフリー………446
バリアフリー新法………446
パリ協定………29
パリ憲章………283
パリサイ派………64,67

バルディーズの原則………31
バルト三国………271
パルメニデス………54
パレスチナ解放機構（PLO）………
288
パレスチナ暫定自治協定（オス
ロ合意）………289
パレスチナ戦争（第一次中東戦
争）………276,288
パレスチナ難民………288
パワーハラスメント防止法（パワ
ハラ防止法）………426
パワー＝ポリティクス（力の政
治、権力政治）………268
反（アンチテーゼ）………91
半開………152
潘基文（パンギムン）………278
反ケインズ主義………302
犯罪被害者救済制度………234
犯罪被害者等基本法………234
反証………113
万人直耕………148
汎神論………80
『パンセ（瞑想録）』………83
汎セルビア主義………290
判断中止（エポケー）………110
『判断力批判』………88
ハンディキャップ………178,445
反動形成………49
半導体………361
ハンナ＝アーレント………112
万人祭司主義（万人可祭主義）………
75
万人の万人に対する闘争………84
万能細胞………15
万能人（普遍人）………74
万物斉同………126
「万物の根源は数である」………54
「万物は流転する」………53
判明………80
判例法………175,181
販路説………298

## ひ

火………54
ピアジェ………51
B to C………371
B to B………371
ピーターパン＝シンドローム………45
ヒエラルキー………34
被害者参加制度………235
非価格競争………315
比較生産費説………299,384
非核地帯条約………285
比較年次の名目GDP………328
東アジア地域包括的経済連携
（RCEP）………411
東ティモール………272
東日本大震災………24,258,
263,351,356,366,390
ピカソ………313
非関税障壁………385,399
ビキニ環礁………280

非金融資産………326
非軍事的措置………276
ピケッティング………211,426
非行………231
非攻………125
非拘束名簿式比例代表制………
246
ピコ＝デラ＝ミランドラ………74
非自発的失業………302
ヒジュラ（聖遷）………70
批准………228
批准書………228
聖………135
ビスマルク………438
非正規雇用………366,435
非正規雇用者………434
非正規労働者（非正規雇用労
働者）………434
非正社員（非正規雇用者）………
429
非石油依存型………360
被選挙権………173,211
非戦論………156
ピタゴラス………53,54
非嫡出子………209
ビッグデータ………38
「羊が人間を食い殺す」………75
必要最低限の実力の行使………195
ヒトゲノム………217
ヒトゲノム計画………15
ひと（世人、ダス＝マン）………103
ひとりっ子政策………19,449
批判哲学………88
皮膚の色………109
非暴力主義………108
肥満型………51
秘密会………225
秘密選挙………243
罷免………192,211
ひも付き援助（タイド＝ローン）………
414
『百科全書』………87
百科全書派………87
ヒューマニズム………73,109
ヒューム………79
ピューリタン（清教徒）………77
ピューリタン革命（清教徒革
命）………173
ピュシス（自然）………54
ヒュレー（質料）………58
表現の自由………201,214
表象………121
費用逓減産業………313
平等………10,65,70,75,
80,93,110,132,152,173
平等権………198,206
平等選挙………243
平田篤胤………146
平塚らいてう（平塚雷鳥）………165
ビルト＝イン＝スタビライザー………
343
比例税………347
比例代表区………245

## 第1欄

比例代表制 244
貧困 175,180,417,435
貧富の差 295,327,406
『貧乏物語』 161

### ふ

ファシズム 109,111,162,176
ファランジュ 97
フィスカル゠ポリシー（補整的（伸縮的）財政政策）343
フィヒテ 90
フィラデルフィア宣言 422
フィリア（友愛）43,60
フーコー 114
プーチン 186
フードマイレージ 378
フーリエ 97
フェア（公正）340
フェアトレード 413
フェイクニュース 36
フェビアン協会 99
付加価値税 347
付加価値総額 323
賦課方式 451
不換紙幣 332
武器輸出三原則 195
不況 296,364,366,367,393,415
不況カルテル 315
福音 65,67
福音主義 156
複合汚染 378
複合家族（拡大家族）40
複合不況 363
福沢諭吉 152,163
福祉元年 446
福祉国家（積極国家）99,168,302,439
福祉国家的公共の福祉 199
福島第一原子力発電所事故（福島第一原発事故）24,263,366
副大臣 227
福田康夫 256
福徳一致 56
父系血統主義 178,208
不耕貪食 148
富国強兵 298,354
不在者投票 249
武士 137
富士山型（ピラミッド型）17
武士道 142,156
プシュケー（魂）55
不条理 105
藤原惺窩 140
不信任 183,229,237
婦人年金権 442
フス 75
布施 120
不殺生（アヒンサー）108,119
不戦条約 270

## 第2欄

不逮捕特権 225
付託 275
双子の赤字 303,362,390,404
二つのJ 156
負担の適正化 450
普通教育を受けさせる義務 210
普通選挙 95,174,211
普通選挙運動 176
普通選挙権 190,420
普通選挙制度 33,157
復活 66
復活当選 247
物価変動 451
物価や景気の変動 296
仏教 116,130,146
仏教芸術 164
復興金融金庫 355
復興金融金庫債 355
復興庁 227,262,263
復古神道 146
フッサール 110
物質 98
ブッシュ（父）283
ブッシュ゠ドクトリン 285
物心二元論 79
物体 79
ブッダガヤ 116
ブッダ（仏陀）116
仏塔（ストゥーパ）120
仏法 138
物理的制裁（自然的制裁）94
普天間基地 198,258
不当労働行為 210,427
『風土記』128
不徳 147
不平等選挙 243
不平等な扱い 11
不文憲法 175,181
部分的核実験禁止条約（PTBT）281,284,287
不文法 175
父母両系血統主義 178,208
プライス゠リーダー 314
プライバシー 36
プライバシーの権利 202,203,214
プライマリーバランス（PB）352
ブラウン 182
部落差別 209
プラグマティズム 105
プラザ合意 362,389,397,404
ブラジル通貨危機 404
プラットフォームビジネス 407
プラトン 52,56,58,73
プラハの春 280
ブラフマン 116
フランクフルト学派 111
フランクリン゠ローズヴェルト 176,270,302

## 第3欄

フランクル 46
フランス人権宣言 87,170,174
フリー（自由）340
フリーター 429
BRICS 406,415
BRICS銀行（新開発銀行）398
ブリッジバンク（つなぎ銀行）341
不良債権 339,341,364
武力攻撃事態対処法 197
プルサーマル計画 24
ふるさと納税 242
フルシチョフ 280
ブレア 182,439
フレイル 446
フレックス゠タイム制 424
ブレトン゠ウッズ体制（旧IMF体制）394
プレビッシュ報告 413
フロイト 48
フロー 321
プログラム規定説 210,444
プロタゴラス 54
ブロック経済圏 354,385
プロテスタント 75,156,290
フロム 34,111
プロレタリア革命（プロレタリアート革命）301
プロレタリア独裁（プロレタリアート独裁）100,296
フロンガス（CFC）27
フロンティア精神（開拓者精神）105
文化相対主義 39
分業 96
文芸復興 73
文献学的方法 144
分限裁判 231
分度 148
分配国民所得（NID）324
文民統制（シビリアン゠コントロール）196,227
文明社会 86,114
分裂気質 51

### へ

兵役 189
ペイオフ解禁 341
平穏に請願する権利 212
平均化された分別の時代 102
平均寿命 18
平均余命 10
平成景気（バブル景気）362
平成の大合併 242
平成不況（バブル不況）363
米ソ首脳会談 283
米中貿易戦争 407
ヘイトスピーチ対策法 209
平民新聞 158
平民的欧化主義 155
平和安全法制整備法 198

平和共存………………280
平和原則14カ条（14カ条の
　平和原則）………………269
平和五原則………………281
平和執行部隊………277,291
平和十原則………………281
平和主義………………191
平和的生存権………………214
「平和のための結集」決議
………………275
ヘーゲル………90,98,150
ベーコン………………77
ベーシック゠インカム（基礎所
　得保障）………………445
ベーシック゠ヒューマン゠ニーズ
　（BHN）………………12
ヘシオドス………………53
ヘッジファンド………………404
ペティ゠クラークの法則……369
ペテロ………………67
ペトラルカ………………74
辺野古………………198
ベバリッジ報告（ビバリッジ報
　告）………………439
ヘブライ語………………62
ヘラクレイトス………………53
ベルクソン………47,112
ヘルシンキ宣言………27,283
ベルリン危機（第一次ベルリン
　危機）………………279
ベルリンの壁………………283
ベルンシュタイン………………99
ペレストロイカ………………297
変形労働時間制………………424
偏見………77,82,163
弁護人………203,232
ベンサム………93,174
弁証法………90,98,150
ベンチャー企業（ベンチャービ
　ジネス）………318,373
ベンチャーキャピタル………318
ベンチャーファンド………368
変動為替相場制………391,396
弁論術………………54

## ほ

保安隊………………194
保育所………………452
ホイジンガ………………47
法………………91
法案提出権………………184
防衛機制（適応機制）……48
防衛装備移転三原則
………195,259
防衛大臣………196,227
貿易依存度………………418
貿易差額主義………………299
貿易収支………386,
　387,388,389,390,418
貿易制限の撤廃………………398
報恩感謝の念仏………………137
法科大学院（ロースクール）……
………………235

包括的核実験禁止条約
　（CTBT）………………284
封建制度………………140
放射性セシウム………………378
放射性廃棄物………………23
放射能汚染………………23
法人税………344,347
法人の参入（株式会社の参入）
………………377
法世………………148
法曹一元論………………235
ボーダレス化………………403
法定時間外労働………………424
法定受託事務………237,240
法定手続の保障………203,265
法定得票数………………248
法テラス（日本司法支援セン
　ター）………………235
報徳思想………………148
法然………………136
法の支配………………172
『法の精神』………87,170
法の下の平等……172,190,206
防貧政策………………438
報復関税………………407
『方法序説』………………80
方法的懐疑………79,83,150
訪問販売法………………380
朋友………………147
法律………………39,
　190,193,222,226,235
法律的制裁（政治的制裁）……94
法律の拒否権………………227
法律の執行権………………227
法律の留保………172,190
暴力………108,111
ボードリヤール………………112
保革共存政権………………187
保革伯仲………………254
北緯38度線………………279
墨子………………125
牧場型………130,163
北米自由貿易協定（NAFTA）……
………401,407,410
『法華経』………131,133,161
補欠選挙………………220
ボゴール宣言………………411
保護主義………407,412
保護貿易………298,299,385,398
菩薩………………120
母子及び父子並びに寡婦福祉
　法………………445
ポジティブ゠アクション（ア
　ファーマティブ゠アクション）
………178,208
補足性の原理………………444
保守合同………………254
保守政党………………253
『戊戌夢物語』………………150
保守党（イギリス）………181
補償………………50
補助金（政府補助金）
………240,322,442

ポスト構造主義………………114
ポストハーベスト………………378
ボスニア゠ヘルツェゴヴィナ
………………290
補正予算………………344
細川護熙………………255
北海道旧土人保護法………178
ボッカチオ………………74
没個性………………35
ホッブズ………77,82,84,87,168
北方領土………………294
仏………132,139
骨太の方針………………262
輔弼機関………………189
ホフマンの法則………………369
ホメロス………………52
ホモ゠ファーベル（工作する
　人）………………47
ホモ゠ルーデンス（遊ぶ人）47
ポリシー゠ミックス………343
ポリス………52,60,170
ポリス的動物………………60
ホルクハイマー………………111
ホルムズ海峡………………289
盆踊り………………135
梵我一如………………116
本源的蓄積………………300
香港………292,297,411
ボン゠サンス（良識）……79
本草学………………149
煩悩………117,136
凡夫………131,136

## ま

マーガレット゠ミード………51
マーシャル゠プラン………279
マーストリヒト条約………408
マイナス金利………………336
マイナス成長………360,364,369
マイノリティ（少数者）……39
『舞姫』………………160
前川レポート………………362
マグナ゠カルタ（大憲章）…172
真心………………145
誠………142,151
マザー゠テレサ………………110
マス゠メディア………………33
ますらおぶり（益荒男振）…144
マズロー………………48
松尾芭蕉………………139
マッカーサー案………………191
末期治療（終末期治療）……14
マックス゠ウェーバー……34,77
末法………………136
末法思想………………135
マニフェスト（政権公約）……
………252,258,344
マネーストック………331,391
マネタリーベース（ベースマネー、
　ハイパワードマネー）
………………336
マララ゠ユスフザイ……13,180
マルクス………97,98,296,301

マルクス主義 99,161
マルサス 17,300
マルタ島 283
マルチ商法（マルチまがい商法） 381
丸山真男 163
まれびと 130
曼荼羅 134
『万葉考』 145
『万葉集』 129,144
『万葉代匠記』 144

## み

三浦梅園 150
三木清 162
ミケランジェロ 74
禊 129
『みだれ髪』 158
道 123,145
密教 133
三菱樹脂事件 200
みなし否決 257
水俣病 165,382
南方熊楠 165
南スーダン 272,292
ミニマム＝アクセス（最低輸入量） 377
箕面忠魂碑訴訟 200
美濃部達吉 167,191
三宅雪嶺 155
宮澤喜一 224,254
宮沢賢治 161
ミュトス（ミュートス、神話） 52,53
『明星』 158
ミラノ勅令 68
ミレニアム開発目標（MDGs） 12,416
民間最終消費支出 325
民間設備投資 356
民間伝承 164
民芸 164
民権主義 108
民事裁判 176,232
民事訴訟法 176
「民主・自主・公開」 23
民主的権力集中制（民主集中制、権力集中制） 171
民主主義 10,84,107,162,170,188,201,219,235
民主制（民主政治） 52
民主的権力集中制（民主集中制） 185
民主党（アメリカ） 184,185
民主党（日本） 256〜258
民進党 260
民生主義 108
民族宗教 62,63
民族主義 108
民族浄化（エスニック＝クレンジング） 290
民定憲法 189
民法 41,179,206,213,383

民本主義 161
『民約訳解』 154

## む

無意識 48
無為自然 125,145
ムーンライト計画 23
無過失責任の原則 383
無過失損害賠償責任 380
無関心 34,47,110
無教会主義 156
無鬼論 148
無罪の推定 203
無差別の原則 399
武者小路実篤 160
無常 117
無償化 453
無常観 139
無償の愛 65,110
無神論 82
ムスリム 70
無政府主義（アナーキズム） 99
無担保コールレート翌日物 333
無知の知 55
無党派層 255
ムハマド＝ユヌス 13,180
ムハンマド 69
村山富市 249,255

## め

明晰 80
明晰判明な知識 80
名望家政党 252
名目経済成長率 328,331
名誉革命 173
明六社 153
メガバンク 340
メガロポリス（巨帯都市） 42
メシア（救世主） 64〜66
メッカ 70
滅諦 118
メディア＝リテラシー（情報リテラシー） 37
メディナ 70
メドベージェフ 186,286
メトロポリス（巨大都市） 42
メルケル 188
メルロ＝ポンティ 113

## も

孟子 123,142
モーセ 62,66,70
モーセ五書 63
モーレス 39
目的 90
目的の王国 90
黙秘権 203
持株会社（金融持株会社） 316,340
本居宣長 144,145
モナド（単子） 81

モノカルチャー経済構造 413
もののあわれ 145
「もはや戦後ではない」 356
モラトリアム（心理・社会的モラトリアム） 45
モラトリアム人間 45
モラリスト 82
森有礼 153
森鷗外 160
諸神 128
モンスーン型 130,163
問責決議 223
問題解決 107
モンテーニュ 83
モンテスキュー 86,87,170
モンテネグロ 272
問答 55
問答法（対話法） 55
モントリオール議定書 27

## や

八百万の神 128
薬事法の薬局距離制限規定 204
役割実験 45
夜警国家 168
靖国神社 201
ヤスパース 103
『野生の思考』 114
雇い止め 435
柳田国男 130,164
柳宗悦 164
ヤハウェ（ヤーウェ） 62,70
やまあらしのジレンマ 50
山鹿素行 142
山崎闇斎 141
山本常朝 142

## ゆ

唯一の立法機関 220
唯識思想 121
唯心論 78
唯物史観（史的唯物論） 98,301
唯物論 157
友愛会 422
友愛（フィリア） 43,60
優越感（自己陶酔） 43
勇気の徳 57
有形資産 331
幽玄 139
有限会社 317
有効求職者数 431
有効求人倍率 431
有効需要 168,301
有事法制 197
郵政民営化 252,256,264
Uターン 436
『ユートピア』 75,97
郵便法 213
有用性 106
ユーロ＝コミュニズム 100
ユーロ（EURO） 408,409

雪解け……280
遊行上人……135
輸出依存度……418
ユダヤ教……62,65,66,69
ユニオン=ショップ……427
ユニバーサルデザイン……446
輸入依存度……418
輸入インフレ……330
輸入代替工業化……385
輸入デフレ……330
ユビキタス社会……36
「夢をつむぐ子育て支援」……368
「ゆりかごから墓場まで」……439
ユング……50

## よ

要介護認定……450
容器包装リサイクル法……32,383
要素費用表示の国民所得……322
預金業務（受信業務）……337
預金通貨……331
預金保険制度……341
抑圧……48,49
善く生きる……55,56
欲望……57,59,61,67,84,91,118,141,147
預言者……62,66,70
横井小楠……151
与謝野晶子……158
吉田松陰……142,151
吉野作造……161
吉本隆明……165
剰余価値……98,301
四日市ぜんそく……382
欲求不満（フラストレーション）……47
四つの自由……176
予定説……76
予定調和……81,92
ヨハネ……64,66
黄泉国……128
世論……35,36,112,219,252
4巨頭首脳会談……280
四大財閥……354
四無主義……47

## ら

ライフサイクル……44
ライプニッツ……81
ラウンド交渉（多国間交渉）……399
拉致問題……294
ラッセル……109
ラッダイト運動（機械打ち壊し運動）……420
ラマ教……120
ラムサール条約……30
蘭学……148

## り

理……127
リーマン=ショック……257,
320,331,335,351,366,389,397,405,429
リーマン=ブラザーズ……405
利益集約機能……252
利益媒介機能……252
リカード……92,299,384
理気二元論……140
リクルート事件……254
リコール……218,239
リサイクル（Recycle）……32
利潤……147,295,317
リスケジューリング……416
リスト……300
リストラ……341,429
リスボン条約……410
理性……52,57,59,60,69,77,79,83,84,87,88,92,102,111,166
理性中心主義……110
理性の狡知（詭計）……90
利他的心情……95
立憲君主制……87,92,161
立憲民主党……260
『立正安国論』……138
立法……199
立法権……86,87,170,189,221
立法国家……168,266
律法主義……64
律法（トーラー）……62,64,66,67
リユース（Reduce）……32
リバタリアニズム（自由至上主義）……11,115
リビドー……49
リフレ（リフレーション）政策……336
リプロダクティブ=ヘルス／ライツ……19
竜樹（ナーガールジュナ）……121
リユース（Reuse）……32
流通（交換）……332
流通コスト……330
流通通貨量……329
流動性ジレンマ論……395
理由なき反抗……43
領域（領土・領海・領空）……166
両院協議会……222
領海……167,268
量刑……233
良心……35,89,94,104,108,123,231
両性の本質的平等……206
量的金融緩和……334～336
量的功利主義……93,174
量的・質的金融緩和……336
離陸期（テイク=オフ）……304
理論型……51
理論理性……89
臨界……24,284
臨済宗……137
臨時会（臨時国会）……224

隣人……63,65
隣人愛（アガペー）……65,94,110
輪廻……117
輪廻転生……118
倫理的実存……101
倫理的徳（習性的徳）……59

## る

累進課税……342,348
累進税……347
累積債務問題……404,416
ルーブル合意……397
ルサンチマン……103
ルソー……44,86,87,154,167,169
ルター……73,75
ルワンダ内戦……291

## れ

レアメタル……32
礼……122,131,140
例外なき関税化（包括的関税化）……376,399
令状……202
冷戦（冷たい戦争）……271,279,283,287
レイチェル=カーソン……26
礼治主義……124
礼拝……71
レヴィ=ストロース……113
レヴィナス……111
レヴィン……43
レーガン……185,282,403,439
レオナルド=ダ=ヴィンチ……74
レシピエント……14
劣等感（自己嫌悪）……43,50
連座制……248
連帯責任……218,219
連邦大統領……187
連立内閣……255

## ろ

老子……125,126
労使協調主義……422
労使対等の原則……423
老人福祉法……445,449
労働……98,112,295,296,301,307,316
労働委員会……427
労働価値説……296
労働関係調整法……422,423
労働騎士団……421
労働基準監督署……424
労働基準法……422,423
労働基本権……210
労働協約……423
労働組合……355,422,427
労働組合員……210,427
労働組合会議（TUC）……420
労働組合期成会……422
労働組合法……210,422,423
労働契約……423
労働三権……210,428

| | | |
|---|---|---|
| 労働時間 | 431 | |
| 労働者 | 97,295,424 | |
| 労働者災害補償保険（労災保険） | 443 | |
| 労働者派遣法 | 425,433 | |
| 労働条件の最低基準 | 423 | |
| 労働審判制度 | 428 | |
| 労働争議の予防と解決 | 427 | |
| 労働党（イギリス） | 99,181 | |
| 労働の疎外 | 98 | |
| 労働力 | 295,301,358,401 | |
| 労働力人口 | 429 | |
| 老年人口比率 | 18,447 | |
| 老老介護 | 41 | |
| ローマ＝クラブ | 16,19 | |
| ローマ帝国 | 64,68 | |
| ロールズ | 11,115 | |
| ローレンツ曲線 | 327 | |
| 六次産業化 | 370,377 | |
| 六信 | 71 | |

| | |
|---|---|
| 六波羅蜜 | 120 |
| ロゴス（理性） | 53,114 |
| ロシア革命 | 100,161,301 |
| ロシア通貨危機 | 404 |
| 炉心溶融（メルトダウン） | 24 |
| ロッキード事件 | 222 |
| ロック | 77,78,85,87,167,169,170 |
| ロックアウト | 211,426 |
| ロッチデール | 380 |
| ロビイスト | 253 |
| ロマン主義 | 158 |
| ロマン＝ロラン | 109 |
| 『論語』 | 121,142 |
| ロンドン条約（ロンドン海洋投棄条約） | 31 |
| ロンバート型貸出制度 | 334 |

### わ

| | |
|---|---|
| ワーキング・プア | 435 |
| ワーク・ライフ・バランス | 431 |
| ワークシェアリング | 431 |
| 「我が国と郷土を愛する」態度 | 200 |
| 『若菜集』 | 159 |
| 若者文化（ユースカルチャー） | 43 |
| ワグナー法 | 421 |
| 和魂洋才 | 150 |
| ワシントン条約 | 31 |
| 忘れられる権利 | 216 |
| 渡辺崋山 | 150 |
| 和辻哲郎 | 130,163 |
| 和の精神 | 131 |
| わび | 140 |
| ワルシャワ条約機構（WTO） | 279,283 |
| 「われ思う、ゆえにわれあり」 | 79 |
| 湾岸戦争 | 277 |

MEMO

# MEMO

## 倫理，政治・経済一問一答【完全版】3rd edition

発行日：2021年 1月31日 初版発行
　　　　2022年11月18日 第4版発行

著　者：清水雅博
発行者：永瀬昭幸
発行所：株式会社ナガセ
　　　　〒180-0003　東京都武蔵野市吉祥寺南町1-29-2
　　　　出版事業部（東進ブックス）
　　　　TEL：0422-70-7456 ／ FAX：0422-70-7457
　　　　www.toshin.com/books（東進WEB書店）
　　　　※本書を含む東進ブックスの最新情報は、東進WEB書店をご覧ください。
編集担当：倉野英樹

編集協力：有限会社KEN編集工房　新谷圭子　OZSUN
　　　　　大澤ほの花　笠原彩叶　河原木優江　田中大　名波わかな　山蔦千尋
カバーデザイン：LIGHTNING
本文デザイン：東進ブックス編集部
本文イラスト：近藤恵子
DTP・印刷・製本：シナノ印刷株式会社

※本書を無断で複写・複製・転載することを禁じます。
※落丁・乱丁本は東進WEB書店<books@toshin.com>にお問い合わせください。
　新本にお取り替えいたします。但し、古書店で本書を購入されている場合は、お取り替えできません。なお、赤シート・しおり等のお取り替えはご容赦ください。

©SHIMIZU Masahiro 2021　Printed in Japan
ISBN978-4-89085-853-8　C7330

# 編集部より

## 東進ブックス

# この本を読み終えた君に オススメの3冊！

共通テスト「倫理, 政治・経済」対策問題集。オリジナル問題4回を収録。著者のワンポイント解説動画付！

共通テスト「物理」対策問題集。オリジナル問題5回を収録。著者のワンポイント解説動画付！

共通テスト「化学」対策問題集。オリジナル問題5回を収録。著者のワンポイント解説動画付！

## 体験授業

### この本を書いた講師の授業を受けてみませんか？

東進では有名実力講師陣の授業を無料で体験できる『体験授業』を行っています。「わかる」授業、「完璧に」理解できるシステム、そして最後まで「頑張れる」雰囲気を実際に体験してください。

※1講座（90分×1回）を受講できます。
※お電話でご予約ください。
　連絡先は付録9ページをご覧ください。
※お友達同士でも受講できます。

清水先生の主な担当講座　※2022年度

**「大学入学共通テスト対策 倫理, 政治・経済」**など

**東進の合格の秘訣が次ページに**

# 合格の秘訣1 全国屈指の実力講師陣

## 東進の実力講師陣
## 数多くのベストセラー参考書を執筆!!

東進ハイスクール・
東進衛星予備校では、
そうそうたる講師陣が君を熱く指導する!

　本気で実力をつけたいと思うなら、やはり根本から理解させてくれる一流講師の授業を受けることが大切です。東進の講師は、日本全国から選りすぐられた大学受験のプロフェッショナル。何万人もの受験生を志望校合格へ導いてきたエキスパート達です。

## 英語

日本を代表する英語の伝道師。ベストセラーも多数。

**安河内 哲也**先生
[英語]

予備校界のカリスマ。抱腹絶倒の名講義を見逃すな。

**今井 宏**先生
[英語]

「スーパー速読法」で難解な長文問題の速読即解を可能にする「予備校界の達人」!

**渡辺 勝彦**先生
[英語]

雑誌「TIME」やベストセラーの翻訳も手掛け、英語界でその名を馳せる実力講師。

**宮崎 尊**先生
[英語]

情熱あふれる授業で、知らず知らずのうちに英語が得意教科に!

**大岩 秀樹**先生
[英語]

国際的な英語資格(CELTA)に、全世界の上位5%(Pass A)で合格した世界基準の英語講師。

**武藤 一也**先生
[英語]

関西の実力講師が、全国の東進生に「わかる」感動を伝授。

**慎 一之**先生
[英語]

## 数学

数学を本質から理解できる本格派講義の完成度は群を抜く。

**志田 晶**先生
[数学]

「ワカル」を「デキル」に変える新しい数学は、君の思考力を刺激し、数学のイメージを覆す!

**松田 聡平**先生
[数学]

予備校界を代表する講師による魔法のような感動講義を東進で!

**河合 正人**先生
[数学]

短期間で数学力を徹底的に養成、知識を統一・体系化する!

**沖田 一希**先生
[数学]

付録 1

# WEBで体験

東進ドットコムで授業を体験できます！
実力講師陣の詳しい紹介や、各教科の学習アドバイスも読めます。
www.toshin.com/teacher/

## 国語

「脱・字面読み」トレーニングで、「読む力」を根本から改革する！
輿水 淳一先生
[現代文]

明快な構造板書と豊富な具体例で必ず君を納得させる！「本物」を伝える現代文の新鋭。
西原 剛先生
[現代文]

東大・難関大志望者から絶大なる信頼を得る本質の指導を追究。
栗原 隆先生
[古文]

ビジュアル解説で古文を簡単明快に解き明かす実力講師。
富井 健二先生
[古文]

縦横無尽な知識に裏打ちされた立体的な授業に、グングン引き込まれる！
三羽 邦美先生
[古文・漢文]

幅広い教養と明解な具体例を駆使した緩急自在の講義。漢文が身近になる！
寺師 貴憲先生
[漢文]

文章で自分を表現できれば、受験も人生も成功できますよ。「笑顔と努力」で合格を！
石関 直子先生
[小論文]

## 理科

丁寧で色彩豊かな板書と詳しい講義で生徒を惹きつける。
宮内 舞子先生
[物理]

化学現象の基本を疑い化学全体を見通す"伝説の講義"
鎌田 真彰先生
[化学]

明朗快活な楽しい講義で、必ず「化学」が好きになる。
立脇 香奈先生
[化学]

全国の受験生が絶賛するその授業は、わかりやすさそのもの！
田部 眞哉先生
[生物]

## 地歴公民

入試頻出事項に的を絞った「表解板書」は圧倒的な信頼を得る。
金谷 俊一郎先生
[日本史]

つねに生徒と同じ目線に立って、入試問題に対する的確な思考法を教えてくれる。
井之上 勇先生
[日本史]

"受験世界史に荒巻あり"といわれる超実力人気講師。
荒巻 豊志先生
[世界史]

世界史を「暗記」科目だなんて言わせない。正しく理解すれば必ず伸びることを一緒に体感しよう。
加藤 和樹先生
[世界史]

わかりやすい図解と統計の説明に定評。
山岡 信幸先生
[地理]

政治と経済のメカニズムを論理的に解明しながら、入試頻出ポイントを明確に示す。
清水 雅博先生
[公民]

「今」を知ることは「未来」の扉を開くこと。受験に留まらず、目標を高く、そして強く持て！
執行 康弘先生
[公民]

合格の秘訣2 基礎から志望校対策まで合格に必要なすべてを網羅した **学習システム**

## 映像によるIT授業を駆使した最先端の勉強法
# 高速学習

### 一人ひとりの レベル・目標にぴったりの授業

東進はすべての授業を映像化しています。その数およそ1万種類。これらの授業を個別に受講できるので、一人ひとりのレベル・目標に合った学習が可能です。1.5倍速受講ができるほか自宅からも受講できるので、今までにない効率的な学習が実現します。

### 1年分の授業を 最短2週間から1カ月で受講

従来の予備校は、毎週1回の授業。一方、東進の高速学習なら毎日受講することができます。だから、1年分の授業も最短2週間から1カ月程度で修了可能。先取り学習や苦手科目の克服、勉強と部活との両立も実現できます。

#### 現役合格者の声

**東京大学 理科一類**
大宮 拓朝くん
東京都立 武蔵高校卒

得意な科目は高2のうちに入試範囲を修了したり、苦手な科目を集中的に取り組んだり、自分の状況に合わせて早め早めの対策ができました。林修先生をはじめ、実力講師陣の授業はおススメです。

#### 先取りカリキュラム

| | 高1 | 高2 | 高3 |
|---|---|---|---|
| 東進の学習方法 | 高1生の学習 → 高2生の学習 → 高3生の学習 → 受験勉強 | | |
| | 高2のうちに受験全範囲を修了する | | |
| 従来の学習方法（公立高校の場合） | 高1生の学習 | 高2生の学習 | 高3生の学習 |

---

## 目標まで一歩ずつ確実に
# スモールステップ・パーフェクトマスター

### 自分にぴったりのレベルから学べる 習ったことを確実に身につける

高校入門から最難関大までの12段階から自分に合ったレベルを選ぶことが可能です。「簡単すぎる」「難しすぎる」といったことがなく、志望校へ最短距離で進みます。
授業後すぐに確認テストを行い内容が身についたかを確認し、合格したら次の授業に進むので、わからない部分を残すことはありません。短期集中で徹底理解をくり返し、学力を高めます。

#### 現役合格者の声

**一橋大学 商学部**
伊原 雪乃さん
千葉県 私立 市川高校卒

高1の「共通テスト同日体験受験」をきっかけに東進に入学しました。毎回の授業後に「確認テスト」があるおかげで、授業に自然と集中して取り組むことができました。コツコツ勉強を続けることが大切です。

#### パーフェクトマスターのしくみ

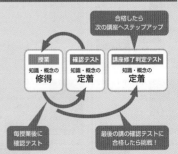

付録 3

東進ハイスクール **在宅受講コースへ**

東進で勉強したいが、近くに校舎がない君は…

「遠くて東進の校舎に通えない……」。そんな君も大丈夫！ 在宅受講コースなら自宅のパソコンを使って勉強できます。ご希望の方には、在宅受講コースのパンフレットをお送りいたします。お電話にてご連絡ください。学習・進路相談も随時可能です。　**0120-531-104**

---

## 徹底的に学力の土台を固める
# 高速マスター基礎力養成講座

高速マスター基礎力養成講座は「知識」と「トレーニング」の両面から、効率的に短期間で基礎学力を徹底的に身につけるための講座です。英単語をはじめとして、数学や国語の基礎項目も効率よく学習できます。オンラインで利用できるため、校舎だけでなく、スマートフォンアプリで学習することも可能です。

### 現役合格者の声

**早稲田大学 法学部**
小松 朋生くん
埼玉県立 川越高校卒

サッカー部と両立しながら志望校に合格できました。それは「高速マスター基礎力養成講座」に全力で取り組んだおかげだと思っています。スキマ時間でも、机に座って集中してでもできるおススメのコンテンツです。

### 東進公式スマートフォンアプリ
## 東進式マスター登場！
（英単語／英熟語／英文法／基本例文）

スマートフォンアプリでスキマ時間も徹底活用！

**1）スモールステップ・パーフェクトマスター！**
頻出度（重要度）の高い英単語から始め、1つのSTAGE（計100語）を完全修得すると次のSTAGEに進めるようになります。

**2）自分の英単語力が一目でわかる！**
トップ画面に「修得語数・修得率」をメーター表示。自分が今何語修得しているのか、どこを優先的に学習すべきなのか一目でわかります。

**3）「覚えていない単語」だけを集中攻略できる！**
未修得の単語、または「My単語（自分でチェック登録した単語）」だけをテストする出題設定が可能です。
すでに覚えている単語を何度も学習するような無駄を省き、効率良く単語力を高めることができます。

- 共通テスト対応 英単語1800
- 共通テスト対応 英熟語750
- 英文法750
- 英語基本例文300

「共通テスト対応英単語1800」2022年共通テストカバー率99.5%！

---

## 君の合格力を徹底的に高める
# 志望校対策

第一志望校突破のために、志望校対策にどこよりもこだわり、合格力を徹底的に極める質・量ともに抜群の学習システムを提供します。従来からの「過去問演習講座」に加え、AIを活用した「志望校別単元ジャンル演習講座」、「第一志望校対策演習講座」で合格力を飛躍的に高めます。東進が持つ大学受験に関するビッグデータをもとに、個別対応の演習プログラムを実現しました。限られた時間の中で、君の得点力を最大化します。

### 現役合格者の声

**東京工業大学 環境・社会理工学院**
小林 杏彩さん
東京都 私立 豊島岡女子学園高校卒

志望校を高1の頃から決めていて、高3の夏以降は目標をしっかり持って「過去問演習」、「志望校別単元ジャンル演習講座」を進めていきました。苦手教科を克服するのに役立ちました。

### 大学受験に必須の演習
## 過去問演習講座

1. 最大10年分の徹底演習
2. 厳正な採点、添削指導
3. 5日以内のスピード返却
4. 再添削指導で着実に得点力強化
5. 実力講師陣による解説授業

### 東進×AIでかつてない志望校対策
## 志望校別単元ジャンル演習講座

過去問演習講座の実施状況や、東進模試の結果など、東進で活用したすべての学習履歴をAIが総合的に分析。学習の優先順位をつけ、志望校別に「必勝必達演習セット」として十分な演習問題を提供します。問題は東進が分析した、大学入試問題の膨大なデータベースから提供されます。苦手を克服し、一人ひとりに適切な志望校対策を実現する日本初の学習システムです。

### 志望校合格に向けた最後の切り札
## 第一志望校対策演習講座

第一志望校の総合演習に特化して、大学が求める解答力を身につけていきます。対応大学は校舎にお問い合わせください。

# 合格の秘訣3 東進模試

申込受付中
※お問い合わせ先は付録7ページをご覧ください。

## 学力を伸ばす模試

### 本番を想定した「厳正実施」
統一実施日の「厳正実施」で、実際の入試と同じレベル・形式・試験範囲の「本番レベル」模試。相対評価に加え、絶対評価で学力の伸びを具体的な点数で把握できます。

### 12大学のべ35回の「大学別模試」の実施
予備校界随一のラインアップで志望校に特化した"学力の精密検査"として活用できます(同日体験受験を含む)。

### 単元・ジャンル別の学力分析
対策すべき単元・ジャンルを一覧で明示。学習の優先順位がつけられます。

### 中5日で成績表返却
WEBでは最短中3日で成績を確認できます。
※マーク型の模試のみ

### 合格指導解説授業
模試受験後に合格指導解説授業を実施。重要ポイントが手に取るようにわかります。

## 東進模試 ラインアップ 2022年度

**共通テスト本番レベル模試** 年4回
受験生 高2生 高1生 ※高1は難関大志望者

**高校レベル記述模試** 年2回
高2生 高1生

**全国統一高校生テスト** 年2回 ●問題は学年別
高3生 高2生 高1生

**全国統一中学生テスト** 年2回 ●問題は学年別
中3生 中2生 中1生

**早慶上理・難関国公立大模試** 年5回
受験生
（共通テスト本番レベル模試との総合評価）

**全国有名国公私大模試** 年5回
受験生
（共通テスト本番レベル模試との総合評価）

**東大本番レベル模試** 受験生
**高2東大本番レベル模試** 高2生 高1生
各年4回
（共通テスト本番レベル模試との総合評価）

※ 最終回が共通テスト後の受験となる模試は、共通テスト自己採点との総合評価となります。
※ 2022年度に実施予定の模試は、今後の状況により変更する場合があります。最新の情報はホームページでご確認ください。

**京大本番レベル模試** 受験生 年4回

**北大本番レベル模試** 受験生 年2回

**東北大本番レベル模試** 受験生 年2回

**名大本番レベル模試** 受験生 年3回

**阪大本番レベル模試** 受験生 年3回

**九大本番レベル模試** 受験生 年3回

**東工大本番レベル模試** 受験生 年2回

**一橋大本番レベル模試** 受験生 年2回

**千葉大本番レベル模試** 受験生 年1回

**神戸大本番レベル模試** 受験生 年1回

**広島大本番レベル模試** 受験生 年1回

（共通テスト本番レベル模試との総合評価）

**大学合格基礎力判定テスト** 受験生 高2生 高1生 年4回

**共通テスト同日体験受験** 高2生 高1生 年1回

**東大入試同日体験受験** 高2生 高1生 ※高1は意欲ある東大志望者 年1回

**東北大入試同日体験受験** 高2生 高1生 ※高1は意欲ある東北大志望者 年1回

**名大入試同日体験受験** 高2生 高1生 ※高1は意欲ある名大志望者 年1回

**医学部82大学判定テスト** 受験生 年2回

**中学学力判定テスト** 中2生 中1生 年4回

# 2022年東進生大勝利！
# 東大・難関大 現役合格 史上最高！ 続出

## 東大現役合格 日本一！[※1] 853名

- 文科一類 138名
- 文科二類 111名
- 文科三類 105名
- 理科一類 310名
- 理科二類 120名
- 理科三類 36名
- 学校推薦 33名

昨対 +37名

史上最高！ 現役生のみ！講習生含みます！

**現役合格者の38.0%が東進生！**[※2] 東進生現役占有率 38.0%

学校推薦型選抜も東進！ 33名 昨対+10名/86名 現役推薦合格者の38.3%が東進生！

東進史上最高記録を更新!! 853名 '20 802 '21 816 '22 853 現役生のみ！講習生含みます！

※1 東大現役合格実績はホームページ・パンフレット・チラシ等で公表している各塾校の中で最大（2022年5月公表）。
※2 2022年の東大全体の現役合格者は2,241名。東進の現役合格者は853名。東進生の占有率は38.0%。現役合格者の2.7人に1人が東進生です。

## 国公立医・医 1,032名 昨対+45名

**現役合格者の29.6%が東進生！**
東進生現役占有率 29.6%

2022年の国公立医学部医学科全体の現役合格者は未公表のため、仮に昨年の現役合格者数（推定）3,478名を分母として東進生占有率を算出すると、東進生の占有率は29.6%。現役合格者の3.4人に1人が東進生です。

'20 825 '21 987 '22 1,032 史上最高！ 現役生のみ！講習生含みます！

## 旧七帝大 +東工大一橋大神戸大 4,612名 昨対+246名

- 東京大 853名
- 京都大 468名
- 北海道大 438名
- 東北大 372名
- 名古屋大 410名
- 大阪大 617名
- 九州大 437名
- 東京工業大 211名
- 一橋大 251名
- 神戸大 555名

'20 4,118 '21 4,366 '22 4,612 史上最高！ 現役生のみ！講習生含みます！

## 早慶 5,678名 昨対+485名

- 早稲田大 3,412名
- 慶應義塾大 2,266名

'20 4,636 '21 5,193 '22 5,678 史上最高！ 現役生のみ！講習生含みます！

## 上理明青立法中 21,321名 昨対+2,637名

- 上智大 1,488名
- 東京理科大 2,805名
- 明治大 5,351名
- 青山学院大 2,111名
- 立教大 2,646名
- 法政大 3,848名
- 中央大 3,072名

'20 15,977 '21 18,684 '22 21,321 史上最高！

## 関関同立 12,633名 昨対+832名

- 関西学院大 2,621名
- 関西大 2,752名
- 同志社大 2,806名
- 立命館大 4,454名

史上最高！ 現役生のみ！講習生含みます！

## 私立医・医 626名 昨対+22名

'20 550 '21 604 '22 626 現役生のみ！講習生含みます！

## 国公立 総合・学校推薦型選抜も東進！

### 国公立医・医 302名 昨対+15名
### 旧七帝大 +東工大一橋大神戸大 415名 昨対+59名

- 東京大 15名
- 京都大 15名
- 北海道大 16名
- 東北大 114名
- 名古屋大 80名
- 大阪大 56名
- 九州大 27名
- 東京工業大 24名
- 一橋大 —
- 神戸大 48名

'20 287 '21 — '22 302 史上最高！
'20 274 '21 356 '22 415 史上最高！

## 日東駒専 10,011名 史上最高！ 昨対+917名

## 産近甲龍 6,085名 史上最高！ 昨対+368名

## 国公立大 16,502名 昨対+68名

ウェブサイトでもっと詳しく
[ 東進 ] 🔍 検索

2022年3月31日締切　付録 6　各大学の合格実績は、東進ネットワーク（東進ハイスクール、東進衛星予備校、早稲田塾）の現役生のみ、高3時在籍者のみの合同実績です。一人で複数合格した場合は、それぞれの合格者数に計上しています。

## 東進へのお問い合わせ・資料請求は
## 東進ドットコム www.toshin.com
## もしくは下記のフリーコールへ!

### ハッキリ言って合格実績が自慢です! 大学受験なら、
# 東進ハイスクール　0120-104-555 (トーシン ゴーゴーゴー)

### ●東京都
**[中央地区]**
- 市ヶ谷校　0120-104-205
- 新宿エルタワー校　0120-104-121
- ＊新宿校大学受験本科　0120-104-020
- 高田馬場校　0120-104-770
- 人形町校　0120-104-075

**[城北地区]**
- 赤羽校　0120-104-293
- 本郷三丁目校　0120-104-068
- 茗荷谷校　0120-738-104

**[城東地区]**
- 綾瀬校　0120-104-762
- 金町校　0120-452-104
- 亀戸校　0120-104-889
- ★北千住校　0120-693-104
- 錦糸町校　0120-104-249
- 豊洲校　0120-104-282
- 西新井校　0120-266-104
- 西葛西校　0120-289-104
- 船堀校　0120-104-201
- 門前仲町校　0120-104-016

**[城西地区]**
- 池袋校　0120-104-062
- 大泉学園校　0120-104-862
- 荻窪校　0120-687-104
- 高円寺校　0120-104-627
- 石神井校　0120-104-159
- 巣鴨校　0120-104-780
- 成増校　0120-028-104
- 練馬校　0120-104-643

**[城南地区]**
- 大井町校　0120-575-104
- 蒲田校　0120-265-104
- 五反田校　0120-672-104
- 三軒茶屋校　0120-104-739
- 渋谷駅西口校　0120-389-104
- 下北沢校　0120-104-672
- 自由が丘校　0120-964-104
- 成城学園前駅北口校　0120-104-616
- 千歳烏山校　0120-104-331
- 千歳船橋校　0120-104-825
- 都立大学駅前校　0120-275-104
- 中目黒校　0120-104-261
- 二子玉川校　0120-104-959

**[東京都下]**
- 吉祥寺校　0120-104-775
- 国立校　0120-104-599
- 国分寺校　0120-622-104
- 立川駅北口校　0120-104-662
- 田無校　0120-104-272
- 調布校　0120-104-305
- 八王子校　0120-896-104
- 東久留米校　0120-565-104
- 府中校　0120-104-676
- ★町田校　0120-104-507
- 三鷹校　0120-104-149
- 武蔵小金井校　0120-480-104
- 武蔵境校　0120-104-769

### ●神奈川県
- 青葉台校　0120-104-947
- 厚木校　0120-104-716
- 川崎校　0120-226-104
- 湘南台東口校　0120-104-706
- 新百合ヶ丘校　0120-104-182
- センター南駅前校　0120-104-722
- たまプラーザ校　0120-104-445
- 鶴見校　0120-876-104
- 登戸校　0120-104-157
- 平塚校　0120-104-742
- 藤沢校　0120-104-549
- 武蔵小杉校　0120-165-104
- ★横浜校　0120-104-473

### ●埼玉県
- 浦和校　0120-104-561
- 大宮校　0120-104-858
- 春日部校　0120-104-508
- 川口校　0120-917-104
- 川越校　0120-104-538
- 小手指校　0120-104-759
- 志木校　0120-104-202
- せんげん台校　0120-104-388
- 草加校　0120-104-690
- 所沢校　0120-104-594
- ★南浦和校　0120-104-573
- 与野校　0120-104-755

### ●千葉県
- 我孫子校　0120-104-253
- 市川駅前校　0120-104-381
- 稲毛海岸校　0120-104-575
- 海浜幕張校　0120-104-926
- ★柏校　0120-104-353
- 北習志野校　0120-344-104
- 新浦安校　0120-556-104
- 新松戸校　0120-104-354
- 千葉校　0120-104-564
- ★津田沼校　0120-104-724
- 成田駅前校　0120-104-346
- 船橋校　0120-104-514
- 松戸校　0120-104-257
- 南柏校　0120-104-439
- 八千代台校　0120-104-863

### ●茨城県
- つくば校　0120-403-104
- 取手校　0120-104-328

### ●静岡県
- ★静岡校　0120-104-585

### ●長野県
- ★長野校　0120-104-586

### ●奈良県
- ★奈良校　0120-104-597

★ は高卒本科(高卒生)設置校
＊ は高卒生専用校舎
□ は中学部設置校

※変更の可能性があります。
最新情報はウェブサイトで確認できます。

### 全国約1,000校、10万人の高校生が通う、
# 東進衛星予備校　0120-104-531 (トーシン ゴーサイン)

### ここでしか見られない受験と教育の最新情報が満載!
# 東進ドットコム　www.toshin.com

### 大学案内
最新の入試に対応した大学情報をまとめて掲載。偏差値ランキングもこちらから!

### 大学入試過去問データベース
君が目指す大学の過去問を素早く検索できる!2022年入試の過去問も閲覧可能!

### 東進TV
東進のYouTube公式チャンネル「東進TV」。日本全国の学生レポーターがお送りする大学・学部紹介は必見!

### 東進WEB書店
ベストセラー参考書から、夢膨らむ人生の参考書まで、君の学びをバックアップ!

付録 7　※2022年4月現在

# 特設付録 一目でわかる 戦後日本の歴代首相

●在職期間（通算日数）

## 1 東久邇宮 稔彦（ひがしくにのみや なるひこ）●皇族
●1945.8〜10 (54) 　降伏・占領へ

## 2 幣原 喜重郎（しではら きじゅうろう）●外務省
●1945.10〜46.5 (226)

政 憲法改正案（松本案）提出▶GHQ拒否 (1946.2)

## 3 吉田 茂（よしだ しげる）（第一次）●日本自由党
●1946.5〜47.5 (368) 　ワンマン宰相

政 経 2・1ゼネスト中止指令 (1947.1)
政 日本国憲法施行 (1947.5)

## 4 片山 哲（かたやま てつ）●日本社会党
●1947.5〜48.3 (292) 　初の社会党首班

## 5 芦田 均（あしだ ひとし）●民主党
●1948.3〜10 (220)

政 経 政令201号公布 (1948.7)▶公務員の争議権禁止
●昭和電工疑獄事件で内閣総辞職

## 6 吉田 茂（よしだ しげる）（第二〜五次）●民主自由党▶自由党
●1948.10〜54.12 (2,248)

政 極東国際軍事裁判判決 (1948.11.12)
政 朝鮮戦争勃発 (1950.6)▶経 朝鮮特需 (1950〜53)
政 対日講和条約（サンフランシスコ講和条約）(1951.9)
　▶日米安全保障条約調印 (1951.9)
政 「バカヤロー解散」(1953.3)
政 自衛隊発足 (1954.7)

## 7 鳩山 一郎（はとやま いちろう）●日本民主党▶自由民主党
●1954.12〜56.12 (745) 　悲運の政治家

政 保守合同（自由党＋日本民主党）で自由民主党（自民党）
　結成 (1955.11)▶「55年体制」の始まり
政 日ソ共同宣言調印 (1956.10)
政 国際連合加盟 (1956.12)

## 8 石橋 湛山（いしばし たんざん）●自由民主党
●1956.12〜57.2 (65) 　短命内閣

●首相の病気により内閣総辞職

## 9 岸 信介（きし のぶすけ）●自由民主党
●1957.2〜60.7 (1,241) 　昭和の妖怪

政 新日米安全保障条約強行採決 (1960.5)▶安保闘争激化

## 10 池田 勇人（いけだ はやと）●自由民主党
●1960.7〜64.11 (1,575) 　所得倍増

経 「国民所得倍増計画」策定 (1960.12)

## 11 佐藤 栄作（さとう えいさく）●自由民主党
●1964.11〜72.7 (2,798) 　長期政権

政 日韓基本条約調印 (1965.6)▶日韓国交正常化
経 戦後初の赤字国債発行 (1966.1)
政 公害対策基本法公布 (1967.8.3)
政 小笠原返還協定調印 (1968.4)
政 沖縄返還協定調印 (1971.6)
　▶日本人初のノーベル平和賞受賞 (1974.10)

## 12 田中 角栄（たなか かくえい）●自由民主党
●1972.7〜74.12 (886) 　今太閤

経 『日本列島改造論』(1972.6)
政 日中共同声明発表 (1972.9)▶日中国交正常化
経 円の変動為替相場制移行 (1973.2)
政 経 石油危機 (1973.10) で「狂乱物価」に

## 13 三木 武夫（みき たけお）●自由民主党
●1974.12〜76.12 (747) 　クリーン三木

政 ロッキード事件表面化 (1976.2)

## 14 福田 赳夫（ふくだ たけお）●自由民主党
●1976.12〜78.12 (714)

政 日中平和友好条約調印 (1978.8)

## 15 大平 正芳（おおひら まさよし）●自由民主党
●1978.12〜80.6 (554)

政 経 第5回先進国首脳会議（東京サミット）開催 (1979
政 福田派との党内抗争で内閣不信任案可決▶「ハプニン
　解散」による衆参同時選挙で自民党圧勝 (1980.6)

## 16 鈴木 善幸（すずき ぜんこう）●自由民主党
●1980.7〜82.11 (864)

政 参議院に拘束名簿式比例代表制導入 (1982.8)

## 17 中曽根 康弘（なかそね やすひろ）●自由民主党
●1982.11〜87.11 (1,806) 　戦後政治の総決算

政 経 三公社民営化
　▶NTT、JT発足 (1985.4)、JR発足 (1987.4)
経 男女雇用機会均等法公布 (1985.6.1)
政 戦後初の現職首相による靖国神社公式参拝 (1985.8
政 防衛費がGNP1%枠を突破 (1986.12)

## 18 竹下 登（たけした のぼる）●自由民主党
●1987.11〜89.6 (576) 　消費税

政 昭和天皇逝去 (1989.1)▶「平成」に改元
経 消費税（税率3%）導入 (1989.4)
●リクルート事件で首相辞任 (1989.6)

## 19 宇野 宗佑（うの そうすけ）●自由民主党
●1989.6〜8 (69)

政 参議院選挙で自民党大敗 (1989.7)▶「ねじれ国会」